中國國家圖書館編

國家圖書館藏敦煌遺書

第一百二冊　北敦〇八二六一號——北敦〇八四四八號

北京圖書館出版社

圖書在版編目(CIP)數據

國家圖書館藏敦煌遺書·第一百二册/中國國家圖書館編;任繼愈主編.—北京:北京圖書館出版社,2008.8

ISBN 978-7-5013-3664-7

Ⅰ.國… Ⅱ.①中…②任… Ⅲ.敦煌學—文獻 Ⅳ.K870.6

中國版本圖書館CIP數據核字(2008)第071018號

書　　名　國家圖書館藏敦煌遺書·第一百二册
著　　者　中國國家圖書館編　任繼愈主編
責任編輯　徐　蜀　孫　彦
封面設計　李　璀

出　　版　北京圖書館出版社　(100034　北京西城區文津街7號)
發　　行　010-66139745　66151313　66175620　66126153
　　　　　66174391(傳真)　66126156(門市部)
E-mail　cbs@nlc.gov.cn(投稿)　btsfxb@nlc.gov.cn(郵購)
Website　www.nlcpress.com
經　　銷　新華書店
印　　刷　北京文津閣印務有限責任公司

開　　本　八開
印　　張　55.75
版　　次　2008年8月第1版第1次印刷
印　　數　1-250册(套)

書　　號　ISBN 978-7-5013-3664-7/K·1627
定　　價　990.00圓

目錄

切衆生　生死業報處
珊瑚頗梨色　斯由佛光照
及見諸天人　龍神夜叉衆　乾闥婆那羅　各供養其佛
又見諸如來　自然成佛道　身色如金山　端嚴甚微妙
如淨琉璃中　內現真金像　世尊在大衆　敷演深法義
一一諸佛土　聲聞衆无數　因佛光所照　悉見彼大衆
或有諸比丘　在於山林中　精進持淨戒　猶如護明珠
又見諸菩薩　行施忍辱等　其數如恒沙　斯由佛光照
又見諸菩薩　深入諸禪定　身心寂不動　以求无上道
又見諸菩薩　知法寂滅相　各於其國土　說法求佛道
尒時四部衆　見日月燈佛　現大神通力　其心皆歡喜
各各自相問　是事何因緣　天人所奉尊　適從三昧起
讚妙光菩薩　汝為世間眼　一切所歸信　能奉持法藏
如我所說法　唯汝能證知　世尊既讚嘆　令妙光歡喜
說是法華經　滿六十小劫　不起於此座　所說上妙法
是妙光法師　悉皆能受持　佛說是法華　令衆歡喜已

BD08261 號　妙法蓮華經卷一　（3–1）

各各自相問 是事何因緣 天人所奉尊 適從三昧起
讚妙光菩薩 汝為世間眼 一切所歸信 能奉持法藏
如我所說法 唯汝能證知 世尊既讚歎 令妙光歡喜
說是法華經 滿六十小劫 不起於此座 所說上妙法
是妙光法師 悉皆能受持 佛說是法華 令衆歡喜已
尋即於是日 告於天人衆 諸法實相義 已為汝等說
我今於中夜 當入於涅槃 汝一心精進 當離於放逸
諸佛甚難值 億劫時一遇 世尊諸子等 聞佛入涅槃
各各懷悲惱 佛滅一何速 聖主法之王 安慰无量衆
我若滅度時 汝等勿憂怖 是德藏菩薩 於无漏實相
心已得通達 其次當作佛 号曰為淨身 亦度无量衆
佛此夜滅度 如薪盡火滅 分布諸舍利 而起无量塔
比丘比丘尼 其數如恒沙 倍復加精進 以求无上道
是妙光法師 奉持佛法藏 八十小劫中 廣宣法華經
是諸八王子 妙光所開化 堅固无上道 當見无數佛
供養諸佛已 隨順行大道 相繼得成佛 轉次而授記
最後天中天 号曰燃燈佛 諸仙之導師 度脫无量衆
是妙光法師 時有一弟子 心常懷懈怠 貪著於名利
求名利无猒 多遊族姓家 棄捨所習誦 廢忘不通利
以是因緣故 号之為求名 亦行衆善業 得見无數佛
供養於諸佛 隨順行大道 具六波羅蜜 今見釋師子
其後當作佛 号名曰彌勒 廣度諸衆生 其數无有量
彼佛滅度後 懈怠者汝是 妙光法師者 今則我身是
我見燈明佛 本光瑞如此 以是知今佛 欲說法華經
今相如本瑞 是諸佛方便 今佛放光明 助發實相義
諸人今當知 合掌一心待 佛當雨法雨 充足求道者
諸求三乘人 若有疑悔者 佛當為除斷 令盡无有餘

是妙光法師　時有一弟子　心常懷懈怠　貪著於名利
求名利无猒　多遊族姓家　弃捨所習誦　廢忘不通利
以是因緣故　号之為求名　亦行衆善業　得見无數佛
供養於諸佛　隨順行大道　具六波羅蜜　今見釋師子
其後當作佛　号名曰祢勒　廣度諸衆生　其數无有量
彼佛滅度後　懈怠者汝是　妙光法師者　今則我身是
我見燈明佛　本光瑞如此　以是知今佛　欲說法華經
今相如本瑞　是諸佛方便　今佛放光明　助發實相義
諸人今當知　合掌一心待　佛當雨法雨　充足求道者
諸求三乘人　若有疑悔者　佛當為除斷　令盡无有餘

妙法蓮華經方便品第二

尒時世尊從三昧安詳而起告舍利弗諸佛智
慧甚深无量其智慧門難解難入一切聲聞
辟支佛所不能知所以者何佛曾親近百千
万億无數諸佛盡行諸佛无量道法勇猛精
進名稱普聞成就甚深未曾有法隨宜所說
意趣難解舍利弗吾從成佛已來種種因緣
種種譬喻廣演言教无數方便引導衆生令
離諸著所以者何如來方便知見波羅蜜皆已
具足舍利弗如來知見廣大深遠无量无礙
力无所畏禪定解脫三昧深入无際成就

寶
曰有俱伽離苾蒭
猶落鉢頭磨地獄
亦有迦葉佛弟子
承斯惡業捨殘刑
沙門懷恚毀諸人
何况无戒白衣人
是故智人不應罵
毀呰清淨出家人
縱使欲火熾燒心
不久速能自懺除
如人暫迷失其道
苾蒭雖犯世尊禁
如人平地蹶脚時
苾蒭雖暫歎尸羅
猶如世間金寶器
木器縱然全不漏

入轄
宗爾世尊弟子者
忍於僧中起邪見
毀壞如來清淨衆
是故智者應思忖
以一惡言罵僧衆
舌被梨耕數万段
謗毀无量世間人
還受耕舌地獄苦
尚招无量口業報
罵僧免墮惡道者
乃至草木塼瓦等
習行雜欲善法者
點汙尸羅清淨戒
還入如來聖衆位
有目還能尋本路
雖然暫犯還能懺
有足還能而速起
雖犯不久還能補
雖破其價一種貴
不可比於破寶器

如人暫迷失其道　有目還能尋本路
苾芻雖犯世尊禁　雖然暫犯還能懺
如人平地蹶脚時　有足還能而速起
苾芻雖暫欸尸羅　雖犯不久還能補
猶如世間金寶器　雖破其價一種貴
木器縱然全不漏　不可比於破寶器
破禁苾芻雖无戒　初心出家功德勝
百千万億白衣人　功德縱多不及彼
出家弟子能堪任　繼嗣如來末代法
万億无量在俗人　不能須臾弘聖教
家下犯禁破戒僧　供養由獲万億報
是故世尊讚勝因　天上人中受尊貴
是故殷懃勸諸人　勿毀如來僧寶衆
令生習惡因緣故　當來業成亦毀佛
緣茲身口意業交　承斷世間人天衆
當墮三塗惡道中　億劫流淪无休息
若於清衆起正信　无有毀謗名僧罪
常能防護口業過　不談如來僧寶衆
若人於僧有罵罪　應須志誠速求懺
於僧多起惱慢心　來生受苦必當墮
如僧剎那有功德　其福不容於大地
何況經月累歲年　堅持如來嚴禁戒
是人持戒功德報　佛於一劫說不盡
況餘凡俗知其邊　福壽虛空无有量
當知功德廣莊嚴　釋迦如來僧寶衆
是故不聽在家者　數辱打罵出家僧
纔見沙門犯戒時　當覓其意勿嫌毀

是人持戒功德報　佛於一劫說不盡
況餘凡俗知其邊　福壽虛空无有量
當知功德廣莊嚴　釋迦如來僧寶衆
是故不聽在家者　毀辱打罵出家僧
縱見沙門犯戒時　當宪其意勿嫌毀
如入芳藂採妙花　不應擿選枯枝葉
廣大清淨佛法海　多有持戒精俻者
其中縱有犯威儀　白衣不應生毀謗
譬如田中新苗稼　於中亦有稗莠草
應可一類衆良田　不應諫選生分別
是以世尊制諸人　不聽謗毀沙門衆
唯當尊重生敬心　同此受勝諸天報
佛日滅沒雖久遠　僧寶速暉傳法燈
由如龍王降甘雨　大地萌芽普合潤
和合僧寶亦如是　雨於如來妙法雨
滋潤枯涸諸羣生　長養善牙功德種
於多劫中廣植因　得為如來弟子衆
處在賢聖法海中　飲妙解脫甘露味
傳持世尊末代教　流化十方諸國土
利益一切諸衆生　令佛法輪恒不絕
佛法久後滅沒時　伽藍精舍毀成聚
龕塔尊像併荒蕪　誤被傍養難可得
譬盡僧形不可見　何況得聞於正法
人身難得生人中　佛法難逢今已遇
如何於此妙福田　不種當來功德種
真路懸遠不可達　當辦資糧備前所
善福田中不種植　當來險路之資糧

能□滅法明久遠　僧寶速暉傳法燈
由如龍王降甘雨　大地萌芽普含潤
和合僧寶亦如是　雨於如來妙法雨
滋潤枯涸諸羣生　長養善牙功德種
於多劫中當植因　得為如來弟子衆
處在賢聖法海中　飲妙解脫甘露味
傳持世尊末代教　流化十方諸國土
利益一切諸衆生　令佛法輪恒不絶
佛法久後滅沒時　伽藍精舍毀成聚
龕塔尊像併荒君　誤破供養難可得
尋盡僧形不可見　何況得聞於正法
人身難得生人中　佛法難逢今已遇
如何於此妙福田　不種當來功德種
真路懸遠不可達　當辦資糧備前所
善福田中不種植　當來嶮路之資糧
是故諸人應善思　聞孫僧中應惠施
依經我略讚僧寶　功德無量遍虛空
迴施一切諸群生　願共當來植弥勒

讚僧功德經

說身相即非身相
是虛妄若見諸相非相則見如來
須菩提白佛言世尊頗有衆生得聞如是言
說章句生實信不佛告須菩提莫作是說如
來滅後後五百歲有持戒脩福者於此章句
能生信心以此為實當知是人不於一佛二佛
三四五佛而種善根已於无量千万佛所
種諸善根聞是章句乃至一念生淨信者須
菩提如來悉知悉見是諸衆生得如是无量
福德何以故是諸衆生无復我相人相衆生
相壽者相无法相亦无非法相何以故是諸
衆生若心取相則為著我人衆生壽者若取
法相即著我人衆生壽者何以故若取非法
相即著我人衆生壽者是故不應取法不應
取非法以是義故如來常說汝等比丘知我
說法如筏喻者法尚應捨何況非法
須菩提於意云何如來得阿耨多羅三藐三
菩提耶如來有所說法耶須菩提言如我解

BD08263 號　金剛般若波羅蜜經（批註本）　（7–1）

相即著我人衆生壽者是故不應取法不應
取非法以是義故如來常說汝等比丘知我
說法如筏喻者法尚應捨何況非法
須菩提於意云何如來得阿耨多羅三藐三
菩提耶如來有所說法耶須菩提言如我解
佛所說義无有定法名阿耨多羅三藐三菩
提亦无有定法如來可說何以故如來所說
法皆不可取不可說非法非非法所以者何
一切賢聖皆以无為法而有差別
須菩提於意云何若人滿三千大千世界七
寶以用布施是人所得福德寧為多不須菩
提言甚多世尊何以故是福德即非福德性
是故如來說福德多若復有人於此經中受
持乃至四句偈等為他人說其福勝彼何以
故須菩提一切諸佛及諸佛阿耨多羅三藐
三菩提法皆從此經出須菩提所謂佛法者
即非佛法
須菩提於意云何須陀洹能作是念我得
須陀洹果不須菩提言不也世尊何以故須陀
洹名為入流而无所入不入色聲香味觸法是
名須陀洹須菩提於意云何斯陀含能
作是念我得斯陀含果不須菩提言不也世
尊何以故斯陀含名一往來而實无往來是名
斯陀含須菩提於意云何阿那含能作是念
我得阿那含果不須菩提言不也世尊何以
故阿那含名為不來而實无來是故名阿那
含須菩提於意云何阿羅漢能作是念我得

BD08263 號　金剛般若波羅蜜經（批註本）　（7–2）

斯陀含須菩提於意云何阿那含能作是念
我得阿那含果不須菩提言不也世尊何以
故阿那含名為不來而實无來是故名阿那
含須菩提於意云何阿羅漢能作是念我得
阿羅漢道不須菩提言不也世尊何以故實
无有法名阿羅漢世尊若阿羅漢作是念我
得阿羅漢道即為著我人衆生壽者世尊佛
說我得无諍三昧人中最為第一是第一離
欲阿羅漢我不作是念我是離欲阿羅漢世
尊我若作是念我得阿羅漢道世尊則不說
須菩提是樂阿蘭那行者以須菩提實无所
行而名須菩提是樂阿蘭那行
佛告須菩提於意云何如來昔在然燈佛所於法
有所得不世尊如來在然燈佛所於法實无所得
須菩提於意云何菩薩莊嚴佛土不不也世
尊何以故莊嚴佛土者則非莊嚴是名莊嚴
是故須菩提諸菩薩摩訶薩應如是生清淨
心不應住色生心不應住聲香味觸法生心應
无所住而生其心須菩提譬如有人身如須
弥山王於意云何是身為大不須菩提言
甚大世尊何以故佛說非身是名大身
須菩提如恒河中所有沙數如是沙等恒河
於意云何是諸恒河沙寧為多不須菩提言
甚多世尊但諸恒河尚多无數何況其沙須
菩提我今實言告汝若有善男子善女人以
七寶滿尒所恒河沙數三千大千世界以用
布施得福多不須菩提言甚多世尊佛告須

甚多世尊但諸恒河尚多无數何況其沙須
菩提我今實言告汝若有善男子善女人以
七寶滿尒所恒河沙數三千大千世界以用
布施得福多不須菩提言甚多世尊佛告須
菩提若善男子善女人於此經中乃至受持
四句偈等為他人說而此福德勝前福德
復次須菩提隨說是經乃至四句偈等當知
此處一切世間天人阿脩羅皆應供養如佛
塔廟何況有人盡能受持讀誦須菩提當
知是人成就最上第一希有之法若是經典所
在之處則為有佛若尊重弟子
尒時須菩提白佛言世尊當何名此經我等
云何奉持佛告須菩提是經名為金剛般若
波羅蜜以是名字汝當奉持所以者何須菩
提佛說般若波羅蜜則非般若波羅蜜須菩
提於意云何如來有所說法不須菩提白佛
言世尊如來无所說須菩提於意云何三千
大千世界所有微塵是為多不須菩提言甚
多世尊須菩提諸微塵如來說非微塵是名
微塵如來說世界非世界是名世界須菩提
於意云何可以三十二相見如來不不也世
尊不可以三十二相得見如來何以故如來
說三十二相即是非相是名三十二相
須菩提若有善男子善女人以恒河沙等身
命布施若復有人於此經中乃至受持四句
偈等為他人說其福甚多
尒時須菩提聞說是經深解義趣涕淚悲泣

說三十二相即是非相是名三十二相（者虛誑不實）
須菩提若有善男子善女人以恒河沙等身
命布施若復有人於此經中乃至受持四句
偈等為他人說其福甚多
尒時須菩提聞說是經深解義趣涕淚悲泣
而白佛言希有世尊佛說如是甚深經典我
從昔來所得慧眼未曾得聞如是之經 世尊
若復有人得聞是經信心清淨則生實相當（者不可信也）
知是人成就第一希有功德 世尊是實相者（者最尊也）
則是非相是故如來說名實相 世尊我今得
聞如是經典信解受持不足為難若當來世
後五百歲其有衆生得聞是經信解受持是
人則為第一希有何以故此人无我相人相
衆生相壽者相所以者何我相即是非相人（无相可名為仁也）
相衆生相壽者相即是非相何以故離一切
諸相則名諸佛（者无無法相可為仁也）
佛告須菩提如是如是若復有人得聞是經
不驚不怖不畏當知是人甚為希有何以故
須菩提如來說第一波羅蜜非第一波羅蜜
是名第一波羅蜜
須菩提忍辱波羅蜜如來說非忍辱波羅蜜
何以故須菩提如我昔為歌利王割截身體
我於尒時无我相无人相无衆生相无壽者
相何以故我於往昔節節支解時若有我相
人相衆生相壽者相應生瞋恨須菩提又念
過去於五百世作忍辱仙人於尒所世无我
相无人相无衆生相无壽者相是故須菩提

相何以故我於往昔節節支解時若有我相
人相衆生相壽者相應生瞋恨須菩提又念
過去於五百世作忍辱仙人於尒所世无我
相无人相无衆生相无壽者相是故須菩提
菩薩應離一切相發阿耨多羅三藐三菩提
心不應住色生心不應住聲香味觸法生心
應生无所住心若心有住則為非住是故佛
說菩薩心不應住色布施須菩提菩薩為利
益一切衆生應如是布施如來說一切諸相
即是非相又說一切衆生則非衆生
須菩提如來是真語者實語者如語者不誑
語者不異語者須菩提如來所得法此法无實无虛
須菩提若菩薩心住於法而行布施如人入暗
則无所見若菩薩心不住法而行布施如人有
目日光明照見種種色（者无色相无名相无言語文字无高大相即是）（有目日光明）
須菩提當來之世若有善男子善女人能於此
經受持讀誦則為如來以佛智慧悉知是人
是人皆得成就无量无邊功德
提若有善男子善女人初日分以恒河
施中日分復以恒河沙等身布施
恒河沙等身布施如是无量百
布施若復有人聞此經典信
勝彼何況書寫受持讀誦為人解說
提以要言之是經有不可思議不可稱
邊功德如來為發大乘者說為發最上
有人能受持讀誦廣為人說如來
是人皆得成就不可量不可

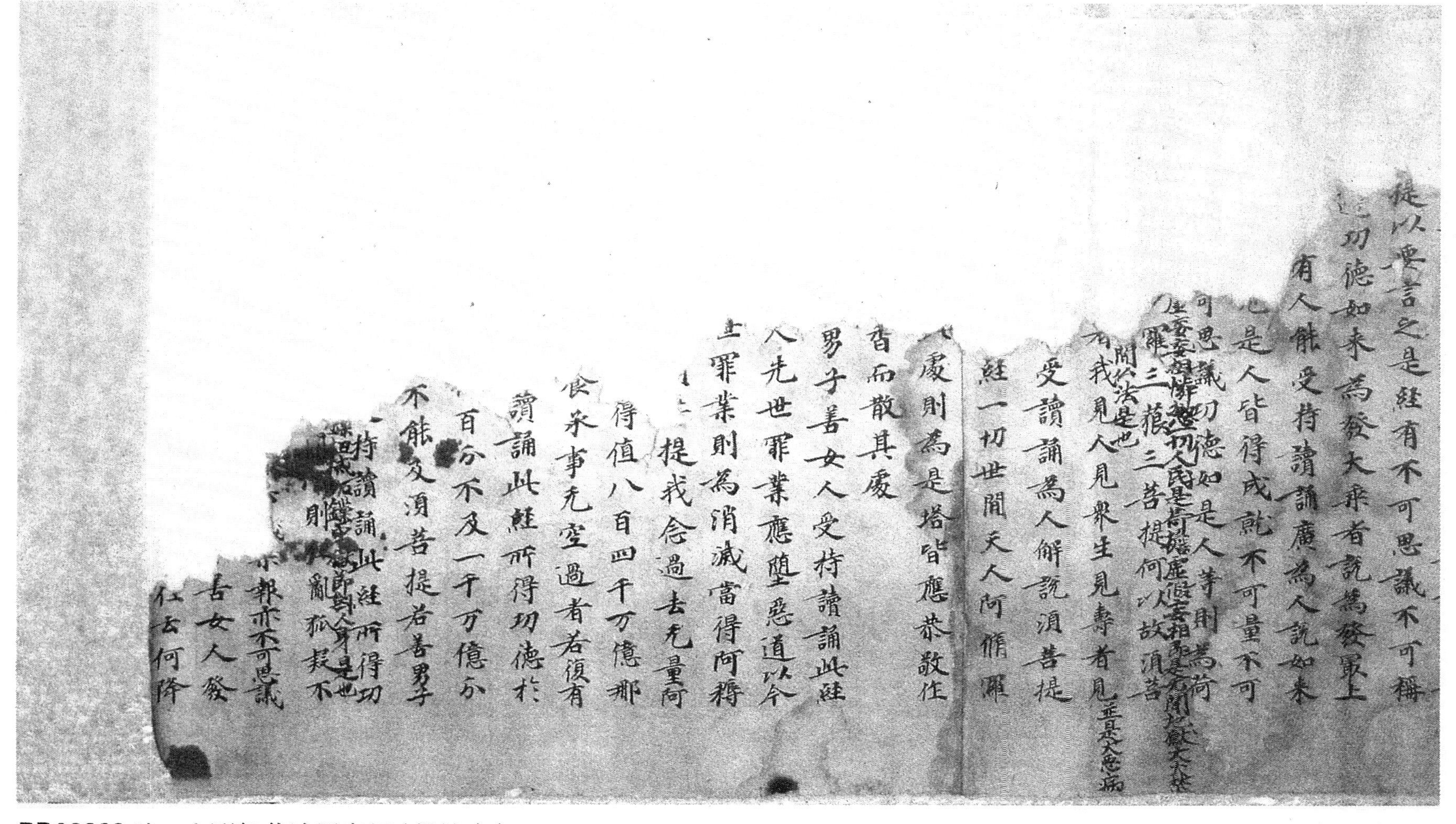

提以要言之是經有不可思議不可稱
量功德如来為發大乘者説為發最上
有人能受持讀誦廣為人説如来
是人皆得成就不可量不可
可思議功德如是人等則為荷
羅三藐三菩提何以故須菩
我見人見衆生見壽者見
受讀誦為人解説須菩提
經一切世間天人阿脩羅
處則為是塔皆應恭敬作
香而散其處
男子善女人受持讀誦此經
人先世罪業應墮惡道以今
罪業則為消滅當得阿耨
提我念過去无量阿
得值八百四千万億那
供養承事无空過者若復有
讀誦此經所得功德於
百分不及一千万億分
不能及須菩提若善男子
持讀誦此經所得功
則狂亂狐疑不
報亦不可思議
善女人發
云何降

BD08263號　金剛般若波羅蜜經（批註本）　（7–7）

者皆令速渡生死大海不退菩提
尒時世尊聞是説已讃辯才天女言善哉善
哉天女汝能安樂利益無量無邊有情説此
神呪及以香水壇場法式果報難思汝當擁
護最勝經王勿令隱沒常得流通　尒時大
辯才天女礼佛足已還復本座
尒時法師授記憍陳如婆羅門承佛威力
於大衆前讃請辯才天女曰
聰明勇進辯才天　人天供養悉應受
名聞世間遍充滿　能與一切衆生願
依高山頂勝住處　葺茅為室在中居
恒結耎草以為衣　在處常翹於一足
諸天大衆皆來集　咸同一心申讃請
唯願智慧辯才天　以妙言詞施一切
尒時辯才天女即便受請為説呪曰
怛姪他慕麗只㘑　阿伐帝貞勵阿伐吒伐底丁里下同
馨遇𨚫名具𨚫　名具羅伐底
鴦具師末唎只三末底　毗三末底惡近入利
莫近唎怛囉只　怛囉者伐底

BD08264號　金光明最勝王經卷七　（4–1）

尒時辯才天女即便受請為說呪曰
怛姪他 慕囇只囇 阿伐帝 阿伐吒伐底
馨遇𨽻 名具𨽻 名具羅伐底
奪具師 末㖿只 三末底 毗三末底 惡近㖿
莫近㖿 怛囉只 怛囉者伐底
質質哩 室里蜜里 末難地曇 去
末㖿只 八羅拏畢㖿㐮
盧伽逝慧𨁈 盧伽失囇瑟恥
盧迦畢㖿㐮 悉駄䟦㖿帝
毗麼目企 輸只析㖿
阿鉢㖿底鵄嗱 阿鉢㖿底曷多勒地
喃毋只喃毋只 莫訶提鼻
鉢㖿底逝㖿底 南摩塞伽囉
我某甲勃地 達哩奢 呬
勃地阿鉢㖿底喝哆 婆上䟦 覩
𢍜婆謎毗輸姪覩 舍悉怛囉輸路伽
𡔷怛羅畢得迦 迦婢耶地數
怛姪他 莫訶鉢㖿婆鼻
呬哩蜜里呬里蜜里 毗析㖿覩謎勃地
我某甲勃地輸提 薄伽伐點提毗餘
薩羅酸點 鴉囉滯雞由囇
雞由囉末底 呬里蜜里呬里蜜里
阿婆訶耶須 莫訶提鼻
勃陁薩帝娜 達摩薩帝娜
僧伽薩帝娜 因達囉薩娜
䟦嘍拏薩帝娜 㐮盧雞薩底婆地娜
𦖃𨥁薩帝娜 薩底伐者泥娜

BD08264號 金光明最勝王經卷七 （4–2）

勃陁薩帝娜 達摩薩帝娜
僧伽薩帝娜 因達囉薩娜
䟦嘍拏薩帝娜 㐮盧雞薩底婆地娜
𦖃𨥁薩帝娜 薩底伐者泥娜
阿婆訶耶須 莫訶提鼻
呬里蜜里呬哩蜜里 毗析㖿覩
我某甲勃地 南謨薄伽伐底
莫訶提鼻薩囉酸底 悉甸覩
𡔷怛羅鉢陁㳊 莎訶
尒時辯才天女說是呪已告婆羅門言善
哉大士能為衆生求妙辯才及諸珎寶神通
智慧廣利一切速證菩提如是應知受持
法式即說頌曰
先可誦此陁羅尼 令使純熟無謬失
歸敬三寶諸天衆 請求加護願隨心
敬礼諸佛及法寶 菩薩獨覺聲聞衆
次礼梵王并帝釋 及護世者四天王
一切常脩梵行人 悉可至誠慇重敬
可於寂靜蘭若處 大聲誦前呪讃法
應在佛像天龍前 隨其所有脩供養
於彼一切衆生類 發起慈悲哀愍心
世尊妙相紫金身 繫想正念心無亂
世尊護念說教法 隨彼根機令習定
於其句義善思惟 復依空性而脩習
應在世尊形像前 一心正念而安坐
即得妙智三摩地 并獲最勝陁羅尼
如來金口演說法 妙響調伏諸人天

BD08264號 金光明最勝王經卷七 （4–3）

若大士能為衆生求妙辯才及諸珍寶神通
智慧廣利一切速證菩提如是應知受持
法式即說頌曰
先可誦此陀羅尼　令使純熟無謬失
歸敬三寶諸天衆　請求加護願隨心
敬礼諸佛及法寶　菩薩獨覺聲聞衆
次礼梵王并帝釋　及護世者四天王
一切常脩梵行人　悉可至誠慇重敬
可於寂靜蘭若處　大聲誦前呪讚法
應在佛像天龍前　隨其所有脩供養
於彼一切衆生類　發起慈悲哀愍心
世尊妙相紫金身　繫想正念心無亂
世尊護念說教法　隨彼根機令習定
於其句義善思惟　復依空性而脩習
應在世尊形像前　一心正念而安坐
即得妙智三摩地　并獲最勝陀羅尼
如來金口演說法　妙響調伏諸人天
舌相隨緣現希有　廣長能覆三千界
如是諸佛妙音聲　至誠憶念心無畏
諸佛皆由發弘願　得此舌相不思議
宣說諸法皆非有　譬如虛空無所著

BD08264 號　金光明最勝王經卷七　（4–4）

迦寶
蓮華
此瑞有若千
[illegible]種金為莖白銀為葉金剛為鬚甄叔迦
以為其臺尒時釋迦牟尼佛佛文殊師利是
妙音菩[illegible]摩訶薩欲從淨華宿王智佛國與
八万四千菩薩圍繞而來至此娑婆世界供養
親近礼拜於我亦欲供養聽法華經文殊師
利白佛言[illegible]尊是菩薩種何善本脩何功德
而能有是大神通力行何三昧願為我等說
是三昧名字我等亦欲勤脩行之行此三昧
乃能見是菩薩色相大小威儀進止唯願世
尊以神通力彼菩薩來令我得見尒時釋迦
牟尼佛告文殊師利此久滅度多寶如來當
為汝等而現其相時多寶佛告彼菩薩善
男子來文殊師利法王子欲見汝身于時妙
音菩薩於彼國沒與八万四千菩薩俱共發

BD08265 號　妙法蓮華經卷七　（3–1）

尊以神通力彼菩薩來令我得見尒時釋迦
牟尼佛告文殊師利此久滅度多寶如來當
為汝等而現其相時多寶佛告彼菩薩善
男子來文殊師利法王子欲見汝身于時妙
音菩薩於彼國沒與八万四千菩薩俱共發
來所經諸國六種震動皆悉雨於七寶蓮華
百千天樂不鼓自鳴是菩薩目如廣大青蓮
華葉正使和合百千万月其面貌端正復過
於此身真金色无量百千功德莊嚴威德熾
盛光明照曜諸相具足如那羅延堅固之身
入七寶臺上昇虛空去地七多羅樹諸菩薩
眾恭敬圍繞而來詣此娑婆世界耆闍崛山
到已下七寶臺以價直百千瓔珞持至釋迦
牟尼佛所頭面礼足奉上瓔珞而白佛言世
尊淨華宿王智佛問訊世尊少病少惱起居
輕利安樂行不四大調和不世事可忍不眾生
易度不无多貪欲瞋恚愚癡嫉妬慳慢不无
不孝父母不敬沙門邪見不善心不攝五情
不世尊眾生能降伏諸魔怨不久滅度多
寶如來在七寶塔中來聽法不又問訊多寶
如來安隱少惱堪忍久住不世尊我今欲見
多寶佛身唯願世尊示我令見尒時釋迦牟
尼佛語多寶佛是妙音菩薩欲得相見時多
寶佛告妙音言善哉善哉汝能為供養釋迦
牟尼佛及聽法華經并見文殊師利等故來
至此尒時華德菩薩白佛言世尊是妙音菩

BD08265 號　妙法蓮華經卷七　（3–2）

不世尊眾生能降伏諸魔怨不久滅度多
寶如來在七寶塔中來聽法不又問訊多寶
如來安隱少惱堪忍久住不世尊我今欲見
多寶佛身唯願世尊示我令見尒時釋迦牟
尼佛語多寶佛是妙音菩薩欲得相見時多
寶佛告妙音言善哉善哉汝能為供養釋迦
牟尼佛及聽法華經并見文殊師利等故來
至此尒時華德菩薩白佛言世尊是妙音菩
薩種何善根脩何功德有是神力佛告華德
菩薩過去有佛名雲雷音王多陀阿伽度阿
羅呵三藐三佛陀國名現一切世間劫名喜見
妙音菩薩於万二千歲以十万種伎樂供養
雲雷音王佛并奉上八万四千七寶鉢以是
因緣果報今生淨華宿王智佛國有是神力
華德於汝意云何尒時雲雷音王佛所妙音
菩薩伎樂供養奉上寶器者豈異人乎今
此妙音菩薩摩訶薩是華德是妙音菩薩已
曾供養親近无量諸佛久殖德本又值恒河
沙等百千万億那由他佛華德汝但見妙音
菩薩其身在此而是菩薩現種種身處處為

BD08265 號　妙法蓮華經卷七　（3–3）

……處乃欲解
是人應當決定至心
隨是經中所在之處城邑聚落或山澤中廣
為衆生敷演流布其聽法者應除亂想攝耳
用心世尊即為彼天及諸大衆說伽他曰
若欲於諸佛　不思議供養　復了諸如來　甚深境界者
若見演說此　最勝金光明　應親詣彼方　至其所住處
此經難思議　能生諸功德　無邊大苦海　解脫諸有情
我觀此經王　初中後皆善　甚深不可測　譬喻無能比
假使恒河沙　大地塵海水　虛空諸山石　無能喻少分
欲入深法界　應先聽是經　法性之制底　甚深善安住
於斯制底內　見我牟尼尊　悅意妙音聲　演說斯經典
由此俱胝劫　數量難思議　生在人天中　常受勝妙樂
若聽是經者　應作如是心　我得不思議　無邊功德蘊
假使大火聚　滿百踰繕那　為聽此經王　直過無辭苦
既至彼住處　得聞如是經　能滅於罪業　及除諸惡夢
惡星諸變怪　蠱道邪魅等　得聞是經時　諸惡皆捨離
應嚴勝高座　淨妙若蓮花　法師處其上　猶如大龍坐

BD08266 號　金光明最勝王經卷九　（6–1）

若聽是經者　應作如是心　我得不思議　無邊功德蘊
假使大火聚　滿百踰繕那　為聽此經王　直過無辭苦
既至彼住處　得聞如是經　能滅於罪業　及除諸惡夢
惡星諸變怪　蠱道邪魅等　得聞是經時　諸惡皆捨離
應嚴勝高座　淨妙若蓮花　法師處其上　猶如大龍坐
於斯安坐已　說此甚深經　書寫及誦持　并為解其義
法師捨此座　往詣餘方所　於此高座中　神通非一相
或見法師像　猶如高座上　或時見世尊　及以諸菩薩
或作普賢像　或如妙吉祥　或見慈氏尊　身處於高座
或見希奇相　及以諸天像　暫得覩容儀　忽然還不現
成就諸吉祥　所作皆隨意　功德悉圓滿　世尊如是說
最勝有名稱　能滅諸煩惱　他國賊皆除　戰時常得勝
惡夢悉皆無　及消諸毒害　所作三業罪　經力能除滅
於此贍部洲　名稱咸充滿　所有諸怨結　悉皆相捨離
設有怨敵至　聞名便退散　不假動兵戈　兩陣生歡喜
梵王帝釋主　護世四天王　及金剛藥叉　正了知大將
無熱池龍王　及以娑揭羅　緊那羅樂神　蘇羅金翅主
大辯才天女　并大吉祥天　斯等上首天　各領諸天衆
常供養諸佛　法寶不思議　恒生歡喜心　於經起恭敬
斯等諸天衆　皆悉共思惟　遍觀修福者　共作如是說
應觀此有情　咸是大福德　善根精進力　當來生我天
為聽甚深經　敬心來至此　供養法制底　尊重正法故
憐愍於衆生　而作大饒益　於此深經典　能為法寶器
入於法門者　能入於法性　於此金光明　至心應聽受
是人曾供養　無量百千佛　由彼諸善根　得聞此經典
如是諸天主　天女大辯才　并彼吉祥天　及以四王衆

BD08266 號　金光明最勝王經卷九　（6–2）

為聽甚深經　敬心來至此　供養法制底　尊重正法故
憐愍於衆生　而作大饒益　於此深經典　能為法寶器
入於法門者　能入於法性　於此金光明　至心應聽受
是人曾供養　無量百千佛　由彼諸善根　得聞此經典
如是諸天主　天女大辯才　并彼吉祥天　及以四王衆
無數藥叉衆　勇猛有神通　各於其四方　常來相擁護
日月天帝釋　風水火諸神　吠率怒大肩　閻羅辯才等
一切諸護世　勇猛具威神　擁護持經者　晝夜常不離
大力藥叉王　那羅延自在　正了知為首　二十八藥叉
餘藥叉百千　神通有大力　恒於恐怖處　常來護此人
金剛藥叉王　并五百眷屬　諸大菩薩衆　常來護此人
寶王藥叉主　及以滿賢王　曠野金毗羅　賓度羅黃色
此等藥叉王　各五百眷屬　見聽此經者　皆來共擁護
彩軍乾闥婆　華王常戰勝　珠頸及青頸　并勃里沙王
大最勝大黑　蘊跋羅難舍　半之迦羊足　及以大婆伽
小渠并護法　及以獼猴王　針毛及日支　寶髻皆來護
大渠諸拘羅　旃檀欲中勝　舍羅及雪山　及以娑多山
皆有大神通　雄猛具大力　見持此經者　皆來相擁護
阿那婆答多　及以娑竭羅　目真醯羅葉　難陀小難陀
於百千龍中　神通具威德　共護持經人　晝夜常不離
婆稚羅睺羅　毗摩質多羅　母目苦跋羅　大肩及歡喜
及餘蘇羅王　并無數天衆　大力有勇健　皆來護是人
訶利底母神　五百藥叉衆　於彼人睡覺　常來相擁護
旃荼旃荼利　藥叉旃稚女　昆帝拘吒齒　吸衆生精氣
如是諸神衆　大力有神通　常護持經者　晝夜恒不離
上首辯才天　無量諸天女　吉祥天為首　并餘諸眷屬

及餘蘇羅王　并無數天衆　大力有勇健　皆來護是人
訶利底母神　五百藥叉衆　於彼人睡覺　常來相擁護
旃荼旃荼利　藥叉旃稚女　昆帝拘吒齒　吸衆生精氣
如是諸神衆　大力有神通　常護持經者　晝夜恒不離
上首辯才天　無量諸天女　吉祥天為首　并餘諸眷屬
此大地神女　果實園林神　樹神江河神　制底諸神等
如是諸天神　心生大歡喜　彼皆來擁護　讀誦此經人
見有持經者　增壽命色力　威光及福德　妙相以莊嚴
星宿現災變　困厄當此人　夢見惡徵祥　皆悉令除滅
此大地神女　堅固有威勢　由此經力故　法味常充足
地肥若流下　過百踰繕那　地神令味上　滋潤於大地
此地厚六十　八億踰繕那　乃至金剛際　地味皆令上
由聽此經王　獲大功德蘊　能使諸天衆　悉蒙其利益
復令諸天衆　威力有光明　歡喜常安樂　捨離於衰相
於此南洲內　林果苗稼神　由此經威力　心常得歡喜
苗稼皆成就　處處有妙花　果實並滋繁　充滿於大地
所有諸果樹　及以衆園林　悉皆生妙花　香氣常芬馥
衆草諸樹木　咸出微妙花　及生甘美果　隨處皆充遍
於此贍部洲　無量諸龍女　心生大歡喜　皆共入池中
種植鉢頭摩　及以分陀利　青白二蓮花　池中皆遍滿
由此經威力　虛空淨無翳　雲霧皆除遣　冥闇悉光明
日出放千光　無垢燄清淨　由此經王力　流暉遶四天
此經威德力　資助於天子　皆用贍部金　而作於宮殿
日天子初出　見此洲歡喜　常以大光明　周遍皆照耀
於斯大地內　所有蓮花池　日光照及時　無不盡開發
於此贍部洲　田疇諸果藥　悉皆令善熟　充滿於大地
由此經威力　日月所照處　星辰不失度　風雨皆順時

日天子初出　見此洲歡喜　常以大光明　周遍皆照耀
於斯大地內　所有蓮花池　日光照及時　無不盡開發
於此贍部洲　田疇諸果藥　悉皆令善熟　充滿於大地
由此經威力　日月所照處　星辰不失度　風雨皆順時
遍此贍部洲　國土咸豐樂　隨有此經處　殊勝倍餘方
若此金光明　經典流布處　有能講誦者　悉得如上福
尒時大吉祥天女及諸天等聞佛所說皆大
歡喜於此經王及受持者一心擁護令無憂
惱常得安樂
金光明最勝王經授記品第廿三
尒時如來於大衆中廣說法已欲為妙幢菩
薩及其二子銀幢銀光授阿耨多羅三藐三
菩提記時有十千天子最勝光明而為上首
俱從三十三天來至佛所頂礼佛足却坐一
面聽佛說法尒時佛告妙幢菩薩言汝於來
世過無量無數百千万億那庾多劫已於金光
明世界當成阿耨多羅三藐三菩提号金寶
山王如來應正遍知明行足善逝世間解無上
士調御丈夫天人師佛世尊出現於世時
此如來般涅槃後所有教法亦皆滅盡時彼
長子名曰銀幢即於此界次補佛處世界尒
時轉名淨幢當得作佛名曰金幢光如來應
正遍知明行足善逝世間解無上士調御丈
夫天人師佛世尊時此如來般涅槃後所有
教法亦皆滅盡次子銀光即補佛處還於此
界當得作佛号曰金光明如來應正遍知明
行足善於世間解無上士調御丈夫天人師
[illegible]

明世界當成阿耨多羅三藐三菩提号金寶
山王如來應正遍知明行足善逝世間解無上
士調御丈夫天人師佛世尊出現於世時
此如來般涅槃後所有教法亦皆滅盡時彼
長子名曰銀幢即於此界次補佛處世界尒
時轉名淨幢當得作佛名曰金幢光如來應
正遍知明行足善逝世間解無上士調御丈
夫天人師佛世尊時此如來般涅槃後所有
教法亦皆滅盡次子銀光即補佛處還於此
界當得作佛号曰金光明如來應正遍知明、
行足善於世間解無上士調御丈夫天人師
佛世尊是時十千天子聞三大士得授記已
復聞如是最勝王經心生歡喜清淨無垢猶
如虛空尒時如來知是十千天子善根成熟
即便與授大菩提記汝等天子於當來世過
無量無數百千万億那庾多劫於最勝因陁
羅高幢世界得成阿耨多羅三藐三菩提同
一種姓又同一名号曰面目清淨優鉢羅香
山十号具足如是次第十千諸佛出現於世
尒時菩提樹神白佛言世尊是十千天子從
三十三天為聽法故來詣佛所云何如來便
與授記當成[illegible]

道支自性無故若法自性無是法無性為性空
解脫門無相無願解脫門自性無故若法自
性無是法無性為性八解脫八勝處九次第
定十遍處自性無故若法自性無是法無性
為性布施波羅蜜多淨戒安忍精進靜慮般
若波羅蜜多自性無故若法自性無是法無
性為性內空外空內外空空空大空勝義空
有為空無為空畢竟空無際空散空無變異
空本性空自相空共相空一切法空不可得
空無性空自性空無性自性空自性無故若
法自性無是法無性為性苦聖諦集滅道聖
諦自性無故若法自性無是法無性為性一
切三摩地門一切陀羅尼門自性無故若法
自性無是法無性為性佛十力四無所畏四
無礙解十八佛不共法自性無故若法自性
無是法無性為性大慈大悲大喜大捨自性

BD08267號A　大般若波羅蜜多經（兌廢稿）卷三六四　（3–1）

諦自性無故若法自性無是法無性爲性一
切三摩地門一切陁羅尼門自性無故若法
自性無是法無性爲性佛十力四無所畏四
無礙解十八佛不共法自性無故若法自性
無是法無性爲性大慈大悲大喜大捨自性
無故若法自性無是法無性爲性無忘失法
恒住捨性自性無故若法自性無是法無性
爲性一切智道相智自性無故若法自性無
是法無性爲性初眼第二第三第四第五眼
自性無故若法自性無是法無性爲性初神
通第二第三第四第五第六神通自性無故
若法自性無是法無性爲性有爲果無爲果
自性無故若法自性無是法無性爲性
具壽善現白佛言世尊何緣一切相智自性
無佛言善現一切相智無和合自性故若法
無和合自性是法則以無性爲性世尊何緣
色受想行識自性無善現色受想行識無和
合自性故若法無和合自性是法則以無性
爲性世尊何緣眼處耳鼻舌身意處自性無
善現眼處耳鼻舌身意處無和合自性故若
法無和合自性是法則以無性爲性世尊何
緣色處聲香味觸法處自性無善現色處
聲香味觸法處無和合自性故若法無和合自
性是法則以無性爲性世尊何緣眼界耳鼻
舌身意界自性無善現眼界耳鼻舌身意界
無和合自性故若法無和合自性是法則以

[illegible]處聲香味觸法處自性無善現色處
聲香味觸法處無和合自性故若法無和合自
性是法則以無性為性世尊何緣眼界耳鼻
舌身意界自性無善現眼界耳鼻舌身意界
無和合自性故若法無和合自性是法則以
無性為性世尊何緣色界聲香味觸法界自
性無善現色界聲香味觸法界無和合自性
故若法無和合自性是法則以無性為性世
尊何緣眼識界耳鼻舌身意識界自性無善
現眼識界耳鼻舌身意識界無和合自性故
若法無和合自性是法則以無性為性世尊
何緣眼觸耳鼻舌身意觸自性無善現眼觸
耳鼻舌身意觸無和合自性故若法無和合
自性是法則以無性為性世尊何緣眼觸為
緣所生諸受耳鼻舌身意觸為緣所生諸受
自性無善現眼觸為緣所生諸受耳鼻舌身
意觸為緣所生諸受無和合自性故若法無
和合自性是法則以無性為性世尊何緣地
界水火風空識界自性無善現地界水火風
空識界無和合自性故若法無和合自性是
法則以無性為性世尊何緣無明行識名色
六處觸受愛取有生老死愁歎苦憂惱自性
無善現無明乃至老死愁歎苦憂惱無和合
自性故若法無和合自性是法則以無性為

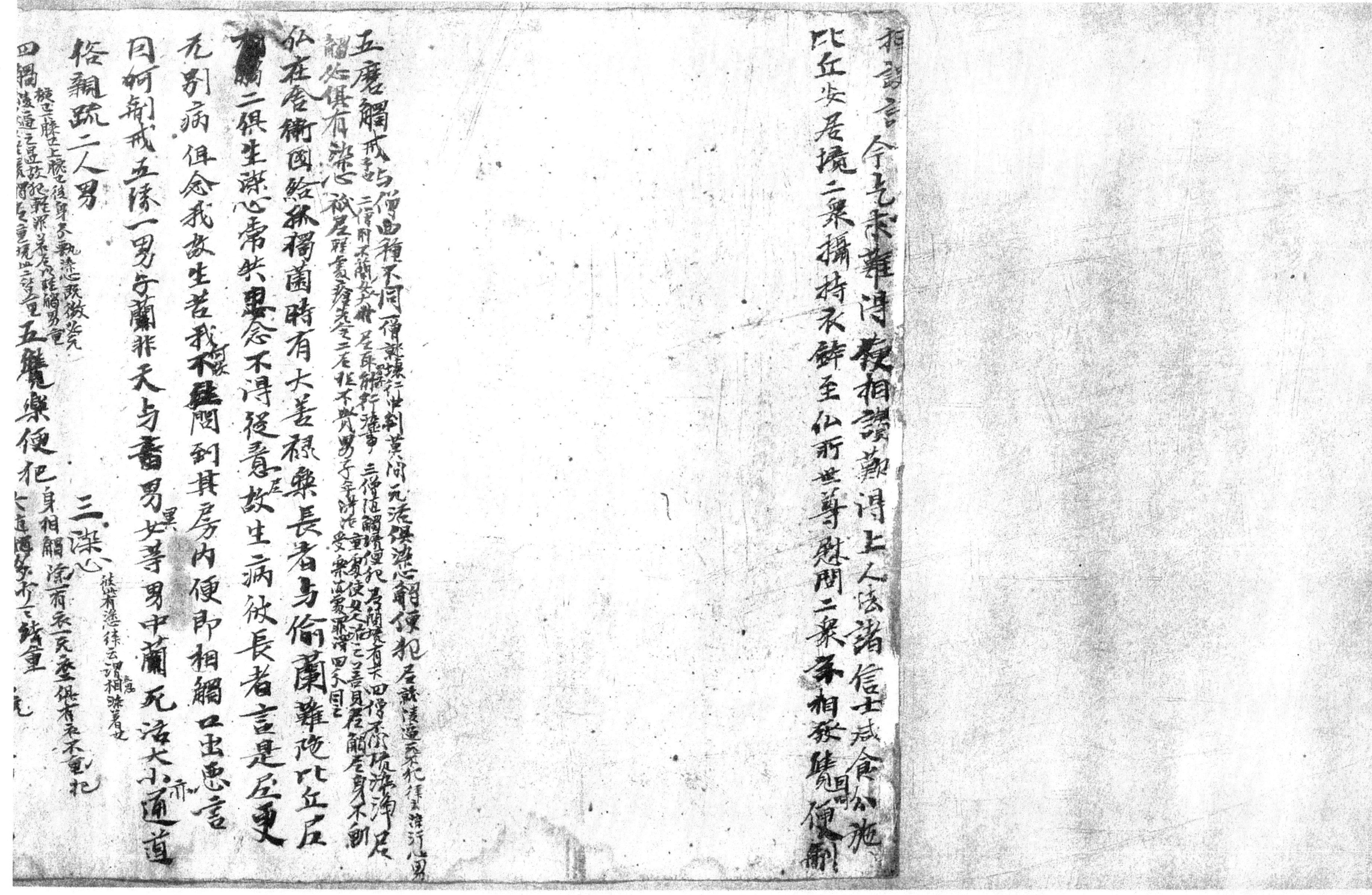

BD08267 號 A 背 1　釋僧戒初篇四波羅夷義決（異本）　　（3–1）
BD08267 號 A 背 2　八波羅夷經加註本（擬）

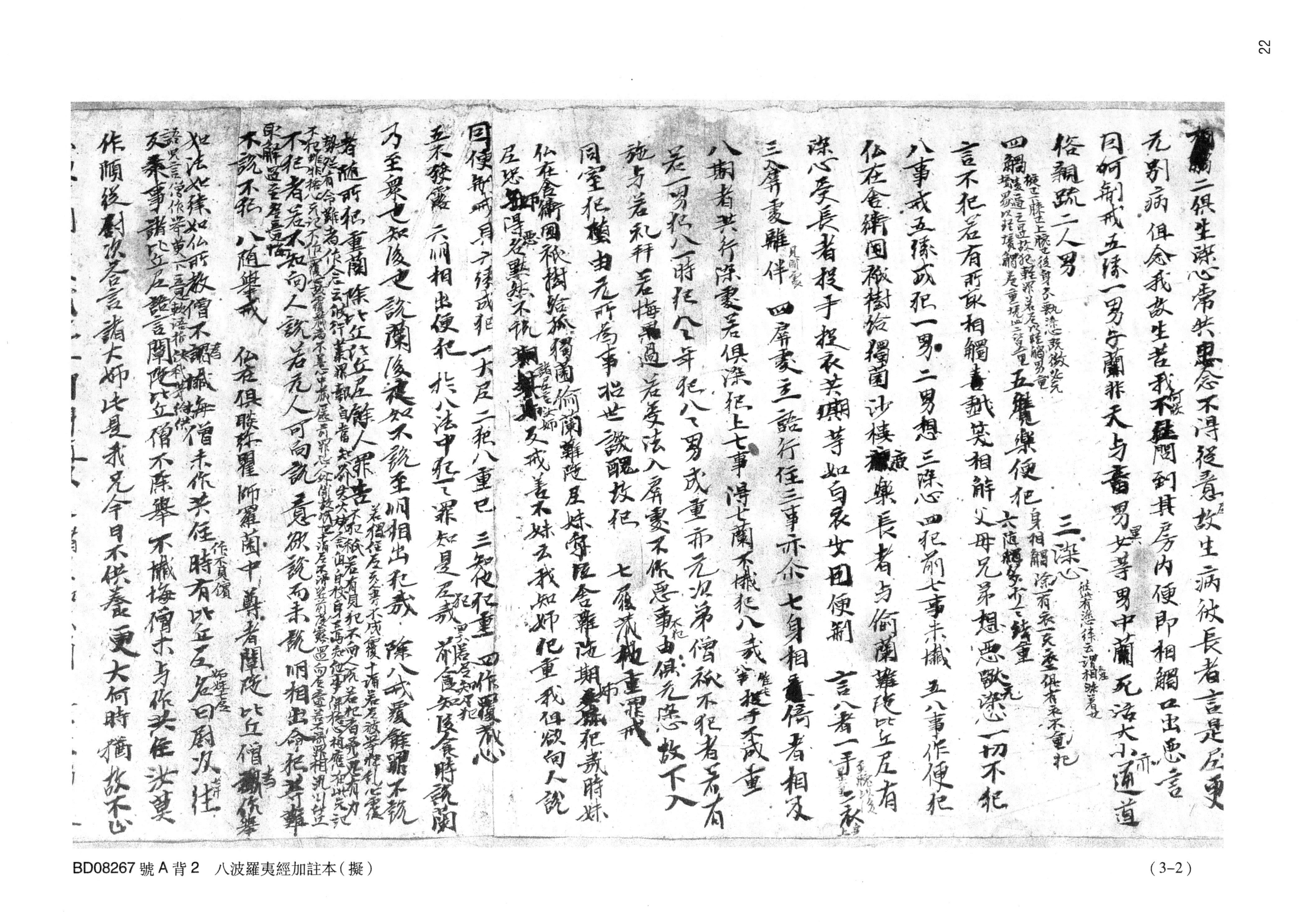

BD08267號A背2　八波羅夷經加註本（擬）　　（3–2）

若一時犯八，一時犯八，八罪成重……

施身若礼拜若悔過若受法入屏處不作惡事由俱无染心故下入

同室犯殖由无所為事招世譏醜故犯　七覆藏他重罪戒

仏在舍衛國祇樹給孤獨園偷蘭難陀尼妹寧舍難陀期姊犯戒時妹

尼恐姊得惡名默然不說 …… 又戒善不妹云我知姊犯重我得欲向人說

因便制戒具六緣成犯　一大尼　二犯八重已　三知他犯重　四作覆藏心

五不發露　六明相出便犯　於八法中犯一一罪知是尼戒　前食知後食時說蘭

乃至眾中知後中說蘭後夜知不說至明相出犯戒　除八戒覆藏罪不說

者隨所犯重蘭　除比丘比丘尼餘人罪吉

不犯者若不知向人說若无人可向說意欲說而未說明相出命犯若難

不說不犯　八隨舉戒

仏在俱睒彌瞿師羅園中尊者闡陀比丘僧……依舉

如法如律如仏所教僧不語懺悔僧未作共住時有比丘尼名曰……次往

又乘事諸比丘尼語言闡陀比丘僧不除舉不懺悔僧亦與作共住汝莫

作隨從闡陀答言諸大姊比是我兄今日不供養更大何時猶故不止

仏便呵制　六緣成犯　一自身隨彼　二諸尼如法蘭　三不受勸道

四如法蘭　五……拒而不捨　六三法境便犯

言不犯初蘭時捨　一切未作呵諫前不犯

BD08267號A背2　八波羅夷經加註本（擬）

（3–3）

不執佛身是名是色亦不謂佛有來有去當
知彼人於佛所說甚深法義如實解了不執
諸法有來有去有生有滅有染有淨由不執
故能行般若波羅蜜多亦能勤脩一切佛法
則為隣近所求無上正等菩提亦名如來真
淨弟子終不虛受國人信施能與一切作良
福田應受世間人天供養
復次善男子如大海中有諸珎寶如是珎寶
非十方來亦非有情於中造作亦非無
因緣生然諸有情善根力故令大海內有諸
寶生是寶生時依因緣力和合故有無所從
來是寶滅時於十方面亦無所去但由有情
善根力盡令彼滅沒所以者何諸有為法緣
合故生緣離故滅於中都無生者滅者是故
諸法無來無去諸如來身亦復如是於十方
面無所從來亦非於中有造作者亦不可說

羅漢所有安忍亦復如是不應為問又舍利
子於意云何大海中水一毛端水何者為多

諸法無來無去諸如來身亦復如是於十方
面無所從來亦非於中有造作者亦不可說
羅漢所有安忍亦復如是不應爲問又舍利
子於意云何大海中水一毛端水何者爲多
舍利子言大海中水一毛端水百分千分乃
至鄔波尼煞曇分亦未能比其量多少滿慈
子言菩薩安忍與阿羅漢所有安忍亦復如
是百分千分乃至鄔波尼煞曇分亦未能比
其量多少是故不應作如是問尒時佛讃滿
慈子言善哉善哉如汝所說汝承佛力善說
安忍波羅蜜多若取菩薩摩訶薩忍其量大
小挍量聲聞獨覺忍者則爲欲取如來之忍
其量大小挍量聲聞獨覺等忍所以者何諸
菩薩衆所成就忍其量無邊不應挍量聲聞
等忍
尒時佛告阿難陀言汝應受持如滿慈子所
說菩薩摩訶薩衆所脩安忍波羅蜜多勿令
忘失阿難陀曰唯然世尊我已受持如滿慈
子所說菩薩摩訶薩衆所脩安忍波羅蜜多
必不忘失時薄伽梵說是經已具壽滿慈子
具壽舍利子具壽阿難陀及餘聲聞諸菩薩
衆并餘一切天龍藥叉阿素洛等聞佛所說
皆大歡喜信受奉行
無因緣生然依本脩淨行圓滿者巳熟故乃
依有情先脩見佛業成熟故有如來身出
現於世佛身滅時於十方面亦無所去但由因
緣和合力盡即時滅度是故諸佛無來無

慈子言義哉善哉如汝所說汝承佛力善說
安忍波羅蜜多若取菩薩摩訶薩忍其量大
小校量聲聞獨覺忍者則為欲取如來之忍
其量大小校量聲聞獨覺等忍所以者何諸
菩薩衆所成就忍其量無邊不應校量聲聞
等忍
佘時佛告阿難陀言汝應受持如滿慈子所
說菩薩摩訶薩衆所脩安忍波羅蜜多勿令
忘失阿難陀曰唯然世尊我已受持如滿慈
子所說菩薩摩訶薩衆所脩安忍波羅蜜多
必不忘失時薄伽梵說是經已具壽滿慈子
具壽舍利子具壽阿難陀及餘聲聞諸菩薩
衆并餘一切天龍藥叉阿素洛等聞佛所說
皆大歡喜信受奉行

無因緣生然依本脩淨行圓滿為因緣故方
依有情先脩見佛業成熟故有如來身出
現於世佛身滅時於十方面亦無所去但由因
緣和合力盡即時滅度是故諸佛無來無
去復次善男子譬如箜篌依止種種因緣和合

BD08267號B2　大般若波羅蜜多經（兌廢稿）卷五八九　（3–3）
BD08267號B3　大般若波羅蜜多經（兌廢稿）卷四〇〇

BD08267 號 B 背　釋僧戒初篇四波羅夷義決（異本）　（3–1）

若僧常食僧...十方有諸王然重同共盜僧物已...僧長食是處...若不打鍾...僧食犯盜...
三現前盜物星(?)結重 若多人共一物一守護望主結 四十方現前如法五眾輕物也 未羯磨應十方僧...若主作法使重
四不盜者僧用法物 永入已重 者盜貸好物直五重一錢已上罪 五盜四重我能救盜得物者 亦所不犯
早當何及不償死亦生煩

言盜人物中由定有主故望主結一匹有主二有諸主 就主物三句一我所心有守護如道中偷慎財物等 二有我所心...
失守護田中五穀是三元守護地中伏藏是 若盜此等...望結罪 護主臟守護可知 三天我所心守護如闕殖林物
盜失物者應棄盜此物望護主結

三盜非畜物者有護主結 天神衣寶花果閑 畜生物虎殘者師子殘不犯
戒文若比丘者義如上 言村落者俗人所居曰村 有四種 言閑靜處盜已更思所 言不与者主不捨 若把而挑識...
賊若業賊心取也 言隨不与法若所盜物重以王法斷死 仏隨王制重 言王者謂在不屬人也 大臣 諸王者 言捉縛...
汝賊是何責賊法 此戒性舍輕重難護故

三顛不犯者若作与想已有想 若輕想暫取相親厚意想取者不犯 親厚有七種

意道

言盜義如上 言自手斷者是殺業自教使衣現相已說乃至 ...是 言人命者從初識至後識一
念識如託父母臨人報之始名初識盡終一軍是後識中間來持是命壞此一命報名殺 入胎...
...是言後畫...言持刀与人者重...死已來是 言我義如上 言不并往者顛上可知

言教殺者若起心教害張受教者殺張三性之中得犯重罪 受教殺王 ...使
者犯重 能教先令皆讚歎遍境...若起報殺...受教殺 五人...故得...方便 若
讚心同犯重罪 彼教所教業自不作 故展轉使者一切得重

言煞戒者制意通意如前 言別意趣報勝善因所招形心俱道器但出
家之人應壞四等全(?)交嗔忿斷壞陰境遠慈惱他損害道器過中之重為
此聖制 二釋名者五陰法中假立眾生斷於五陰名為殺生 三具緣如前
別緣有五四關緣 言犯緣者仏在毗舍離与諸比丘說不淨觀彼習之者
厭患身命嘆死勸死讚死有難提婆受雇衣鉢便斷他命被魔感已
日殺六十人為諸比丘驚怪仏知此事便說數息觀已諸比丘並獲果證 仏知前
呵已制此戒 具五緣成犯一是人二人想三有殺心四起方便五斷命便犯 不犯者若擲
不暢所不成重
刀杖丸石及扶挹病人而死不犯 言妄語者言離意忘無漏真道聖所證
法非是凡夫濁識之所能契以未得故冒假虛誑自言已證惑亂群心欺誑於
世悕招名利以自應也過中之重是故聖制 言釋名者言不稱實妄說
得聖事超凡境故曰過人法 言通緣如上別緣有八

BD08267號B背　釋僧戒初篇四波羅夷義決（異本）　　（3–2）

言殺戒者 剎意通意如前 言別意趣報勝善因所詺飛心俱道器俱出
家之人應壞四等令叉嗔恚斷壞陰境遠慈惱他損害道器過中之重名
此聖制 二釋名者五陰法中假立衆生斷於五陰名爲煞生 三具緣如前
別緣有五 四關緣 言犯緣者 仏在毗舍離与諸比丘說不淨觀彼習之𩬊
猒患身命嘆死勸死讚死有難提盤耍雀衣鉢便斷他命被魔惑已
日煞六十人爲諸比丘驚怪佛知此事便說數息觀已諸比丘證獲果證仏知前
呵已制戒 具五緣成犯一是人二人想三有煞心四起方便五斷命便犯 不犯者若擲
刀杖丸石及扶抱病人而死不犯 言妄語者言離意无漏真道聖所證
法非是凡夫滿藏之所能契以未得故冒假虛誑自言已證或亂群心欺誑於
世悕拓名利以自應也過中之重是故聖制 言釋名者言不稱實妄說
得聖事超勝境故曰過人法 言通緣如上 別緣有八
比戒仏在毗舍離時世飢 乞求難得仏告諸比丘隨意同師親友安居
諸比丘即在毗舍離婆求何工處安居其婆求何是安居比丘護

多善巧方便必得無上正等菩提法涌菩薩
摩訶薩爲常啼菩薩摩訶薩説諸如來應
正等覺廣説乃至佛薄伽梵無來無去相時令
彼三千大千世界一切大地諸山大海及諸

BD08267 號 C　大般若波羅蜜多經（兌廢稿）卷四〇〇　（2–1）

多善巧方便必得無上正等菩提法涌菩薩
摩訶薩為常啼菩薩摩訶薩說諸如來應
正等覺廣說乃至佛薄伽梵無來無去相時令
彼三千大千世界一切大地諸山大海及諸
天宮六種變動諸魔宮殿皆失威光魔及魔
軍皆悉驚怖時彼三千大千世界一切所有
草木叢林生非時花悉皆傾向法涌菩薩摩
訶薩所空中亦雨種種香花時天帝釋四大
天王及諸天衆於虛空中即以種種天妙香
花奉散供養法涌菩薩摩訶薩已復持種種
天妙香花奉散供養常啼菩薩而作是言
因大士得聞如是勝義之教一切世間住身
見者聞是法已能捨執著皆悉住於難伏之
地

尒時常啼菩薩摩訶薩白法涌菩薩摩訶薩
言何因何緣令此世界一切大地諸山大海六
種變動及現種種希有之相法涌菩薩告
常啼言由我荅汝所問如來應正等覺無來
去相於此會中八千衆生皆悉證得無生法
忍復有八十那庾多衆生皆發無上正等覺
心復有八萬四千衆生遠塵離垢於諸法中
生淨法眼由是因緣令此世界一切大地諸
山大海六種變動及現種種希有之相常啼

問五部之中何部受戒　答五部中依四分受　問四分之中有幾種受戒有五種
何者是　一善來　二上法　三歸　四八敬　五羯磨等是　問比丘中依何等　如受依
羯磨受　具幾緣　具四緣　一得名如法一僧數滿足緣　二結戒成就　三身
无遮難緣　四羯磨如法緣　又問制此戒有何意　以答結戒故　文云十意
滅滑未起非法　二滅滑已起疑　佪能知輕重識別識除　三攝主十利攝取
於僧等　四分云言世業出世見衆過失　謂十利　故与諸比丘制戒

言別意者　婬欲之性　躰是離識生死根本　若不斷除　流輪三有　是故不能出離
聖制　第二釋名者　亦有通別　言通者　戒是通名　不淨行等是別号
第三具緣者　有通別　言通者有三　一是大比丘　簡非所被　文言若比
丘故　二實制教後　以其初人　教未攝故　三无重病壞心　簡癡狂犯等
此之三義該通上下每戒同然　二言別者　此初戒具四緣　一正境　二有染心

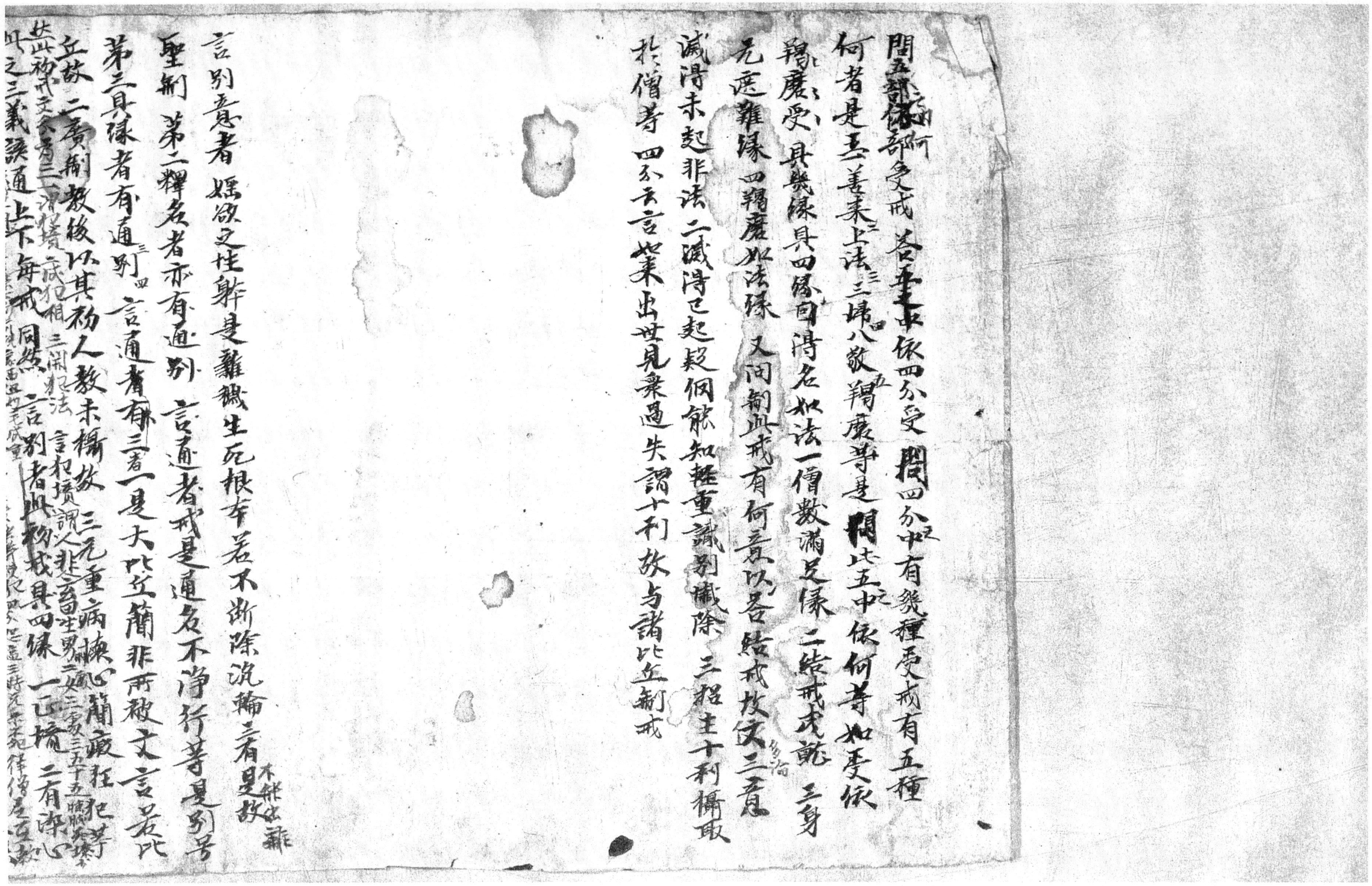

BD08267 號 C 背 1　釋受戒義（擬）·）卷四〇〇
BD08267 號 C 背 2　釋僧戒初篇四波羅夷義決（異本）

（2–1）

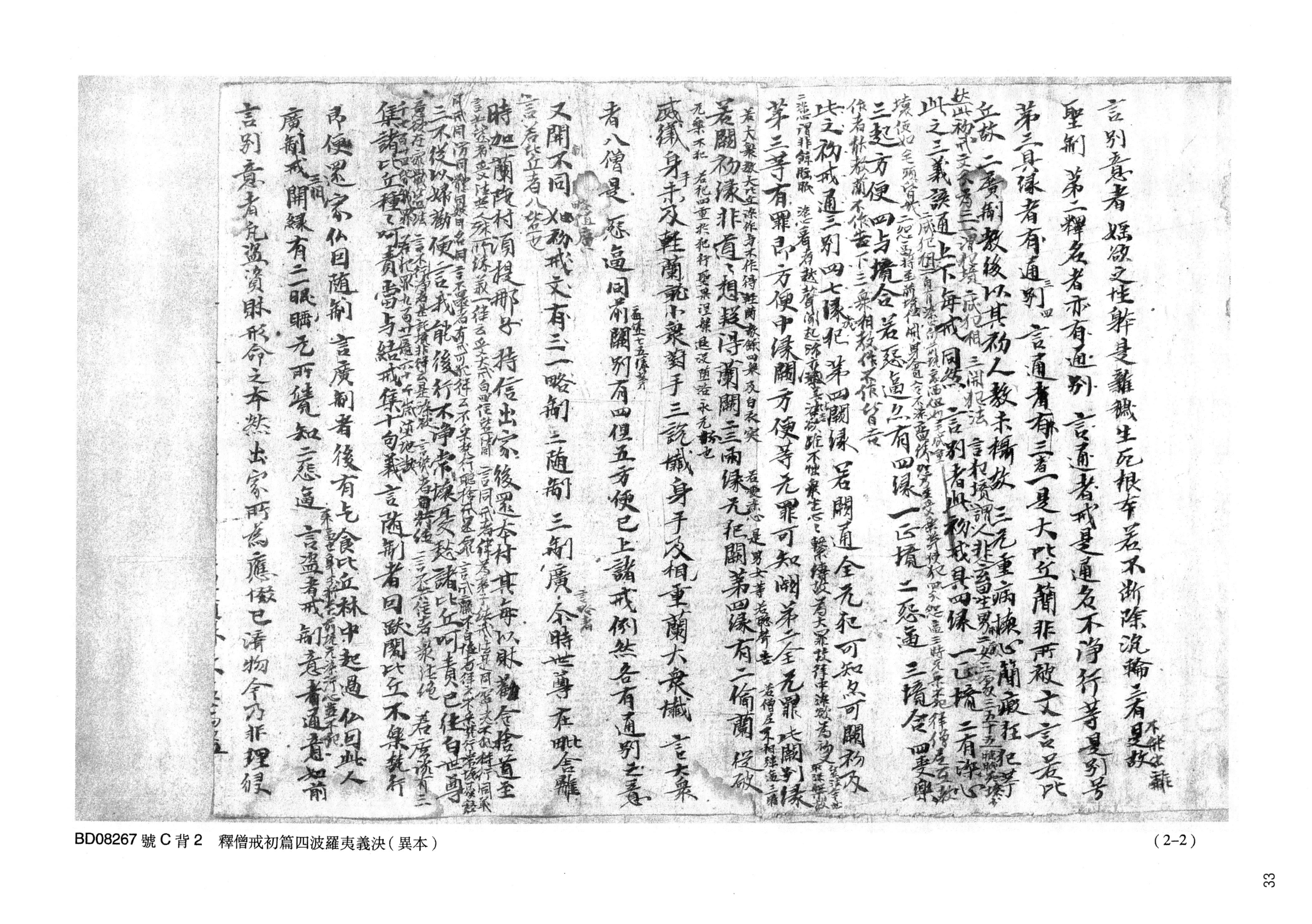

BD08267 號 C 背 2　釋僧戒初篇四波羅夷義決（異本）　（2–2）

悕望又不親

塞優婆夷亦

於講堂中不

所悕求文殊師

人身取能生欲想相而

入他家不與小女處女寡

近五種不男之人以爲親

有因緣須獨入時但一心

法不露齒咲不現胷臆乃

況復餘事不樂畜年少弟子沙弥小兒亦不

樂與同師常好坐禪在於閑處脩攝其心文

殊師利是名初親近處復次菩薩摩訶薩觀

一切法空如實相不顛倒不動不退不轉如

虛空无所有性一切語言道斷不生不出不

起无名无相實无所有无量无邊无㝵无鄣

但以因緣有從顛倒生故說常樂觀如是法

相是名菩薩摩訶薩第二親近處尒時世尊

BD08268號　妙法蓮華經卷五　（2–1）

一切法空如實相不顛倒不動不退不轉如

虛空无所有性一切語言道斷不生不出不

起无名无相實无所有无量无邊无㝵无鄣

但以因緣有從顛倒生故說常樂觀如是法

相是名菩薩摩訶薩第二親近處尒時世尊

欲重宣此義而說偈言

若有菩薩　於後惡世　无怖畏心　欲說是經

應入行處　及親近處　常離國王　及國王子

大臣官長　凶險戲者　及旃陁羅　外道梵志

亦不親近　增上慢人　貪著小乘　三藏學者

破戒比丘　名字羅漢　及比丘尼　好戲咲者

深著五欲　求現滅度　諸優婆夷　皆勿親近

若是人等　以好心來　到菩薩所　為聞佛道

菩薩則以　无所畏心　不懷悕望　而為說法

寡女處女　及諸不男　皆勿親近　以為親厚

亦莫親近　屠兒魁膾　田獵漁捕　為利煞害

販肉自活　衒賣女色　如是之人　皆勿親近

凶險相撲　種種嬉戲　諸婬女等　盡勿親近

莫獨屏處　為女說法　若說法時　无得戲咲

入里乞食　將一比丘　若无比丘　一心念佛

是則名為　行處近處　以此二處　能安樂說

又復不行　上中下法　有為无為　實不實法

亦不分別　是男是女　不得諸法　不知不見

是則名為　菩薩行處

BD08268號　妙法蓮華經卷五　（2–2）

彼佛之又聞其言維摩詰
敬无量問訊起居少病少
得世尊所食之餘欲於娑婆
事使此樂小法者得弘大道亦
皆聞彼諸大士見化菩薩歎未
何所來娑婆世界爲在何
法者即以問佛佛告之曰
恒河沙佛土有世界名娑婆
牟尼今現在於五濁惡世爲樂小
生數演道教彼有菩薩名維摩詰住不
誡解脫爲諸菩薩說法故遣化來稱揚
并讚此土令彼菩薩增益功德彼菩薩
其人何如乃作是化德力无畏神足若斯
佛言甚大一切十方皆遣化生施作佛事饒
益衆生於是香積如來以衆香鉢盛滿香飯
與化菩薩時彼九百万菩薩俱發聲言我欲

BD08269號　維摩詰所說經卷下　（2–1）

生數演道教彼有菩薩名維摩詰住不
誡解脫爲諸菩薩說法故遣化來稱揚
并讚此土令彼菩薩增益功德彼菩薩
其人何如乃作是化德力无畏神足若斯
佛言甚大一切十方皆遣化生施作佛事饒
益衆生於是香積如來以衆香鉢盛滿香飯
與化菩薩時彼九百万菩薩俱發聲言我欲
詣娑婆世界供養釋迦牟尼佛并欲見維摩
詰等諸菩薩衆佛言可往攝汝身香无令彼
諸衆生起惑著心又當捨汝本形勿使彼國
求菩薩者而自鄙恥又汝於彼莫懷輕賤而
作閡想所以者何十方國土皆如虛空又諸
佛爲欲化諸樂小法者不盡現其清淨土耳
時化菩薩既受鉢飯與彼九百万菩薩俱承
佛威神及維摩詰力於彼世界忽然不現須
臾之間至維摩詰舍維摩詰即化作九百万
師子之座嚴好如前諸菩薩皆坐其上化菩薩
以滿鉢香飯與維摩詰飯香普薰毗耶離城
及三千大千世界時毗耶離婆羅門居士等

BD08269號　維摩詰所說經卷下　（2–2）

提實无有法佛得阿耨多羅三藐三菩提須
菩提如來所得阿耨多羅三藐三菩提於是中
无實无虛是故如來說一切法皆是佛法須
菩提所言一切法者即非一切法是故名一切
法須菩提譬如人身長大須菩提言世尊如
來說人身長大則為非大身是名大身須菩
提菩薩亦如是若作是言我當滅度无量衆生
則不名菩薩何以故須菩提實无有法名為菩
薩是故佛說一切法无我无人无衆生无壽者
須菩提若菩薩作是言我當莊嚴佛土是不
名菩薩何以故如來說莊嚴佛土者即非莊嚴
是名莊嚴須菩提若菩薩通達无我法者
如來說名真是菩薩須菩提於意云何如來
有肉眼不如是世尊如來有肉眼須菩提於意云
何如來有天眼不如是世尊如來有天眼須菩
提於意云何如來有慧眼不如是世尊如來有慧
眼須菩提於意云何如來有法眼不如是世尊如來
有法眼須菩提於意云何如來有佛眼不如是

BD08270號　金剛般若波羅蜜經　（2–1）

薩是故佛說一切法无我无人无衆生无壽者
須菩提若菩薩作是言我當莊嚴佛土是不
名菩薩何以故如來說莊嚴佛土者即非莊嚴
是名莊嚴須菩提若菩薩通達无我法者
如來說名真是菩薩須菩提於意云何如來
有肉眼不如是世尊如來有肉眼須菩提於意云
何如來有天眼不如是世尊如來有天眼須菩
提於意云何如來有慧眼不如是世尊如來有慧
眼須菩提於意云何如來有法眼不如是世尊如來
有法眼須菩提於意云何如來有佛眼不如是
世尊如來有佛眼須菩提於意云何恒河中
所有沙佛說是沙不如是世尊如來說是沙
須菩提於意云何如一恒河中所有沙有如是
等恒河是諸恒河所有沙數佛世界如是寧
為多不甚多世尊佛告須菩提尒所國土中所
有衆生若干種心如來悉知何以故如來說諸
心皆為非心是名為心所以者何須菩提過去
心不可得現在心不可得未來心不可得須菩
提於意云何若有人滿三千大千世界七寶
以用布施是人以是因緣得福多不如是世尊

BD08270號　金剛般若波羅蜜經　（2–2）

利弗彼佛出時雖非惡世以本願故說三乘法其劫名大寶莊嚴何故名
曰大寶莊嚴其國中以菩薩為大寶故彼諸菩薩无量无邊不可思議
筭數譬喻所不能及非佛智力无能知者若欲行時寶華承足此
諸菩薩非初發意皆久殖德本於无量百千万億佛所淨修梵行恒
為諸佛之所稱歎常修佛慧具大神通善知一切諸法之門質直無偽志念
堅固如是菩薩充滿其國舍利弗華光佛壽十二小劫除為王子未作
佛時其國人民壽八小劫華光如來過十二小劫授堅滿菩薩阿耨多羅
三藐三菩提記告諸比丘是堅滿菩薩次當作佛号曰華足安行多陀阿
伽度阿羅訶三藐三佛陀其佛國土亦復如是舍利弗華光佛壽十二小
劫除為王子未作佛時其國人民壽八小劫華光如來過十二小劫授堅滿
菩薩阿耨多羅三藐三菩提記告諸比丘是堅滿菩薩次當作佛号
曰華足安行多陀阿伽度阿羅訶三藐三佛陀其佛國土亦復如是正法住
世三十二小劫像法住世亦三十二小劫爾時世尊欲重宣此義而說偈言
舍利弗來世　成佛普智尊　号名為華光　當度无量眾　供養无數佛　具足菩薩道
十力等功德　證於无上道　過无量劫已　劫名大寶嚴　世界名離垢　清淨无瑕穢
以琉璃為地　金繩界其道　七寶雜色樹　常有華菓實　彼國諸菩薩　志念常堅固
神通波羅蜜　皆已悉具足　於无數佛所　善學菩薩道　如是等大士　華光佛所化
佛為王子時　棄國捨世榮　於最末後身　出家成佛道　華光佛住世　壽十二小劫
其國人民眾　壽命八小劫　佛滅度之後　正法住於世　三十二小劫　廣度諸眾生
正法滅盡已　像法三十二　舍利廣流布　天人普供養　華光佛所化　佛為王子時
其事皆如是　其兩足聖尊　最勝无倫匹　彼即是汝身　宜應自欣慶
爾時四部眾比丘比丘尼優婆塞優婆夷天龍夜叉乾闥婆阿脩羅
迦樓羅緊那羅摩睺羅伽等大眾見舍利弗於佛前受阿
耨多羅三藐三菩提記心大歡喜踊躍无量各各脫身所著上
衣以供養佛釋提桓因梵天王等與无數天子亦以天妙衣天曼陀
羅華摩訶曼陀羅華等供養於佛所散天衣住虛空中而自迴轉諸
天伎樂百千万種於虛空中一時俱作雨眾天華而作是言佛昔於波羅柰
初轉法輪今乃復轉无上最大法輪爾時諸天子欲重宣此義而說偈言
昔於波羅柰　轉四諦法輪　分別說諸法　五眾之生滅　今復轉最
是法甚深奧

BD08271 號　妙法蓮華經卷二　（1–1）

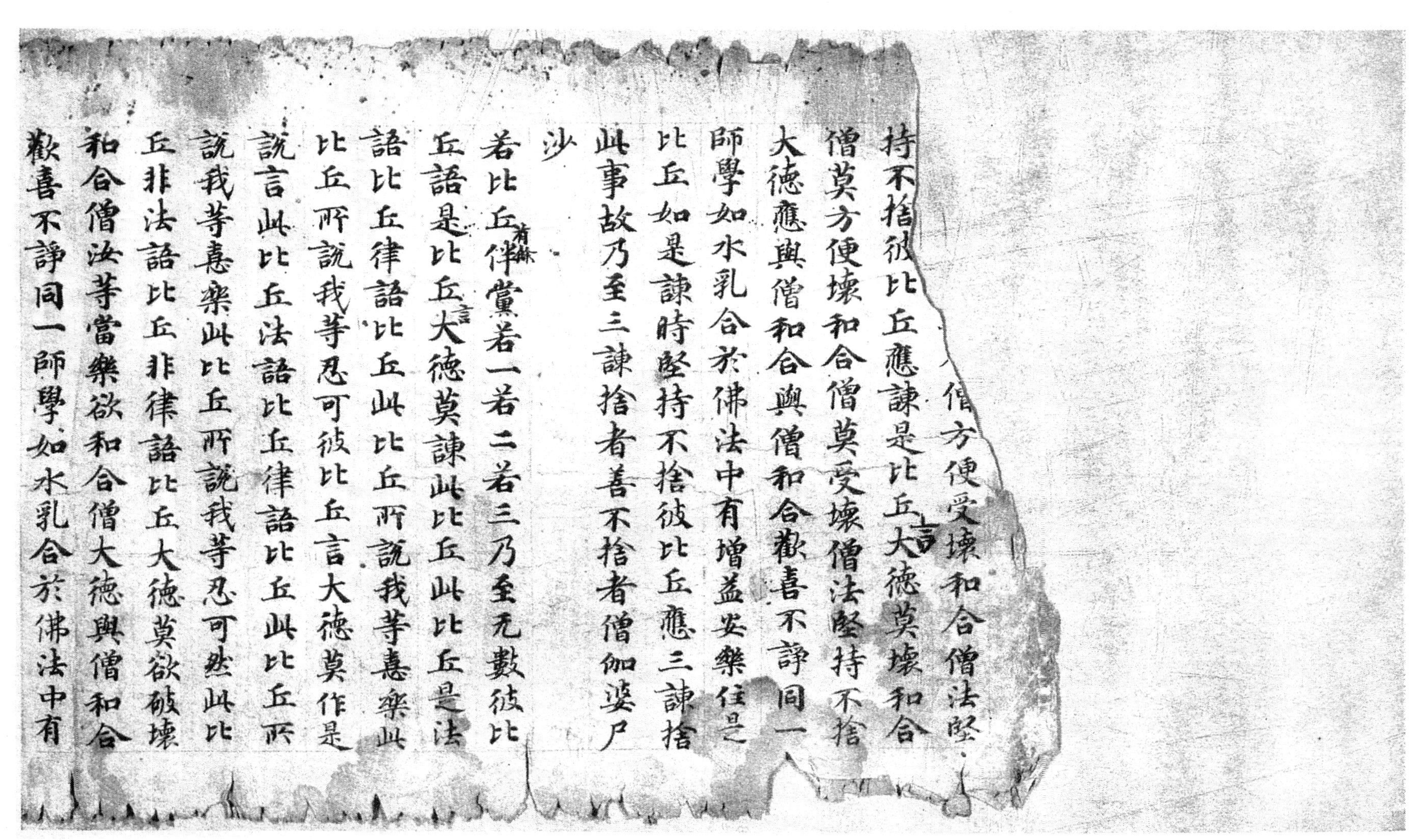

僧方便受壞和合僧法堅
持不捨彼比丘應諫是比丘言大德莫壞和合
僧莫方便壞和合僧莫受壞僧法堅持不捨
大德應與僧和合與僧和合歡喜不諍同一
師學如水乳合於佛法中有增益安樂住是
比丘如是諫時堅持不捨彼比丘應三諫捨
此事故乃至三諫捨者善不捨者僧伽婆尸
沙
若比丘伴黨若一若二若三乃至无數彼比
丘語是比丘言大德莫諫此比丘此比丘是法
語比丘律語比丘此比丘所說我等喜樂此
比丘所說我等忍可彼比丘言大德莫作是
說言此比丘法語比丘律語比丘此比丘所
說我等喜樂此比丘所說我等忍可然此比
丘非法語比丘非律語比丘大德莫欲破壞
和合僧汝等當樂欲和合僧大德與僧和合
歡喜不諍同一師學如水乳合於佛法中有

BD08272 號　四分律比丘戒本　（2–1）

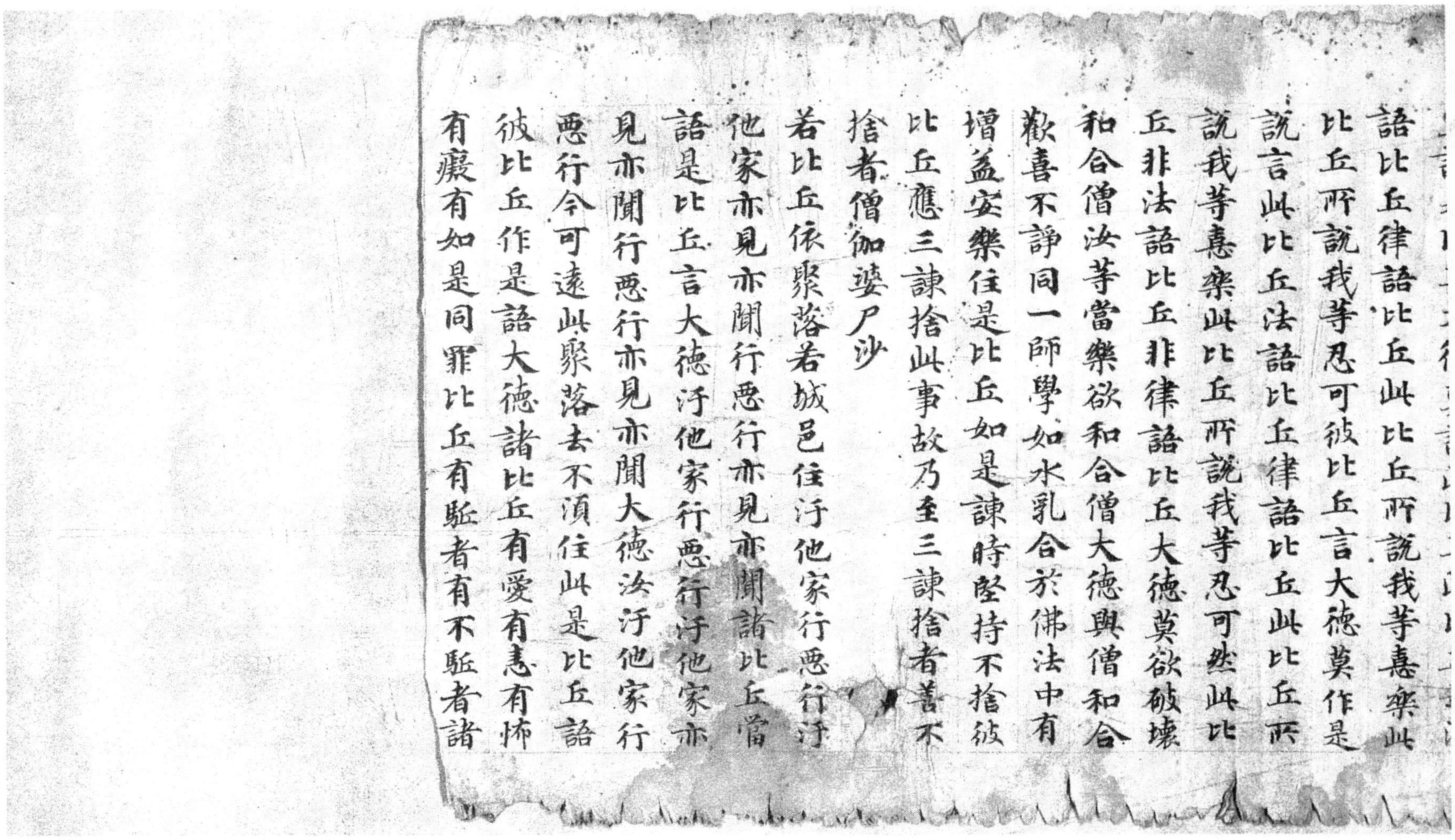

語比丘律語比丘此比丘所說我等喜樂此
比丘所說我等忍可彼比丘言大德莫作是
說言此比丘法語比丘律語比丘此比丘所
說我等喜樂此比丘所說我等忍可然此比
丘非法語比丘非律語比丘大德莫欲破壞
和合僧汝等當樂欲和合僧大德與僧和合
歡喜不諍同一師學如水乳合於佛法中有
增益安樂住是比丘如是諫時堅持不捨彼
比丘應三諫捨此事故乃至三諫捨者善不
捨者僧伽婆尸沙
若比丘依聚落若城邑住汙他家行惡行汙
他家亦見亦聞行惡行亦見亦聞諸比丘當
語是比丘言大德汙他家行惡行汙他家亦
見亦聞行惡行亦見亦聞大德汝汙他家行
惡行今可遠此聚落去不須住此是比丘語
彼比丘作是語大德諸比丘有愛有恚有怖
有癡有如是同罪比丘有駈者有不駈者諸

BD08272 號　四分律比丘戒本　（2–2）

若比丘有餘伴

BD08272 號背　雜寫　（1–1）

言世[illegible]
本大願殊勝功德令諸聞者業鄣銷除為
欲利樂像法轉時諸有情故
尒時世尊讚曼殊室利童子言善哉善哉
曼殊室利汝以[illegible]勸請我說
願功德為拔業鄣所纏有情利益安樂像
法轉時諸有情故汝今諦聽極善思惟當
為汝說曼殊室利言唯然願說我等樂聞
佛告曼殊室利東方去此過十殑伽沙等佛
土有世界名淨瑠璃佛号藥師瑠璃光如來
應正等覺明行圓滿善逝世間解无上丈
夫調御士天人師佛薄伽梵曼殊室利彼世

BD08273號　藥師琉璃光如來本願功德經　（3–1）

主有世界名淨瑠璃佛号藥師瑠璃光如來
應正等覺明行圓滿善逝世間解无上丈
夫調御士天人師佛薄伽梵曼殊室利彼世
尊藥師瑠璃光如來行菩薩道時發十二大
願令諸有情所求皆得
第一大願願我來世得阿耨多羅三藐三菩
提時自身光明熾然照曜无量无數无邊世
界以三十二大丈夫相八十隨好莊嚴其身
令一切有情如我无異
第二大願願我來世得菩提時身如瑠璃
內外明徹淨无瑕穢光明廣大功德巍巍身
善安住燄網莊嚴過於日月幽冥眾生悉蒙
開曉隨意所趣作諸事業
第三大願願我來世得菩提時以无量无邊
智慧方便令諸有情皆得无盡所受用物
莫令眾生有所乏少
第四大願願我來世得菩提時若諸有情行
邪道者悉令安住菩提道中若行聲聞
獨覺乘者皆以大乘而安立之
第五大願願我來世得菩提時若有无量
无邊有情於我法中脩行梵行一切皆令得
不缺戒具三聚戒設有毀犯聞我名已還得
清淨不墮惡趣
第六大願願我來世得菩提時若諸有情
[illegible]

BD08273號　藥師琉璃光如來本願功德經　（3–2）

第四大願願我來世得菩提時若諸有情行
邪道者悉令安住菩提道中若行聲聞
獨覺乘者皆以大乘而安立之
第五大願願我來世得菩提時若有无量
无邊有情於我法中脩行梵行一切皆令得
不缺戒具三聚戒設有毀犯聞我名已還得
清淨不墮惡趣
第六大願願我來世得菩提時若諸有情
其身下劣諸根不具醜陋頑愚盲聾瘖瘂
攣躄背僂白癩癲狂種種病苦聞我名已一
切皆得端政黠慧諸根完具无諸疾苦
第七大願願我來世得菩提時若諸有情衆
病逼切无救无歸无醫无藥无親无家貧
窮多苦我之名号一經其耳衆病悉除身
心安樂家屬資具悉皆豐足乃至證得无
上菩提
第八大願願我來世得菩提時若有女人
為女百惡之所逼惱極生厭離願捨女身
聞我名已一切皆得轉女成男具丈夫相乃
至證得无上菩提
第九大願願我來世得菩提時令諸有情出
魔羂網解脫一切外道纏縛若墮種種惡見

BD08273 號　藥師琉璃光如來本願功德經　（3–3）

菩薩戒序　菩薩序
諸大德　菩薩戒序　菩薩戒　諸諸大德
菩薩戒序
諸大德優婆塞優婆夷
菩薩戒序
諸大德優婆塞優婆夷等諦聽諦聽佛
滅度後於像法中應當尊重珎敬波羅
提木叉波羅提木叉者即是此戒持此戒時
如闇遇明如貧人得寶如病者得差如囚繫出
獄如遠行者得歸當知此則是衆等大師
若佛在世無異此也怖心難生善心難發故
古莫輕小罪已為無殃水滴雖微漸盈大
器剎那造罪殃墮無間一失人身万劫不復
壯色不停猶如奔馬人命無常過於山水今
日雖存明亦難保今正是時衆等應當各
各一心勤修精進慎勿懈怠懶墯睡眠縱

BD08274 號　梵網經菩薩戒序（兌廢稿）　（2–1）

諸大德優婆塞優婆夷
菩薩戒序
諸大德優婆塞優婆夷等諦聽諦聽佛
滅度後於像法中應當尊重珍敬波羅
提木叉波羅提木叉者即是此戒持此戒時
如闇遇明如貧人得寶如病者差得如囚繫出
獄如遠行者得歸當知此則是衆等大師
若佛在世無異此也怖心難生善心難發故
云莫輕小罪以爲無殃水渧雖微漸盈大
器剎那造罪殃墮無間一失人身万劫不復
壯色不停猶如奔馬人命无常過於山水今
日雖存明亦難保今正是時衆等應當各
各一心勤於精進慎勿懈怠懶墮睡眠縱
意夜則攝心存念三寶莫以空過

BD08274 號　梵網經菩薩戒序（兑廢稿）　（2–2）

願
亦常
願我以其
遠離一切不
一切世界諸衆生　悉皆離苦得安樂
所有諸根不具足　令彼身相皆圓滿
若有衆生遭病苦　身形羸瘦无所依
咸令病苦得消除　諸根色力皆充滿
若犯王法當刑戮　衆苦逼切生憂惱
彼受如斯極苦時　无有歸依能救護
若受鞭杖枷鏁繫　種種苦具切其身
无量百千憂惱時　逼迫身心无暫樂
皆令得免於繫縛　及以鞭杖苦楚事
將臨刑者得命全　衆苦皆令永除盡
若有衆生飢渴逼　令得種種殊勝味
盲者得見　聾者得聞

BD08275 號　金光明最勝王經卷二　（2–1）

彼受如斯極苦時　無有歸依能救護
若受鞭杖枷鎖繫　種種苦具切其身
无量百千憂惱時　逼迫身心无暫樂
皆令得免於繫縛　及以鞭杖苦楚事
將臨刑者得命全　衆苦皆令永除盡
若有衆生飢渴逼　令得種種殊勝味
盲者得視聾者聞　跛者能行瘂能語
貧窮衆生獲寶藏　倉庫盈溢无所乏
皆令得受上妙樂　无一衆生受苦惱
一切人天皆樂見　容儀溫雅甚端嚴
悉皆現受无量樂　受用豐饒福德具
隨彼衆生念伎樂　衆妙音聲皆現前
念水即現清涼池　金色蓮華泛其上
隨彼衆生心所念　飲食衣服及牀敷
金銀珎寶妙琉璃　瓔珞莊嚴皆具足
勿令衆生聞惡響　亦復不見有相違
所受容貌悉端嚴　各各慈心相愛樂
世間資生諸樂具　隨心念時皆滿足
所得珎財[illegible]　亦布施與諸衆生

BD08275 號　金光明最勝王經卷二　（2–2）

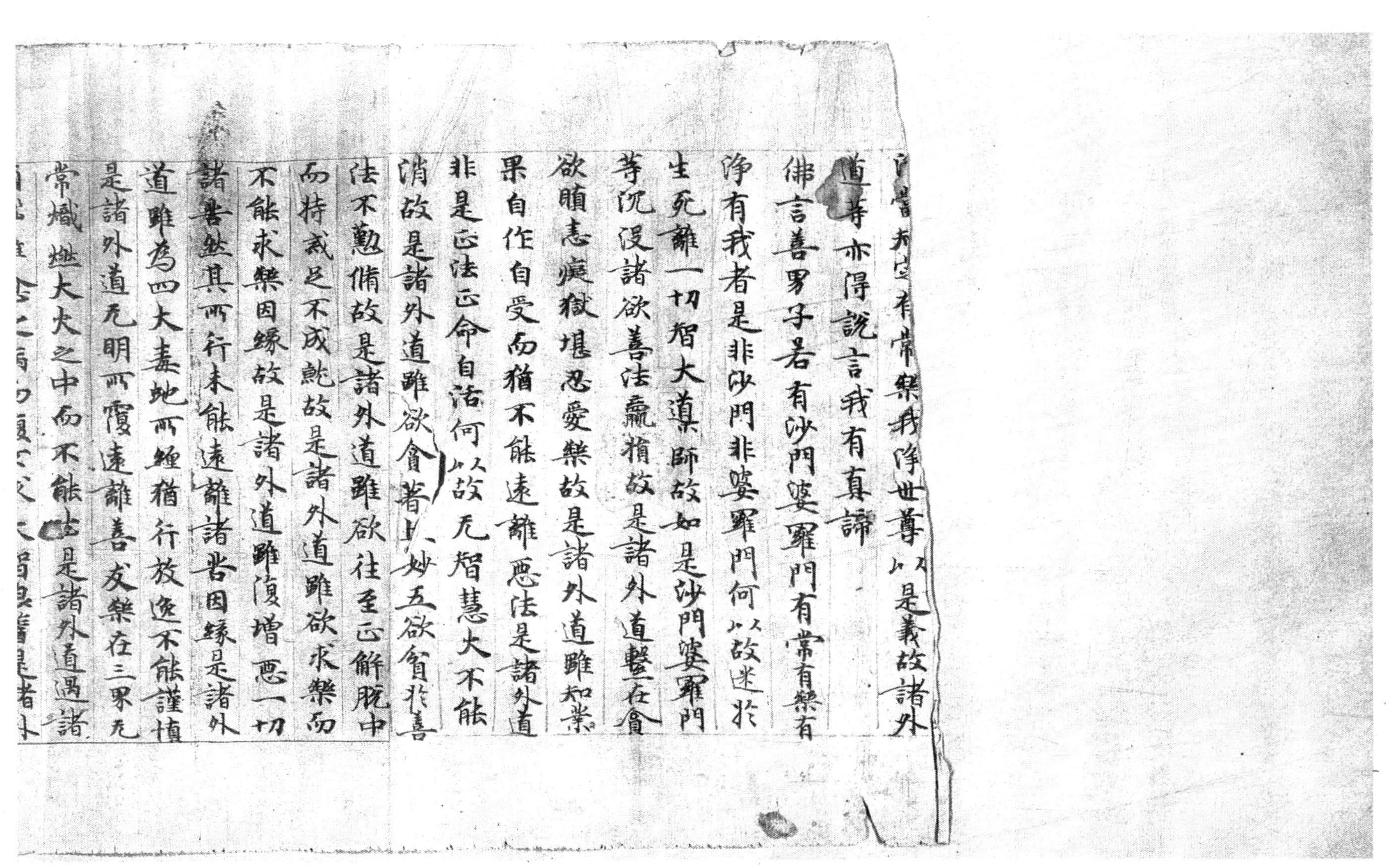
[illegible]有常樂我淨世尊以是義故諸外
道等亦得說言我有真諦
佛言善男子若有沙門婆羅門有常有樂有
淨有我者是非沙門非婆羅門何以故迷於
生死離一切智大導師故如是沙門婆羅門
等沈沒諸欲善法羸損故是諸外道繫在貪
欲瞋恚癡獄堪忍愛樂故是諸外道雖知業
果自作自受而猶不能遠離惡法是諸外道
非是正法正命自活何以故无智慧火不能
消故是諸外道雖欲貪著上妙五欲貪於善
法不懃脩故是諸外道雖欲往至正解脫中
而持戒足不成就故是諸外道雖欲求樂而
不能求樂因緣故是諸外道雖復憎惡一切
諸苦然其所行未能遠離諸苦因緣是諸外
道雖為四大毒蛇所纏猶行放逸不能謹慎
是諸外道无明所覆遠離善友樂在三界无
常熾燃大火之中而不能出是諸外道遇諸
[illegible]

BD08276 號　大般涅槃經（北本）卷一三　（2–1）

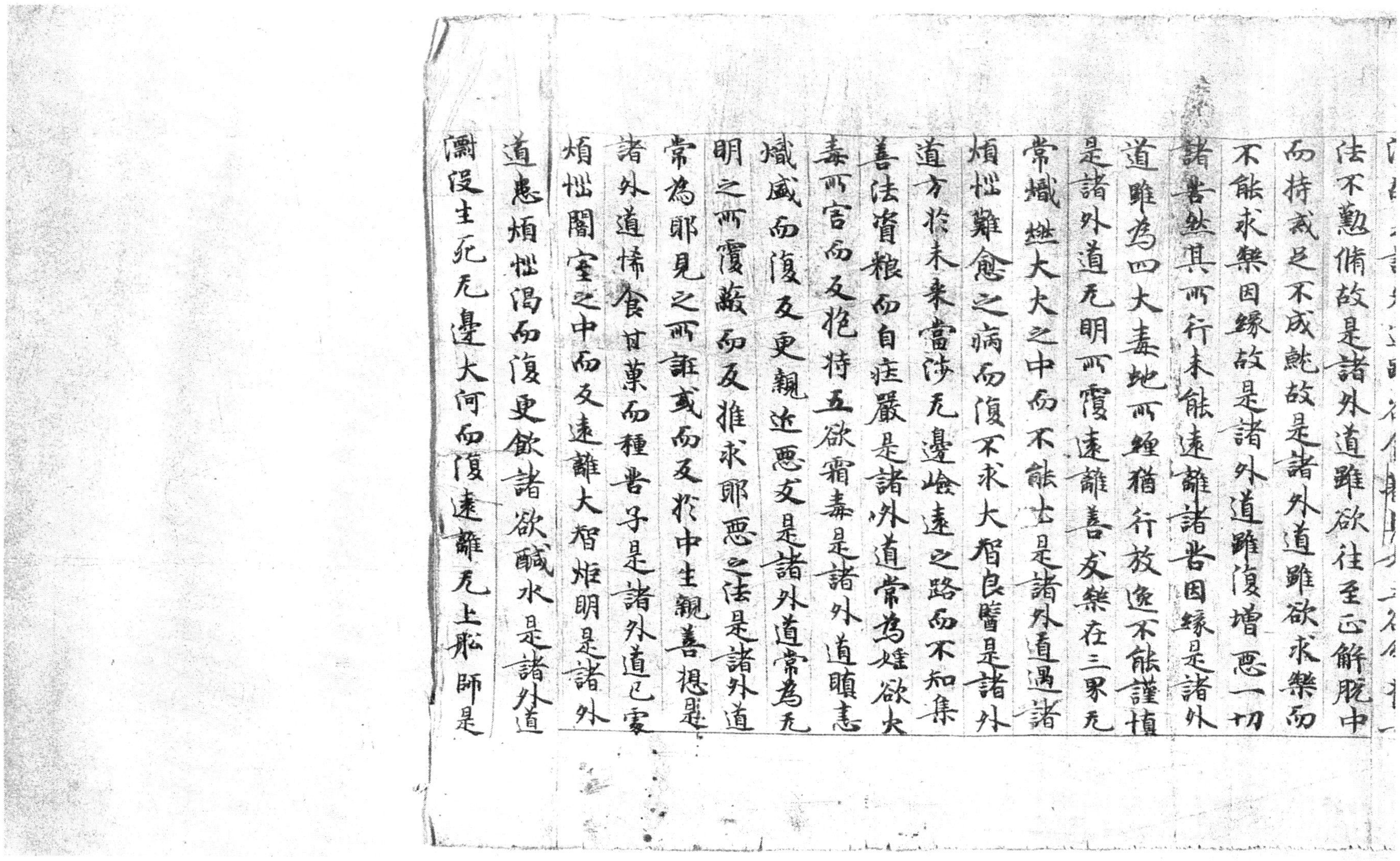

法不勤脩故是諸外道雖欲往至正解脫中
而持戒足不成就故是諸外道雖欲求樂而
不能求樂因緣故是諸外道雖復增惡一切
諸善然其所行未能遠離諸苦因緣是諸外
道雖為四大毒虵所纏猶行放逸不能謹慎
是諸外道无明所覆遠離善友樂在三界无
常熾然大火之中而不能出是諸外道遇諸
煩惱難愈之病而復不求大智良醫是諸外
道方於未來當涉无邊嶮遠之路而不知集
善法資粮而自莊嚴是諸外道常為婬欲大
毒所害而反抱持五欲霜毒是諸外道瞋恚
熾盛而復反更親近惡友是諸外道常為无
明之所覆蔽而反推求耶惡之法是諸外道
常為耶見之所誑惑而反於中生親善想是
諸外道悕食甘菓而種苦子是諸外道已處
煩惱闇室之中而反遠離大智炬明是諸外
道患煩惱渴而復更飲諸欲醎水是諸外道
漂沒生死无邊大河而復遠離无上船師是

BD08276號　大般涅槃經（北本）卷一三　（2–2）

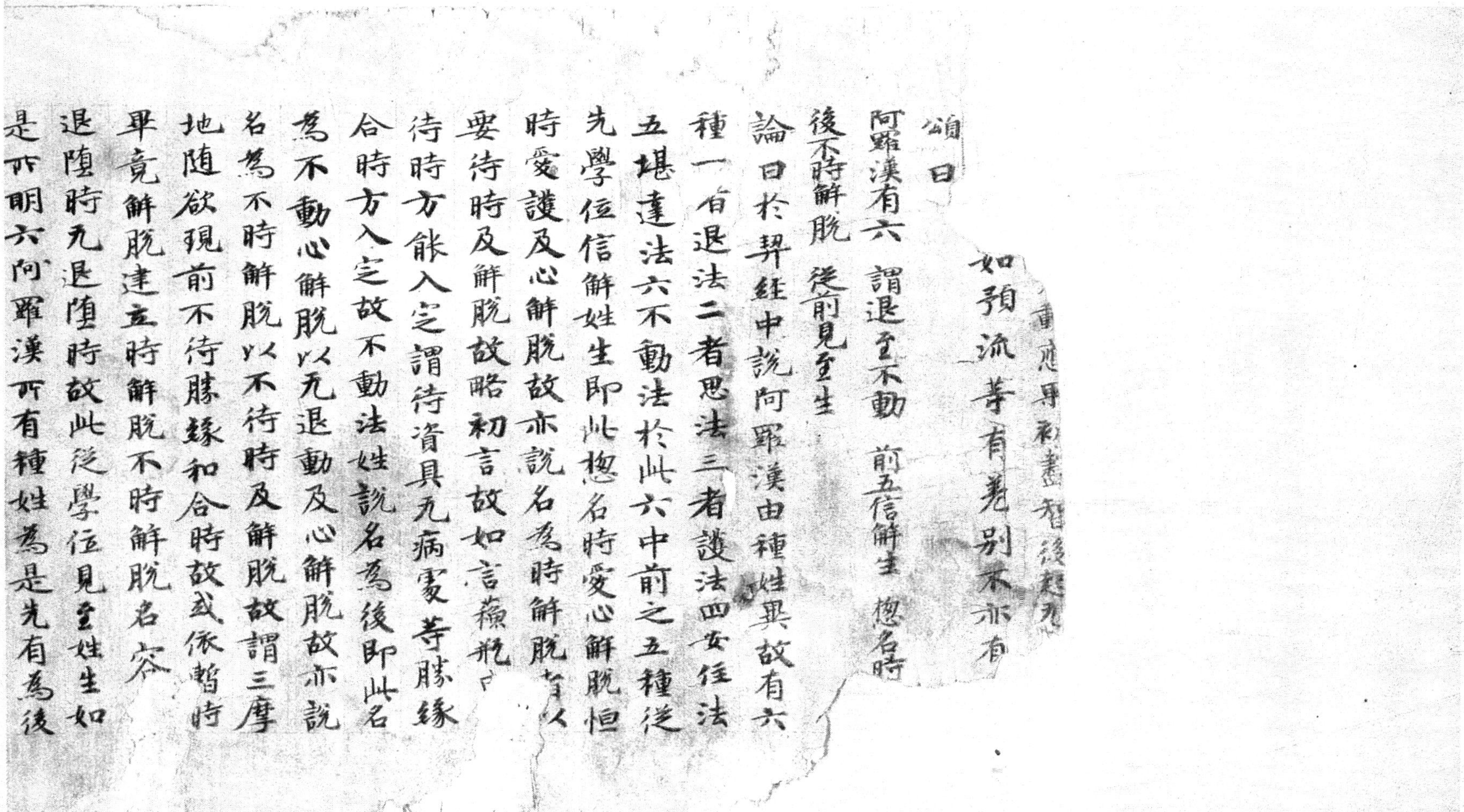

由應果初盡智後起无
如預流等有差別不亦有
頌曰
阿羅漢有六　謂退至不動　前五信解生　總名時
後不時解脫　從前見至生
論曰於契經中說阿羅漢由種姓異故有六
種一者退法二者思法三者護法四安住法
五堪達法六不動法於此六中前之五種從
先學位信解姓生即此總名時愛心解脫恒
時愛護及心解脫故亦說名為時解脫[illegible]
要待時及解脫故略初言故如言蘇瓶[illegible]
待時方能入定謂待資具无病處等勝緣
合時方入定故不動法姓說名為後即此名
為不動心解脫以无退動及心解脫故亦說
名為不時解脫以不待時及解脫故謂三摩
地隨欲現前不待勝緣和合時故或依暫時
畢竟解脫建立時解脫不時解脫名容
退墮時无退墮時故此從學位見至姓生如
是所明六向羅漢所有種姓為是先有為後

BD08277號　阿毗達磨俱舍論卷二五　（2–1）

種一者退法二者思法三者護法四者住法
五堪達法六不動法於此六中前之五種從
先學位信解姓生即此揔名時愛心解脫恒
時愛護及心解脫故亦說名為時解脫者以
要待時及解脫故略初言故如言蘇瓶
待時方能入定謂待資具无病處等勝緣
合時方入定故不動法姓說名為後即此名
為不動心解脫以无退動及心解脫故亦說
名為不時解脫以不待時及解脫故謂三摩
地隨欲現前不待勝緣和合時故或依暫時
畢竟解脫建立時解脫不時解脫名容
退墮時无退墮時故此從學位見至姓生如
是所明六阿羅漢所有種姓為是先有為後
方得不定云何頌曰
有是先種姓　有後練根得
論曰退法種姓必是先有思法等五亦有後
得謂有先來是思法姓有先退法姓後練
成思乃至不動隨應當說言退法者謂遇

BD08277 號　阿毗達磨俱舍論卷二五　（2–2）

BD08277 號背　勘記　（1–1）

種諸善根无有疲猒志常安住方便迴向求
法不懈說法无悋勤供諸佛故入生死而无
所畏於諸榮辱心无憂喜不輕未學敬學如
佛憜煩惱者令發正念於遠離樂不以為貴
不著己樂慶於彼樂在諸禪定如地獄想於
生死中如園觀想見來求者為善師想捨諸
所有具一切智想見毀戒人起救護想諸波
羅蜜為父母想道品之法為眷屬想發行善
根无有齊限以諸淨國嚴飾之事成己佛土
行不限施具足相好除一切惡身口意淨故
生死无數劫意而有勇聞佛无量德志而不
惓以智慧劍破煩惱賊出陰界入荷負眾生
永使解脫以大精進摧伏魔軍常求无念實
相之慧於世間法少欲知足於出世間法求
之无猒不壞威儀而能隨俗起神通慧引導
眾生得念總持所聞不忘善別諸根斷眾生
疑以樂說辯演法无礙淨十善道受天人福
脩四无量開梵天道勸請說法隨喜讚善得
佛音聲身口意善得佛威儀深行善法所生

BD08278 號　維摩詰所說經卷下　（3–1）

之无猒不壞威儀而能隨俗起神通慧引導
眾生得念總持所聞不忘善別諸根斷眾生
疑以樂說辯演法无礙淨十善道受天人福
脩四无量開梵天道勸請說法隨喜讚善得
佛音聲身口意善得佛威儀深行善法所生
轉勝以大乘教成菩薩僧心无放逸不失眾
善行如此法是名菩薩不盡有為何謂菩薩
不住无為謂脩學空不以空為證脩學无相
无作不以无相无作為證脩學无起不以无
起為證觀於无常而不猒善本觀世間苦而
不惡生死觀於无我而誨人不惓觀於寂滅
而不永寂滅觀於遠離而身心脩善觀无所
歸而歸趣善法觀於无生而以生法荷負一
切觀於无漏而不斷諸漏觀无所行而以行法
教化眾生觀於空无而不捨大悲觀正法位而
不隨小乘觀諸法虛妄无牢无人无主无相
本願未滿而不虛福德禪定智慧脩如此法
是名菩薩不住无為又見福德故不住无為
具智慧故不盡有為大慈悲故不住无為滿
本願故不盡有為集法藥故不住无為隨授
藥故不盡有為知眾生病故不住无為滅眾
生病故不盡有為諸正士菩薩已脩此法不
盡有為不住无為是名盡无盡解脫法門汝
等當學尒時彼諸菩薩聞說是法皆大歡喜
以眾妙華若干種色若干種香散遍三千大
千世界供養於佛及此經法并諸菩薩已稽

BD08278 號　維摩詰所說經卷下　（3–2）

藥故不盡有為知衆生病故不住无為滅衆
生病故不盡有為諸正士菩薩已脩此法不
盡有為不住无為是名盡无盡解脫法門汝
等當學尒時彼諸菩薩聞說是法皆大歡喜
以衆妙華若干種色若干種香散遍三千大
千世界供養於佛及此經法并諸菩薩已稽
首佛足歎未曾有言釋迦牟尼佛乃能於此
善行方便言已忽然不現還到彼國
維摩詰經見阿閦佛品第十二
尒時世尊問維摩詰汝欲見如來為以何等
觀如來乎維摩詰言如自觀身實相觀佛亦
然我觀如來前際不來後際不去今則不住
不觀色不觀色如不觀色性不觀受想行識
不觀識如不觀識性非四大起同於虛空六
入无積眼耳鼻舌身心已過不在三界三垢
已離順三脫門三明與无明等不一相不異相
不自相不他相非无相非取相不此岸不彼
岸不中流而化衆生觀於寂滅亦不永滅不
此不彼不以此不以彼不可以智知不可以
識識无晦无明无名无相无強无弱非淨非
穢不在方不離方非有為非无為无示无說不
施不慳不戒不犯不忍不恚不進不怠不定不

BD08278 號　維摩詰所說經卷下　（3–3）

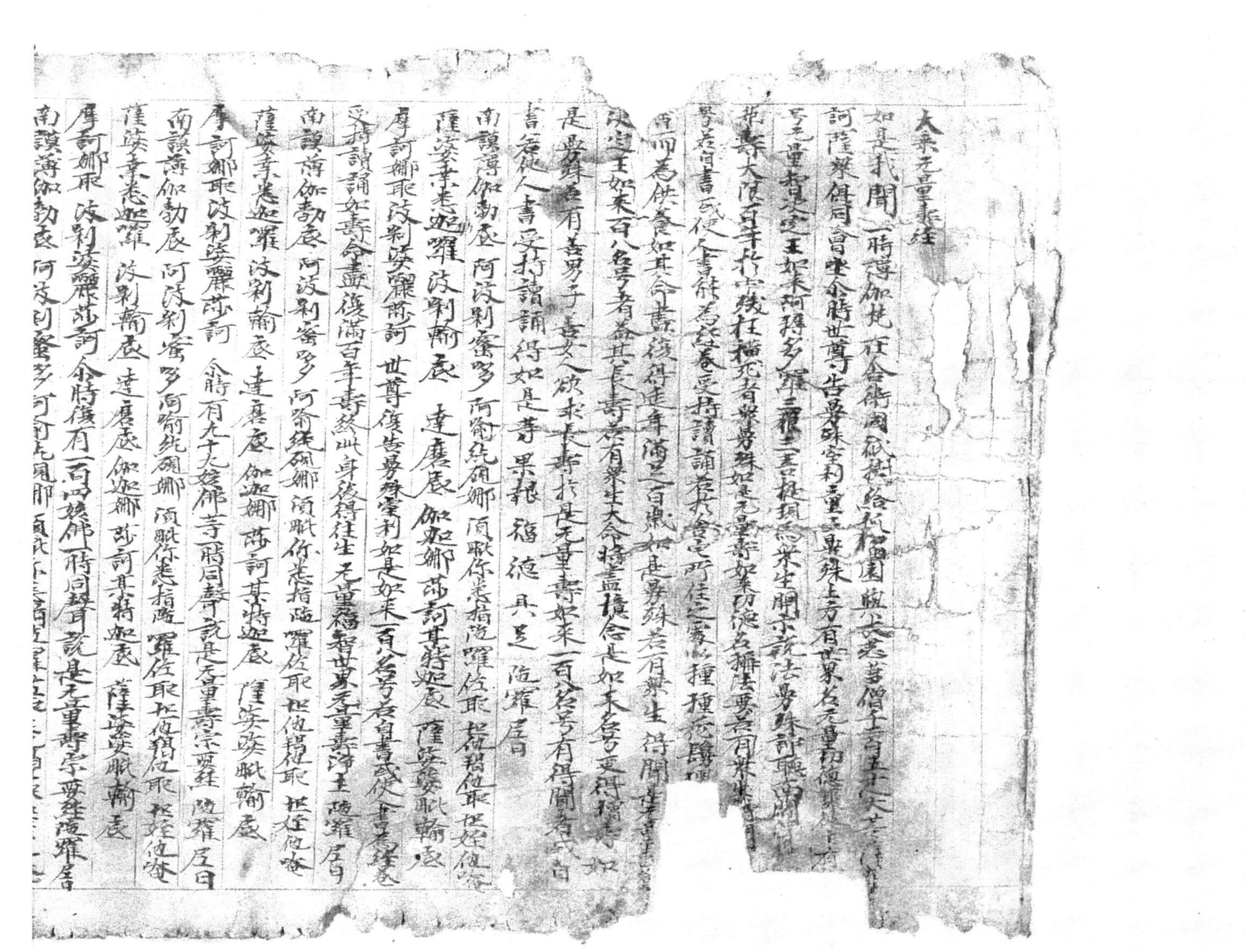
大乘无量壽經

如是我聞一時薄伽梵在舍衛國祇樹給孤獨園與大苾蒭僧千二百五十人

BD08279 號　無量壽宗要經　（5–1）

南謨薄伽勃底 阿波唎蜜多 阿喻紇硯娜 須毗你悉指陀囉佐耶 怛他羯他耶 怛姪他唵
薩婆桑悉迦囉 波唎輸底 達磨底 伽伽娜 莎訶某特迦底 薩婆婆毗輸底
摩訶娜耶 波唎婆唎莎訶 尒時有九十九姟佛一時同聲說是无量壽宗要經 陀羅尼曰
南謨薄伽勃底 阿波唎蜜多 阿喻紇硯娜 須毗你悉指陀囉佐耶 怛他羯他耶 怛姪他唵
薩婆桑悉迦囉 波唎輸底 達磨底 伽伽娜 莎訶某特迦底 薩婆婆毗輸底
摩訶娜耶 波唎婆唎莎訶 尒時復有一百四姟佛一時同聲說是无量壽宗要經陀羅尼曰
南謨薄伽勃底 阿波唎蜜多 阿喻紇硯娜 須毗你悉指陀囉佐耶 怛他羯他耶 怛姪他唵
薩婆桑悉迦囉 波唎輸底 達磨底 伽伽娜 莎訶某特迦底 薩婆婆毗輸底
摩訶娜耶 波唎婆唎莎訶 尒時復有七十七姟佛一時同聲說是无量壽宗要經 陀羅尼曰
南謨薄伽勃底 阿波唎蜜多 阿喻紇硯娜 須毗你悉指陀囉佐耶 怛他羯他耶 怛姪他唵
薩婆桑悉迦囉 波唎輸底 達磨底 伽伽娜 莎訶某特迦底 薩婆婆毗輸底
摩訶娜耶 波唎婆唎莎訶 尒時復有六十五姟佛一時同聲說是无量壽宗要經陀羅尼曰
南謨薄伽勃底 阿波唎蜜多 阿喻紇硯娜 須毗你悉指陀囉佐耶 怛他羯他耶 怛姪他唵
薩婆桑悉迦囉 波唎輸底 達磨底 伽伽娜 莎訶某特迦底 薩婆婆毗輸底 摩
訶娜耶 波唎婆唎莎訶 尒時復有五十五姟佛一時同聲說是无量壽宗要經陀羅尼曰
南謨薄伽勃底 阿波唎蜜多 阿喻紇硯娜 須毗你悉指陀囉佐耶 怛他羯他耶 怛姪他唵
薩婆桑悉迦囉 波唎輸底 達磨底 伽伽娜 莎訶某特迦底 薩婆婆毗輸底
摩訶娜耶 波唎婆唎莎訶 尒時復有四十五姟佛一時同聲說是无量壽宗要經陀羅尼曰
南謨薄伽勃底 阿波唎蜜多 阿喻紇硯娜 須毗你悉指陀囉佐耶 怛他羯他耶 怛姪他唵
薩婆桑悉迦囉 波唎輸底 達磨底 伽伽娜 莎訶某特迦底 薩婆婆毗輸底 摩
訶娜耶 波唎婆唎莎訶 尒時復有三十六姟佛一時同聲說是无量壽宗要經 陀羅尼曰
南謨薄伽勃底 阿波唎蜜多 阿喻紇硯娜 須毗你悉指陀囉佐耶 怛他羯他耶 怛姪他唵
薩婆桑悉迦囉 波唎輸底 達磨底 伽伽娜 莎訶某特迦底 薩婆婆毗輸底
摩訶娜耶 波唎婆唎莎訶 尒時復有二十五姟佛一時同聲說是无量壽宗要經陀羅尼曰
南謨薄伽勃底 阿波唎蜜多 阿喻紇硯娜 須毗你悉指陀囉佐耶 怛他羯他耶 怛姪他唵
薩婆桑悉迦囉 波唎輸底 達磨底 伽伽娜 莎訶某特迦底 薩婆婆毗輸底
摩訶娜耶 波唎婆唎莎訶 尒時復有恒河沙姟佛一時同聲說是无量壽宗要經陀羅尼曰
南謨薄伽勃底 阿波唎蜜多 阿喻紇硯娜 須毗你悉指陀囉佐耶 怛他羯他耶 怛姪他唵
薩婆桑悉迦囉 波唎輸底 達磨底 伽伽娜 莎訶某特迦底 薩婆婆毗輸底
摩訶娜耶 波唎婆唎莎訶
善男子若有自書寫教人書寫是无量壽宗要經 如其命盡復得長壽而滿年 陀羅尼曰
南謨薄伽勃底 阿波唎蜜多 阿喻紇硯娜 須毗你悉指陀囉佐耶 怛他羯他耶 怛姪他唵
薩婆桑悉迦囉 波唎輸底 達磨底 伽伽娜 莎訶某特迦底 薩婆婆毗輸底

BD08279號　無量壽宗要經　（5–2）

薩婆桑悉迦囉 波唎輸底 達磨底 伽伽娜 莎訶某特迦底 薩婆婆毗輸底
摩訶娜耶 波唎婆唎莎訶
善男子若有自書寫教人書寫是无量壽宗要經 如其命盡復得長壽而滿年 陀羅尼曰
南謨薄伽勃底 阿波唎蜜多 阿喻紇硯娜 須毗你悉指陀囉佐耶 怛他羯他耶 怛姪他唵
薩婆桑悉迦囉 波唎輸底 達磨底 伽伽娜 莎訶某特迦底 薩婆婆毗輸底
摩訶娜耶 波唎婆唎莎訶 若有自書寫教人書寫是无量壽宗要經讀誦受持畢竟
不墮地獄在在所生得宿命智 陀羅尼曰 南謨薄伽勃底 阿波唎蜜多 阿喻紇硯娜
須毗你悉指陀囉佐耶 怛他羯他耶 怛姪他唵 薩婆桑悉迦囉 波唎輸底 達磨底 伽伽娜 莎
訶某特迦底 薩婆婆毗輸底 摩訶娜耶 波唎婆唎莎訶 若有自書寫教人書寫是无量
壽宗要經受持讀誦 如同書寫八万四千一切經典 陀羅尼曰 南謨薄伽勃底 阿波唎蜜多
阿喻紇硯娜 須毗你悉指陀囉佐耶 怛他羯他耶 怛姪他唵 薩婆桑悉迦囉 波唎輸底
達磨底 伽伽娜 莎訶某特迦底 薩婆婆毗輸底 摩訶娜耶 波唎婆唎莎訶
若有自書寫教人書寫是无量壽宗要經 所是書寫八万四千部建立塔廟 陀羅尼曰
南謨薄伽勃底 阿波唎蜜多 阿喻紇硯娜 須毗你悉指陀囉佐耶 怛他羯他耶 怛姪他唵
薩婆桑悉迦囉 波唎輸底 達磨底 伽伽娜 莎訶某特迦底 薩婆婆毗輸底 摩
訶娜耶 波唎婆唎莎訶 若有自書寫教人書寫是无量壽宗要經能消五无間等一切
重罪 陀羅尼曰 南謨薄伽勃底 阿波唎蜜多 阿喻紇硯娜 須毗你悉指陀囉佐耶 怛他羯他
耶 怛姪他唵 薩婆桑悉迦囉 波唎輸底 達磨底 伽伽娜 莎訶某特迦底 薩婆婆毗輸底
摩訶娜耶 波唎婆唎莎訶 若有自書寫教人書寫是无量壽宗要經受持讀誦 設有重罪猶如
須弥山能除滅 陀羅尼曰 南謨薄伽勃底 阿波唎蜜多 阿喻紇硯娜 須毗你悉指陀囉佐耶 怛他
羯他耶 怛姪他唵 薩婆桑悉迦囉 波唎輸底 達磨底 伽伽娜 莎訶某特迦底 薩婆婆毗輸底
摩訶娜耶 波唎婆唎莎訶 若有自書寫教人書寫是无量壽宗要經受持讀誦 魔王魔
之眷屬及天羅剎不得其便 終不枉死 陀羅尼曰 南謨薄伽勃底 阿波唎蜜多 阿喻紇硯娜
須毗你悉指陀囉佐耶 怛他羯他耶 怛姪他唵 薩婆桑悉迦囉 波唎輸底 達磨底
伽伽娜 莎訶某特迦底 薩婆婆毗輸底 摩訶娜耶 波唎婆唎莎訶
若有自書寫教人書寫是无量壽宗要經受持讀誦 當命終時有九十九姟佛現其人前
來千佛授手 遊一切佛剎 莫於此經生於疑惑 陀羅尼曰
南謨薄伽勃底 阿波唎蜜多 阿喻紇硯娜 須毗你悉指陀囉佐耶 怛他羯他耶 怛姪他唵
薩婆桑悉迦囉 波唎輸底 達磨底 伽伽娜 莎訶某特迦底 薩婆婆毗輸底
摩訶娜耶 波唎婆唎莎訶 若有自書寫教人書寫是无量壽宗要經受持讀誦常得
四天大王隨其衛護 陀羅尼曰 南謨薄伽勃底 阿波唎蜜多 阿喻紇硯娜 須毗你悉指
陀囉佐耶 怛他羯他耶 怛姪他唵 薩婆桑悉迦囉 波唎輸底 達磨底 伽伽娜

BD08279號　無量壽宗要經　（5–3）

BD08279 號　無量壽宗要經　（5–4）

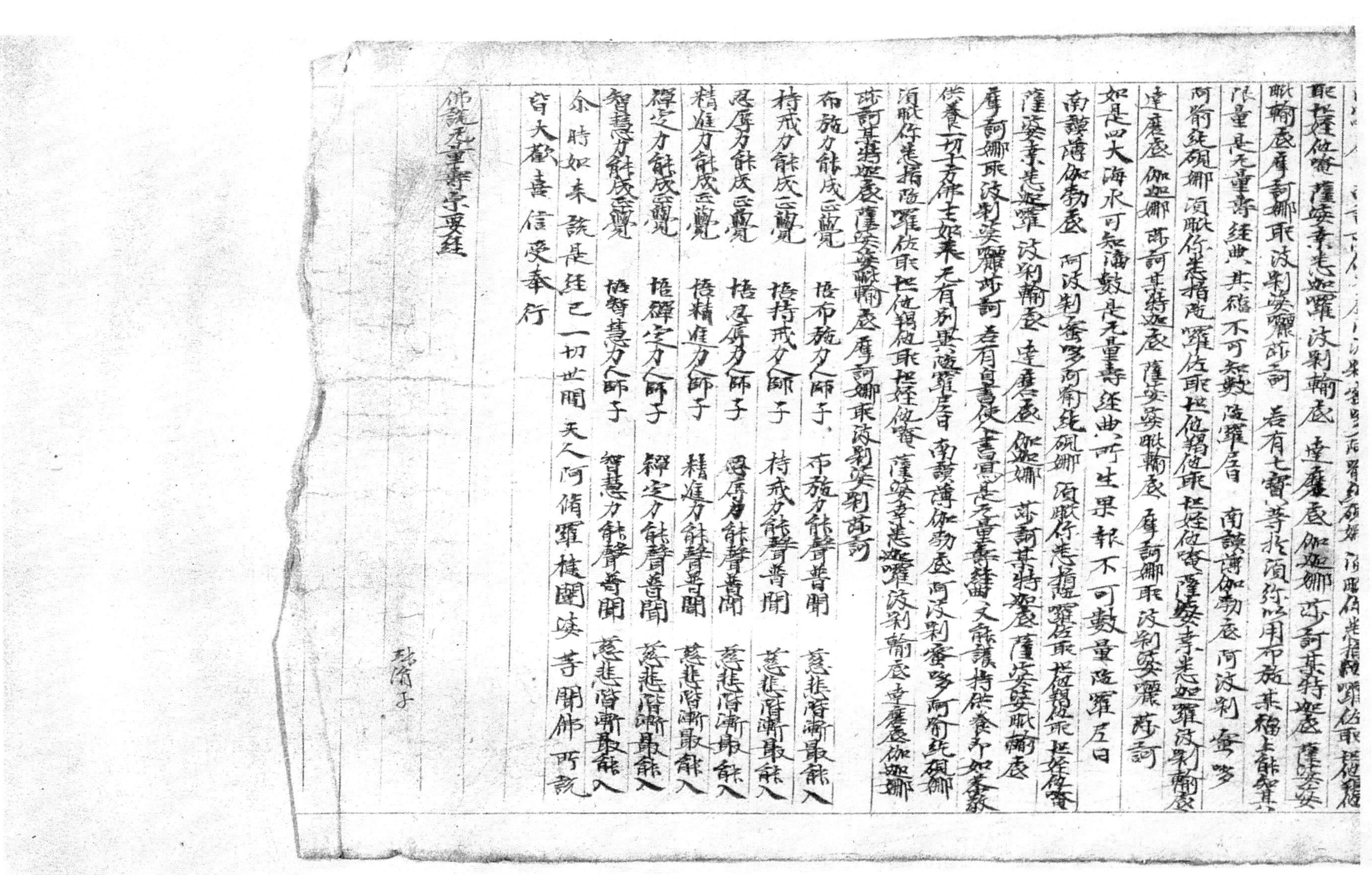

BD08279 號　無量壽宗要經　（5–5）

故一
无相解脫門
淨若
眼界清淨若一切智智清淨无二无二分无
別无斷故无相解脫門清淨故色界眼識界
及眼觸眼觸為緣所生諸受清淨色界乃至
眼觸為緣所生諸受清淨故一切智智清淨
何以故若无相解脫門清淨若色界乃至眼
觸為緣所生諸受清淨若一切智智清淨无
二无二分无別无斷故善現无相解脫門清
淨故耳界清淨耳界清淨故一切智智清淨
何以故若无相解脫門清淨若耳界清淨若
一切智智清淨无二无二分无別无斷故无
相解脫門清淨故聲界耳識界及耳觸耳觸
為緣所生諸受清淨聲界乃至耳觸為緣所
生諸受清淨故一切智智清淨何以故若无
相解脫門清淨若聲界乃至耳觸為緣所生
諸受清淨若一切智智清淨無二无二分无
別无斷故善現无相解脫門清淨故鼻界清

BD08280 號　大般若波羅蜜多經卷二三二　（11–1）

相解脫門清淨故聲界耳識界及耳觸耳觸
為緣所生諸受清淨聲界乃至耳觸為緣所
生諸受清淨故一切智智清淨何以故若无
相解脫門清淨若聲界乃至耳觸為緣所生
諸受清淨若一切智智清淨無二无二分无
別无斷故善現无相解脫門清淨故鼻界清
淨鼻界清淨故一切智智清淨何以故若無
相解脫門清淨若鼻界清淨若一切智智清
淨无二无二分无別无斷故无相解脫門清
淨故香界鼻識界及鼻觸鼻觸為緣所生諸
受清淨香界乃至鼻觸為緣所生諸受清淨
故一切智智清淨何以故若无相解脫門清
淨若香界乃至鼻觸為緣所生諸受清淨若
一切智智清淨无二无二分无別无斷故善
現无相解脫門清淨故舌界清淨舌界清淨
故一切智智清淨何以故若无相解脫門清
淨若舌界清淨若一切智智清淨无二无二
分无別无斷故无相解脫門清淨故味界舌
識界及舌觸舌觸為緣所生諸受清淨味界
乃至舌觸為緣所生諸受清淨故一切智智
清淨何以故若无相解脫門清淨若味界乃
至舌觸為緣所生諸受清淨若一切智智清
淨无二无二分无別无斷故善現无相解脫
門清淨故身界清淨身界清淨故一切智智
清淨何以故若无相解脫門清淨若身界清
淨若一切智智清淨无二无二分无別无斷
故无相解脫門清淨故觸界身識界及身觸

BD08280 號　大般若波羅蜜多經卷二三二　（11–2）

淨无二无二分无别无斷故善現无相解脫
門清淨故身界清淨身界清淨故一切智智
清淨何以故若无相解脫門清淨若身界清
淨若一切智智清淨无二无二分无别无斷
故无相解脫門清淨故觸界身識界及身觸
身觸為緣所生諸受清淨觸界乃至身觸為
緣所生諸受清淨故一切智智清淨何以故若
无相解脫門清淨若觸界乃至身觸為緣所
生諸受清淨若一切智智清淨无二无二分
无别无斷故善現无相解脫門清淨故意界
清淨意界清淨故一切智智清淨何以故若
无相解脫門清淨若意界清淨若一切智智
清淨无二无二分无别无斷故无相解脫門
清淨故法界意識界及意觸意觸為緣所
諸受清淨法界乃至意觸為緣所生諸受清
淨故一切智智清淨何以故若无相解脫門
清淨若法界乃至意觸為緣所生諸受清淨
若一切智智清淨无二无二分无别无斷故
善現无相无脫門清淨故地界清淨地界清
淨故一切智智清淨何以故若无相解脫門
清淨若地界清淨若一切智智清淨无二无二
分无别无斷故无相解脫門清淨故水火風
空識界清淨水火風空識界清淨故一切智
智清淨何以故若无相解脫門清淨若水火
風空識界清淨若一切智智清淨无二无二
分无别无斷故善現无相解脫門清淨故無
明清淨无明清淨故一切智智清淨何以故

空識界清淨水火風空識界清淨故一切智
智清淨何以故若无相解脫門清淨若水火
風空識界清淨若一切智智清淨无二无二
分无别无斷故善現无相解脫門清淨故無
明清淨无明清淨故一切智智清淨何以故
若无相解脫門清淨若无　明清淨若一切
智智清淨无二无二分无别无斷故无相解
脫門清淨故行識名色六處觸受愛取有生
老死愁歎苦憂惱清淨行乃至老死愁歎苦
憂惱清淨故一切智智清淨何以故若无相
解脫門清淨若行乃至老死愁歎苦憂惱清
淨若一切智智清淨无二无二分无别无斷
故
善現无相解脫門清淨故布施波羅蜜多清
淨布施波羅蜜多清淨故一切智智清淨何
以故若无相解脫門清淨若布施波羅蜜多
清淨若一切智智清淨无二无二分无别无
斷故无相解脫門清淨故淨戒安忍精進靜
慮般若波羅蜜多清淨淨戒乃至般若波羅
蜜多清淨故一切智智清淨何以故若无相
解脫門清淨若淨戒乃至般若波羅蜜多清
淨若一切智智清淨无二无二分无别无斷
故善現无相解脫門清淨故内空清淨内空
清淨故一切智智清淨何以故若无相解脫
門清淨若内空清淨若一切智智清淨无二
无二分无别无斷故无相解脫門清淨故外
空内外空空空大空勝義空有為空无為空

故善現无相解脫門清淨故內空清淨內空
清淨故一切智智清淨何以故若无相解脫
門清淨若內空清淨若一切智智清淨无二
无二分无別无斷故无相解脫門清淨故外
空內外空空空大空勝義空有為空无為空
畢竟空无際空散空无變異空本性空自相
空共相空一切法空不可得空无性空自性
空无性自性空清淨外空乃至无性自性空
清淨故一切智智清淨何以故若无相解脫
門清淨若外空乃至无性自性空清淨若一
切智智清淨无二无二分无別无斷故善現
无相解脫門清淨故真如清淨真如清淨故
一切智智清淨何以故若无相解脫門清淨
若真如清淨若一切智智清淨无二无二分
无別无斷故无相解脫門清淨故法界法性
不虛妄性不變異性平等性離生性法定法
住實際虛空界不思議界清淨法界乃至不
思議界清淨故一切智智清淨何以故若无
相解脫門清淨若法界乃至不思議界清淨
若一切智智清淨无二无二分无別无斷故
善現无相解脫門清淨故苦聖諦清淨苦聖
諦清淨故一切智智清淨何以故若无相解
脫門清淨若苦聖諦清淨若一切智智清淨
无二无二分无別无斷故无相解脫門清淨
故集滅道聖諦清淨集滅道聖諦清淨故一
切智智清淨何以故若无相解脫門清淨若
集滅道聖諦清淨若一切智智清淨無二無

BD08280 號　大般若波羅蜜多經卷二三二　（11–5）

脫門清淨若苦聖諦清淨若一切智智清淨
无二无二分无別无斷故无相解脫門清淨
故集滅道聖諦清淨集滅道聖諦清淨故一
切智智清淨何以故若无相解脫門清淨若
集滅道聖諦清淨若一切智智清淨無二無
二分无別无斷故善現无相解脫門清淨故
四靜慮清淨四靜慮清淨故一切智智清淨
何以故若无相解脫門清淨若四靜慮清淨
若一切智智清淨无二无二分无別无斷故
无相解脫門清淨故四无量四无色定清淨
四无量四无色定清淨故一切智智清淨何以
故若无相解脫門清淨若四无量四无色定
清淨若一切智智清淨无二无二分无別无
斷故善現无相解脫門清淨故八解脫清淨
八解脫清淨故一切智智清淨何以故若無
相解脫門清淨若八解脫清淨若一切智智
清淨无二无二分无別无斷故无相解脫門
清淨故八勝處九次第定十遍處清淨八勝
處九次第定十遍處清淨故一切智智清淨
何以故若无相解脫門清淨若八勝處九次
第定十遍處清淨若一切智智清淨无二无
二分无別无斷故善現无相解脫門清淨故
四念住清淨四念住清淨故一切智智清淨
何以故若无相解脫門清淨若四念住清淨
若一切智智清淨无二无二分无別无斷故
无相解脫門清淨故四正斷四神足五根五
力七等覺支八聖道支清淨四正斷乃至八

BD08280 號　大般若波羅蜜多經卷二三二　（11–6）

四念住清淨四念住清淨故一切智智清淨
何以故若无相解脫門清淨若四念住清淨
若一切智智清淨无二无二分无別无斷故
无相解脫門清淨故四正斷四神足五根五
力七等覺支八聖道支清淨四正斷乃至八
聖道支清淨故一切智智清淨何以故若无
相解脫門清淨若四正斷乃至八聖道支清
淨若一切智智清淨无二无二分无別无斷故
善現无相解脫門清淨故空解脫門清淨
空解脫門清淨故一切智智清淨何以故若无
相解脫門清淨若空解脫門清淨若一切智
智清淨无二无二分无別无斷故无相解脫
門清淨故无願解脫門清淨无願解脫門清
淨故一切智智清淨何以故若无相解脫門清
淨若无願解脫門清淨若一切智智清淨
无二无二分无別无斷故善現无相解脫門
清淨故菩薩十地清淨菩薩十地清淨故一
切智智清淨何以故若无相解脫門清淨若
菩薩十地清淨若一切智智清淨无二无二
分无別无斷故
善現无相解脫門清淨故五眼清淨五眼清
淨故一切智智清淨何以故若无相解脫門
清淨若五眼清淨若一切智智清淨无二无
二分无別无斷故无相解脫門清淨故六神
通清淨六神通清淨故一切智智清淨何以
故若无相解脫門清淨若六神通清淨若一
切智智清淨无二无二分无別无斷故善現

淨故一切智智清淨何以故若无相解脫門
清淨若五眼清淨若一切智智清淨无二无
二分无別无斷故无相解脫門清淨故六神
通清淨六神通清淨故一切智智清淨何以
故若无相解脫門清淨若六神通清淨若一
切智智清淨无二无二分无別无斷故善現
无相解脫門清淨故佛十力清淨佛十力清
淨故一切智智清淨何以故若无相解脫門
清淨若佛十力清淨若一切智智清淨无二
无二分无別无斷故无相解脫門清淨故四
无所畏四无礙解大慈大悲大喜大捨十八
佛不共法清淨四无所畏乃至十八佛不共
法清淨故一切智智清淨何以故若无相解
脫門清淨若四无所畏乃至十八佛不共法
清淨若一切智智清淨无二无二分无別无
斷故善現无相解脫門清淨故无忘失法清
淨无忘失法清淨故一切智智清淨何以故
若无相解脫門清淨若无忘失法清淨若一
切智智清淨无二无二分无別无斷故无相
解脫門清淨故恒住捨性清淨恒住捨性清
淨故一切智智清淨何以故若无相解脫門
清淨若恒住捨性清淨若一切智智清淨无
二无二分无別无斷故善現无相解脫門清
淨故一切智清淨一切智清淨故一切智智
清淨何以故若无相解脫門清淨若一切智
清淨若一切智智清淨无二无二分无別无
斷故无相解脫門清淨故道相智一切相智

清[illegible]若一切智智清淨无
二无二分无别无斷故善現无相解脫門清
淨故一切智清淨一切智清淨故一切智智
清淨何以故若无相解脫門清淨若一切智
清淨若一切智智清淨无二无二分无别无
斷故无相解脫門清淨故道相智一切相智
清淨道相智一切相智清淨故一切智智清淨
何以故若无相解脫門清淨若道相智一切
相智清淨若一切智智清淨无二无二分无
别无斷故善現无相解脫門清淨故一切陁
羅尼門清淨一切陁羅尼門清淨故一切智
智清淨何以故若无相解脫門清淨若一切
陁羅尼門清淨若一切智智清淨无二无二
分无别无斷故无相解脫門清淨故一切三
摩地門清淨一切三摩地門清淨故一切智
智清淨何以故若无相解脫門清淨若一切
三摩地門清淨若一切智智清淨无二无二
分无别无斷故
善現无相解脫門清淨故預流果清淨預流
果清淨故一切智智清淨何以故若无相解
脫門清淨若預流果清淨若一切智智清淨
无二无二分无别无斷故无相解脫門清淨
故一來不還阿羅漢果清淨一來不還阿羅
漢果清淨故一切智智清淨何以故若无相
解脫門清淨若一來不還阿羅漢果清淨若
一切智智清淨无二无二分无别无斷故善
現无相解脫門清淨故獨覺菩提清淨獨覺

BD08280號　大般若波羅蜜多經卷二三二　（11–9）

漢果清淨故一切智智清淨何以故若无相
解脫門清淨若一來不還阿羅漢果清淨若
一切智智清淨无二无二分无别无斷故善
現无相解脫門清淨故獨覺菩提清淨獨覺
菩提清淨故一切智智清淨何以故若无相
解脫門清淨若獨覺菩提清淨若一切智智
清淨无二无二分无别无斷故善現无相解
脫門清淨故一切菩薩摩訶薩行清淨一切菩
薩摩訶薩行清淨故一切智智清淨何以
故若无相解脫門清淨若一切菩薩摩訶薩
行清淨若一切智智清淨无二无二分无别
无斷故善現无相解脫門清淨故諸佛无上
正等菩提清淨諸佛无上正等菩提清淨故
一切智智清淨何以故若无相解脫門清淨
若諸佛无上正等菩提清淨若一切智智清
淨无二无二分无别无斷故
復次善現无願解脫門清淨故色清淨色清
淨故一切智智清淨何以故若无願解脫門
清淨若色清淨若一切智智清淨无二无二
分无别无斷故无願解脫門清淨故受想行
識清淨受想行識清淨故一切智智清淨何
以故若无願解脫門清淨若受想行識清淨
若一切智智清淨无二无二分无别无斷故
善現无願解脫門清淨故眼處清淨眼處
清淨故一切智智清淨何以故若无願解脫
門清淨若眼處清淨若一切智智清淨无二

BD08280號　大般若波羅蜜多經卷二三二　（11–10）

分无別无斷故无願解脫門清淨故受想行
識清淨受想行識清淨故一切智智清淨何
以故若无願解脫門清淨若受想行識清淨
若一切智智清淨无二无二分无別无斷故
善現无願解脫門清淨故眼處清淨眼處
清淨故一切智智清淨何以故若无願解脫
門清淨若眼處清淨若一切智智清淨无二
無二分无別无斷故无願解脫門清淨故耳
鼻舌身意處清淨耳鼻舌身意處清淨故一切
智智清淨何以故若无願解脫門清淨若耳
鼻舌身意處清淨若一切智智清淨无二无
二分无別無斷故善現无願解脫門清淨故
色處清淨色處清淨故一切智智清淨何以
故若无願解脫門清淨若色處清淨若一切
智智清淨无二无二分无別无斷故无願解
脫門清淨故聲香味觸法處清淨聲香味觸
法處清淨故一切智智清淨何以故若无願
解脫門清淨若聲香味觸法處清淨若一切
智智清淨无二无二分无別无斷故善現无
願解脫門清淨故眼界清淨眼界清淨故一

BD08280號　大般若波羅蜜多經卷二三二　（11–11）

清淨若一切智智清淨无二无二分无別无
斷故虛空界清淨故受想行識清淨受想行
識清淨故一切智智清淨何以故若虛空界
清淨若受想行識清淨若一切智智清淨无
二无二分无別无斷故善現虛空界清淨故
眼處清淨眼處清淨故一切智智清淨何以
故若虛空界清淨若眼處清淨若一切智智
清淨无二无二分无別无斷故虛空界清淨
故耳鼻舌身意處清淨耳鼻舌身意處清淨
故一切智智清淨何以故若虛空界清淨若
耳鼻舌身意處清淨若一切智智清淨无二
无二分無別无斷故善現虛空界清淨故色
處清淨色處清淨故一切智智清淨何以故
若虛空界清淨若色處清淨若一切智智清
淨无二无二分无別无斷故虛空界清淨故
聲香味觸法處清淨聲香味觸法處清淨故
一切智智清淨何以故若虛空界清淨若聲

BD08281號　大般若波羅蜜多經卷二二二　（4–1）

處清淨色處清淨故一切智智清淨何以故
若虛空界清淨若色處清淨若一切智智清
淨无二无二分无別无斷故虛空界清淨故
聲香味觸法處清淨聲香味觸法處清淨故
一切智智清淨何以故若虛空界清淨若聲
香味觸法處清淨若一切智智清淨无二无
二分无別无斷故善現虛空界清淨故眼界
清淨眼界清淨故一切智智清淨何以故若
虛空界清淨若眼界清淨若一切智智清淨
无二无二分无別无斷故虛空界清淨故色
界眼識界及眼觸眼觸為緣所生諸受清淨
色界乃至眼觸為緣所生諸受清淨故一切
智智清淨何以故若虛空界清淨若色界乃
至眼觸為緣所生諸受清淨若一切智智清
淨无二无二分无別无斷故善現虛空界清
淨故耳界清淨耳界清淨故一切智智清淨
何以故若虛空界清淨若耳界清淨若一切
智智清淨无二无二分无別无斷故虛空界
清淨故聲界耳識界及耳觸耳觸為緣所生
諸受清淨聲界乃至耳觸為緣所生諸受清
淨故一切智智清淨何以故若虛空界清淨
若聲界乃至耳觸為緣所生諸受清淨若一
切智智清淨无二无二分无別无斷故善現
虛空界清淨故鼻界清淨鼻界清淨故一切
智智清淨何以故若虛空界清淨若鼻界清
淨若一切智智清淨无二无二分无別无斷

淨故一切智智清淨何以故若虛空界清淨
若聲界乃至耳觸為緣所生諸受清淨若一
切智智清淨无二无二分无別无斷故善現
虛空界清淨故鼻界清淨鼻界清淨故一切
智智清淨何以故若虛空界清淨若鼻界清
淨若一切智智清淨无二无二分无別无斷
故虛空界清淨故香界鼻識界及鼻觸鼻觸
為緣所生諸受清淨香界乃至鼻觸為緣所
生諸受清淨故一切智智清淨何以故若虛
空界清淨若香界乃至鼻觸為緣所生諸受
清淨若一切智智清淨无二无二分无別无
斷故善現虛空界清淨故舌界清淨舌界清
淨故一切智智清淨何以故若虛空界清淨
若舌界清淨若一切智智清淨无二無二分
无別无斷故虛空界清淨故味界舌識界及
舌觸舌觸為緣所生諸受清淨味界乃至舌
觸為緣所生諸受清淨故一切智智清淨何
以故若虛空界清淨若味界乃至舌觸為緣
所生諸受清淨若一切智智清淨无二无二
分无別无斷故善現虛空界清淨故身界清
淨身界清淨故一切智智清淨何以故若虛
空界清淨若身界清淨若一切智智清淨无
二无二分无別无斷故虛空界清淨故觸界
身識界及身觸身觸為緣所生諸受清淨觸
界乃至身觸為緣所生諸受清淨故一切智
智清淨何以故若虛空界清淨若觸界乃至

二无二分无別无斷故虛空界清淨故觸界
身識界及身觸身觸為緣所生諸受清淨觸
界乃至身觸為緣所生諸受清淨故一切智
智清淨何以故若虛空界清淨若觸界乃至
身觸為緣所生諸受清淨若一切智智清淨
无二无二分无別无斷故善現虛空界清淨
故意界清淨意界清淨故一切智智清淨何
以故若虛空界清淨若意界清淨若一切智
智清淨无二无二分无別无斷故虛空界清
淨故法界意識界及意觸意觸為緣所生諸
受清淨法界乃至意觸為緣所生諸受清淨
故一切智智清淨何以故若虛空界清淨若
法界乃至意觸為緣所生諸受清淨若一切
智智清淨无二无二分无別无斷故善現虛
空界清淨故地界清淨地界清淨故一切智
智清淨何以故若虛空界清淨若地界清淨
若一切智智清淨无二无二分无別无斷故
虛空界清淨故水火風空識界清淨水火風
空識界清淨故一切智智清淨何以故若虛
空界清淨若水火風空識界清淨若一切智
智清淨无二无二分无別无斷故善現虛空
界清淨故无明清淨无明清淨故一切智智
清淨何以故若虛空界清淨若无明清淨若
一切智智清淨无二无二分无別无斷故虛

BD08281號　大般若波羅蜜多經卷二二二　（4–4）

樹給孤獨園與大苾蒭僧千二百五十人大菩薩摩訶
會坐尒時世尊告曼殊室利童子曼殊上方有世界名无量功德眾彼土
有佛号无量壽智決定王如來阿羅訶三藐三菩提現為衆生開示說法曼殊諦聽
南閻浮提人皆短壽大限百年於中夭枉橫死者衆曼殊如是无量壽如來功德名稱法要
若有衆生得聞名号若自書或使人書能為經卷受持讀誦若於舍宅所住之處以種
花鬘瓔珞塗香末香而為供養如其命盡復得延年滿足百歲如是曼殊若有衆生得
聞是无量壽智決定王如來一百八名号者益其長壽若有衆生大命將盡憶念是如
來名号更得增壽如是曼殊若有善男子善女人欲求長壽於是无量壽如來一
百八名号有得聞者或自書若使人書受持讀誦得如是等果報福德具足陁羅尼曰
南謨薄伽勃底　阿波唎蜜多　阿喻紇硯娜　須毗你尸指多　羅佐耶　怛他羯他耶
怛姪他唵　薩婆桑塞迦羅　波唎輸底　達摩底　伽伽娜　莎訶某特迦底
薩婆婆毗輸底　摩訶娜耶　波唎婆羅莎訶
世尊復告曼殊室利如是如來一百八名号若有自書或使人書能為經卷受持讀誦
若壽命盡復滿百年壽終此身後得往生无量福智世界无量壽淨土陁羅尼曰
南謨薄伽勃底　阿波唎蜜多　阿喻紇硯娜　須毗你尸指多　羅佐耶　怛他羯他耶
怛姪他唵　薩婆桑塞迦羅　波唎輸底　達摩底　伽伽娜　莎訶某特迦底
薩婆婆毗輸底　摩訶娜耶　波唎婆羅莎訶
尒時復有九十九姟佛等一時同聲說是无量壽宗要經陁羅尼曰
南謨薄伽勃底　阿波唎蜜多　阿喻紇硯娜　須毗你尸指多　羅佐耶　怛他羯他耶
怛姪他唵　薩婆桑塞迦羅　波唎輸底　達摩底　伽伽娜　莎訶某特迦底

BD08282號　無量壽宗要經　（6–1）

怛姪他唵 薩婆桑悉迦囉 波唎輸底 達磨底 伽迦娜 莎訶某特迦底
薩婆婆毗輸底 摩訶娜耶 波唎婆曬莎訶
尒時復有九十九姟佛等一時同聲說是无量壽宗要經陁羅尼曰
南謨薄伽勃底 阿波唎蜜多 阿喻紇硯娜 須毗你尸指多 囉佐耶 怛他羯他耶
怛姪他唵 薩婆桑悉迦囉 波唎輸底 達磨底 伽迦娜 莎訶某特迦底
薩婆婆毗輸底 摩訶娜耶 波唎婆曬莎訶
尒時復有一百四姟佛一時同聲說是无量壽宗要經陁羅尼曰
南謨薄伽勃底 阿波唎蜜多 阿喻紇硯娜 須毗你尸指多 囉佐耶 怛他羯他耶
怛姪他唵 薩婆桑悉迦囉 波唎輸底 達磨底 伽迦娜 莎訶某特迦底
薩婆婆毗輸底 摩訶娜耶 波唎婆曬莎訶
尒時復有七姟佛一時同聲說是无量壽宗要經陁羅尼曰
南謨薄伽勃底 阿波唎蜜多 阿喻紇硯娜 須毗你尸指多 囉佐耶 怛他羯他耶
怛姪他唵 薩婆桑悉迦囉 波唎輸底 達磨底 伽迦娜 莎訶某特迦底
薩婆婆毗輸底 摩訶娜耶 波唎婆曬莎訶
尒時復有六十五姟佛一時同聲說是无量壽宗要經陁羅尼曰
南謨薄伽勃底 阿波唎蜜多 阿彌紇硯娜 須毗你尸指多 囉佐耶 怛他羯他耶
怛姪他唵 薩婆桑悉迦囉 波唎輸底 達磨底 伽迦娜 莎訶某特迦底
薩婆婆毗輸底 摩訶娜耶 波唎婆唎莎訶
尒時復有五十五姟佛一時同聲說是无量壽宗要經陁羅尼曰
南謨薄伽勃底 阿波唎蜜多 阿喻紇硯娜 須毗你尸指多 囉佐耶 怛他羯他耶
怛姪他唵 薩婆桑悉迦囉 波唎輸底 達磨底 伽迦娜 莎訶某特迦底
薩婆婆毗輸底 摩訶娜耶 波唎婆曬莎訶
尒時復有四十五姟佛一時同聲說是无量壽宗要經陁羅尼曰
南謨薄伽勃底 阿波唎蜜多 阿喻紇硯娜 須毗你尸指多 囉佐耶 怛他羯他耶
怛姪他唵 薩婆桑悉迦囉 波唎輸底 達磨底 伽迦娜 莎訶某特迦底
薩婆婆毗輸底 摩訶娜耶 波唎婆曬莎訶
尒時復有三十六姟佛一時同聲說是无量壽宗要經陁羅尼曰
南謨薄伽勃底 阿波唎蜜多 阿喻紇硯娜 須毗你尸指多 囉佐耶 怛他羯他耶
怛姪他唵 薩婆桑悉迦囉 波唎輸底 達磨底 伽迦娜 莎訶某特迦底
薩婆婆毗輸底 摩訶娜耶 波唎婆曬莎訶

BD08282號　無量壽宗要經　（6–2）

尒時復有三十六姟佛一時同聲說是无量壽宗要經陁羅尼曰
南謨薄伽勃底 阿波唎蜜多 阿喻紇硯娜 須毗你尸指多 囉佐耶 怛他羯他耶
怛姪他唵 薩婆桑悉迦囉 波唎輸底 達磨底 伽迦娜 莎訶某特迦底
薩婆婆毗輸底 摩訶娜耶 波唎婆曬莎訶
尒時復有二十五姟佛一時同聲說是无量壽宗要經陁羅尼曰
南謨薄伽勃底 阿波唎蜜多 阿喻紇硯娜 須毗你尸指多 囉佐耶 怛他羯他耶
怛姪他唵 薩婆桑悉迦囉 波唎輸底 達磨底 伽迦娜 莎訶某特迦底
薩婆婆毗輸底 摩訶娜耶 波唎婆曬莎訶
尒時復有恒河沙姟佛一時同聲說是无量壽宗要經陁羅尼曰
南謨薄伽勃底 阿波唎蜜多 阿喻紇硯娜 須毗你尸指多 囉佐耶 怛他羯他耶
怛姪他唵 薩婆桑悉迦囉 波唎輸底 達磨底 伽迦娜 莎訶某特迦底
薩婆婆毗輸底 摩訶娜耶 波唎婆曬莎訶
善男子若有自書寫教人書寫是无量壽宗要經如其命盡復得長壽而滿年陁羅尼曰
南謨薄伽勃底 阿波唎蜜多 阿喻紇硯娜 須毗你尸指多 囉佐耶 怛他羯他耶
怛姪他唵、薩婆桑悉迦囉 波唎輸底 達磨底 伽迦娜 莎訶某特迦底
薩婆婆毗輸底 摩訶娜耶 波唎婆曬莎訶
若有自書寫教人書寫是无量壽宗要經讀誦受持畢竟不墮地獄在在所生得宿命智陁羅尼曰
南謨薄伽勃底 阿波唎蜜多 阿喻紇硯娜 須毗你尸指多 囉佐耶 怛他羯他耶
怛姪他唵 薩婆桑悉迦囉 波唎輸底 達磨底 伽迦娜 莎訶某特迦底
薩婆婆毗輸底 摩訶娜耶 波唎婆曬莎訶
若有自書寫教人書寫是无量壽宗要經受持讀誦如同書寫八万四千一切經典陁羅尼曰
南謨薄伽勃底 阿波唎蜜多 阿喻紇硯娜 須毗你尸指多 囉佐耶 怛他羯他耶
怛姪他唵 薩婆桑悉迦囉 波唎輸底 達磨底 伽迦娜 莎訶某特迦底
薩婆婆毗輸底 摩訶娜耶 波唎婆曬莎訶
若有自書寫教人書寫是无量壽宗要經即是書寫八万四千部建立塔廟陁羅尼曰
南謨薄伽勃底 阿波唎蜜多 阿喻紇硯娜 須毗你尸指多 囉佐耶 怛他羯他耶
怛姪他唵 薩婆桑悉迦囉 波唎輸底 達磨底 伽迦娜 莎訶某特迦底
薩婆婆毗輸底 摩訶娜耶 波唎婆曬莎訶
若有自書寫教人書寫是无量壽宗要經能消五无間等一切重罪陁羅尼曰
南謨薄伽勃底 阿波唎蜜多 阿喻紇硯娜 須毗你尸指多 囉佐耶 怛他羯他耶

BD08282號　無量壽宗要經　（6–3）

怛姪他唵 薩婆桑悉迦囉 波唎輸底 達磨底 伽迦娜 莎訶其特迦底
薩婆娑毗輸底 摩訶娜耶 波唎婆囉莎訶
若有自書寫是無量壽宗要經能消五無間等一切重罪陁羅尼曰
南謨薄伽勃底 阿波唎蜜多 阿喻紇硯娜 須毗你悉指多 囉佐耶 怛他羯他耶
怛姪他唵 薩婆桑悉迦囉 波唎輸底 達磨底 伽迦娜 莎訶其特迦底
薩婆娑毗輸底 摩訶娜耶 波唎婆囉莎訶
若有自書寫教人書寫是無量壽宗要經受持讀誦設有重罪猶如須弥盡能除滅陁羅尼曰
南謨薄伽勃底 阿波唎蜜多 阿喻紇硯娜 須毗你悉指多 囉佐耶 怛他羯他耶
怛姪他唵 薩婆桑悉迦囉 波唎輸底 達磨底 伽迦娜 莎訶其特迦底
薩婆娑毗輸底 摩訶娜耶 波唎婆囉莎訶
若有自書寫教人書寫是無量壽宗要經受持讀誦若魔魔之眷屬夜叉羅刹不得其便終無枉死
陁羅尼曰 南謨薄伽勃底 阿波唎蜜多 阿喻紇硯娜 須毗你悉指多 囉佐耶
怛他羯他耶 怛姪他唵 薩婆桑悉迦囉 波唎輸底 達磨底 伽迦底 莎訶
其特迦底 薩婆娑毗輸底 摩訶娜耶 波唎婆囉莎訶
若有自書寫教人書寫是無量壽宗要經受持讀誦當命終時有九十九億佛現其人前象千佛授
手飰遊一切佛刹莫於此經生於疑惑陁羅尼曰 南謨薄伽勃底 阿波唎蜜多 阿喻紇硯娜
須毗你悉指多 囉佐耶 怛他羯他耶 怛姪他唵 薩婆桑悉迦囉 波唎輸底 達磨底
伽迦娜 莎訶其特迦底 薩婆娑毗輸底 摩訶娜耶 波唎婆囉莎訶
若有自書寫教人書寫是無量壽宗要經受持讀誦常得四天大王隨其衛護陁羅尼曰
南謨薄伽勃底 阿波唎蜜多 阿喻紇硯娜 須毗你悉指多 囉佐耶 怛他羯他耶
怛姪他唵 薩婆桑悉迦囉 波唎輸底 達磨底 伽迦娜 莎訶其特迦底
薩婆娑毗輸底 摩訶娜耶 波唎婆囉莎訶
若有自書寫教人書寫是無量壽宗要經受持讀誦當得往生西方極樂世界阿弥陁淨土陁羅尼曰
南謨薄伽勃底 阿波唎蜜多 阿喻紇硯娜 須毗你悉指多 囉佐耶 怛他羯他耶
怛姪他唵 薩婆桑悉迦囉 波唎輸底 達磨底 伽迦娜 莎訶其特迦底
薩婆娑毗輸底 摩訶娜耶 波唎婆囉莎訶
若有方所自書寫使人書寫是無量壽經典之處則為是塔皆應恭敬作礼若
是畜生或為鳥獸得聞是經如是等類皆當不久得成一切種智陁羅尼曰
南謨薄伽勃底 阿波唎蜜多 阿喻紇硯娜 須毗你悉指多 囉佐耶 怛他羯他耶
怛姪他唵 薩婆桑悉迦囉 波唎輸底 達磨底 伽迦娜 莎訶其特迦底

BD08282 號　無量壽宗要經　（6–4）

薩婆娑毗輸底 摩訶娜耶 波唎婆囉莎訶
若有方所自書寫使人書寫是無量壽經典之處則為是塔皆應恭敬作礼若
是畜生或為鳥獸得聞是經如是等類皆當不久得成一切種智陁羅尼曰
南謨薄伽勃底 阿波唎蜜多 阿喻紇硯娜 須毗你悉指多 囉佐耶 怛他羯他耶
怛姪他唵 薩婆桑悉迦囉 波唎輸底 達磨底 伽迦娜 莎訶其特迦底
薩婆娑毗輸底 摩訶娜耶 波唎婆囉莎訶
若有於是無量壽經自書使人書畢竟不受女人之身陁羅尼曰
南謨薄伽勃底 阿波唎蜜多 阿喻紇硯娜 須毗你悉指多 囉佐耶 怛他羯他耶
怛姪他唵 薩婆桑悉迦囉 波唎輸底 達磨底 伽迦娜 莎訶其特迦底
薩婆娑毗輸底 摩訶娜耶 波唎婆囉莎訶
若有能於是經少分能惠施者等於三千大千世界滿中七寶布施陁羅尼曰
南謨薄伽勃底 阿波唎蜜多 阿喻紇硯娜 須毗你悉指多 囉佐耶 怛他羯他耶
怛姪他唵 薩婆桑悉迦囉 波唎輸底 達磨底 伽迦底 莎訶其特迦底
薩婆娑毗輸底 摩訶娜耶 波唎婆囉莎訶
若有能供養是經者則是供養一切諸經等无有異陁羅尼曰
南謨薄伽勃底 阿波唎蜜多 阿喻紇硯娜 須毗你悉指多 囉佐耶 怛他羯他耶
怛姪他唵 薩婆桑悉迦囉 波唎輸底 達磨底 伽迦娜 莎訶其特迦底
薩婆娑毗輸底 摩訶娜耶 波唎婆囉莎訶
如是毗婆尸佛 尸棄佛 毗舍浮佛 拘留孫佛 拘那含牟尼佛 迦葉佛 釋迦牟尼佛
若有人以七寶供養如是七佛其福有限書寫受持是無量壽經典所有功德不可限量陁羅尼曰
南謨薄伽勃底 阿波唎蜜多 阿喻紇硯娜 須毗你悉指多 囉佐耶 怛他羯他耶
怛姪他唵 薩婆桑悉迦囉 波唎輸底 達磨底 伽迦娜 莎訶其特迦底
薩婆娑毗輸底 摩訶娜耶 波唎婆囉莎訶
若有七寶等於須弥以用布施其福上能知其限量是無量壽經典其福不可知數陁羅尼曰
南謨薄伽勃底 阿波唎蜜多 阿喻紇硯娜 須毗你悉指多 囉佐耶 怛他羯他耶
怛姪他唵 薩婆桑悉迦囉 波唎輸底 達磨底 伽迦娜 莎訶其特迦底
薩婆娑毗輸底 摩訶娜耶 波唎婆囉莎訶
如是四大海水可知滴數是無量壽經典所生果報不可數量陁羅尼曰
南謨薄伽勃底 阿波唎蜜多 阿喻紇硯娜 須毗你悉指多 囉佐耶 怛他羯他耶
怛姪他唵 薩婆桑悉迦囉 波唎輸底 達磨底 伽迦娜 莎訶其特迦底
薩婆娑毗輸底 摩訶娜耶 波唎婆囉莎訶

BD08282 號　無量壽宗要經　（6–5）

薩婆娑毗輸底 摩訶娜耶 波唎婆曬 莎訶
若有七寶等於須弥以用布施其福上能知其限量是无量壽經典其福不可知數陁羅尼曰
南謨薄伽勃底 阿波唎蜜多 阿喻紇硯娜 須毗你尸指多 囉佐耶 怛他羯他耶
怛姪他唵 薩婆桑悉迦囉 波唎輸底 達磨底 伽伽娜 莎訶其特迦底
薩婆娑毗輸底 摩訶娜耶 波唎婆曬 莎訶
如是四大海水可知滴數是无量壽經典所生果報不可數量陁羅尼曰
南謨薄伽勃底 阿波唎蜜多 阿喻紇硯娜 須毗你尸指多 囉佐耶 怛他羯他耶
怛姪他唵 薩婆桑悉迦囉 波唎輸底 達磨底 伽伽娜 莎訶其特迦底
薩婆娑毗輸底 摩訶娜耶 波唎婆曬 莎訶
若有自書寫教人書寫是无量壽經典又能護持供養即如恭敬供養一切十方佛土如
來无有別異陁羅尼曰
南謨薄伽勃底 阿波唎蜜多 阿喻紇硯娜 須毗你尸指多 囉佐耶 怛他羯他耶
怛姪他唵 薩婆桑悉迦囉 波唎輸底 達磨底 伽伽娜 莎訶其特迦底
薩婆娑毗輸底 摩訶娜耶 波唎婆曬 莎訶
布施力能成正覺 悟布施力人師子 布施力能聲普聞 慈悲階漸最能入
持戒力能成正覺 悟持戒力人師子 持戒力能聲普聞 慈悲階漸最能入
忍辱力能成正覺 悟忍辱力人師子 忍辱力能聲普聞 慈悲階漸最能入
精進力能成正覺 悟精進力人師子 精進力能聲普聞 慈悲階漸最能入
禪定力能成正覺 悟禪定力人師子 禪定力能聲普聞 慈悲階漸最能入
智慧力能成正覺 悟智慧力人師子 智慧力能聲普聞 慈悲階漸最能入
尒時如來說是經已一切世間天人阿脩羅揵闥婆等聞佛所說皆大歡喜信受奉行

BD08282 號　無量壽宗要經　（6–6）

阿耨多羅三藐三菩提須
者如來說非善法是名善法
須菩提若三千大千世界中
王如是等七寶聚有人持
若波羅蜜經乃至四句偈
人說於前福德百分不及
乃至筭數譬喻所不能及
須菩提於意云何汝等勿謂如　作是念我
當度眾生須菩提莫作是念何以故實无有
眾生如來度者若有眾生如來度者如來則
有我人眾生壽者須菩提如來說有我者則
非有我而凡夫之人以為有我須菩提凡夫
者如來說則非凡夫
須菩提於意云何可以三十二相觀如來不
須菩提言如是如是以三十二相觀如來佛
言須菩提若以三十二相觀如來者轉輪聖王
則是如來須菩提白佛言世尊如我解佛所說
義不應以三十二相觀如來尒時世尊而說偈言
若以色見我　以音聲求我　是人行邪道　不能見如來

BD08283 號　金剛般若波羅蜜經　（2–1）

衆生如來度者若有衆生如來度者如來則
有我人衆生壽者須菩提如來說有我者則
非有我而凡夫之人以爲有我須菩提凡夫
者如來說則非凡夫
須菩提於意云何可以三十二相觀如來不
須菩提言如是如是以三十二相觀如來佛
言須菩提若以三十二相觀如來者轉輪聖王
則是如來須菩提白佛言世尊如我解佛所說
義不應以三十二相觀如來尒時世尊而說偈言
若以色見我　以音聲求我　是人行邪道　不能見如來
須菩提汝若作是念如來不以具足相故得
阿耨多羅三藐三菩提須菩提莫作是念如
來不以具足相故得阿耨多羅三藐三菩提須菩
提汝若作是念發阿耨多羅三藐三菩提者
說諸法斷滅莫作是念何以故發阿耨多羅
三藐三菩提者於法不說斷滅相須菩提若
菩薩以滿恒河沙等世界七寶布施若復有
人知一切法无我得成於忍此菩薩勝前菩
薩所得功德須菩提以諸菩薩不受福德
白佛言世尊云何

BD08283號　金剛般若波羅蜜經　（2–2）

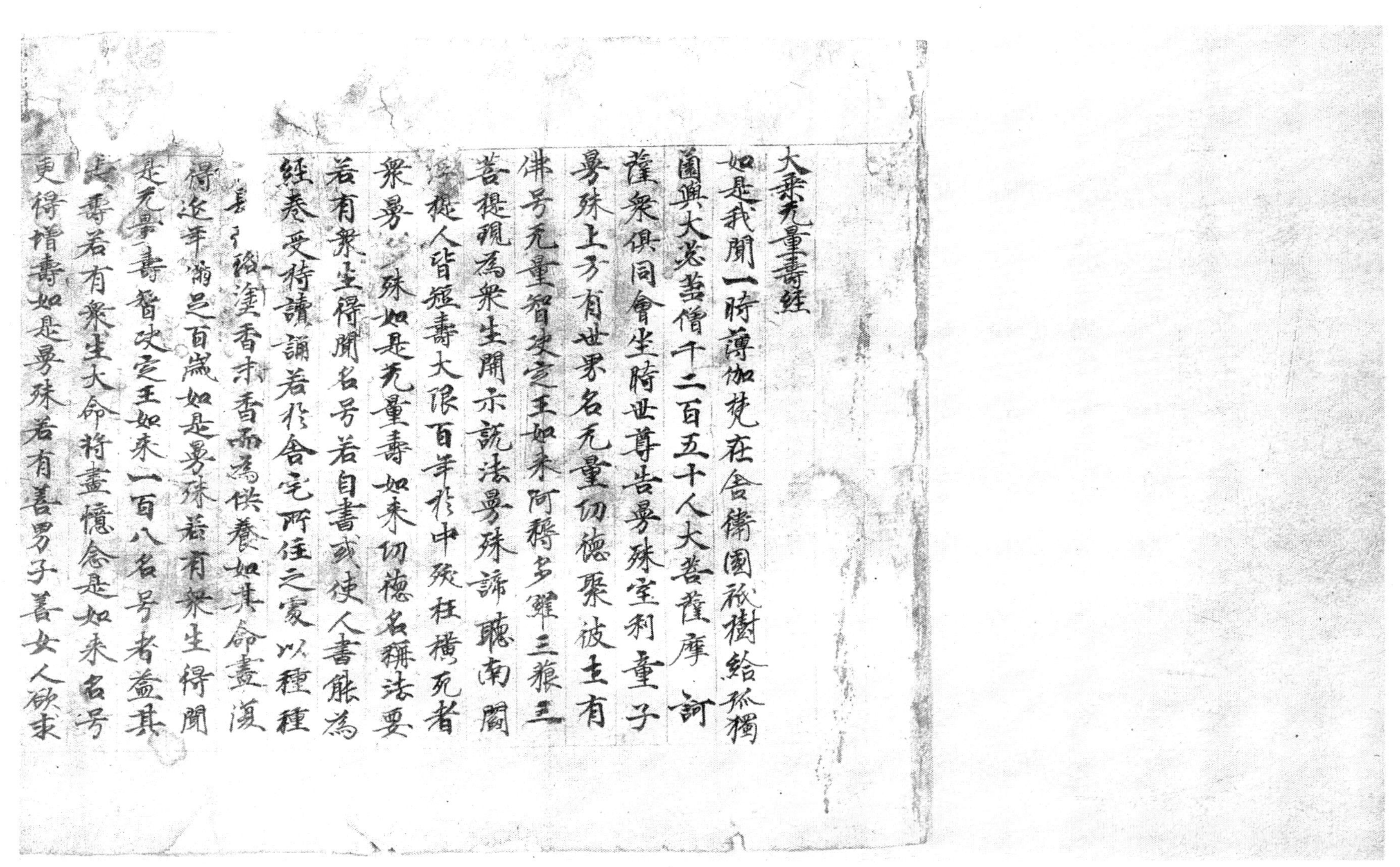
大乘无量壽經
如是我聞一時薄伽梵在舍衛國祇樹給孤獨
園與大苾芻僧千二百五十人大菩薩摩訶
薩衆俱同會坐時世尊告曼殊室利童子
曼殊上方有世界名无量功德聚彼土有
佛号无量智决定王如來阿耨多羅三藐三
菩提現爲衆生開示說法曼殊諦聽南閻
浮提人皆短壽大限百年於中殀枉横死者
衆曼〻殊如是无量壽如來功德名稱法要
若有衆生得聞名号若自書或使人書能爲
經卷受持讀誦若於舍宅所住之處以種種
長ㄋ瓔塗香末香而爲供養如其命盡復
得延年滿足百歲如是曼殊若有衆生得聞
是无量壽智决定王如來一百八名号者益其
壽若有衆生大命將盡憶念是如來名号
更得增壽如是曼殊若有善男子善女人欲求

BD08284號　無量壽宗要經（兌廢稿）　（2–1）

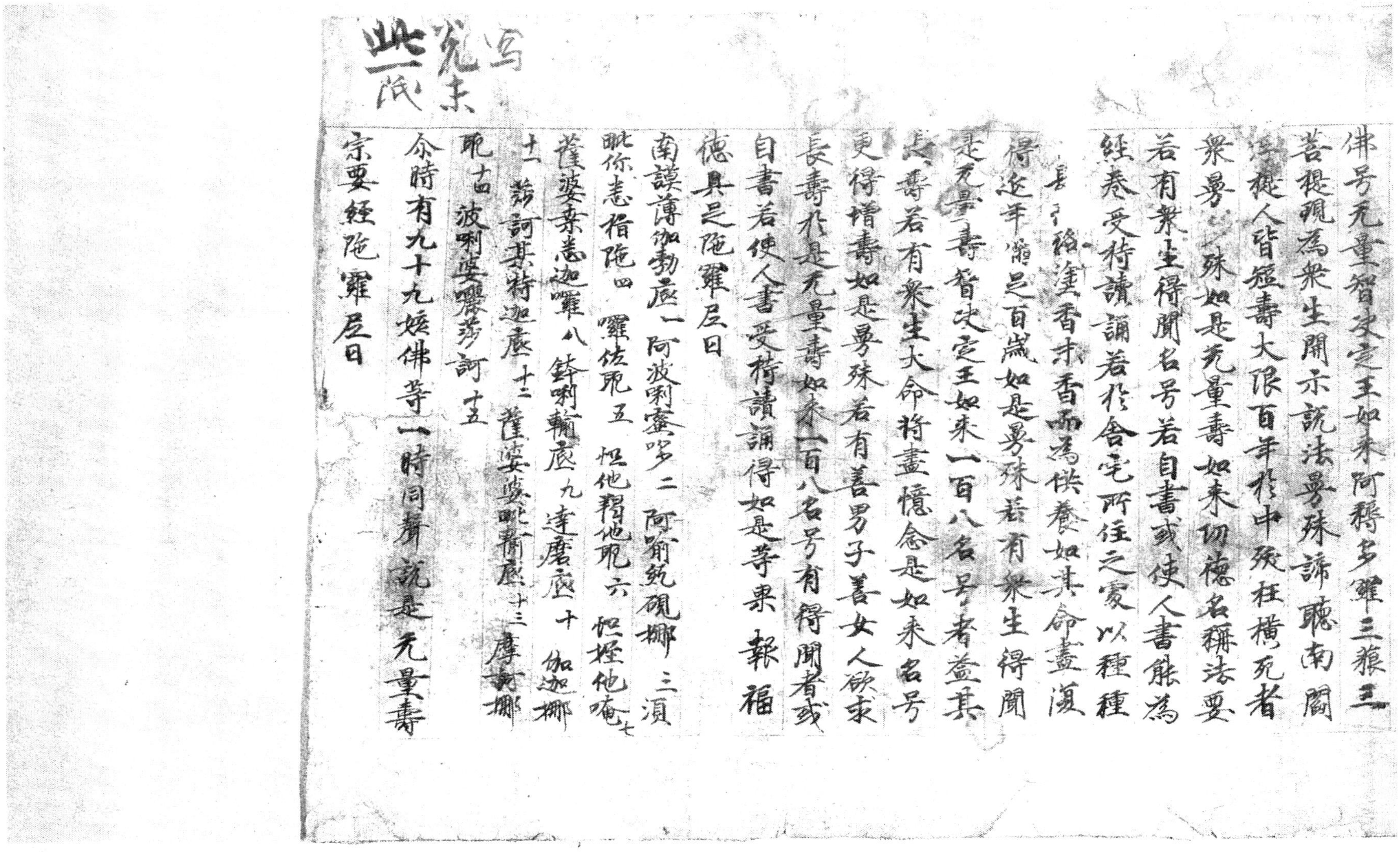

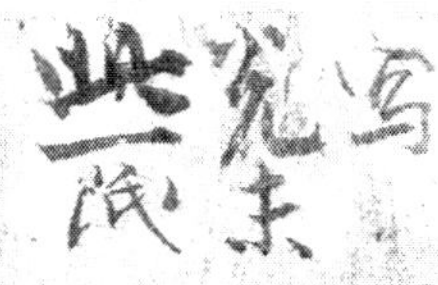

佛号无量智決定王如来阿耨多羅三藐三
菩提現為衆生開示説法曼殊師利聽南閻
浮提人皆短壽大限百年於中殀枉横死者
衆曼殊殊如是无量壽如来功德名稱法要
若有衆生得聞名号若自書或使人書能為
經巻受持讀誦若於舍宅所住之處以種種
花鬘瓔珞塗香末香而為供養如其命盡復
得延年滿足百歳如是曼殊若有衆生得聞
是无量壽智決定王如来一百八名号者益其
上壽若有衆生大命將盡憶念是如来名号
更得增壽如是曼殊若有善男子善女人欲求
長壽於是无量壽如来一百八名号有得聞者或
自書若使人書受持讀誦得如是等果報福
德具足陁羅尼曰
南謨薄伽勃底一 阿波唎蜜哆二 阿喻紇硯娜三 須
毗你悉指陁四 囉佐耶五 怛他羯他耶六 怛姪他唵七
薩婆桑悉迦囉八 鉢唎輸底九 達磨底十 伽迦娜
十一 莎訶娑特迦底十二 薩婆婆毗輸底十三 摩訶娜
耶十四 波唎婆囉莎訶十五
尒時有九十九姟佛等一時同聲説是无量壽
宗要經陁羅尼曰

BD08284號　無量壽宗要經（兑廢稿）　（2–2）

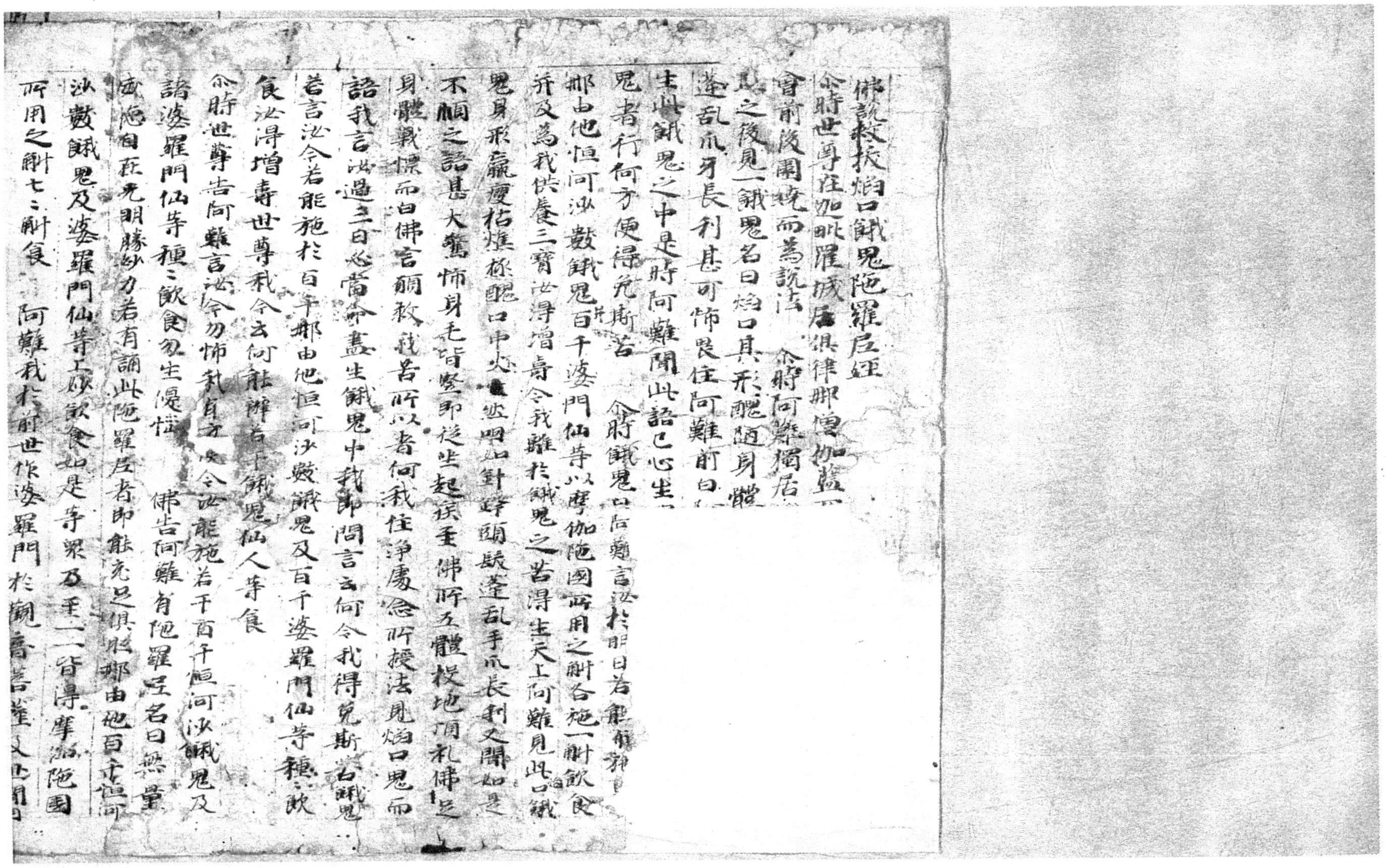

佛説救拔焰口餓鬼陁羅尼經
尒時世尊在迦毗羅城尼俱律那僧伽藍……
會前後圍遶而為説法 尒時阿難獨居……
其之後見一餓鬼名曰焰口其形醜陋身體
羸乱爪牙長利甚可怖畏住阿難前白……
生此餓鬼之中是時阿難聞此語已心生……
畏者行何方便得免斯苦 尒時餓鬼白阿難言汝於明日若能布……
那由他恒河沙數餓鬼百千婆羅門仙等以摩伽陁國所用之斛各施一斛飲食
并及為我供養三寶汝得增壽令我離於餓鬼之苦得生天上 阿難見此口餓
鬼身形羸瘦枯燋極醜口中火然咽如針鋒頭髮蓬乱手爪長利又聞如是
不順之語甚大驚怖身毛皆豎即從坐起疾至佛所五體投地頂礼佛足
身體戰慄而白佛言願救我苦所以者何我住淨處念所授法見焰口鬼而
語我言汝過三日必當命盡生餓鬼中我即問言云何令我得免斯苦餓鬼
若言汝今若能施於百千那由他恒河沙數餓鬼及百千婆羅門仙等種種飲
食汝得增壽世尊我今云何能辦若干餓鬼仙人等食
尒時世尊告阿難言汝今勿怖我有方便令汝能施若干百千恒河沙餓鬼及
諸婆羅門仙等種種飲食勿生憂惱 佛告阿難有陁羅尼名曰無量
威德自在光明勝妙力若有誦此陁羅尼者即能充足俱胝那由他百千恒河
沙數餓鬼及婆羅門仙等上妙飲食如是等衆乃至一一皆得摩伽陁國
所用之斛七七斛食 阿難我於前世作婆羅門於觀音菩薩及世間……

BD08285號　救拔焰口餓鬼陀羅尼經　（3–1）

食法得增壽世尊我今云何能辦若干餓鬼仙人等食
尒時世尊告阿難言汝今勿怖我有方便令汝能施若干百千恒河沙餓鬼及
諸婆羅門仙等種種飲食勿生憂惱　佛告阿難有陀羅尼名曰無量
威德自在光明勝妙力若有誦此陀羅尼者即能充足俱胝那由他百千恒河
沙數餓鬼及婆羅門仙等上妙飲食如是等衆乃至一一皆得摩伽陀國
所用之斛七七斛食　阿難我於前世作婆羅門於觀音菩薩及世間自
在威德如來所受此陀羅尼故能施與無量餓鬼及諸仙等種種飲食令諸
餓鬼解脫苦身得生天上　阿難汝今受持福德壽命皆得增長
尒時世尊即為阿難說此陀羅尼曰
那莫　薩婆怛他孽多引嚩無可反　盧枳帝　唵　[illegible]　參婆囉　吽
佛告阿難若有善男子善女人欲求長壽福德增榮速能滿足檀波羅
蜜每於晨朝及一切時悉無障礙取一淨器盛以淨水置少飯麨及諸餅
等以右手加器誦陀羅尼滿於七遍然後稱四如來名号
那謨皤哦嚩無可反帝一　波羅二合部多囉　怛那野　怛他孽路野此云南謨多寶如來
由稱多寶如來名号加持故能拔一切諸鬼多生已來慳悋惡業即得
福德圓滿　那謨婆哦嚩帝　素嚕波耶　怛他孽路野此云南謨妙色如來
由稱妙色如來名号加持故能破諸鬼醜陋惡形即得色相具足
那謨婆哦嚩帝　尾布羅哦　怛囉二合耶怛他孽路野此名南謨廣博身如來
由稱廣博身如來名号加持故能令諸鬼咽喉寬大所施之食恣意充飽
那謨婆哦嚩帝　阿婆孕迦囉二合　野怛他孽路野此云南謨離怖畏如來
由稱離怖畏如來名号加持故能令諸鬼一切恐怖悉皆除滅離餓鬼趣
佛告阿難善男子等既稱四如來名号加持已彈指七下取於食器於淨地上展
臂瀉之作此施已於其四方有百千俱胝那由他恒河沙餓鬼各有摩伽陀國
七七斛食[illegible]受此食已悉皆飽滿是諸鬼等悉捨鬼身生於天上
阿難若比丘比丘尼優婆塞優婆夷常以此呪呪食施鬼便能具足無量
福德則同供養百千俱胝如來功德等無差別壽命延長增益色力善
根具足一切非人夜叉羅剎諸惡鬼神不敢侵害又能成就無量威德
若欲施諸婆羅門仙以淨飲食滿盛一器即以前呪呪之七遍投淨流水如是
作已即為以天美妙之食供養百千俱胝恒河沙數婆羅門仙彼諸仙人

BD08285 號　救拔焰口餓鬼陀羅尼經　（3-2）

辟瀉之作此施已於其四方有百千俱胝那由他恒河沙餓鬼各有摩伽陀國
七七斛食[illegible]受此食已悉皆飽滿是諸鬼等悉捨鬼身生於天上
阿難若比丘比丘尼優婆塞優婆夷常以此呪呪食施鬼便能具足無量
福德則同供養百千俱胝如來功德等無差別壽命延長增益色力善
根具足一切非人夜叉羅剎諸惡鬼神不敢侵害又能成就無量威德
若欲施諸婆羅門仙以淨飲食滿盛一器即以前呪呪之七遍投淨流水如是
作已即為以天美妙之食供養百千俱胝恒河沙數婆羅門仙彼諸仙人
得呪食故以呪威德各各成就根本所願諸善功德各各同時呪願是人令
壽延長色力安樂又令其人心所見聞正解清淨具足成就梵天勝行
又同供養百千恒河沙如來功德一切怨讎不能侵害
若比丘比丘尼優婆塞優婆夷若欲供養佛法僧寶應以香華及淨
飲食以前神呪呪之滿足之二十一遍奉獻三寶是善男子及善女人則
成以天餚饍遍奉供養滿十方界佛法僧寶亦為讚歎勸請隨喜
功德恒所為諸佛憶念稱讚諸天鬼神恒來擁護即為滿足檀波
羅蜜阿難汝隨我語如法修行廣宣流布令諸衆生普得見聞獲無
量福是名救焰口鬼及若衆生陀羅尼呪　所稱四如來名号若不梵誦但漢稱名亦得

佛說救拔焰口餓鬼陀羅尼經

BD08285 號　救拔焰口餓鬼陀羅尼經　（3-3）

有衆生恭敬……拜
觀世音菩薩福不唐捐是故衆生皆應受
持觀世音菩薩名号无盡意若有人受持
六十二億恒河沙菩薩名字復盡形供養
飲食衣服臥具醫藥於汝意云何是善
男子善女人功德多不无盡意言甚多世尊
佛言若復有人受持觀世音菩薩名号乃至
一時礼拜供養是二人福正等无異於百千万
億劫不可窮盡无盡意受持觀世音菩薩名
号得如是无量无邊福德之利
无盡意菩薩白佛言世尊觀世音菩薩云
何遊此娑婆世界云何而為衆生說法方
便之力其事云何佛告无盡意菩薩善男
子若有國土衆生應以佛身得度者觀世
音菩薩即現佛身而為說法應以辟支佛身
得度者即現辟支佛身而為說法應以聲聞

BD08286號　妙法蓮華經卷七　（3–1）

何遊此娑婆世界云何而為衆生說法方
便之力其事云何佛告无盡意菩薩善男
子若有國土衆生應以佛身得度者觀世
音菩薩即現佛身而為說法應以辟支佛身
得度者即現辟支佛身而為說法應以聲聞
即現聲聞身而為說法應以梵王身得度者
身得度者即現梵王身而為說法應以帝
釋身得度者即現帝釋身而為說法應以
自在天身得度者即現自在天身而為說
法應以大自在天身得度者即現大自在天身
而為說法應以天大將軍身得度者即現天
大將軍身而為說法應以毗沙門身得度者即
現毗沙門身而為說法應以小王身得度者即
現小王身而為說法應以長者身得度者即
現長者身而為說法應以居士身得度者即
現居士身而為說法應以宰官身得度者即
現宰官身而為說法應以婆羅門身得度
者即現婆羅門身而為說法應以比丘比丘尼
優婆塞優婆夷身得度者即現比丘比
丘尼優婆塞優婆夷身而為說法應以長者
居士宰官婆羅門婦女身得度者即現婦
女身而為說法應以童男童女身得度者即
現童男童女身而為說法應以天龍夜叉乾
闥婆阿修羅緊那羅摩睺羅伽人非
身得度者即皆現之而為說法應以執
得度者即現執金剛神而為說法无盡意
世音菩薩成就如是功德以種種形遊諸國土

BD08286號　妙法蓮華經卷七　（3–2）

現宰官身而為說法應以婆羅門身得度
者即現婆羅門身而為說法應以比丘比丘尼
優婆塞優婆夷身得度者即現比丘比
丘尼優婆塞優婆夷身而為說法應以長者
居士身官婆羅門婦女身得度者即現婦
女身而為說法應以童男童女身得度者即
現童男童女身而為說法應以天龍夜叉乾
闥婆阿修羅緊那羅摩睺羅伽人非人
身得度者即皆現之而為說法應以執
得度者即現執金剛神而為說法无盡意
世音菩薩成就如是功德以種種形遊諸國
脫衆生是故汝等應當一心供養觀世音菩薩
是觀世音菩薩摩訶薩於怖畏急難之中能施
无畏是故此娑婆世界皆號之為施无畏者无盡
意菩薩白佛言世尊我今當供養觀世音菩薩
即解頸衆寶珠瓔珞價直百千兩金而以與之作
是言仁者受此法施珎寶瓔珞時觀世音菩薩不
肯受之无盡意復白觀世音菩薩言仁者愍我等

受此瓔珞

BD08286號　妙法蓮華經卷七　（3–3）

大般若波羅
初分魔事品第卌
尒時具壽善現
无上正等菩提
情嚴淨佛國諸善男
世尊云何是善男子
等菩提脩諸行時
為
佛言善現
薩摩訶薩樂說法要辯不即生當知是
薩魔事世尊何故是菩薩摩訶薩樂
辯不即生是為魔事善現是菩薩摩訶薩脩
行般若波羅蜜多時所脩般若波羅蜜多難
得圓滿所脩靜慮精進安忍淨戒布施波羅
蜜多難得圓滿由此緣故是菩薩摩
說法要辯不即生當知是為菩薩魔
善現若菩薩摩訶薩樂脩勝行辯
知是為菩薩魔事世尊何故是菩薩
樂脩勝行辯乃卒生是為魔事善

BD08287號　大般若波羅蜜多經卷三〇三　（4–1）

蜜多難得圓滿由此緣故是菩薩摩
說法要辯不即生當知是為菩薩摩
善現若菩薩摩訶薩樂脩勝行辯
知是為菩薩魔事世尊何故是菩薩
樂脩勝行辯乃卒生是為魔事善現
薩摩訶薩脩行布施波羅蜜多脩行
安忍精進靜慮般若波羅蜜多先巧
辯乃卒生由此緣故是菩薩摩訶薩樂脩
勝行辯乃卒生當知是為菩薩魔事復次善
現書寫般若波羅蜜多甚深經時頻申欠呿
當知是為菩薩魔事復次善現書寫般若
羅蜜多甚深經時忽然戲咲當知是為菩
魔事復次善現書寫般若波羅蜜多甚深經
時手相輕蔑當知是為菩薩魔事復次善現書
寫般若波羅蜜多甚深經時身心擾乱當知
是為菩薩魔事復次善現書寫般若波羅蜜
多甚深經時心生異解文句倒錯當知是為
菩薩魔事復次善現書寫般若波羅蜜多甚
深經時欻有事起令不究竟當知是為菩薩
魔事復次善現書寫般若波羅蜜多甚深經
時忽作是念我於此經不得滋味何用書寫
便弃捨去當知是為菩薩魔事復次善現受
持讀誦思惟脩習說聽般若波羅蜜多甚深
經時頻申欠呿當知是為菩薩魔事復次善
現受持讀誦思惟脩習說聽般若波羅蜜多
甚深經時忽然戲笑當知是為菩薩魔事

BD08287 號　大般若波羅蜜多經卷三〇三　　（4–2）

便弃捨去當知是為菩薩魔事復次善現受
持讀誦思惟脩習說聽般若波羅蜜多甚深
經時頻申欠呿當知是為菩薩魔事復次善
現受持讀誦思惟脩習說聽般若波羅蜜多
甚深經時忽然戲笑當知是為菩薩魔事
復次善現受持讀誦思惟脩習說聽般若波
羅蜜多甚深經時手相輕蔑當知是為菩薩
魔事
復次善現受持讀誦思惟脩習說聽般若波
羅蜜多甚深經時身心擾乱當知是為菩薩
魔事復次善現受持讀誦思惟脩習說聽般
若波羅蜜多甚深經時心生異解文句倒錯
當知是為菩薩魔事復次善現受持讀誦思
惟脩習說聽般若波羅蜜多甚深經時欻有
事起令不究竟當知是為菩薩魔事復次善
現受持讀誦思惟脩習說聽般若波羅蜜多
甚深經時忽作是念我於此經不得滋味何
用勤苦便弃捨去當知是為菩薩魔事時具
壽善現白佛言世尊何因緣故是善男子善
女人等於此深經不得滋味便弃捨去佛言
善現是善男子善女人等於過去世未久脩
行般若靜慮精進安忍淨戒布施波羅蜜多
是故於此甚深般若波羅蜜多不得滋味便
弃捨去復次善現若善男子善女人等聞說
如是甚深般若波羅蜜多便作是念我等於
此不得受記何用聽為心不清淨便從坐起
[illegible]當知是為菩薩魔事時具壽善現

BD08287 號　大般若波羅蜜多經卷三〇三　　（4–3）

惟脩[illegible]
事起令不究竟當知是為菩薩魔事復次善
現受持讀誦思惟脩習說聽般若波羅蜜多
甚深經時忽作是念我於此經不得滋味何
用勤苦便弃捨去當知是為菩薩魔事時具
壽善現白佛言世尊何因緣故是善男子善
女人等於此深經不得滋味便弃捨去佛言
善現是善男子善女人等於過去世未久脩
行般若靜慮精進安忍淨戒布施波羅蜜多
是故於此甚深般若波羅蜜多不得滋味便
弃捨去復次善現若善男子善女人等聞說
如是甚深般若波羅蜜多便作是念我等於
此不得受記何用聽為心不清淨便從坐起
弃捨而去當知是為菩薩魔事時具壽善現
白佛言世尊何因緣故於此般若波羅蜜多
甚深經中不受彼記而令捨去佛言善現菩
薩未入正性離生不應受彼大菩提記復次
善現若善男子善女人等聞說如是甚深般
若波羅蜜多便作是念此中不說我等名字
何用聽[…]淨便從坐起弃捨而去當
[…]善現白佛言世尊

BD08287 號　大般若波羅蜜多經卷三〇三　（4–4）

[…]及諸藥草
[…]中[…]枝中葉大
[…]諸樹大小隨上中下各有
[…]稱其種性而得生長華菓敷
[…]一雨所潤而諸草木各有差
[…]當知如來亦復如是出現於世如大
雲起以大音聲普遍世界天人阿脩羅如彼
大雲遍覆三千大千國土於大衆中而唱是
言我是如來應供正遍知明行足善逝世間
解無上士調御丈夫天人師佛世尊未度者
令度未解者令解未安者令安未涅槃者令
得涅槃今世後世如實知之我是一切知者
一切見者知道者開道者說道者汝等天人
阿脩羅衆皆應到此為聽法故尒時無數千
万億種衆生來至佛所而聽法如来于時觀
是衆生諸根利鈍精進懈怠隨其所堪而為

BD08288 號　妙法蓮華經卷三　（2–1）

得涅槃今世後世如實知之我是一切知者
一切見者知道者開道者說道者汝等天人
阿脩羅眾皆應到此為聽法故尒時無數千
万億種眾生来至佛所而聽法如来于時觀
是眾生諸根利鈍精進懈怠隨其所堪而為
說法種種無量皆令歡喜快得善利是諸眾
生聞是法已現世安隱後生善處以道受樂
亦得聞法既聞法已離諸鄣礙於諸法中任
力所能漸得入道如彼大雲雨於一切卉木
叢林及諸藥草如其種性具足蒙潤各得生
長如来說法一相一味所謂解脫相離相滅
相究竟至於一切種智其有眾生聞如来法
若持讀誦如說脩行所得功德不自覺知所
以者何唯有如来知此眾生種相體性念何
事思何事脩何事云何念云何思云何脩以
何法念以何法思以何法脩以何法得何法
眾生住於種種之地唯有如来如實見之明
了無礙如彼卉木叢林諸藥草等而不自知
上中下性如来知是一相一味之法所謂解
脫相離相滅相究竟涅槃常寂滅相終歸於
空佛知是已觀眾生心欲而將護之是故不
即為說一切種智汝等迦葉甚為希有能知
如来隨宜說法能信能受所以者何諸佛世
尊隨宜說法難解難知尒時世尊欲重宣此
義而說偈言

益一切諸衆生故說三惠利是方便道令
其煩惱永㓕无餘於一時中為諸衆生以一道
理為諸衆生普演說之欲令隨類一切衆
生是人非人各得惠解觀了諸法猶如虛空
一切万物悉滿其中空常一故善男子是
諸神尊為諸衆生亦復如是是神尊者
常在空寂亦无用心化身十方現種種智
說法教化利益平等无憎无愛无貪无欲
功德无量利益生死俱不能礙成就隨順為
諸衆生作一切智尒時天尊而說偈言
善哉真實相　因果方便異　三學及果成
智惠无方志　十方諸國土　悉見童子侍
得入海空城　信益无邊治　此界无終始
一切法依住　若有諸道士　及諸大通智
諸法依藏住　能作種子利　是名至道刪
我常為演說　執持曉薦細　種子恒隨流
愚凡我為說　勿執以為實　自行无明
慈悲廣大慈　方便无差別　名无不伏
无我无相執　一期生无流　善惡无記中

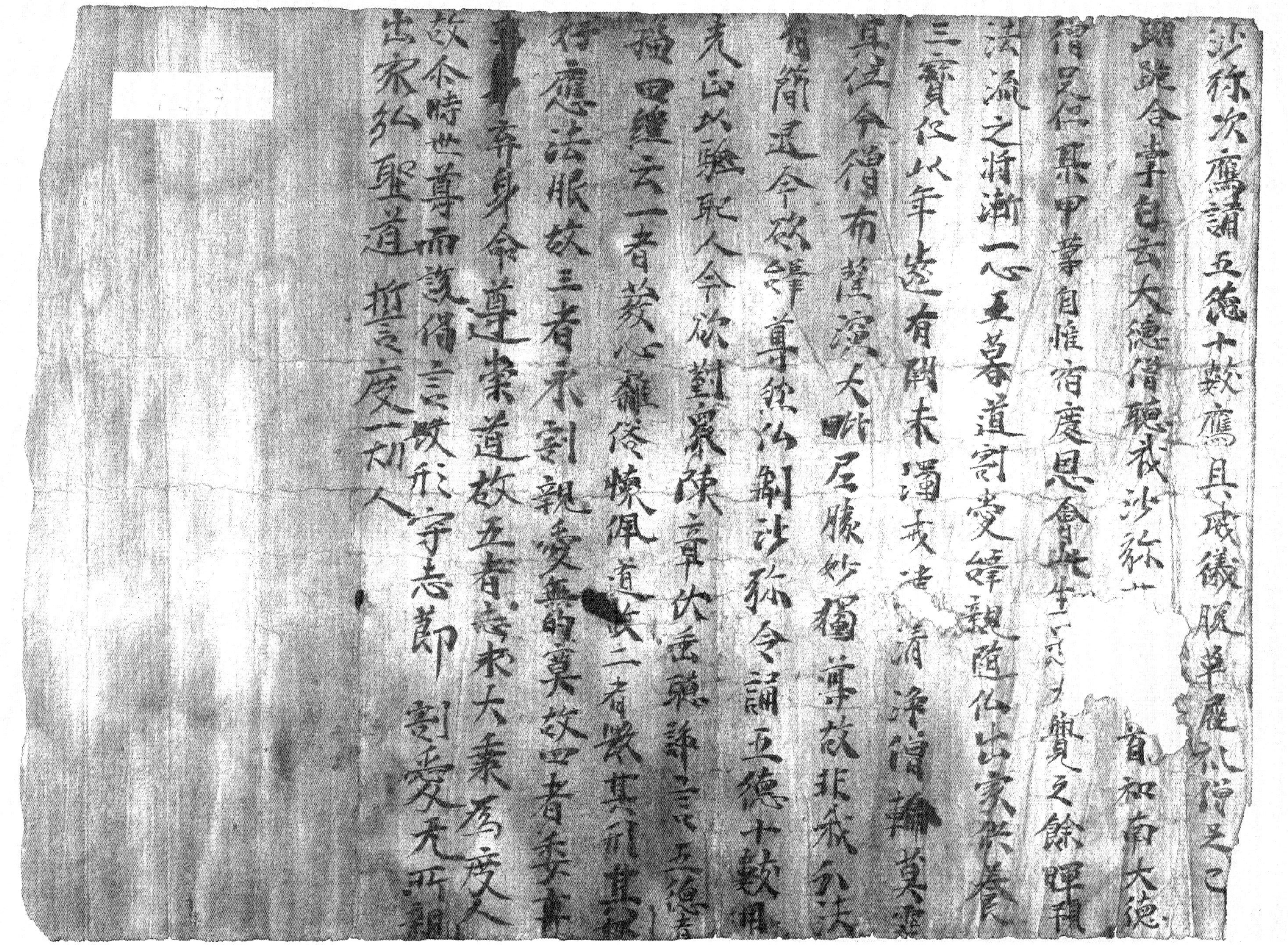

沙彌次應誦五德十數應具威儀服畢塵禮僧足已
胡跪合掌白云大德僧聽我沙彌[illegible]首和南大德
僧足但某甲等自惟宿慶恩會此生[illegible]覺之餘暉預
法流之將漸一心五慕道割愛辭親隨佛出家供養
三寶從以年邁有闕未獨戒法清淨僧輪莫處
其位今僧布薩演大毗尼勝妙獨尊故非我分法
有簡是今欲辭尊欲佛制沙彌令誦五德十數用
表正以驗恥人今欲對衆陳章伏垂聽許言五德者
福田經云一者發心離俗懷佩道故二者毀其形好
行應法服故三者永割親愛無的莫故四者委棄
身命遵崇道故五者志求大乘為度人
故今時世尊而讚偈言　毀形守志節　割愛无所親
出家弘聖道　誓度一切人

BD08289號背　沙彌受三歸十戒五德十數威儀法文　　（1-1）

尼佛詣多寶佛是妙
寶佛告妙音言善哉[illegible]
牟尼佛及聽法華經并見文殊師利等故來
至此
尒時華德菩薩白佛言世尊是妙音菩薩種
何善根脩何功德有是神力佛告華德菩薩
過去有佛名雲雷音王多陁阿伽度阿羅呵
三藐三佛陁國名現一切世間劫名憙見妙
音菩薩於万二千歲以十万種伎樂供養雲
雷音王佛并奉上八万四千七寶鉢以是因
緣果報今生淨華宿王智佛國有是神力華
德於汝意云何尒時雲雷音王佛所妙音菩
薩伎樂供養奉上寶器者豈異人乎今此妙
音菩薩摩訶薩是華德是妙音菩薩已曾供
養親近无量諸佛久殖德本又值恒河沙等

BD08290 號　妙法蓮華經卷七　（3–1）

雷音王佛并奉上八万四千七寶鉢以是因
緣果報今生淨華宿王智佛國有是神力華
德於汝意云何尒時雲雷音王佛所妙音菩
薩伎樂供養奉上寶器者豈異人乎今此妙
音菩薩摩訶薩是華德是妙音菩薩已曾供
養親近无量諸佛久殖德本又值恒河沙等
百千万億那由他佛華德汝但見妙音菩薩其
身在此而是菩薩現種種身處處為諸衆
生說是經典或現梵王身或現帝釋身或現
自在天身或現大自在天身或現天大將軍身或
現毗沙門天王身或現轉輪聖王身或現諸
小王身或現長者身或現居士身或現宰官
身或現婆羅門身或現比丘比丘尼優婆塞
優婆夷身或現長者居士婦女身或現宰官
婦女身或現婆羅門婦女身或現童男童女
身或現天龍夜叉乾闥婆阿脩羅迦樓羅緊
那羅摩睺羅伽人非人等身而說是經諸有
地獄餓鬼畜生及衆難處皆能救濟乃至於
王後宮變為女身而說是經華德是妙音菩
薩能救護娑婆世界諸衆生者是妙音菩薩
如是種種變化現身在此娑婆國土為諸衆
生說是經典於神通變化智慧无所損減是
菩薩以若干智慧明照娑婆世界令一切衆
生各得所知於十方恒河沙世界中亦復如
是若應以聲聞形得度者現聲聞形而為說
法應以辟支佛形得度者現辟支佛形而為
說法應以菩薩形得度者現菩薩形而為說
法應以佛形得度者即現佛形而為說法

BD08290 號　妙法蓮華經卷七　（3–2）

那羅摩睺羅伽人非人等身而說是經諸有
地獄餓鬼畜生及衆難處皆能救濟乃至於
王後宮變爲女身而說是經華德是妙音菩
薩能救護娑婆世界諸衆生者是妙音菩薩
如是種種變化現身在此娑婆國土爲諸衆
生說是經典於神通變化智慧無所損減是
菩薩以若干智慧明照娑婆世界令一切衆
生各得所知於十方恒河沙世界中亦復如
是若應以聲聞形得度者現聲聞形而爲說
法應以辟支佛形得度者現辟支佛形而爲
說法應以菩薩形得度者現菩薩形而爲說
法應以佛形得度者即現佛形而爲說法如
是種種隨所應度而爲現形乃至應以滅度
而得度者示現滅度華德妙音菩薩摩訶薩
成就大神通智慧之力其事如是
尒時華德菩薩白佛言世尊是妙音菩薩深
種善根世尊是菩薩住何三昧而能如是在
所變現度脫衆生佛告華德菩薩善男子其
三昧名現一切色身妙音菩薩住是三昧中
能如是饒益衆生衆生說是妙音菩薩品時

BD08290 號　妙法蓮華經卷七　（3-3）

釋方便品　理正曰方，迮便曰便。方便有二種：一非凡現凡，二无疾現疾。法花約教，維摩約人。
法雖則不同，善權是一。又方便者，瑜伽有十二種，若於諸有情並顧念二乘於
三於諸佛智深心欣樂，四方顧應衆生不捨生死，五者於今令捨以少善根
所謂勸微物自為之人及迴向者，初地已成正觀而於間斷，八地相續永无退轉，与
与成名　資財者，周礼通貨賄。鄭玄云：金玉貨，布帛曰賄。亦与資同，沙可業
了悟去息惡、息身口惡。亦云以无所染著一切，亦掃除能說一切，會是名為悟。博弈
者，左傳弈圍碁也。言自關而東，齊魯之間皆謂圍碁為弈。小雅云碁局謂
鹹六常樂作博者，梁武帝述三教詩：少時學周孔，弱冠窮六經，孝義連方冊，
仁恕滿丹青。次復觀道經，書有名及无名，妙術鏤金板，方言使上青。晚年開
釋卷，猶月映衆星，普集始覺知，因果方正明。　執持正法攝諸長幼者，漢
書礼樂志云：礼樂者，所以立人倫，正情性，節万物者也。故孔子曰：安上治民，莫善於
礼；移風易俗，莫善於樂。樂以理內而為同，礼以理外而為異。同則和親，異則畏敬。
則不爭，揖讓而天下治者，礼樂之謂。　諧偶者，尚書云：諧，和也；偶，合也。酒肆者，和利
及鄭玄云：肆，陳列物處，肆列也，謂其化貨賄也。飲酒者，五失婬妬，剎利中尊者
遂共分地田，慮防遠盡，已田生掠他田，便毀劫盗過起，共議田主，收已所收，六分之
一雇令防護，因斯投立剎帝利名，衆共欽承。後三千年生衆許四分，從此相承，有八
万四千二百五十三王，至懿師摩。後有大善生，即瞿曇種。雜云：喬荅摩，此云白種，或云
甘蔗種。本行集云：取百八嚴後，王名大茅草，其王无子，捨位出家，得五通仙，年極老
諸弟子等以王老，置竹籠中，懸掛樹上，而行採菓。之後有獵師來，謂是白鳥，因
射王仙，血墮於地，生二甘蔗，一生童子，一生童女。後繼王位，因此名甘蔗種，男善生
女善賢。從此相承，又有七王，之後頭擅此云除彼，即釋迦種此云能仁也。五分云：王舍城王名

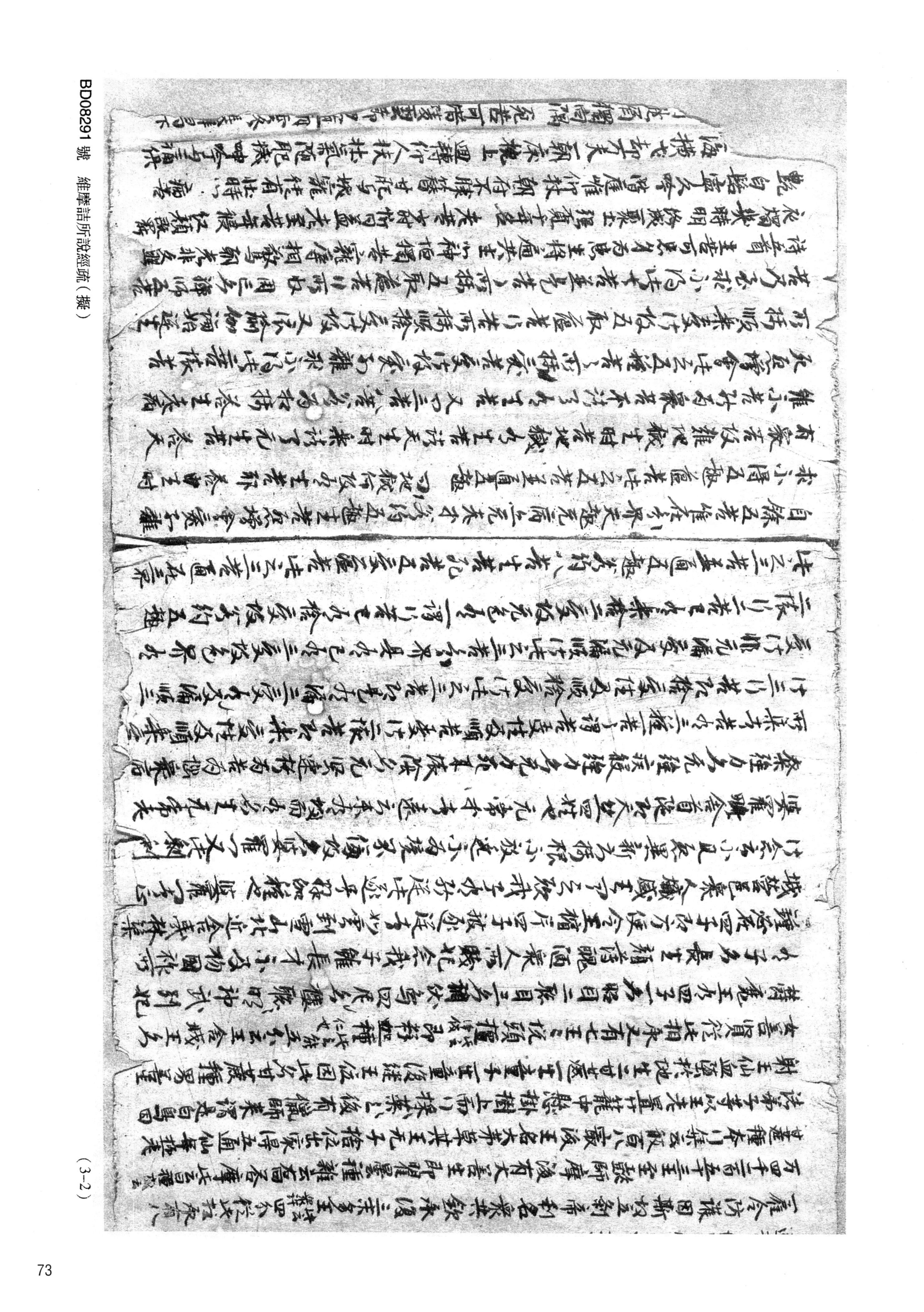

BD08291號　維摩詰所說經疏（擬）

（3–2）

鍾必在四子臥方便令王植戶四子披邪從者如雲到雪山北近含衛林集
城營邑衆人藏感其厚之致我子亦孫從此遊乎孫伽種也　呼羅門者正
行令云不見惡果新不拔根不放逸不為境界偏故名娑羅門又此剎剎
娑羅豐舍首陀此天竺四姓也　无常者　者遠之本故而亦名生　无常夫
桑種力名无種疾蘇種力名无力死耳壞險名无堅速於為苦所惱衆病
所集者　苦有三種一苦苦謂苦受住及順苦受行二壞苦即樂受住及順樂受
行三行苦即捨受住及順捨受行此之三苦即是有漏三受及有漏順三
受行非无漏受及无漏順行此之三苦名界具有色界有三受故色界有
二壞行二苦无色有一謂行苦也有捨受故名約五趣
此之三苦並通五趣名約八苦生苦死苦五受蘊苦此之三苦通在三界
自餘五苦唯在欲界天趣无病亦无老求不名約五趣生苦怨憎會愛別離
求不得五趣蘊苦此之五苦並通五趣　問地獄何故有生苦耶　答曲生時
有衆苦故雖地獄生時苦地獄有生苦諸天生時樂謂了无生苦　答天
雖不苦然有衆苦不謂了有生苦　又四三苦八苦名為相攝　答生老病
死怨憎會此之五種苦了所攝愛苦愛別離求不得此之二苦壞苦
所攝順樂受行故五取蘊苦行苦所攝順捨受行故　又依瑜伽論始從生
苦乃至求不得此七苦並是苦了所攝五取蘊苦行所攝　同已名禪師五苦
詩五首　生苦　可忌身為患　生將痛共生　心神恒獨苦　寵辱相驚　有老非久照
衣燭幾時明　終歲一聚土　强覓千年名　老苦　少時忻日益　老至苦年侵　紅顏既罷
豔　白髮寧久吟　階庭唯仰杖　朝府不勝簪　甘肥與妖寵　徒有壯時心　病苦
海搔七却　方夫一朝　床枕上　迴轉仰人扶　壯氣隨肥挾　呻吟與痛俱
此身獨向隅　死苦　可惜凌雲[illegible]卑下

五見頌云我〻所斷常 撥无邪為勝 非因道妄謂 是見自五體

BD08291 號背　補充文字　（1–1）

兑

是空離我我所眼識界是空離我我所耳鼻
舌身意識界是空離我我所眼觸是空離我
我所耳鼻舌身意觸是空離我我所眼觸爲
緣所生諸受是空離我我所地界是空離我
我所水火風空識界是空離我我所因緣是
空離我我所等无間緣是空離我我所所緣
緣是空離我我所增上緣是空離我我所從
緣所生諸法是空離我我所无明是空離我
我所行識名色六處觸受愛取有生老
空離我我所善法是空離我我所非善法是
空離我我所有記法是空離我我所无記法
是空離我我所有漏法是空離我我所无漏
法是空離我我所世間法是空離我我所出
世間法是空離我我所有爲法是空離我
我所无爲法是空離我我所布施波羅蜜多
乃至般若波羅蜜多是空離我我所內空乃至

BD08292 號 A　大般若波羅蜜多經（兑廢稿）卷四六八　（2–1）

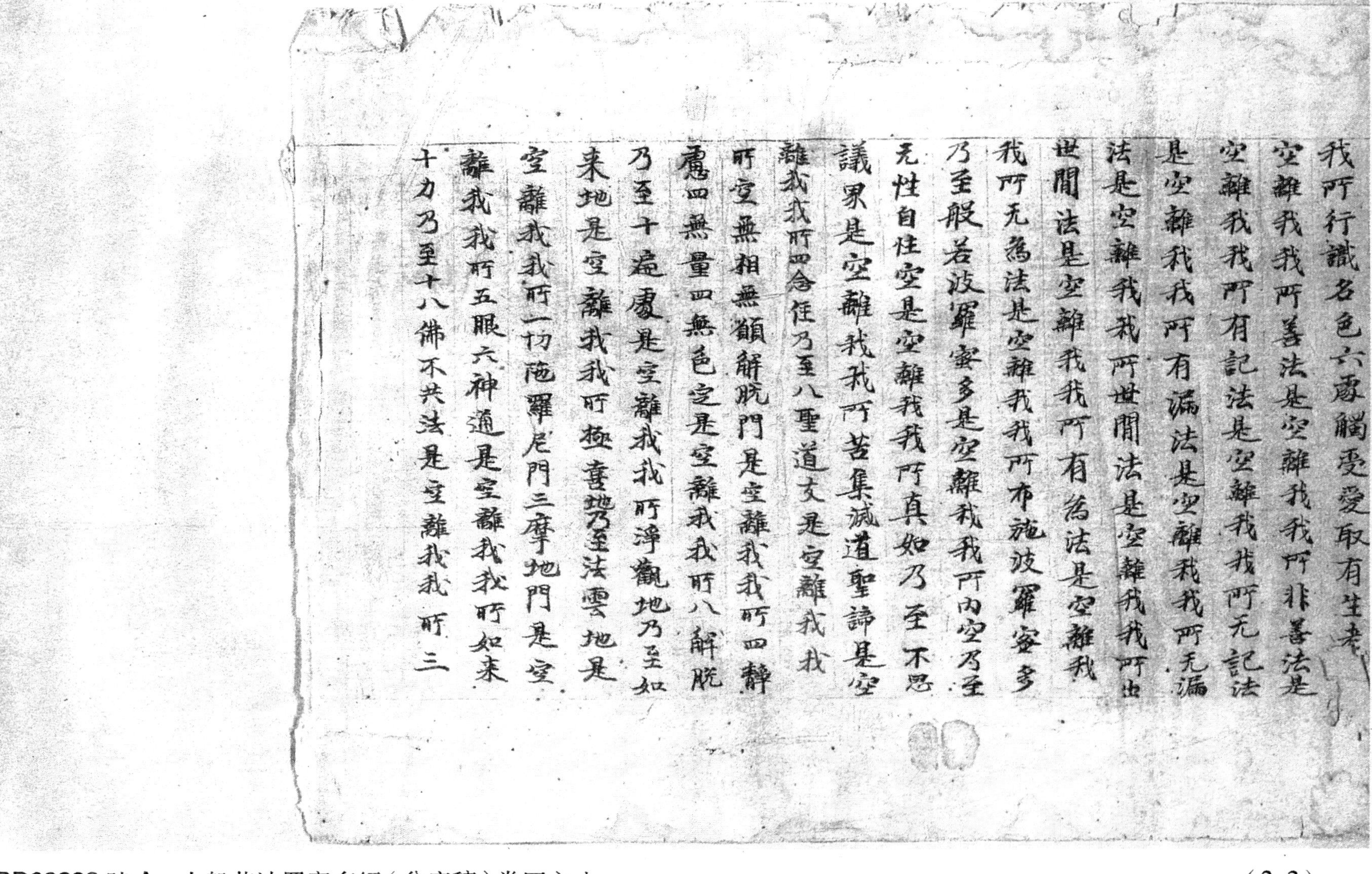
我所行識名色六處觸受愛取有生老
空離我我所善法是空離我我所非善法是
空離我我所有記法是空離我我所无記法
是空離我我所有漏法是空離我我所无漏
法是空離我我所世間法是空離我我所出
世間法是空離我我所有爲法是空離我
我所无爲法是空離我我所布施波羅蜜多
乃至般若波羅蜜多是空離我我所內空乃至
无性自性空是空離我我所真如乃至不思
議界是空離我我所苦集滅道聖諦是空
離我我所四念住乃至八聖道支是空離我我
所空無相無願解脫門是空離我我所四靜
慮四無量四無色定是空離我我所八解脫
乃至十遍處是空離我我所淨觀地乃至如
來地是空離我我所極喜地乃至法雲地是
空離我我所一切陀羅尼門三摩地門是空
離我我所五眼六神通是空離我我所如來
十力乃至十八佛不共法是空離我我所三

BD08292 號 A　大般若波羅蜜多經（兑廢稿）卷四六八　（2–2）

一切法皆悉空邪佛告善現我說諸法无不
皆空具壽善現復白佛言无量无邊是何增語
佛告善現无量无邊是空无相无願增語
具壽善現復白佛言无量无邊爲但是空无
相无願爲更有餘義邪佛告善現於意云何
我豈不說一切法門无不皆空善現答言如
来嘗言一切法門无不皆空佛告善現空即
无盡空即无量空即无邊空即餘義是故善
現一切法門雖有種種言說差別而義无異善
現當知諸法空理皆不可說如来方便說
爲无盡或說无量或說无邊或說爲空或說
无相或說无願或說无作或說无生或說无
滅或說非有或說寂靜或說離染或說涅槃
諸如是等无量法門義實无異皆是如来方
便演說尒時善現便白佛言希有世尊方便
善巧諸法實性皆不可說而爲有情方便顯
佛告善現如是如是所以者何一切法性皆
畢竟空无能宣說畢竟空者具壽善現復

BD08292號B　大般若波羅蜜多經（兑廢稿）卷五六二　　（2–1）

脱

現當知諸法空理皆不可說如来方便說
爲无盡或說无量或說无邊或說爲空或說
无相或說无願或說无作或說无生或說无
滅或說非有或說寂靜或說離染或說涅槃
諸如是等无量法門義實无異皆是如来方
便演說尒時善現便白佛言希有世尊方便
善巧諸法實性皆不可說而爲有情方便顯
佛告善現如是如是所以者何一切法性皆
畢竟空无能宣說畢竟空者具壽善現復
白佛言不可說義有增減不佛告善現不可說
義无增无減具壽善現復白佛言若不可說
義无增无減者即應布施乃至般若波羅蜜
多亦无增減若此六種波羅蜜多亦无增減
云何菩薩以无增減波羅蜜多求證无上正
等菩提能近无上正等菩提若諸菩薩增減
六種波羅蜜多便不能近无上菩提佛告善
現如是如是不可說義波羅多皆无
然諸菩薩行深般若波羅蜜多方便善巧不

BD08292號B　大般若波羅蜜多經（兑廢稿）卷五六二　　（2–2）

我言
法者即
何如人身長
身長大則為非
身須菩提菩薩亦如是若作是言我當
無量衆生則不名菩薩何以故須菩提實無
有法名為菩薩是故佛說一切法無我無人
無衆生無壽者須菩提若菩薩作是言我當
莊嚴佛土是不名菩薩何以故如來說莊嚴
佛土者即非莊嚴是名莊嚴須菩提若菩薩
通達無我法者如來說名真是菩薩
須菩提於意云何如來有肉眼不如是世尊
如來有肉眼須菩提於意云何如來有天眼
不如是世尊如來有天眼須菩提於意云何
如來有慧眼不如是世尊如來有慧眼須菩
提於意云何如來有法眼不如是世尊如來
有法眼須菩提於意云何如來有佛眼不如
是世尊如來有佛眼須菩提於意云何如恒
河中所有沙佛說是沙不如是世尊如來說
是沙須菩提於意云何如一恒河中所有沙有
如是等恒河是諸恒河所有沙數佛世界如
是寧為多不甚多世尊佛告須菩提
土中所有衆生若干種心如來悉知
如來說諸心皆為非心是名為心

BD08293號　金剛般若波羅蜜經　（2–1）

河中所有沙佛說是沙不如是世尊如來說
是沙須菩提於意云何如一恒河中所有沙有
如是等恒河是諸恒河所有沙數佛世界
是寧為多不甚多世尊佛告須菩提
土中所有衆生若干種心如來悉知
[illegible]如來說諸心皆為非心是名為心
何須菩提過去心不可得現在心不
來心不可得須菩提於意云何若
千大千世界七寶以用布施是人
得福多不如是世尊此人以是
多須菩提若福德有實如來
以福德無故如來說得福
須菩提於意云何佛可以
也世尊如來不應以色身
具足色身即非具足
菩提於意云何如
也世尊如來不
來說諸相具足
菩提汝勿謂
作是念何
謗佛不
可說
稱

BD08293號　金剛般若波羅蜜經　（2–2）

大般若波羅蜜多經卷第卌三
初分譬喻品第十一之二　　三藏法師玄奘奉　詔譯
善現若菩薩摩訶薩脩行般若波羅蜜多時
以應一切智智心觀四念住常无常相不可
得觀四正斷四神足五根五力七等覺支八
聖道支常无常相不可得以應一切智智心
觀四念住樂苦相不可得觀四正斷乃至八
聖道支樂苦相不可得以應一切智智心觀
四念住我無我相不可得觀四正斷乃至八
聖道支我無我相不可得以應一切智智心
觀四念住淨不淨相不可得觀四正斷乃至
八聖道支淨不淨相不可得以應一切智智
心觀四念住空不空相不可得觀四正斷乃
至八聖道支空不空相不可得以應一切智
智心觀四念住無相有相相不可得觀四正
斷乃至八聖道支無相有相相不可得以應
一切智智心觀四念住無願有願相不可得
觀四正斷乃至八聖道支無願有願相不可
得以應一切智智心觀四念住寂靜不寂靜

BD08294號　大般若波羅蜜多經卷四三　　（2–1）

得觀四正斷四神足五根五力七等覺支八
聖道支常无常相不可得以應一切智智心
觀四念住樂苦相不可得觀四正斷乃至八
聖道支樂苦相不可得以應一切智智心觀
四念住我無我相不可得觀四正斷乃至八
聖道支我無我相不可得以應一切智智心
觀四念住淨不淨相不可得觀四正斷乃至
八聖道支淨不淨相不可得以應一切智智
心觀四念住空不空相不可得觀四正斷乃
至八聖道支空不空相不可得以應一切智
智心觀四念住無相有相相不可得觀四正
斷乃至八聖道支無相有相相不可得以應
一切智智心觀四念住無願有願相不可得
觀四正斷乃至八聖道支無願有願相不可
得以應一切智智心觀四念住寂靜不寂靜
相不可得觀四正斷乃至八聖道支寂靜不
寂靜相不可得以應一切智智心觀四念住
遠離不遠離相不可得觀四正斷乃至八聖
道支遠離不遠離相不可得善現如是菩薩
摩訶薩脩行般若波羅蜜多時有方便善巧
故聞說如是甚深般若波羅蜜多其心不驚
不恐不怖

BD08294號　大般若波羅蜜多經卷四三　　（2–2）

尋即於是日　告於天人衆　諸法實相義　已為汝等說
我今於中夜　當入於涅槃　汝一心精進　當離於放逸
諸佛甚難值　億劫時一遇　世尊諸子等　聞佛入涅槃
各各懷悲惱　佛滅一何速　聖主法之王　安慰无量衆
我若滅度時　汝等勿憂怖　是德藏菩薩　於无漏實相
心已得通達　其次當作佛　号曰為淨身　亦度无量衆
佛此夜滅度　如薪盡火滅　分布諸舍利　而起无量塔
比丘比丘尼　其數如恒沙　倍復加精進　以求无上道
是妙光法師　奉持佛法藏　八十小劫中　廣宣法華經
是諸八王子　妙光所開化　堅固无上道　當見无數佛
供養諸佛已　隨順行大道　相繼得成佛　轉次而授記
最後天中天　号曰燃燈佛　諸仙之導師　度脫无量衆
是妙光法師　時有一弟子　心常懷懈怠　貪著於名利
求名利无猒　多遊族姓家　棄捨所習誦　廢忘不通利
以是因緣故　号之為求名　亦行衆善業　得見无數佛
供養於諸佛　隨順行大道　具六波羅蜜　今見釋師子
其後當作佛　号名曰彌勒　廣度諸衆生　其數无有量

BD08295 號　妙法蓮華經卷一　(3–1)

最後天中天　号曰燃燈佛　諸仙之導師　度脫无量衆
是妙光法師　時有一弟子　心常懷懈怠　貪著於名利
求名利无猒　多遊族姓家　棄捨所習誦　廢忘不通利
以是因緣故　号之為求名　亦行衆善業　得見无數佛
供養於諸佛　隨順行大道　具六波羅蜜　今見釋師子
其後當作佛　号名曰彌勒　廣度諸衆生　其數无有量
彼佛滅度後　懈怠者汝是　妙光法師者　今則我身是
我見燈明佛　本光瑞如此　以是知今佛　欲說法華經
今相如本瑞　是諸佛方便　今佛放光明　助發實相義
諸人今當知　合掌一心待　佛當雨法雨　充足求道者
諸求三乘人　若有疑悔者　佛當為除斷　令盡无有餘
妙法蓮華經方便品第二
尒時世尊從三昧安詳而起告舍利弗諸佛
智慧甚深无量其智慧門難解難入一切聲
聞辟支佛所不能知所以者何佛曾親近百
千万億无數諸佛盡行諸佛无量道法勇猛
精進名稱普聞成就甚深未曾有法隨宜所
說意趣難解舍利弗吾從成佛已來種種因
緣種種譬喻廣演言教无數方便引導衆生
令離諸著所以者何如來方便知見波羅蜜
皆已具足舍利弗如來知見廣大深遠无量
无礙力无所畏禪定解脫三昧深入无際成
就一切未曾有法舍利弗如來能種種分別
巧說諸法言辭柔軟悅可衆心舍利弗取要
言之无量无邊未曾有法佛悉成就止舍利
弗不須復說所以者何佛所成就第一希有

BD08295 號　妙法蓮華經卷一　(3–2)

智慧甚深无量其智慧門難解難入一切聲
聞辟支佛所不能知所以者何佛曾親近百
千万億无數諸佛盡行諸佛无量道法勇猛
精進名稱普聞成就甚深未曾有法隨宜所
說意趣難解舍利弗吾從成佛已來種種因
緣種種譬喻廣演言教无數方便引導衆生
令離諸著所以者何如來方便知見波羅蜜
皆已具足舍利弗如來知見廣大深遠无量
无礙力无所畏禪定解脫三昧深入无際成
就一切未曾有法舍利弗如來能種種分別
巧說諸法言辭柔軟悅可衆心舍利弗取要
言之无量无邊未曾有法佛悉成就止舍利
弗不須復說所以者何佛所成就第一希有
難解之法唯佛與佛乃能究盡諸法實相所
謂諸法如是相如是性如是體如是力如是
作如是因如是緣如是果如是報如是本末
究竟等尒時世尊欲重宣此義而說偈言
世雄不可量　諸天及世人　一切衆生類　无能知佛者
佛力无所畏　解脫諸三昧　及佛諸餘法　无能測量者

BD08295 號　妙法蓮華經卷一　（3–3）

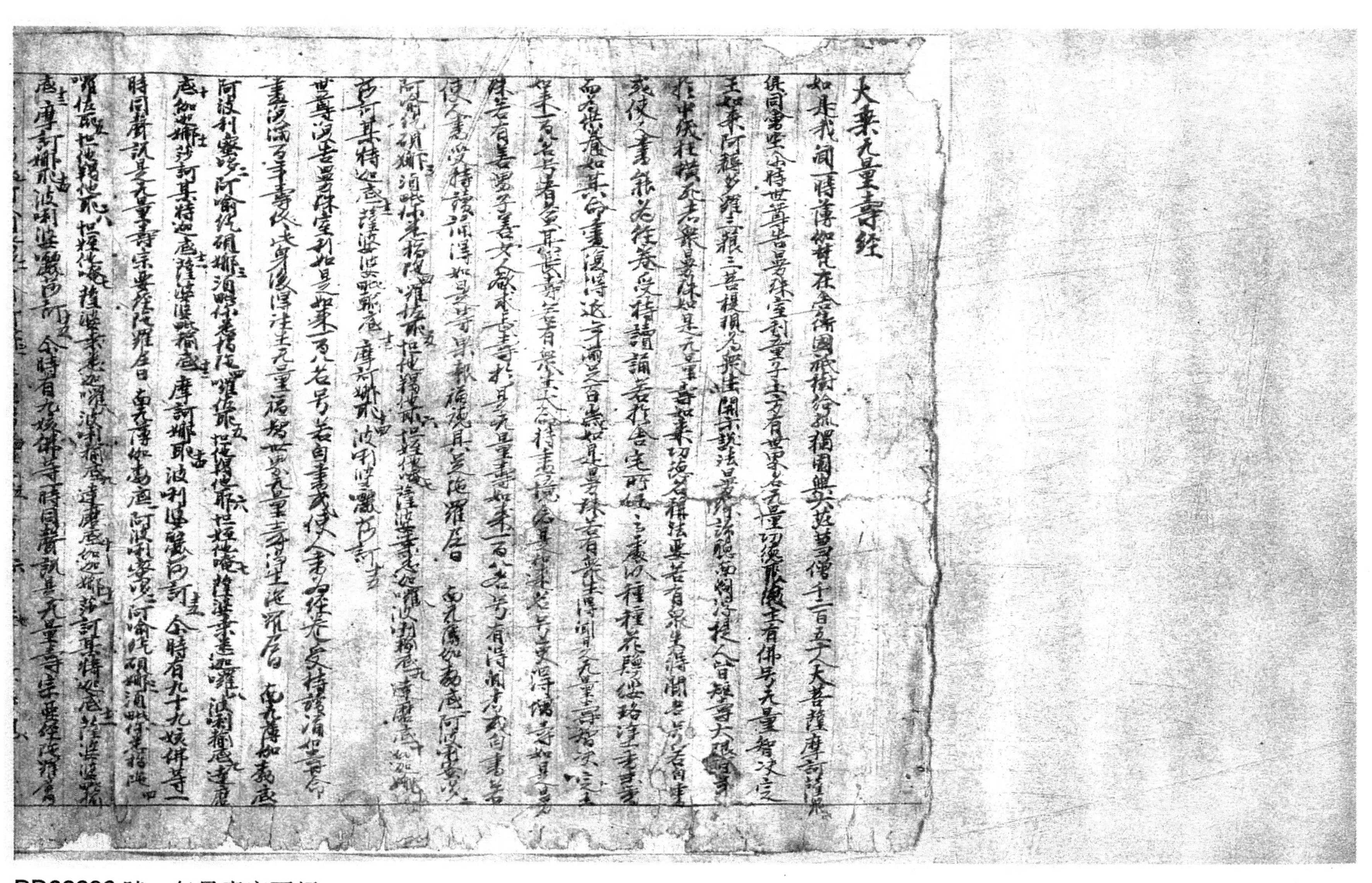
大乘无量壽経

BD08296 號　無量壽宗要經　（5–1）

阿波利蜜多 阿喻紇硯娜 須毗你悉指陀 囉佐耶 怛他羯他耶 怛姪他唵 薩婆桑悉迦囉 波唎輸底 達磨
底十 伽迦娜十一 莎訶 某特迦底十二 薩婆婆毗輸底十三 摩訶娜耶十四 波唎婆縈莎訶十五 尒時有九十九殑伽佛一
時同聲說是无量壽宗要經陁羅尼曰 南无薄伽勃底一 阿波唎蜜多二 阿喻紇硯娜三 須毗你悉指陀四
囉佐耶五 怛他羯他耶六 怛姪他唵七 薩婆桑悉迦囉八 波唎輸底九 達磨底十 伽迦娜十一 莎訶 某特迦底十二 薩婆婆毗輸
底十三 摩訶娜耶十四 波唎婆縈莎訶十五 尒時有九殑伽佛一時同聲說是无量壽宗要經陁羅尼
曰 南无薄伽勃底一 阿波唎蜜多二 阿喻紇硯娜三 須毗你悉指陀四 囉佐耶五 怛他羯他耶六 怛姪他唵七 薩婆桑悉迦囉八 波唎輸底九
達磨底十 伽迦娜十一 莎訶某特迦底十二 薩婆婆毗輸底十三 摩訶娜耶十四 波唎婆縈莎訶十五 尒時復有一百四殑伽佛一時同
聲說是无量壽宗要經陁羅尼曰 南无薄伽勃底 阿波唎蜜多 阿喻紇硯娜 須毗你悉指陀 囉佐耶 怛他羯他
耶六 怛姪他唵七 薩婆桑悉迦囉八 波唎輸底九 達磨底十 伽迦娜十一 莎訶某特迦底十二 薩婆婆毗輸底十三 摩訶娜耶十四 波唎婆
縈莎訶十五 尒時復有七十殑伽佛一時同聲說是无量壽宗要經陁羅尼曰 南无薄伽勃底 阿波唎蜜多
阿喻紇硯娜三 須毗你悉指陀四 囉佐耶五 怛他羯他耶六 怛姪他唵七 薩婆桑悉迦囉八 波唎輸底九 達磨底十 伽迦娜十一 莎訶某特
迦底十二 薩婆婆毗輸底十三 摩訶娜耶十四 波唎波縈莎訶十五 尒時復有五十五殑伽佛一時同聲說是无量
壽宗要經陁羅尼曰 南无薄伽勃底一 阿波唎蜜多二 阿喻紇硯娜三 須毗你悉指陀四 囉佐耶五 怛他羯他耶六 怛姪他唵七 薩
婆桑悉迦囉八 波唎輸底九 達磨底十 伽迦娜十一 莎訶某特迦底十二 薩婆婆毗輸底十三 摩訶娜耶十四 波唎婆縈莎訶十五 尒時復有
四十五殑伽佛一時同聲說是无量壽宗要經陁羅尼曰 南无薄伽勃底一 阿波唎蜜多二 阿喻紇硯娜三
須毗你悉指陀四 囉佐耶五 怛他羯他耶六 怛姪他唵七 薩婆桑悉迦囉八 波唎輸底九 達磨底十 伽迦娜十一 莎訶某特迦底十二
薩婆婆毗輸底十三 摩訶娜耶十四 波唎婆縈莎訶十五 尒時復有三十六殑伽佛一時同聲說是无量壽
宗要經陁羅尼曰 南无薄伽勃底一 阿波唎蜜多二 阿喻紇硯娜三 須毗你悉指陀四 囉佐耶五 怛他羯他耶六 怛姪他
唵七 薩婆桑悉迦囉八 波唎輸底九 達磨底十 伽迦娜十一 莎訶某特迦底十二 薩婆婆毗輸底十三 摩訶娜耶十四 波唎婆縈莎訶十五
尒時復有二十五殑伽佛一時同聲說是无量壽宗要經陁羅尼曰 南无薄伽勃底一 阿波唎蜜多二 阿喻紇
硯娜三 須毗你悉指陀四 囉佐耶五 怛他羯他耶六 怛姪他唵七 薩婆桑悉迦囉八 波唎輸底九 達磨底十 伽迦娜十一 莎訶某特迦
底十二 薩婆婆毗輸底十三 摩訶娜耶十四 波唎婆縈莎訶十五 尒時復有恒河沙殑伽佛一時同聲說是无量壽
宗要經陁羅尼曰 南无薄伽勃底一 阿波唎蜜多二 阿喻紇硯娜三 須毗你悉指陀四 囉佐耶五 怛他羯他耶六 怛姪他
唵七 薩婆桑悉迦囉八 波唎輸底九 達磨底十 伽迦娜十一 莎訶某特迦底十二 薩婆婆毗輸底十三 摩訶娜耶十四 波唎婆
縈莎訶十五 善男子若有自書寫教人書寫是无量壽宗要經者其命盡得長壽百年
陁羅尼曰 南无薄伽勃底一 阿波唎蜜多二 阿喻紇硯娜三 須毗你悉指陀四 須毗你指陀 囉佐耶五 怛他羯他耶
怛姪他唵七 薩婆桑悉迦囉八 波唎輸底九 達磨底十 伽迦娜十一 莎訶某特迦底十二 薩婆婆毗輸底十三 摩
訶娜耶十四 波唎婆縈莎訶十五 若有自書寫是无量壽宗要經讀誦受持畢竟不墮地獄
在在所生得宿命智陁羅尼曰 南无薄伽勃底一 阿波唎蜜多二 阿喻紇硯娜三 須毗你悉指陀四
囉佐耶五 怛他羯他耶六 怛姪他唵七 薩婆桑悉迦囉八 波唎輸底九 達磨底十 伽迦娜十一 莎訶某特

BD08296號　無量壽宗要經　　（5–2）

怛姪他唵七 薩婆桑悉迦囉八 波唎輸底九 達磨底十 伽迦娜十一 莎訶某特迦底十二 薩婆婆毗輸底十三 摩
訶娜耶十四 波唎婆縈莎訶十五 若有自書寫是无量壽宗要經讀誦受持畢竟不墮地獄
在在所生得宿命智陁羅尼曰 南无薄伽勃底一 阿波唎蜜多二 阿喻紇硯娜三 須毗你悉指陀四
囉佐耶五 怛他羯他耶六 怛姪他唵七 薩婆桑悉迦囉八 波唎輸底九 達磨底十 伽迦娜十一 莎訶某特
迦底十二 薩婆婆毗輸底十三 摩訶娜耶十四 波唎婆縈莎訶十五 若有自書寫教人書寫是无量壽宗
要經受持讀誦如同書寫八万四千一切經典陁羅尼曰 南无薄伽勃底一 阿波唎蜜多二 阿喻紇硯娜
須毗你悉指陀 囉佐耶五 怛他羯他耶六 怛姪他唵七 薩婆桑悉迦囉八 波唎輸底九 達磨底十 伽迦娜十一 莎訶某
特迦底十二 薩婆婆毗輸底十三 摩訶娜耶十四 波唎婆縈莎訶十五 若有自書寫教人書寫是无量壽
宗要經即是書寫八万四千部建立塔廟陁羅尼曰 南无薄伽勃底一 阿波唎蜜多二 阿喻紇硯娜三 須毗
你悉指陀四 囉佐耶五 怛他羯他耶六 怛姪他唵七 薩婆桑悉迦囉八 波唎輸底九 達磨底十 伽迦娜十一 莎訶某特迦底十二
薩婆婆毗輸底十三 摩訶娜耶十四 波唎婆縈莎訶十五 若有自書寫教人書寫是无量壽宗要經能消
五无間等一切重罪陁羅尼曰 南无薄伽勃底一 阿波唎蜜多二 阿喻紇硯娜三 須毗你悉指陀四 囉佐耶五 怛他羯
他耶六 怛姪他唵七 薩婆桑悉迦囉八 波唎輸底九 達磨底十 伽迦娜十一 莎訶某特迦底十二 薩婆婆毗輸底十三 摩訶娜耶十四 波唎婆
縈莎訶十五 若有自書寫教人書寫是无量壽宗要經受持讀誦設有重罪猶如須弥盡能
除滅陁羅尼曰 南无薄伽勃底一 阿波唎蜜多二 阿喻紇硯娜三 須毗你悉指陀 囉佐耶五 怛他羯他耶六 怛姪他唵七 薩婆
桑悉迦囉八 波唎輸底九 達磨底十 伽迦娜十一 莎訶某特迦底十二 薩婆婆毗輸底十三 摩訶娜耶十四 波唎婆縈莎訶十五
若有自書寫教人書寫是无量壽宗要經受持讀誦若魔魔之眷屬夜叉羅剎不得其
便終无枉死陁羅尼曰 南无薄伽勃底一 阿波唎蜜多二 阿喻紇硯娜三 須毗你悉指陀四 囉佐耶五 怛他羯他耶六
怛姪他唵七 薩婆桑悉迦囉八 波唎輸底九 達磨底十 伽迦娜十一 莎訶某特迦底十二 薩婆婆毗輸底十三 摩訶娜
耶十四 波唎婆縈莎訶十五 若有自書寫教人書寫是无量壽宗要經受持讀誦當命終時有九十
九殑伽佛現其人前來千佛授手能趣一切佛剎莫於此經生疑惑陁羅尼曰
南无薄伽勃底一 阿波唎蜜多二 阿喻紇硯娜三 須毗你悉指陀四 囉佐耶五 怛他羯他耶六 怛姪他唵七 薩婆桑
悉迦囉八 波唎輸底九 達磨底十 伽迦娜十一 莎訶某特迦底十二 薩婆婆毗輸底十三 摩訶娜耶十四 波唎婆縈
莎訶十五 若有自書寫教人書寫是无量壽宗要經受持讀誦常得四天王隨其衛護
陁羅尼曰 南无薄伽勃底一 阿波唎蜜多二 阿喻紇硯娜三 須毗你悉指陀四 囉佐耶五 怛他羯
他耶六 怛姪他唵七 薩婆桑悉迦囉八 波唎輸底九 達磨底十 伽迦娜十一 莎訶某特迦底十二
薩婆婆毗輸底十三 摩訶娜耶十四 波唎波祀莎訶十五 若有自書寫教人書寫
是无量壽宗要經受持讀誦當得往生西方極樂世界阿弥陁淨土陁羅尼曰
南无薄伽勃底一 阿波唎蜜多二 阿喻紇硯娜三 須毗你悉指陀 囉佐耶五 怛他羯他耶六 怛姪他唵七 薩婆

BD08296號　無量壽宗要經　　（5–3）

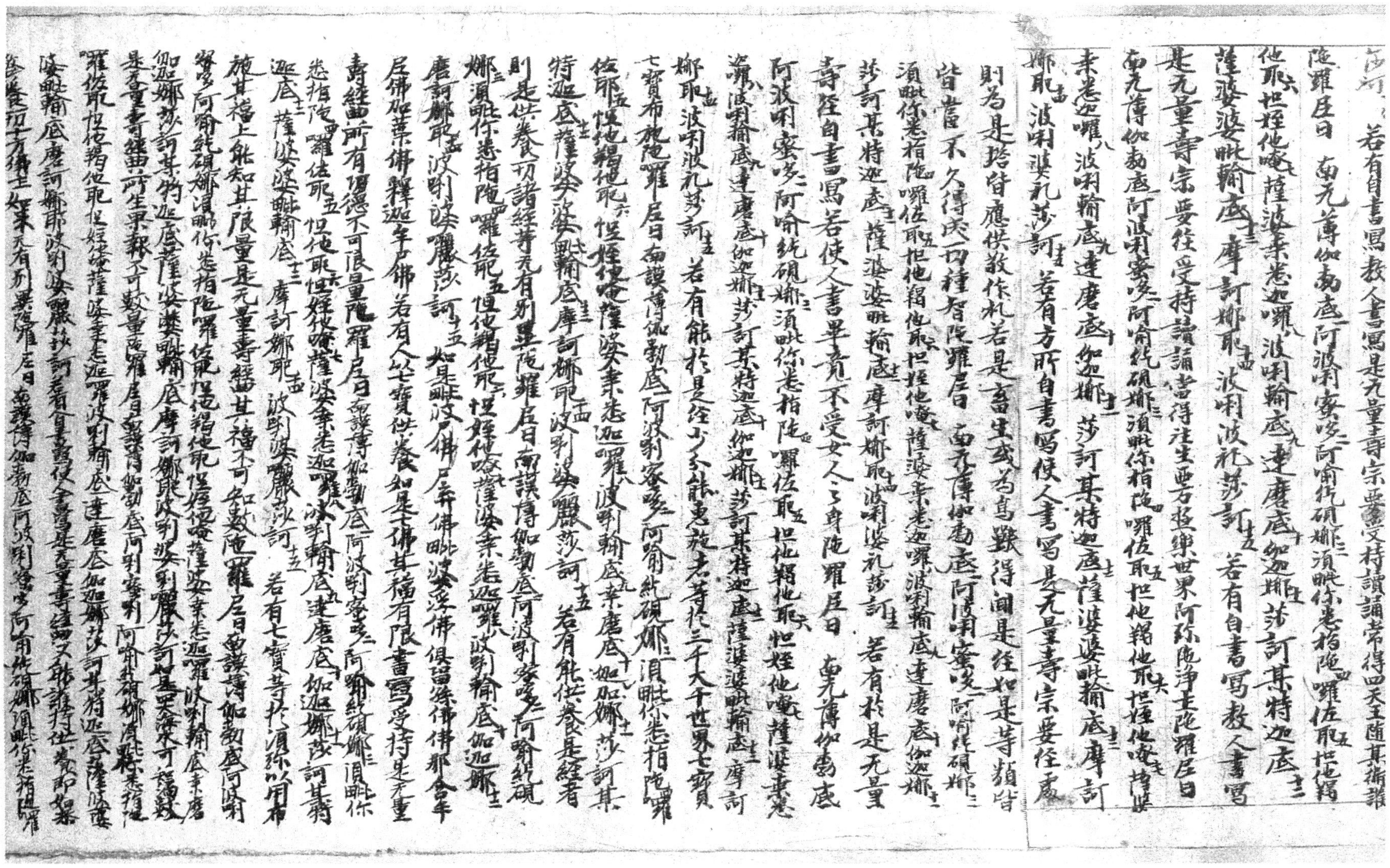

BD08296號　無量壽宗要經　（5–4）

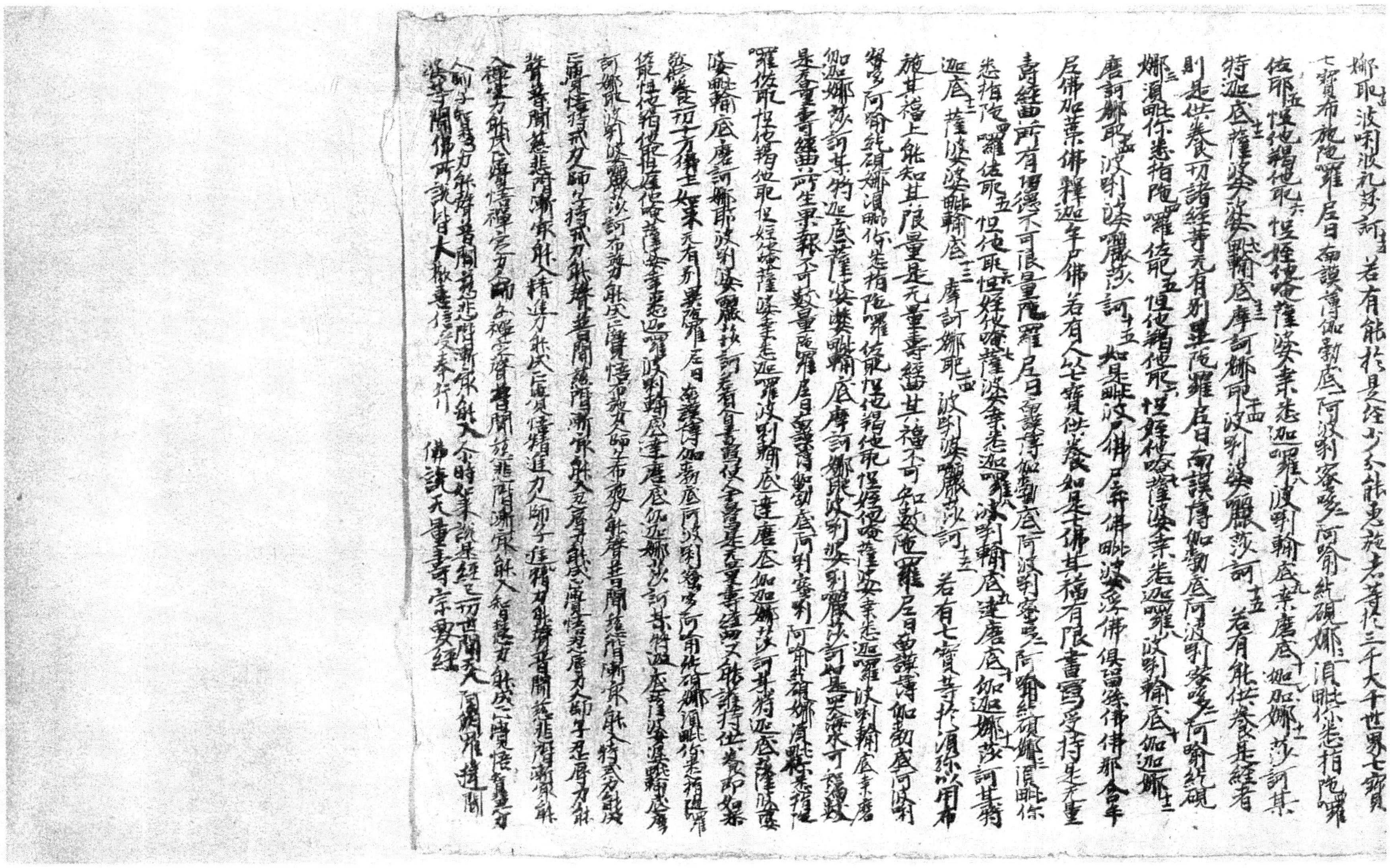

BD08296號　無量壽宗要經　（5–5）

……不應以卅二相……王則……
菩提白佛言□□如我解佛所說義不應以卅二□
觀如来尒時世尊而說偈言
若以色見我　以音聲求我　是人行邪道　不能見如来
須菩提汝若作是念如来不以具足相故得
阿耨多羅三藐三菩提　須菩提莫作是念如
来不以具足相故得阿耨多羅三藐三菩提
須菩提汝若作是念發阿耨多羅三藐三菩
提者說諸法斷滅相莫作是念何以故發阿耨
多羅三藐三菩提者於法不說斷滅相
須菩提若菩薩以滿恒河沙等世界七寶布
施若復有人知一切法无我得成於忍此菩
薩勝前菩薩所得功德須菩提以諸菩薩不
受福德故須菩提白佛言世尊云何菩薩不
受福德須菩提菩薩所作福德不應貪著是
故說不受福德

BD08297 號　金剛般若波羅蜜經　（3–1）

多羅三藐三菩提者於法不說斷滅相
須菩提若菩薩以滿恒河沙等世界七寶布
施若復有人知一切法无我得成於忍此菩
薩勝前菩薩所得功德須菩提以諸菩薩不
受福德故須菩提白佛言世尊云何菩薩不
受福德須菩提菩薩所作福德不應貪著是
故說不受福德
須菩提若有人言如来若来若去若坐若卧
是人不解我所說義何以故如来者无所從
来亦无所去故名如来
須菩提若善男子善女人以三千大千世界
碎為微塵於意云何是微塵衆寧為多不甚
多世尊何以故若是微塵衆實有者佛則不
說是微塵衆所以者何佛說微塵衆則非微
塵衆是名微塵衆世尊如来所說三千大千
世界則非世界是名世界何以故若世界實有
者則是一合相如来說一合相則非一合相是
名一合相須菩提一合相者則是不可說但凡夫
之人貪著其事須菩提若人言佛說我見人見
衆生見壽者見須菩提於意云何是人解我所說義
不世尊是人不解如来所說義何以故世尊說我
見人見衆生見壽者見即非我見人見衆生見
壽者見是名我見人見衆生見壽者見須
菩提發阿耨多羅三藐三菩提心者於一切法
應如是知如是見如是信解不生法相須菩
提所言法相者如来說即非法相是名法相
須菩提若有人以滿无量阿僧祇世界七寶持
用布施若有善男子善女人發菩薩心者持於此經

BD08297 號　金剛般若波羅蜜經　（3–2）

之人貪著其事須菩提若人言佛說我見人見
衆生見壽者見須菩提於意云何是人解我所說義
不世尊是人不解如來所說義何以故世尊說我
見人見衆生見壽者見即非我見人見衆生見
壽者見是名我見人見衆生見壽者見須
菩提發阿耨多羅三藐三菩提心者於一切法
應如是知如是見如是信解不生法相須菩
提所言法相者如來說即非法相是名法相
須菩提若有人以滿无量阿僧祇世界七寶持
用布施若有善男子善女人發菩薩心者持於此經
乃至四句偈等受持讀誦為人演說其福勝彼
云何為人演說不取於相如如不動何以故
一切有為法　如夢幻泡影　如露亦如電　應作如是觀
佛說是經已長老須菩提及諸比丘比丘尼
優婆塞優婆夷一切世間天人阿脩羅聞佛
所說皆大歡喜信受奉行
金剛般若波羅蜜經

BD08297號　金剛般若波羅蜜經　　（3–3）

衆生心……何无侍者
切衆魔及諸外……侍也所以者何衆魔
者樂生死菩薩於生死而不捨外道者樂諸見
菩薩於諸見而不動文殊師利言居士所病為
等相維摩詰言我病无形可見又問此病身
合耶心合耶答曰非身合身相離故亦非心
合心如幻故又問地大水大火大風大於此
四大何大之病答曰是病非地大亦不離地
大水大風大亦復如是而衆生病從四大起
以其有病是故我病尒時文殊師利問維摩
詰言菩薩應云何慰喻有疾菩薩維摩詰言
說身无常不說猒離於身說身有苦不說樂
於涅槃說身无我而說教導衆生說身空寂不
說畢竟寂滅說悔先罪而不說入於過去以己
之疾愍於彼疾當識宿世無數劫苦當念饒益
一切衆生憶所脩福念於淨命勿生憂惱常
起精進當作醫王療治衆病菩薩應如是慰喻

BD08298號　維摩詰所說經卷中　　（6–1）

於涅槃說身无我而說教導衆生說身空寂不
說畢竟寂滅說悔先罪而不說入於過去以己
之疾愍於衆病當識宿世無數劫苦當念饒益
一切衆生憶所脩福念於淨命勿生憂惱常
起精進當作醫王療治衆病菩薩應如是慰喻
有疾菩薩令其歡喜文殊師利言居士有疾
菩薩云何調伏其心維摩詰言有病菩薩應
作是念今我此病皆從前世妄想顛倒諸煩
惱生无有實法誰受病者所以者何四大合故
假名為身四大无主身亦无我又此病起皆由
著我是故於我不應生著既知病本即除我
想及衆生想當起法想應作是念但以衆法
合成此身起唯法起滅唯法滅又此法者各
不想知起時不言我滅彼有疾菩薩為滅法
想當作是念此法想者亦是顛倒顛倒者是即
大患我應離之云何為離離我我所云何離我
我所謂離二法云何離二法謂不念內外諸法
行於平等云何平等謂我等涅槃等所以者
何我及涅槃此二皆空以何為空但以名字故
空如此二法无決定性得是平等无有餘病
唯有空病空病亦空是有疾菩薩以无所受
而受諸受未具佛法亦不滅受而取證也設身
有苦當念惡趣衆生起大悲心我既調伏亦當
調伏一切衆生但除其病而不除法為斷病本
而教導之何謂病本謂有攀緣從有攀緣

而受諸受未具佛法亦不滅受而取證也設身
有苦當念惡趣衆生起大悲心我既調伏亦當
調伏一切衆生但除其病而不除法為斷病本
而教導之何謂病本謂有攀緣從有攀緣
則有病本何所攀緣謂之三界云何斷攀緣
以无所得若无所得則无攀緣何謂无所得
謂无二見何謂二見謂內見外見是无所得
文殊師利是為有疾菩薩調伏其心為斷老
病死苦是菩薩菩提若不如是已所脩治為
无慧利譬如勝怨乃可為勇如是兼除老病
死者菩薩之謂也彼有疾菩薩應復作是念
如我此病非真非有衆生病亦非真非有作是
觀時於諸衆生若起愛見大悲即應捨離所
以者何菩薩斷除客塵煩惱而起大悲者則
於生死有疲厭心若能離此无有疲厭在
在所生不為愛見之所覆也所生无縛能為衆
生說法解縛如佛所說若自有縛能解彼縛
无有是處若自无縛能解彼縛斯有是處是
故菩薩不起縛何謂縛何謂解貪著禪味是
菩薩縛以方便生是菩薩解又无
方便慧縛有方便慧解无慧方便縛有慧方便
解何謂无方便慧縛謂菩薩以愛見心莊嚴佛
土成就衆生於空无相无作法中而自調伏是
名无方便慧縛何謂有方便慧解謂不以愛見
莊嚴佛土成就衆生於空无相无作法中以自

解何謂无方便慧縛謂菩薩以愛見心莊嚴佛
土成就衆生於空无相无作法中而自調伏是
名无方便慧縛何謂有方便慧解謂不以愛見
莊嚴佛土成就衆生於空无相无作法中以自
調伏而不疲猒是名有方便慧解何謂无慧
方便縛謂菩薩住貪欲瞋恚耶見等諸煩惱
而殖衆德本是名无慧方便縛何謂有慧方便
解謂離諸貪欲瞋恚耶見等諸煩惱而殖衆
德本迴向阿耨多羅三藐三菩提是名有慧
方便解文殊師利彼有疾菩薩應如是觀
諸法又復觀身无常苦空非我是名為慧雖
身有疾常在生死饒益一切而不猒惓是名
方便又復觀身身不離病病不離身是病
是身非新非故是名為慧設身有病而不永
滅是名方便文殊師利有疾菩薩應如是調
伏其心不住其中亦復不住不調伏心所以者何
若住不調伏心是愚人法若住調伏心是聲聞
法是故菩薩不當住於調伏心離此二法是
菩薩行在於生死不為汙行住於涅槃不
永滅度是菩薩行非凡夫行非賢聖行是
菩薩行非垢行非淨行是菩薩行雖過魔行
而現降衆魔是菩薩行求一切智无非時求
是菩薩行雖觀諸法不生而不入正位是菩
薩行雖觀十二緣起而入諸耶見是菩薩行
雖攝一切衆生而不愛著是菩薩行雖樂
遠離而不依身心盡是菩薩行雖行三界而

BD08298號　維摩詰所説經卷中　（6–4）

而現降衆魔是菩薩行求一切智无非時求
是菩薩行雖觀諸法不生而不入正位是菩
薩行雖觀十二緣起而入諸耶見是菩薩行
雖攝一切衆生而不愛著是菩薩行雖樂
遠離而不依身心盡是菩薩行雖行三界而
不壞法性是菩薩行雖行於空而殖衆德本
是菩薩行雖行无相而度衆生是菩薩行雖
行无作而現受身是菩薩行雖行无起而起
一切善行是菩薩行雖行六波羅蜜而遍知
衆生心心數法是菩薩行六通而不盡漏是菩
薩行雖行四无量心而不貪著生於梵世是菩
薩行雖行禪定解脫三昧而不隨禪生是
菩薩行雖行四念處而不永離身受心法是
菩薩行雖行四正懃而不捨身心精進是菩
薩行雖行四如意足而得自在神通是菩薩行
雖行五根而分別衆生諸根利鈍是菩薩行
雖行五力而樂求佛十力是菩薩行雖行七
覺分而分別佛之智慧是菩薩行雖行八正
道而樂行无量佛道是菩薩行雖行止觀助
道之法而不畢竟墮於寂滅是菩薩行雖行
諸法不生不滅而以相好莊嚴其身是菩薩行
雖現聲聞辟支佛威儀而不捨佛法是菩薩
行隨雖諸法究竟淨相而隨所應為現其身
是菩薩行雖觀諸佛國土永寂如空而現種種
清淨佛土是菩薩行雖得佛道轉于法輪入

BD08298號　維摩詰所説經卷中　（6–5）

薩行雖行禪定解脫三昧而不隨禪生是
菩薩行雖行四念處而不永離身受心法是
菩薩行雖行四正懃而不捨身心精進是菩
薩行雖行四如意足而得自在神通是菩薩行
雖行五根而分別衆生諸根利鈍是菩薩行
雖行五力而樂求佛十力是菩薩行雖行七
覺分而分別佛之智慧是菩薩行雖行八正
道而樂行无量佛道是菩薩行雖行止觀助
道之法而不畢竟墮於寂滅是菩薩行雖行
諸法不生不滅而以相好莊嚴其身是菩薩行
雖現聲聞辟支佛威儀而不捨佛法是菩薩
行隨雖諸法究竟淨相而隨所應為現其身
是菩薩行雖觀諸佛國土永寂如空而現種種
清淨佛土是菩薩行雖得佛道轉于法輪入
於涅槃而不捨於菩薩之道是菩薩行說是
語時文殊師利所將大衆其中八千天子皆
發阿耨多羅三藐三菩提心

不思議品第六

BD08298號　維摩詰所說經卷中　（6–6）

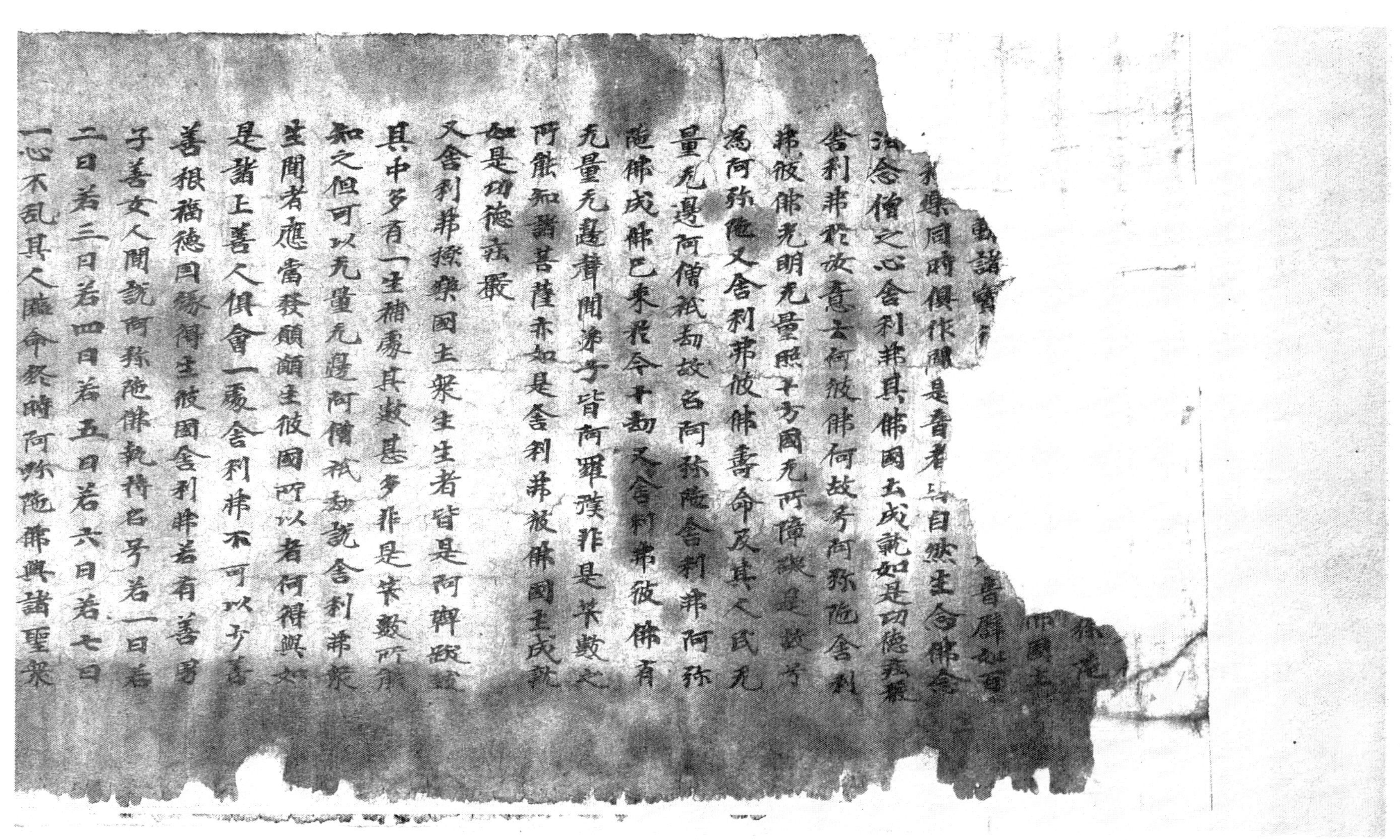
…樂同時俱作聞是音者皆自然生念佛念
法念僧之心舍利弗其佛國土成就如是功德莊嚴
舍利弗於汝意云何彼佛何故号阿弥陀舍利
弗彼佛光明无量照十方國无所障礙是故号
為阿弥陀又舍利弗彼佛壽命及其人民无
量无邊阿僧祇劫故名阿弥陀舍利弗阿弥
陀佛成佛已來於今十劫又舍利弗彼佛有
无量无邊聲聞弟子皆阿羅漢非是筭數之
所能知諸菩薩亦如是舍利弗彼佛國土成就
如是功德莊嚴
又舍利弗極樂國土衆生生者皆是阿鞞跋致
其中多有一生補處其數甚多非是筭數所能
知之但可以无量无邊阿僧祇劫說舍利弗衆
生聞者應當發願願生彼國所以者何得與如
是諸上善人俱會一處舍利弗不可以少善
根福德因緣得生彼國舍利弗若有善男
子善女人聞說阿弥陀佛執持名号若一日若
二日若三日若四日若五日若六日若七日
一心不亂其人臨命終時阿弥陀佛與諸聖衆

BD08299號　阿彌陀經　（5–1）

如是功德莊嚴
又舍利弗極樂國土衆生生者皆是阿鞞跋致
其中多有一生補處其數甚多非是筭數所能
知之但可以无量无邊阿僧祇劫說舍利弗衆
生聞者應當發願願生彼國所以者何得與如
是諸上善人俱會一處舍利弗不可以少善
根福德因緣得生彼國舍利弗若有善男
子善女人聞說阿弥陁佛執持名号若一日若
二日若三日若四日若五日若六日若七日
一心不亂其人臨命終時阿弥陁佛與諸聖衆
現在其前是人終時心不顛倒即得往生阿
弥陁佛極樂國土舍利弗我見是利故說
此言若有衆生聞是說者應當發願生彼國土
舍利弗如我今者讚歎阿弥陁佛不可思議
功德東方亦有阿閦鞞佛須弥相佛大須弥
佛須弥光佛妙音佛如是等恒河沙數諸佛
各於其國出廣長舌相遍覆三千大千世界
說誠實言汝等衆生當信是稱讚不可思議
功德一切諸佛所護念經
舍利弗南方世界有日月燈佛名聞光佛大
焰肩佛須弥燈佛无量精進佛如是等恒河
沙數諸佛各於其國出廣長舌相遍覆三千
大千世界說誠實言汝等衆生當信是稱
讚不可思議功德一切諸佛所護念經
舍利弗西方世界有无量壽佛无量相佛无
量幢佛大光佛大明佛寶相佛淨光佛如是
等恒河沙數諸佛各於其國出廣長舌相遍

BD08299號　阿彌陀經　（5-2）

大千世界說誠實言汝等衆生當信是稱
讚不可思議功德一切諸佛所護念經
舍利弗西方世界有无量壽佛无量相佛无
量幢佛大光佛大明佛寶相佛淨光佛如是
等恒河沙數諸佛各於其國出廣長舌相遍
覆三千大千世界說誠實言汝等衆生當信
是稱讚不可思議功德一切諸佛所護念經
舍利弗北方世界有焰肩佛最勝音佛難阻佛
日生佛網明佛如是等恒河沙數諸佛各於其
國出廣長舌相遍覆三千大千世界說誠實
言汝等衆生當信是稱讚不可思議功德一
切諸佛所護念經
舍利弗下方世界有師子佛名聞佛名光佛
達摩佛法幢佛持法佛如是等恒河沙數
諸佛各於其國出廣長舌相遍覆三千大千
世界說誠實言汝等衆生當信是稱讚不可
思議功德一切諸佛所護念經
舍利弗上方世界有梵音佛宿王佛香上佛
香光佛大焰肩佛雜色寶華嚴身佛娑羅
樹王佛寶華德佛見一切義佛如須弥山佛
如是等恒河沙數諸佛各於其國出廣長舌相
遍覆三千大千世界說誠實言汝等衆生當信
是稱讚不可思議功德一切諸佛所護念經
舍利弗於汝意云何何故名一切諸佛所護念
經舍利弗若有善男子善女人聞是諸佛所
說名及經名者是諸善男子善女人皆為一切
諸佛共所護念皆得不退轉於阿耨多羅三
藐三菩提是故舍利弗汝等皆當信受我語

BD08299號　阿彌陀經　（5-3）

舍利弗於汝意云何何故名為一切諸佛所護念
經舍利弗若有善男子善女人聞是諸佛所
說名及經名者是諸善男子善女人皆為一切
諸佛共所護念皆得不退轉於阿耨多羅三
藐三菩提是故舍利弗汝等皆當信受我語
及諸佛所說舍利弗若有人已發願今發願
當發願欲生阿彌陀佛國者是諸人等皆得
不退轉於阿耨多羅三藐三菩提於彼國土
若已生若今生若當生是故舍利弗諸
善男子善女人若有信者應當發願生彼
國土
舍利弗如我今者稱讚諸佛不可思議功
德彼諸佛等亦稱說我不可思議功德而作
是言釋迦牟尼佛能為甚難希有之事能
於娑婆國土五濁惡世劫濁見濁煩惱濁眾
生濁命濁中得阿耨多羅三藐三菩提為諸
眾生說是一切世間難信之法舍利弗當知
我於五濁惡世行此難得阿耨多羅三藐三
菩提為一切世間說此難信之法是為甚難佛
說此經已舍利弗及諸比丘一切世間天人阿
脩羅等聞佛所說歡喜信受作禮而去

佛說阿彌陀經

BD08299號　阿彌陀經　（5–4）

德彼諸佛等亦稱說我不可思議功德而作
是言釋迦牟尼佛能為甚難希有之事能
於娑婆國土五濁惡世劫濁見濁煩惱濁眾
生濁命濁中得阿耨多羅三藐三菩提為諸
眾生說是一切世間難信之法舍利弗當知
我於五濁惡世行此難得阿耨多羅三藐三
菩提為一切世間說此難信之法是為甚難佛
說此經已舍利弗及諸比丘一切世間天人阿
脩羅等聞佛所說歡喜信受作禮而去

佛說阿彌陀經

BD08299號　阿彌陀經　（5–5）

三十二相觀如來不須菩提言如是如是以
三十二相觀如來佛言須菩提若以三十二
相觀如來者轉輪聖王則是如來須菩提白
佛言世尊如我解佛所說義不應以三十二
相觀如來尒時世尊而說偈言
若以色見我　以音聲求我　是人行邪道　不能見如來
須菩提汝若作是念如來不以具足相故得
阿耨多羅三藐三菩提須菩提莫作是念如
來不以具足相故得阿耨多羅三藐三菩提
須菩提汝若作是念發阿耨多羅三藐三菩
提者說諸法斷滅相莫作是念何以故發阿
耨多羅三藐三菩提者於法不說斷滅相須
菩提若菩薩以滿恒河沙等世界七寶布施
若復有人知一切法无我得成於忍此菩薩
勝前菩薩所得功德須菩提以諸菩薩不受
福德故須菩提白佛言世尊云何菩薩不受
福德須菩提菩薩所作福德不應貪著是故

BD08300號　金剛般若波羅蜜經　（3–1）

若復有人知一切法无我得成於忍此菩薩
勝前菩薩所得功德須菩提以諸菩薩不受
福德故須菩提白佛言世尊云何菩薩不受
福德須菩提菩薩所作福德不應貪著是故
說不受福德須菩提若有人言如來若來若
去若坐若臥是人不解我所說義何以故如
來者无所從來亦无所去故名如來
須菩提若善男子善女人以三千大千世界
碎為微塵於意云何是微塵衆寧為多不甚
多世尊何以故若是微塵衆實有者佛則不
說是微塵衆所以者何佛說微塵衆則非微
塵衆是名微塵衆世尊如來所說三千大千
世界則非世界是名世界何以故若世界實
有者則是一合相如來說一合相則非一合
相是名一合相須菩提一合相者則是不可
說但凡夫之人貪著其事須菩提若人言佛
說我見人見衆生見壽者見須菩提於意云
何是人解我所說義不世尊是人不解如來
所說義何以故世尊說我見人見衆生見壽
者見即非我見人見衆生見壽者見是名我
見人見衆生見壽者見須菩提發阿耨多羅
三藐三菩提心者於一切法應如是知如是
見如是信解不生法相須菩提所言法相者
如來說即非法相是名法相須菩提若有人
以滿无量阿僧祇世界七寶持用布施若有
善男子善女人發菩薩心者持於此經乃至

BD08300號　金剛般若波羅蜜經　（3–2）

說但凡夫之人貪著其事須菩提若人言佛
說我見人見衆生見壽者見須菩提於意云
何是人解我所說義不世尊是人不解如来
所說義何以故世尊說我見人見衆生見壽
者見即非我見人見衆生見壽者見是名我
見人見衆生見壽者見須菩提發阿耨多羅
三藐三菩提心者於一切法應如是知如是
見如是信解不生法相須菩提所言法相者
如来說即非法相是名法相須菩提若有人
以滿无量阿僧祇世界七寶持用布施若有
善男子善女人發菩薩心者持於此經乃至
四句偈等受持讀誦爲人演說其福勝彼云
何爲人演說不取於相如如不動何以故
一切有爲法　如夢幻泡影　如露亦如電　應作如是觀
佛說是經已長老須菩提及諸比丘比丘尼
優婆塞優婆夷一切世間天人阿脩羅聞佛
所說皆大歡喜信受奉行
金剛般若波羅蜜經

BD08300號　金剛般若波羅蜜經　（3–3）

洄於彼池中有十千大
門有一大士名曰流。
施水飲食少日得活知命不久即爲三稱中
勝佛名是魚聞已即便命終生忉利天以是
因緣今願世尊爲是大衆及未來衆生說諸
佛名及聞世尊釋迦名号忽得无量无邊利
益无邊功德常處涅槃見了佛性以是因緣
故求此願唯願說之度脫重業迷惑衆生
尒時佛告信相菩薩摩訶薩善男子我若
廣說十方諸佛所有名号百千万劫說不能盡
一切諸水可知滴數无有能知諸佛名字諸
須弥山可知斤兩无有能知諸佛名字一切
大地可知塵數无有能知諸佛名字虛空
界可知盡邊无有能知諸佛名字吾今爲汝
略說三世諸佛名字若人聞者一逕於耳其

BD08301號　大通方廣懺悔滅罪莊嚴成佛經卷上　（22–1）

一切諸水可知滴數，无有能知諸佛名字。諸
須弥山可知斤兩，无有能知諸佛名字。一切
大地可知塵數，无有能知諸佛名字。虛空
界可知盡邊，无有能知諸佛名字。吾今為汝
略說三世諸佛名字。若人聞者，一逕於耳，其
人命終，必得生天。聞已信敬，復能書寫稱名
礼拜，得滅无量生死重罪，得福无量。其人命
終，十方世界隨意往生，必復見我及見未來
賢劫諸佛。
尒時世尊告諸大衆：汝等應當正理衣服，
一心當敬礼須弥燈王佛　當敬礼寶王佛
當敬礼寶勝佛　當敬礼阿弥陁佛
當敬礼毗婆尸佛　當敬礼多寶佛
當敬礼釋迦牟尼佛　當敬礼攝持一切法
敬礼遍稱量　敬礼无譬頌
敬礼无邊法　敬礼難思議
敬礼住力力中力　敬礼十力无所畏
敬礼三界導　敬礼一切大道師
敬礼能斷衆結縛　敬礼已到於彼岸
敬礼已度諸世間　敬礼永離生死道
敬礼三昧得解脫　敬礼如空无所依
敬礼衆中大法王　敬礼破壞四魔衆
敬礼一子大慈父　唯願世世值諸佛
明見佛性到大涅槃　何以故？有形皆有佛性
是諸大衆合十指掌，一心諦聽，一心供養

敬礼三昧得解脫　敬礼如空无所依
敬礼衆中大法王　敬礼破壞四魔衆
敬礼一子大慈父　唯願世世值諸佛
明見佛性到大涅槃　何以故？有形皆有佛性
是諸大衆合十指掌，一心諦聽，一心供養
聽我說三世　十方諸佛名　乃至五无間　當生解脫相
若人无善根　我今為說之　假自不能解　燋種自然生
唯有真實在　除去小乘相　唯有大乘在　除去二乘者
唯有一乘在　若人无善根　不得聞是經　曾供无量佛
今得聞佛名　當知受持者　少人解脫人　安住清淨地
今於我法中　經行作佛事　受持及讀誦　礼拜是佛名
去離衆魔事　滅除四重禁　无間一闡提　是人未來世
必得成佛道
若人不生信　定墮三惡道　生信懃礼拜　常見才
應當一心礼　願除无量罪　是故應敬信
是諸大衆合掌諦聽，攝持身心，勿得□
投地一心諦觀。
尒時世尊稱名唱曰：
南无過去无量諸佛　南无二万日月燈明佛
南无三万燃燈佛　南无大通智勝佛
南无十六王子佛　南无空王佛
南无多寶佛　南无雲自在登王佛
南无威音王佛　南无雲雷自在登王佛
南无无數光佛　南无思善佛
南无丈身諸佛　南无日月淨明德佛

南无十六王子佛　南无空王佛
南无多寶佛　南无雲自在登王佛
南无威音王佛　南无雲雷自在登王佛
南无无數光佛　南无思善佛
南无久身諸佛　南无日月淨明德佛
南无淨華宿王智佛　南无淨莊嚴王佛
南无龍尊王佛　南无雲雷音王佛
南无雲雷宿王華智佛　南无寶王佛
南无娑羅樹王佛　南无上威德寶王佛
南无光明王佛　南无百億定光佛
南无光遠佛　南光月光佛
南无栴檀香佛　南无善山王佛
南无須弥天冠佛　南无須弥等曜佛
南无月色佛　南无正念佛
南无離諸佛　南无无着佛
南无龍天佛　南无不動地佛
南无流離妙華佛　南无流離金色佛
南无金藏佛　南无炎光佛
南无炎根佛　南无地種佛
南无月像佛　南无日音佛
南无解脫華佛　南无莊嚴光明佛
南无海覺神通佛　南无水光佛
南无大香佛　南无離塵諸佛
南无捨猒意佛　南无寶炎佛
南无妙頂佛　南无勇立佛

BD08301號　大通方廣懺悔滅罪莊嚴成佛經卷上　（22–4）

南无解脫華佛　南无莊嚴光明佛
南无海覺神通佛　南无水光佛
南无大香佛　南无離塵諸佛
南无捨猒意佛　南无寶炎佛
南无妙頂佛　南无勇立佛
南无功德持慧佛　南无蘚日月光佛
南无日月流離光佛　南无无上流離光佛
南无最上首佛　南无菩提華佛
南无月明佛　南无日光佛
南无華色王佛　南无水月光佛
南无除疑冥佛　南无度蓋行佛
南无淨信佛　南无善宿佛
南无威神佛　南无法慧佛
南无鸞音佛　南无師子音佛
南无龍音佛　南无處世佛
南无自在佛　南无无量壽佛
南无无量光佛　南无无邊光佛
南无无㝵光佛　南无无對光佛
南无光炎王佛　南无清淨光佛
南无歡喜光佛　南无智慧光佛
南无不斷光佛　南无難思光佛
南无无稱光佛　南无超日月光佛
南无相好紫金佛　南无遠照佛
南无寶藏佛　南无无量音佛
南无甘露味佛　南无龍勝佛

BD08301號　大通方廣懺悔滅罪莊嚴成佛經卷上　（22–5）

南无无礙光佛　南无超日月光佛
南无相好紫金佛　南无遠照佛
南无寶藏佛　南无无量音佛
南无甘露味佛　南无龍勝佛
南无勝力佛　南无師子音佛
南无離諸光佛　南无億首佛
南无妙億山佛　南无人王佛
南无无上華佛　南无无畏力王佛
南无龍自在王佛　南无師子衣王佛
南无自在王佛　南无普光佛
南无普明佛　南无普淨佛
南无多摩羅跋栴檀香佛　南无栴檀香光佛
南无摩尼幢佛　南无歡喜藏寶積佛
南无无上大精進佛　南无摩尼幢燈光佛
南无慧炬照佛　南无海德光明佛
南无金剛牢強佛　南无普嚴金光佛
南无大強精進佛　南无勇猛佛
南无悲光佛　南无慈力王佛
南无慈藏王佛　南无栴檀窟莊嚴勝佛
南无賢善首佛　南无善覺佛
南无莊嚴王佛　南无金山寶蓋佛
南无金華炎光相佛　南无大炬光明佛
南无寶蓋照空自在力王佛　南无金華光佛
南无虛空寶華光佛　南无流離莊嚴王佛
南无普現色身光佛　南无不動智光佛

BD08301號　大通方廣懺悔滅罪莊嚴成佛經卷上　(22–6)

南无金華炎光相佛　南无大炬光明佛
南无寶蓋照空自在力王佛　南无金華光佛
南无虛空寶華光佛　南无流離莊嚴王佛
南无普現色身光佛　南无不動智光佛
南无降伏諸魔王佛　南无千光明佛
南无慈慧勝佛　南无弥勒鮮光佛
南无世淨光佛　南无善寂月音佛
南无妙尊智王佛　南无寶蓋登王佛
南无龍種上智尊王佛　南无日月光佛
南无日月珠光佛　南无慧幡勝莊嚴王佛
南无无諸藏佛　南无光明相佛
南无金炎光明佛　南无金伯光明藏佛
南无師子吼自在力王佛　南无妙音勝王佛
南无常光幡佛　南无觀世登王佛
南无惠衣登王佛　南无法勝王佛
南无須弥光佛　南无須摩那華光佛
南无憂鉢羅華光佛　南无強勝力王佛
南无惠力王佛　南无阿閦毗歡喜光佛
南无无量音聲王佛　南无事光佛
南无金海光佛　南无山海慧自在通王佛
南无大通光佛　南无一切法常滿王佛
南无現无愚佛　南无過去天身无量諸佛
南无過去一佛十佛百佛千佛万佛能除
无量劫以來生死重罪

BD08301號　大通方廣懺悔滅罪莊嚴成佛經卷上　(22–7)

南无大通光佛　南无一切法常滿王佛
南无現无㝵佛　南无過去无量久身諸佛
南无過去一佛十佛百佛千佛万佛能除
无量劫以来生死重罪
南无一億十億百億千億万億那由他恒河沙
无量阿僧祇佛若人聞是過去无量阿僧祇佛
名是人八万劫不墮地獄苦是故今歸礼
若人曰礼拜　過去諸佛者　滅罪得奇心　更不造十惡
及以五逆等　常得聞正法　具足大乘戒　是故今歸礼
唯除二種人　一者謗方等　二者闡提　若人心淨信
不名一闡提　常見无量佛
若有犯重罪　及以五无間　復能清淨信　亦使如法住
皆由歸礼故　滅除十惡業　悉得大乘戒　是故今歸礼
說是過去諸佛名時十千菩薩得无生忍八百
聲聞發少欠心五千比丘得阿羅漢道一億
天人得法眼淨
南无現在无量諸佛　南无十億王明諸佛
南无離諸紫金沙佛　南无无量明佛
南无日轉光明王佛　南无香積佛
南无師子億像佛　南无師子遊戲佛
南无普光功德山王佛　南无善住功德寶王佛
南无寶華莊嚴王佛　南无難勝佛
南无須弥相佛　南无須弥登王佛
南无寶億佛　南无寶月佛

BD08301號　大通方廣懺悔滅罪莊嚴成佛經卷上　（22-8）

南无普光功德山王佛　南无善住功德寶王佛
南无寶華莊嚴王佛　南无難勝佛
南无須弥相佛　南无須弥登王佛
南无寶億佛　南无寶月佛
南无寶炎佛　南无寶數佛
南无難勝師子鷄佛　南无大光王佛
南无不動佛　南无藥王佛
南无莊嚴佛　南无樓至佛
南无月蓋佛　南无普光佛
南无寶王佛　南无唯衛佛
南无式佛　南无隨葉佛
南无拘樓秦佛　南无拘那含牟尼佛
南无迦葉佛　南无雷音王佛
南无祇法藏佛　南无稱檀華佛
南无稱檀葉佛　南无妙音億佛
南无无上勝佛　南无甘露鼓佛
南无毗婆尸佛　南无日月光明佛
南无无勝光佛　南无具足莊嚴王佛
南无光明遍照功德王佛　南无破壞四魔師子吼王佛
南无金剛不壞佛　南无流離光佛
南无須弥山王佛　南无淨土光明王佛
南无善德佛　南无无量光明佛
南无陁羅尼遊戲佛　南无首楞嚴三昧力王佛
南无善見定自在王佛　南无无上功德佛
南无神通自在佛　南无[illegible]明佛

BD08301號　大通方廣懺悔滅罪莊嚴成佛經卷上　（22-9）

南无善德佛　南无无量光明佛
南无陁羅尼遊戲佛　南无首楞嚴定三昧力王佛
南无善見定自在王佛　南无无上切億佛
南无神通自在佛　南无无色相佛
南无无聲相佛　南无无香相佛
南无无味相佛　南无无單相佛
南无三昧定自在佛　南无惠定自在佛
南无相覺自在佛　南无普攝佛
南无郭德普光佛　南无尸棄佛
南无毗舍浮佛　南无迦羅鳩村大佛
南无迦那牟尼佛　南无迦葉佛
南无意樂美音佛　南无歡喜佛
南无阿閦佛　南无須弥相佛
南无師子音佛　南无師子相佛
南无雲自在佛　南无常滅佛
南无帝相佛　南无阿弥陁佛
南无梵相佛　南无度一切世間苦惱佛
南无多摩羅跋栴檀香佛　南无須弥相佛
南无雲自在王佛　南无壞一切世間怖畏佛
南无百億釋迦牟尼佛
南无現在一佛十佛百佛千佛万佛能除无
量刧以來生死重罪
南无一億十億百億千億万億那由他恒
河沙等无量阿僧祇佛若人聞是現在
无量阿僧祇佛名是人六十万刧不墮地

南无一億十億百億千億万億那由他恒
河沙等无量阿僧祇佛若人聞是現在
无量阿僧祇佛名是人六十万刧不墮地
獄苦是故今敬禮
若人回禮拜　現在十方佛　度脫諸惡業　滅除五逆等
常住清淨地　安住釋迦法　永離四惡道　得見弥勒佛
及以見千佛　是故今敬禮
復見十方佛　常生清淨土　得聞第一義　了知如來常
說是現在諸佛名時二二恒河沙菩薩得入陁
羅尼門卌二億諸天及人皆發无上菩提
道心
南无未來賢刧无量諸佛　南无弥勒佛
南无淨身佛　南无華光佛
南无華足佛　南无光明佛
南无名相佛　南无閻浮那提金光佛
南无法明佛　南无寶明佛
南无普明佛　南无普相佛
南无光相佛　南无普光佛
南无山海惠佛　南无自在通王佛
南无寶莊嚴佛　南无佛沙佛
南无百億自在燈王佛　南无寶相佛
南无善見佛　南无二万光相莊嚴王佛
南无三万同号普億佛　南无雷寶音王佛
南无四万八千定光佛　南无寶月王佛

南无百億日在登王佛　南无[illegible]佛
南无喜見佛　南无二万光相莊嚴王佛
南无三万同号普億佛　南无雷寶音王佛
南无四万八千定光佛　南无寶月王佛
南无離諸光佛　南无妙色佛
南无妙色光明佛　南无破一切衆難佛
南无衆香佛　南无衆聲佛
南无十千莊嚴光明佛　南无八十億莊嚴光明佛
南无寶華莊嚴佛　南无上首億王佛
南无紫金光明佛　南无五百受記華光佛
南无那羅延不壞佛　南无好華莊嚴佛
南无金剛定自在佛
南无未來一佛十佛百佛千佛万佛能除无
量劫以來生死重罪
南无一億十億百億千億万億那由他恒
河沙无量阿僧祇佛若人聞是未來无量阿
僧祇佛名是人十四万劫不墮地獄苦是故今
敬礼
若人回礼拜　未來諸佛名　三部及五逆　唯除一闡提
悉皆得除滅　安住佛法中　得見无量佛　常得聞正法
是故今敬礼
若人回礼拜　三世十方佛　滅除過去罪　未來及現在
所造十惡業　今現得除滅　未來見佛性　是故諦信之
書寫讀誦礼　世世所生處　不生惡邪見　常正得解脫
不生在邊地　不生在惡國　不見惡國王　四億万劫中

若人回礼拜　三世十方佛　滅除過去罪　未來及現在
所造十惡業　今現得除滅　未來見佛性　是故諦信之
書寫讀誦礼　世世所生處　不生惡邪見　常正得解脫
不生在邊地　不生在惡國　不見惡國王　四億万劫中
不墮地獄苦　是故今敬礼　滅除十惡業　得大陁羅尼
說是未來諸佛名時五万菩薩住不退地七
百比丘尼得羅漢道六十二億諸天及人民得法
眼淨
南无摠持大陁羅尼十二部經脩多羅祇夜
受記伽陁憂陁那尼陁那阿波陁那伊帝日
多伽闍陁伽毗佛略阿浮陁達摩憂波提舍
所有大藏諸波羅蜜
若人聞是十二部經諸波羅蜜讀誦礼拜信
樂受持是人廿万劫中不墮地獄苦得宿命
智是故今敬礼
說是十二部經名時八万五千菩薩得金剛
三昧十億聲聞發大乘心十千比丘比丘尼
得羅漢道无量天人得法眼淨
南无十方諸大菩薩　南无文殊師利菩薩
南无觀世音菩薩　南无得大勢菩薩
南无常精進菩薩　南无不休息菩薩
南无寶掌菩薩　南无藥王菩薩
南无勇施菩薩　南无寶月菩薩
南无月光菩薩　南无滿月菩薩

南无寶掌菩薩　南无藥王菩薩
南无勇施菩薩　南无寶月菩薩
南无月光菩薩　南无滿月菩薩
南无大力菩薩　南无无量力菩薩
南无越三界菩薩　南无跋陁波羅菩薩
南无弥勒菩薩　南无寶積菩薩
南无導師菩薩　南无德藏菩薩
南无藥說菩薩　南无龍樹菩薩
南无寶幢華菩薩　南无上行菩薩
南无无邊行菩薩　南无安立行菩薩
南无淨行菩薩　南无陁羅尼菩薩
南无金剛那羅延菩薩　南无常不輕菩薩
南无宿王華菩薩　南无喜見菩薩
南无妙音菩薩　南无德懃精進力菩薩
南无无盡意菩薩　南无淨藏菩薩
南无淨眼菩薩　南无普賢菩薩
南无妙德菩薩　南无慈是菩薩
南无善思議菩薩　南无空无菩薩
南无神通華菩薩　南无光英菩薩
南无慧上菩薩　南无智幢菩薩
南无實根菩薩　南无顯慧菩薩
南无香像菩薩　南无寶英菩薩
南无中住菩薩　南无制行菩薩
南无解脫菩薩　南无法藏菩薩

BD08301 號　大通方廣懺悔滅罪莊嚴成佛經卷上　（22–14）

南无香像菩薩　南无寶英菩薩
南无中住菩薩　南无制行菩薩
南无解脫菩薩　南无法藏菩薩
南无等觀菩薩　南无不等觀菩薩
南无等不等觀菩薩　南无定自在王菩薩
南无法自在王菩薩　南无法相菩薩
南无光相菩薩　南无光嚴菩薩
南无大嚴菩薩　南无寶積菩薩
南无辯積菩薩　南无寶手菩薩
南无寶印手菩薩　南无常舉手菩薩
南无常下手菩薩　南无常慘菩薩
南无喜根菩薩　南无喜王菩薩
南无辯音菩薩　南无虛空藏菩薩
南无執寶炬菩薩　南无寶勇菩薩
南无寶見菩薩　南无帝網菩薩
南无明網菩薩　南无无緣觀菩薩
南无慧積菩薩　南无寶勝菩薩
南无天王菩薩　南无壞魔菩薩
南无電德菩薩　南无自在王菩薩
南无功德相嚴菩薩　南无師子吼菩薩
南无雷音菩薩　南无山相擊音菩薩
南无香象菩薩　南无白香象菩薩
南无妙生菩薩　南无華嚴菩薩
南无梵網菩薩　南无寶杖菩薩

BD08301 號　大通方廣懺悔滅罪莊嚴成佛經卷上　（22–15）

南无[illegible]菩薩
南无師子吼菩薩
南无雷音菩薩
南无山相擊音菩薩
南无香象菩薩
南无白香象菩薩
南无妙生菩薩
南无華嚴菩薩
南无梵網菩薩
南无寶杖菩薩
南无无勝菩薩
南无嚴土菩薩
南无金髻菩薩
南无珠髻菩薩
南无光嚴童子菩薩
南无持世菩薩
南无善德菩薩
南无難勝菩薩
南无照明菩薩
南无華光菩薩
南无寶種華菩薩
南无薩陁波崙菩薩
南无曇无竭菩薩
南无法自在菩薩
南无德守菩薩
南无不眴菩薩
南无德頂菩薩
南无善宿菩薩
南无善眼菩薩
南无妙臂菩薩
南无弗沙菩薩
南无師子菩薩
南无師子意菩薩
南无淨解菩薩
南无那羅延菩薩
南无善意菩薩
南无現見菩薩
南无普守菩薩
南无電光菩薩
南无喜見菩薩
南无明相菩薩
南无妙意菩薩
南无无盡意菩薩
南无深慧菩薩
南无寂根菩薩
南无无导菩薩
南无上善菩薩
南无福田菩薩
南无華嚴菩薩
南无德藏菩薩

BD08301號　大通方廣懺悔滅罪莊嚴成佛經卷上　（22–16）

南无无盡意菩薩
南无深慧菩薩
南无寂根菩薩
南无无导菩薩
南无上善菩薩
南无福田菩薩
南无華嚴菩薩
南无德藏菩薩
南无月上菩薩
南无寶印手菩薩
南无珠頂王菩薩
南无樂實菩薩
南无慧見菩薩
南无登王菩薩
南无深王菩薩
南无華王菩薩
南无妙色菩薩
南无善關菩薩
南无善谷菩薩
南无了相菩薩
南无定相菩薩
南无定積菩薩
南无發喜菩薩
南无安位菩薩
南无怖魔菩薩
南无慧施菩薩
南无救脫菩薩
南无慧登菩薩
南无勇施菩薩
南无智眞菩薩
南无願慧菩薩
南无四攝菩薩
南无教音菩薩
南无海妙菩薩
南无法喜菩薩
南无道品菩薩
南无總持菩薩
南无慈王菩薩
南无大自在菩薩
南无梵音菩薩
南无妙色菩薩
南无種林菩薩
南无師子音菩薩
南无妙聲菩薩
南无妙色形菩薩
南无種種莊嚴菩薩
南无釋幢菩薩
南无頂生菩薩
南无月[illegible]菩薩
南无[illegible]菩薩

BD08301號　大通方廣懺悔滅罪莊嚴成佛經卷上　（22–17）

南无師子音菩薩　南无妙聲菩薩
南无妙色形菩薩　南无種種莊嚴菩薩
南无釋幢菩薩　南无頂生菩薩
南无明王菩薩　南无大光菩薩
南无奢提菩薩　南无容積菩薩
南无華映菩薩　南无上首菩薩
南无普見色身菩薩　南无神通菩薩
南无海德菩薩　南无无邊身菩薩
南无衣王自在菩薩　南无迦葉菩薩
南无无諸藏王菩薩　南无持一切菩薩
南无高貴德王菩薩　南无深離光菩薩
南无无畏菩薩　南无海王菩薩
南无師子吼菩薩　南无信相菩薩
南无持地菩薩　南无光嚴菩薩
南无光明菩薩　南无大辯菩薩
南无慈力菩薩　南无大悲菩薩
南无衣王菩薩　南无依力菩薩
南无依德菩薩　南无普濟菩薩
南无普稱菩薩　南无定光菩薩
南无普光菩薩　南无真光菩薩
南无拘樓菩薩　南无天光菩薩
南无寶王菩薩　南无弥光菩薩
南无教導菩薩　南无大忍菩薩
南无華王菩薩　南无華積菩薩

南无寶王菩薩　南无弥光菩薩
南无教導菩薩　南无大忍菩薩
南无華王菩薩　南无華積菩薩
南无慧光菩薩　南无海慧菩薩
南无堅意菩薩　南无釋男（魔）菩薩
南无金光明菩薩　南无金藏菩薩
南无常悲菩薩　南无法上菩薩
南无財首菩薩　南无山光菩薩
南无山慧菩薩　南无大明菩薩
南无總持菩薩　南无山剛菩薩
南无登王菩薩　南无山頂菩薩
南无山幢菩薩　南无山王菩薩
南无伏魔菩薩　南无雷音菩薩
南无雨王菩薩　南无雷王菩薩
南无寶輪菩薩　南无寶英菩薩
南无寶首菩薩　南无寶藏菩薩
南无寶明菩薩　南无寶定菩薩
南无寶印菩薩　南无寶緣菩薩
南无寶嚴菩薩　南无寶水菩薩
南无寶光菩薩　南无寶登光菩薩
南无寶現菩薩　南无寶造菩薩
南无樂法菩薩　南无淨王菩薩
南无頂相菩薩　南无金光菩薩
南无寶髻菩薩　南无千光菩薩

南无槃法菩薩　南无淨王菩薩
南无項相菩薩　南无金光菩薩
南无寶髻菩薩　南无千光菩薩
南无原嶮菩薩　南无照味菩薩
南无月辯菩薩　南无月光菩薩
南无法輪菩薩　南无光淨菩薩
南无常施菩薩　南无普德菩薩
南无普明菩薩　南无勝幢菩薩
南无梵音菩薩　南无德炎菩薩
南无相光菩薩　南无海月菩薩
南无海藏菩薩　南无勝月菩薩
南无淨慧菩薩　南无超光菩薩
南无月德菩薩　南无日光菩薩
南无金剛菩薩　南无炎幢菩薩
南无尊德菩薩　南无海明菩薩
南无海廣菩薩　南无照境菩薩
南无慧明菩薩　南无功德菩薩
南无明達菩薩　南无容教菩薩
南无須彌菩薩　南无色力菩薩
南无調伏菩薩　南无隱身菩薩
南无一菩薩南无十菩薩南无百菩薩南无
千菩薩南无万菩薩南无一百万二百万三
百万四百万五百万六百万七百万八百万九
百万千千万諸大菩薩摩訶薩能除无量

BD08301號　大通方廣懺悔滅罪莊嚴成佛經卷上　（22-20）

南无一菩薩南无十菩薩南无百菩薩南无
千菩薩南无万菩薩南无一百万二百万三
百万四百万五百万六百万七百万八百万九
百万千千万諸大菩薩摩訶薩能除无量
劫以来生死重罪
南无一億十億百億千億万億南无万万億
諸大菩薩摩訶薩能除无量劫以来生死重
罪
南无一那由他十那由他百那由他千那由他
万那由他南无万万那由他諸大菩薩摩訶
薩能除无量劫以来生死重罪
南无一恒河沙南无二恒河沙南无三恒河
沙南无四恒河沙南无五恒河沙南无六恒河
沙南无七恒河沙南无八恒河沙南无九恒
河沙南无十恒河沙南无百恒河沙南无百
億无量恒河沙諸大菩薩摩訶薩能除无
量劫以来生死重罪
若人聞是大士諸大菩薩摩訶薩名者是人
卌千劫中不隨地獄苦不爲三界獄常爲解
脫王不生邊地不生惡國不受惡身不生耶
見不生下姓不生外道身根具足常聞正法
不受禁戒常得具足大乘威儀常見佛性是
故今敬礼安住佛法由來世得成佛
說是諸大菩薩名時八十八億清信男女
阿那含果九十億諸天得斯陁含果七十

BD08301號　大通方廣懺悔滅罪莊嚴成佛經卷上　（22-21）

脫王不生邊地不生惡國不受惡身不生邪
見不生下姓不生外道身根具足常聞正法
不受禁戒常得具足大乘威儀常見佛性安
故今敬礼安住佛法中來世得成佛
說是諸大菩薩名時八十八億清信男女
阿那含果九十　意諸天得斯陀含果七十
八億失心比丘還得本心悟阿羅漢果十億
菩薩得大陀羅尼來世成佛道
大通方廣經卷上

彼見者目[illegible]
眚者終無見咎
及諸衆生皆是
似現前境元我覺
本覺明心覺緣非[illegible]
此實見見云何復名覺聞
及汝并諸世間十類衆[illegible]即見眚非見眚
者彼見真精性非眚者故不名見阿難如彼
衆生同分妄見例彼妄見别業一人一病目人
同彼一國彼見圓影眚妄所生此衆同分所現
不祥同見業中瘴惡所[illegible]具足無始見妄
所生例閻浮提三千洲中兼[illegible]娑婆世
界并洎十方諸有漏國及諸衆生同是覺
明無漏妙心見聞覺知虛妄病緣和合妄生和

同彼一國彼見圓影皆妄所生此衆同分所現
不祥同見業中瘴惡所起俱是無始見妄
所生例閻浮提三千洲中兼[illegible]娑婆世
界并洎十方諸有漏國及諸衆生同是覺
明無漏妙心見聞覺知虛妄病緣和合妄生和
合妄死若能遠離諸和合緣及不和合則復
滅除諸生死因圓滿菩提不生滅性清淨
本心本覺常住
阿難汝雖先悟本覺妙明性非因緣非自然
性而猶未明如是覺元非和合生及不和合阿
難吾今復以前塵問汝汝今猶以一切世間
妄想和合諸因緣性而自疑惑證菩提心
和合起者則汝今者妙淨見精為與明和為
與闇和為與通和為與塞和若明和者且汝
觀明當明現前何處雜見見相可辯雜何
形像若非見者云何見明若即見者云何見
見必見圓滿何處和明若明圓滿不合見和見
必異明雜則失彼性明名字雜失明性和明
非義彼暗與通及諸群塞亦復如是
復次阿難又汝今者妙淨見精為與明合為
與暗合為與通合為與塞合若明合者至於
暗時明相已滅此見即不與諸暗合云何見暗
若見暗時不與暗合與明合者應非見明
既不見明云何明合了明非暗彼暗與通及
諸群塞亦復如是
阿難白佛言世尊如我思惟此妙覺元與諸

BD08302號　大佛頂如來密因修證了義諸菩薩萬行首楞嚴經卷二　（6–2）

若見暗時不與暗合與明合者應非見明
既不見明云何明合了明非暗彼暗與通及
諸群塞亦復如是
阿難白佛言世尊如我思惟此妙覺元與諸
緣塵及心念慮非和合耶佛言汝今又言覺
非和合吾復問汝此妙見精非和合者為非
明和為非暗和為非通和為非塞和若非明和
則見與明必有邊畔汝且諦觀何處是明
何處是見在見在明自何為畔阿難若明
際中必無見者則不相及自不知其明相所在
畔云何成彼暗與通及諸群塞亦復如是
又妙見精非和合者為非明合為非暗合為非
通合為非塞合若非明合則見與明性相乖
角如耳與明了不相觸見且不知明相所在云
何甄明合非合理彼暗與通及諸群塞亦
復如是
阿難汝猶未明一切浮塵諸幻化相當處出
生隨處滅盡幻妄稱相其性真為妙覺明體
如是乃至五陰六入從十二處至十八界因緣
和合虛妄有生因緣別離虛妄名滅殊不能
知生滅去來本如來藏常住妙明不動周圓
妙真如性性真常中求於去來迷悟死
生了無所得
阿難云何五陰本如來藏妙真如性阿難譬
如有人以清淨目觀晴明空唯一晴虛迥無
所有其人無故不動目睛瞪以發勞則於虛

BD08302號　大佛頂如來密因修證了義諸菩薩萬行首楞嚴經卷二　（6–3）

知生滅去來本如來藏常住妙明不動周圓
妙真如性性真常中求於去來迷悟死
生了無所得
阿難云何五蔭本如來藏妙真如性阿難譬
如有人以清淨目觀晴明空唯一精虛迥無
所有其人無故不動目睛瞪以發勞則於虛
空別見狂花復有一切狂亂非相色蔭當知
亦復如是阿難是諸狂花非從空來非從目
出如是阿難若空來者既從空來還從空
入若有出入即非虛空空若非空自不容其花
相起滅如阿難體不容阿難若目出者既從
目出還從目入即此花性從見出故當合有見
若有見者去既花空旋合見眼若無見者出
既翳空旋當翳眼又見花時目應無翳云何晴
空号清明眼是故當知色蔭虛妄本非因緣
非自然性
阿難譬如有人手足宴安百骸調適忽如忘
生性無違順其人無故以二手掌於空相摩
於二手中妄生澁滑冷熱諸相受蔭當知亦
復如是阿難是諸幻觸不從空來不從掌出
如是阿難若空來者既能觸掌何不觸身
不應虛空選擇來觸若從掌出應非待合
又掌出故合則掌知離即觸入臂腕骨髓應亦
覺知入時蹤跡必有覺心知出知入自有一物
身中往來何待合知要名為觸是故當知受
蔭虛妄本非因緣非自然性

BD08302號　大佛頂如來密因修證了義諸菩薩萬行首楞嚴經卷二　（6–4）

又掌出故合則掌知離即觸入臂腕骨髓應亦
覺知入時蹤跡必有覺心知出知入自有一物
身中往來何待合知要名為觸是故當知受
蔭虛妄本非因緣非自然性
阿難譬如有人談說酢梅口中水出思蹋懸
崖足心酸澁想蔭當知亦復如是阿難如是酢
說不從梅生非從口入如是阿難若梅生者
梅合自談何待人說若從口入自合口聞何
須待耳若獨耳聞此水何不耳中而出想蹋
懸崖與說相類是故當知想蔭虛妄本非
因緣非自然性
阿難譬如暴流波浪相續前際後際不相踰
越行蔭當知亦復如是阿難如是流性不因
空生不因水有亦非水性非離空水如是阿難
若因空生則諸十方無盡虛空成無盡流世
界自然俱受淪溺若因水有則此暴流性應
非水有所有相今應現在若即水性則澄清
時應非水體若離空水空非有外水外無流
是故當知行蔭虛妄本非因緣非自然性
阿難譬如有人取頻伽瓶塞其兩孔滿中擎
空千里遠行用餉他國識蔭當知亦復如是
阿難如是虛空非彼方來非此方入如是阿
難若彼方來則本瓶中既貯空去於本瓶
地應少虛空若此方入開孔倒瓶應見空出
是故當知識蔭虛妄本非因緣非自然性

BD08302號　大佛頂如來密因修證了義諸菩薩萬行首楞嚴經卷二　（6–5）

空生不因水有亦非水性非離空水如是阿難
若因空生則諸十方無盡虛空成無邊流世
界自然俱受淪溺若因水有則此果流性應
非水有所有相今應現在若即水性則澄清
時應非水體若離空水空非有外水外無流
是故當知行蔭虛妄本非因緣非自然性
阿難譬如有人取頻伽瓶塞其兩孔滿中擎
空千里遠行用餉他國識蔭當知亦復如是
阿難如是虛空非彼方來非此方入如是阿
難若彼方來則本瓶中既貯空去於本瓶
地應少虛空若此方入開孔倒瓶應見空出
是故當知識蔭虛妄本非因緣非自然性

BD08302號　大佛頂如來密因修證了義諸菩薩萬行首楞嚴經卷二　　（6–6）

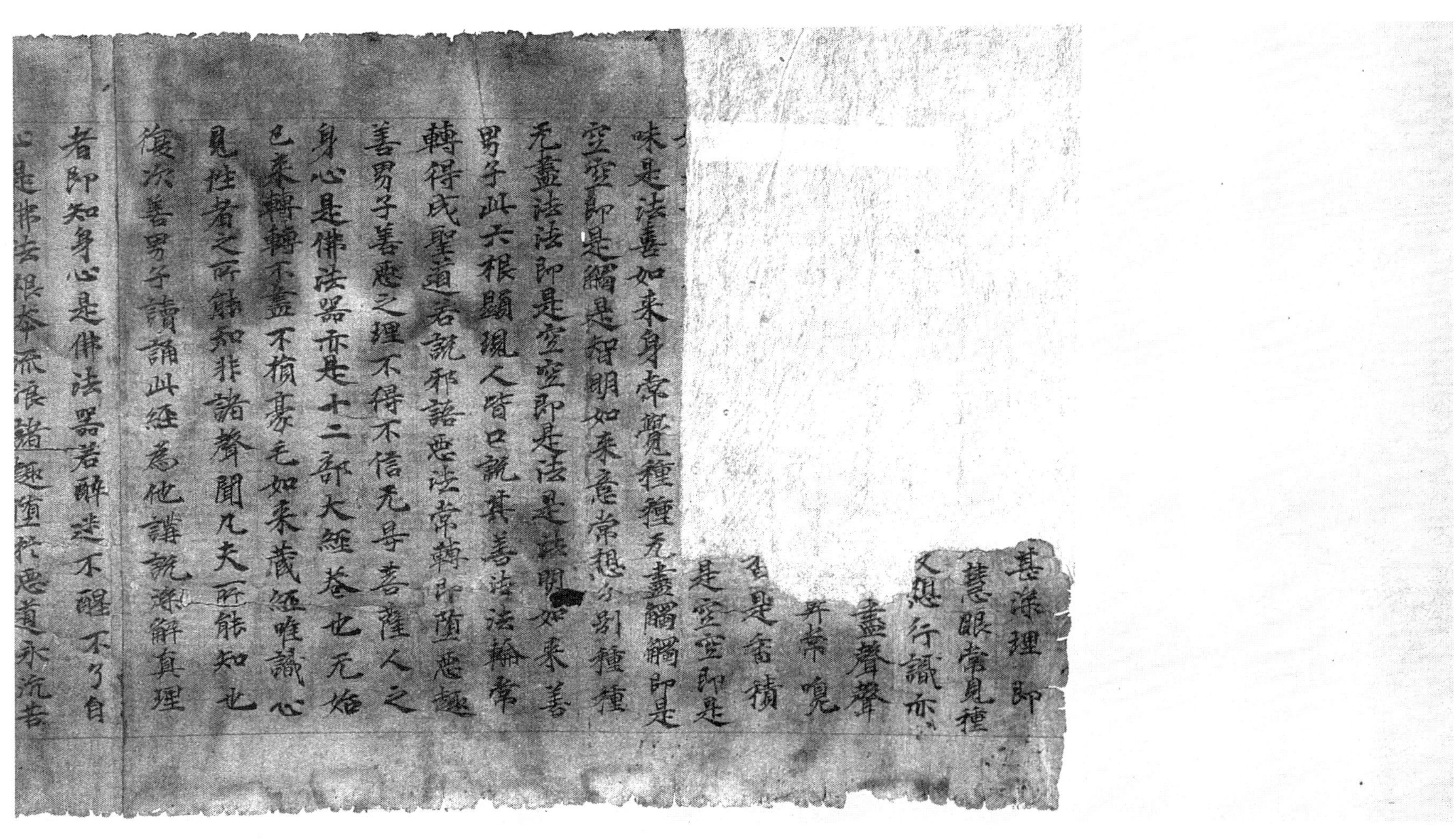
甚深理即
慧眼常見種
又想行識亦
盡聲聲
鼻常嗅
香是舌積
是空空即是
味是法善如來身常覺種種无盡觸觸即是
空空即是觸是智明如來意常想分別種種
无盡法法即是空空即是法是法明如來善
男子此六根顯現人皆口說其善法法輪常
轉得成聖道若說邪語惡法常轉即墮惡趣
善男子善惡之理不得不信无量菩薩人之
身心是佛法器亦是十二部大經卷也无始
已來轉轉不盡不損毫毛如來藏經唯識心
見性者之所能知非諸聲聞凡夫所能知也
復次善男子讀誦此經悉他講說深解真理
者即知身心是佛法器若醉迷不醒不了自
心是佛法根本流浪諸趣墮於惡道永沉苦

BD08303號　天地八陽神咒經　　（7–1）

見性者之所能知非諸聲聞凡夫所能知也
復次善男子讀誦此經為他講說深解真理
者即知身心是佛法器若醉迷不醒不了自
心是佛法根本流浪諸趣墮於惡道永流苦
海不聞佛名字无导菩薩復白佛言世尊人
之在世生死為重生不擇日時至即生死不擇日
時至即死何因殯葬即問良辰吉日然始殯葬
殯葬之後還有妨害貧窮者多滅門者不少
唯願世尊為諸邪見无知衆生說其因緣令
得正道除其顛倒
佛言善哉善哉善男子汝等甚能問於衆生
生死之事殯葬之法汝等諦聽當為汝說智
慧之理大道之法夫天地廣太清日月廣長
明時年善善美實无有異善男子人王菩薩
甚大慈悲愍念衆生皆如赤子下為人主作
人父母順於俗民教於俗法造作曆日頒下
天下令知時節為有平滿成收開除之字執
危破煞之文愚人依字信用无不免於凶禍
又使邪師厭鎮說是道非謾邪神拜餓鬼却
招殃自受苦如斯人輩反天時逆地理背日月
之光明常投闇室違正道之廣路恒尋邪佞顛
倒之甚也
復次善男子生時讀此經三遍兒則易生大吉
利聰明利智福德具足而无中夭无時讀經
三遍一无妨害得福无量善男子日日好日
月月好月年年好年實无間隔但辦即須殯

倒之甚也
復次善男子生時讀此經三遍兒則易生大吉
利聰明利智福德具足而无中夭无時讀經
三遍一无妨害得福无量善男子日日好日
月月好月年年好年實无間隔但辦即須殯
葬殯葬之日讀此經七遍甚大吉利獲福无
量門榮人貴延年益壽命終之日並得成聖
善男子殯葬之地不問東西南北安隱之處
人之愛樂鬼神愛樂即讀此經三遍便以脩
營安置墓田永无災鄣家富人興甚大吉利
尒時世尊欲重宣此義而說偈言
營生善善日　休殯好好時　生死讀誦經　甚得大利益
月月善明月　年年大好年　讀經即殯葬　榮華万代昌
尒時衆中七万七千人聞佛所說心開意解
捨邪歸正得佛法分永斷疑惑皆得阿耨多
羅三藐三菩提
无导菩薩復白佛言世尊一切凡夫皆以婚
媾為親先問相宜後取吉日然始成親已後
冨貴偕老者少貧窮生離死別者多一種信
邪如何而有差別唯願世尊為決衆疑
佛言善男子汝等諦聽當為汝說天陰地陽
月陰日陽水陰火陽男陰女陽天地氣合一
切草木生焉日月交運四時八節明焉水火
相承一切万物熟焉男女允諧子孫興焉皆
是天之常道自然之理世諦之法善男子愚
人无智信其邪師卜問望吉而不備善造種
種惡業命終之後復得人身者如指甲上土

相承一切万物熟爲男女允諧子孫興焉皆
是天之常道自然之理世諦之法善男子愚
人无智信其邪師卜問望吉而不脩善造種
種惡業命終之後復得人身者如指甲上土
墮於地獄作餓鬼畜生者如大地土善男子
復德人身正信脩善者如指甲上土信邪造
惡業者如大地土善男子若結婚親莫問水
火相剋胎胞相壓唯看祿命書即知福德
多少以爲眷屬迎之日讀此經三遍即以成
礼此乃善善相因明明相屬門高人貴子孫
興盛聰明利智多才多藝孝敬相承甚大吉
利而无中夭福德具足皆成佛道
時有八菩薩承佛威神得大總持常處人間
和光同塵破邪立正度四生處八解其名曰
跋陁和菩薩漏盡和　羅隣那竭菩薩漏盡和
憍日兜菩薩漏盡和　須彌深菩薩漏盡和
那羅達菩薩漏盡和　因坻達菩薩漏盡和
和輪調菩薩漏盡和　无緣觀菩薩漏盡和
是八菩薩俱白佛言世尊我等於諸佛所受
得陁羅尼神呪而今說之擁護受持讀誦八
陽經者永无恐怖使一切不善之物不得侵
損讀誦經法師即於佛前而說呪曰
阿佉尼　尼佉尼　阿毗羅　曼隸　曼多隸
世尊若有不善者欲來惱法師聞說此呪
頭破作七分如阿梨樹枝
是時无邊身菩薩白佛言世尊云何名爲八

阿佉尼　尼佉尼　阿毗羅　曼隸　曼多隸
世尊若有不善者欲來惱法師聞說此呪
頭破作七分如阿梨樹枝
是時无邊身菩薩白佛言世尊云何名爲八
陽經唯願世尊爲諸聽衆解說其義令得醒
悟速達心本入佛知見永斷疑悔
佛言善哉善哉善男子汝等諦聽吾今爲汝
解說八陽之經八者分別也陽者明解也明
解大乘无爲之理了能分別識因緣空實无
所得又云八識爲經陽明爲緯經緯相投以
成經教故名八陽經八識者眼是色識耳是
聲識鼻是香識舌是味識身是觸識意是分
別識含藏識阿賴耶識是名八識明了分別
八識根源空无所有即知兩眼光明天光明
天中即現日月光明世尊兩耳聲聞天中即
即現无量聲如來兩鼻佛香天佛香天中即現
香積如來口舌是法味天法味天中即現法
喜如來身是盧舍那天盧舍那天中即現成
就盧舍那盧舍那鏡像盧舍那光明佛意是
无分別天无分別天中即現不動如來大光
明佛心是法界天法界天中即現空王如來
含藏識天演出阿那含經大涅槃經阿賴耶識
識天演出大智度論經瑜伽論經善男子佛
即是法法即是佛合爲一相即現大通智勝
如來
佛說此經時一切大地六種震動光照天地无
有邊際浩浩蕩蕩无所[illegible]一切幽冥皆悉

即是法法即是佛合爲一相即現大通智勝
如来
佛説此經時一切大地六種震動光照天地无
有邊際浩浩蕩蕩而无所名一切出真皆悉
明朗一切地獄並皆消滅一切罪人俱得離
苦皆發无上菩提心
尒時衆中八万八千菩薩一時成佛号曰虚
空藏如来應正等覺劫名圓滿國号无邊一
切人民无有彼此並證无諍三昧六万六千
比丘比丘尼優婆塞優婆夷得大揔持无數
天龍夜叉乾闥婆阿脩羅迦樓羅緊那羅摩睺
羅伽人非人等得法明淨行菩薩道
復次善男子若復有人得官位之日及新入
宅之日即讀此經三遍甚大吉利獲福无量
善男子若讀此經一遍者如讀一切經一遍
能寫一卷者如寫一切經一部其功德不可
稱不可量无有邊際如斯人等即成聖道
復次无邊身菩薩摩訶薩若有衆生不信正
法常生邪見忽聞此經即生誹謗言非佛説
是人現世得白癩病惡瘡膿血遍躰交流腥
臊臭穢人皆憎嫉命終之日即墮阿鼻无間
地獄上火徹下下火徹上鐵叉遍身穿穴五
藏洋銅灌口筋骨爛壞一日一夜万死万生受
大苦痛无有休息謗斯經故獲罪如是佛
爲罪人而説偈言
身是自然身　五體自然體　長乃自然長　老乃自然老

BD08303號　天地八陽神咒經　（7–6）

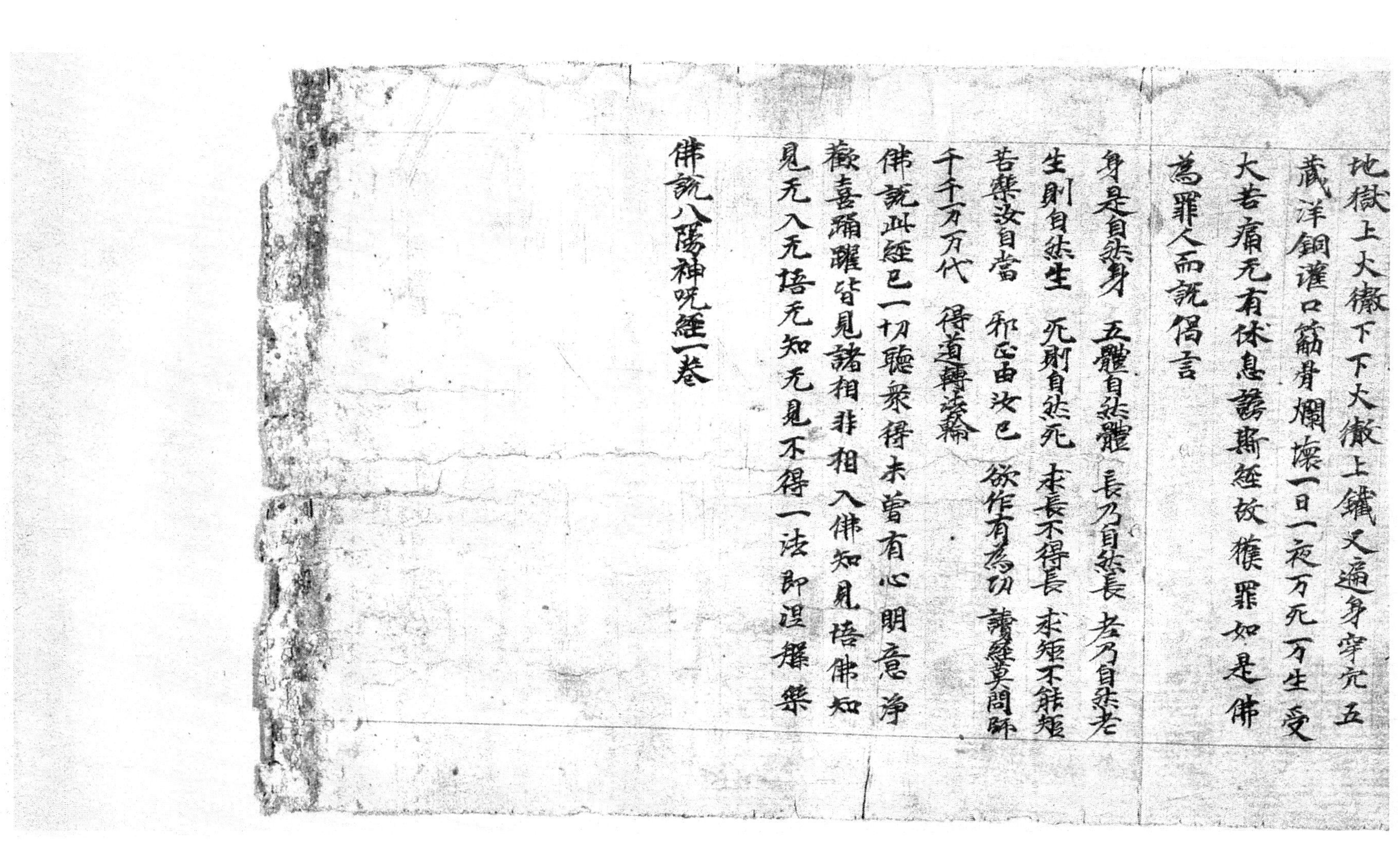
地獄上火徹下下火徹上鐵叉遍身穿穴五
藏洋銅灌口筋骨爛壞一日一夜万死万生受
大苦痛无有休息謗斯經故獲罪如是佛
爲罪人而説偈言
身是自然身　五體自然體　長乃自然長　老乃自然老
生則自然生　死則自然死　求長不得長　求短不能短
苦樂汝自當　邪正由汝已　欲作有爲功　讀經莫問師
千千万万代　得道轉法輪
佛説此經已一切聽衆得未曾有心明意淨
歡喜踊躍皆見諸相非相入佛知見悟佛知
見无入无悟无知无見不得一法即涅槃樂
佛説八陽神呪經一卷

BD08303號　天地八陽神咒經　（7–7）

乃至鼻觸為緣所生諸受世尊諸菩薩摩訶
薩脩行般若波羅蜜多觀諸法時於舌界
不受不取不執不着亦不施設為舌界於味
界舌識界及舌觸舌觸為緣所生諸受不受
不取不執不着亦不施設為味界乃至舌觸
為緣所生諸受世尊諸菩薩摩訶薩脩行般
若波羅蜜多觀諸法時於身界不受不取不
執不着亦不施設為身界於觸界身識界
及身觸身觸為緣所生諸受不受不取不執
不着亦不施設為觸界乃至身觸為緣所生諸
受世尊諸菩薩摩訶薩脩行般若波羅蜜多
觀諸法時於意界不受不取不執不着亦不
施設為意界於法界意識界及意觸意觸為
緣所生諸受不受不取不執不着亦不施設為
法界乃至意觸為緣所生諸受世尊諸菩薩
摩訶薩脩行般若波羅蜜多觀諸法時於地

BD08304號　大般若波羅蜜多經卷七〇　（2–1）

執不着亦不施設為身界於觸界身識界
及身觸身觸為緣所生諸受不受不取不執
不着亦不施設為觸界乃至身觸為緣所生諸
受世尊諸菩薩摩訶薩脩行般若波羅蜜多
觀諸法時於意界不受不取不執不着亦不
施設為意界於法界意識界及意觸意觸為
緣所生諸受不受不取不執不着亦不施設為
法界乃至意觸為緣所生諸受世尊諸菩薩
摩訶薩脩行般若波羅蜜多觀諸法時於地
界不受不取不執不着亦不施設為地界於
水火風空識界不受不取不執不着亦不施
設為水火風空識界世尊諸菩薩摩訶薩脩
行般若波羅蜜多觀諸法時於苦聖諦不受
不取不執不着亦不施設為苦聖諦於集滅
道聖諦不受不取不執不着亦不施設為
集滅道聖諦世尊諸菩薩摩訶薩脩行般若
波羅蜜多觀諸法時於無明不受不取不執不
着亦不施設為無明於行識名色六處觸受
愛取有生老死愁歎苦憂惱不受不取不執
不着亦不施設為行乃至老死愁歎苦憂惱
世尊諸菩薩摩訶薩脩行般若波羅蜜多觀

BD08304號　大般若波羅蜜多經卷七〇　（2–2）

不得[illegible]能持否
佛子諸佛世尊從初發心乃至
人汝是凡夫具足煩惱未能
如來八戒弟子從清朝至明清旦持我
佛子諸佛世尊從初發心乃至成佛於其
放逸汝是凡夫具足煩惱未能如佛長劫修[illegible]
如來八戒弟子從今清朝至明清旦持我如來第五淨戒不得飲酒放逸
能持否
佛子諸佛世尊從初發心乃至成佛於中間常行質素終不起心花鬘
瓔珞香油塗身歌舞唱伎故往觀聽汝是凡夫具足煩惱未能如佛長劫
修行且一日一夜隨佛出家為我如來八戒弟子從今清朝至明清旦持如來
第六淨戒不得花鬘瓔珞香油塗身歌舞唱伎及故往觀聽除供養
佛能持否
佛子諸佛世尊從初發心至乃成佛於其中間常行謙敬終不自昇高廣大床
汝是凡夫具足煩惱未能如佛長劫修行且一日一夜隨佛出家為我如來八
戒弟子從今清朝至明清旦持我如來第七淨戒不得自身昇高廣大床
能持否
佛子諸佛世尊從初發心乃至成佛於其中間常修知足一飡之食尚自節
粮何況起心破齋夜食汝是凡夫具足煩惱未能如佛長劫修行且一日一
夜隨佛出家為我如來八戒弟子從今清朝至明清旦持我如來
第八淨戒不得破齋夜食能持否

戒弟子從今清朝至明清旦持我如來弟七齋戒不得……

能持否

佛子諸佛世尊從初發心乃至成佛於其中間常修知足一飡之食尚自節

限何況起心破齋夜食汝是凡夫具足煩惱未能如佛長劫修行且一日一

夜隨佛出家為我如來八戒弟八戒弟子從今清朝至明清旦持我如來

弟八淨戒不得破齋夜食能持否

上來一一戒法因果差別互相語詰問皆言能持如是戒品悉皆在善男子

善女身心之中一切如來悉知悉見皆與摩頂受阿耨多羅三藐三菩提記

若言此有色像像者入汝身中由如天身之聲已无色像但表領

受悉得皆具足　上來別說汝當物結各各至心聽其羯磨弟一番羯磨聲

斷恒沙善法並得皆動轉　弟二番羯磨聲斷之時法界善法悉皆生長

弟三番羯磨聲斷之時无量功德善法悉皆圓滿注汝身田各各至誠聽

其羯磨

佛子言八戒者不煞亦不盜亦不婬不忘語遠酒離花香高床過中食如

是等八法聖人所遠離汝是凡夫具足煩惱未能如佛長劫修行且一日一夜

隨佛出家為我如來八戒弟子從今清朝至明清旦持我如來如是八戒

不得毀犯能持不（智三說）　此一期受戒已了言八關齋戒者前七是戒弟八

名關所言關者關八難門開八善路得八自在住八解脫若破齋者餘戒

總盡若能持者由如日月照明世間似大明珠如香遍體表裏莊嚴諸佛

稱如三乘聖人皆同此戒今得成佛各各處處誠聽其戒相若能持者有

何利益若故犯者有何罪果

弟一不煞生者如阿含經說上從人命下至蟻子不得與其煞害之心若故犯者

當來墮三惡道（刀山劍嶺切骨穿皮劍樹森疎傷筋斷骨鐵枷鐵棒應皆成鐵鋼鐵繩隨聲即至一日一夜万死万生劫數將終從地獄出若生）人中受二種

報一者短命二者多病

二不偷盜者　上至金銀下至草葉无問父母之物物妻子眷屬

有主无主鬼神廟中佛塔僧物乃至縷線已來不得懷盜取若故犯

者當來墮三惡道（刀輪地獄本為射欺鐵索流烟罪割逆火鐵丸雨下燒爛心肝牛頭叱叱眼尾銅葉飛空摧殘手足）

BD08305號　授八戒文（擬）　（3–2）

其羯磨
仏子言八戒者不煞亦不盗亦不婬不妄語遠酒離花香高床過中食如
是等八法聖人所遠離汝是凡夫具足煩惱未能如仏長劫修行且一日一夜
隨仏出家為我如来八戒弟子從今清朝至明清旦持我如来如是八戒
不得毀犯能持不 如是三說 此一期受戒已了言八關齋戒者前七是戒第八
名關所言關者關八難門開八善路得八自在任八解脫若破齋者餘戒
揔盡若能持者由如日月照明世間似大明珠如香遍體表裏芬馥諸仏
嘆如三乘聖人皆同此戒今得戒仏各各處處誠聽其戒相若能持者有
何利益若故犯者有何罪果
第一不煞生者如阿含經說上從人命下至蟻子不得興其煞害之心若故犯者
當来墮三惡道 刀山劍樹……皆
戒鐵銅鑊鑪隨聲……地獄出若生人中受二種
報一者短命二者多病
二不偷盗者 上至金銀下至草葉无問父母之揔物妻子眷屬
有主无主鬼神廟中仏塔僧物乃至縷線已来不得壞盗取若故犯
者當来墮三惡道 刀輪地獄……
……
從此得出世世常作驢馬牛羊駝騾驢豬豬償他宿債若生人中得二種報
一則長受貧窮二則共財不得自在
三不婬欲者上至自妻自夫及以僧尼下至畜生禽獸之類於男
女邊不興染心及同床共宿共食非法諸嘆若故犯者當来墮
三惡道 ……
若生人中得種二報一則諸根不具二則妻不貞良

BD08305號背1　佛教名數雜釋（擬）　（3–1）

BD08305 號背 1　佛教名數雜釋（擬）　　（3–2）

BD08305 號背 2　大乘一宗法（擬）

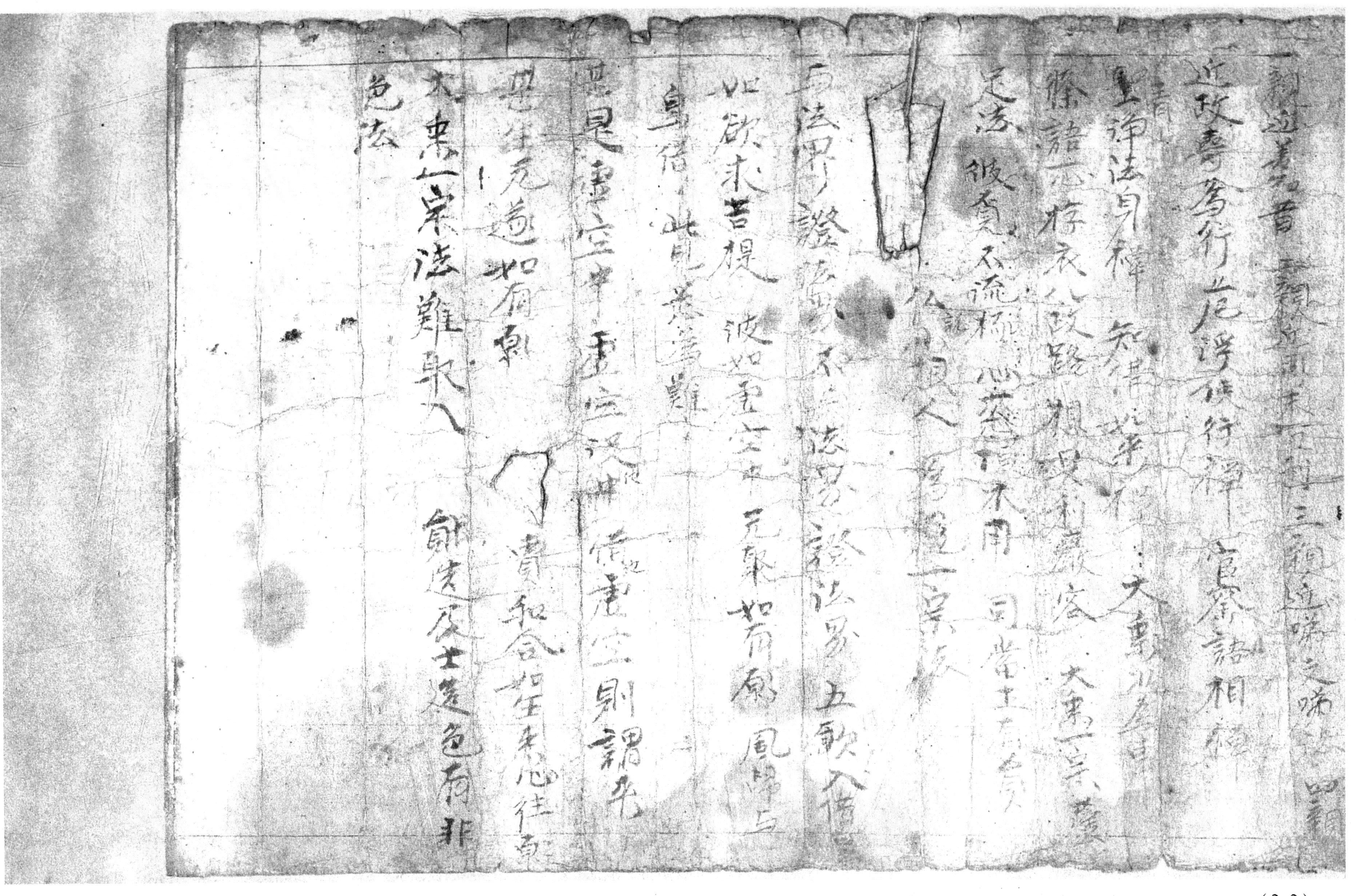

BD08305號背2　大乘一宗法（擬）　（3–3）

詣衆稍敬圍繞而來詣此娑婆世界耆闍崛
山到已下七寶臺以價直百千瓔珞持至釋
迦牟尼佛所頭面礼足奉上瓔珞而白佛言
世尊淨華宿王智佛問訊世尊少病少惱起
居輕利安樂行不四大調和不世事可忍不
衆生易度不无多貪欲瞋恚愚癡嫉妬慳慢
不无不孝父母不敬沙門邪見不善心不攝
五情不世尊衆生能降伏諸魔怨不久滅度
多寶如來在七寶塔中來聽法不又問訊多
寶如來安隱少惱堪忍久住不世尊我今欲
見多寶佛身唯願世尊示我令見尒時釋迦
牟尼佛語多寶佛是妙音菩薩欲得相見時
多寶佛告妙音言善哉善哉汝能為供養釋
迦牟尼佛及聽法華經并見文殊師利等故來
至此尒時華德菩薩白佛言世尊是妙音菩
薩種何善根脩何功德有是神力佛告華德
菩薩過去有佛名雲雷音王多陀阿伽度阿
羅呵三藐三佛陀國名現一切世間劫名喜
見妙音菩薩於万二千歲以十万種伎樂供
養雲雷音王佛并奉上八万四千七寶鉢以
是因緣果報今生淨華宿王[illegible]

BD08306號　妙法蓮華經卷七　（1–1）

大般若波羅蜜多經卷第二百五十五
三藏法師玄奘奉　詔譯
初分難信解品第卅四之七十四
善現一切智智清淨故鼻界清淨鼻界清淨
故一切法空清淨何以故若一切智智清淨
若鼻界清淨若一切法空清淨無二無二分
無別無斷故一切智智清淨故香界鼻識界
及鼻觸鼻觸為緣所生諸受清淨香界乃至
鼻觸為緣所生諸受清淨故一切法空清淨
何以故[illegible]智清淨若香界乃至鼻觸
為緣[illegible]淨若一切法空清淨無二
[illegible]故善現一切智智清淨故
舌[illegible]清淨故一切法空清淨何以
故若一切智智清淨若舌界清淨若一切法
空清淨無二無二分無別無斷故一切智智
清淨故味界舌識界及舌觸舌觸為緣所生
諸受清淨味界乃至舌觸為緣所生諸受清
淨故一切法空清淨何以故若一切智智清
淨若味界乃至舌觸為緣所生諸受清淨若
一切法空清淨無二無二分無別無斷故善

BD08307號　大般若波羅蜜多經卷二五五　（2–1）

鼻觸為緣所生諸受[illegible]淨故一切法空清淨
何以故[illegible]智清淨若香界乃至鼻觸
為緣[illegible]淨若一切法空清淨無二
[illegible]故善現一切智智清淨故
舌[illegible]清淨故一切法空清淨何以
故若一切智智清淨若舌界清淨若一切法
空清淨無二無二分無別無斷故一切智智
清淨故味界舌識界及舌觸舌觸為緣所生
諸受清淨味界乃至舌觸為緣所生諸受清
淨故一切法空清淨何以故若一切智智清
淨若味界乃至舌觸為緣所生諸受清淨若
一切法空清淨無二無二分無別無斷故善
現一切智智清淨故身界清淨身界清淨故
一切法空清淨何以故若一切智智清淨若
身界清淨若一切法空清淨無二無二分無
別無斷故一切智智清淨故觸界身識界及
身觸身觸為緣所生諸受清淨觸界乃至身
觸為緣所生諸受清淨故一切法空清淨何
以故若一切智智清淨若觸界乃至身觸為

BD08307 號　大般若波羅蜜多經卷二五五　（2–2）

南无常觀[illegible]
南无善住[illegible]
南无常光佛
南无旃檀行佛
南无勝藏佛　南[illegible]
南无如意藏佛　南[illegible]
南无難勝佛　南无[illegible]勝佛
南无善見佛　南无精進德佛
南无大海佛　南无普涉羅佛
南无宿勝佛　南无佛天佛
南无師子幢佛　南无甘露勝佛
南无无量勝佛　南无功德摩勝佛
南无華幢佛　南无[illegible]勝佛
南无精進勝佛　南无龍勝佛
南无勝成就佛　南无寶積佛
南无勝之佛　南无大師佛
南无普見佛　南无寶多羅佛
南无普至佛　南无恭勝佛
南无大念佛　南无斷一切眾生疑王佛
南无寶勝佛　南无普蓋佛

BD08308 號　佛名經（十二卷本）卷四　（3–1）

南无勝成就佛
南无寶…佛
南无勝之佛
南无大師佛
南无普見佛
南无寶多羅佛
南无普至佛
南无恭勝佛
南无大念佛
南无斷一切衆生疑王佛
南无寶勝佛
南无普蓋佛
南无大蓋佛
南无妙勝佛
南无千供養佛
南无寶華步佛
南无衆勝佛
南无幢慧佛
南无尼拘律王佛
南无上勝佛
南无普波頭摩佛
南无普勝佛
南无龍王讃衆佛
南无窮滅佛
南无遠離垢佛
南无大聚佛
南无大供養佛
南无大將佛
南无善見佛
南无上勝佛
南无波頭摩勝佛
南无闍輪威德佛
南无勝勝佛
南无能仁佛
南无燃燈佛
南无大威德佛
南无月面佛
南无旃檀香佛
南无弥留山佛
南无弥留劫佛
南无大面佛
南无无深佛
南无龍天佛
南无山聲自在王佛
南无須弥山佛
南无金藏佛
南无火光佛
南无樹提自在王佛
南无地窮佛
南无勝流離金光明佛

BD08308號　佛名經（十二卷本）卷四　（3–2）

南无龍天佛
南无山聲自在王佛
南无須弥山佛
南无金藏佛
南无火光佛
南无樹提自在王佛
南无地窮佛
南无勝流離金光明佛
南无月像佛
南无日聲佛
南无散華光明莊嚴佛
南无海山智慧奮迅通佛
南无金剛光佛
南无大香光佛
南无遠離瞋恨心佛
南无勝離使智慧鎮擁摩佛
南无月光佛
南无日光佛
南无華勝色王佛
南无華通佛
南无水月光佛
南无破无明闇佛
南无得樂說佛
南无无畏王佛
南无燃明佛
南无師子意佛
南无精進堅固佛
南无不壞精進佛
南无堅固勇猛佛
南无人月佛
南无師子慧佛
南无闍浮上佛
南无釋迦牟尼佛
南无大勢佛
南无快聲佛
南无无量光佛
南无妙光佛
南无上首佛　三千三百
南无上勝佛
南无樂吼佛
南无見寶佛
南无供養稱佛

BD08308號　佛名經（十二卷本）卷四　（3–3）

又見菩薩　離諸戲咲　及癡眷屬　親近智者
一心除亂　攝念山林　億千万歲　以求佛道
或見菩薩　餚饍飲食　百種湯藥　施佛及僧
名衣上服　價直千万　或无價衣　施佛及僧
千万億種　栴檀寶舍　衆妙卧具　施佛及僧
清淨園林　華菓茂盛　流泉浴池　施佛及僧
如是等施　種種微妙　歡喜无猒　求无上道
或有菩薩　說寂滅法　種種教詔　无數衆生
或見菩薩　觀諸法性　无有二相　猶如虛空
又見佛子　心无所著　以此妙慧　求无上道
文殊師利　又有菩薩　佛滅度後　供養舍利
又見佛子　造諸塔廟　无數恒沙　嚴飾國界
寶塔高妙　五千由旬　縱廣正等　二千由旬
一一塔廟　各千幢幡　珠交露幔　寶鈴和鳴
諸天龍神　人及非人　香華伎樂　常以供養
文殊師利　諸佛子等　為供舍利　嚴飾塔廟
國界自然　殊特妙好　如天樹王　其華開敷
佛放一光　我及衆會　見此國界　種種殊妙

BD08309號　妙法蓮華經卷一　（2–1）

文殊師利　又有菩薩　佛滅度後　供養舍利
又見佛子　造諸塔廟　无數恒沙　嚴飾國界
寶塔高妙　五千由旬　縱廣正等　二千由旬
一一塔廟　各千幢幡　珠交露幔　寶鈴和鳴
諸天龍神　人及非人　香華伎樂　常以供養
文殊師利　諸佛子等　為供舍利　嚴飾塔廟
國界自然　殊特妙好　如天樹王　其華開敷
佛放一光　我及衆會　見此國界　種種殊妙
諸佛神力　智慧希有　放一淨光　照无量國
我等見此　得未曾有　佛子文殊　願決衆疑
四衆欣仰　瞻仁及我　世尊何故　放斯光明
佛子時荅　決疑令喜　何所饒益　演斯光明
佛坐道場　所得妙法　為欲說此　為當授記
示諸佛土　衆寶嚴淨　及見諸佛　此非小緣
文殊當知　四衆龍神　瞻察仁者　為說何等
尒時文殊師利語彌勒菩薩摩訶薩及諸大
士善男子等如我惟忖今佛世尊欲說大法
雨大法雨吹大法螺擊大法鼓演大法義諸

BD08309號　妙法蓮華經卷一　（2–2）

舍利子復白佛言如是清淨无得无現觀佛言
如是畢竟淨故舍利子言何等法畢竟淨故
說是清淨无得无現觀佛告舍利子色本性
空畢竟淨故說是清淨无得无現觀如是
乃至一切相智本性空畢竟淨故說是清淨无
得无現觀時舍利子復白佛言如是清淨无
生无出現佛言如是畢竟淨故舍利子言何
舍利子色无生无顯畢竟淨故說是清淨无
生无出現如是乃至一切相智无生无顯畢
竟淨故說是清淨无生无出現時舍利子復
白佛言如是清淨不生欲界不生色界不生
无色界佛言如是畢竟淨故舍利子言云何
如是清淨不生欲界不生色界不生无色界
佛告舍利子三界自性不可得故說是清淨
不生欲界不生色界不生无色界時舍利子
復白佛言如是清淨本性无智佛言如是畢
竟淨故舍利子言云何如是清淨本性无知
佛告舍利子以一切法本性鈍故如是清淨
本性无知舍利子言何等法本性无知故說

生无出現如是乃至一切相智无生无顯畢
竟淨故說是清淨无生无出現時舍利子復
白佛言如是清淨不生欲界不生色界不生
无色界佛言如是畢竟淨故舍利子言云何
如是清淨不生欲界不生色界不生无色界
佛告舍利子三界自性不可得故說是清淨
不生欲界不生色界不生无色界時舍利子
復白佛言如是清淨本性无智佛言如是畢
竟淨故舍利子言云何如是清淨本性无知
佛告舍利子以一切法本性鈍故如是清淨
本性无知舍利子言何等法本性无知故說
是清淨本性无知佛告舍利子色本性无知
自相空故說是清淨本性无知如是乃至一
切相智本性无知自相空故說是清淨本性
无知時舍利子復白佛言以一切法本性淨
故說是清淨佛言如是以一切法畢竟淨故
舍利子言云何一切法本性淨故說是清淨
佛告舍利子以一切法不可得故本性清淨
說是清淨時舍利子復白佛言如是般若波
羅蜜多於一切智智无益无損佛言如是畢

大般若波羅蜜多經卷第卅五
初分教誡教授品第七之廿五　三藏法
善現汝復觀何義言即預流果若
增語非菩薩摩訶薩即一來不
若淨若不淨增語非菩薩摩訶薩
預流果淨不淨若一來不還阿羅漢果
淨尚畢竟不可得性非有故况有預流
不淨增語及一來不還阿羅漢果淨不
語此增語既非有如何可言即預流果若淨
若不淨增語是菩薩摩訶薩即一來不還阿
羅漢果若淨若不淨增語是菩薩摩訶薩善
現汝復觀何義言即預流果若空若不空增
語非菩薩摩訶薩即一來不還阿羅漢果若
空若不空增語非菩薩摩訶薩耶世尊若預
流果空不空若一來不還阿羅漢果空不空
尚畢竟不可得性非有故况有預流果空不
空增語及一來不還阿羅漢果空不空增語
此增語既非有如何可言即預流果若空若

淨尚畢竟不可得性非有故况有預流
不淨增語及一來不還阿羅漢果淨不
語此增語既非有如何可言即預流果若淨
若不淨增語是菩薩摩訶薩即一來不還阿
羅漢果若淨若不淨增語是菩薩摩訶薩善
現汝復觀何義言即預流果若空若不空增
語非菩薩摩訶薩即一來不還阿羅漢果若
空若不空增語非菩薩摩訶薩耶世尊若預
流果空不空若一來不還阿羅漢果空不空
尚畢竟不可得性非有故况有預流果空不
空增語及一來不還阿羅漢果空不空增語
此增語既非有如何可言即預流果若空若
不空增語是菩薩摩訶薩即一來不還阿羅
漢果若空若不空增語是菩薩摩訶薩善現
汝復觀何義言即預流果若有相若无相增
語非菩薩摩訶薩即一來不還阿羅漢果若
有相若无相增語非菩薩摩訶薩耶世尊若
預流果有相无相若一來不還阿羅漢果有
相无相尚畢竟不可得性非有故况有預流
果有相无相增語及一來不還阿羅漢果有

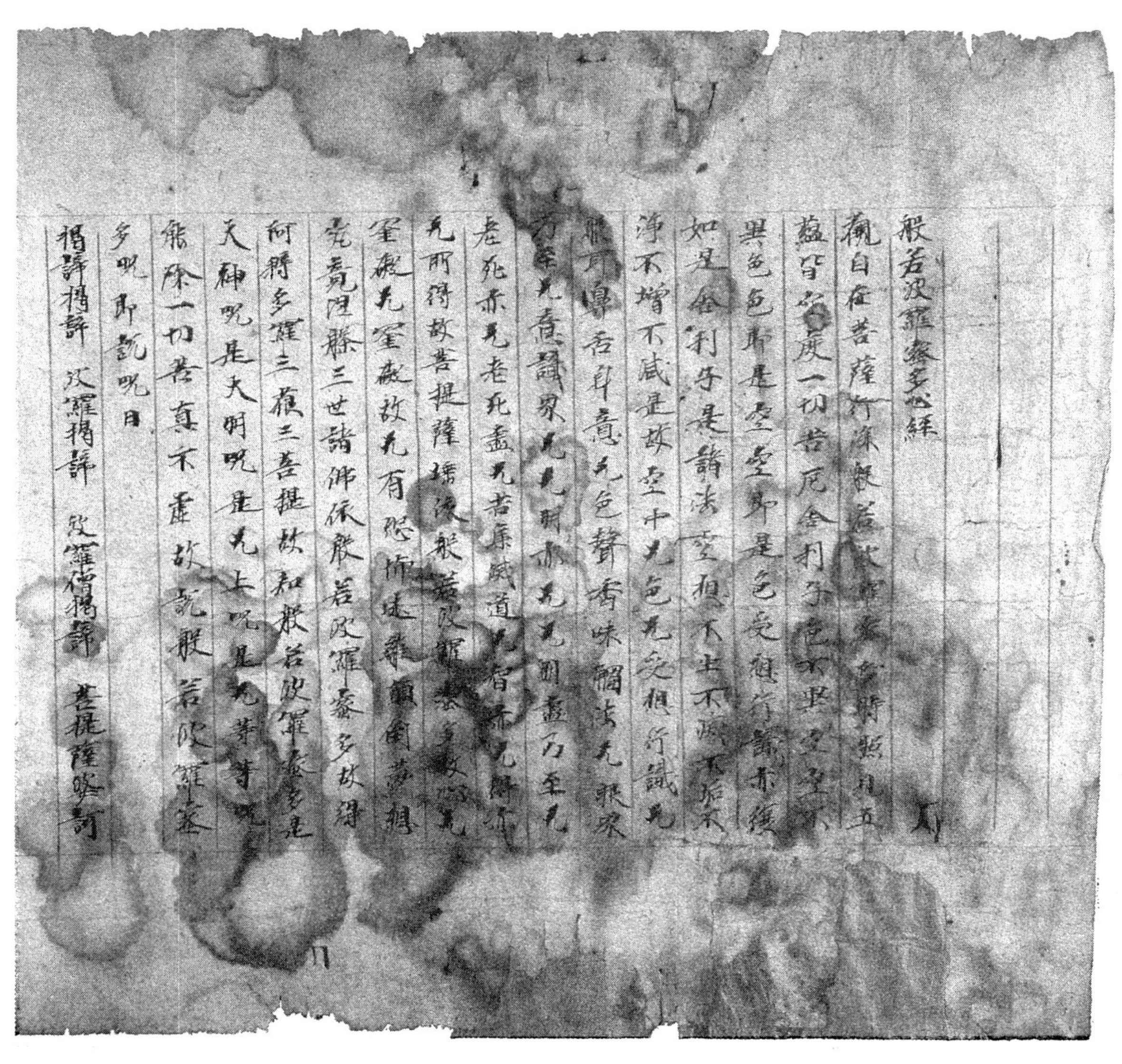

BD08312 號　般若波羅蜜多心經　（2–1）

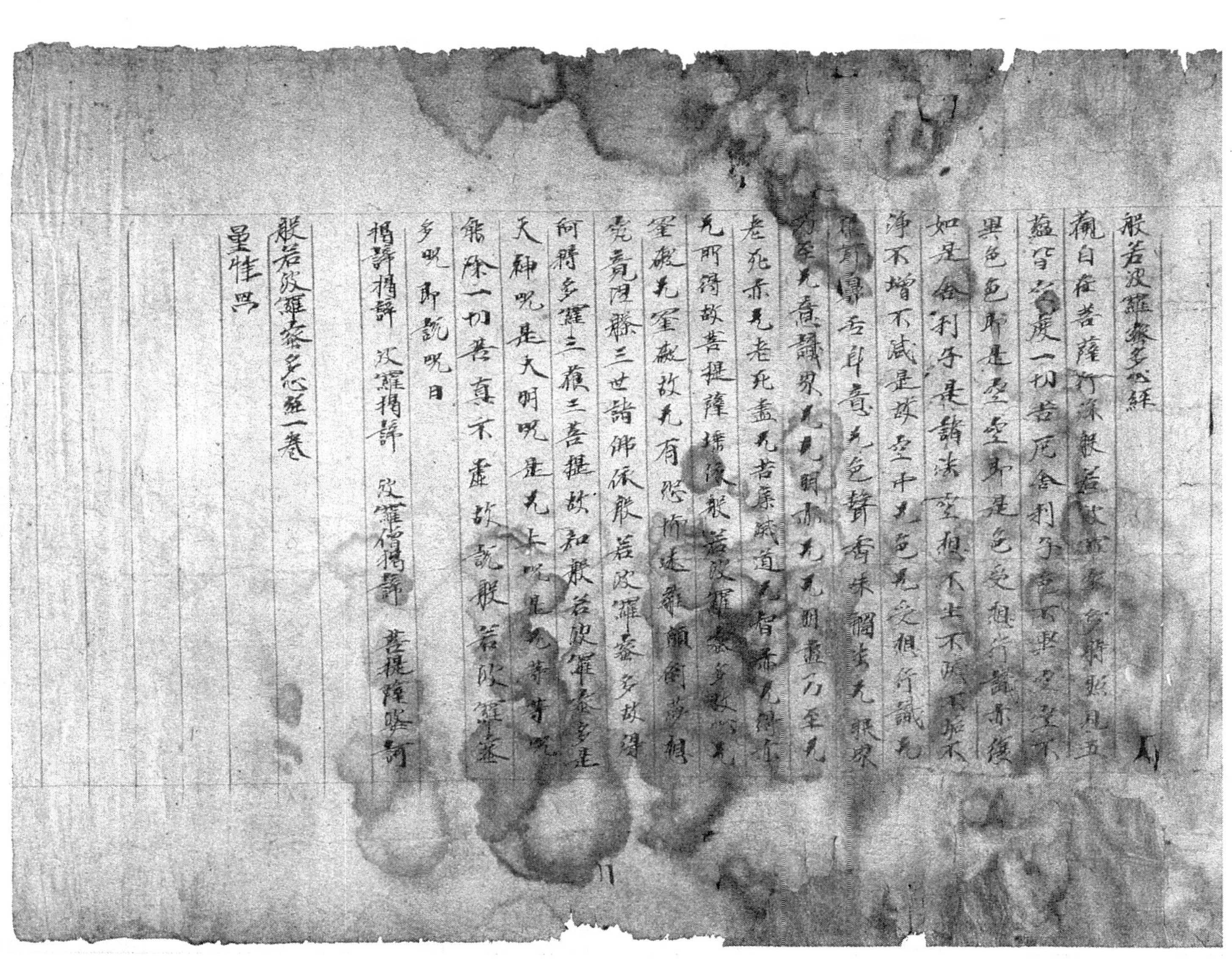

BD08312 號　般若波羅蜜多心經　（2–2）

切智清淨故無為空清淨何以故若一切智
智清淨若一切智清淨若無為空清淨無二
無二分無別無斷故一切智智清淨故道相
智一切相智清淨道相智一切相智清淨故
無為空清淨何以故若一切智智清淨若道
相智一切相智清淨若無為空清淨無二無
二分無別無斷故善現一切智智清淨故一
切陁羅尼門清淨一切陁羅尼門清淨故無
為空清淨何以故若一切智智清淨若一切
陁羅尼門清淨若無為空清淨無二無二分
無別無斷故一切智智清淨故一切三摩地
門清淨一切三摩地門清淨故無為空清淨
何以故若一切智智清淨若一切三摩地門
清淨若無為空清淨無二無二分無別無
斷故
善現一切智智清淨故預流果清淨預流果
清淨故無為空清淨何以故若一切智智清
淨若預流果清淨若無為空清淨無二無二

BD08313號　大般若波羅蜜多經卷二五一　（2-1）

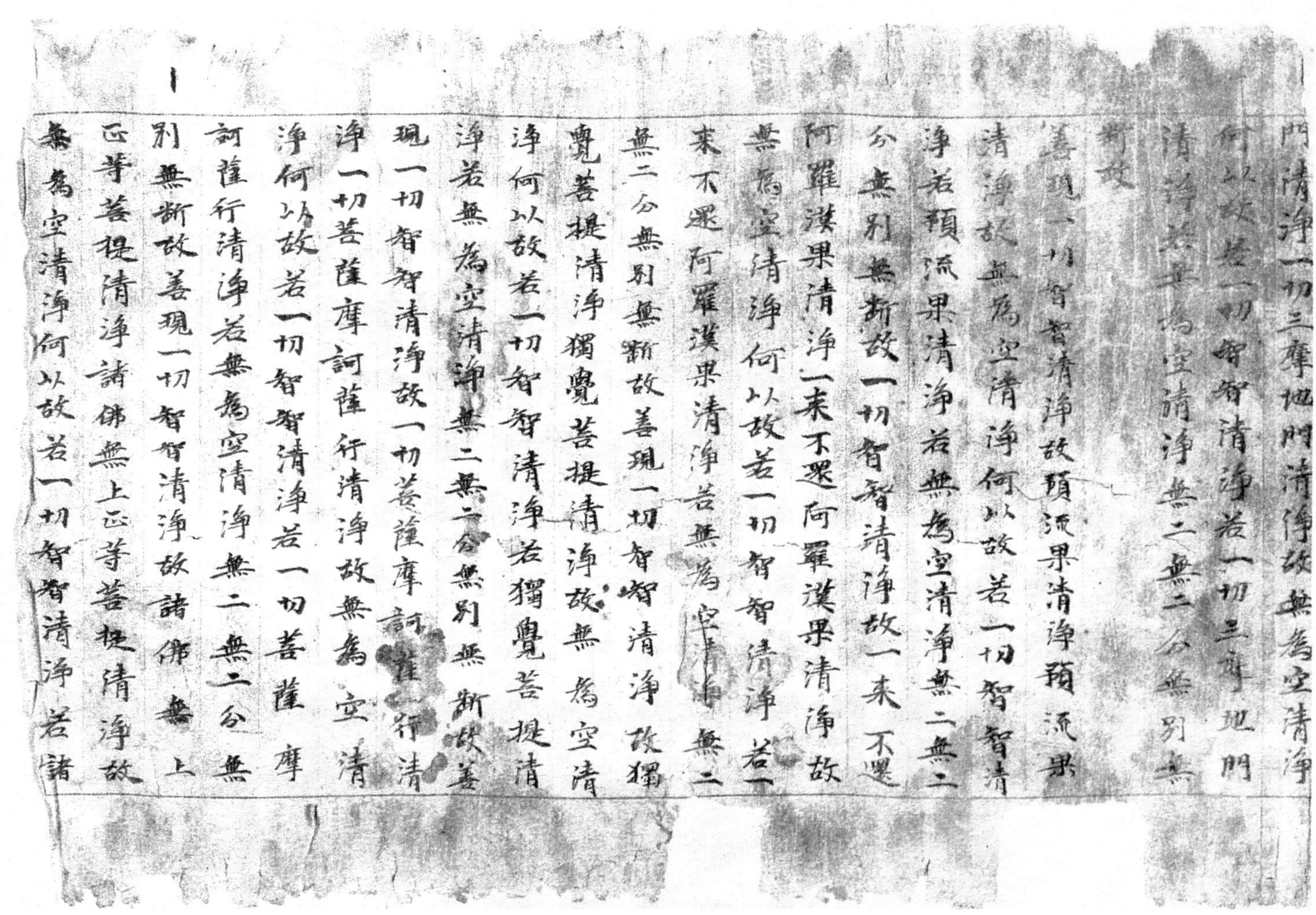

門清淨一切三摩地門清淨故無為空清淨
何以故若一切智智清淨若一切三摩地門
清淨若無為空清淨無二無二分無別無
斷故
善現一切智智清淨故預流果清淨預流果
清淨故無為空清淨何以故若一切智智清
淨若預流果清淨若無為空清淨無二無二
分無別無斷故一切智智清淨故一來不還
阿羅漢果清淨一來不還阿羅漢果清淨故
無為空清淨何以故若一切智智清淨若一
來不還阿羅漢果清淨若無為空清淨無二
無二分無別無斷故善現一切智智清淨故獨
覺菩提清淨獨覺菩提清淨故無為空清
淨何以故若一切智智清淨若獨覺菩提清
淨若無為空清淨無二無二分無別無斷故善
現一切智智清淨故一切菩薩摩訶薩行清
淨一切菩薩摩訶薩行清淨故無為空清
淨何以故若一切智智清淨若一切菩薩摩
訶薩行清淨若無為空清淨無二無二分無
別無斷故善現一切智智清淨故諸佛無上
正等菩提清淨諸佛無上正等菩提清淨故
無為空清淨何以故若一切智智清淨若諸

BD08313號　大般若波羅蜜多經卷二五一　（2-2）

者下或三十三天下或大仙人下或
下之日注人善惡宜行善
像之物知如故易使人
闇取三寶之物及以
有知不還能使人惡病
或燒諸[illegible]窖或[illegible]滅
藍內留或將內人入佛塔裏共內
信惡或共內人共相貪撲或身生[illegible]返知此之
人惡病如此之事文文當病不至三年
人闇取他人齋米供齋之調知而故取能
使人惡病
若有人取他綵色與他內人耍者知情與者同
罪二人俱病
或有人闇取僧尼雜器知而不還能使人病
若有人共經像牛驢行不淨行能使人病雖是畜生
擬作經像乃至三年病
或有人將內人入三寶屋行不淨法能使人病若有人
裏棟淨行尼能使人病
若有人安經像屋裏无木函藏之在下共內人必宿能
使人病不出三年
一切身相惡病皆以苦重懺悔罪從心生罪從心滅

BD08314號　救疾經　（3–1）

擬作經像乃至三年病
或有人將由人入三寶屋行不淨法能使人病若有人
褻檢淨行君能使人病
若有人出經像屋裏无木殮藏之在下共由人心宿能
使人病不出三年
一切身始悪病皆以若重懺悔罪從心生罪從心滅
心如天堂心如地獄仰手是天堂覆手是地獄欲滅
身中重罪至心懺悔莫生懈退佛告七佛及金剛
密跡諸大菩薩及諸眷屬此三病人云何可済金剛
大士以蔽本緣今者可照方便方里救濟浮兔此人病苦世
稱如來大慈大悲
七佛各各白言世尊衆生受毒皆有佛性此人之病
易除清滅今自問之金剛密跡是吾長兄阿難是吾小弟
吾之眷屬數不可計阿私陁仙能禁毒氣阿羅邏羅仙
能呪悪鬼三十三天能下法水靈山大醫能除妙藥甘露
法津能潤枯涸阿闍世王身犯重罪尚有可消身創
除滅佛以方便身復如故不消不滅是病佛即以
觀心虚實化作大坑方圓四千火滿中炎炭問阿
闍世王汝能入此大坑除滅汝罪創瘡平復阿
闍世王言若能滅我罪我當是入阿闍世王即以佛
前啓香蔬頭蹄身入火入已火猜極變為浴池衆罪消
滅譬如有人偃長流水從上如偃在則以從諸佛歸悔
重罪則滅不信經語輕罪難滅佛告諸疾人吾教汝但
當至心百日之中請大德法師治齋日日礼七佛名字日
日礼金剛密跡日日礼无量壽佛一日之中造成一卷
救疾經百日之中行道懺悔百卷成就作齋慶經可
兔此宿殃患耳
莫生不信創遂增廣佛語不虚經云非謬正法之言
甚深甚善
諸佛語大弟子此經名救護衆生悪疾經令流布閻浮

BD08314號　救疾經　　（3–2）

七佛各各白言世尊衆生蠢蠢皆有佛性山人之病
易除消滅今自問之金剛密跡是吾長兄阿難是吾小弟
吾之眷屬數不可計阿耨隨仙能禁毒氣阿羅邏羅仙
能呪惡鬼三十三天能下法水香山大醫能降妙藥甘露
法律能潤枯涸阿闍世王身犯重罪尚有可消身創
除滅佛以方便身復如故不消不滅是爲佛昂以
觀心虛實化作大蜘方圓四千步滿中炎炭問阿
闍世王汝能入此大蜘除滅汝罪創痍平復阿
闍世王言若能滅我罪我當是入阿闍世王昂以佛
前啓香薰頭踊身入火入已水清極變爲浴池衆罪消
滅譬如有人偃長流水從上如偃在則必從諸佛歸悔
重罪則滅不信經語輕罪難滅佛告諸疾人吾教汝但
當至心百日之中請大德法師治齋日日禮七佛名字日
日禮金剛密跡日日禮无量壽佛一日之中造成一卷
救疾經百日之中行道悔悔百卷成就作齋慶經可
免此宿殃患耳
莫生不信創遂增廣佛語不虛經云非謗正法之言
甚深甚善
諸佛語大弟子此經名救護衆生惡疾經令流布閻浮
提人有疾者知聞
佛說救疾病經一卷卌

智智清淨若聲香味觸法處清淨若實際清
淨無二無二分無別無斷故善現一切智智清
淨故眼界清淨眼界清淨故實際清淨何以
故若一切智智清淨若眼界清淨若實際清
淨無二無二分無別無斷故一切智智清淨故色
界眼識界及眼觸眼觸爲緣所生諸受清
淨色界乃至眼觸爲緣所生諸受清淨故實
際清淨何以故若一切智智清淨若色界乃至
眼觸爲緣所生諸受清淨若實際清淨無二
無二分無別無斷故善現一切智知清淨
故耳界清淨耳界清淨故實際清淨何以故若
一切智智清淨若耳界清淨若實際清淨無
二無二分無別無斷故一切智智清淨故聲界
耳識界及耳觸耳觸爲緣所生諸受清淨聲
界乃至耳觸爲緣所生諸受清淨故實際清淨

BD08315號　大般若波羅蜜多經卷二六一　（2–1）

眼觸爲緣所生諸受清淨若實際清淨無二
無二分無別無斷故善現一切智知清淨
故耳界清淨耳界清淨故實際清淨何以故若
一切智智清淨若耳界清淨若實際清淨無
二無二分無別無斷故一切智智清淨故聲界
耳識界及耳觸耳觸爲緣所生諸受清淨聲
界乃至耳觸爲緣所生諸受清淨故實際清淨
何以故若一切智智清淨若聲界乃至耳觸爲
緣所生諸受清淨若實際清淨無二無二分
無別無斷故善現一切智智清淨故鼻界清
淨鼻界清淨故實際清淨何以故若一切智
智清淨若鼻界清淨若實際清淨無二無二
分無別無斷故一切智智清淨故香界鼻識
界及鼻觸鼻觸爲緣所生諸受清淨香界乃
至鼻觸爲緣所生諸受清淨故實際清淨何
以故若一切智智清淨若香界乃至鼻觸爲
緣所生諸受清淨若實際清淨無二無二分
無別無斷故善現一切智智清淨故舌界清
淨舌界清淨故實際清淨何以故若一切智
智清淨若舌界清淨若實際清淨無二無二

BD08315號　大般若波羅蜜多經卷二六一　（2–2）

大通方廣莊嚴
成佛經一部　大方廣
華嚴十地經　藥師經
無量壽觀經　已上共
一袟

BD08315號背　經袟（擬）　（1–1）

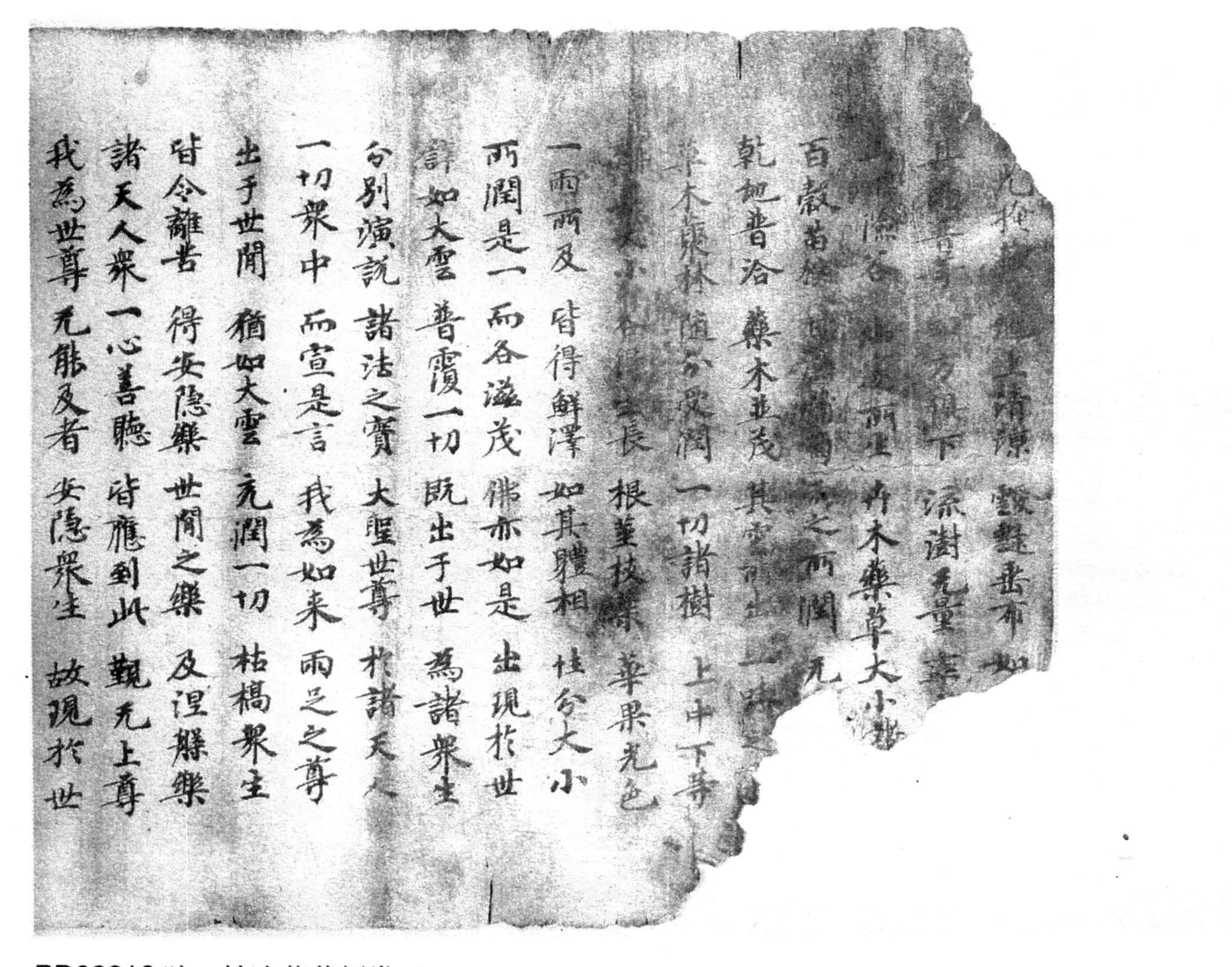
[illegible]光掩[illegible]地上清涼　靉靆垂布　如[illegible]
其雨普等　四方俱下　流澍无量　率土[illegible]
山川險谷　幽邃所生　卉木藥草　大小諸[illegible]
百穀苗稼　甘蔗蒲萄　雨之所潤　无[illegible]
乾地普洽　藥木並茂　其雲所出　一味[illegible]
草木叢林　隨分受潤　一切諸樹　上中下等
稱其大小　各得生長　根莖枝葉　華果光色
一雨所及　皆得鮮澤　如其體相　性分大小
所潤是一　而各滋茂　佛亦如是　出現於世
譬如大雲　普覆一切　既出于世　為諸眾生
分別演說　諸法之實　大聖世尊　於諸天人
一切眾中　而宣是言　我為如來　兩足之尊
出于世間　猶如大雲　充潤一切　枯槁眾生
皆令離苦　得安隱樂　世間之樂　及涅槃樂
諸天人眾　一心善聽　皆應到此　覲无上尊
我為世尊　无能及者　安隱眾生　故現於世

BD08316號　妙法蓮華經卷三　（2–1）

分別演說 諸法之實 大聖世尊 於諸天人
一切衆中 而宣是言 我爲如來 兩足之尊
出于世間 猶如大雲 充潤一切 枯槁衆生
皆令離苦 得安隱樂 世間之樂 及涅槃樂
諸天人衆 一心善聽 皆應到此 覲无上尊
我爲世尊 无能及者 安隱衆生 故現於世
爲大衆說 甘露淨法 其法一味 解脫涅槃
以一妙音 演暢斯義 常爲大乘 而作因緣
我觀一切 普皆平等 无有彼此 愛憎之心
我无貪著 亦无限礙 恒爲一切 平等說法
如爲一人 衆多亦然 常演說法 曾无他事
去來坐立 終不疲猒 充足世間 如雨普潤
貴賤上下 持戒毀戒 威儀具足 及不具足
正見耶見 利根鈍根 等雨法雨 而无懈惓
一切衆生 聞我法者 隨力所受 住於諸地
或處人天 轉輪聖王 釋梵諸王 是小藥草
知无漏法 能得涅槃 起六神通 及得三明
獨處山林 常行禪定 得緣覺證 是中藥草

BD08316 號　妙法蓮華經卷三　（2–2）

三十二相觀如來不須菩提言如是如是以
三十二相觀如來佛言須菩提若以三十
二相觀如來者轉輪聖王則是如來須菩提
白佛言世尊如我解佛所說義不應以三十二
相觀如來尒時世尊而說偈言
若以色見我 以音聲求我 是人行邪道 不能見如來
須菩提汝若作是念如來不以具足相故得阿
耨多羅三藐三菩提須菩提莫作是念如
來不以具足相故得阿耨多羅三藐三菩提
須菩提汝若作是念發阿耨多羅三藐三菩
提者說諸法斷滅相莫作是念何以故發阿
耨多羅三藐三菩提者於法不說斷滅相須
菩提若菩薩以滿恒河沙等世界七寶布施
若復有人知一切法无我得成於忍此菩薩
勝前菩薩所得功德須菩提以諸菩薩不受
福德故須菩提白佛言世尊云何菩薩不受
福德須菩提菩薩所作福德不應貪著是故
說不受福德須菩提若有人言如來若來若去
若坐若臥是人不解我所說義何以故如來
者无所從來亦无所去故名如來
須菩提若善男子善女人以三千大千世界
碎爲微塵於意云何是微塵衆寧爲多不

BD08317 號　金剛般若波羅蜜經　（3–1）

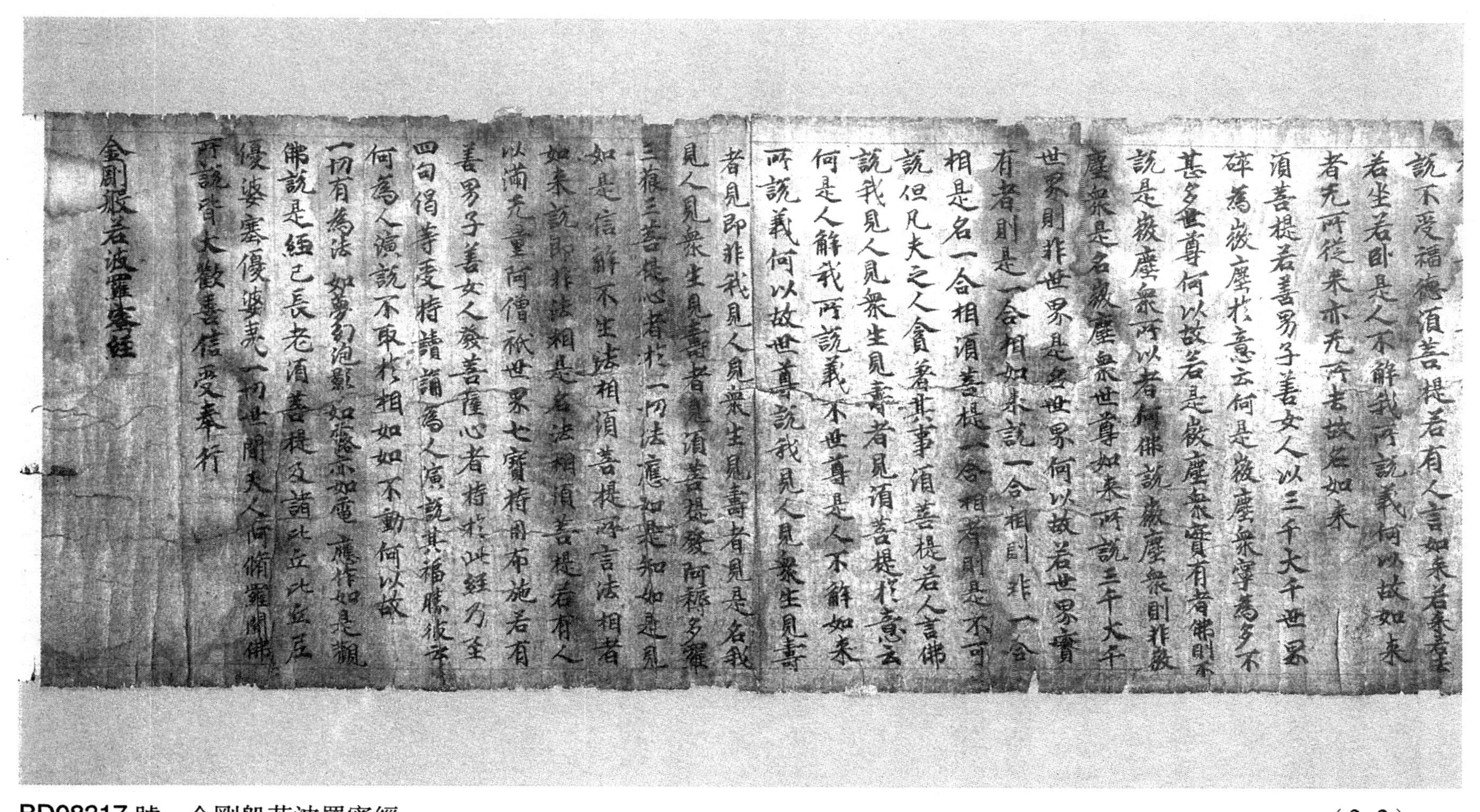

說不受福德須菩提若有人言如來若來若去
若坐若卧是人不解我所說義何以故如來
者无所從來亦无所去故名如來
須菩提若善男子善女人以三千大千世界
碎爲微塵於意云何是微塵衆寧爲多不
甚多世尊何以故若是微塵衆實有者佛則不
說是微塵衆所以者何佛說微塵衆則非微
塵衆是名微塵衆世尊如來所說三千大千
世界則非世界是名世界何以故若世界實
有者則是一合相如來說一合相則非一合
相是名一合相須菩提一合相者則是不可
說但凡夫之人貪著其事須菩提若人言佛
說我見人見衆生見壽者見須菩提於意云
何是人解我所說義不世尊是人不解如來
所說義何以故世尊說我見人見衆生見壽
者見即非我見人見衆生見壽者見是名我
見人見衆生見壽者見須菩提發阿耨多羅
三藐三菩提心者於一切法應如是知如是見
如是信解不生法相須菩提所言法相者
如來說即非法相是名法相須菩提若有人
以滿无量阿僧祇世界七寶持用布施若有
善男子善女人發菩薩心者持於此經乃至
四句偈等受持讀誦爲人演說其福勝彼云
何爲人演說不取於相如如不動何以故
一切有爲法　如夢幻泡影　如露亦如電　應作如是觀
佛說是經已長老須菩提及諸比丘比丘尼
優婆塞優婆夷一切世間天人阿脩羅聞佛
所說皆大歡喜信受奉行
金剛般若波羅蜜經

BD08317 號　金剛般若波羅蜜經　（3–2）

四句偈等受持讀誦爲人演說其福勝彼云
何爲人演說不取於相如如不動何以故
一切有爲法　如夢幻泡影　如露亦如電　應作如是觀
佛說是經已長老須菩提及諸比丘比丘尼
優婆塞優婆夷一切世間天人阿脩羅聞佛
所說皆大歡喜信受奉行
金剛般若波羅蜜經

BD08317 號　金剛般若波羅蜜經　（3–3）

復次善現汝言大乘超勝一切世間天人阿
素洛等最尊最妙者如是如是如汝所說
所以者何善現若欲界是真如非虛妄非顛
倒非假設是實有常有恒無變無易有實
性者則此大乘非尊非妙不超一切世間天
人阿素洛等以欲界非真如是虛妄是顛倒
是假設非諦非實無常無恒有變易都無
實性故此大乘是尊是妙超勝一切世間天
人阿素洛等善現若色無色界是真如非虛
妄非顛倒非假設是諦是實有常有恒無變
無易有實性者則此大乘非尊非妙不超一
切世間天人阿素洛等以色無色界非真如是
虛妄是顛倒是假設非諦非實無常無恒
有變有易都無實性故此大乘是尊是妙
超勝一切世間天人阿素洛等善現若色是真
如非虛妄非顛倒非假設是諦是實有常有
恒無變無易有實性者則此大乘非尊非妙
不超一切世間天人阿素洛等以色非真如是

BD08318號　大般若波羅蜜多經卷五六　（2–1）

妄非顛倒非假設是諦是實有常有恒無變
無易有實性者則此大乘非尊非妙不超一
切世間天人阿素洛等以色無色界非真如是
虛妄是顛倒是假設非諦非實無常無恒
有變有易都無實性故此大乘是尊是妙
超勝一切世間天人阿素洛等善現若色是真
如非虛妄非顛倒非假設是諦是實有常有
恒無變無易有實性者則此大乘非尊非妙
不超一切世間天人阿素洛等以色非真如是
虛妄是顛倒是假設非諦非實無常無恒
有變有易都無實性故此大乘是尊是妙
超勝一切世間天人阿素洛等善現若受想
行識是真如非虛妄非顛倒非假設是諦是
實有常有恒無變無易有實性者則此大
乘非尊非妙不超一切世間天人阿素洛等以
想行識非真如是虛妄是顛倒是假設非
諦非實無常無恒有變有易都無實性故
此大乘是尊是妙超勝一切世間天人阿素洛
等善現若眼處是真如非虛妄非顛倒非

BD08318號　大般若波羅蜜多經卷五六　（2–2）

誰持助宣無量無邊諸佛之法教化饒益无
量衆生令立阿耨多羅三藐三菩提爲淨佛
土故常勤精進教化衆生漸漸具足菩薩之
道過无量阿僧祇劫當於此土得阿耨多
羅三藐三菩提号曰法明如來應供正遍知明
行足善逝世間解无上士調御丈夫天人師
佛世尊其佛以恒河沙等三千大千世界爲
一佛土七寶爲地地平如掌無有山陵谿澗
溝壑七寶臺觀充滿其中諸天宮殿近處虛
空人天交接兩得相見無諸惡道亦無女人
一切衆生皆以化生無有婬欲得大神通身
出光明飛行自在志念堅固精進智慧普
皆金色三十二相而自莊嚴其國衆生常以
二食一者法喜食二者禪悅食有无量阿僧
祇千萬億那由他諸菩薩衆得大神通四
無礙智善能教化衆生之類其聲聞衆筭
數校計所不能智皆得具足六通三明及八解

BD08319 號　妙法蓮華經卷四　（2–1）

空人天交接兩得相見無諸惡道亦無女人
一切衆生皆以化生無有婬欲得大神通身
出光明飛行自在志念堅固精進智慧普
皆金色三十二相而自莊嚴其國衆生常以
二食一者法喜食二者禪悅食有无量阿僧
祇千萬億那由他諸菩薩衆得大神通四
無礙智善能教化衆生之類其聲聞衆筭
數校計所不能智皆得具足六通三明及八解
脫其佛國土有如是等無量功德莊嚴成就
劫名寶明國名善淨其佛壽命無量阿僧祇
劫法住甚久佛滅度後起七寶塔遍滿其國尒時
世尊欲重宣此義而說偈言
諸比丘諦聽　佛子所行道　善學方便故　不可得思議
知衆樂小法　而畏於大智　是故諸菩薩　作聲聞緣覺
以無數方便　化諸衆生類　自說是聲聞　去佛道甚遠
度脫无量衆　皆悉得成就　雖小欲懈怠　漸當令作佛
內祕菩薩行　外現是聲聞　少欲厭生死　實自淨佛土
示衆有三毒　又現邪見相　我弟子如是　方便度衆生
若我具足說　種種現化事　衆生聞是者　心則懷疑惑

BD08319 號　妙法蓮華經卷四　（2–2）

无成……
南无堅王華佛
量无邊諸佛
南无威王佛
……佛　南无黠慧佛
……稱聲佛　南无不厭見身佛
師子聲佛　南无不空見佛
无起行佛　南无一切行清淨行佛
无莊嚴佛
命南方如是等无量无邊諸佛
西方无量壽佛　南无師子佛
南无香積王佛　南无香手佛
南无奮迅佛　南无虛空藏佛
南无寶幢佛　南无清淨眼佛
南无樂莊嚴佛　南无寶山佛
南无光王佛
歸命西方如是等无量无邊諸佛
南无北方難勝佛　南无月光佛
南无旃檀佛　南无自在佛
南无金色王佛　南无月色旃檀佛

BD08320 號　佛名經（十六卷本）卷一　（2–1）

……
西方无量壽佛　南无師子佛
南无香積王佛　南无香手佛
南无奮迅佛　南无虛空藏佛
南无寶幢佛　南无清淨眼佛
南无樂莊嚴佛　南无寶山佛
南无光王佛
歸命西方如是等无量无邊諸佛
南无北方難勝佛　南无月光佛
南无旃檀佛　南无自在佛
南无金色王佛　南无月色旃檀佛
南无普眼見佛　南无普照眼見佛
南无輪手佛　南无无垢佛
歸命北方如是等无量无邊諸佛
南无東南方治地佛　南无自在佛
南无法自在佛　南无法慧佛
南无法思佛　南无常法慧佛
南无常樂佛　南无善思惟佛
南无善住佛　南无善辟佛
歸命東南方如是等无量无邊諸佛
南无西南方那羅延佛　南无龍王德佛

BD08320 號　佛名經（十六卷本）卷一　（2–2）

BD08320 號背　歸義軍羊籍（擬）　　（1–1）

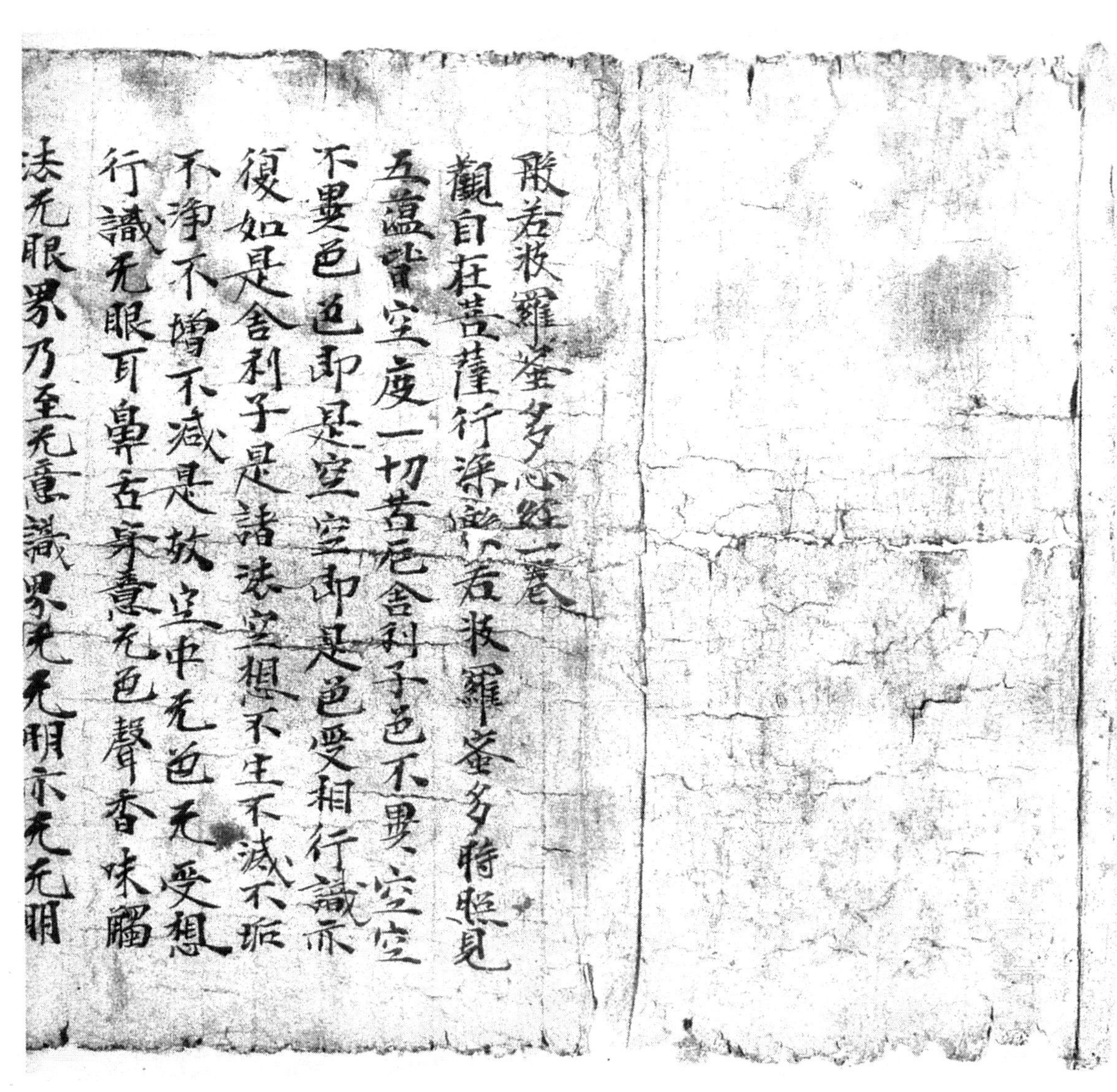

般若波羅蜜多心經一卷
觀自在菩薩行深般若波羅蜜多時照見
五蘊皆空度一切苦厄舍利子色不異空空
不異色色即是空空即是色受想行識亦
復如是舍利子是諸法空相不生不滅不垢
不淨不增不減是故空中无色无受想
行識无眼耳鼻舌身意无色聲香味觸
法无眼界乃至无意識界无无明亦无无明

BD08321 號　般若波羅蜜多心經　　（2–1）

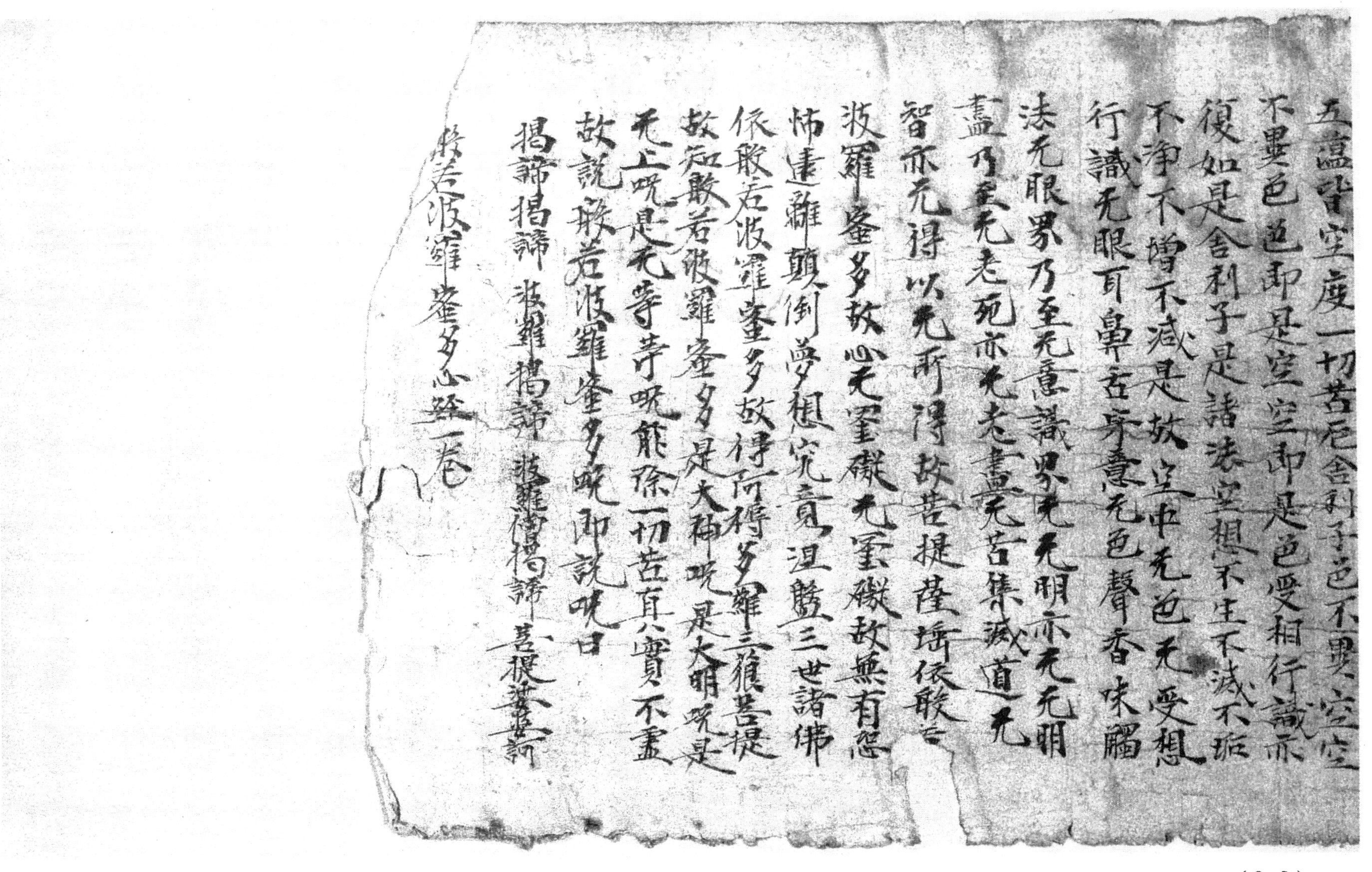

五蘊皆空度一切苦厄舍利子色不異空空
不異色色即是空空即是色受想行識亦
復如是舍利子是諸法空相不生不滅不垢
不淨不增不減是故空中无色无受想
行識无眼耳鼻舌身意无色聲香味觸
法无眼界乃至无意識界无无明亦无无明
盡乃至无老死亦无老死盡无苦集滅道无
智亦无得以无所得故菩提薩埵依般若
波羅蜜多故心无罣礙无罣礙故無有恐
怖遠離顛倒夢想究竟涅槃三世諸佛
依般若波羅蜜多故得阿耨多羅三藐三菩提
故知般若波羅蜜多是大神呪是大明呪是
无上呪是无等等呪能除一切苦真實不虛
故說般若波羅蜜多呪即說呪曰
揭諦揭諦 波羅揭諦 波羅僧揭諦 菩提薩婆訶
般若波羅蜜多心經一卷

BD08321號　般若波羅蜜多心經　　（2–2）

是人方可能堪任　受人天中殊妙果　无量功德具莊嚴

大悲世尊弟子衆　凡人宍眼難分別　由如灰覆於火上

或有外現犯威相　内秘无量諸功德　應當信順崇重之

賢聖凡愚不可測　或有外現具威儀　或亦未能捨其欲

外相人亂謂凡夫　不妨内即是其聖　由如四種菴羅果

生熟難分不可別　如來弟子亦如是　有或无或亦難辯

是故敬勸諸人　不聽毀罵僧寶衆　若欲不沉淪苦海

要當敬重植良田　若欲天中受樂者　亦當供養苾芻僧

勿以凡夫下劣心　分別如來弟子衆　若有清信士女等

於於一念生信心　平等供養苾芻僧　是人獲得无量福

若於僧中起耶見　當來定墮三惡道　世尊親自以梵音

金口誠言不妄　寧以利刀割其舌　或以檢杵碎其身

不應一念嗔恚心　謗毀如來淨僧衆　寧以吞大熱鐵丸

寧使口中出猛火　不應戲論以一言　毀罵出家清淨衆

寧以利刀自屠割　殘害支節毀肌膚　不應戲笑調凡愚

何況打罵苾芻衆　寧以自手挑兩目　寧於多劫受生盲

其於習行離欲人　不應惡眼而瞻視　寧毀精舍及制多

寧焚七寶舍利塔　勿於僧中出惡言　誹謗如來清淨衆

不應一念嗔恚心　誹毀如來淨僧衆　寧以吞大熱鐵丸
寧從口中出猛火　不應戲論以一言　毀罵出家清淨衆
寧以利刀自屠割　殘害支節毀肌膚　不應戲笑調凡愚
何況打罵苾蒭衆　寧以自手挑兩目　寧於多劫受生盲
其於習行離欲人　不應惡眼而瞻視　寧毀精舍及制多
寧焚七寶舍利塔　勿於僧中出惡言　誹謗如來清淨衆
毀塔之人自墮落　經無量劫受諸苦　好說衆僧短長者
自墮亦引無量衆　是故智者善思量　勿於僧中起輕慢
善自防護口業非　莫談此持彼犯戒　若一惡言毀沙門
當墮泥犁受衆苦　從地獄出得人身　即招聾盲瘖瘂報
世間多有惡勞人　談說僧尼諸過惡　因茲墮落惡道中
永劫流淪沒苦海　大悲世尊礼大衆　尊敬和合大德僧
諸佛尚自致殷懃　何況凡夫輕慢衆　世間多有信心人
崇重世尊弟子者　聞說三寶短長時　怒於僧中起耶見
因此退敗諸善人　毀壞如來清淨衆　不見賢劫千世尊
是故智者應思忖　昔有俱迦離苾蒭　以一惡言罵僧衆
猶落鉢頭摩地獄　舌被犁耕斆万段　亦有迦葉佛弟子
誹毀无量世間人　於斯惡業捨殘形　還受耕舌地獄苦
沙門懷怨毀諸人　尚招无量口業報　何況无戒白衣人
罵僧死墮惡道者　是故智人不應罵　乃至草木塼瓦等
況毀清淨出家人　習行離欲善法者　縱使慾火熾燒心
點汙尸羅清淨戒　不久速能自懺除　還入如來聖衆位
如人暫迷失其道　有目還能尋本路　苾蒭雖犯世尊禁
雖然暫犯還能滅　如人平地蹶腳時　有足還能而速起
苾蒭雖暫缺尸羅　雖犯不久還能補　猶如世間金寶器
雖破其價一種貴　木器縱然全不漏　不可比於破寶器

雖汁尸羅清淨戒　不久速能自懺除　還入如來聖衆位
如人暫迷失其道　有目還能尋本路　苾蒭雖犯世尊禁
雖然暫犯還能滅　如人平地蹶脚時　有足還能而速起
苾蒭雖暫缺尸羅　雖犯不久還能補　猶如世間金寶器
雖破其僧一種責　木器縱然全不漏　不可比於破寶器
破禁苾蒭雖无戒　初心出家功德勝　百千万億白衣人
功德縱多不及彼　出家弟子能堪任　紹嗣如來末代法
万億无量在俗人　不能須臾弘聖教　冣下犯禁破戒僧
供養由獲万億報　是故世尊讚勝田　天上人中交尊貴
是故殷勤勸諸人　勿毀如來僧寶衆　令生習惡因緣故
當來業成亦毀佛　緣兹身口意業吏　永斷世間人天種
當墮三塗惡道中　億劫沉淪无休息　若於清衆起正信
无有毀謗名僧罪　常能防護口業過　不談如來僧寶衆
若人於僧有罵罪　應須志誠速求懺　於僧勿起憍慢心
來生受苦必當悔　如僧刹那有功德　其福不容於大地
何況經月累歲年　堅持如來嚴禁戒　是人持戒功德報
佛於一切說不盡　況餘凡俗知其邊　福德虛空无有量
當知功德廣莊嚴　釋迦如來僧寶衆　是故不聽在家者
毀辱打罵出家僧　縱見沙門犯戒時　當寬其意勿嫌致
如入芳藥林妙花　不應擿選枯枝葉　廣大清淨佛法海
當有持戒精修者　其中縱有犯威儀　白衣不應生毀謗
辟如田中新苗稼　於中亦有稗莠草　應可一種敬良田
不應揀選生分別　是故世尊勅諸人　不聽毀謗沙門衆
唯當尊重生敬心　同此受勝諸天報　佛日滅沒雖久遠
僧寶連暉傳法燈　由如龍王降甘雨　大地萌芽普洽潤
和合僧寶亦如是　雨於如來妙法雨　滋潤枯渴諸群生
長養善牙功德種　於多劫中當宜因　得爲如來弟子衆

和合僧寶亦如是　雨於如来妙法雨　滋潤枯渇諸群生
長養善牙功德種　於多刧中宿植因　得為如来弟子衆
處在賢聖法海中　飲妙解脫甘露味　傳持世尊末代教
流化十方諸國土　利益一切諸衆生　令佛法輪恒不絶
佛法久後滅沒時　伽藍精舍殘成聚　龕塔尊像併荒良
設欲供養難可得　群盡僧形不可見　何況得聞於正法
人身難得生人中　佛法難逢今已遇　如何於妙良福田
不種當来功德種　冥路懸遠不可達　當辯資粮備前所
善福田中不種植　當来嶮路之資粮　是故諸人應善思
聞癡僧中應恵施　依經我略讚僧寶　功德无量滿虛空
迴施一切諸群生　願共當來值彌勒　一

讚僧功德經一卷

言
阿耨多羅三藐三菩提耶
說皆為化菩薩故然舍利弗今當復
以譬喻更明此義諸有智者以譬喻得解舍
利弗若國邑聚落有大長者其年衰邁財富
无量多有田宅及諸僮僕其家廣大唯有一
門多諸人衆一百二百乃至五百人止住其
中堂閣朽故墻壁頹落柱根腐敗梁棟傾危
周迊俱時欻然火起焚燒舍宅長者諸子若
十二十或至三十在此宅中長者見是大火
從四面起即大驚怖而作是念我雖能於此
所燒之門安隱得出而諸子等於火宅內樂
著嬉戲不覺不知不驚不怖火來逼身苦痛
切己心不猒患无求出意
舍利弗是長者作是思惟我身手有力當以
衣裓若以机案從舍出之復更思惟是舍唯
有一門而復狹小諸子幼稚未有所識戀著
戲處或當墮落為火所燒我當為說怖畏之
事此舍已燒宜時疾出无令為火之所燒害
作是念已如所思惟具告諸子汝等速出父

衣裓若以机案從舍出之復更思惟是舍唯
有一門而復狹小諸子幼稚未有所識戀著
戲處或當墮落為火所燒我當為說怖畏之
事此舍已燒宜時疾出无令為火之所燒害
作是念已如所思惟具告諸子汝等速出父
雖憐愍善言誘喻而諸子等樂著嬉戲不肯
信受不驚不畏了无出心亦復不知何者是
火何者為舍云何為失但東西馳走視父而
已尒時長者即作是念此舍已為大火所燒
我及諸子若不時出必為所焚我今當設方
便令諸子等得免斯害父知諸子先心各有
所好種種珍玩奇異之物情必樂著而告之
言汝等所可玩好希有難得汝若不取後必
憂悔如此種種羊車鹿車牛車今在門外可
以遊戲汝等於此火宅宜速出來隨汝所欲
皆當與汝尒時諸子聞父所說珍玩之物適
其願故心各勇銳互相推排競共馳走爭出
火宅是時長者見諸子等安隱得出皆於四
衢道中露地而坐无復鄣㝵其心泰然歡喜
踊躍時諸子等各白父言父先所許玩好之
具羊車鹿車牛車願時賜與
長者各賜諸子等一大車其車
其

佛說無常經 亦名三啓經　三藏法師義淨奉　詔譯

稽首歸依無上士　常起弘誓大悲心

為濟有情生死流　令得涅槃安隱處

大捨防非忍無倦　一心方便正慧力

自利利他悉圓滿　故號調御天人師

稽首歸依妙法藏　三四二五理圓明

七八能開四諦門　修者咸到無為岸

法雲法雨潤群生　能除熱惱蠲衆病

難化之徒使調順　隨機引導非強力

稽首歸真聖衆　八輩上人能離染

金剛智杵破邪山　永斷無始相纏縛

始從鹿苑至雙林　隨佛一代弘真教

各稱本緣行化已　灰身滅智捨生

稽首總敬三寶尊　是謂正因能普濟

生死迷愚鎮沉溺　咸令出離至菩提

BD08324號　無常經　（5–1）

始從鹿苑至雙林　隨佛一代弘真教

各稱本緣行化已　灰身滅智捨生

稽首總敬三寶尊　是謂正因能普濟

生死迷愚鎮沉溺　咸令出離至菩提

生者皆歸死　容顏盡變衰　強力病所侵　無能免斯者

假使妙高山　劫盡皆壞散　大海深無底　亦復皆枯竭

大地及日月　時至皆歸盡　未曾有一事　不被無常吞

上至非想處　下至轉輪王　七寶鎮隨身　千子常圍遶

如其壽命盡　須臾不暫停　還漂死海中　隨緣受衆苦

循環三界內　猶如汲井輪　亦如蠶作繭　吐絲還自縛

無上諸世尊　獨覺聲聞衆　尚捨無常身　何況諸凡夫

父母及妻子　兄弟并眷屬　目觀生死隔　云何不愁歎

是故勸諸人　諦聽真實法　共捨無常處　當行不死門

佛法如甘露　除熱得清涼　一心應善聽　能滅諸煩惱

如是我聞一時薄伽梵在室羅伐城逝多林

給孤獨園爾時佛告諸苾芻有三種法於諸

世間是不可愛是不光澤是不可念是不稱

意何者為三謂老病死汝諸苾芻此老病

死於諸世間實不可愛實不光澤實不可念

實不稱意若老病死世間無者如來應正等

覺不出於世為諸衆生說所證法及調伏事

是故應知此老病死於諸世間是不可愛是不

光澤是不可念是不稱意由此三事如來應

正等覺出現於世為諸衆生說所證法及

調伏事爾時世尊重說頌曰

外事莊彩咸歸壞　內身衰變亦同然

BD08324號　無常經　（5–2）

是故應知此老病死於諸世間是不可愛是不
光澤是不可念是不稱意由此三事如來應
正等覺出現於世爲諸衆生説所證法及
調伏事尒時世尊重説頌曰
外事莊彩咸歸壞　内身衰變亦同然
唯有勝法不滅亡　諸有智人應善察
此老病死皆共嫌　形儀醜惡極可猒
少年容貌暫時停　不久咸悉成枯悴
假使壽命滿百年　終歸不免无常逼
老病死苦常隨逐　恒與衆生作無利
尒時世尊説是經已　諸苾芻衆天龍藥
叉健達婆阿蘇洛等　皆大歡喜信受奉行
常求諸欲境　不行於善事　云何保形命　不見死來侵
命根氣欲盡　支節悉分離　衆苦与死俱　此時徒歎恨
兩目俱翻上　死刀隨業下　意想並慞惶　无能相救濟
長喘連胷急　噎氣喉中乾　死王催伺命　親屬徒相守
諸識皆昏昧　行入險城中　親知咸弃捨　任黑繩牽去
將至琰摩王　隨業而受報　勝因生善道　惡業墮泥梨
明眼无過慧　黑闇不過癡　病不越怨家　大怖无過死
有生皆必死　造罪苦切身　常勉策三業　恒修於福智
眷屬皆捨去　財貨任他將　但持自善根　險道充粮食
譬如路傍樹　暫息非久停　車馬及妻兒　不久皆如是
譬如群宿鳥　夜聚旦隨飛　死去別親知　乖離亦如是
唯有佛菩提　是真歸仗處　依經我略説　智者善應思
天人阿蘇羅藥叉等　來聽法者應至心

BD08324號　無常經　（5–3）

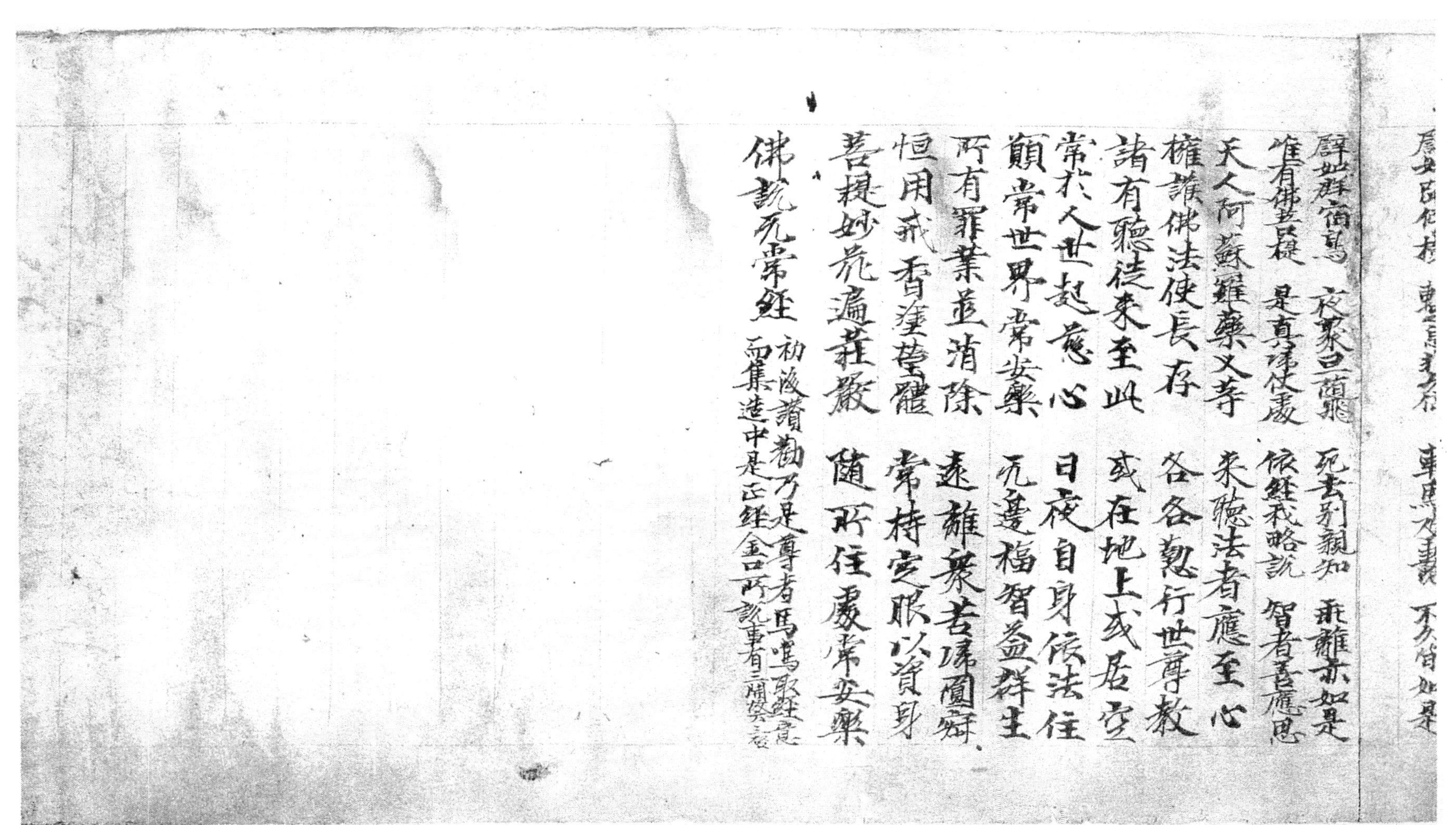
譬如路傍樹　暫息非久停　車馬及妻兒　不久皆如是
譬如群宿鳥　夜聚旦隨飛　死去別親知　乖離亦如是
唯有佛菩提　是真歸仗處　依經我略説　智者善應思
天人阿蘇羅藥叉等　來聽法者應至心
擁護佛法使長存　各各懃行世尊教
諸有聽徒來至此　或在地上或居空
常於人世起慈心　日夜自身依法住
願常世界常安樂　无邊福智益群生
所有罪業並消除　遠離衆苦歸圓寂
恒用戒香塗瑩體　常持定服以資身
菩提妙花遍莊嚴　隨所住處常安樂
佛説无常經　初後讚歎乃是尊者馬鳴取經意而集造中是正經金口所説事有三開故云三啓

BD08324號　無常經　（5–4）

BD08324號　無常經　（5–5）

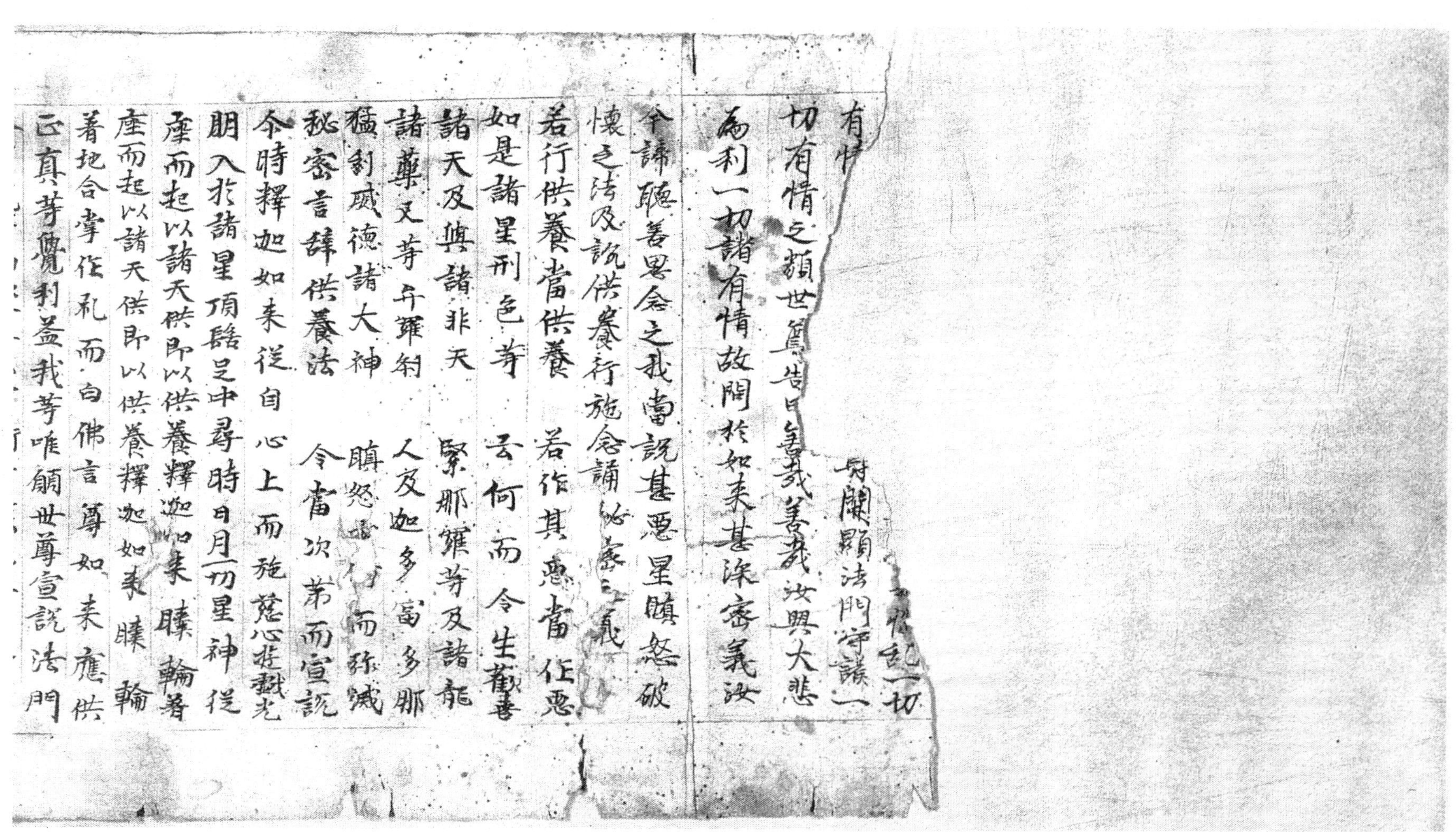

BD08325號　諸星母陀羅尼經　（4–1）

尒時釋迦如來從自心上而施甚心提勸光
明入於諸星頂髻是中尋時日月一切星神從
座而起以諸天供即以供養釋迦如來膝輪著
座而起以諸天供即以供養釋迦如來膝輪
著地合掌作禮而白佛言尊如來應供
正真等覺利益我等唯願世尊宣說法門
令於我等而聚集已守護防護說法之師
令得吉慶遠離刀杖消滅毒藥作結界尒
時釋迦如來即便為說供養星法及以密
言陁羅尼曰
唵謨呼羅迦耶莎訶 唵尸儞奢蔽莎訶語落
當伽俱麼羅也莎訶 唵報須也報須也莎訶唵
報伽阿毖婆須也莎訶 唵阿須羅多麼也莎訶
唵吒哩毖囊𢻽羅耶也莎訶 唵阿密多畢哩耶
莎訶唵藉底羯多蔽莎訶
金剛手此則是彼九星秘密心呪讀便成辨
當作十二指一色香壇中安供養或凡或銅金
銀等器奉獻供養一一供養當誦一百八
遍金剛手然後誦此諸星母陁羅尼秘密言
辞滿足七遍一切諸星而作守護所有貧窮
悉得解脫命將欲盡得長壽金剛手若苾
蒭苾蒭尼烏波索迦烏波斯迦及餘有情之
類若歷耳根而不中夭金剛手諸星壇中設
供養已每日而讀誦者彼說法師一切諸星
如彼所願悉令滿足與彼同類貧匱諸事
皆得消滅
尒時釋迦如來即便為諸諸星母陁羅尼
即說呪曰
南謨佛陁耶 南謨婆楞囉駛囉耶南磨鉢
磨達囉耶南磨薩婆迦囉訶南磨薩婆阿耆

BD08325 號　諸星母陀羅尼經　（4–2）

尒時釋迦如來即便為諸諸星母陁羅尼
即說呪曰
南謨佛陁耶 南謨婆楞囉駛囉耶南磨鉢
磨達囉耶南磨薩婆迦囉訶南磨薩婆阿耆
波囉南迦喃 南謨諾奢多囉喃南謨壉爹奢囉
囉尸怛也沒丞沒丞𢻽室囉𢻽室囉 鉢
明鉢明 婆囉婆囉 鉢婆囉鉢婆囉三婆
囉三婆囉 基多耶基多耶麼囉麼囉 麼訖
陁麼訖陁伽須耶薩婆碧逮俱嚕俱嚕
晋那晋那乞舍波耶乞舍波取扇昭呈佉
須麼耶須麼曳咄嚕多你達奢耶 獨
麼喃薄伽薄帝落叉耶落叉耶 麼耶婆
波哩波藍沙囉波薩都王毖荼 薩婆
吒訶耶乞奢多囉攸多麼𢻽你 𢻽囉
你𢻽囉薄伽薄底 麼訶摩曳 薩䭾
耶咄毖荼麼奢耶 波皺你 麼贊底贊底
都嚕都嚕 贊底謀揄謀揄資謀資謀
訶婆訶蔽屋吒哩屋吒訶爹毖甫囉
耶違末努多藍薩婆怛他迦多 阿
佉毖佉婆麼耶莎訶唵莎訶吽莎訶
訖哩莎訶吽莎訶怛舨莎訶 鉢麼須囉
莎訶 阿室哆耶莎訶 藴麼耶莎訶須囉
你須多耶莎訶 沒他耶莎訶勃多毖波佉
捞囉達囉耶莎訶 鉢麼須囉莎訶 拘摩囉
耶莎訶 諾乞沙多囉難莎訶薩波烏 鉢多
多囉𢻽難莎訶 唵薩婆𢻽𠂢底叭叭莎訶
金剛手此是諸星母陁羅尼秘密呪句成辨
一切諸事根本金剛手此陁羅尼秘密呪句
從於九月白月七日而起於首具足長淨至
十四日供養諸星而受持之月十五日若能

BD08325 號　諸星母陀羅尼經　（4–3）

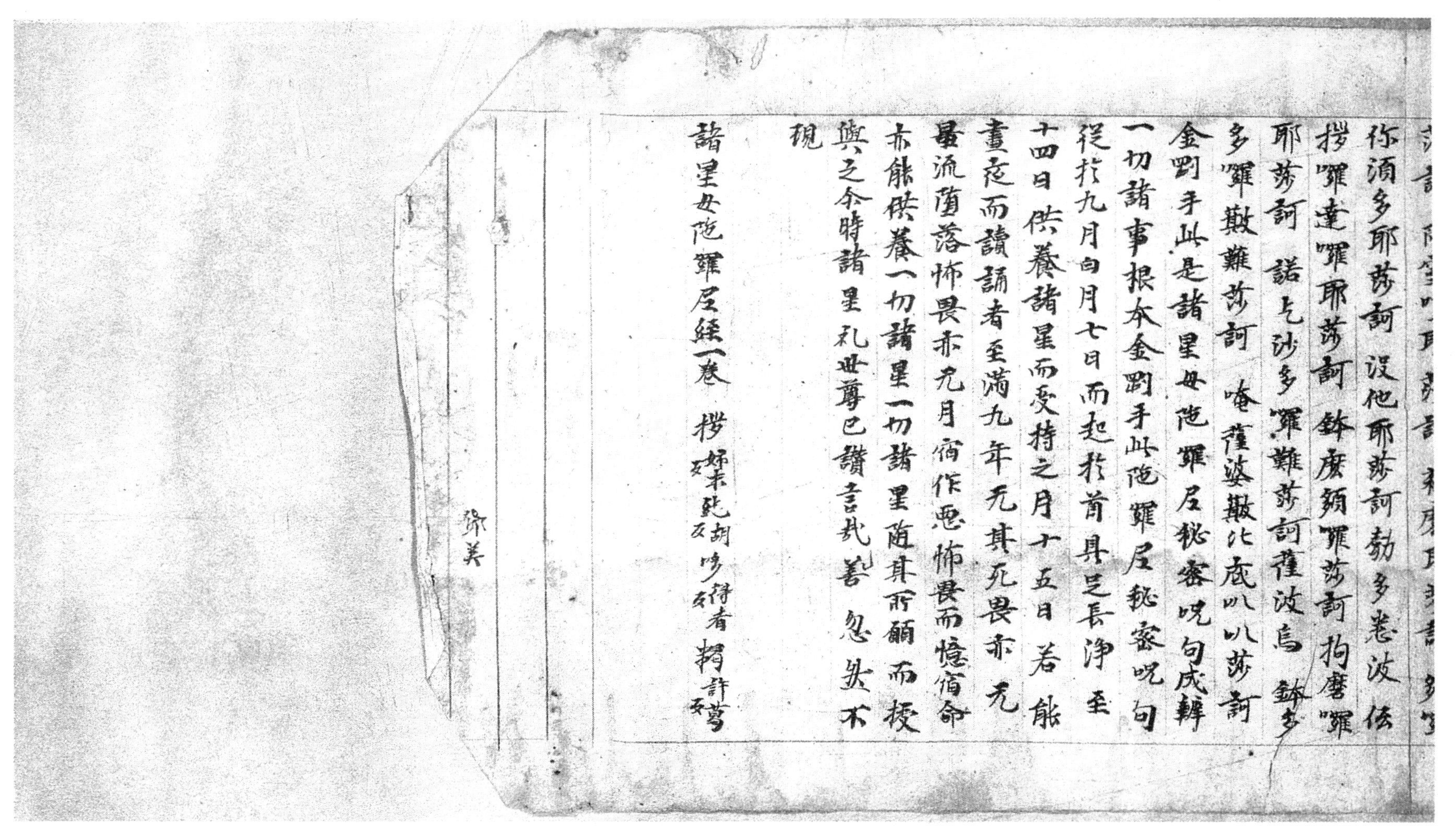

你須多耶莎訶　沒他耶莎訶　勃多卷波依
揚囉達囉耶莎訶　鉢磨頞囉莎訶　拘磨囉
耶莎訶　諾乞沙多囉難莎訶薩波烏　鉢多
多囉斅難莎訶　唵薩婆撇比底叭叭莎訶
金剛手此是諸星母陁羅尼秘密呪句成轉
一切諸事根本金剛手此陁羅尼秘密呪句
從於九月白月七日而起於前具足長淨　至
十四日供養諸星而受持之月十五日　若能
晝夜而讀誦者至滿九年无其死畏亦　无
曇流墮落怖畏亦无月宿作惡怖畏而憶宿命
亦能供養一切諸星一切諸星隨其所願而授
與之尒時諸星礼世尊已讚言哉善　忽然不
現

諸星母陁羅尼經一卷　揚 娑末反 䭾胡反 吵 得者反 稱 許葛反

弥美

BD08325 號　諸星母陀羅尼經　（4–4）

上正等菩提佛告善現如是布施等六
波羅蜜多皆无增減亦无所有然諸菩薩摩
訶薩脩行般若波羅蜜多時方便善巧不作
是念如是布施乃至般若波羅蜜多有增有
減但作是念唯有名想謂爲布施乃至般若
波羅蜜多是菩薩摩訶薩脩行布施乃至般
若波羅蜜多時持此布施乃至般若波羅蜜多
俱行作意并依此起心及善根與諸有情
平等共有迴向无上正等菩提如佛无上正
等菩提微妙甚深而起迴向由此迴向方便
善巧增上勢力能證无上正等菩提尒時善
現便白佛言何謂无上正等菩提佛告善現
諸法真如是謂无上正等菩提善現當知諸
法真如无增減故諸佛无上正等菩提亦无
增減若菩薩摩訶薩數多安住如是真如相
應作意便近无上正等菩提如是善現不可
說義雖无增減而不退失真如作意波羅蜜
多雖无增減而不退失所有无上正等菩提
施乃至般若波羅蜜多便近无上正等菩提

BD08326 號　大般若波羅蜜多經（兌廢稿）卷五五〇　（2–1）

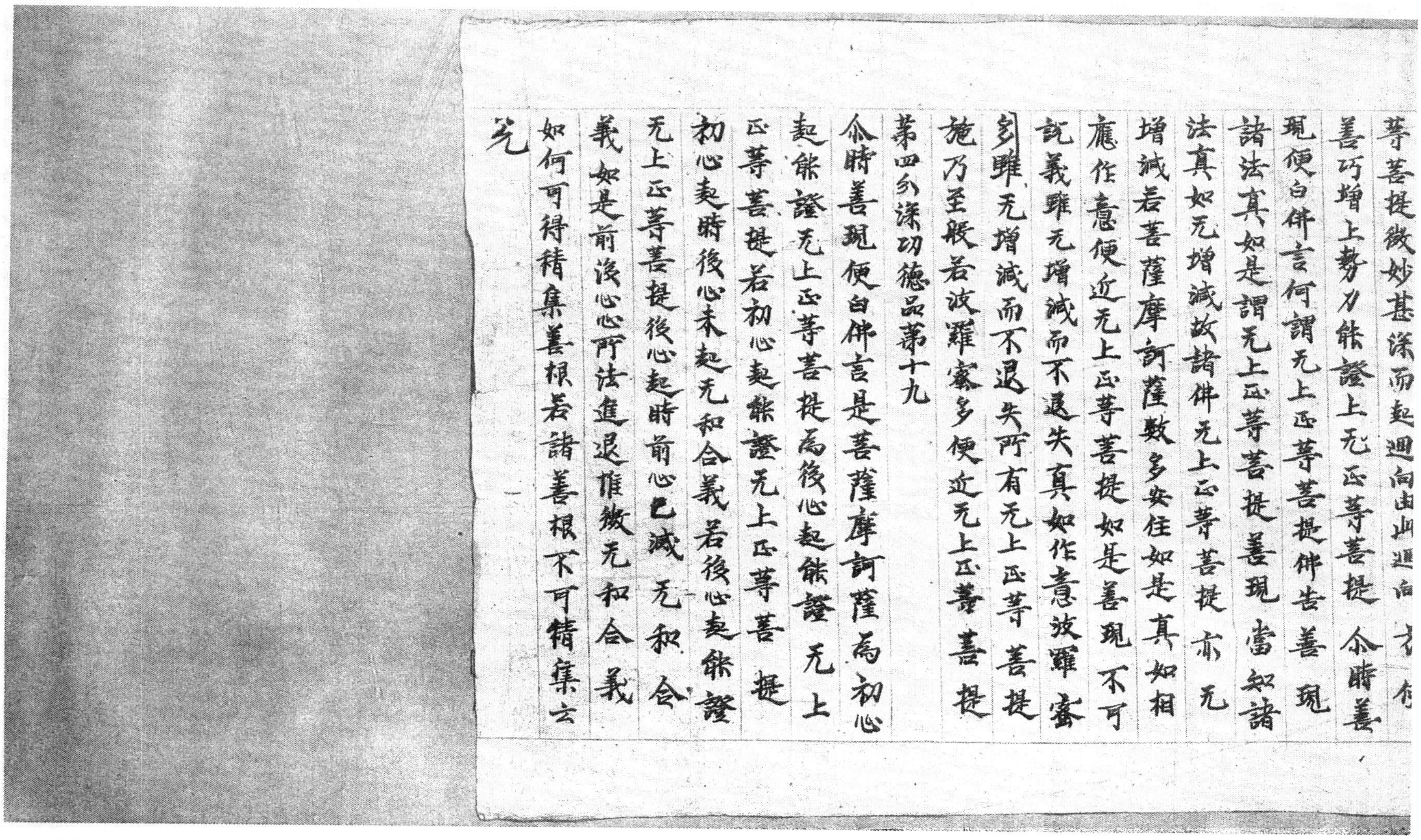

等菩提微妙甚深而起迴向由此迴向方便
善巧增上勢力能證上无正等菩提尒時善
現便白佛言何謂无上正等菩提佛告善現
諸法真如是謂无上正等菩提善現當知諸
法真如无增減故諸佛无上正等菩提亦无
增減若菩薩摩訶薩數多安住如是真如相
應作意便近无上正等菩提如是善現不可
說義雖无增減而不退失真如作意波羅蜜
多雖无增減而不退失所有无上正等菩提
施乃至般若波羅蜜多便近无上正等菩提

第四分深功德品第十九

尒時善現便白佛言是菩薩摩訶薩為初心
起能證无上正等菩提為後心起能證无上
正等菩提若初心起能證无上正等菩提
初心起時後心未起无和合義若後心起能證
无上正等菩提後心起時前心已滅无和合
義如是前後心心所法進退推徵无和合義
如何可得積集善根若諸善根不可積集云
无

BD08326 號　大般若波羅蜜多經（兌廢稿）卷五五〇　（2–2）

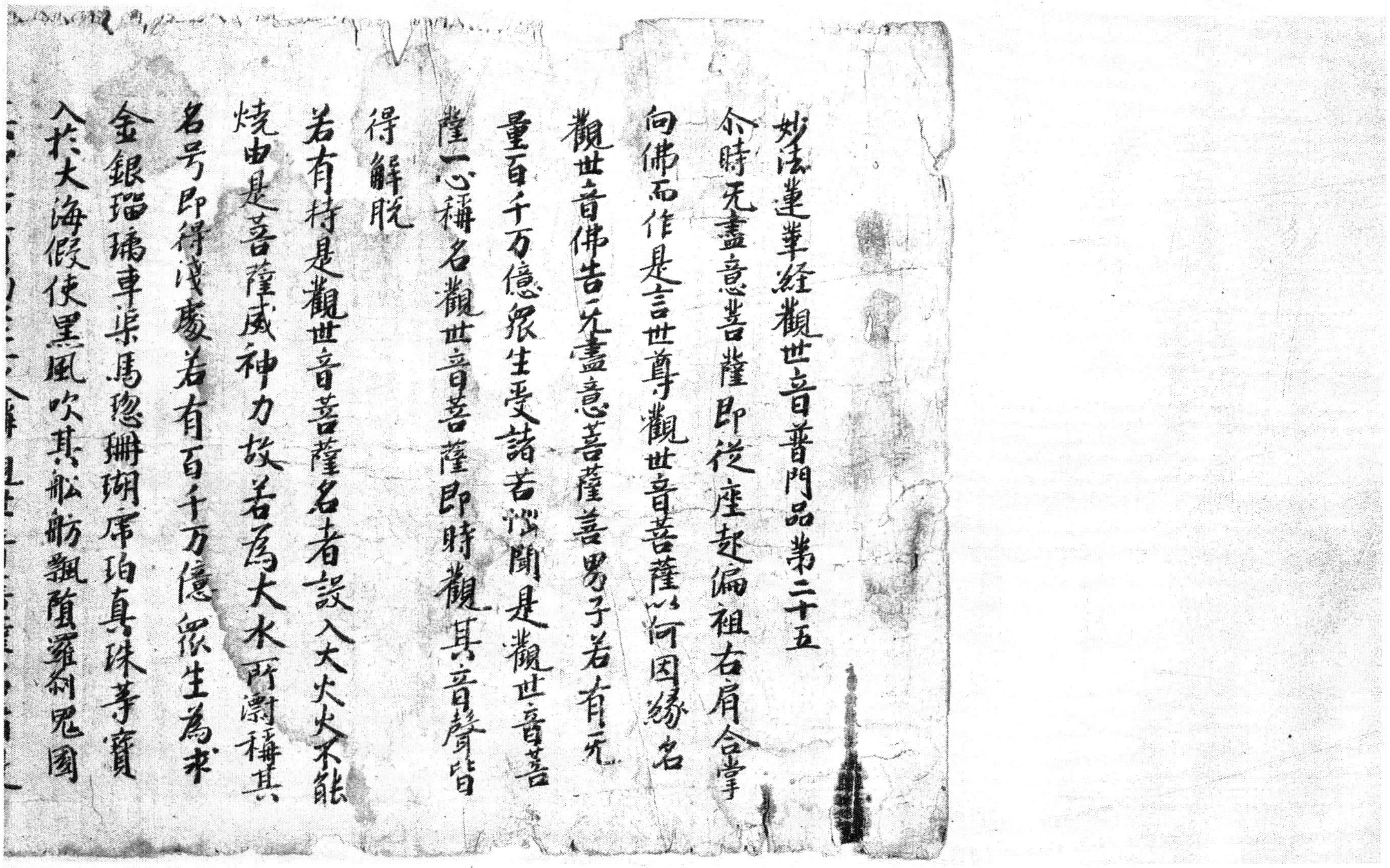

妙法蓮華經觀世音普門品第二十五

尒時无盡意菩薩即從座起偏袒右肩合掌
向佛而作是言世尊觀世音菩薩以何因緣名
觀世音佛告无盡意菩薩善男子若有无
量百千万億衆生受諸苦惱聞是觀世音菩
薩一心稱名觀世音菩薩即時觀其音聲皆
得解脫

若有持是觀世音菩薩名者設入大火火不能
燒由是菩薩威神力故若為大水所漂稱其
名号即得淺處若有百千万億衆生為求
金銀瑠璃車渠馬瑙珊瑚虎珀真珠等寶
入於大海假使黑風吹其船舫飄墮羅刹鬼國

BD08327 號　觀世音經　（3–1）

燒由是菩薩威神力故若為大水所漂稱其
名号即得淺處若有百千万億衆生為求
金銀瑠璃車𤦲馬瑙珊瑚琥珀真珠等寶
入於大海假使黒風吹其舩舫飄墮羅刹鬼國
其中若有乃至一人稱觀世音菩薩名者是
諸人等皆得解脫羅刹之難以是因緣名觀世音
若復有人臨當被害稱觀世音菩薩名者彼
所執刀杖尋段段壞而得解脫若三千大千國
土滿中夜叉羅刹欲来惱人聞其稱觀世音
菩薩名者是諸惡鬼尚不能以惡眼視之況
復加害
設復有人若有罪若无罪杻械枷鎖檢繫其
身稱觀世音菩薩名者皆悉斷壞即得解脫
若三千大千國土滿中怨賊有一商主将諸商
人賫持重寶経過險路其中一人作是唱言諸
善男子勿得恐怖汝等應當一心稱觀世音菩
薩名号是菩薩能以无畏施於衆生汝等若
稱名者於此怨賊當得解脫衆商人聞倶發
聲言南无觀世音菩薩稱其名故即得解脫
无盡意觀世音菩薩摩訶薩威神之力巍巍
如是　若有衆生多於婬欲常念恭敬觀世

BD08327 號　觀世音經　（3–2）

設復有人若有罪若无罪杻械枷鎖檢繫其
身稱觀世音菩薩名者皆悉斷壞即得解脫
若三千大千國土滿中怨賊有一商主将諸商
人賫持重寶経過險路其中一人作是唱言諸
善男子勿得恐怖汝等應當一心稱觀世音菩
薩名号是菩薩能以无畏施於衆生汝等若
稱名者於此怨賊當得解脫衆商人聞倶發
聲言南无觀世音菩薩稱其名故即得解脫
无盡意觀世音菩薩摩訶薩威神之力巍巍
如是　若有衆生多於婬欲常念恭敬觀世
音菩薩便得離欲若多瞋恚常念恭敬觀
世音菩薩便得離瞋若多愚癡常念恭敬觀
世音菩薩便得離癡无盡意觀世音菩薩有
如是等大威神力多所饒益是故衆生常應
若有女人設欲求男礼拜供養觀世

BD08327 號　觀世音經　（3–3）

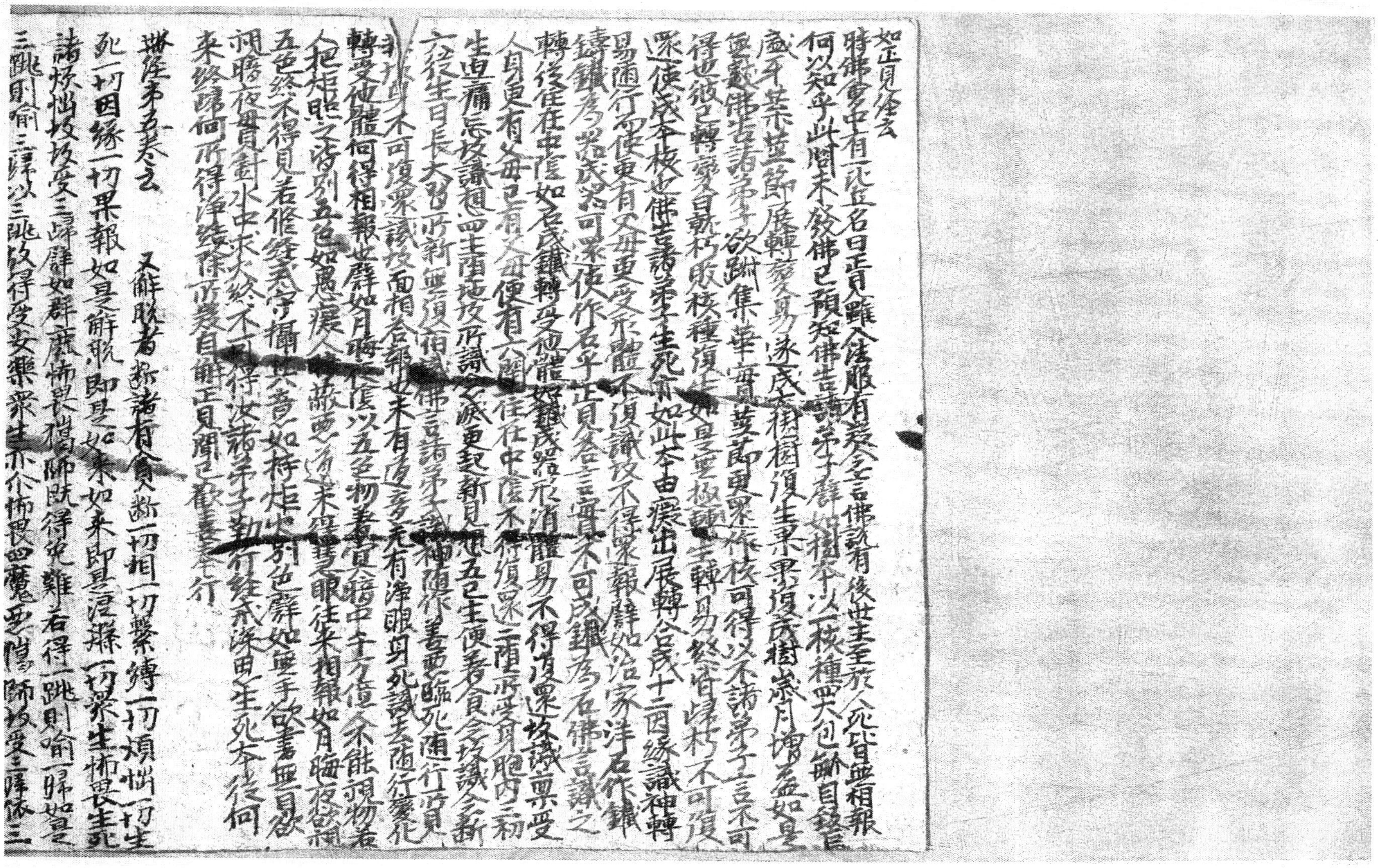

如正見經云

時佛會中有一比丘名曰正見，雖入法服，有疑，念言：佛說有後世，至於人死，皆無相報。何以知乎？此謂未發，佛已預知。佛告諸弟子：譬如樹本以一核種四支包餘自發，盛牙葉莖節展轉變易，遂成大樹，樹復生果，果復成樹，歲月增益，如是無數。佛告諸弟子：欲蹤集華實，寧可更求本核，可得以不？諸弟子言：不可得也。彼已轉變，自就朽敗，核種復生，如是無極，輾轉易終，皆歸朽，不可復還使成本核也。佛告諸弟子：生死亦如此，本由癡出，展轉合成十二因緣，識神轉易，隨行而使，更有父母，更受形體，不復識故，不得還報。譬如冶家，泮石作鐵，鑄鐵為器，器成，不可還使作石乎？正見答言：實不可。成鐵為石。佛言：識之轉從往在中陰，如石成鐵；轉受形體，如鐵成器，形消體易，不得復還故識。更受人身，更有父母，已有父母，便有六親，往在中陰，不得復還。二種所受身，胞內剖生，遭痛忘故，識神四生，面施故所識，又滅更起新見，患五已生，便著貪，念故識，念新六從生日長大，習所新，無復宿命。佛言：諸弟子，識神隨行善惡，臨死隨行所見，非故不可復還識故，面相合報也。未有道者，無有淨眼，身死識去，隨行變化，轉受他體，何得相報也？譬如月晦，不復以五色物著冥暗中，十方億人不能現物，若人把炬照之，諸別五色。如愚癡人，蔽西道，未得慧眼，往來相報，如月晦夜欲視五色，終不得見。若作經戒，守攝其意，如持炬火，別色。譬如無手欲書，無目欲視，晦夜無貫，對水中求火，終不可得。汝諸弟子，勤行經戒，滌田生死，本從何來，終歸何所，得淨經除所疑，自解正見。聞已歡喜奉行。

涅槃經第五卷云：又解脫者，名斷諸有貪，斷一切相、一切繫縛、一切煩惱、一切生死、一切因緣、一切果報，如是解脫，即是如來，如來即是涅槃。一切眾生怖畏生死諸煩惱故，受三歸。譬如群鹿怖畏獵師，既得免離，若得一跳，則喻一歸，如是三跳，則喻三歸，以三跳故得受安樂。眾生亦爾，怖畏四魔惡獵師故，受三歸依，三

BD08328號　法苑珠林鈔（兌廢稿　擬）　（2–1）

生遭痛忘故，識神四生，面施故所識，又滅更起新見，患五已生，便著貪，念故識，念新六從生日長大，習所新，無復宿命。佛言：諸弟子，識神隨行善惡，臨死隨行所見，非故不可復還識故，面相合報也。未有道者，無有淨眼，身死識去，隨行變化，轉受他體，何得相報也？譬如月晦，不復以五色物著冥暗中，十方億人不能現物，若人把炬照之，諸別五色。如愚癡人，蔽西道，未得慧眼，往來相報，如月晦夜欲視五色，終不得見。若作經戒，守攝其意，如持炬火，別色。譬如無手欲書，無目欲視，晦夜無貫，對水中求火，終不可得。汝諸弟子，勤行經戒，滌田生死，本從何來，終歸何所，得淨經除所疑，自解正見。聞已歡喜奉行。

涅槃經第五卷云：又解脫者，名斷諸有貪，斷一切相、一切繫縛、一切煩惱、一切生死、一切因緣、一切果報，如是解脫，即是如來，如來即是涅槃。一切眾生怖畏生死諸煩惱故，受三歸。譬如群鹿怖畏獵師，既得免離，若得一跳，則喻一歸，如是三跳，則喻三歸，以三跳故得受安樂。眾生亦爾，怖畏四魔惡獵師故，受三歸依故，則得安樂。受安樂者，即真解脫；真解脫者，即是如來；如來者，即是涅槃；涅槃者，即是無盡；無盡者，即是佛性；佛性者，即是決定；決定者，即是阿耨多羅三藐三菩提。

BD08328號　法苑珠林鈔（兌廢稿　擬）　（2–2）

BD08328 號背　安樂集卷上　（1–1）

光王佛
无邊法自在佛　要……
華蓋行列佛　華富佛　……華佛
弥樓王佛　善導師佛　一切衆生冣勝佛　斂
轉諸難佛　善行斂佛　妙華佛　无邊音佛
普放光佛　善放香佛　普光明佛　散華生淨佛
寶網手佛　極高王佛　普照一切佛　上佛
宿王佛　妙見佛　安五王佛　香流佛
无邊福自在佛　不虛斂佛　不虛見佛
无导眼佛　燈上佛　不動佛　普照明佛　柘叡意佛　光照佛　无邊眼佛　一切世界佛
一切衆生不斷辯才佛　无垢力佛　无跡行佛
習精進佛　上精進佛　一乘度佛　蓮華上佛
无量德藏寶積杖見金剛師子遊王佛　法央佛
普光德上斂王佛　堅住德功法山斂王佛
定光佛　德央佛　法造弘佛　仙天佛
諦央佛　習金剛佛　衆尊佛　雷像佛
樂清淨佛　出家樂行佛　華央佛　勝施佛
善明佛　善曜佛　心動佛　轉勝佛
欣樂佛　天華佛　轉吉祥佛　善首佛
善喜佛　住覺佛　極施佛　諦法普稱佛

諦央佛　習金剛佛　衆尊佛　雷像佛
樂清淨佛　出家樂行佛　華央佛　勝施佛
善明佛　善曜佛　心勳佛　轉勝佛
欣樂佛　天華佛　轉吉祥佛　善首佛
善喜佛　住覺佛　柱施佛　諦法普稱佛
是世善妙佛　普耕佛　寶稱佛　威强佛
梵神佛　无畏善化佛　善音佛　目悅佛
積德佛　音雨佛　妙顏佛　受神佛
興人遊佛　美味佛　除怨眷屬佛　維衛佛
議佛　隨葉佛　拘留秦佛　迦葉佛
拘那含牟尼佛　无始光佛　忍威獄佛
寶村佛　雨香王佛　多摩羅跋栴檀香神通佛
須弥相佛　優鉢羅蓮華勝佛　妙容山相佛
人天王佛　華德佛　无上勝尊佛　慧幢佛
開化菩薩佛　一心敬礼者却八十一劫生死之罪
見无怨懼佛　一心敬礼者却六十三劫生死之罪
一乘度佛　一心敬礼者却六十四劫生死之罪
現在北方一百五十佛名　佛言若族姓男女學菩薩乘聞此佛名信樂不疑壹心敬事者所生之處速得寶幢三昧觀見十方各十恒河沙諸佛亦使現世離諸枉橫怨毒除滅行道日進心中善願應念皆得遇善知識變滌法忍所生之處常為人尊至成佛道終不受苦能滅卅万億阿僧祇生死之罪
人王佛　勝王佛　寶蹈手佛　月殿清淨佛
難俎佛　日生佛　炎肩佛　衆勝音佛
網明佛　无量德寶佛　藏日月光佛　德行精進佛
雷自在佛　雷自在王佛　相德佛　王相佛
斷愛王佛　樓議佛　廿億同字釋迦文佛
摩尼珠佛　釋迦文尼佛　尊音王佛　韶和合佛
善華佛　无怒佛　日藏佛　尊樂佛

寶自在佛　寶自在王佛　相復佛　王相佛
斷愛王佛　捿識佛　叶億同字釋迦文佛
摩尼珠佛　釋迦文尼佛　尊音王佛　韶和合佛
善華佛　无怒佛　日藏佛　尊樂佛
勝尊佛　茂華佛　日明佛　龍德佛
金剛光明佛　稱王佛　常无明佛　四相光明佛
那尼輪佛　韶茂熱佛　香王佛　火葉佛
婆羅王那羅延佛　无始燈山王佛
寶蓋增光明佛　金山王佛　迦葉佛
須弥佛　壞諸道佛　破疑佛　无相音佛
无邊功德茂熱佛　寶生德佛　蓮華生德佛
寶上佛　三四无尋叡佛　无邊明佛
寶弥樓佛　燈高德佛　韶生德佛　炬燈佛
无上光佛　德王明佛　沸沙佛　无邊眼佛
德味佛　方寿佛　華生德佛　婆羅王佛
師子王佛　寶弥樓佛　毗舐尸佛　醫王佛
上衆佛　上善德佛　自在力佛　上香德佛
上香相佛　栴檀窟佛　无邊明佛　增千光華出佛
无邊自在佛　威華生高王佛　寶細佛
安立王佛　不虛稱佛　不虛力佛　不虛自在力佛
不虛光佛　无邊精進佛　沙羅王佛　寶婆羅佛
一盡叡佛　寶堅佛　栴檀窟佛　栴檀香佛
无邊明佛　明輪佛　弥樓叡佛　无尋眼佛
无邊眼佛　寶生佛　諸德佛　覺華德佛
善住積佛　无邊力佛　不虛德佛　寶力佛
无邊叡佛　虛空光佛　无相陰佛　藥王佛
不驚畏佛　離怖畏佛　淨王佛　韶出佛

无邊眼佛　眼輪佛　珍樓嚴佛　无畏明佛
无邊眼佛　寶生佛　諸德佛　覺華德佛
善住積佛　无邊力佛　不虛德佛　寶力佛
无邊嚴佛　虛空光佛　无相陰佛　藥王佛
不驚畏佛　離怖畏佛　淨王佛　智出佛
勇衆佛　智聚佛　作方佛　婆訶主佛
上離佛　調御佛　智守佛　衆高德佛
不衆生淥佛心　滅諸愛自在佛
无号光佛　華聚高生德佛　拘陵王佛
日燈佛　上寶佛　智生德佛　无号眼佛
安立功德王佛　无畏佛　智聚佛
金剛佛　火衣佛　明燈佛　不虛精進佛
善思嚴相佛　師子佛　妙善住王佛　寶聚高德佛
梵德佛　无号香鳥佛　弥樓明佛　火燈王佛
華上光佛　住名聞佛　名慈佛　婆羅王佛
觀華佛　无邊光佛　善華佛　无怒佛
日藏佛　尊樂佛
德内豊嚴王佛　聞名歡喜信樂誦念一心作礼得不退轉疾成正覺却一切生死後生得六通得踊政常
尊貴能除欲縛六情常无病生常值佛聞法
見禮離八難常具淨戒心不亂乃至涅槃
金剛堅強消伏壞散佛　聞名歡喜信樂誦念得不退轉却十万億那術劫生死之罪
寶火佛聞名歡喜信樂念得不退轉疾成正覺
寶月光明佛　聞名信樂持諷誦念後生得不中正定自見諸佛轉尊法輪
賢衆佛　聞名歡喜信樂持諷誦念後生踊政自識宿命
寶蓮華步佛　聞名信樂誦念所生之處當為一切所敬言教
承用一心敬礼者能令女人得為男子成阿惟越致
蓮華勝嚴王佛　月殿清淨佛　相德佛
現在東北方一百五十佛名　佛告舍利弗若族姓子族姓女其有聞此諸
佛名号歡喜信樂執持諷誦敬礼之者
所得功德賊於一切布施諸餘功德十万億倍諸佛國土隨意往生不退轉
成寡正覺若有誹謗懷疑不信者當墮盡鵰婆梨大万億歲中
受无量罪其有信樂稱歎礼拜現世

蓮華勝藏王佛　月殿清淨佛　相德佛

現在東北方一百五十佛名

佛告舍利弗若族姓子族姓女其有聞此諸
佛名号歡喜信樂執持諷誦敬礼之者
所淨功德賊於一切布施諸餘功德十万億倍諸佛國土隨意往生不退轉
成寤正覺若有誹謗懷疑不信者當墮盡鵝坚犁大万億歲中
受无量罪其有信樂稱歎礼拜現世
安隱淺五百千万億劫生死之罪

壞一切世間怖畏佛　跆七寶華佛　離垢心佛
寶蓋起光佛　悲鵝遣佛　三乘行佛　无諍佛
緣一切難佛　寶事佛　寶積佛　等行佛
一切功德光相佛　弥樓乾那佛　增肩佛
不虛行佛　无导眼佛　普守佛　德王明佛
賢王佛　月鞞佛　善目佛　普世佛
寶首佛　普觀佛　尊自在王佛　光淨照耀佛
梵首天王佛　二万同字日月燈明佛　慧見佛
无垢淨无量德起佛　所有王佛　金華佛　无量淨王佛
龍自在尊音王佛　寶藏佛
寶山王佛　不可思議功德佛　寶光明佛
寶尊音佛　遍出一切光明功德山王佛　寶海佛
紹華无垢壓佛　普賢佛　阿閦佛
无垢功德光明王佛　樂自在音光明佛
日藏佛　紹日佛　龍自在佛　金剛幢佛
日藏佛　大德功藏佛　光明音相佛　常光明佛
光明音相佛　自在幢佛　不可思議王佛
安和自在見山王佛　紹豫佛　眼淨无垢佛
百功德佛　号勝佛　明慧佛　遍淨佛
善眼佛　九万十一那術同字无色佛
无垢超德佛　勇進佛　離百憂佛　喜生德佛
安王佛　上弥樓佛　妙香佛　摛陳如佛

无垢功德光明王佛 樂自在[illegible]
日藏佛 智日佛 龍自在佛 金剛幡佛
日藏佛 大德功藏佛 光明音相佛 常光明佛
光明音相佛 自在幡佛 不可思議王佛
安和自在見山王佛 智豫佛 眼淨无垢佛
百功德佛 号勝佛 明慧佛 遍淨佛
善眼佛 九万十一那術同字无色佛
无垢超德佛 勇進佛 離百憂佛 喜生德佛
安王佛 上弥樓佛 妙香佛 攝陳如佛
勢德佛 赤蓮華德佛 白蓮華生佛 大音眼佛
上聚佛 无邊明德佛 日出光佛 名流十方佛
星宿王佛 无邊光明佛 上香弥樓佛 離怖畏佛
安隱生德佛 无邊功德月佛 一切德斂佛
日華王佛 不壞相佛 宗守光佛 无量生行佛
大威德蓮華佛生 一切上佛 虛空淨王佛
无相音聲佛 明德王佛 德王明佛 度功德邊佛
燃燈佛 作明佛 无畏佛 德味佛
无怖畏佛 華德佛 智華德佛 寶積佛
无邊額佛 无邊功德王安立佛 寶首佛
沙羅王佛 寶明佛 寶聚佛 上聚德佛
无邊德斂佛 觀世音佛 須弥明佛 无邊自在力佛
[illegible] 寶華德佛 无量神通[illegible]

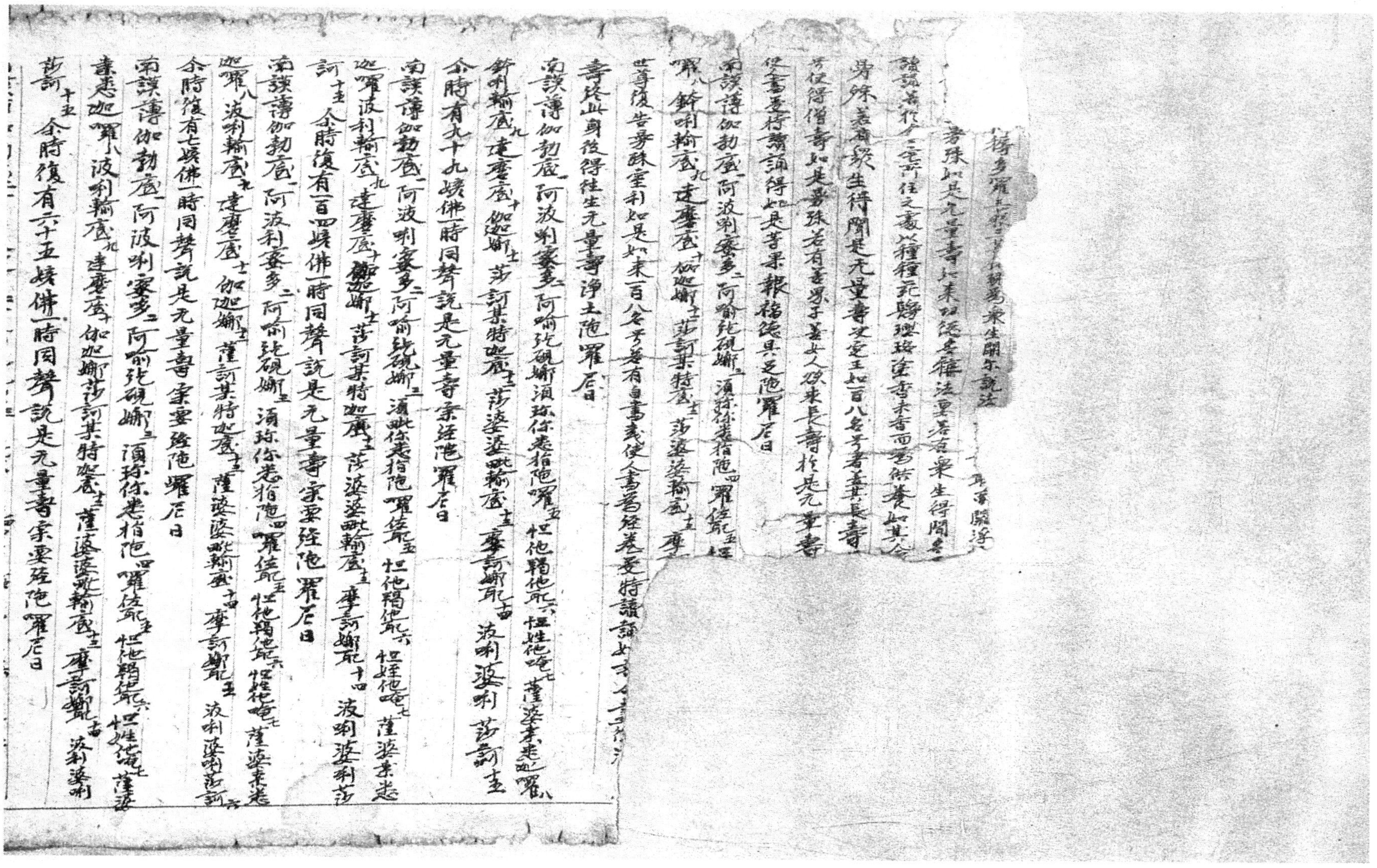

BD08330號　無量壽宗要經

（5–1）

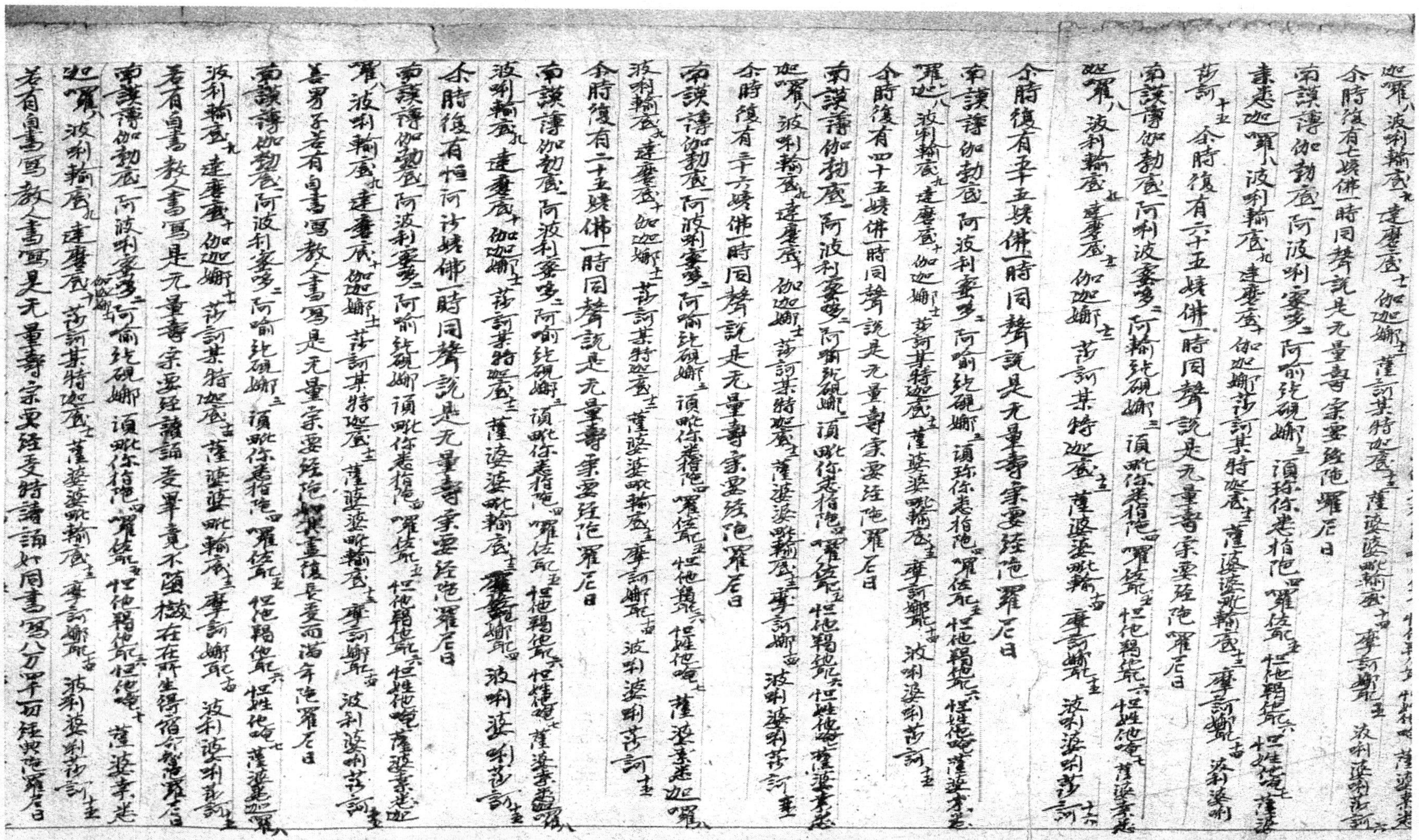

BD08330號　無量壽宗要經

（5–2）

若有自書教人書寫是无量壽宗要經讀誦受畢竟不墮獄在在所生得宿命智陀羅尼曰
南謨薄伽勃底一 阿波唎蜜多二 阿喻紇硯娜三 須毗你悉指陀四 囉佐耶五 怛他羯他耶六 怛姪他唵七 薩婆桑悉
迦囉八 波唎輸底九 達磨底十 伽伽娜十一 莎訶其特迦底十二 薩婆婆毗輸底十三 摩訶娜耶十四 波唎婆唎莎訶十五
若有自書寫教人書寫是无量壽宗要經受持讀誦如同書寫八万四千部經典陀羅尼曰
南謨薄伽勃底一 阿波唎蜜多二 阿喻紇硯娜三 須毗你悉指陀四 囉佐耶五 怛他羯他耶六 怛姪他唵七 薩婆桑悉迦
囉八 波唎輸底九 達磨底十 伽伽娜十一 莎訶其特迦底十二 薩婆婆毗輸底十三 摩訶娜耶十四 波唎婆唎莎訶十五
若有自書寫教人書寫是无量壽宗要經即是書寫八万四千部建立塔廟陀羅尼曰
南謨薄伽勃底一 阿波唎蜜多二 阿喻紇硯娜三 須毗你悉指陀四 囉佐耶五 怛他羯他耶六 怛姪他唵七 薩婆
桑悉迦囉八 波唎輸底九 達磨底十 伽伽娜十一 莎訶其特迦底十二 薩婆婆毗輸底十三 摩訶娜耶十四
波唎婆莎訶十五
若有自書寫教人書寫是无量壽宗要能消五无間等一切重罪陀羅尼曰
南謨薄伽勃底 阿波唎蜜多二 阿喻紇硯娜三 須毗你悉指陀四 囉佐耶五 怛他羯他耶六 怛姪他唵 薩
婆桑悉迦囉八 波唎輸底九 達磨底十 伽伽娜 莎訶其特迦底 薩婆婆毗輸底 莎訶其 波唎婆唎
莎訶 若有自書寫教人書寫是无量壽宗要經受持讀誦設有重罪猶如須弥盡能除滅陀羅尼曰
南謨薄伽勃底 阿波唎蜜多二 阿喻紇硯娜三 須毗你悉指陀 囉佐耶 怛他羯他耶 怛姪他唵 薩婆桑悉迦囉八
波唎輸底 達磨底 伽伽娜 莎訶其特迦底 薩婆婆毗輸底 摩訶娜耶 波唎婆唎莎訶十五
若有自書寫教人書寫是无量壽宗要經受持讀誦者魔王眷屬夜叉羅剎不得其便終无枉死陀羅
尼曰 南謨薄伽勃底 阿波唎蜜多 阿喻紇硯娜 須毗你悉指陀 囉佐耶 怛他羯他耶 怛姪他唵 薩婆
桑悉迦囉 波唎輸底 達磨底 伽伽娜 莎訶其特迦底 薩婆婆毗輸底 摩訶娜耶 波唎婆唎莎
訶 若有自書寫教人書寫是无量壽宗要經受持讀誦當命終時有九十九俱胝佛現其人前授
手能遊一切佛剎莫於此經生於疑惑陀羅尼曰
南謨薄伽勃底 阿波唎蜜多 阿喻紇硯娜 須毗你悉指陀 囉佐耶 怛他羯他耶 怛姪他唵 薩婆桑悉迦
囉 波唎輸 達磨底 伽伽娜 莎訶其特迦底 薩婆婆毗輸底 摩訶娜耶 波唎婆唎莎訶
若有自書寫教人書寫是无量壽宗要經受持讀誦常得四大天王隨其衛護陀羅尼曰
南謨薄伽勃底 阿波唎蜜多 阿喻紇硯娜 須毗你悉指陀 囉佐耶 怛他羯他耶 怛姪他唵 薩婆桑悉
迦囉 波唎輸底 達磨底 伽伽娜 莎訶其特迦底 薩婆婆毗輸 摩訶娜耶 波唎婆唎莎訶
若有自書寫教人書寫是无量壽宗要經受持讀誦當得往生西方極樂世界阿弥陀淨土陀羅尼曰
南謨薄伽勃底 阿波唎蜜多 阿喻紇硯娜 須毗你悉指陀 囉佐耶 怛他羯他耶 怛姪他唵 薩婆桑悉迦囉
波唎輸底 達磨底 伽伽娜 莎訶其特迦底 薩婆婆毗輸底 摩訶娜耶 波唎婆唎莎訶

BD08330號　無量壽宗要經　（5–3）

迦囉 波唎輸底 達磨底 伽伽娜 莎訶其特迦底 薩婆婆毗輸 摩訶娜耶 波唎婆唎莎訶
若有自書寫教人書寫是无量壽宗要經受持讀誦當得往生西方極樂世界阿弥陀淨土陀羅尼曰
南謨薄伽勃底 阿波唎蜜多 阿喻紇硯娜 須毗你悉指陀 囉佐耶 怛他羯他耶 怛姪他唵 薩婆桑悉迦囉
波唎輸底 達磨底 伽伽娜 莎訶其特迦底 薩婆婆毗輸底 摩訶娜耶 波唎婆唎莎訶
若有方所自書寫使受寫是无量壽經典之處則為是塔皆應恭敬作礼若是畜生禽獸
得聞是經如是等類皆當不久得成无上菩提陀羅尼曰
南謨薄伽勃底 阿波唎蜜多 阿喻紇硯娜 須毗你悉指陀 囉佐耶 怛他羯他耶 怛姪他唵 薩婆桑悉迦囉
波唎輸 達磨底 伽伽娜 莎訶其特迦底 薩婆婆毗輸底 摩訶娜耶 波唎婆莎訶
若有勸於是无量壽經自書寫若使人書寫畢竟受女人之身陀羅尼曰
南謨薄伽勃底 阿波唎蜜多 阿喻紇硯娜 須毗你悉指陀 囉佐耶 怛他羯他耶 怛姪他唵 薩婆桑
悉迦囉 波唎輸底 達磨底 伽伽娜 莎訶其特迦底 薩婆婆毗輸底 摩訶娜耶 波唎婆
唎莎訶 若有能於是經少分能惠施者等於三千大千世界滿中七寶布施陀羅尼曰
南謨薄伽勃底 阿波唎蜜多 阿喻紇硯娜 須毗你悉指陀 囉佐耶 怛他羯他耶 怛姪他唵 薩
婆桑悉迦囉 波唎輸底 達磨底 伽伽娜 莎訶其特迦 薩婆婆毗輸
底 摩訶娜耶 波唎婆唎莎訶
若有供養是經者則是供養一切諸經等无有別異陀羅尼曰
南謨薄伽勃底 阿波唎蜜多 阿喻紇硯娜 須毗你悉指陀 囉佐耶 怛他羯他耶 怛姪他唵
薩婆桑悉迦囉 波唎輸底 達磨底 伽伽娜 莎訶其特迦底 薩婆婆毗輸底 摩訶娜耶 波唎婆唎莎訶
如是毗婆尸佛尸弃佛毗舍浮佛俱那含牟尼佛迦葉佛釋迦牟尼佛
若有人以七寶供養如是七佛其福有限書寫受持是无量壽經所有功德不可限量陀羅
尼曰 南謨薄伽勃底 阿波唎蜜多 阿喻紇硯娜 須毗你悉指陀 囉佐耶 怛他羯他耶 怛姪他唵 波唎婆唎
輸底 達磨底 伽伽娜 莎訶其特迦底 薩婆婆毗輸底 摩訶娜 波唎婆唎莎訶
若有七寶等於須弥以用布施其福亦能知其限量壽經典其福不可知數陀羅尼曰
南謨薄伽勃底 阿波唎蜜多 阿喻紇硯娜 須毗你悉指陀 囉佐耶 怛他羯他耶 怛姪他唵 薩婆桑
悉迦囉 波唎輸底 達磨底 伽伽娜 莎訶其特迦底 薩婆婆毗輸底 摩訶娜耶 波唎
婆唎莎訶
如是四大海水可知滴數是无量壽經典可生果報不可數量陀羅尼曰
南謨薄伽勃底 阿波唎蜜多 阿喻紇硯娜 須毗你悉指陀 囉佐耶 怛他羯他耶 怛姪他唵 薩婆桑
悉迦囉 波唎輸底 達磨底 伽伽娜 莎訶其特迦底 薩婆婆毗輸底 摩訶娜耶 波唎婆唎莎

BD08330號　無量壽宗要經　（5–4）

若有七寶等於須弥山用布施其福上能知其限量壽經典其福不可知數陁羅尼曰
南謨薄伽勃底 阿波唎蜜哆阿喻紇硯娜 須毗你悉指陁 囉佐耶 怛他羯他耶 怛姪他唵 薩婆桑
悉迦囉 波唎輸底 達磨底 伽迦娜 莎訶娑特迦底 薩婆婆毗輸底 摩訶娜耶 波唎
婆唎莎訶
如是四大海水可知滴數是无量壽經典可生果報不可數量陁羅尼曰
南謨薄伽勃底阿波唎蜜哆阿喻紇硯娜 須毗你悉指陁 囉佐耶 怛他羯他耶 怛姪他唵 薩婆桑
悉迦囉 波唎輸底 達磨底 伽迦娜 莎訶娑特迦底 薩婆婆毗輸底 摩訶娜耶 波唎婆唎莎
訶 若有人自書寫是无量壽經典又能護持供養即如恭敬供養一切十方佛土如來无
南謨薄伽勃底 阿波唎蜜哆 阿喻紇硯娜 須毗你悉指陁 囉佐耶 怛他羯他耶 怛姪他唵 薩婆桑
悉迦囉 波唎輸底 達磨底 伽迦娜 莎訶娑特迦底 薩婆婆毗輸底 摩訶娜耶
波唎婆唎莎訶
布施力能成正覺 悟布施力人師子 布施力能聲善聞 慈悲階漸能入
持戒力能成正覺 悟持戒力人師子 持戒力能聲善聞 慈悲階漸能入
忍辱力能成正覺 悟辱力人師子 辱忍力能聲善聞 慈悲階漸能入
精進力能成正覺 悟精進力師子 精進力能聲善聞 慈悲階漸能入
禪定力能成正覺 悟禪定力人師子 禪定力能聲善聞 慈悲階漸能入
智慧力能成正覺 悟智慧力人師子 智慧力能聲善聞 慈悲階漸能入
尒時如來說是經已一切世間天人阿修羅揵闥佛所說皆大歡喜信受奉行
佛說无量壽宗要經

BD08330 號　無量壽宗要經　（5–5）

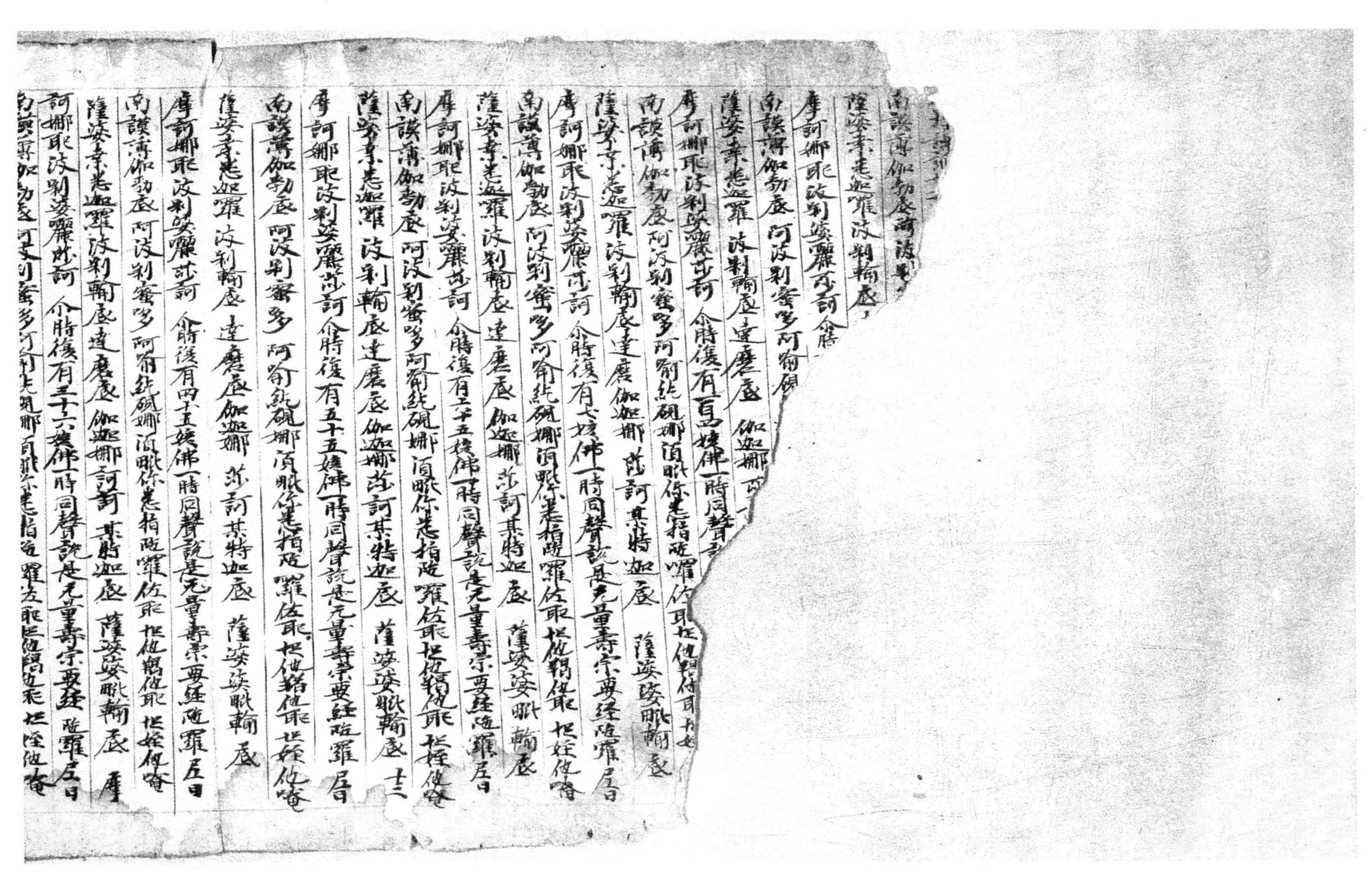
南謨薄伽勃底阿波唎
薩婆桑悉迦囉波唎輸底
摩訶娜耶 波唎婆囉莎訶 尒時
南謨薄伽勃底 阿波唎蜜多 阿喻硯
薩婆桑悉迦囉 波唎輸底 達磨底 伽迦娜 莎
摩訶娜耶 波唎婆囉莎訶 尒時復有八十四俱胝佛一時同聲說
南謨薄伽勃底 阿波唎蜜多 阿喻紇硯娜 須毗你悉指陁 囉佐耶 怛他羯他耶 怛姪
薩婆桑悉迦囉 波唎輸底 達磨底 伽迦娜 莎訶娑特迦底 薩婆婆毗輸底
摩訶娜耶 波唎婆囉莎訶 尒時復有七十七俱胝佛一時同聲說是无量壽宗要經陁羅尼曰
南謨薄伽勃底 阿波唎蜜多 阿喻紇硯娜 須毗你悉指陁 囉佐耶 怛他羯他耶 怛姪他唵
薩婆桑悉迦囉 波唎輸底 達磨底 伽迦娜 莎訶娑特迦底 薩婆婆毗輸底
摩訶娜耶 波唎婆囉莎訶 尒時復有六十五俱胝佛一時同聲說是无量壽宗要經陁羅尼曰
南謨薄伽勃底 阿波唎蜜多 阿喻紇硯娜 須毗你悉指陁 囉佐耶 怛他羯他耶 怛姪他唵
薩婆桑悉迦囉 波唎輸底 達磨底 伽迦娜 莎訶娑特迦底 薩婆婆毗輸底 十三
摩訶娜耶 波唎婆囉莎訶 尒時復有五十五俱胝佛一時同聲說是无量壽宗要經陁羅尼曰
南謨薄伽勃底 阿波唎蜜多 阿喻紇硯娜 須毗你悉指陁 囉佐耶 怛他羯他耶 怛姪他唵
薩婆桑悉迦囉 波唎輸底 達磨底 伽迦娜 莎訶娑特迦底 薩婆婆毗輸底
摩訶娜耶 波唎婆囉莎訶 尒時復有四十五俱胝佛一時同聲說是无量壽宗要經陁羅尼曰
南謨薄伽勃底 阿波唎蜜多 阿喻紇硯娜 須毗你悉指陁 囉佐耶 怛他羯他耶 怛姪他唵
薩婆桑悉迦囉 波唎輸底 達磨底 伽迦娜 莎訶娑特迦底 薩婆婆毗輸底 摩
訶娜耶 波唎婆囉莎訶 尒時復有三十六俱胝佛一時同聲說是无量壽宗要經陁羅尼曰
南謨薄伽勃底 阿波唎蜜多 阿喻紇硯娜 須毗你悉指陁 囉佐耶 怛他羯他耶 怛姪他唵

BD08331 號　無量壽宗要經　（5–1）

薩婆桒悉迦囉 波唎輸底 達磨底 伽伽娜 莎訶 其特迦底 薩婆婆毗輸底
摩訶娜耶 波唎婆羅 莎訶 尒時復有四十五殑伽佛一時同聲說是无量壽宗要經陀羅尼曰
南謨薄伽勃底 阿波唎蜜多 阿喻紇硯娜 須毗你悉指陀 囉佐耶 怛他羯他耶 怛姪他唵
薩婆桒悉迦囉 波唎輸底 達磨底 伽伽娜 莎訶 其特迦底 薩婆婆毗輸底 摩
訶娜耶 波唎婆羅 莎訶 尒時復有三十六殑伽佛一時同聲說是无量壽宗要經 陀羅尼曰
南謨薄伽勃底 阿波唎蜜多 阿喻紇硯娜 須毗你悉指陀 囉佐耶 怛他羯他耶 怛姪他唵
薩婆桒悉迦囉 波唎輸底 達磨底 伽伽娜 莎訶 其特迦底 薩婆婆毗輸底
摩訶娜耶 波唎婆羅 莎訶 尒時復有二十五殑伽佛一時同聲說是无量壽宗要經陀羅尼曰
南謨薄伽勃底 阿波唎蜜多 阿喻紇硯娜 須毗你悉指陀 囉佐耶 怛他羯他耶 怛姪他唵
薩婆桒悉迦囉 波唎輸底 達磨底 伽伽娜 莎訶 其特迦底 薩婆婆毗輸底
摩訶娜耶 波唎婆羅 莎訶 尒時復有恒河沙殑伽佛一時同聲說是无量壽宗要經陀羅尼曰
南謨薄伽勃底 阿波唎蜜多 阿喻紇硯娜 須毗你悉指陀 囉佐耶 怛他羯他耶 怛姪他唵
薩婆桒悉迦囉 波唎輸底 達磨底 伽伽娜 莎訶 其特迦底 薩婆婆毗輸底
摩訶娜耶 波唎婆羅 莎訶
善男子若有自書寫教人書寫是无量壽宗要經如其命盡復得長壽而滿年陀羅尼曰
南謨薄伽勃底 阿波唎蜜多 阿喻紇硯娜 須毗你悉指陀 囉佐耶 怛他羯他耶 怛姪他唵
薩婆桒悉迦囉 波唎輸底 達磨底 伽伽娜 莎訶 其特迦底 薩婆婆毗輸底
摩訶娜耶 波唎婆羅 莎訶 若有自書寫教人書寫是无量壽宗要經讀誦受持畢竟
不墮地獄在在所生得宿命智陀羅尼曰 南謨薄伽勃底 阿波唎蜜多 阿喻紇硯娜 須毗你悉
指陀 囉佐耶 怛他羯他耶 怛姪他唵 薩婆桒悉迦囉 波唎輸底 達磨底 伽伽娜 莎訶 其
特迦底 薩婆婆毗輸底 摩訶娜耶 波唎婆羅 莎訶 若有自書寫教人書寫是无量
壽宗要經受持讀誦如同書寫八万四千一切經典陀羅尼曰 南謨薄伽勃底 阿波唎蜜多
阿喻紇硯娜 須毗你悉指陀 囉佐耶 怛他羯他耶 怛姪他唵 薩婆桒悉迦囉 波唎輸底
達磨底 伽伽娜 莎訶 其特迦底 薩婆婆毗輸底 摩訶娜耶 波唎婆羅 莎訶
若有自書寫教人書寫是无量壽宗要經即是書寫八万四千部建立塔廟陀羅尼曰
南謨薄伽勃底 阿波唎蜜多 阿喻紇硯娜 須毗你悉指陀 囉佐耶 怛他羯他耶 怛姪他唵
薩婆桒悉迦囉 波唎輸底 達磨底 伽伽娜 莎訶 其特迦底 薩婆婆毗輸底 摩
訶娜耶 波唎婆羅 莎訶 若有自書寫教人書寫是无量壽宗要經能滅五无間等一切重
罪陀羅尼曰 南謨薄伽勃底 阿波唎蜜多 阿喻紇硯娜 須毗你悉指陀 囉佐耶 怛他羯他
耶 怛姪他唵 薩婆桒悉迦囉 波唎輸底 達磨底 伽伽娜 莎訶 其特迦底 薩婆婆毗輸
底 摩訶娜耶 波唎婆羅 莎訶 若有自書寫教人書寫是无量壽宗要經受持讀誦設有重
罪猶如須彌盡能除滅陀羅尼曰 南謨薄伽勃底 阿波唎蜜多 阿喻紇硯娜 須毗你悉指陀
囉佐耶 怛他羯他耶 怛姪他唵 薩婆桒悉迦囉 波唎輸底 達磨底 伽伽娜 莎訶 其特迦底

BD08331號　無量壽宗要經

（5–2）

罪陀羅尼曰 南謨薄伽勃底 阿波唎蜜多 阿喻紇硯娜 須毗你悉指陀 囉佐耶 怛他羯他
耶 怛姪他唵 薩婆桒悉迦囉 波唎輸底 達磨底 伽伽娜 莎訶 其特迦底 薩婆婆毗輸
底 摩訶娜耶 波唎婆羅 莎訶 若有自書寫教人書寫是无量壽宗要經受持讀誦設有重
罪猶如須彌盡能除滅陀羅尼曰 南謨薄伽勃底 阿波唎蜜多 阿喻紇硯娜 須毗你悉指陀
囉佐耶 怛他羯他耶 怛姪他唵 薩婆桒悉迦囉 波唎輸底 達磨底 伽伽娜 莎訶 其特迦
底 薩婆婆毗輸底 摩訶娜耶 波唎婆羅 莎訶 若有書寫教人書寫是无量壽宗要經受持
讀誦若魔魔之眷屬夜叉羅刹不得其便終无枉死陀羅尼曰 南謨薄伽勃底 阿波唎蜜
多 阿喻紇硯娜 須毗你悉指陀 囉佐耶 怛他羯他耶 怛姪他唵 薩婆桒悉迦囉 波唎輸底 達
磨底 伽伽娜 莎訶 其特迦底 薩婆婆毗輸底 摩訶娜耶 波唎婆羅 莎訶
若有自書寫教人書寫是无量壽宗要經受持讀誦當命終時有九十九殑伽佛現其人前蒙
千佛授手能遊一切佛刹莫於此經生於疑惑陀羅尼曰
南謨薄伽勃底 阿波唎蜜多 阿喻紇硯娜 須毗你悉指陀 囉佐耶 怛他羯他耶 怛姪他唵
薩婆桒悉迦囉 波唎輸底 達磨底 伽伽娜 莎訶 其特迦底 薩婆婆毗輸底 主
摩訶娜耶 波唎婆羅 莎訶 若有自書寫教人書寫是无量壽宗要經受持讀誦當得四天
大王隨其衛護陀羅尼曰 南謨薄伽勃底 阿波唎蜜多 阿喻紇硯娜 須毗你悉指陀 囉佐
耶 怛他羯他耶 怛姪他唵 薩婆桒悉迦囉 波唎輸底 達磨底 伽伽娜 莎訶 其特迦
底 薩婆婆毗輸底 摩訶娜耶 波唎婆羅 莎訶
若有自書寫教人書寫是无量壽宗要經受持讀誦當得往生西方極樂世界阿彌陀淨土陀羅尼曰
南謨薄伽勃底 阿波唎蜜多 阿喻紇硯娜 須毗你悉指陀 囉佐耶 怛他羯他耶 怛姪他唵
薩婆桒悉迦囉 波唎輸底 達磨底 伽伽娜 莎訶 其特迦底 薩婆婆毗輸底
摩訶娜耶 波唎婆羅 莎訶 若有方所自書寫使人書是无量壽經典之處則爲
是塔皆應恭敬作礼若畜生或爲鳥獸得聞是經如是等類皆當不久得成一切種智陀
羅尼曰 南謨薄伽勃底 阿波唎蜜多 阿喻紇硯娜 須毗你悉指陀 囉佐耶 怛他羯他耶 怛姪
他唵 薩婆桒悉迦囉 波唎輸底 達磨底 伽伽娜 莎訶 其特迦底 薩婆婆毗輸
底 摩訶娜耶 波唎婆羅 莎訶 若有於是无量壽經自書寫若使人書畢竟不
受女人之身陀羅尼曰 南謨薄伽勃底 阿波唎蜜多 阿喻紇硯娜 須毗你悉指陀 囉佐耶
怛他羯他耶 怛姪他唵 薩婆桒悉迦囉 波唎輸底 達磨底 伽伽娜 莎訶 其特迦底 薩
婆婆毗輸底 摩訶娜耶 波唎婆羅 莎訶 若有能於是經少多能惠施者於三千大千世
界滿中七寶布施陀羅尼曰 南謨薄伽勃底 阿波唎蜜多 阿喻紇硯娜 須毗你悉指
陀 囉佐耶 怛他羯他耶 怛姪他唵 薩婆桒悉迦囉 波唎輸底 達磨底 伽伽娜 莎訶 其
特迦底 薩婆婆毗輸底 摩訶娜耶 波唎婆羅 莎訶
若有能供養是經者則是供養一切諸經等无有別異陀羅尼曰
南謨薄伽勃底 阿波唎蜜多 阿喻紇硯娜 須毗你悉指陀 囉佐耶 怛他羯他耶 怛姪他唵

BD08331號　無量壽宗要經

（5–3）

陀囉佐耶 怛他羯他耶 怛姪他唵 薩婆桑悉迦囉 波唎輸底 達磨底 伽伽娜 莎訶某
特迦底 薩婆娑毗輸底 摩訶娜耶 波唎婆囉莎訶
若有能供養是經者則是供養一切諸經等无有別異 陀羅尼曰
南謨薄伽勃底 阿波唎蜜多 阿喻紇硯娜 須毗你悉指陀 囉佐耶 怛他羯他耶 怛姪他唵
薩婆桑悉迦囉 波唎輸底 達磨底 伽伽娜 莎訶某特迦底 薩婆娑毗輸底
摩訶娜耶 波唎婆囉莎訶
如是毗婆尸佛 尸棄佛 毗舍浮佛 俱留孫佛 俱那含牟尼佛 加葉佛 釋迦牟尼佛
若有人以七寶供養如是七佛其福有限 書寫受持是无量壽經典所有功德不可限量 陀
羅尼曰 南謨薄伽勃底 阿波唎蜜多 阿喻紇硯娜 須毗你悉指陀 囉佐耶 怛他羯他耶 怛姪
他唵 薩婆桑悉迦囉 波唎輸底 達磨底 伽伽娜 莎訶某特迦底 薩婆娑毗輸底
摩訶娜耶 波唎婆囉莎訶　若有七寶等於須彌山用布施其福上能知其限
量是无量壽經典其福不可知數 陀羅尼曰 南謨薄伽勃底 阿波唎蜜多 阿
喻紇硯娜 須毗你悉指陀 囉佐耶 怛他羯他耶 怛姪他唵 薩婆桑悉迦囉 波唎輸底
達磨底 伽伽娜 莎訶某特迦底 薩婆娑毗輸底 摩訶娜耶 波唎婆囉莎訶
如是四大海水可知渧數 是无量壽經典所生果報不可限量 陀羅尼曰
南謨薄伽勃底 阿波唎蜜多 阿喻紇硯娜 須毗你悉指陀 囉佐耶 怛他羯他耶 怛姪他唵
薩婆桑悉迦囉 波唎輸底 達磨底 伽伽娜 莎訶某特迦底 薩婆娑毗輸底
摩訶娜耶 波唎婆囉莎訶　若有自書使人書寫是无量壽經典文能讀誦持供養恭敬
供養一切十方佛土如来无有別異 陀羅尼曰 南謨薄伽勃底 阿波唎蜜多 阿喻紇硯娜 須毗你悉
指陀 囉佐耶 怛他羯他耶 怛姪他唵 薩婆桑悉迦囉 波唎輸底 達磨底 伽伽娜 莎訶某特迦底 薩
婆娑毗輸底 摩訶娜耶 波唎婆囉莎訶
布施力能成正覺　悟布施力人師子　布施力能聲普聞　慈悲階漸取能入
持戒力能成正覺　悟持戒力人師子　持戒力能聲普聞　慈悲階漸取能入
忍辱力能成正覺　悟忍辱力人師子　忍辱力能聲普聞　慈悲階漸取能入
精進力能成正覺　悟精進力人師子　精進力能聲普聞　慈悲階漸取能入
禪定力能成正覺　悟禪定力人師子　禪定力能聲普聞　慈悲階漸取能入
尒時如來說是經已　一切世間天人阿脩羅揵闥婆等聞佛所說
皆大歡喜信奉行
佛說无量壽宗要經

BD08331號　無量壽宗要經　（5–4）

供養一切十方佛土如来无有別異 陀羅尼曰 南謨薄伽勃底 阿波唎蜜多 阿喻紇硯娜 須毗你悉
指陀 囉佐耶 怛他羯他耶 怛姪他唵 薩婆桑悉迦囉 波唎輸底 達磨底 伽伽娜 莎訶某特迦底 薩
婆娑毗輸底 摩訶娜耶 波唎婆囉莎訶
布施力能成正覺　悟布施力人師子　布施力能聲普聞　慈悲階漸取能入
持戒力能成正覺　悟持戒力人師子　持戒力能聲普聞　慈悲階漸取能入
忍辱力能成正覺　悟忍辱力人師子　忍辱力能聲普聞　慈悲階漸取能入
精進力能成正覺　悟精進力人師子　精進力能聲普聞　慈悲階漸取能入
禪定力能成正覺　悟禪定力人師子　禪定力能聲普聞　慈悲階漸取能入
尒時如來說是經已　一切世間天人阿脩羅揵闥婆等聞佛所說
皆大歡喜信奉行
佛說无量壽宗要經

BD08331號　無量壽宗要經　（5–5）

別々解脫戒若說
若教、就行釋絕緣之心名
名毗尼 名是梵語唐言除滅若就教釋此即能除苦言生死苦盡毛爲惔怕故名爲藏又釋滅除生死盡
世尊在世親自宣傳臨涅槃時以此律藏付囑優波
滅度付囑摩々訶々迦々葉々涅槃付囑阿々難々滅度付囑
那々和々修々涅槃付囑優波毱多已上五大師佛法皆一味後毱
多有五弟子各覓生異見遂分爲五一名薩婆多即十誦
律主是也 二名曇無德即四分律主是也 三名弥沙塞即五分
律主是也 四名婆麤富那即僧祇律主是也 五名迦葉惟亦名
迦葉毗々律々本未來漢地也 今此四分律主即曇無德部是梵
語唐言法正部也 得戒有十種 一自然得戒唯佛 二自誓得戒謂
大迦葉 三見諦得戒謂五俱輪等五比丘 四善來得戒謂耶舍等
五三語得戒謂佛在世未制戒前但受三歸即得具足 六問答得戒
謂須陁耶沙弥年始七年佛問其義一々具答稱可聖心便蒙具足 七八
敬得戒謂大愛道從阿難聞八法已嘆善頂受蒙具足八敬者 百罵舉
授戒請[illegible]白 八遣使得戒謂半迦尸尼有其難緣差使乞戒即得具足
九羯磨得戒謂僧十作法十邊方五人授大戒已前九種屬佛在世羯磨
一法教通凡聖被及僧尼識羅現未知作法 問羯受戒具足幾緣得名
知法 答依僧祇律具六因緣 一年滿廿三衣鉢具二身无遮難 三結界成

謂須陀洹……

教得戒　謂大愛道從阿難聞八法已歎善頂受具足八敬者　百罵舉

授戒請婆自　八遣使得戒　謂半迦尸尼有其難緣差使乞戒即得具足

九羯磨得戒　謂僧十作法十邊方五人授大戒已前九種屬佛在世羯磨

一法教通凡聖被及僧尼該羅現未知作法　問羯受戒具足幾緣得名

如法　答依僧祇律具六四緣　一年滿廿　二衣鉢具　二身无遮難　三結界成

就　四界內盡集　五羯磨成就　六十僧滿足　備此六緣得名如法闕一不成

問界有幾種　答一者作法界　二者自然界　作法界有三　一者攝僧界　二攝

衣界　三攝食界　僧有三種　一者大界　二者界場　三小界　今就大界

之內又有三種　謂人法同食別界　若就自然界中者則有四別　一者聚

落界　二者蘭若界　三者道行界　四者水界　問羯磨有幾種　答有一

百卅四種　單白羯磨有卅九　白二羯磨有五十七　白四羯磨卅八　此三羯

磨攝一切羯磨皆盡　此明五篇法　一波羅夷篇（蓋是西音此云无餘若犯此罪永棄衆外故曰无餘不得与僧同行布薩羯磨弃在衆外故云无餘也）

二僧伽婆尸沙篇（此云僧殘若犯此戒行即毀缺不應在布薩羯磨衆中之數有其分故云僧殘也）　三波逸提篇（此方云墮若犯此戒墮落地獄燒煮覆障故云墮也）

四波羅提提舍尼（此方云向彼悔若犯此戒事合可呵對手悔懺故云向彼悔）　五名式叉迦羅

尼篇（此方云應當覺威儀練行懃習方成故云應當覺）　此明七聚法　一波羅夷聚　二僧伽婆尸沙聚

三偷蘭遮聚（此是梵語唐言麁惡亦云遮障偷言遮蘭言鄣若犯此罪大遮障聖道故云遮障然偷蘭有四　一五逆偷蘭遮滅擯不可除　二初篇下重偷蘭遮八僧中悔　三初篇下輕偷蘭　二篇下重偷蘭遮四中悔　四獨頭偷蘭遮及餘篇下偷蘭三僧中悔）

四波逸提聚　五波羅提提舍尼聚　六突吉羅者（義翻云惡作突者名作作惡不正故云突吉羅亦云惡說身作名惡口作名說故云惡作惡說突吉羅者此二聚罪若故犯者應對手懺若誤犯應責心懺）

問欲戒具幾緣成犯　答具四緣（一前境是女人　二興染心　三起方便　四与境合便犯）　問盜戒具幾

緣成犯　答具六緣成犯（一有主物　二有主想　三有盜心　四重物　五興方便　六離本處便犯）　問煞戒具幾緣

答具五緣（一是人　二人想　三興煞生心　四起方便　五斷命根）　問大妄語戒具幾緣　答具八緣成犯

（一前境是人　二人想）　三事虛　四知是虛事　五有誑他心　六自言己得　七言諱了了

八前人知解　問僧有幾種　答四種　一者四人僧（除受戒自恣出罪餘一切）

二者五人僧（除中國受戒出罪餘法得作）　三者十人僧（除出罪餘法作）　四者廿人僧

一切羯磨得作况復更多　問菩薩戒中煞先婬後　何故聲聞戒中婬先煞後

答菩薩為大慈為本是以煞戒為初　聲聞以梵行為識是以欲戒為首

受衣法若不持三衣入聚落者得無量罪世世裸形無有衣服若不串鉢綱入

BD08332號　小抄（異本）　（4-2）

八萷人知辭問僧有幾種 荅四種 一者四人僧[illegible]
二者五人僧 除中國授戒出罪餘法得作 三者十人僧 除出罪餘法作 四者廿人僧
一切羯磨得作光復更多 問菩薩戒中無先無後 何故聲聞戒中有先後
荅菩薩為大慈為本是以無戒為初聲聞以梵行為識是以欲戒為首
受衣法若不持三衣入聚落者得無量罪世世裸形無有衣服若不串鉤紐入
俗人家家家得罪若食飲時咽咽得罪 問云何名為三衣六物 荅多會有四
種 割截 二𥜥葉 三褋葉 四縵作 一長一短 割截衣持餘三 案此取持 二名欝多羅
僧有二種 一割截 二褋葉 二長一短 即是七條衣 受割截衣持 若餘衣准此
三名僧伽梨 此衣有十八種 謂割截褋葉各九品 若受上衣廿五條四長
一短 割截衣持 若是褋葉條數准上 褋葉衣持 若中品三長一短 若是
下品兩一短 授衣文 大德一心念我比丘某甲 此欝多羅僧七條衣受兩長
一短割截衣持 三說 若是餘衣及褋葉𥜥葉等臨事准改 受文同上
捨衣文 大德一心念我比丘某甲 此僧伽梨是我三衣數 先受持 今捨 一說 下至五衣等准捨亦尔
授藥法 藥有四種 一時藥 謂飯麨魚肉 怯闍尼食 梵音 蒲闍尼食有五種 一大淨 二刀淨 三
唐言枝葉花果細末食 淨有五種 一火淨 二刀淨 三瘡淨 四鳥啄淨 五不中種淨 此火淨及子壞淨得并子食 餘三去子食
是時藥 謂從旦至中前食 若欲授者 先知食體 後知授 餘藥准此
謂八種漿 梨棗甘蔗蕤蒲桃蜜安石留菴羅果等汁作漿 若有 二非時藥
疾緣 聽清水滓淨加以授法得飲 无病不得飲 三七日藥 仏言 蘇油
生蘇蜜石蜜 有病因緣應加授法 聽七日服 授法者 大德一心念我比丘某甲
今為熱風冷病因緣 此七日藥 為欲宿服故 今於大德邊授 三說 餘二時藥
若有病患因緣須服者 臨事畧此 准改授 久同上 （授久同上）
四盡形藥 仏言 一切鹹苦辛不堪為食者 乃至灰土大小便 等若有病緣 聽盡形服 亦須手授 加其口法得服 安居法 從始及終總有 （從始及）
有四法 謂人有五 五衆是 法有四 對手心念 妄戒及界 時有三 前安居 中安居 後安
居 處有二 作法界 自然界 對手安居法 大德一心念 我比丘某甲 依某聚落某伽藍 隨彌之前三月夏安居 房舍破脩治故
彼告言 汝莫放逸 荅言 授持 問比丘義云何 荅有八種 一名字比丘 二相似比丘
三自稱比丘 四乞求比丘 五著割截衣比丘 六破結使比丘 七善來比丘 八白四羯磨
如法成就得處所比丘 衆法 一糞掃衣 二常乞食 三樹下坐 四腐爛藥
糞掃衣十種 一牛嚼衣 二鼠齧衣 三火燒衣 四月水衣 五立王衣 六神廟衣 若
鳥銜風吹離處 七頹衣 八塚間衣 九產衣 十往還衣 僧物隨事

彼告言汝莫放逸 答言頂戴持 問比丘義云何 答有八種 一名字比丘 二相似比丘
三自稱比丘 四乞求比丘 五著割截衣比丘 六破結使比丘 七善來比丘 八白四羯磨
如法成就得處所比丘 四依法 一糞掃衣 二常乞食 三樹下坐 四腐爛藥（食）
糞掃衣十種 一牛嚼衣 二鼠齧衣 三火燒衣 四產衣 五王衣 六神廟衣 若
鳥銜風吹離處 七顛衣 八塚間衣 九產衣 十往還衣 僧物隨事
立名 凡有六種 一者十方僧物 如僧處重物及供眾僧受用食噉
皆有分 無有和合不得賣買 等物體通十方 上至羅漢 下至沙彌 盡
餓借与人及施已受用 二者常住僧物 謂眾僧廚庫寺舍園田僕使畜等
體通十方不可分用 言常在此處不
可移動 四方僧來此處受用
從物為名 故稱常住常住 三者十方現前 如亡僧五眾衣物未羯磨前屬
十方現前僧 若盜此物 從十方僧結罪
四者現現前 謂亡僧五眾物作羯磨了 及有施大眾物法事 五招提僧物
聲斷善人守護 眾僧未分 故云現現前僧物
謂擅越施田園与現前僧 僧造移房 四方僧來無安置處 俗人見已懟此
房邊更施田園 造立僧房与四方僧 供給所須 由此房舍
招引四方僧 故言招提僧物 或先造房 僧過已房 及田園施四方僧 亦名招提僧物
六者僧䮂物 謂僧園中有花 或賣花 或已花作䮂 此賣得物 從䮂得物 故名僧䮂物 有四種妄語 一波羅夷妄語
二僧殘妄語 三波逸提妄語 四阿毗波羅妄語 口有四威儀語 一者常作法語
二者常作正直實語 三者常作和合語 四者常作柔軟語悅意 慳有五種 一慳財
二者慳法 三慳處 四慳 五慳譜 明四分義 略著數也 分者段也 世尊在世四度卑
座說此律終 故名四分 又云梵夷四夷 故名四分 此四分律通其六律 今且明解四分即律 律即四分 六律之中是帶數釋也 今衣律
本從初至僧戒未 名為初分 至尼戒中終 名為第二分 從安居揵度至房舍
已前名為第三分 從房舍揵度至律本末 名為第四分 持戒得十種利
一攝取於僧 二令僧歡喜 三令僧安樂 四未信者令信 五已信者令增長 六難調者
令調 七慚愧者安樂 八斷現在有漏 九斷未來有漏 十令正法得久住 十二頭陀法 頭者斗擻 陀名[illegible]
一持糞掃衣 二持三衣 三持隨衣 四常乞食 五一餘食 六一坐食 七不作餘食法 八[illegible]
坐 九塚間坐 十[illegible]迥處坐 十二常坐不臥 六一坐食 七不作餘
坐九塚間

覓得一條鐵棒 運業道之身 來到墓所
遶生餓鬼道 受罪何時了 行似破車聲 臥如枯樹倒
遍身煙焰生 口裏如爐道 一日之中 百度燒 長年受苦何時了
何過多時 業不離 惡家惡業鎮相隨 朝朝日日難除渴
促促生生 未免飢 受苦恨無解脫路 受罪多了解尋思
推尋惡業誰人造 省得前身自己為 冥司恨無推緣受
復攝思量惡處死 覓得一條長鐵棒 墳間呵責盡頭槌
既將鐵棒。直至墓所。尋得死屍。且亂打一千鐵棒。呵責道。
恨你在生之日。慳貪疾妒日夜只是算人。無一念饒益之心。
只是萬般積富。頭頭增罪。種種造殃。死值三塗受苦 菩薩作
在生恨你極無量 貪愛之心日夜忙 老去和頭全攬却
少年眼也攬挽將 百般故墾謗他者 千種為難為口粮
在生愛他物恰好 業排眷屬不分張 緣男為女添新業
憂家憂計走忙忙 盡頭呵責死屍了 鐵棒高當打瘍
不孝中親家無情。

擔愛恩常諭人造　皆得前身已為　冥言恨無推嫂受

復攝因量惡處死　覓得一條長鐵棒　墳間呵責盡頭捉

既將鐵棒。直至墓所。尋得死屍。且亂打一千鐵棒。呵責道

恨你在生之日。慳貪疾妬日夜只是算人。無一念饒益之心。

只是万般損害。頭頭增罪。種種造殃　死直三塗号　菩薩外今

在生恨你極無量　貪愛之心日夜忙　老去和頭全樸却

少年眼也擻椀將　百般毀聖謗僧者　千種為難為口粮

在生愛（貪）他物恰好　業排眷屬不分張　緣男為女添新業

憂家憂計走忙忙　盡頭呵責死屍了　鐵棒高舉打瑒

從汝第二。惡死屍在生日。於父母受不孝中親家無情。

兄弟致詞。向姊妹衷死義。　菩薩等　恨汝生迷留不會聞好人

五逆向耶孃　万般惡業累　虎狼性發惡　禽獸心長起

姊妹似參晨　兄弟如火水　內親長不近　外族難知已

責家罪過沒休時　永劫沉輪為餓鬼　今君在立過處突

一去三除更不迴　直為在生行不孝　又將鐵棒打屍來

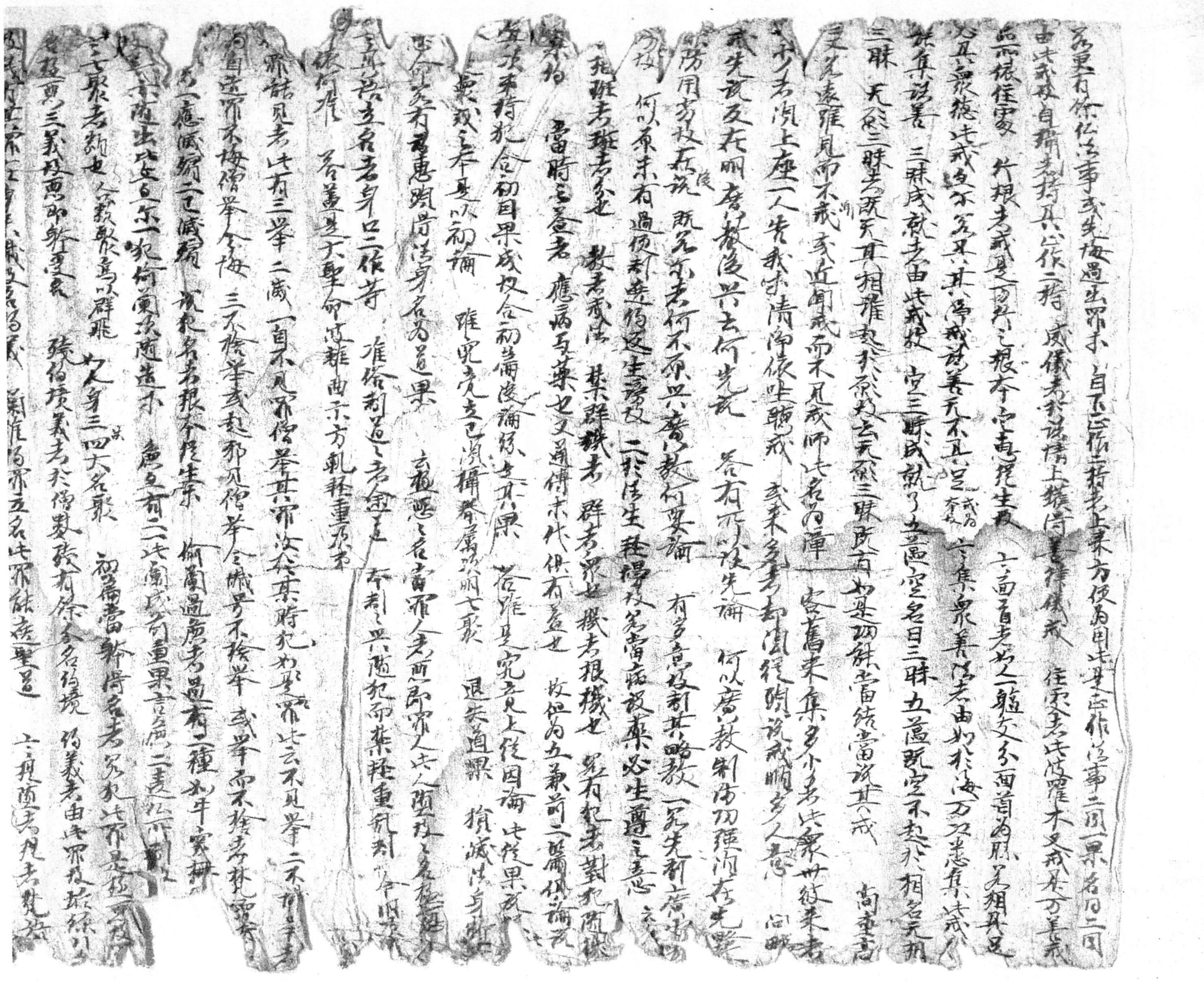

BD08334號　四分律疏解（擬）

（2–1）

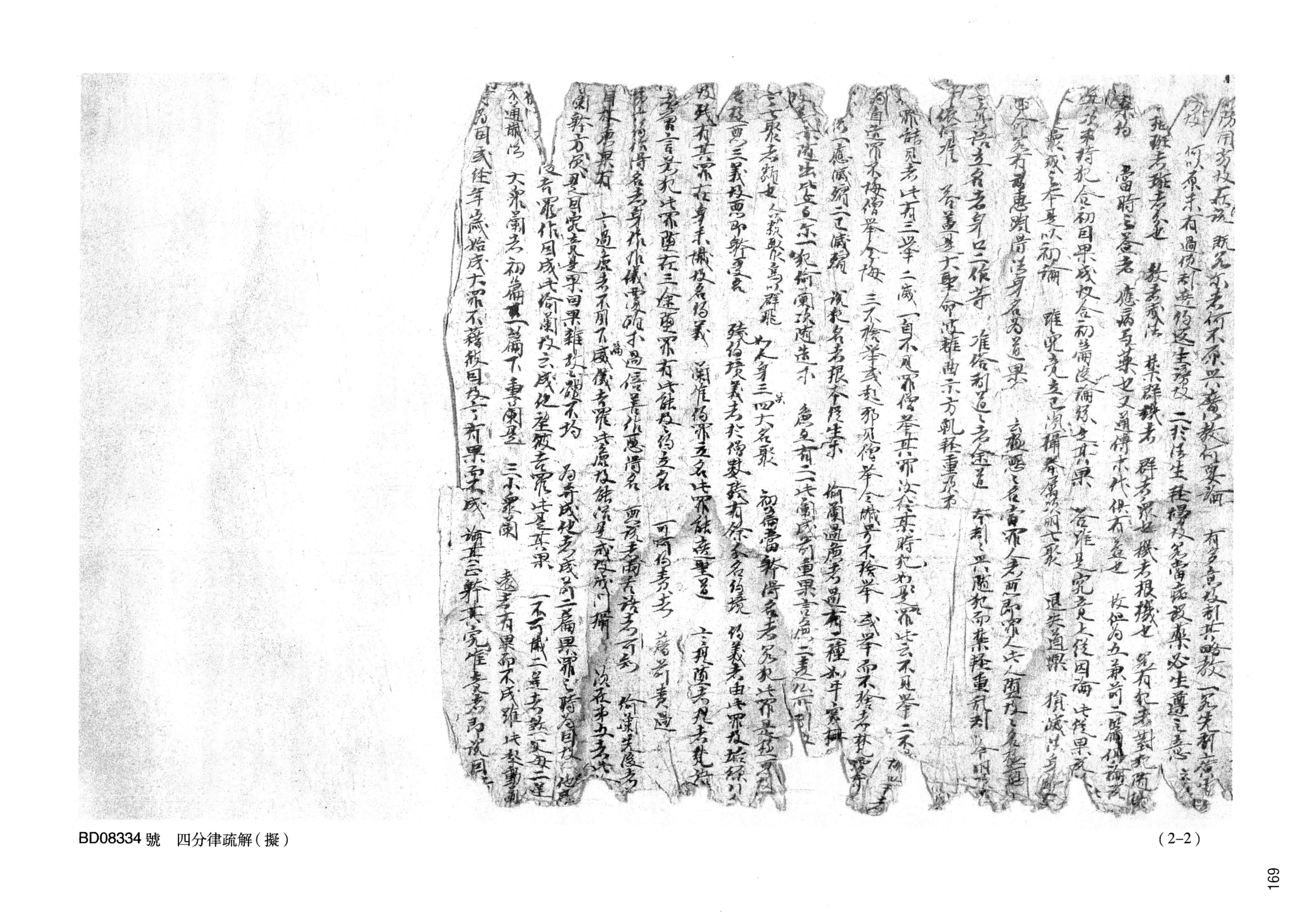

BD08334號　四分律疏解（擬）

（2–2）

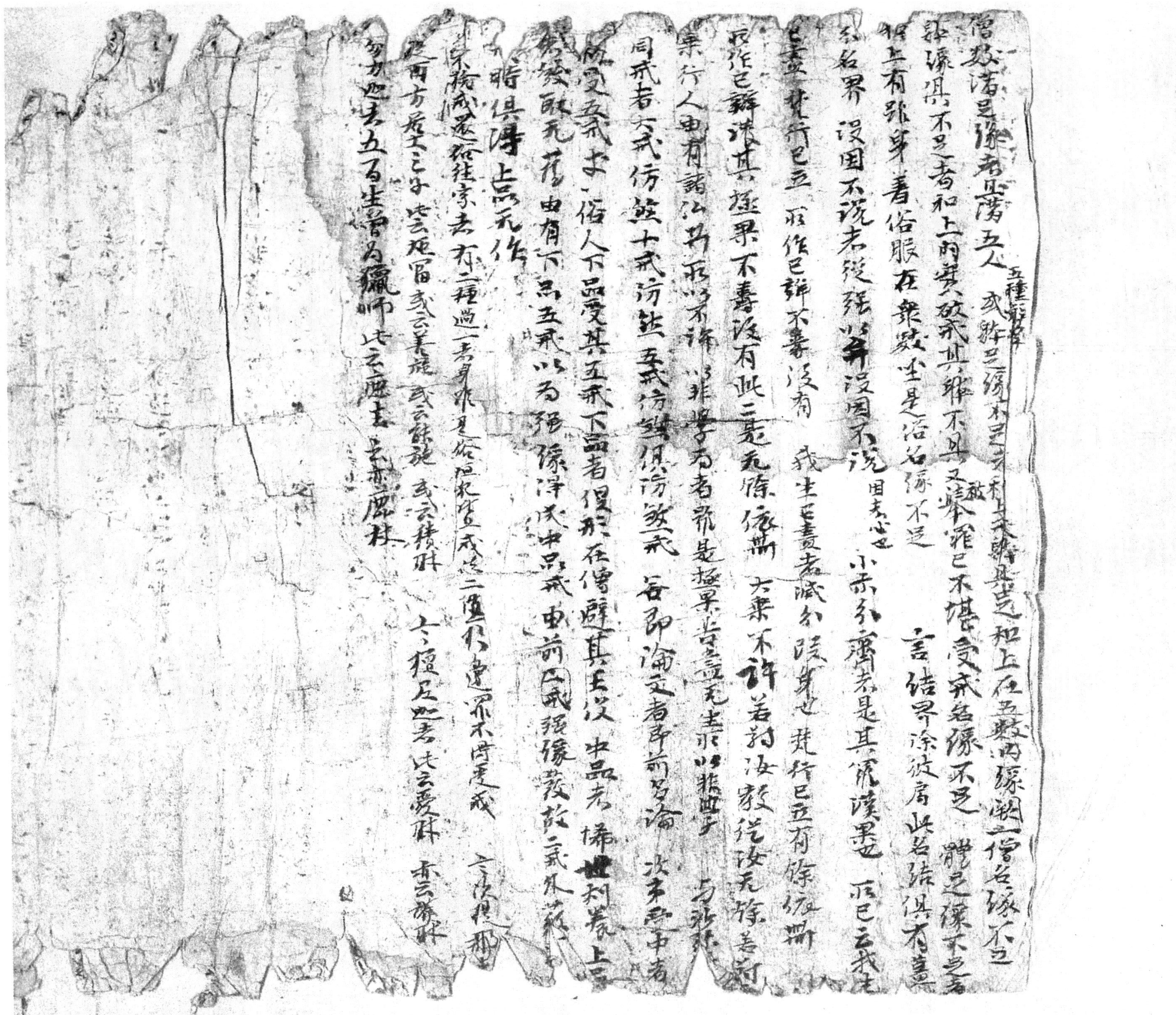

BD08334號背　四分律疏解（擬）　（1–1）

其弟子得正法戒是中品戒三者佛滅度後千里内
无受戒法師應在諸佛菩薩形像前胡跪合掌自
誓受戒應如是言我某甲啓十方諸佛及大地菩
薩等我求一切菩薩戒是下品戒千里内有師自佛
像前受戒不得戒若欲受菩薩戒者先礼師是請師
作如是言我某甲從大德欲受菩薩戒律儀願大德
忍聽憐愍故受如是請已師應可之
敬礼過去世盡過去世際常住諸佛
敬礼未來世盡未來世常住諸佛
敬礼現在際盡現在際常住諸佛
敬礼過去世盡過去際常住尊法
敬礼未來世盡未來際常住尊法
敬礼現在世盡現際常住尊法

敬禮現在際盡現在際常住諸佛
敬禮過去世盡過去際常住尊法
敬禮未來世盡未來際常住尊法
敬禮現在世盡現際常住尊法
敬禮過去世盡過去際常住三寶
敬禮未來世盡未來際常住三寶
敬禮現在世盡現在際常住三寶
弟子某甲今受菩薩戒仰請釋迦牟尼佛作和上請
當來彌勒作阿闍梨復請文殊師利菩薩虛空藏菩
薩地藏菩薩藥王菩薩藥上菩薩跋陀和菩薩
救脫菩薩堅勇菩薩遍法界一切菩薩以為證人如是三說
我今不久當得无盡无上无量大功德聚念是事已嘿
然而住　次受四不壞
我某甲從今日乃至无上菩提歸依常住佛寧捨身命
終不歸依自在天等從今日乃至无上菩提歸依常住
法寧捨身命終不歸依外道邪法從今日乃至无
上菩提歸依常住僧寧捨身命終不歸依九十五
種一切邪僧從今日乃至无上菩提歸依正法戒寧捨
身命終不歸依一切外道雜獨等戒如是三說
此是菩薩三歸及戒念佛三昧[illegible]

種一切耶僧從今日乃至无上菩提歸依正法戒寧捨
身命終不歸依一切外道雜猶等戒 如是三說
此是菩薩三歸及戒念佛三昧，必得見佛命終之後
生諸佛前普賢等一切大士是我法兄次問受戒者
汝能發菩提心不 答言能 汝能行菩薩行不
汝能於无上菩提生深信不 汝能離惡友親近善
知識不 汝能悔過請住隨喜迴向增長佛道不
汝能讀誦書寫方等經典為人解說不 汝能救護
貧苦獨孤人不有犯王罪隨力拔濟乃至起一念慈悲心
不 汝能捨於懈怠起精進求佛道不 汝於六塵中
生煩惱時尋能折伏不 汝若於无上菩提生厭
退心於小乘中生貪著時能除滅不能日化一人脩
善不 皆答言能 佛子今為諸菩薩結一切戒根本所謂
三聚戒我今為汝受三聚戒者三聚戒者攝善法戒
攝八万四千法門攝眾生戒者慈悲喜捨化及一切眾
生皆得安樂律儀戒者十波羅蜜是菩薩清淨
劉彼垢戒此諸戒過去諸佛已說未來諸佛當說
現在諸佛今說過去菩薩已學未來菩薩當學現
在菩薩今學一切菩薩盡學是戒 汝菩薩亦應學

剗彼垢戒此諸戒過去諸佛已說未來諸佛當說
現在諸佛今說過去菩薩已學未來菩薩當學現
在菩薩今學一切菩薩盡學是戒汝菩薩不能學
不 如是三說 是三羯磨　　次作十惡懺悔　　請佛文
我弟子今許諸人等自云使無始生死以來至於今日
或犯五逆四重謗法耶見一闡提罪以是因緣沉生死河
沒煩惱海無由得出沉沒罪溼不能自拔是故今日無
量怖懼無量慚愧唯求十〃此無盡經依此經中懺悔
諸罪是以仰請十方盡空法界一切諸佛十二部經方
等正典陀羅尼藏大菩薩眾一切賢聖唯願諸佛菩
薩大慈大悲不捨罪人憐愍眾生受弟子請來
勸發弟子菩提心來作是語已憶念罪重五體
投地涕泣交流至心頂禮請　　請佛已讚嘆供養
仰惟佛世尊　　普為世間出　　慈悲哀愍　　必令我得見
即生此念時　　佛於空中現　　普放淨光明　　顯示無比身
我弟子等自從曠劫以來至於今日立身以來至於今
朝或煞父煞母出佛身血破塔壞寺傷害羅漢破和合
僧焚燒僧坊煞發菩提心人或煞師長同學弟子無

我弟子等自從曠劫以來至於今
朝或煞父煞母出佛身血破塔壞寺害羅漢破和合
僧焚燒僧坊煞發菩提心人或煞師長同學弟子兄
弟姉妹六親眷屬朋友知識或復焚燒山澤極決
陂池溉灌陸田傷諸物命放鷹走狗羅網罝鳥脛
河捕魚養蠶煞禽殺畜貪樸破卵屠煞牛羊及
諸雜獸乃至蚤虱有命之屬悉皆煞害无有慈心自作
教人見作隨喜是故今日无量怖畏无量慚愧歸向十
方諸佛十二部經諸尊菩薩現在經書形像前發露懺
我弟子等從无始世界以來至於今日或復偷盜三尊
財物招提僧物十方僧物五部僧物乃至一比丘物一
沙弥物一切樘越物或復偷盜父母兄弟六親眷屬
朋友知識師長弟子同學等物輕秤小斗短尺欺誑
於人因官形勢取人財物道中拾遺乃至草葉盜心
故取皆犯諸罪是故今日无量怖畏无量慚愧歸依
諸佛方等父母菩薩知識聽我懺悔
復次世尊我弟子等或從无始生死以來至於今日縱
串六情隨心所欲耽色所醉不知猒足如膠着漆然

故耶皆犯諸罪是故今日无量怖畏无量慚愧歸依
諸佛方等父母菩薩知識聽我懺悔
復次世尊我弟子等或從无始生死以來至於今日縱
串六情遊心所欲馳色所醉不知猒足如膠着漆
如獲猴處處貪着遍遊六根廣造諸惡媱火熾盛
不避親踈或於父母邊作非法罪或比丘比丘尼沙彌沙彌
尼邊或叉摩尼邊作非法罪或優婆塞優婆夷
童男童女邊作非法罪或於兄弟姊妹六親眷屬
中作非法罪或於鬼邊鳥畜生邊作非法罪或師
長弟子邊作非法罪晝夜繫念无時有廢如火貪
薪无有休息所造罪處塔寺浮圖裏經書形像前
僧坊淨地温室講堂中如是一切淨處作諸非法
此罪之惡何量地獄是其生處現身惡報是其衣
服是故今日發露懺悔　　我弟子等自從无始世
界以來至今此身多習虚言廣積妄語論說國土、
飢饉蒸敗軍馬鬪戰无益之語闘搆壞亂離間
別友兼復兩舌忘言惡口說他長短論人好醜誹
訕良賢譏公謗毋或言大覺示滅法僧无常

飲[illegible]羨貶軍事鬪戰无益之語鬪搆壞亂離間
別友兼復兩舌惡言惡口說他長短論人好醜誹
訕良賢譏公謗毋戒言大覺永滅法僧无常
身心起戒无量倒見又此舌根者能斷正法輪壞
三寶種是故今日發露懺悔我弟子等或從有
識以來至於今日情述諸境隨俗濁流沒溺長
津廣造諸惡不可具說或事東王父西王毋南
斗北辰日月星宿一切諸神以是因緣增長三毒起六
十二見盡犯過去未來現在諸佛禁戒或犯三自
歸五戒八戒沙彌十戒沙彌尼戒大比丘戒比丘尼戒
或犯六重菩薩八重十无盡戒廿四尊戒乃至八万
四千一切諸戒從突吉羅至於四重皆悉具犯未曾改
悔發露懺悔日夜增長曾聞佛說若犯四重乃至
微細若不發露懺悔定入地獄而无疑也是故今日
无量佛衆无量慚愧發露懺悔

次受十无盡戒

佛子從今身至佛身盡未來際於其中間不
得故煞生若有犯非菩薩行失卅二賢聖法不
得犯能持不 答言能
佛子從今身至佛身盡未來際於其中間不得

次受十无盡戒
佛子從今身至佛身盡未來際於其中間不
得故煞生若有犯非菩薩行失卅二賢聖法不
得犯能持不 答言能
佛子從今身至佛身盡未來際於其中間不得
故偷盜若有犯非菩薩行失卅二賢聖法不
得犯能持不
佛子從今身至佛身盡未來際於其中間不得
耶婬若有犯非菩薩行失卅二賢聖法不得犯
能持不
佛子從今身至佛身盡未來際於其中間不得
妄語若有犯非菩薩行失卅二賢聖法不得犯
能持不
佛子從今身至佛身盡未來際於其中間不得
沽酒若有犯非菩薩行失卅二賢聖法不得犯
能持不
佛子從今身至佛身盡未來際於其中間不得
說在家出家菩薩過惡若有犯非菩薩行失卅
二賢聖法不得犯能持不
佛子從今身至佛身盡未來際於其中間不得
故慳若有犯非菩薩行失卅二賢聖法不得犯
能持不
佛子從今身至佛身盡未來際於其中間不得
故瞋若有犯非菩薩行失卅二賢聖法不得犯
能持不
佛子從今身至佛身盡未來際於其中間不得
自讚毀他若有犯非菩薩行失卅二賢聖法不

故瞋若有犯非菩薩行失卅二賢聖法不得犯
能持不
佛子從今身至佛身盡未來際於其中間不得
自讚毀他若有犯非菩薩行失卅二賢聖法不
得犯能持不
佛子從今身至佛身盡未來際於其中間不得謗
三寶藏若有犯非菩薩行失卅二賢聖法不得
犯能持不　　受者故在坐師應起立白
佛白十方无量世界弟一勝師及善和者一切衆生
中善軟覺者彼某甲菩薩於〻甲菩薩前三說受
菩薩戒竟唯願諸佛菩薩以爲證人 如是三說
重啓十方諸佛十二部經大地菩薩彼某甲菩薩
於某甲菩薩前受菩薩戒竟諸佛菩薩有神通
道眼知見覺力知某世界中某甲城中某道場中
〻菩薩等就〻甲菩薩邊受菩薩戒竟唯願諸
佛菩薩於此菩薩生子想弟想生憐愍想生憐
愍故想永不退轉无上菩提之心 如是三說　次發願
復次世尊我弟子等於今佛前發堅固誓願從
今日乃至无上菩提堅持禁戒不可沮壞乃至微
細護如金剛然如行者護惜浮囊不施羅剎
微塵等許然如持滿鉢油行衆後持刀人不堕
於一渧堅持禁戒然復如是持戒之後勇猛精進
如救頭燃不懈不息以此善根寧碎身命末如微
塵入阿鼻獄不發聲聞辟支佛心不求聲聞辟支
佛果唯求无上清淨菩提以此功德迴施十方一切衆
生願令弟子及諸衆生現在身中遇善知識聞說
妙法如法脩行發菩提心永不退轉讀誦大乘

唸故想永不退轉无上菩提之心（如是三說）　次發願
復次世尊我弟子等於今佛前發堅固誓願從
今日乃至无上菩提堅持禁戒不可沮壞乃至微
細護如金剛々々如行者護惜浮囊不施羅刹
微塵等許々々如持滿鉢油行衆後持刀人不匪
於一渧堅持禁戒々々復如是持戒之後爲擋精進
如救頭燃不懈不息以此善根寧碎身命如微
塵入阿鼻獄不發聲聞辟支佛心不求聲聞辟支
佛果唯求无上清淨菩提以此功德迴施十方一切衆
生願令弟子及諸衆生現在身中遇善知識聞說
妙法則能修行發菩提心永不退轉讀誦大乘
方等經典臨命終時身不覺苦心不錯亂如入禪
定十方諸佛放大光明來照我身屈申臂頃即得
往生无量壽國上品上生与諸菩薩等无差別具
大神通供養十方一切諸佛十方佛所捻聞正法爲
虚空法界諸衆生等說華嚴十地涅槃佛性令諸
衆生得具普賢菩薩一切願行發願已竟敬禮
常住三寶
受戒者无禮師而去

妙是故汝法莫輕彼國若佛菩薩及國土生
下劣想妙音菩薩白其佛言世尊我今詣娑
婆世界皆是如来之力如来神通遊戲如来
功德智慧莊嚴於是妙音菩薩不起于坐身
不動搖而入三昧以三昧力於耆闍崛山去
法坐不遠化作八万四千衆寶蓮華閻浮檀
金爲莖白銀爲葉金剛爲鬚甄叔迦寶以爲
其臺尒時文殊師利法王子見是蓮華而白
佛言世尊是何因緣先現此瑞有若干千万
蓮華閻浮檀金爲莖白銀爲葉金剛爲鬚甄叔迦寶以爲其臺
尒時釋迦牟尼佛告文殊師利是妙音菩薩
摩訶薩欲從淨華宿王智佛國與八万四千
菩薩圍遶而来至此娑婆世界供養親近礼
拜於我亦欲供養聽法華經文殊師利白佛
言世尊是菩薩種何善本脩何功德而能有
是大神通力行何三昧願爲我等說是三昧
名字我等亦欲懃脩行之行此三昧乃能見
是菩薩色相大小威儀進止唯願世尊以神
通力彼菩薩来令我得見尒時釋迦牟尼佛

BD08336號　妙法蓮華經（兌廢稿）卷七　（2–1）

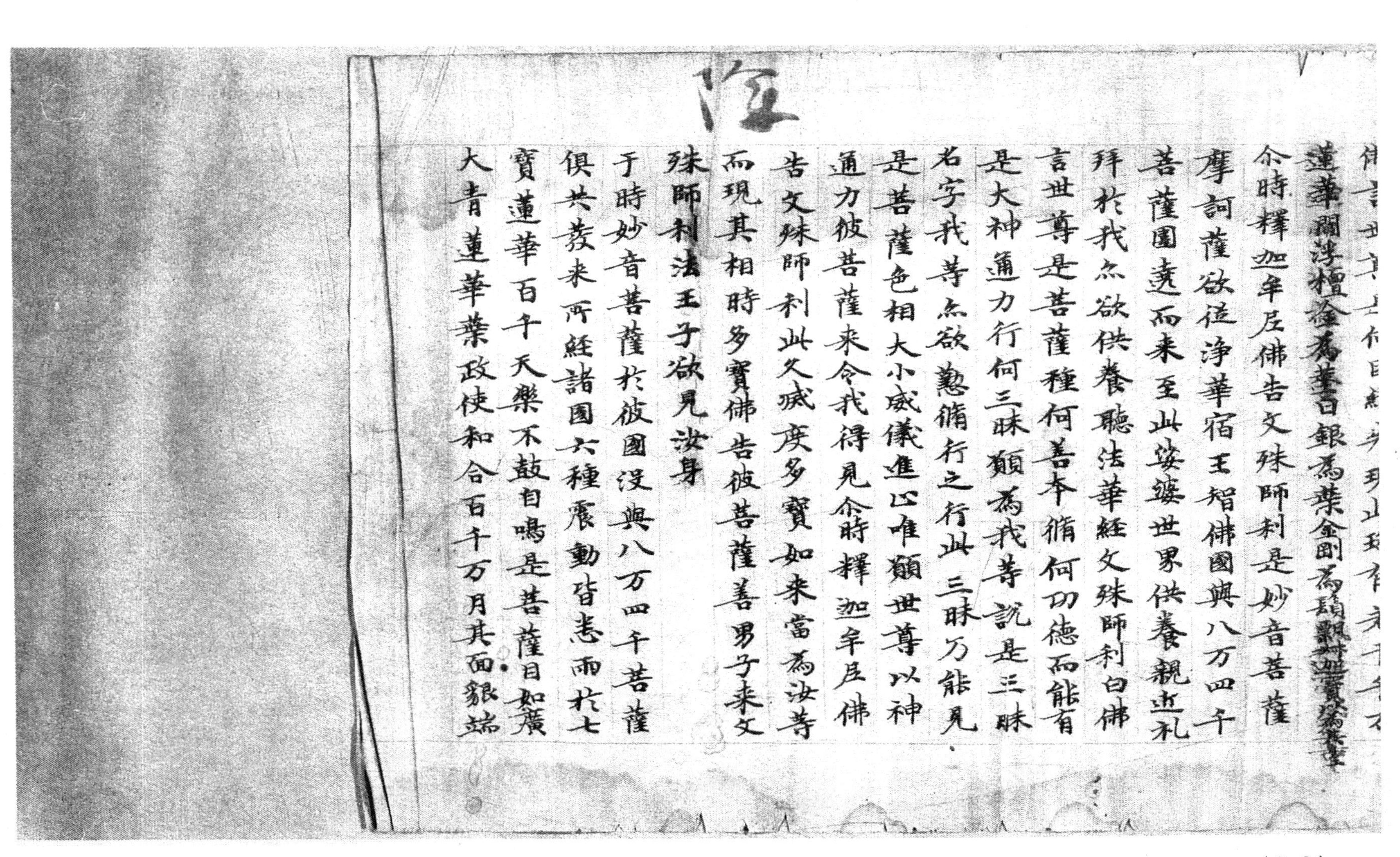

佛言世尊是何因緣先現此瑞有若干千万
蓮華閻浮檀金爲莖白銀爲葉金剛爲鬚甄叔迦寶以爲其臺
尒時釋迦牟尼佛告文殊師利是妙音菩薩
摩訶薩欲從淨華宿王智佛國與八万四千
菩薩圍遶而来至此娑婆世界供養親近礼
拜於我亦欲供養聽法華經文殊師利白佛
言世尊是菩薩種何善本脩何功德而能有
是大神通力行何三昧願爲我等說是三昧
名字我等亦欲懃脩行之行此三昧乃能見
是菩薩色相大小威儀進止唯願世尊以神
通力彼菩薩来令我得見尒時釋迦牟尼佛
告文殊師利此久滅度多寶如来當爲汝等
而現其相時多寶佛告彼菩薩善男子来文
殊師利法王子欲見汝身
于時妙音菩薩於彼國沒與八万四千菩薩
俱共發来所經諸國六種震動皆悉雨於七
寶蓮華百千天樂不鼓自鳴是菩薩目如廣
大青蓮華葉政使和合百千万月其面貌端

BD08336號　妙法蓮華經（兌廢稿）卷七　（2–2）

乃？？恒？危
𣪍陳欲火燒心不釋
无知？？墮胎之罪
種色乃爲色荒迷
常貪心不知痛是然燈具燭日月光中廣爲婬欲
邪斯邪行專淫奸非形雖似人行同禽獸或於寺舍織
汙伽藍佛塔僧前行諸邪行狂心癡亂不識尊卑汙染僧尼
无慚无恥如斯邪行之罪无量无邊其人臨命終時即見邪婬
之境乃是天宮　　嚴麗華帳床風張施周匝
天中玉女美貌无雙又見天男超然獨抱罪人心生貪愛
意欲往生一念之間應聲即至乃見天宮寶殿化作
婆猛利牛帳床風翻爲刀劍天中玉女化作牛頭又見天男
變成獄卒牛頭自然能語色録分明更欲申陵不容一語
牛頭禽攝獄卒抽繩束縛罪人驅將受苦易抱熱甎
銅鋌女臥而鏻床遍體燋然舉身消爛
碎還復成人受苦万端皆由前身邪行之罪自不守志
縱蕩他夫行不貞良後奸他婦妻妾與惱夫聟增嫌

BD08337號　金剛懺悔受戒文（擬）　（7–1）

變成獄卒牛頭自然能語匠錄分明更欲申陳不容一語
牛頭阿攝獄卒抽繩束縛罪人驅將受苦易抱熱鐵
銅鋌女臥赤鐵床遍體燋然舉身洪爛熾然分
砕還復成人受苦万端皆由前身邪行之罪自不守志
縱意他夫行不貞良後好他婦妻妾與惱夫智增嫉
讒結衝心恨不斷命如斯邪行之罪无量无邊今日今時對
十方佛前十二部經前虛空賢聖前現在大衆前並作證明發
露懺悔懺已後願罪消滅更不敢犯慈愍故敬礼常住
三寶

懺悔身中无量惡業罪障

弟子某甲等今道場人自從无始曠大劫來及已今身至於今
日无明所覆煩惱自纏不善因緣遇惡知識於邪師見家邪師
教道受習邪法殺生无量斷大慈種偷盜无量奪人財物邪婬
无量汙淨梵行忘語无量欺狂一切惡口无量罵辱衆生綺語
无量戲弄正法兩舌无量鬪亂二邊如是等身三意三口四等業
大地草木尚知頭數弟子等一生已來所造衆罪不知頭數所有
肩財質命並願除臨道場領功德分當得生天莫生障道布施
歡喜今日今時發露懺悔懺已後更不敢造願罪消滅
敬礼常住三寶

金剛五礼

一心敬礼清淨真如无去无來不生不滅寂然常住湛
矣恒安千佛共尊遍十方同敬恒沙功德非色非心南无
法身本師釋迦牟尼佛
一心敬礼毗盧遮那千葉蓮華四智珠寶得山无邊
積行三祇果功十地光充法界體滿虛空南无報身本師
釋迦牟尼佛
一心敬礼如來十地雪山之北香山之東城号迦維姓
釋迦氏乙淨飯[illegible]

BD08337號　金剛懺悔受戒文（擬）　（7–2）

積行三祇果切十地光充法界體滿虛空南无報身本師
釋迦牟尼佛
一心敬礼如来 十地雪山之北香山之東城号迦維姓
釋迦氏父名淨飯母号摩耶十九出家三十成道
南无化身本師釋迦牟尼佛
一心敬礼舍衛城南須達園中祇陁林下如来精舍
衆聖釋房於此伽藍說斯般若我今恭敬憶念世
尊南无般若波羅蜜多甚深法藏
一心敬礼甚深妙法金剛般若不可思議生諸佛身
滅凡夫罪无人无我齊空色空菩惱善鍾曰慈承
息南无般若波羅蜜多甚深法藏 法身十礼
无色无形相无根无住處不生不滅故敬礼无所觀
不住亦不去不取亦不捨遠離六入故敬礼无所觀
出過三界故等同於虛空諸欲不染故敬礼无所觀
於諸威儀中去来及睡寤常入寂淨故敬礼无所觀
去来悉平等已住於平等不壞於平等故敬礼无所觀
入諸有相定見諸法寂静常入平等故敬礼无所觀
諸佛虛空相虛空无有相離諸因果故敬礼无所觀
虛空无中邊諸佛身亦然心同虛空故敬礼无所觀
佛常在世間而不染世法不分別世間故敬礼无所觀
諸法由如幻而幻不可得離諸幻法故敬礼无所觀
定心定意識難與心起念即須看子細看時无一物只為无
物得心安 寄語看心善知識絃莫持心更覓心无心
即是看心法有心還被境来候
天地陰陽主衆生万物媒吉凶隨業化好惡逐緣迴淨

定心定意識難興心起念即須看子細看時无一物即為无
物得心安　寄語看心善知識莫將心更覓心无心
即是看心法有心還被境來侵
天地陰陽主眾生万物媒吉凶隨業化好惡返緣迴淨
行真如本人身是佛坏但知紡紡受甘向苦中來
金剛經陀羅尼誦一遍勝誦金剛經一万九千遍
南无薄伽薄帝　鉢羅攘　鉢羅底　伊利帝
伊利帝　伊利室　輸噌多　毗誓曳　娑薄訶
轉經呪每日登伽藍時誦七遍如轉一切經八万遍
南无婆婆伽伽吒吒豆豆訖訖漏漏道度伽菩提娑婆訶
懺罪障　弟子某甲等今遭殤人自從无始曠大
劫來至于今日無明所覆遇境便貪嫉惡增添逢
緣即造生居濁劫正法陵遲時遇甲兵聖賢隱沒清淨
戒而布陣安營歌舞樓臺非城赤後黃塵之下魏
魄非陽白刃之前雒閣訖命離鄉失土操甲長征遠相
二親歸還無露閻浮境上累骨成山生死河邊哭聲相
指惑曾布龍積寧有情毋為男屠父為子煞刴奪他命
自活己身聚會親羅子情貪饕努心箭射豈合致他
殞憂眾生無非父母斷大慈種不畏夜叉無少善心
何殊羅刹非仏弟子眾聖首遮欺狂良田昧自神道今連
佛刹曾不留心外道邪神却生尊重慈憋故敬礼常住三寶
弟子某甲等受女人身慳貪嫉妬我慢貢高沽酒添粜
番外弄升莫根本主与外彩通因茲有娠百方求藥　非常暮赦
飲毒損胎命在須臾今時懺悔不敢覆藏露膽披肝
皆悉懺悔願罪消滅罪從心生還從心滅懺悔已訖次當

BD08337號　金剛懺悔受戒文（擬）　（7–4）

佛餘曾不留心外道邪神妄生尊重恣意[illegible]
弟子某甲等受女人身慳貪嫉妒我慢貢高沽酒添漿
畜外弄什英根本主与外私通因茲有娠百方求藥（非常著款）
飲毒損胎命在須臾今時懺悔不敢覆藏露膽披肝
皆悉懺悔願罪消滅罪從心生還從心滅懺悔已訖次當
迴向發願　　願弟子某甲等尚未所有啓請功德
懺悔功德並將迴施法界衆生未離苦者願令離苦未
得樂者願令得樂未發菩提心者願速發心未成佛
者願早成佛盲者見色聾者聞聲鼻塞識香舌啞
能語身殘殘隨卽得端嚴速到無知心開意解懷胎難
月母子平安四體輕便母歡子喜有先亡者隨願往現
在六親百年快樂慈愍故發弘常住三寶　　三歸依
弟子某甲等今道場人歸依佛兩足尊歸依法離欲尊歸依
僧衆中尊如來至眞等正覺是我大師我今歸依更不歸餘
邪魔外道惟願諸佛慈悲攝受慈愍故發弘常住三寶
受三歸依竟　　次當受八戒　　弟子某甲等一不煞生二不
偷盜三不婬欲四不忘語五不得飲酒食肉及以重辛六不
著花鬘纓絡香油塗身七不歌舞作樂故往觀聽八不
坐高廣大床及非時食某善男子善女人一日一夜受佛淨戒
汝等從今時至明旦於其中間不得犯能治不三說　受戒已了迴向發願
弟子某甲等願已如是今日今時遇善知識求受如來八關
齋戒所生功德並皆迴施法界衆生未離苦者願令離
苦未得樂者願令得樂未發菩提心者願速發心未
成佛者願早成佛　　天宇宙圓明無過日月人
天世聖雄我釋迦斯乃曠劫宿因即功成果菩提樹下
頸剛降魔無師道成朗然自悟胸提万字足蹈千輪捨

齋式所生功德並皆迴施法界衆生未離苦者願令離
苦未得樂者願令得樂未發菩提心者願速發心未
成佛者願早成佛　　夫宇宙圓明無過日月人
天發聖雄我釋迦斯乃曠劫宿因而成果菩提樹下
頭則降魔無師道成朗然自悟曾提万字足蹤千輪捨
五欲而出家降四魔而成道化緣已畢示滅雙林形雖入
般涅槃聖教傳於万代　　然今此會捧爐虔跪所申意
者奉為年之四季二部度誠開闡大乘奉為國家攘災（轉讀尊經）
益福以此開闡轉讀焚香散花啓請聖賢搖令聲讚稱
之功德勉斯多善夫何已加奉福莊嚴龍天八部伏願威光
盛福德轉增三堅法成五衰相滅衆慈運悲救人護國賛
普聖得量等乾坤太後福章明齊日月內外大倫理陰
陽議謀朝官盡忠盡人節論勤帖論亭育蒼生語
道莫奔秉持杖節邊方畢審到戴千弋忠國澄清
法輪常轉鳩槃荼菩發歡喜心行病鬼王領切得分
受佛付屬來聽法音慈念衆生攝諸毒氣三塗息
苦地獄停酸法界有情普同成佛

道莫奔東積秋節邊方旱蜜剋戴干戈息國澄清
法輪常轉鳩槃荼菩發歡喜心行病鬼王領切得分
受佛付囑來聽法音慈念衆生攝諸毒氣三途息
苦地獄停酸法界有情普同成佛

持乃至四句偈等為他人說其福勝彼何以
故須菩提一切諸佛及諸佛阿耨多羅三藐
三菩提法皆此經出須菩提所謂佛法者即
非佛法
須菩提於意云何須陁洹能作是念我得須
陁洹果不須菩提言不也世尊何以故須陁洹
名為入流而无所入不入聲香味觸法是名
須陁洹須菩提於意云何斯陁含能作是
念我得斯陁含果不須菩提言不不也世尊
何以故斯陁含名一往來而實无往來是名
斯陁含須菩提於意云何阿那含能作是念
我得阿那含果不須菩提言不也世尊何以
故阿那含名為不來而實无來是故名阿那
含須菩提於意云何阿羅漢能作是念我得
阿羅漢道不須菩提言不也世尊何以故實
无有法名阿羅漢世尊若阿羅漢作是念
我得阿羅漢道即為著我人眾生壽者世尊
佛說我得无諍三昧人中最為第一是第一
離欲阿羅漢我不作是念我是離欲阿羅漢
世尊我若作是念我得阿羅漢道世尊則不
說須菩提是樂阿蘭那行者以須菩提實无
所行而名須菩提是樂阿蘭那行
佛告須菩提

BD08338號　金剛般若波羅蜜經　（2–1）

念我得斯陁含果不須菩提言不不也世尊
何以故斯陁含名一往來而實无往來是名
斯陁含須菩提於意云何阿那含能作是念
我得阿那含果不須菩提言不也世尊何以
故阿那含名為不來而實无來是故名阿那
含須菩提於意云何阿羅漢能作是念我得
阿羅漢道不須菩提言不也世尊何以故實
无有法名阿羅漢世尊若阿羅漢作是念
我得阿羅漢道即為著我人眾生壽者世尊
佛說我得无諍三昧人中最為第一是第一
離欲阿羅漢我不作是念我是離欲阿羅漢
世尊我若作是念我得阿羅漢道世尊則不
說須菩提是樂阿蘭那行者以須菩提實无
所行而名須菩提是樂阿蘭那行
佛告須菩提於意云何如來昔在然燈佛所
於法有所得不世尊如來在然燈佛所於法
實无所得
須菩提於意云何菩薩莊嚴佛土不不也世
尊何以故莊嚴佛土者則非莊嚴是名莊嚴
是故須菩提諸菩薩摩訶薩應如是生清淨
心不應住色生心不應住聲香味觸法生心
應无所住而生其心須菩提譬如有人身如
須彌山王於意云何是身為大不須菩提言
甚大世尊何以故佛說非身是名大身

BD08338號　金剛般若波羅蜜經　（2–2）

若三千大千國土
聞其稱觀世音
以惡眼視之況復
无罪杻械枷鎖
者皆悉斷壞即得
中怨賊有一商主
險路其中一人作
怖汝等應當一心稱觀世音
薩能以无畏施於衆生汝等若
怨賊當得解脫衆商人聞俱發聲言南无觀
世音菩薩稱其名故即得解脫无盡意觀世
音菩薩摩訶薩威神之力巍巍如是若有衆
生多於婬欲常念恭敬觀世音菩薩便得離
欲若多瞋恚常念恭敬觀世音菩薩便得離
瞋若多愚癡常念恭敬觀世音菩薩便得離
癡无盡意觀世音菩薩有如是等大威神力
多所饒益是故衆生常應心念若有女人設

BD08339號　觀世音經　（6–1）

音菩薩摩訶薩威神之力巍巍如是若有衆
生多於婬欲常念恭敬觀世音菩薩便得離
欲若多瞋恚常念恭敬觀世音菩薩便得離
瞋若多愚癡常念恭敬觀世音菩薩便得離
癡无盡意觀世音菩薩有如是等大威神力
多所饒益是故衆生常應心念若有女人設
欲求男礼拜供養觀世音菩薩便生福德智
慧之男設欲求女便生端正有相之女宿殖
德本衆人愛敬无盡意觀世音菩薩福
不唐捐是故衆生皆應受持觀世音菩薩
名号无盡意若有人受持六十二億恒河沙
菩薩名字復盡形供養飲食衣服卧具醫
藥於汝意云何是善男子善女人功德多不
无盡意言甚多世尊佛言若復有人受持觀
世音菩薩名号乃至一時礼拜供養是二人
福正等无異於百千万億劫不可窮盡无盡
意受持觀世音菩薩名号得如是无量无邊
福德之利
无盡意菩薩白佛言世尊觀世音菩薩云何
遊此娑婆世界云何而為衆生說法方便之力
其事云何佛告无盡意菩薩善男子若有
國土衆生應以佛身得度者觀世音菩薩即
現佛身而為說法應以辟支佛身得度者即
現辟支佛身而為說法應以聲聞身得度者
即現梵王身而為說法應以帝釋身得度者
即現帝釋身而為說法應以自在天身得度
者即現自在天身而為說法應以大自在天
身得度者即現大自在天身而為說法應以

BD08339號　觀世音經　（6–2）

即現梵王身而為說法應以帝釋身得度者
即現帝釋身而為說法應以自在天身得度
者即現自在天身而為說法應以大自在天
身得度者即現大自在天身而為說法應以
天大將軍身得度者即現天大將軍身而為
說法應以毗沙門身得度者即現毗沙門身
而為說法應以小王身得度者即現小王身
而為說法應以長者身得度者即現長者身
而為說法應以居士身得度者即現居士身
而為說法應以宰官身得度者即現宰官身
而為說法應以婆羅門身得度者即現婆羅
門身而為說法應以比丘比丘尼優婆塞優
婆夷身得度者即現比丘比丘尼優婆塞優
婆夷身而為說法應以長者居士宰官婆羅
門婦女身得度者即現婦女身而為說法應
以童男童女身得度者即現童男童女身而
為說法應以天龍夜叉乾闥婆阿脩羅迦樓羅
緊那羅摩睺羅伽人非人等身得度者
即皆現之而為說法應以執金剛神得度者
即現執金剛神而為說法无盡意是觀世音菩
薩成就如是功德以種種形遊諸國土度脫
衆生是故汝等應當一心供養觀世音菩薩
是觀世音菩薩摩訶薩於怖畏急難之中能
施无畏是故此娑婆世界皆号之為施无畏者
无盡意菩薩白佛言世尊我今當供養觀世
音菩薩即解頸衆寶珠瓔珞價直百千兩
金而以與之作是言仁者受此法施珎寶瓔珞

施无畏是故此娑婆世界皆号之為施无畏者
无盡意菩薩白佛言世尊我今當供養觀世
音菩薩即解頸衆寶珠瓔珞價直百千兩
金而以與之作是言仁者受此法施珎寶瓔珞
時觀世音菩薩不肯受之无盡意
音菩薩言仁者愍我等故受此
苦觀世音菩薩當愍此无
天龍夜叉乾闥婆阿脩羅
睺羅伽人非人等故受是
菩薩愍諸四衆及於天龍人非
珞分作二分一分奉釋迦牟尼佛
寶佛塔无盡意觀世音菩薩有如是
力遊於娑婆世界
尒時无盡意菩薩以偈問曰
世尊妙相具　我今重問彼　佛子何因緣　名為觀世音
具足妙相尊　偈荅无盡意　汝聽觀音行　善應諸方所
弘誓深如海　歷劫不思議　侍多千劫佛　發大清淨願
我為汝略說　聞名及見身　心念不空過　能滅諸有苦
假使興害意　推落大火坑　念彼觀音力　火坑變成池
或漂流巨海　龍魚諸鬼難　念彼觀音力　波浪不能沒
或在須弥峯　為人所推墮　念彼觀音力　如日虛空住
或被惡人逐　墮落金剛山　念彼觀音力　不能損一毛
或值怨賊遶　各執刀加害　念彼觀音力　咸即起慈心
或遭王難苦　臨刑欲壽終　念彼觀音力　刀尋段段壞
或囚禁枷鎖　手足被杻械　念彼觀音力　釋然得解脫
呪詛諸毒藥　所欲害身者　念彼觀音力　還著於本人
或遇惡羅刹　毒龍諸鬼等　念彼觀音力　時悉不敢害
若惡獸圍遶　利牙爪可怖　念彼觀音力　疾走无邊方

或遭王難苦　臨刑欲壽終　念彼觀音力　刀尋段段壞
或囚禁枷鎖　手足被杻械　念彼觀音力　釋然得解脫
呪詛諸毒藥　所欲害身者　念彼觀音力　還著於本人
或遇惡羅剎　毒龍諸鬼等　念彼觀音力　時悉不敢害
若惡獸圍遶　利牙爪可怖　念彼觀音力　疾走无邊方
蚖蛇及蝮蝎　氣毒烟火然　念彼觀音力　尋聲自迴去
雲雷鼓掣電　降雹澍大雨　念彼觀音力　應時得消散
衆生被困厄　无量苦逼身　觀音妙智力　能救世間苦
具足神通力　廣修智方便　十方諸國土　无剎不現身
種種諸惡趣　地獄鬼畜生　生老病死苦　以漸悉令滅
真觀清淨觀　廣大智慧觀　悲觀及慈觀　常願常瞻仰
无垢清淨光　慧日破諸闇　能伏災風火　普明照世間
悲體戒雷震　慈意妙大雲　澍甘露法雨　滅除煩惱焰
諍訟經官處　怖畏軍陣中　念彼觀音力　衆怨悉退散
妙音觀世音　梵音海潮音　勝彼世間音　是故須常念
念念勿生疑　觀世音淨聖　於苦惱死厄　能為作依怙
具一切功德　慈眼視衆生　福聚海无量　是故應頂禮
尒時持地菩薩即從座起前白佛言世尊若
有衆生聞是觀世音菩薩品自在之業普門
示現神通力者當知是人功德不少佛說是
普門品時衆中八万四千衆生皆發无等
等阿耨多羅三藐三菩提心

觀音經

BD08339 號　觀世音經　　（6–5）

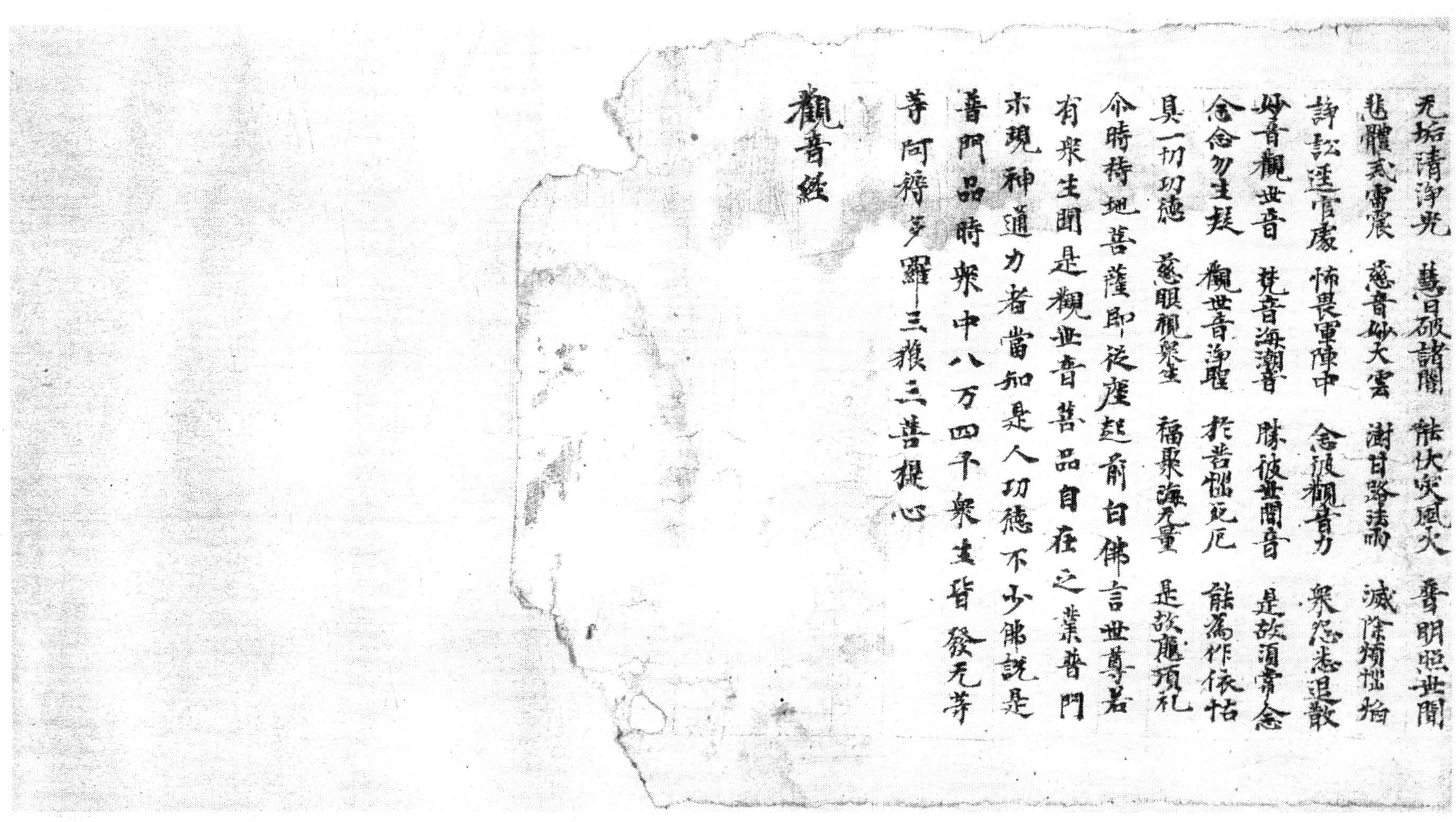

无垢清淨光　慧日破諸闇　能伏災風火　普明照世間
悲體戒雷震　慈意妙大雲　澍甘露法雨　滅除煩惱焰
諍訟經官處　怖畏軍陣中　念彼觀音力　衆怨悉退散
妙音觀世音　梵音海潮音　勝彼世間音　是故須常念
念念勿生疑　觀世音淨聖　於苦惱死厄　能為作依怙
具一切功德　慈眼視衆生　福聚海无量　是故應頂禮
尒時持地菩薩即從座起前白佛言世尊若
有衆生聞是觀世音菩薩品自在之業普門
示現神通力者當知是人功德不少佛說是
普門品時衆中八万四千衆生皆發无等
等阿耨多羅三藐三菩提心

觀音經

BD08339 號　觀世音經　　（6–6）

[illegible]不出仁王經[illegible]
滅一劫超遲不過万劫中間隨根劫數增減若放逸无精進者雖已
發心而爲常沒即於此人劫數无限諸仏菩薩教令等者此約緣明發
心也謂依勝發三心故即入十住初發心故經仁王云習忍已前十善菩
薩有進有退猶如輕毛隨風東西雖以十千劫行十正道要發菩心入乃
習忍位謂發三種菩心故乃入十住習忍位中而此位名習忍者習種
姓位所得忍故如忍中初之信忍正定信位所得忍故本業經云是信相
菩於十千劫行十戒法當入十信心入初住位此經所言入初住者即入十住
初發心住至此方得十不退信是故亦名入十信心非謂住前之十信也以
諸位地有通別名通位諸位皆名十信无不皆有十信心故猶如十地亦
名十住別謂十信住行向等隨位所隨解行別故從別十信入十住信故
亦得名入十信心故仁王云習種姓有十心已超二乘一切善地所謂信進
念定捨慧等十心名字与前不殊唯退不退有差別耳故依此義復
說偈云伏忍聖胎卅人十信十止十堅心等言伏忍者約五忍說謂伏信
順无生寂滅即依三賢十地及仏上中下等隨應而立以三賢位得有漏
道能伏二障故名伏忍發三種心成不退者然准十住毗婆沙論發菩
心有其七緣前三是此決定發心後四是下不定發心此文三種即是下
說三發心相故成不退諸仏菩教發心者教念真如發直心也以大悲故自
發心者愍衆生苦發悲心也以護法故自發心者便樂衆善發深心也
故彼論云見法欲滅便發心之我種善根當成仏道令法久住遂勤精
進修諸善行故護法心是深心也　論如是信心至正因相應
釋曰此即第二結入成位信成就故得發心至初住位名入正定聚菩薩
離惑等耶名正種性菩薩々必不名定正定聚多攝爲一類名聚至
此位時不失大心決定紹仏種名畢竟不退當成正覺名曰如來習性
當紹名住種中正因相應釋當紹義仏性內熏名曰正因脩行契順
名曰相應或習熏觀惑即名正因[illegible]相應[illegible]論名爲緣

BD08340號　大乘起信論廣釋卷五　（1–1）

光童子使大龍王大引人博看淨山說復
有人造觀世音經一卷設復有人禪思一心
設復有人於惡世懃行勸化設復有人流通
是經不令隱屋章句文字懃行勸樂如此人
等皆得度世不爲水灾之所焚沒復除不至
心及壽命盡月復告大王言當來三灾疾者
流行十傷九巳種種異患皆當夭命王當信
之各勑國内一歲以上能行知語應受三歸
五戒若老若少皆應勸盡使受三歸五戒奉
行善法如是之人皆得度世除不善不至心
及命壽吾今察教語汝使知惡世流行善法後
敍及衰莫生悔心吾告汝等世將欲末漸
令惡起來年難過好作向善莫如常意吾
當出世灾亦不善但當努力懃行善法莫如
常意娛耶不詳英雄覺起自然磨滅終不見
吾出見於世汝等善哉莫如意受吾教者

致伐喪莫生悔心吾告汝等世將欲末漸
令惡起來年難過好作向善莫如常意吾
當出世災亦不善但當努力懃行善法莫如
常意嫉耶不詳英雄覺起自然磨滅終不見
吾出見於世汝等善哉莫如意受吾教者
誦觀世音千遍防身度世搶攉善果又復有
人各受三歸五戒令當行之莫如常意懃行
此經若老若少皆使聞之得度惡世設復有
人流布此經處處流傳使人聞知得度身命
以懃流布此經者亦得度世月光日流行此
經典者我於千劫中筭計是人福報終不能
盡設復有人生疑不信我於千劫中筭是人
罪報終不能盡華復隱文字章句一玷一畫
不令人聞覆人慧眼故世世常盲无所復
見乃至羅漢常不離盲爲覆慧眼故新鄣
法路乃獲是殃受吾勅者城邑聚落國王大臣
一切人民皆得聞之能有信心崇奉此經莫
問遠近應往通流使人之千城百國皆使聞
之吾當來世黃河以北弱水以南於其中間
王於漢境大王曰明王言此經從何所出月
光告大王言海陵大聖三千餘人衆議所造
不須復迴尒時大王受教奉行歡喜而去月
光童子曰向者所說汝若不信但看迦葉石
像是吾出世記耳善哉索斯合然作乃有善
衆生順莫驚怖吾當出時盡皆得无爲王衣
大衆歡喜奉行近化不𢡟吾告汝等今歲難
到汝宜精進莫如常意各各發願過度惡世

佇[illegible]
衆生順莫驚怖吾當出時盡皆得无爲王及
大衆歡喜奉行近化不懈吾告汝等今歲難
到汝冝精進莫如常意各各發願過度惡世
大仙国王并及臣民歡喜奉行作礼而去五百
仙人在太寧山中并見月光童子經一巻
金龍城中見一菩薩龍華樹下見一道人下
此經時爲一衆生成一切衆生心王曰爲汝
分別解說法王欲待聖君欲下爲一切童男
童女侍百二十賢君申酉年爲衆生說法成
我童男童女成道讀此經時善思取此語男
取无優女取恒沙男不用取婦月光童子欲
出聖成欲現成一切衆生道若讀此經語可
離此難月光菩薩欲來下說持𢧐可得見明
君若欲讀此呪時師子虎狼復惡耶祝帝百
鬼自然去一切衆生枉死者多爲一切衆生
貴佛正法

優丘尼優丘尼　但灗但灗　樹尉離樹尉離　烏呼烏呼尼
薩呼薩呼　但叉但叉　又阿由池池呼尼　要他要他
素由富菟　尼富菟尼
若讀呪時淨洗手頼口讀此呪使人晨夜安隱
即見菩薩讀此呪百遍見菩薩放大光明
現在人前莫狀一面如紫金色頭上金華大如
車輪手長一尺半初来入時莫作怖迫歸命
佛歸命法歸命僧十方法界三讀此經皆得
解脫世尊去看衆生作罪不少爲分別解
說可離令得免難明君出時杷此經向明君
必見我慎莫迫怖好正念正想正意正身得
見我身有人必難此人或作師子虎狼手捉

解脫世尊玄看衆生作罪不少爲分別解
說可離令得免難明君出時杷此經向明君
必見我慎莫迫怖好正念正想正意正身得
見我身有人必難此人或作師子虎狼手捉
金杖打人无度依此經語行菩薩行可得見
菩薩說法現身著天衣慎莫言語此人即成
道見香華自然不得動心言語此人必離惡世
第一用意百日在時不用癡貪申酉年時公
不識兒母不識女意此經語可得改心改意
第一不婬欲第一不惡眼視佛爲衆生說法
還得本心佛欲出世懃心懺悔即見月光菩
薩一个賢者得活十人此經不得誹謗闍君
欲起嫉耶欲興懃精進即離此難諸道義爲
一切衆生即說法若解音語即見法王道人死
盡不罷道羅道行死者多道人作罪不少由是
持生販賣由此國不安寧道人死時會橫賊
兒死多道意師僧欲貴尼僧千个状一个第
一用行聖人欲始英雄欲起時節欲到時黃衣
長丈二粳米普地生懃心作福可得見此事
思此經語即得見我身七月十四日其一坊
十五日見佛地動莫作迫怖見道人斬安義
下此經語誹謗即有大病患起復見一老
烏之長一丈復見賢者脩道以來七百餘
年紫巖山中復見一道人身著天衣賢者
見之即以供養七日道人師從三百餘年道
人口語讀經可得免難願佛放多樹下爲一
切轉讀視見衆生衆生死盡月光童子復啓
世尊衆生可化佛語月光童子前頭隨意即

BD08341號　首羅比丘見月光童子經　　（6–4）

見之即以供養七日道人師從三百餘年道
人口語讀經可得免難願佛波多樹下爲一
切轉讀視見衆生死盡月光童子復啓
世尊衆生可化佛語月光童子前頭隨意即
復辞羅五逆甚多云何可度佛復語月光童
子佛復語四天龍王衆生可憐隨因緣起復
駈百二十賢君除却衆生好惡欲分別佛光
菩薩普光菩薩咸習普賢功德不少由諸国
土藥王菩薩堅固菩薩見在人間千村正有
一村万里有長佛欲見出語衆生懃心作精進
可得見佛若誹謗之人魂家滅盡定墮地獄
永不見佛佛欲出世懃精進比道欲知比難
洛陽口西欲知比惡在於瑩西復有瑩北若
有吾弟子解吾口語即我弟子指手心上乃
思惟思之不但看後頭有村十手相指嗥赫赫
自去善哉童子突後快樂由欲未頭兩手相
柏揬然自去男子耶快以不惡人去盡欲大
樂惡人後不問女婦書成道乃一精進可得
免此難佛復有大慈悲伏憐衆生不捨衆
生心不迴畏衆生死盡有緣值我無緣索
索自去維摩共之定光在人中維摩朋妻婦人
中使人不識作行世希下香化人維摩利大
各四十五里直東維摩有三个見維摩度人
无崖詐人間望行婬慾无婬行衆生敕得此行
香維摩時節欲到无量衆生悔與維摩度
人決得成佛維摩貪財盜一切衆生懃心
精進可得見維摩諸道義逼此鳥傍海下

永不見佛佛欲出世懃精進比道欲知比難
洛陽口西欲知比惡在於筌西復有筌北若
有吾弟子解吾口語即我弟子指手心上万
思惟思之不但看後頭有村十手相指嬰赫赫
自去善哉童子安後快樂由欲末頭兩手相
柏㮈然自去男子耶快以不惡人去盡欲大
樂惡人後不問女婦書成道乃一精進可得
免此難佛復有大慈悲伏攘衆生不捨衆
生心不迴畏衆生死盡有緣值我無緣索
索自去維摩共之定光在人中維摩羽妻婦人
中使人不識作行世希下香化人維摩利大
各四十五里直東維摩有三个兒維摩度人
无崖詐人間望行媱滔无媱行衆生敎得此行
香維摩時節欲到无量衆生悔與維摩度
人決得成佛維摩貪財盜一切衆生懃心
精進可得見維摩諸道義盡此鳥傍海下
此經即見王僧慶行徒七人見此鳥即燒香
歡喜踊躍七日不食若一切衆生聞我語贊
懃心精進慎莫異意惡欲死盡欲大樂貫

……明……
……第一又於諸佛
通達得四无礙智常能
疑惑具足菩薩神通之……壽命常
行彼佛世人咸皆謂之實是聲聞而冨樓那
以斯方便饒益无量百千衆生又化无量阿
僧祇人令立阿耨多羅三藐三菩提為淨佛
土故常作佛事教化衆生諸比丘冨樓那亦
於七佛說法人中而得第一今於我所說法
人中亦為第一於賢劫中當來諸佛說法人
中亦復第一而皆護持助宣佛法亦於未來
護持助宣无量无邊諸佛之法教化饒益无
量衆生令立阿耨多羅三藐三菩提為淨佛
土故常勤精進教化衆生漸漸具足菩薩之
道過无量阿僧祇劫當於此土得阿耨多羅
三藐三菩提号曰法明如來應供正遍知明
行足善逝世間解无上士調御丈夫天人師
佛世尊其佛以恒河沙等三千大千世界為
一佛土七寶為地地平如掌无有山陵谿澗

BD08342號　妙法蓮華經卷四　（8–1）

三藐三菩提号曰法明如來應供正遍知明
行足善逝世間解无上士調御丈夫天人師
佛世尊其佛以恒河沙等三千大千世界為
一佛土七寶為地地平如掌无有山陵谿澗
溝壑七寶臺觀充滿其中諸天宮殿近處虛
空人天交接兩得相見无諸惡道亦无女人
一切衆生皆以化生无有婬欲得大神通身
出光明飛行自在志念堅固精進智慧普皆
金色三十二相而自莊嚴其國衆生常以二
食一者法喜食二者禪悅食有无量阿僧祇
千万億那由他諸菩薩衆得大神通四无礙
智善能教化衆生之類其聲聞衆筭數挍計
所不能知皆得具足六通三明及八解脫其
佛國土有如是等无量功德莊嚴成就劫名
寶明國名善淨其佛壽命无量阿僧祇劫法
住甚久佛滅度後起七寶塔遍滿其國尒時
世尊欲重宣此義而說偈言
諸比丘諦聽　佛子所行道　善學方便故　不可得思議
知衆樂小法　而畏於大智　是故諸菩薩　作聲聞緣覺
以无數方便　化諸衆生類　自說是聲聞　去佛道甚遠
度脫无量衆　皆悉得成就　雖小欲懈怠　漸當令作佛
內秘菩薩行　外現是聲聞　少欲猒生死　實自淨佛土
示衆有三毒　又現邪見相　我弟子如是　方便度衆生
若我具足說　種種現化事　衆生聞是者　心則懷疑惑
今此冨樓那　於昔千億佛　勤脩所行道　宣護諸佛法
為求无上慧　而於諸佛所　現居弟子上　多聞有智慧
所說无所畏　能令衆歡喜　未曾有疲惓　而以助佛事

BD08342號　妙法蓮華經卷四　（8–2）

若我具足說　種種現化事　衆生聞是者　心則懷疑惑
今此富樓那　於昔千億佛　勤脩所行道　宣護諸佛法
爲求无上慧　而於諸佛所　現居弟子上　多聞有智慧
所說无所畏　能令衆歡喜　未曾有疲惓　而以助佛事
已度大神通　具四无礙智　知衆根利鈍　常說清淨法
演暢如是義　教諸千億衆　令住大乘法　而自淨佛土
未來亦供養　无量无數佛　護助宣正法　亦自淨佛土
常以諸方便　說法无所畏　度不可計衆　成就一切智
供養諸如來　護持法寶藏　其後當作佛　号名曰法明
其國名善淨　七寶所合成　劫名爲寶明　菩薩衆甚多
其數无量億　皆度大神通　威德力具足　充滿其國土
聲聞亦无數　三明八解脫　得四无礙智　以是等爲僧
其國諸衆生　婬欲皆已斷　純一變化生　具相莊嚴身
法喜禪悅食　更无餘食想　无有諸女人　亦无諸惡道
富樓那比丘　功德悉成滿　當得斯淨土　賢聖衆甚多
如是无量事　我今但略說
尒時千二百阿羅漢心自在者作是念我等
歡喜得未曾有若世尊各見授記如餘大弟
子者不亦快乎佛知此等心之所念告摩訶
迦葉是千二百阿羅漢我今當現前次第與
受阿耨多羅三藐三菩提記於此衆中我大
弟子憍陳如比丘當供養六万二千億佛然
後得成爲佛号曰普明如來應供正遍知明
行足善逝世間解无上士調御丈夫天人師
佛世尊其五百阿羅漢優樓頻螺迦葉伽耶
迦葉那提迦葉迦留陁夷優陁夷阿㝹樓馱
離婆多劫賓那薄拘羅周陁莎伽陁等皆當

行足善逝世間解无上士調御丈夫天人師
佛世尊其五百阿羅漢優樓頻螺迦葉伽耶
迦葉那提迦葉迦留陁夷優陁夷阿㝹樓馱
離婆多劫賓那薄拘羅周陁莎伽陁等皆當
得阿耨多羅三藐三菩提盡同一号名曰普
明尒時世尊欲重宣此義而說偈言
憍陳如比丘　當見无量佛　過阿僧祇劫　乃成等正覺
常放大光明　具足諸神通　名聞遍十方　一切之所敬
常說无上道　故号爲普明　其國土清淨　菩薩皆勇猛
咸昇妙樓閣　遊諸十方國　以无上供具　奉獻於諸佛
作是供養已　心懷大歡喜　須臾還本國　有如是神力
佛壽六万劫　正法住倍壽　像法復倍是　法滅天人憂
其五百比丘　次第當作佛　同号曰普明　轉次而授記
我滅度之後　某甲當作佛　其所化世間　亦如我今日
國土之嚴淨　及諸神通力　菩薩聲聞衆　正法及像法
壽命劫多少　皆如上所說　迦葉汝已知　五百自在者
餘諸聲聞衆　亦當復如是　其不在此會　汝當爲宣說
尒時五百阿羅漢於佛前得受記已歡喜踊
躍即從座起到於佛前頭面礼足悔過自責
世尊我等常作是念自謂已得究竟滅度今
乃知之如无智者所以者何我等應得如來
智慧而便自以小智爲足世尊譬如有人至
親友家醉酒而卧是時親友官事當行以无
價寶珠繫其衣裹與之而去其人醉卧都不
覺知起已遊行到於他國爲衣食故勤力求
索甚大艱難若少有所得便以爲足於後親
[illegible]何爲衣食

親友家醉酒[illegible]
價寶珠繫其衣裏與之而去其人醉卧都不
覺知起已遊行到於他國為衣食故勤力求
索甚大艱難若少有所得便以為足於後親
友會遇見之而作是言咄哉丈夫何為衣食
乃至如是我昔欲令汝得安樂五欲自恣於
某年日月以无價寶珠繫汝衣裏今故現在
而汝不知勤苦憂惱以求自活甚為癡也汝今
可以此寶貿易所須常可如意无所之短
佛亦如是為菩薩時教化我等令發一切智
心而尋廢忘不知不覺既得阿羅漢道自謂
滅度資生艱難得少為足一切智願猶在不
失今者世尊覺悟我等作如是言諸比丘汝
等所得非究竟滅我久令汝等種佛善根以
方便故示涅槃相而汝謂為實得滅度世尊
我今乃知實是菩薩得受阿耨多羅三藐三
菩提記以是因緣甚大歡喜得未曾有尒時
阿若憍陳如等欲重宣此義而說偈言
我等聞无上　安隱授記聲　歡喜未曾有　礼无量智佛
今於世尊前　自悔諸過咎　於无量佛寶　得少涅槃分
如无智愚人　便自以為足　譬如貧窮人　往至親友家
其家甚大富　具設諸餚饍　以无價寶珠　繫著內衣裏
嘿與而捨去　時卧不覺知　是人既已起　遊行詣他國
求衣食自濟　資生甚艱難　得少便為足　更不願好者
不覺內衣裏　有无價寶珠　與珠之親友　後見此貧人
苦切責之已　示以所繫珠　貧人見此珠　其心大歡喜
富有諸財物　五欲而自恣　我等亦如是　世尊於長夜
常愍見教化　令種无上願　我等无智故　不覺亦不知

不覺內衣裏　有无價寶珠　與珠之親友　後見此貧人
苦切責之已　示以所繫珠　貧人見此珠　其心大歡喜
富有諸財物　五欲而自恣　我等亦如是　世尊於長夜
常愍見教化　令種无上願　我等无智故　不覺亦不知
得少涅槃分　自足不求餘　今佛覺悟我　言非實滅度
得佛无上慧　尒乃為真滅　我今從佛聞　授記莊嚴事
及轉次受決　身心遍歡喜

妙法蓮華經授學无學人記品第九

尒時阿難羅睺羅而作是念我等每自思惟
設得受記不亦快乎即從座起到於佛前頭
面礼足俱白佛言世尊我等於此亦應有分
唯有如來我等所歸又我等為一切世間天
人阿脩羅所見知識阿難常為侍者護持法
藏羅睺羅是佛之子若佛見授阿耨多羅三
藐三菩提記者我願既滿眾望亦足尒時學
无學聲聞弟子二千人皆從座起偏袒右肩
到於佛前一心合掌瞻仰世尊如阿難羅睺
羅所願住立一面尒時佛告阿難汝於來世
當得作佛号山海慧自在通王如來應供正
遍知明行足善逝世間解无上士調御丈夫
天人師佛世尊當供養六十二億諸佛護持
法藏然後得阿耨多羅三藐三菩提教化二
十千万億恒河沙諸菩薩等令成阿耨多羅
三藐三菩提國名常立勝幡其土清淨瑠璃
為地劫名妙音遍滿其佛壽命无量千万億
阿僧祇劫若人於千万億无量阿僧祇劫中
筭數校計不能得知正法住世倍於壽命像

三藐三菩提國名常立勝幡其土清淨瑠璃
為地劫名妙音遍滿其佛壽命无量千万億
阿僧祇劫若人於千万億无量阿僧祇劫中
筭數校計不能得知正法住世倍於壽命像
法住世復倍正法阿難是山海慧自在通王
佛為十方无量千万億恒河沙等諸佛如來
所共讚歎稱其功德尒時世尊欲重宣此義
而說偈言
我今僧中說　阿難持法者　當供養諸佛　然後成正覺
号曰山海慧　自在通王佛　其國土清淨　名常立勝幡
教化諸菩薩　其數如恒沙　佛有大威德　名聞滿十方
壽命无有量　以愍衆生故　正法倍壽命　像法復倍是
如恒河沙等　无數諸衆生　於此佛法中　種佛道因緣
尒時會中新發意菩薩八千人咸作是念我
等尚不聞諸大菩薩得如是記有何因緣而
諸聲聞得如是決尒時世尊知諸菩薩心之
所念而告之曰諸善男子我與阿難等於空
王佛所同時發阿耨多羅三藐三菩提心阿
難常樂多聞我常勤精進是故我已得成阿
耨多羅三藐三菩提而阿難護持我法亦護
將來諸佛法藏教化成就諸菩薩衆其本願
如是故獲斯記阿難面於佛前自聞授記及
國土莊嚴所願具足心大歡喜得未曾有即
時憶念過去无量千万億諸佛法藏通達无
礙如今所聞亦識本願尒時阿難而說偈言
世尊甚希有　令我念過去　无量諸佛法　如今日所聞
我今无復疑　安住於佛道　方便為侍者　護持諸佛法

BD08342號　妙法蓮華經卷四　（8–7）

將來諸佛法藏教化成就諸菩薩衆其本願
如是故獲斯記阿難面於佛前自聞授記及
國土莊嚴所願具足心大歡喜得未曾有即
時憶念過去无量千万億諸佛法藏通達无
礙如今所聞亦識本願尒時阿難而說偈言
世尊甚希有　令我念過去　无量諸佛法　如今日所聞
我今无復疑　安住於佛道　方便為侍者　護持諸佛法
尒時佛告羅睺羅汝於來世當得作佛号蹈
七寶華如來應供正遍知明行足善逝世間
解无上士調御丈夫天人師佛世尊當供養
十世界微塵等數諸佛如來常為諸佛而作
長子猶如今也是蹈七寶華佛國土莊嚴壽
命劫數所化弟子正法像法亦如山海慧自
在通王如來无異亦為此佛而作長子過是
已後當得阿耨多羅三藐三菩提尒時世尊
欲重宣此義而說偈言
我為太子時　羅睺為長子　我今成佛道　受法為法子
於未來世中　見无量億佛　皆為其長子　一心求佛道
羅睺羅密行　唯我能知之　現為我

BD08342號　妙法蓮華經卷四　（8–8）

清淨何以故若一切智智清淨若佛十力
清淨若五眼清淨無二無二分無別無斷
故一切智智清淨故四無所畏四無礙解大
慈大悲大喜大捨十八佛不共法清淨四無
所畏乃至十八佛不共法清淨故五眼清淨
何以故若一切智智清淨若四無所畏乃
至十八佛不共法清淨若五眼清淨無二無
二分無別無斷故善現一切智智清淨故无
忘失法清淨無忘失法清淨故五眼清淨何
以故若一切智智清淨若無忘失法清淨若
五眼清淨無二無二分無別無斷故一切
智智清淨故恒住捨性清淨恒住捨性清淨
故五眼清淨何以故若一切智智清淨若
恒住捨性清淨若五眼清淨無二無二分
無別無斷故善現一切智智清淨故一切
智清淨一切智清淨故五眼清淨何以故若一
切智智清淨若一切智清淨若五眼清淨无

恒住捨性清淨若五眼清淨無二無二分
無別無斷故善現一切智智清淨故一切
智清淨一切智清淨故五眼清淨何以故若一
切智智清淨若一切智清淨若五眼清淨无
二無二分無別無斷故一切智智清淨故道
相智一切相智清淨道相智一切相智清淨
故五眼清淨何以故若一切智智清淨若
道相智一切相智清淨若五眼清淨無二無
二分無別無斷故善現一切智智清淨故一
切陁羅尼門清淨一切陁羅尼門清淨故五
眼清淨何以故若一切智智清淨若一切陁
羅尼門清淨若五眼清淨無二無二分無別
無斷故一切智智清淨故一切三摩地門清
淨一切三摩地門清淨故五眼清淨何以故
若一切智智清淨若一切三摩地門清淨若
五眼清淨无二无二分无別无斷故
善現一切智智清淨故預流果清淨預流果
清淨故五眼清淨何以故若一切智智清淨
若預流果清淨若五眼清无二无二分无
別无斷故一切智智清淨故一來不還阿羅
漢果清淨一來不還阿羅漢果清淨故五眼
清淨何以故若一切智智清淨若一來不還
阿羅漢果清淨若五眼清淨无二无二分无
別无斷故善現一切智智清淨故獨覺菩提
清淨獨覺菩提清淨故五眼清淨何以故若
一切智智清淨若獨覺菩提清淨若五眼

阿羅漢果清淨若五眼清淨无二无二分无
別无斷故善現一切智智清淨故獨覺菩提
清淨獨覺菩提清淨故五眼清淨何以故若
一切智智清淨若獨覺菩提清淨若五眼
清淨无二无二分无別无斷故善現一切
智智清淨故一切菩薩摩訶薩行清淨
一切菩薩摩訶薩行清淨故五眼清淨何
以故若一切智智清淨若一切菩薩摩訶薩
行清淨若五眼清淨無二無二分無別無斷
故善現一切智智清淨故諸佛無上正等菩
提清淨諸佛無上正等菩提清淨故五眼清
淨何以故若一切智智清淨若諸佛無上正
等菩提清淨若五眼清淨無二無二分無
別無斷故
復次善現一切智智清淨故色清淨色清淨
故六神通清淨何以故若一切智智清淨若
色清淨若六神通清淨無二無二分無別無
斷故一切智智清淨故受想行識清淨受想
行識清淨故六神通清淨何以故若一切智
智清淨若受想行識清淨若六神通清
淨無二無二分無別無斷故善現一切智智

BD08343號　大般若波羅蜜多經卷二七四　（3–3）

寻无导
竟涅槃三世諸佛依般若波羅蜜多故得
阿耨多羅三藐三菩提故知般若波羅蜜
多是大神呪是大明呪是无上呪是无
等等呪能除一切苦真實不虛故說般
若波羅蜜多呪即說呪曰
揭帝揭帝　波羅揭帝　波羅僧揭帝　菩提莎婆訶
般若波羅蜜心經一卷

般若波羅蜜多心經
觀自在菩薩行深般若波羅蜜多時照見五

BD08344號 1　般若波羅蜜多心經　（3–1）

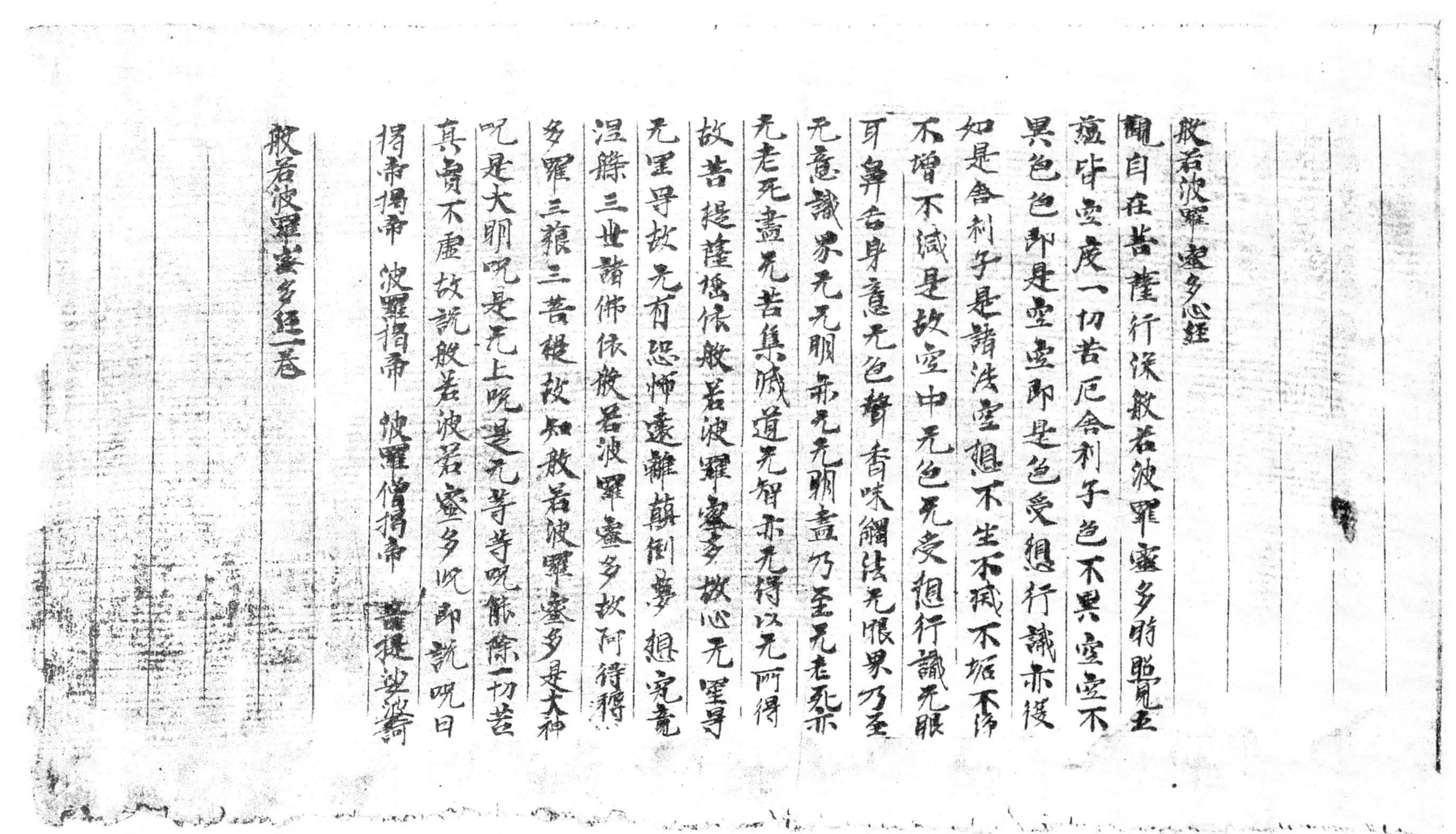

般若波羅蜜多心經
觀自在菩薩行深般若波羅蜜多時照見五
蘊皆空度一切苦厄舍利子色不異空空不
異色色即是空空即是色受想行識亦復
如是舍利子是諸法空相不生不滅不垢不淨
不增不減是故空中无色无受想行識无眼
耳鼻舌身意无色聲香味觸法无眼界乃至
无意識界无无明亦无无明盡乃至无老死亦
无老死盡无苦集滅道无智亦无得以无所得
故菩提薩埵依般若波羅蜜多故心无罣㝵
无罣㝵故无有恐怖遠離顛倒夢想究竟
涅槃三世諸佛依般若波羅蜜多故阿耨
多羅三藐三菩提故知般若波羅蜜多是大神
咒是大明咒是无上咒是无等等咒能除一切苦
真實不虛故說般若波羅蜜多咒即說咒曰
揭帝揭帝 波羅揭帝 波羅僧揭帝 菩提娑婆訶
般若波羅蜜多經一卷

BD08344 號 2　般若波羅蜜多心經　（3–2）

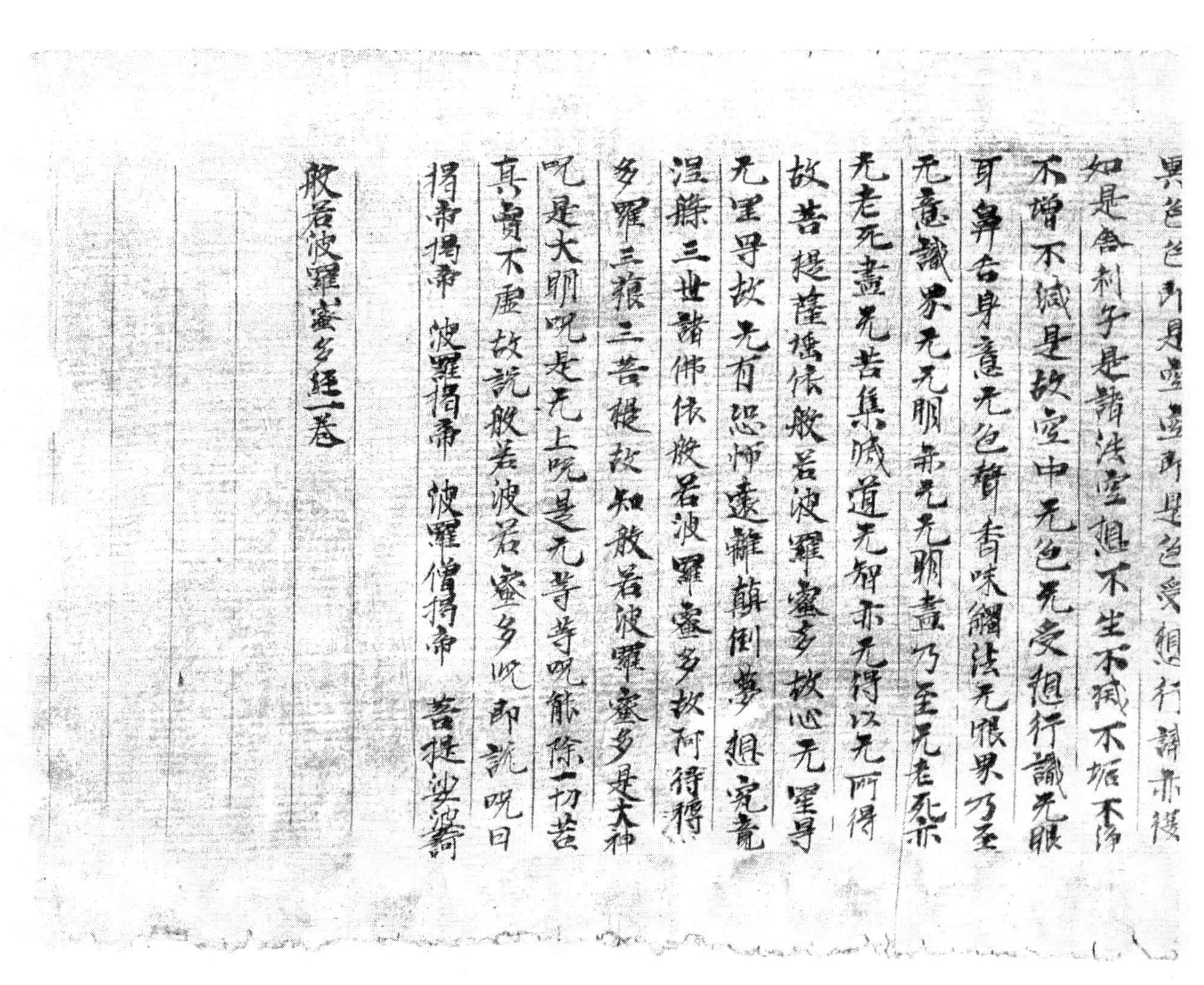

異色色即是空空即是色受想行識亦復
如是舍利子是諸法空相不生不滅不垢不淨
不增不減是故空中无色无受想行識无眼
耳鼻舌身意无色聲香味觸法无眼界乃至
无意識界无无明亦无无明盡乃至无老死亦
无老死盡无苦集滅道无智亦无得以无所得
故菩提薩埵依般若波羅蜜多故心无罣㝵
无罣㝵故无有恐怖遠離顛倒夢想究竟
涅槃三世諸佛依般若波羅蜜多故阿耨
多羅三藐三菩提故知般若波羅蜜多是大神
咒是大明咒是无上咒是无等等咒能除一切苦
真實不虛故說般若波羅蜜多咒即說咒曰
揭帝揭帝 波羅揭帝 波羅僧揭帝 菩提娑婆訶
般若波羅蜜多經一卷

BD08344 號 2　般若波羅蜜多心經　（3–3）

華嚴菩薩曰從我起二爲
起二法若不住二法則无有識无所識者是
爲入不二法門
德藏菩薩曰有所得相爲二若无所得則无
取捨无取捨者是爲入不二法門
月上菩薩曰闇與明爲二无闇无明則无有
二所以者何如入滅受想定无闇无明一切
法相亦復如是於其中平等入者是爲入不
二法門
寶印手菩薩曰樂涅槃不樂世間爲二若不
樂涅槃不猒世間則无有二所以者何若有
縛則有解若本无縛其誰求解无縛无縛
則无樂猒是爲入不二法門
珠頂王菩薩曰正道邪道爲二住正道者則
不分別是邪是正離此二者是爲入不二法
門

BD08345 號　維摩詰所説經卷中　（2–1）

法相亦復如是於其中平等入者是爲入不
二法門
寶印手菩薩曰樂涅槃不樂世間爲二若不
樂涅槃不猒世間則无有二所以者何若有
縛則有解若本无縛其誰求解无縛无縛
則无樂猒是爲入不二法門
珠頂王菩薩曰正道邪道爲二住正道者則
不分別是邪是正離此二者是爲入不二法
門
樂實菩薩曰實不實爲二實見者尚不見實
何況非實所以者何非肉眼所見慧眼乃能
見而此慧眼无見无不見是爲入不二法門
如是諸菩薩各各説已問文殊師利何等是
菩薩入不二法門文殊師利曰如我意者於
一切法无言无説无示无識離諸問答是爲
入不二法門
於是文殊師利問維摩詰言我等各自説已
仁者當説何等是菩薩入不二法門時維摩詰
嘿然无言文殊師利嘆曰善哉善哉乃至无
有文字語言是眞入不二法門説是入不二法
門時於此衆中五千菩薩皆入不二法門得

BD08345 號　維摩詰所説經卷中　（2–2）

是善男子善女人等由此因緣得福多
不天帝釋言甚多世尊甚多善逝佛言憍尸
迦若善男子善女人等書寫如是甚深般若
波羅蜜多施他讀誦若轉書寫廣令流布是
善男子善女人等所獲福聚甚多於前何以
故憍尸迦如是般若波羅蜜多秘密藏中廣
說一切無漏之法聲聞種姓補特伽羅脩學
此法速入聲聞正性離生得預流果得一來
果得不還果得阿羅漢果獨覺種姓補特伽
羅脩學此法速入獨覺正性離生漸次證得
獨覺菩提菩薩種姓補特伽羅脩學此法速
入菩薩正性離生漸次脩行諸菩薩行證得
无上正等菩提憍尸迦如是般若波羅蜜多
秘密藏中廣說一切无漏法者所謂布施波
羅蜜多淨戒波羅蜜多安忍波羅蜜多精進
波羅蜜多靜慮波羅蜜多般若波羅蜜多內
空外空內外空空空大空勝義空有為空无
為空畢竟空无際空散空无變異空本性空
自相空共相空一切法空不可得空无性空
自性空无性自性空真如法界法性不虛妄性
不變異性平等性離生性法定法住實際

BD08346 號　大般若波羅蜜多經卷一三〇　（1–1）

四正斷四神足
根五力七等覺支八聖道支空解脫門无相
解脫門无願解脫門五眼六神通佛十力四
无所畏四无礙解大慈大悲大喜大捨十八
佛不共法一切智道相智一切相智一切陀
羅尼門一切三摩地門及餘无量无邊佛法
皆是此中所說一切无漏之法憍尸迦若善
男子善女人等教一有情住預流果所獲福
聚猶勝教化南贍部洲東勝身洲西牛貨洲
諸有情類皆令脩學四靜慮四无量四无色
定五神通何以故憍尸迦諸有脩行四靜慮四
无量四无色定五神通不免地獄傍生鬼
趣若諸有情住預流果便得永脫三惡趣故
況教令住一來不還阿羅漢果所獲福聚而
不勝彼憍尸迦若善男子善女人等教贍部
洲東勝身洲西牛貨洲諸有情類皆住預流
一來不還阿羅漢果所獲福聚不如有人教
一有情令其安住獨覺菩提何以故憍尸迦
獨覺菩提所有功德勝預流等百千倍故憍

BD08347 號　大般若波羅蜜多經卷一三三　（5–1）

不勝彼憍尸迦若善男子善女人等教贍部
洲東勝身洲西牛貨洲諸有情類皆住預流
一來不還阿羅漢果所獲福聚不如有人教
一有情令其安住獨覺菩提何以故憍尸迦
獨覺菩提所有功德勝預流等百千倍故憍
尸迦若善男子善女人等教贍部洲東勝身
洲西牛貨洲諸有情類皆令安住獨覺菩提
所獲福聚不如有人教一有情令趣无上正
等菩提何以故憍尸迦若教有情令趣无上
正等菩提則令世間佛眼不斷所以者何由
有菩薩摩訶薩故便有預流一來不還阿羅
漢果獨覺菩提由有菩薩摩訶薩故便有如
來應正等覺證得无上正等菩提由有菩薩
摩訶薩故便有佛寶法寶僧寶一切世間歸
依供養以是故憍尸迦一切世間若天若魔
若梵若沙門若婆羅門及阿素洛人非人等
應以无量上妙華鬘塗散等香衣服瓔珞寶
幢幡蓋衆妙珍奇伎樂燈明盡諸所有供養
恭敬尊重讚歎菩薩摩訶薩憍尸迦由此當
知若善男子善女人等書寫如是甚深般若
波羅蜜多施他讀誦若轉書寫廣令流布所
獲福聚勝前福聚无量无邊何以故如是般
若波羅蜜多秘密藏中廣說一切世出世間
勝善法故由此般若波羅蜜多秘密藏中所
說法故世間便有剎帝利大族婆羅門大族
長者大族居士大族施設可得由此般若波

BD08347號　大般若波羅蜜多經卷一三三　（5–2）

若波羅蜜多秘密藏中廣說一切世出世間
勝善法故由此般若波羅蜜多秘密藏中所
說法故世間便有剎帝利大族婆羅門大族
長者大族居士大族施設可得由此般若波
羅蜜多秘密藏中所說法故世間便有四大
王衆天三十三天夜魔天覩史多天樂變化
天他化自在天施設可得由此般若波羅蜜
多秘密藏中所說法故世間便有梵衆天梵
輔天梵會天大梵天施設可得由此般若波
羅蜜多秘密藏中所說法故世間便有光天
少光天无量光天極光淨天施設可得由此
般若波羅蜜多秘密藏中所說法故世間便
有淨天少淨天无量淨天遍淨天施設可得
由此般若波羅蜜多秘密藏中所說法故世
間便有廣天少廣天无量廣天廣果天施設
可得由此般若波羅蜜多秘密藏中所說法
故世間便有无繁天无熱天善現天善見天
色究竟天施設可得由此般若波羅蜜多秘
密藏中所說法故世間便有空无邊處天識
无邊處天无所有處天非想非非想處天施
設可得由此般若波羅蜜多秘密藏中所說
法故世間便有布施波羅蜜多淨戒波羅蜜
多安忍波羅蜜多精進波羅蜜多靜慮波羅
蜜多般若波羅蜜多施設可得由此般若波
羅蜜多秘密藏中說法故世間便有內空
外空內外空空空大空勝義空有為空无為
空畢竟空无際空散空无變異空本性空自

BD08347號　大般若波羅蜜多經卷一三三　（5–3）

蜜多般若波羅蜜多施設可得由此般若波
羅蜜多秘密藏中說法故世間便有內空
外空內外空空空大空勝義空有為空无為
空畢竟空无際空散空无變異空本性空自
相空共相空一切法空不可得空无性空自
性空无性自性空施設可得由此般若波羅
蜜多秘密藏中所說法故世間便有真如法
界法性不虛妄性不變異性平等性離生性
法定法住實際虛空界不思議界施設可得
由此般若波羅蜜多秘密藏中所說法故世
間便有苦聖諦集聖諦滅聖諦道聖諦施設
可得由此般若波羅蜜多秘密藏中所說法
故世間便有四靜慮四无量四无色定施設
可得由此般若波羅蜜多秘密藏中所說法
故世間便有八解脫八勝處九次第定十遍
處施設可得由此般若波羅蜜多秘密藏中
所說法故世間便有四念住四正斷四神足
五根五力七等覺支八聖道支施設可得由
此般若波羅蜜多秘密藏中所說法故世間
便有空解脫門无相解脫門无願解脫門施
設可得由此般若波羅蜜多秘密藏中所說
法故世間便有五眼六神通施設可得由此
般若波羅蜜多秘密藏中所說法故世間便
有佛十力四无所畏四无礙解大慈大悲大
喜大捨十八佛不共法施設可得由此般若
波羅蜜多秘密藏中所說法故世間便有无
忘失法恒住捨性施設可得由此般若波羅

BD08347號　大般若波羅蜜多經卷一三三　（5–4）

般若波羅蜜多秘密藏中所說法故世間便
有佛十力四无所畏四无礙解大慈大悲大
喜大捨十八佛不共法施設可得由此般若
波羅蜜多秘密藏中所說法故世間便有无
忘失法恒住捨性施設可得由此般若波羅
蜜多秘密藏中所說法故世間便有一切智
道相智一切相智施設可得由此般若波羅
蜜多秘密藏中所說法故世間便有一切陀
羅尼門一切三摩地門施設可得由此般若
波羅蜜多秘密藏中所說法故世間便有預
流一來不還阿羅漢及預流向預流果一來
向一來果不還向不還果阿羅漢向阿羅漢
果施設可得由此般若波羅蜜多秘密藏中
所說法故世間便有獨覺及獨覺菩提施設
可得由此般若波羅蜜多秘密藏中所說法
故世間便有一切菩薩摩訶薩及諸菩薩摩
訶薩行施設可得由此般若波羅蜜多秘密
藏中所說法故世間便有一切如來應正等
覺及諸无上正等菩提施設可得
復次憍尸迦置贍部洲東勝身洲西牛貨洲
諸有情類若善男子善女人等教贍部洲東
勝身洲西牛貨洲北俱盧洲諸有情類皆令
脩學四靜慮四无量四无色定五神通於意

BD08347號　大般若波羅蜜多經卷一三三　（5–5）

大般若波羅蜜多經卷第五百五十九

第五分地獄品第八　三藏法師玄奘奉

時舍利子便白佛言如是無倒隨喜迴向

由般若波羅蜜多威力成辦尒時佛告舍

子言如是如是時舍利子復白佛言如是

波羅蜜多能作照明皆應敬礼世間諸

不能染汙能除翳闇能發明能施利

為導首與諸盲者作淨眼目與迷闇徒作

燈炬引失道者令入正路顯諸法性即菩

若亦一切法無滅無生是諸菩薩摩訶

能令諸佛具轉三轉十二行相無上法輪

讃者為作依護能除一切生死苦惱開

法無性為性世尊諸菩薩摩訶薩

若波羅蜜多應云何住佛告舍利子諸

摩訶薩於深般若波羅蜜多應如佛

般若波羅蜜多應如敬事諸佛世尊

釋作是念言今舍利子何因何緣問

BD08348號　大般若波羅蜜多經卷五五九　（2–1）

不能染汙能除翳闇能發明能施利

為導首與諸盲者作淨眼目與迷闇徒作

燈炬引失道者令入正路顯諸法性即菩

若亦一切法無滅無生是諸菩薩摩訶

能令諸佛具轉三轉十二行相無上法輪

讃者為作依護能除一切生死苦惱開

法無性為性世尊諸菩薩摩訶薩

若波羅蜜多應云何住佛告舍利子諸

摩訶薩於深般若波羅蜜多應如佛

般若波羅蜜多應如敬事諸佛世尊

釋作是念言今舍利子何因何緣問

念已便問舍利子言以何因緣而作是問

利子報帝釋言前佛世尊說諸菩薩

若波羅蜜多所攝受故所起隨喜迴

行諸福業事疾能證得一切智智所有

菩薩所備布施淨戒安忍精進靜慮般若

應善根是故我今作如是問憍尸迦如生盲

衆若百若千無淨眼者方便引導近尚不能

趣入正道況能遠達豐樂大城如是前五波

羅蜜多諸生盲衆若無般若波羅蜜多淨眼

BD08348號　大般若波羅蜜多經卷五五九　（2–2）

取好銀寫我亦隨心所用即身上便誦觀世音如意輪。
八遍身著一淨衣餘者不須取寸香燒之又取一盆淨水以
便即隱形方人不見若入王宮化諸宮女若入天宮化諸天女所
得恭敬无乏惟須結淨至心
十三 世尊若名現一切寶藏亦若有衆生求諸寶藏者却此寶轉
亦已沉香木方圓一寸九分至心誦如意輪呪一遍以用之盡空中所
有寶藏悉皆現所須之處隨意取用
十四 世尊若有衆生世之中能誦如意輪陀羅尼神呪求驗者
以取赤銅寫隨價數而寫不得爭價若爭價數其亦即不成誦
一万遍結大道場求諸願者持此亦以檀上呪之一百八遍乃至三七日
已來我日現三身與摩頂授記所願无不皆悉不違
十五 世尊若有女人求男女者四月八日書亦香之常得男女長得佛
前若有衆生求三昧者以書頂上誦如意呪卄一遍以水灑空
中便有五色光明照曜大地十方國土悉皆助放光亦謂摩頂授記
即夕常住三昧
十六 爾時觀世音菩薩甚大歡喜得未曾有世尊若有衆生求
寂滅定者以紫檀木鼓亦將亦入山寂靜之處結加夫坐即亦
心入定八大劫中常入寂靜定隨禪而而起化度衆生一切皆得
地前地後羅漢等出世有世界變成淨妙國土无諸濁穢
十七 世尊此名散諸花果亦以檀木鼓為亦帶常得諸天菩薩散諸

BD08349號　觀世音陀羅尼集（擬）

前若有衆生求三昧者以書頂上誦如意咒廿一遍以水噀空
中便有五色光明照曜大地十方國土悉皆助放光名謂摩頂授記
朝夕常住三昧
十六 介時觀世音菩薩甚大歡喜得未曾有世尊若有衆生求
寂滅定者以紫檀木尅而將而入山寂靜之處結加夫坐即而
心入定八大劫中常入寂靜定隨禪而而起化度衆生而皆得
地前地後羅漢等出世有世界變成淨妙國土死諸濁穢
十七 世尊此名散諸花果而以檀木尅為而常常得諸天菩薩散諸
妙花生生世世常得三昧常生佛前若人常我而行之處之所有衆
佛菩亦常得三昧神通自在遊諸佛剎皆得不退轉法
輪常備十善
真檀摩尼別行法咒
南謨阿羅遮未遮錛羅摩遮頞嘌弥嘌都婆訶
世尊此法從一佛剎至一佛剎乃至九十二億諸佛如來悉無
此法世尊此法非論眼見耳之難聞若得聞覓即超十地
此法南閻浮提無西國始有人若行用由自藏隱
觀世音擲咒法而第二
誦前小心咒 平右手掌向下摩病人頭上即成輪 捎而法蓋
誦前小心咒 以右手小指直竪餘三指屈向掌以大指捻上
降魔法而第五 誦前心咒 以右手押左手背仍以右大指向左小指
下方大指向右小指書上皆上下相叉是四法而皆誦前小心咒悉能
降伏一切諸魔而大毒惡鬼神等之皆摧碎百千万億夜叉羅
剎及行病鬼王并諸外道勞度叉等皆悉退散若病人以而作
[illegible]二指向內相叉右押左竪二中指
[illegible]二小指附著二中

自性空味界舌識界及舌觸舌觸為緣所生
諸受味界乃至舌觸為緣所生諸受自性空
是舌界自性即非自性是味界乃至舌觸為
緣所生諸受自性亦非自性若非自性即是安
忍波羅蜜多於此安忍波羅蜜多舌界不
可得彼我無我亦不可得味界乃至舌觸為
緣所生諸受皆不可得彼我無我亦不可得
所以者何此中尚無舌界等可得何況有彼
我與無我汝若能脩如是安忍是脩安忍波
羅蜜多復作是言汝善男子應脩安忍波羅
蜜多不應觀舌界若淨若不淨不應觀味界
舌識界及舌觸舌觸為緣所生諸受若淨若
不淨何以故舌界舌界自性空味界舌識界
及舌觸舌觸為緣所生諸受味界乃至舌觸
為緣所生諸受自性空是舌界自性即非自
性是味界乃至舌觸為緣所生諸受自性亦

BD08350號　大般若波羅蜜多經（兌廢稿）卷一五六　（2–1）

我與無我汝若能脩如是安忍是脩安忍波
羅蜜多復作是言汝善男子應脩安忍波羅
蜜多不應觀舌界若淨若不淨不應觀味界
舌識界及舌觸舌觸為緣所生諸受若淨若
不淨何以故舌界舌界自性空味界舌識界
及舌觸舌觸為緣所生諸受味界乃至舌觸
為緣所生諸受自性空是舌界自性即非自
性是味界乃至舌觸為緣所生諸受自性亦
非自性若非自性即是安忍波羅蜜多於此
安忍波羅蜜多舌界不可得彼淨不淨亦不
可得味界乃至舌觸為緣所生諸受皆不可
得彼淨不淨亦不可得所以者何此中尚無
舌界等可得何況有彼淨與不淨汝若能
脩如是安忍是脩安忍波羅蜜多憍尸迦
是善男子善女人等作此等說是為宣
說真正安忍波羅蜜多
復次憍尸迦若善男子善女人等為發無上
菩提心者宣說安忍波羅蜜多作如是言汝
善男子應脩安忍波羅蜜多不應觀舌界若
常若無常不應觀味界舌識界及舌觸舌

BD08350號　大般若波羅蜜多經（兌廢稿）卷一五六　（2–2）

娑唎娑訶十五 如是毗婆尸佛尸棄佛毗舍浮佛俱留孫佛俱那含牟尼佛迦葉佛釋迦牟尼佛
若有人以七寶供養如是七佛其福有限書寫受持此无量壽經典所有功德不可限量陀羅尼
南謨薄伽勃底阿波唎蜜哆阿喻紇硯娜須毗儞悉指陀囉佐耶怛他揭他耶怛姪他唵薩婆
桑塞迦囉波唎輸底達磨底伽伽娜莎訶其持迦底薩婆毗輸底摩訶娜耶波
唎婆唎莎訶十五 若有七寶等於須彌以用布施其福上能知其限量是无量壽經典其福
不可知數陀羅尼 南謨薄伽勃底阿波唎蜜哆阿喻紇硯娜須毗儞悉指陀囉佐耶怛他
揭他耶怛姪他唵薩婆桑塞迦囉波唎輸底達磨底伽伽娜莎訶其持迦底薩婆
毗輸底摩訶娜耶波唎婆唎莎訶十五 如是四大海水可知滴數是无量壽經典所生果報
不可數量陀羅尼 南謨薄伽勃底阿波唎蜜哆阿喻紇硯娜須毗儞悉指陀囉佐耶怛
他耶怛姪他唵薩婆桑塞迦囉波唎輸底達磨底伽伽娜莎訶其持迦底薩婆毗輸底
摩訶娜耶波唎婆唎莎訶十五 若有自書使人書寫是无量壽經典又能護持供養即如
恭敬供養一切十方佛土如來无有別異陀羅尼 南謨薄伽勃底阿波唎蜜哆阿喻紇硯娜須
毗儞悉指陀囉佐耶怛他揭他耶怛姪他唵薩婆桑塞迦囉波唎輸底達磨底伽伽娜莎訶
其持迦底薩婆毗輸底摩訶娜耶波唎婆唎莎訶十五
布施力能成正覺 悟布施力人師子 布施力能聲普聞 慈悲階漸最能入
持戒力能成正覺 悟持戒力人師子 持戒力能聲普聞 慈悲階漸最能入
忍辱力能成正覺 悟忍辱力人師子 忍辱力能聲普聞 慈悲階漸最能入
精進力能成正覺 悟精進力人師子 精進力能聲普聞 慈悲階漸最能入
禪定力能成正覺 悟禪定力人師子 禪定力能聲普聞 慈悲階漸最能入
智慧力能成正覺 悟智慧力人師子 智慧力能聲普聞 慈悲階漸最能入
尒時如來說是經已一切世間天人阿脩羅揵闥婆等聞佛所說皆大歡喜信受
奉行
佛說无量壽經

BD08351 號　無量壽宗要經　（1–1）

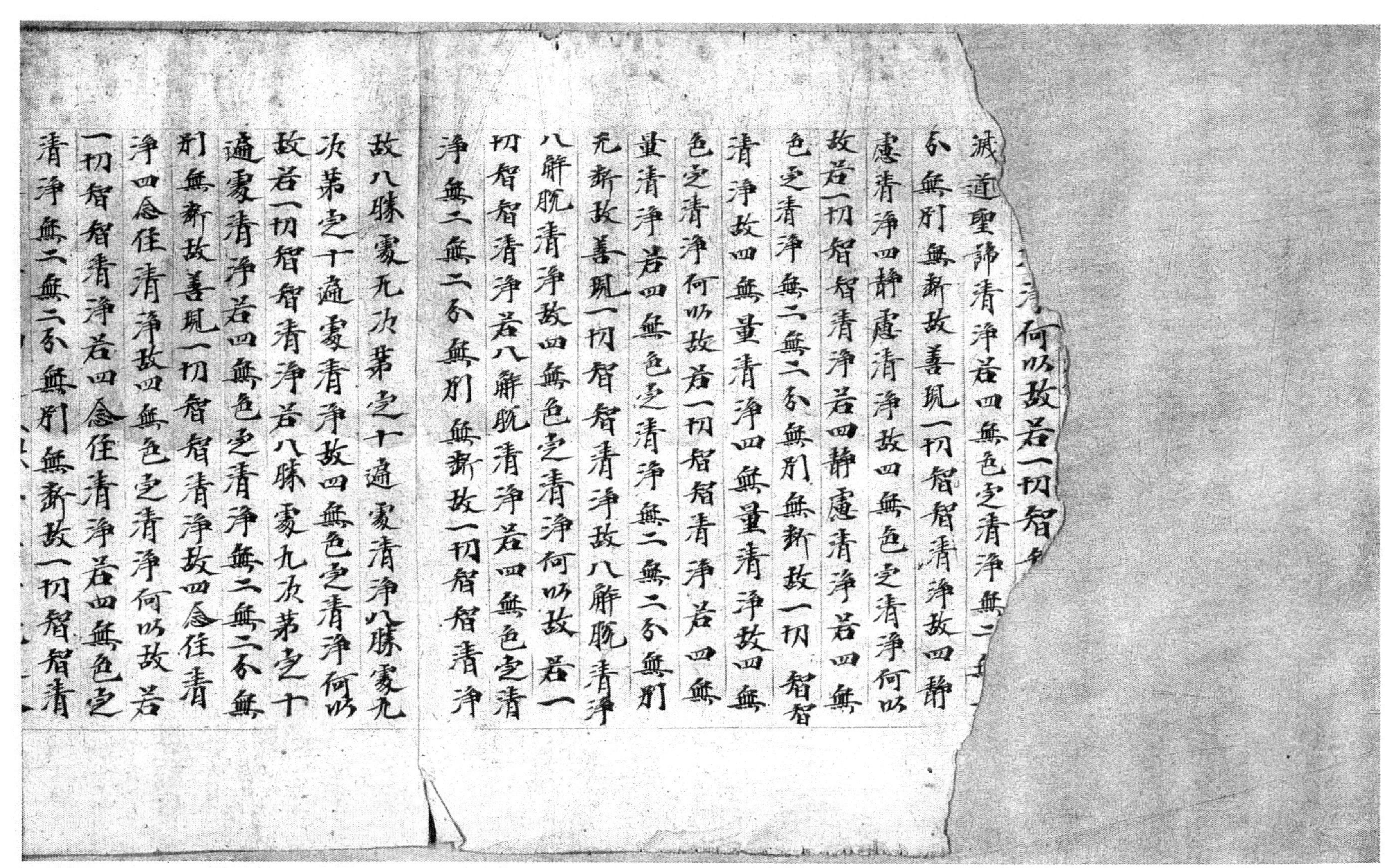

……何以故若一切智……
滅道聖諦清淨若四無色定清淨無二無……
分無別無斷故善現一切智智清淨故四靜
慮清淨四靜慮清淨故四無色定清淨何以
故若一切智智清淨若四靜慮清淨若四無
色定清淨無二無二分無別無斷故一切智智
清淨故四無量清淨四無量清淨故四無
色定清淨何以故若一切智智清淨若四無
量清淨若四無色定清淨無二無二分無別
無斷故善現一切智智清淨故八解脫清淨
八解脫清淨故四無色定清淨何以故若一
切智智清淨若八解脫清淨若四無色定清
淨無二無二分無別無斷故一切智智清淨
故八勝處九次第定十遍處清淨八勝處九
次第定十遍處清淨故四無色定清淨何以
故若一切智智清淨若八勝處九次第定十
遍處清淨若四無色定清淨無二無二分無
別無斷故善現一切智智清淨故四念住清
淨四念住清淨故四無色定清淨何以故若
一切智智清淨若四念住清淨若四無色定
清淨無二無二分無別無斷故一切智智清

BD08352 號　大般若波羅蜜多經卷二六六　（3–1）

處清淨若四無色定清淨無二無二分無
別無斷故善現一切智智清淨故四念住清
淨四念住清淨故四無色定清淨何以故若
一切智智清淨若四念住清淨若四無色定
清淨無二無二分無別無斷故一切智智清
淨故四正斷四神足五根五力七等覺支八
聖道支清淨四正斷乃至八聖道支清淨故
四無色定清淨何以故若一切智智清淨若
四正斷乃至八聖道支清淨若四無色定清
淨无二无二分无別无斷故善現一切智智
清淨故空解脫門清淨空解脫門清淨故四
無色定清淨何以故若一切智智清淨若空
解脫門清淨若四無色定清淨無二無二分
無別無斷故一切智智清淨故無相無願解
脫門清淨無相無願解脫門清淨故四無色
定清淨何以故若一切智智清淨若無相無
願解脫門清淨若四無色定清淨無二無二
分無別無斷故善現一切智智清淨故菩薩
十地清淨菩薩十地清淨故四無色定清淨
何以故若一切智智清淨若菩薩十地清淨
若四無色定清淨無二無二分無別無斷故
善現一切智智清淨故五眼清淨五眼清淨
故四無色定清淨何以故若一切智智清淨
若五眼清淨若四無色定清淨無二無二分
無別無斷故善現一切智智清淨故六神通
清淨六神通清淨故四無色定清淨何以故
若一切智智清淨若六神通清淨若四無色
定清淨無二無二分無別無斷故善現一切智

BD08352號　大般若波羅蜜多經卷二六六　（3–2）

定清淨何以故若一[illegible]
願解脫門清淨若四無色定清淨無二無二
分無別無斷故善現一切智智清淨故菩薩
十地清淨菩薩十地清淨故四無色定清淨
何以故若一切智智清淨若菩薩十地清淨
若四無色定清淨無二無二分無別無斷故
善現一切智智清淨故五眼清淨五眼清淨
故四無色定清淨何以故若一切智智清淨
若五眼清淨若四無色定清淨無二無二分
無別無斷故善現一切智智清淨故六神通
清淨六神通清淨故四無色定清淨何以故
若一切智智清淨若六神通清淨若四無色
定清淨無二無二分無別無斷故善現一切智
智清淨故佛十力清淨佛十力清淨故四
無色定清淨何以故若一切智智清淨若佛
十力清淨若四無色定清淨無二無二分無
別無斷故一切智智清淨故四無所畏四無
礙解大慈大悲大喜大捨十八佛不共法清
淨四無所畏乃至十八佛不共法清淨故四無
色定清淨何以故若一切智智清淨若四
[illegible]畏乃至十八佛不共法清淨若四無色
[illegible]二分無別無斷故善現一切

BD08352號　大般若波羅蜜多經卷二六六　（3–3）

不相應不合不散善現彼名為聖此是彼聖法
無染邪是故名聖法無染邪何以故善現此
一切法無色無見無對一相所謂無相彼諸
聖者如實現見善現無色與色非相應
非不相應不合不散無見與無見無對與無
對一切與一相無相與無相亦非相應非不
相應不合不散善現諸菩薩摩訶薩於此
無色無見無對一相無相甚深般若波羅蜜多
常應脩學學已不得一切法相
爾時具壽善現白佛言世尊菩薩摩訶薩
不應於色相學亦應於受想行識相學邪豈
不應於眼處相學亦應於耳鼻舌身意處相
學邪豈不應於色處相學亦應於聲香味
觸法處相學邪豈不應於眼界相學亦應
於耳　舌身意界相學邪豈不應於色界相
學亦鼻舌身意界相學邪不應於色界相學
亦應於聲香味觸法界相學邪豈不應於眼
識界相學亦應於耳鼻舌身意識界相學邪
豈不應於眼觸相學亦應於耳鼻舌身意觸相

BD08353號　大般若波羅蜜多經（兑廢稿）卷三七〇　（2-1）

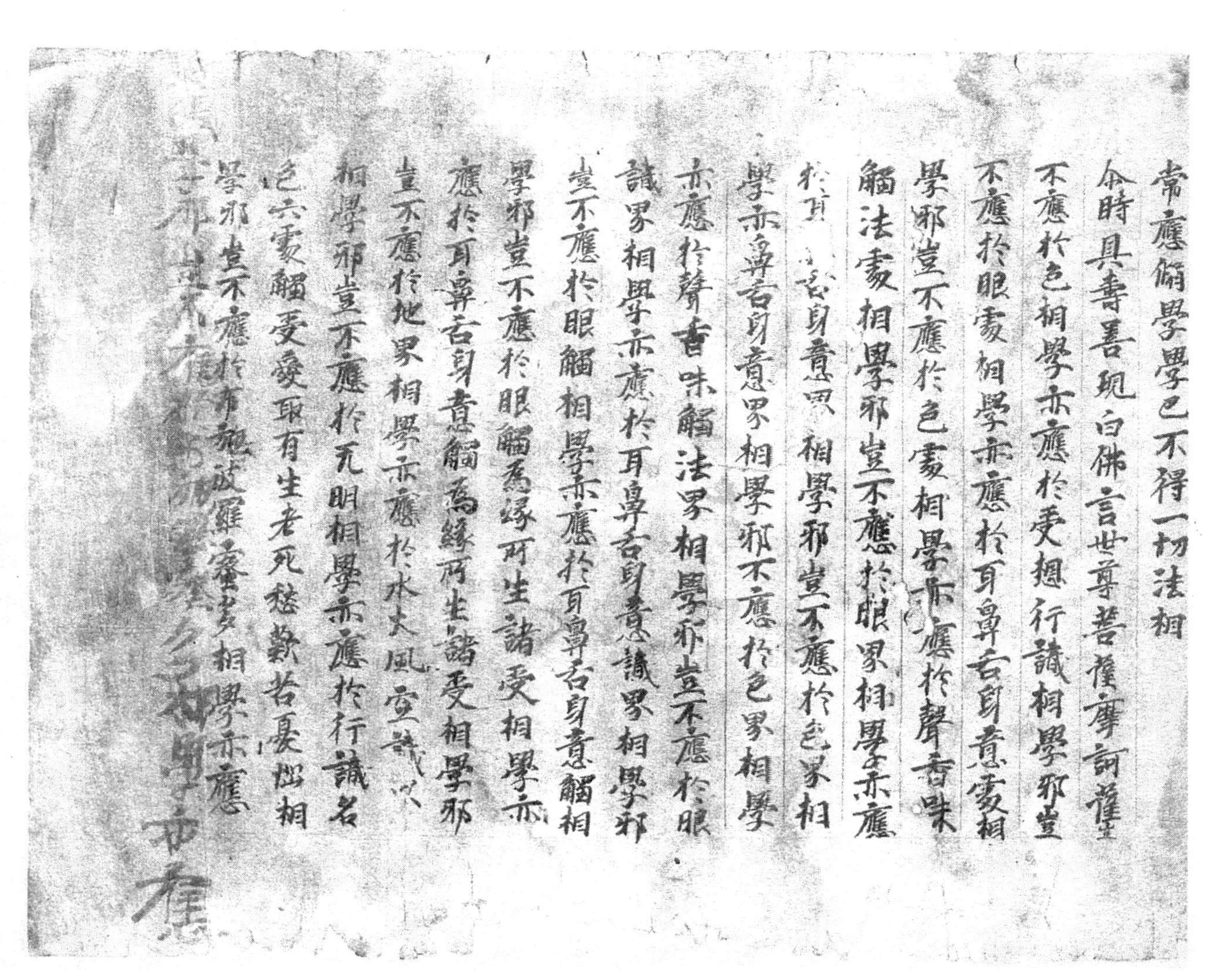

常應脩學學已不得一切法相
爾時具壽善現白佛言世尊菩薩摩訶薩
不應於色相學亦應於受想行識相學邪豈
不應於眼處相學亦應於耳鼻舌身意處相
學邪豈不應於色處相學亦應於聲香味
觸法處相學邪豈不應於眼界相學亦應
於耳　舌身意界相學邪豈不應於色界相
學亦鼻舌身意界相學邪不應於色界相學
亦應於聲香味觸法界相學邪豈不應於眼
識界相學亦應於耳鼻舌身意識界相學邪
豈不應於眼觸相學亦應於耳鼻舌身意觸相
學邪豈不應於眼觸為緣所生諸受相學亦
應於耳鼻舌身意觸為緣所生諸受相學邪
豈不應於地界相學亦應於水火風空識
相學邪豈不應於無明相學亦應於行識名
色六處觸受愛取有生老死愁歎苦憂惱相
學邪豈不應於布施波羅蜜多相學亦應

BD08353號　大般若波羅蜜多經（兑廢稿）卷三七〇　（2-2）

大般若波羅蜜多經卷第二百六十五
初分難信解品第卅四之八十四　　三藏法師玄奘奉　詔譯
善現一切智智清淨故五眼清淨五眼清淨故
道聖諦清淨何以故若一切智智清淨若
五眼清淨若道聖諦清淨无二无二分无別
无斷故一切智智清淨故六神通清淨六神
通清淨故道聖諦清淨何以故若一切智智
清淨若六神通清淨若道聖諦清淨无二无
二分无別无斷故善現一切智智清淨故佛
十力清淨佛十力清淨故道聖諦清淨何以
故若一切智智清淨若佛十力清淨若道聖
諦清淨无二无二分无別无斷故一切智智
清淨故四无所畏四无礙解大慈大悲大喜
大捨十八佛不共法清淨四无所畏乃至十
八佛不共法清淨故道聖諦清淨何以故若
一切智智清淨若四无所畏乃至十八佛不
共法清淨若道聖諦清淨无二无二分无別
无斷故善現一切智智清淨故无忘失法清
淨无忘失法清淨故道聖諦清淨何以故若
一切智智清淨若无忘失法清淨若道聖諦
清淨无二无二分无別无斷故一切智智清
淨故恒住捨性清淨恒住捨性清淨故道聖
諦清淨何以故若一切智智清淨若恒住捨
性清淨若道聖諦清淨无二无二分无別
无斷故善現一切智智清淨故一切智清淨
一切智清淨故道聖諦清淨何以故若一切智

BD08354 號　大般若波羅蜜多經卷二六五　　（1–1）

兑　　兑

清淨無二無二分無別無斷故善現一切智
智清淨故眼界清淨眼界清淨故法定清淨
何以故若一切智智清淨若眼界清淨若法
定清淨無二無二分無別無斷故一切智智
清淨故色界眼識界及眼觸眼觸為緣所生
諸受清淨色界乃至眼觸為緣所生諸受清
淨故法定清淨何以故若一切智智清淨若
色界乃至眼觸為緣所生諸受清淨若法定
清淨無二無二分無別無斷故善現一切智
智清淨故耳界清淨耳界清淨故法定清淨
何以故若一切智智清淨若耳界清淨若法
定清淨無二無二分無別無斷故一切智智
清淨故聲界耳識界及耳觸耳觸為緣所生
諸受清淨聲界乃至耳觸為緣所生諸受清
淨故法定清淨何以故若一切智智清淨若
聲界乃至耳觸為緣所生諸受清淨若法定
清淨無二無二分無別無斷故善現一切智
智清淨故鼻界清淨鼻界清淨故法定清
淨何以故若一切智智清淨若鼻界清淨若法
定清淨無二無二分無別無斷故一切智智

BD08355 號　大般若波羅蜜多經（兑廢稿）卷二六〇　　（2–1）

兑

色界乃至眼觸為緣所生諸受清淨若法定
清淨無二無二分無別無斷故善現一切智
智清淨故耳界清淨耳界清淨故法定清淨
何以故若一切智智清淨若耳界清淨若法
定清淨無二無二分無別無斷故一切智智
清淨故聲界耳識界及耳觸耳觸為緣所生
諸受清淨聲界乃至耳觸為緣所生諸受清
淨故法定清淨何以故若一切智智清淨若
聲界乃至耳觸為緣所生諸受清淨若法定
清淨無二無二分無別無斷故善現一切智
智清淨故鼻界清淨鼻界清淨故法定清
淨何以故若一切智智清淨若鼻界清淨若法
定清淨無二無二分無別無斷故一切智智
青淨故香界鼻識界及[illegible]觸鼻觸為緣所生
淨故法定清淨何以故若一切智智[illegible][illegible]若
香界乃至鼻觸為緣所生諸受清淨若法定
清淨無二無二分無別無斷故善現一切智

BD08355號　大般若波羅蜜多經（兑廢稿）卷二六〇　（2–2）

兑　　兑

故說為無量
尒時善現作是念言此處甚深我當問佛作
是念已便白佛言甚深般若波羅蜜多何故
如來說為無盡佛告善現甚深般若波羅蜜
多如太虛空不可盡故說為無盡具壽善現
復白佛言云何菩薩摩訶薩應引發般若波
羅蜜多佛告善現諸菩薩摩訶薩應觀色無
盡故引發般若波羅蜜多應觀受想行識無
盡故引發般若波羅蜜多應觀眼處無盡故
引發般若波羅蜜多應觀耳鼻舌身意處
無盡故引發般若波羅蜜多應觀色處無盡故
引發般若波羅蜜多應觀聲香味觸法處無
盡故引發般若波羅蜜多應觀眼界無盡故
引發般若波羅蜜多應觀聲香味觸法界無
盡故引發般若波羅蜜多應觀眼識界無盡
故引發般若波羅蜜多應觀耳鼻舌身意識
界無盡故引發般若波羅蜜多應觀眼觸無
盡故引發般若波羅蜜多應觀耳鼻舌身意

BD08356號　大般若波羅蜜多經（兑廢稿）卷五五四　（2–1）

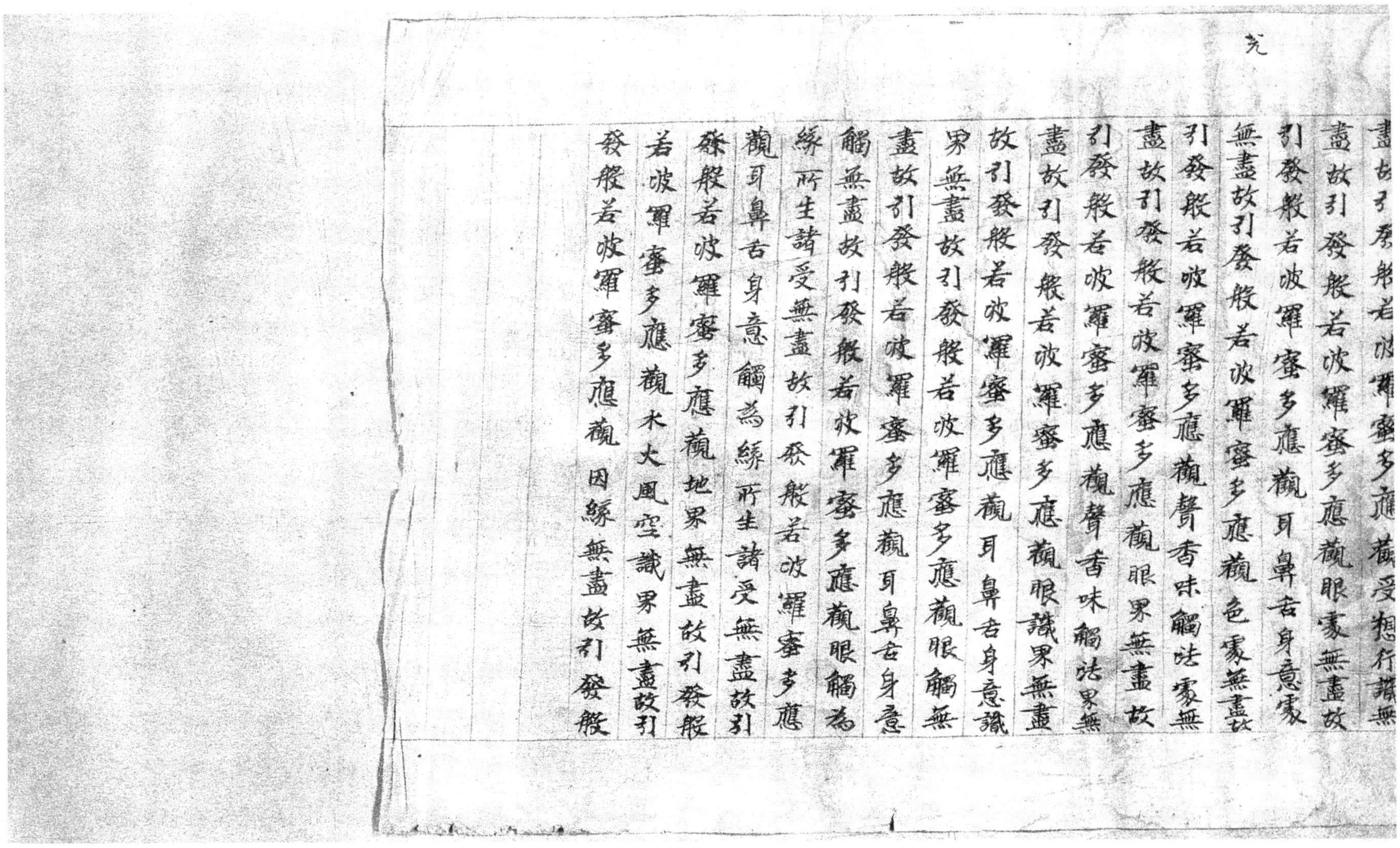

兌

盡故引發般若波羅蜜多應觀受想行識無
盡故引發般若波羅蜜多應觀眼處無盡故
引發般若波羅蜜多應觀耳鼻舌身意處
無盡故引發般若波羅蜜多應觀色處無盡故
引發般若波羅蜜多應觀聲香味觸法處無
盡故引發般若波羅蜜多應觀眼界無盡故
引發般若波羅蜜多應觀聲香味觸法界無
盡故引發般若波羅蜜多應觀眼識界無盡
故引發般若波羅蜜多應觀耳鼻舌身意識
界無盡故引發般若波羅蜜多應觀眼觸無
盡故引發般若波羅蜜多應觀耳鼻舌身意
觸無盡故引發般若波羅蜜多應觀眼觸為
緣所生諸受無盡故引發般若波羅蜜多應
觀耳鼻舌身意觸為緣所生諸受無盡故引
發般若波羅蜜多應觀地界無盡故引發般
若波羅蜜多應觀水火風空識界無盡故引
發般若波羅蜜多應觀 因緣無盡故引發般

BD08356 號　大般若波羅蜜多經（兌廢稿）卷五五四　　（2–2）

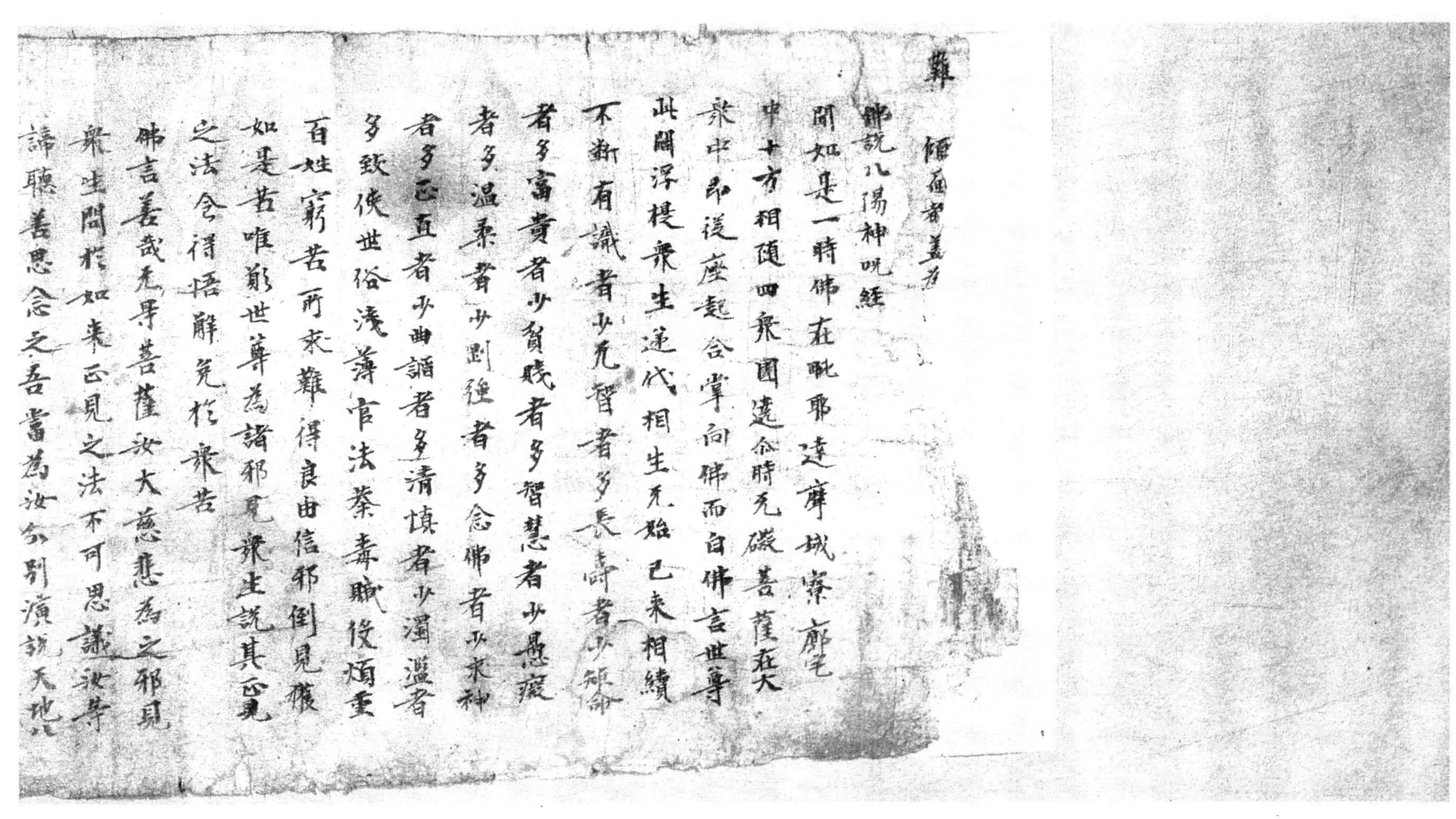

難

師苗客義存

佛說八陽神呪經

聞如是一時佛在毗耶達摩城寥廓宅
中十方相隨四衆圍遶尒時无礙菩薩在大
衆中即從座起合掌向佛而白佛言世尊
此閻浮提衆生遞代相生无始已來相續
不斷有識者少无智者多長壽者少短命
者多富貴者少貧賤者多智慧者少愚癡
者多溫柔者少剛強者多念佛者少求神
者多正直者少曲諂者多清慎者少濁濫者
多致使世俗淺薄官法荼毒賦役煩重
百姓窮苦所求難得良由信邪倒見獲
如是苦唯願世尊為諸邪見衆生說其正見
之法令得悟解免於衆苦
佛言善哉无畏菩薩汝大慈悲為之邪見
衆生問於如來正見之法不可思議汝等
諦聽善思念之吾當為汝分別演說天地八

BD08357 號　天地八陽神呪經　　（3–1）

一切窮苦所求難得良由信邪倒見獲
如是苦唯願世尊為諸邪見衆生說其正見
之法令得悟解免於衆苦
佛言善哉无㝵菩薩汝大慈悲為之邪見
衆生問於如來正見之法不可思議汝等
諦聽善思念之吾當為汝分別演說天地八
陽之經此經過去諸佛已說未來諸佛當
說現在諸佛今說夫天地之間為人最勝
最貴於一切万物人者真也正也心无虛妄身行
正真左丿為正右乀為真常行真正故名為人是
知人能弘道道以潤身依道依人皆成聖道
佛告无㝵菩薩一切衆生既得人身不能修
福背真向偽造種種惡業命將欲終必沉
苦海受種種罪若聞此經信心不逆即得
解脫諸罪之難出於苦海善神加護无諸鄣
㝵延年益壽而无橫夭以信力故獲如斯福
復次无㝵菩薩若有男子女人信邪倒見即
被邪魔外道魑魅魍魎鳥鳴百怪諸惡神
鬼競來惱亂與其橫病惡腫惡疰受其痛苦
无有休息皆遇善知識為讀八陽經三遍
是諸惡鬼皆悉消滅病即除愈身□　力足讀
經功德獲如斯福若有衆生多□　欲瞋恚
愚癡慳貪嫉妬若見此經信敬供□　即讀三
遍愚癡等惡並皆除滅慈悲喜捨得佛法
分
復次无㝵菩薩　人等興有

BD08357 號　天地八陽神咒經　（3–2）

正真左為正右為真常行真正故名為人是
知人能弘道道以潤身依道依人皆成聖道
佛告无㝵菩薩一切衆生既得人身不能修
福背真向偽造種種惡業命將欲終必沉
苦海受種種罪若聞此經信心不逆即得
解脫諸罪之難出於苦海善神加護无諸鄣
㝵延年益壽而无橫夭以信力故獲如斯福
復次无㝵菩薩若有男子女人信邪倒見即
被邪魔外道魑魅魍魎鳥鳴百怪諸惡神
鬼競來惱亂與其橫病惡腫惡疰受其痛苦
无有休息皆遇善知識為讀八陽經三遍
是諸惡鬼皆悉消滅病即除愈身□　力足讀
經功德獲如斯福若有衆生多□　欲瞋恚
愚癡慳貪嫉妬若見此經信敬供□　即讀三
遍愚癡等惡並皆除滅慈悲喜捨得佛法
分
復次无㝵菩薩　人等興有
承宅南
□□碓

BD08357 號　天地八陽神咒經　（3–3）

迦囉波唎輸底[illegible]
尒時復有一百四姟佛一時同聲說是[illegible]
南无薄伽勃底阿波唎蜜多阿喻紇硯娜須毗你失指陁囉佐耶怛他羯他耶怛姪他唵薩婆桑悉迦囉
波唎輸底達磨底伽迦娜莎訶其特迦底薩婆婆毗輸底摩訶娜耶波唎婆唎莎訶
尒時復有七姟佛一時同聲說是无量壽宗要經陁羅尼曰
南无薄伽勃底阿波唎蜜多阿喻紇硯娜須毗你失指陁囉佐耶怛他羯他耶怛姪他唵薩婆桑
悉迦囉波唎輸底達磨底伽迦娜莎訶其特迦底薩婆婆毗輸底摩訶娜耶波唎婆唎莎訶
尒時復有六十五姟佛一時同聲說是无量壽宗要經陁羅尼曰
南无薄伽勃底阿波唎蜜多阿喻紇硯娜須毗你失指陁囉佐耶怛他羯他耶怛姪他唵薩婆桑悉
迦囉波唎輸底達磨底伽迦娜莎訶其特迦底薩婆婆毗輸底摩訶娜耶波唎婆唎莎訶
尒時復有五十五姟佛一時同聲說是无量壽宗要經陁羅尼曰
南无薄伽勃底阿波唎蜜多阿喻紇硯娜須毗你失指陁囉佐耶怛他羯他耶怛姪他唵薩婆桑
悉迦囉波唎輸底達磨底伽迦娜莎訶其特迦底薩婆婆毗輸底摩訶娜耶波唎婆唎莎訶
尒時復有四十五姟佛一時同聲說是无量壽宗要經陁羅尼曰
南无薄伽勃底阿波唎蜜多阿喻紇硯娜須毗你失指陁囉佐耶怛他羯他耶怛姪他唵薩婆桑
悉迦囉波唎輸底達磨底伽迦娜莎訶其特迦底薩婆婆毗輸底摩訶娜耶波唎婆唎莎訶
尒時復有三十六姟佛一時同聲說是无量壽宗要經陁羅尼曰
南无薄伽勃底阿波唎蜜多阿喻紇硯娜須毗你失指陁囉佐耶怛他羯他耶怛姪他唵薩婆桑
悉迦囉波唎輸底達磨底伽迦娜莎訶其特迦底薩婆婆毗輸底摩訶娜耶波唎婆唎莎訶
尒時復有二十五姟佛一時同聲說是无量壽宗要經陁羅尼曰
南无薄伽勃底阿波唎蜜多阿喻紇硯娜須毗你失指陁囉佐耶怛他羯他耶怛姪他唵薩婆桑
悉迦囉波唎輸底達磨底伽迦娜莎訶其特迦底薩婆婆毗輸底摩訶娜耶波唎婆唎莎訶
尒時復有恒河沙姟佛一時同聲說是无量壽宗要經陁羅尼曰

BD08358號　無量壽宗要經

（4–1）

悉迦囉波唎輸底達磨底伽迦娜莎訶其特迦底薩婆婆毗輸底摩訶娜耶波唎婆唎莎訶
尒時復有二十五姟佛一時同聲說是无量壽宗要經陁羅尼曰
南无薄伽勃底阿波唎蜜多阿喻紇硯娜須毗你失指陁囉佐耶怛他羯他耶怛姪他唵薩婆桑
悉迦囉波唎輸底達磨底伽迦娜莎訶其特迦底薩婆婆毗輸底摩訶娜耶波唎婆唎莎訶
尒時復有恒河沙姟佛一時同聲說是无量壽宗要經陁羅尼曰
南无薄伽勃底阿波唎蜜多阿喻紇硯娜須毗你失指陁囉佐耶怛他羯他耶怛姪他唵薩婆桑
悉迦囉波唎輸底達磨底伽迦娜莎訶其特迦底薩婆婆毗輸底摩訶娜耶波唎婆唎莎訶
善男子若有自書寫教人書寫是无量壽宗要經如其命盡復得長壽而滿年陁羅尼曰
南无薄伽勃底阿波唎蜜多阿喻紇硯娜須毗你失指陁囉佐耶怛他羯他耶怛姪他唵薩婆桑悉
迦囉波唎輸底達磨底伽迦娜莎訶其特迦底薩婆婆毗輸底摩訶娜耶波唎婆唎莎訶
若有自書寫教人書寫是无量壽宗要經讀誦受持畢竟不墮地獄往在所生得宿命智陁羅尼曰
南无薄伽勃底阿波唎蜜多阿喻紇硯娜須毗你失指陁囉佐耶怛他羯他耶怛姪他唵薩婆桑悉迦
囉波唎輸底達磨底伽迦娜莎訶其特迦底薩婆婆毗輸底摩訶娜耶波唎婆唎莎訶
若有自書寫教人書寫是无量壽宗要經受持讀誦如同書寫八万四千一切經典陁羅尼曰
南无薄伽勃底阿波唎蜜多阿喻紇硯娜須毗你失指陁囉佐耶怛他羯他耶怛姪他唵薩婆桑悉
迦囉波唎輸底達磨底伽迦娜莎訶其特迦底薩婆婆毗輸底摩訶娜耶波唎婆唎莎訶
若有自書寫教人書寫是无量壽宗要經即是書寫八万四千部建立塔廟陁羅尼曰
南无薄伽勃底阿波唎蜜多阿喻紇硯娜須毗你失指陁囉佐耶怛他羯他耶怛姪他唵薩婆桑
悉迦囉波唎輸底達磨底伽迦娜莎訶其特迦底薩婆婆毗輸底摩訶娜耶波唎婆唎莎訶
若有自書寫教人書寫是无量壽宗要經能消五无間等一切重罪陁羅尼曰
南无薄伽勃底阿波唎蜜多阿喻紇硯娜須毗你失指陁囉佐耶怛他羯他耶怛姪他唵薩婆桑
悉迦囉波唎輸底達磨底伽迦娜莎訶其特迦底薩婆婆毗輸底摩訶娜耶波唎婆唎莎訶
若有自書寫教人書寫是无量壽宗要經受持讀誦設有重罪猶如須弥盡能除滅陁羅尼曰
南无薄伽勃底阿波唎蜜多阿喻紇硯娜須毗你失指陁囉佐耶怛他羯他耶怛姪他唵薩婆桑
悉迦囉波唎輸底達磨底伽迦娜莎訶其特迦底薩婆婆毗輸底摩訶娜耶波唎婆唎莎訶
若有自書寫教人書寫是无量壽宗要經受持讀誦若魔魔之眷屬夜叉羅剎不
得其便終无枉死陁羅尼曰
南无薄伽勃底阿波唎蜜多阿喻紇硯娜須毗你失指陁囉佐耶怛他羯他耶怛姪他唵薩婆桑
悉迦囉波唎輸底達磨底伽迦娜莎訶其特迦底薩婆婆毗輸底摩訶娜耶波唎婆唎莎訶
若有自書寫教人書寫是无量壽宗要經受持讀誦當命終時有九十九姟佛現其人前
豪千佛授手遊一切佛剎莫於此經生於疑惑陁羅尼曰
[illegible]

BD08358號　無量壽宗要經

（4–2）

[illegible]陀羅尼曰
南无薄伽勃底阿波唎蜜多阿喻紇硯娜須毗你悉指陀囉佐耶怛他羯他耶怛姪他唵薩婆桑
悉迦囉波唎輸底達磨底伽伽娜莎訶靡特迦底薩婆婆毗輸底摩訶娜耶波唎婆唎莎訶
若有自書寫教人書寫是无量壽宗要經受持讀誦當命終時有九十九姟佛現其人前
千佛授手能遊一切佛刹莫於此經生於疑惑陀羅尼曰
南无薄伽勃底阿波唎蜜多阿喻紇硯娜須毗你悉指陀囉佐耶怛他羯他耶怛姪他唵薩婆桑悉
迦囉波唎輸底達磨底伽伽娜莎訶靡特迦底薩婆婆毗輸底摩訶娜耶波唎婆唎莎訶
若有自書寫教人書寫是无量壽宗要經受持讀誦常得四天大王隨其衛護陀羅尼曰
南无薄伽勃底阿波唎蜜多阿喻紇硯娜須毗你悉指陀囉佐耶怛他羯他耶怛姪他唵薩婆桑悉
迦囉波唎輸底達磨底伽伽娜莎訶靡特迦底薩婆婆毗輸底摩訶娜耶波唎婆唎莎訶
若有自書寫教人書寫是无量壽宗要經受持讀誦當得往生西方極樂世界阿彌陀淨土陀羅尼曰
南无薄伽勃底阿波唎蜜多阿喻紇硯娜須毗你悉指陀囉佐耶怛他羯他耶怛姪他唵薩婆桑悉
迦囉波唎輸底達磨底伽伽娜莎訶靡特迦底薩婆婆毗輸底摩訶娜耶波唎婆唎莎訶
若有方所自書寫使人書寫是无量壽經典之處則為是塔皆應恭敬作禮若是
畜生或鳥獸得聞是經如是等類皆當不久得成一切種智陀羅尼曰
南无薄伽勃底阿波唎蜜多阿喻紇硯娜須毗你悉指陀囉佐耶怛他羯他耶怛姪他唵薩婆桑悉
迦囉波唎輸底達磨底伽伽娜莎訶靡特迦底薩婆婆毗輸底摩訶娜耶波唎婆唎莎訶
若有於是无量壽經自書使人書畢竟不受女人之身陀羅尼曰
南无薄伽勃底阿波唎蜜多阿喻紇硯娜須毗你悉指陀囉佐耶怛他羯他耶怛姪他唵薩婆桑
悉迦囉波唎輸底達磨底伽伽娜莎訶靡特迦底薩婆婆毗輸底摩訶娜耶波唎婆唎莎訶
若有能於是經少分能惠施者等於三千大千世界滿中七寶布施陀羅尼曰
南无薄伽勃底阿波唎蜜多阿喻紇硯娜須毗你悉指陀囉佐耶怛他羯他耶怛姪他唵薩婆桑
悉迦囉波唎輸底達磨底伽伽娜莎訶靡特迦底薩婆婆毗輸底摩訶娜耶波唎婆唎莎訶
若有能供養是經者則是供養一切諸經等无有異陀羅尼曰
南无薄伽勃底阿波唎蜜多阿喻紇硯娜須毗你悉指陀囉佐耶怛他羯他耶怛姪他唵薩婆桑悉
迦囉波唎輸底達磨底伽伽娜莎訶靡特迦底薩婆婆毗輸底摩訶娜耶波唎婆唎莎訶
如是毗婆尸佛尸棄佛毗舍浮佛俱留孫佛拘那含牟尼佛迦葉佛釋迦牟尼佛
若有以七寶供養如是七佛其福有限書寫受持是无量壽經典所有功德不可限量陀羅尼
南无薄伽勃底阿波唎蜜多阿喻紇硯娜須毗你悉指陀囉佐耶怛他羯他耶怛姪他唵薩婆桑悉迦囉
波唎輸底達磨底伽伽娜莎訶靡特迦底薩婆婆毗輸底摩訶娜耶波唎婆唎莎訶
若有七寶等於須彌山用布施其福上能知其限量是无量壽經典其福不可知數陀羅尼曰
南无薄伽勃底阿波唎蜜多阿喻紇硯娜須毗你悉指陀囉佐耶怛他羯他耶怛姪他唵薩婆桑悉迦

BD08358號　無量壽宗要經

（4–3）

若有七寶等於須彌山用布施其福上能知其限量是无量壽經典其福不可知數陀羅尼曰
南无薄伽勃底阿波唎蜜多阿喻紇硯娜須毗你悉指陀囉佐耶怛他羯他耶怛姪他唵薩婆桑悉迦
囉波唎輸底達磨底伽伽娜莎訶靡特迦底薩婆婆毗輸底摩訶娜耶波唎婆唎莎訶
如是四大海水可知滴數是无量壽經典所生果報不可知數量陀羅尼曰
南无薄伽勃底阿波唎蜜多阿喻紇硯娜須毗你悉指陀囉佐耶怛他羯他耶怛姪他唵薩婆桑悉
迦囉波唎輸底達磨底伽伽娜莎訶靡特迦底薩婆婆毗輸底摩訶娜耶波唎婆唎莎訶
若有自書寫教人書寫是无量壽經典受持供養所如恭敬供養一切十方佛土如來无
有別異陀羅尼曰
南无薄伽勃底阿波唎蜜多阿喻紇硯娜須毗你悉指陀囉佐耶怛他羯他耶怛姪他唵薩婆桑悉迦
囉波唎輸底達磨底伽伽娜莎訶靡特迦底薩婆婆毗輸底摩訶娜耶波唎婆唎莎訶
布施力能成正覺　悟布施力人師子　布施力能聲普聞　慈悲階漸最能入
持戒力能成正覺　悟持戒力人師子　持戒力能聲普聞　慈悲階漸最能入
忍辱力能成正覺　悟忍辱力人師子　忍辱力能聲普聞　慈悲階漸最能入
精進力能成正覺　悟精進力人師子　精進力能聲普聞　慈悲階漸最能入
禪定力能成正覺　悟禪定力人師子　禪定力能聲普聞　慈悲階漸最能入
智慧力能成正覺　悟智慧力人師子　智慧力能聲普聞　慈悲階漸最能入
尒時如來說是經已一切世間天人阿脩羅揵闥婆等聞佛所說皆大歡喜信受奉行
佛說无量壽宗要經一卷

BD08358號　無量壽宗要經

（4–4）

BD08358號背　雜寫　　（1–1）

妙法蓮華經隨喜功德品第十八　　六

尒時弥勒菩薩摩訶薩白佛言世尊若有善
男子善女人聞是法經隨喜者得幾所福而
說偈言
世尊滅度後　其有聞是經　若能隨喜者　為得幾所福
尒時佛告弥勒菩薩摩訶薩阿逸多如來滅
後若比丘比丘尼優婆塞優婆夷及餘智者
若長若幼聞是經隨喜已從法會出至於餘處
若在僧坊若空閑地若城邑巷陌聚落田里
如其所聞為父母宗親善友知識隨力演說
是諸人等聞已隨喜復行轉教餘人聞已亦
隨喜轉教如是展轉至第五十阿逸多其
第五十善男子善女人隨喜功德我今說之
汝當善聽若四百万億阿僧祇世界六趣四
生衆生卵生胎生濕生化生若有形无形有
想无想非有想非无想无足二足四足多足
如是等在衆生數者有人求福隨其所欲娛

BD08359號　妙法蓮華經卷六　　（2–1）

若在僧坊若空閑地若城邑巷陌聚落田里
如其所聞為父母宗親善友知識隨力演說
是諸人等聞已隨喜復行轉教餘人聞已亦
隨喜轉教如是展轉至第五十阿逸多其
第五十善男子善女人隨喜功德我今說之
汝當善聽若四百万億阿僧祇世界六趣四
生衆生卵生胎生濕生化生若有形无形有
想无想非有想非无想无足二足四足多足
如是等在衆生數者有人求福隨其所欲娛
樂之具皆給與之一一衆生與滿閻浮提金
銀琉璃車𤦲馬瑙珊瑚虎珀諸妙珎寶及象
馬車乘七寶所成宮殿樓閣等是大施主如
是布施滿八十年已而作是念我已施衆生
娛樂之具隨意所欲然此衆生皆已衰老年
過八十髮白面皺將死不久我當以佛法而
訓導之即集此衆生宣布法化示教利喜一
時皆得須陁洹道斯陁含道阿那含道阿羅
漢道盡諸有漏於深禪定皆得自在具八解
不於汝意云何是大施主所得功德寧為多

BD08359 號　妙法蓮華經卷六　（2–2）

維摩詰所說……解脫佛國品第一
如是我聞一時佛在毗耶離菴羅樹園與大
比丘衆八千人俱菩薩三万二千衆所知識大
智本行皆悉成就諸佛威神之所建立為護
法城受持正法能師子吼名聞十方衆人不請
友而安之紹隆三寶能使不絕降伏魔怨制
諸外道悉已清淨永離蓋纏心常安住无
礙解脫念定總持辯才不斷布施持戒忍辱
精進禪定智慧及方便力无不具足逮无
所得不起法忍已能隨順轉不退輪善解
法相知衆生根蓋諸大衆得无所畏功德智
慧以脩其心相好嚴身色像第一捨諸世間
所有飾好名稱高遠踰於須弥深信堅固猶
若金剛法寶普照而雨甘露於衆言音微妙
第一深入緣起斷諸邪見有无二邊无復餘習演
法无畏猶師子吼其所講說乃如雷震无有
量已過量集衆法寶如海導師了達諸法

BD08360 號　維摩詰所說經卷上　（3–1）

所有飾好名稱高遠踰於須弥深信堅固猶
若金剛法寶普照而雨甘露於衆言音微妙
第一深入緣起斷諸邪見有无二邊无復餘習演
法无畏猶師子吼其所講說乃如雷震无有
量已過量集衆法寶如海導師了達諸法
深妙之義善知衆生往來所趣及心所
行近无等等佛自在慧十力无畏十八不
共閞一切諸惡趣門而生五道以現其身
為大醫王善療衆病應病與藥令得服
行无量功德皆成就无量佛土皆嚴淨其見
聞者无不蒙益諸有所作亦不唐捐如是一切
功德皆悉具足
其名曰等觀菩薩不等觀菩薩等不等觀菩
薩定自在王菩薩法自在王菩薩法相菩
薩光相菩薩光嚴菩薩大嚴菩薩寶積
菩薩辯積菩薩寶手菩薩寶印手菩薩常
舉手菩薩常下手菩薩常慘菩薩喜根菩
薩喜王菩薩辯音菩薩虛空藏菩薩執寶
巴菩薩寶勇菩薩寶見菩薩帝網菩薩明
網菩薩无緣觀菩薩慧積菩薩寶勝菩薩
天王菩薩壞魔菩薩電德菩薩自在王菩薩
功德相嚴菩薩師子吼菩薩雷音菩薩山相擊
音菩薩香象菩薩白香象菩薩常精進菩薩不
休息菩薩妙生菩薩華嚴菩薩觀世音菩
薩得大勢菩薩梵網菩薩寶杖菩薩无勝
菩薩嚴土菩薩金髻菩薩珠髻菩薩彌勒
菩薩文殊師利法王子菩薩如是等三万二
千人俱

巴菩薩寶勇菩薩寶見菩薩帝網菩薩明
網菩薩无緣觀菩薩慧積菩薩寶勝菩薩
天王菩薩壞魔菩薩電德菩薩自在王菩薩
功德相嚴菩薩師子吼菩薩雷音菩薩山相擊
音菩薩香象菩薩白香象菩薩常精進菩薩不
休息菩薩妙生菩薩華嚴菩薩觀世音菩
薩得大勢菩薩梵網菩薩寶杖菩薩无勝
菩薩嚴土菩薩金髻菩薩珠髻菩薩彌勒
菩薩文殊師利法王子菩薩如是等三万二
千人俱
復有万梵天王尸棄等從餘四天下來詣佛
所而聽法復有万二千天帝亦從餘四天下
來在會坐并餘大威力諸天龍神夜叉乾闥婆
阿脩羅迦樓羅緊那羅摩睺羅伽等悉來
會坐諸比丘比丘尼優婆塞優婆夷俱來會坐
彼時佛與无量百千之衆恭敬圍繞而為說
法譬如須彌山王顯于大海安處衆寶師子
之座蔽於一切諸來大衆
爾時毗耶離城有長者

獨覺菩薩摩訶薩及諸天人阿素洛等利益
安樂所依處故憍尸迦諸善男子善女人等
若佛住世若涅槃後應依內空常勤脩學應
依外空內外空空空大空勝義空有為空無
為空畢竟空無際空散空無變異空本性空
自相空共相空一切法空不可得空無性空
自性空無性自性空常勤脩學何以故如是
內空等是一切聲聞獨覺菩薩摩訶薩及諸
天人阿素洛等利益安樂所依處故憍尸迦
諸善男子善女人等若佛住世若涅槃後應
依真如常勤脩學應依法界法性不虛妄性
不變異性平等性離生性法定法住實際虛
空界不思議界常勤脩學何以故如是真如
等是一切聲聞獨覺菩薩摩訶薩及諸天人
阿素洛等利益安樂所依處故憍尸迦諸善
男子善女人等若佛住世若涅槃後應依苦
聖諦常勤脩學應依集滅道聖諦常勤脩學

BD08361號　大般若波羅蜜多經卷一〇四　（2–1）

諸善男子善女人等若佛住世若涅槃後應
依真如常勤脩學應依法界法性不虛妄性
不變異性平等性離生性法定法住實際虛
空界不思議界常勤脩學何以故如是真如
等是一切聲聞獨覺菩薩摩訶薩及諸天人
阿素洛等利益安樂所依處故憍尸迦諸善
男子善女人等若佛住世若涅槃後應依苦
聖諦常勤脩學應依集滅道聖諦常勤脩學
何以故如是苦聖諦等是一切聲聞獨覺菩
薩摩訶薩及諸天人阿素洛等利益安樂所
依處故憍尸迦諸善男子善女人等若佛住
世若涅槃後應依四靜慮常勤脩學應依四
無量四無色定常勤脩學何以故如是四靜
慮等是一切聲聞獨覺菩薩摩訶薩及諸天
人阿素洛等利益安樂所依處故憍尸迦諸
善男子善女人等若佛住世若涅槃後應依
八解脫常勤脩學應依八勝處九次第定十
遍處常勤脩學何以故如是八解脫等是一
切聲聞獨覺菩薩摩訶薩及諸天

BD08361號　大般若波羅蜜多經卷一〇四　（2–2）

一百四

BD08361 號背　勘記

（1–1）

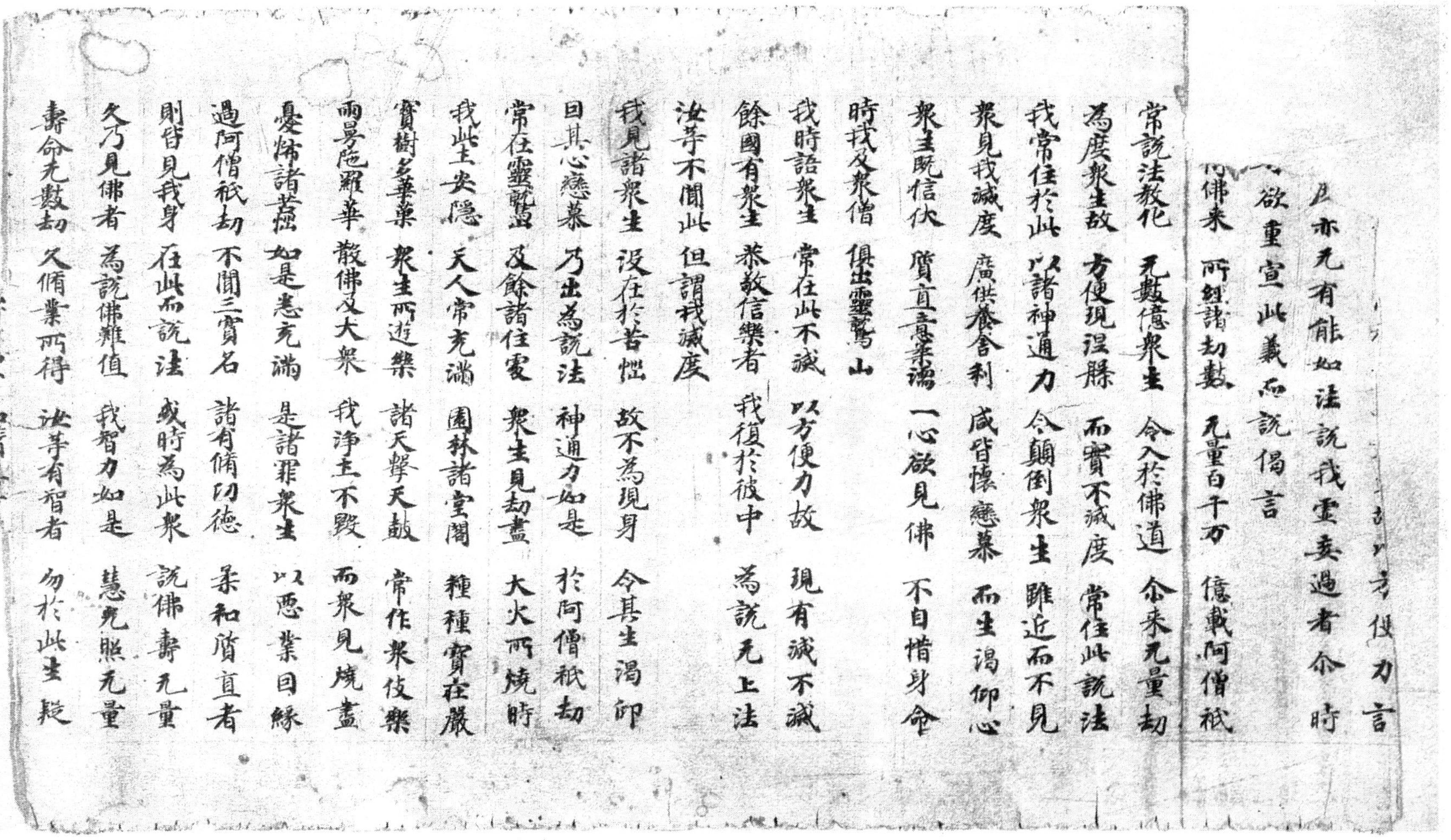

……方便力言
且亦无有能如法說我虛妄過者　尒時
……欲重宣此義而說偈言
……佛来　所經諸劫數　无量百千万　億載阿僧祇
常說法教化　无數億衆生　令入於佛道　尒来无量劫
為度衆生故　方便現涅槃　而實不滅度　常住此說法
我常住於此　以諸神通力　令顛倒衆生　雖近而不見
衆見我滅度　廣供養舍利　咸皆懷戀慕　而生渴仰心
衆生既信伏　質直意柔軟　一心欲見佛　不自惜身命
時我及衆僧　俱出靈鷲山
我時語衆生　常在此不滅　以方便力故　現有滅不滅
餘國有衆生　恭敬信樂者　我復於彼中　為說无上法
汝等不聞此　但謂我滅度
我見諸衆生　沒在於苦惱　故不為現身　令其生渴仰
因其心戀慕　乃出為說法　神通力如是　於阿僧祇劫
常在靈鷲山　及餘諸住處　衆生見劫盡　大火所燒時
我此土安隱　天人常充滿　園林諸堂閣　種種寶莊嚴
寶樹多華菓　衆生所遊樂　諸天擊天鼓　常作衆伎樂
雨曼陀羅華　散佛及大衆　我淨土不毀　而衆見燒盡
憂怖諸苦惱　如是悉充滿　是諸罪衆生　以惡業因緣
過阿僧祇劫　不聞三寶名　諸有脩功德　柔和質直者
則皆見我身　在此而說法　或時為此衆　說佛壽无量
久乃見佛者　為說佛難值　我智力如是　慧光照无量
壽命无數劫　久脩業所得　汝等有智者　勿於此生疑

BD08362 號　妙法蓮華經卷五

（1–1）

量無邊世界方便善巧利益安樂無量有情時
舍利子見如是事歡喜踴躍便白佛言甚
奇世尊希有善逝成就如是大威神力能令
我等得見西方無量殑伽沙等世界無數善
薩摩訶薩眾善薩行種種差別無數如來
應正等覺種種方便饒益有情甚奇世尊希
有善逝諸佛成就廣大妙法能令菩薩發
趣求諸佛所成廣大妙法所謂無上正等菩
提尒時世尊告舍利子如是如是如汝所說諸
佛成就廣大妙法能令菩薩發心趣求諸
佛所成廣大妙法所謂無上正等菩提由此能
脩資糧圓滿疾能證得一切智智時舍利
子及諸大眾佛神力故復見北方無量殑伽
數菩薩降伏無量天魔怨敵令退散已證得
無上正等菩提佛神力故復見北方無量殑伽
沙等世界無數如來應正等覺為諸菩薩
摩訶薩眾宣說色蘊常無常相不可得宣說
受想行識蘊常無常相不可得廣說乃至
無數如來應正等覺以神通力往餘無量無
邊世界方便善巧利益安樂無量有情時舍

BD08363號　大般若波羅蜜多經（兌廢稿）卷五八二　　（2–1）

有善逝諸佛成就廣大妙法能令菩薩發
趣求諸佛所成廣大妙法所謂無上正等菩
提尒時世尊告舍利子如是如是如汝所說諸
佛成就廣大妙法能令菩薩發心趣求諸
佛所成廣大妙法所謂無上正等菩提由此能
脩資糧圓滿疾能證得一切智智時舍利
子及諸大眾佛神力故復見北方無量殑伽
數菩薩降伏無量天魔怨敵令退散已證得
無上正等菩提佛神力故復見北方無量殑伽
沙等世界無數如來應正等覺為諸菩薩
摩訶薩眾宣說色蘊常無常相不可得宣說
受想行識蘊常無常相不可得廣說乃至
無數如來應正等覺以神通力往餘無量無
邊世界方便善巧利益安樂無量有情時舍
利子見如是事歡喜踴躍便白佛言甚奇世
尊希有善逝成就如是大威神力能令我等
得見北方無量殑伽沙等世界無數菩薩摩訶
薩眾行菩薩行種種差別無數如來應正
等覺種種方便饒益有情甚奇世尊希有

BD08363號　大般若波羅蜜多經（兌廢稿）卷五八二　　（2–2）

夢中常見大金[鼓]
讚佛功德喻蓮花 [頁]
請佛出世時一現 於百千劫
夜夢常聞妙鼓音 晝則隨應而懺悔
我當圓滿修六度 拔濟眾生出苦海
然後得成无上覺 佛土清淨不思議
以妙金鼓奉如來 并讚諸佛實功德
因斯當見釋迦佛 記我當紹人中尊
金龍金光是我子 過去曾為善知識
世世願生於我家 共受无上菩提記
若有眾生无救護 長夜輪迴受眾苦
我於來世作歸依 令彼常得安隱樂
三有眾苦願除滅 悉得隨心安樂處
於未來世修菩提 皆如過去成佛者
願此金光懺悔福 永竭苦海罪消除
業障煩惱悉皆亡 令我速招清淨果
福智大海量无邊 清淨離垢深无底

BD08364 號　金光明最勝王經卷五

（2–1）

因斯當見釋迦佛 記我當紹人中尊
金龍金光是我子 過去曾為善知識
世世願生於我家 共受无上菩提記
若有眾生无救護 長夜輪迴受眾苦
我於來世作歸依 令彼常得安隱樂
三有眾苦願除滅 悉得隨心安樂處
於未來世修菩提 皆如過去成佛者
願此金光懺悔福 永竭苦海罪消除
業障煩惱悉皆亡 令我速招清淨果
福智大海量无邊 清淨離垢深无底
願我獲斯功德海 速成无上大菩提
以此金光懺悔力 當獲福德淨光明
既得清淨妙光明 常以智光照一切
願我身光等諸佛 福德智慧亦復然
一切世界獨稱尊 威力自在无倫匹
有漏苦海願超越 无為樂海願常遊
現在福海願恒盈 當來智海願圓滿
願我剎土超三界 殊勝功德量无邊
諸有緣者悉同生 皆得速成清淨智
妙幢汝當知 國王金龍主 曾發如是願 彼即是汝身
往時有二子 金龍及金光 即銀相銀光 當受我所記
大眾聞是說 皆發菩提心 願現在未來 常依此懺悔
[illegible]

BD08364 號　金光明最勝王經卷五

（2–2）

衆生起大悲心以持正法起於喜心以攝智
慧行於捨心以攝慳貪起檀波羅蜜以化犯
戒起尸波羅蜜以无我法起羼提波羅蜜以
離身心相起毗梨耶波羅蜜以菩提相起禪
波羅蜜以一切智起般若波羅蜜教化衆生
而起於空不捨有為法而起无相示現受生
而起无作護持正法起方便力以度衆生起
四攝法以敬事一切起除慢法於身命財起
三堅法於六念中起思念法於六和敬起質
直心正行善法起於淨命心淨歡喜起近賢
聖不憎惡人起調伏心以出家法起於深心
以如說行起於多聞以无諍法起空閑處
向佛慧起於宴坐解衆生縛起脩行地以具
相好及淨佛土起福德業知一切衆生心念
如應說法起於智業知一切法不取不捨入
一相門起於慧業斷一切煩惱一切鄣礙一
切不善法起一切善業以得一切智慧一切
善法起於一切助佛道法如是善男子是為
法施之會若菩薩住是法施會者為大施主
亦為一切世間福田世尊維摩詰說是法時
婆羅門衆中二百人皆發阿耨多羅三藐三
[illegible]

BD08365號　維摩詰所說經卷上　（2–1）

切不善法起一切善業以得一切智慧一切
善法起於一切助佛道法如是善男子是為
法施之會若菩薩住是法施會者為大施主
亦為一切世間福田世尊維摩詰說是法時
婆羅門衆中二百人皆發阿耨多羅三藐三
菩提心我時心得清淨歎未曾有稽首礼維
摩詰足即解瓔珞價直百千以上之不肯取
我言居士願必納受隨意所與維摩詰乃受
瓔珞分作二分持一分施此會中一最下乞
人持一分奉彼難勝如來一切衆會皆見光
明國土難勝如來又見珠瓔在彼佛上變成
四柱寶臺四面嚴飾不相鄣蔽時維摩詰現
神變已作是言若施主等心施一最下乞一
猶如如來福田之相无所分別等于大悲不
求果報是則名曰具足法施城中一最下乞
人見是神力聞其所說即發阿耨多羅三藐
三菩提心故我不任詣彼問疾如是諸菩薩
各各向佛說其本緣稱述維摩詰所言皆曰
不任詣彼問疾　維摩　維摩一
維　維摩　二疾
維摩詰經卷上

BD08365號　維摩詰所說經卷上　（2–2）

一部
菩見寶三昧經

BD08365號背　經袟（擬）　　（1–1）

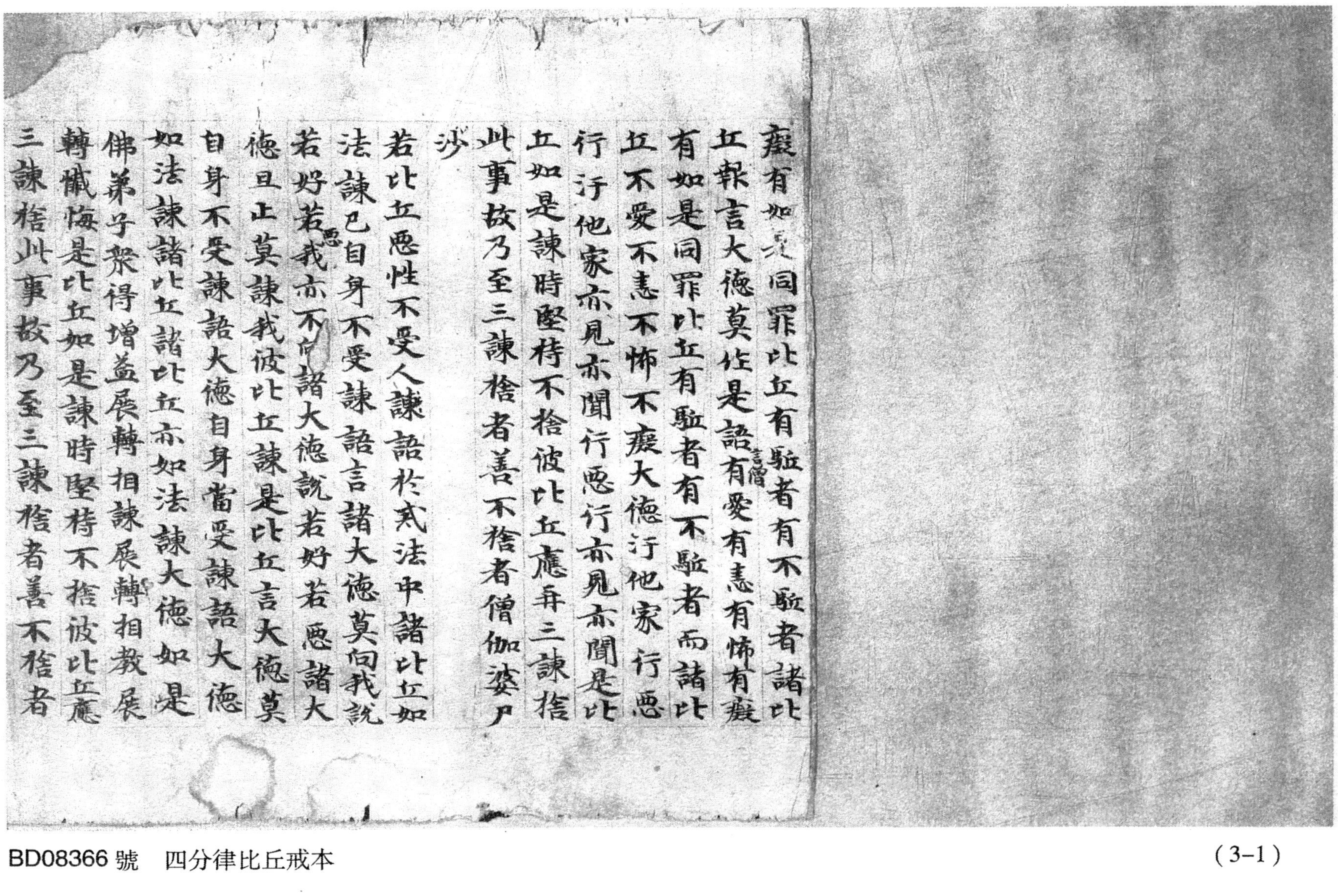

癡有如是同罪比丘有驗者有不驗者諸比
丘報言大德莫作是語言僧有愛有恚有怖有癡
有如是同罪比丘有驗者有不驗者而諸比
丘不愛不恚不怖不癡大德汙他家行惡
行汙他家亦見亦聞行惡行亦見亦聞是比
丘如是諫時堅持不捨彼比丘應弃三諫捨
此事故乃至三諫捨者善不捨者僧伽婆尸
沙
若比丘惡性不受人諫語於戒法中諸比丘如
法諫已自身不受諫語言諸大德莫向我說
若好若惡我亦不向諸大德說若好若惡諸大
德且止莫諫我彼比丘諫是比丘言大德莫
自身不受諫語大德自身當受諫語大德
如法諫諸比丘諸比丘亦如法諫大德如是
佛弟子眾得增益展轉相諫展轉相教展
轉懺悔是比丘如是諫時堅持不捨彼比丘應
三諫捨此事故乃至三諫捨者善不捨者

BD08366號　四分律比丘戒本　　（3–1）

自身不受諫語諸大德自身當受諫語大德
如法諫諸比丘諸比丘亦如法諫大德如是
佛弟子衆得增益展轉相諫展轉相教展
轉懺悔是比丘如是諫時堅持不捨彼比丘應
三諫捨此事故乃至三諫捨者善不捨者
僧伽婆尸沙
大德我已說十三僧伽婆尸沙法九初犯
三諫若比丘犯一一法知而覆藏應
利婆沙行波利婆沙竟增上與六夜
摩那埵已餘有出罪應二十僧中
罪若少一人不滿二十衆出是比丘
丘罪不得除諸比丘亦可呵此是
問諸大德是中清淨不三 諸大德是中
清淨默然故是事如是持
諸大德是二不定法半月半月式經中說
若比丘共女人獨在屏處覆處障處可作婬
處坐說非法語有住信優婆私於三法中一
法說若波羅夷若僧伽婆尸沙若波逸提是
坐比丘自言我犯是罪於三法中應一一法治
和波羅夷若僧伽婆尸沙若波逸提如住信
優婆私所說應如法治是比丘是名不定法
若比丘共女人在露現處不可作婬處坐作
麁惡語有住信優婆夷於二法中一一法說
若僧伽婆尸沙若波逸提是坐比丘自言我
犯是事於二法中應一一法治若僧伽婆尸
沙若波逸提如住信優婆夷所說應如法
治是比丘是名不定法
諸大德我已說二不定法今問諸大德是中
清淨不三說 諸大德是中清淨默然故是事

BD08366 號　四分律比丘戒本　（3–2）

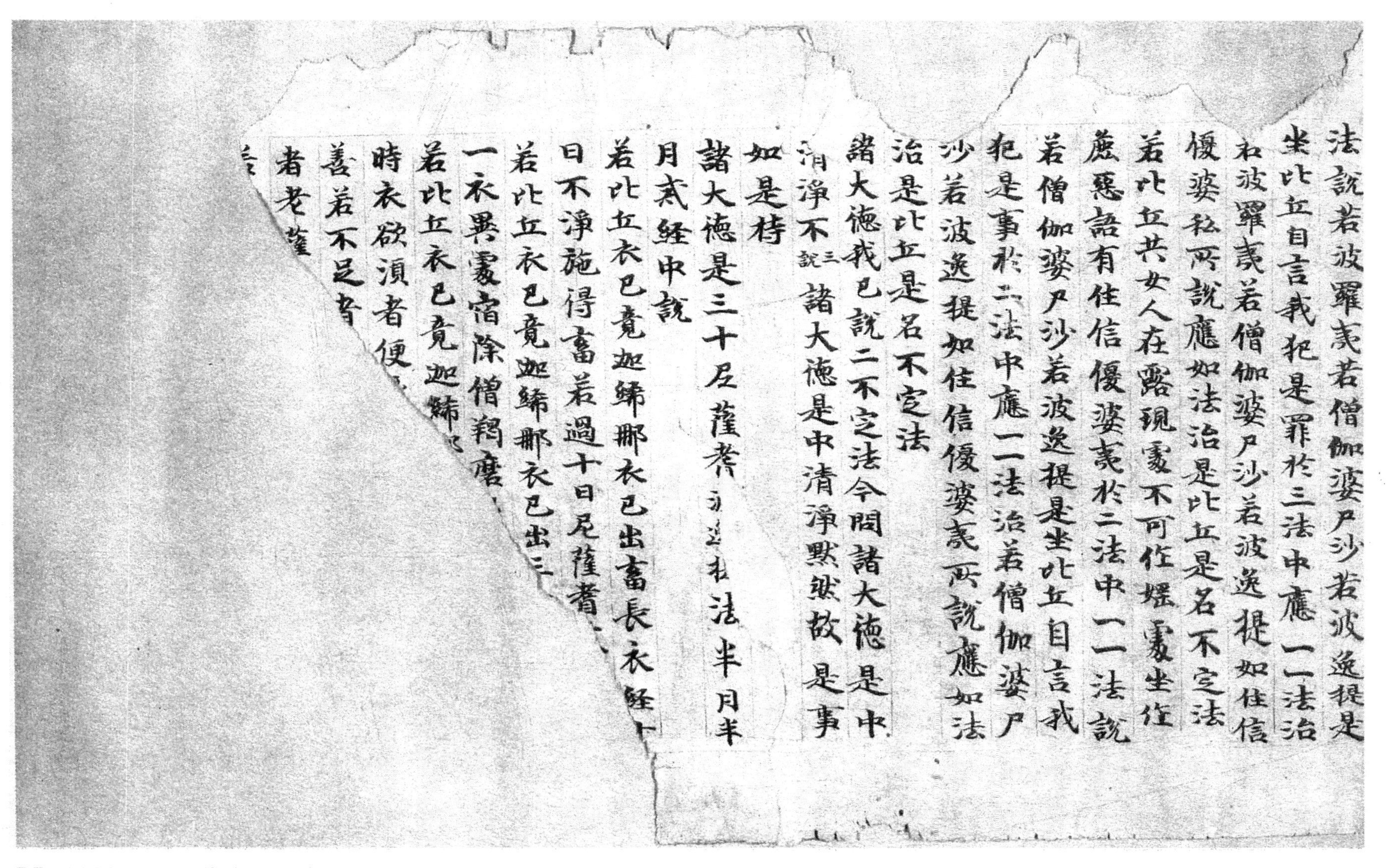
法說若波羅夷若僧伽婆尸沙若波逸提是
坐比丘自言我犯是罪於三法中應一一法治
和波羅夷若僧伽婆尸沙若波逸提如住信
優婆私所說應如法治是比丘是名不定法
若比丘共女人在露現處不可作婬處坐作
麁惡語有住信優婆夷於二法中一一法說
若僧伽婆尸沙若波逸提是坐比丘自言我
犯是事於二法中應一一法治若僧伽婆尸
沙若波逸提如住信優婆夷所說應如法
治是比丘是名不定法
諸大德我已說二不定法今問諸大德是中
清淨不三說 諸大德是中清淨默然故是事
如是持
諸大德是三十尼薩耆波逸提法半月半
月式經中說
若比丘衣已竟迦絺那衣已出畜長衣經十
日不淨施得畜若過十日尼薩耆
若比丘衣已竟迦絺那衣已出三
一衣異處宿除僧羯磨
若比丘衣已竟迦絺
時衣欲須者便
善若不足者
者老薩

BD08366 號　四分律比丘戒本　（3–3）

迦三
有能度知　釋迦之壽量
復不能知　世尊之壽量
不害衆生命　及施於飲食　由斯二種因　得壽命長遠
是故大覺尊　壽命難知數　如劫无邊際　壽量亦如是
妙幢汝當知　不應起疑惑　最勝壽无量　莫能知數者
尒時妙幢菩薩聞四如來說釋迦牟尼佛壽
量无限白言世尊云何如來亦現如是短促壽
量時四世尊告妙幢菩薩言善男子彼釋
迦牟尼佛於五濁世出現之時人壽百年稟
性下劣善根微薄復无信解此諸衆生多有
我見人見衆生壽者養育邪見我我所見斷
常見等為欲利益此諸異生及衆外道如是
等類令生正解速得成就无上菩提是故釋
迦牟尼如來亦現如是短促壽命善男子然
彼如來欲令衆生見涅槃已生難遭想憂苦
等想於佛世尊所說經教速當受持讀誦通
利為人解說不生謗毀是故如來現斯短壽
何以故彼諸衆生若見如來不般涅槃不生
恭敬難遭之想如來所說甚深經典亦不受
持讀誦通利為人宣說所以者何以常見佛

BD08367 號　金光明最勝王經卷一　（3–1）

等想於佛世尊所說經教速當受持讀誦通
利為人解說不生謗毀是故如來現斯短壽
何以故彼諸衆生若見如來不般涅槃不生
恭敬難遭之想如來所說甚深經典亦不受
持讀誦通利為人宣說所以者何以常見佛
不尊重故善男子譬如有人見其父母多有
財產珍寶豐盈便於財物不生希有難遭之
想所以者何於父財物生常想故善男子彼
諸衆生亦復如是若見如來不入涅槃不生
希有難遭之想所以者何由常見故善男子
譬如有人父母貧窮資財之少然彼貧人或
詣王家或大臣舍見其倉庫種種珍財悉皆
盈滿生希有心難遭之想時彼貧人為欲求財
廣設方便策勤無息所以者何為捨貧窮受
安樂故善男子彼諸衆生亦復如是若見如
來入於涅槃生難遭想乃至憂苦等想復作
是念於无量劫諸佛如來出現於世如烏曇
跋花時乃一現彼諸衆生發希有心起難遭
想若遇如來心生敬信聞說正法生實語想
所有經典悉皆受持不生毀謗善男子以是
因緣彼佛世尊不久住世速入涅槃善男子
是諸如來以如是等善巧方便成就衆生尒
時四佛說是語已忽然不現
尒時妙幢菩薩摩訶薩與无量百千菩薩及
无量億那庾多百千衆生俱共往詣鷲峯山
中釋迦牟尼如來正遍知所頂禮佛足在一面
立時妙幢菩薩以上事具白世尊時四
如來亦詣鷲峯至釋迦牟尼佛所各隨本方

BD08367 號　金光明最勝王經卷一　（3–2）

時四佛說是語已[illegible]然不現
尒時妙幢菩薩摩訶薩與无量百千菩薩及
无量億那庾多百千衆生俱共往詣鷲峯山
中釋迦牟尼如來正遍知所頂礼佛足在一面
立時妙幢菩薩以上事具白世尊時四
如來亦詣鷲峯至釋迦牟尼佛所各隨本方
就座而坐告侍者菩薩言善男子汝今可詣
釋迦牟尼佛所爲我致問少病少惱起居輕
利安樂行不復作是言善哉善哉釋迦牟尼
如來今可演說金光明經甚深法要爲欲饒
益一切衆生除去飢饉令得安樂我當隨喜
時彼侍者各詣釋迦牟尼佛所頂礼雙足却
住一面俱白佛言彼天人師致問无量少病
起居輕利安樂行不復作是言善哉善
迦牟尼如來今可演說金光明經甚深
欲利益一切衆生除去飢饉令得安
迦牟尼如來應正等覺告彼侍者
哉善哉彼四如來乃能爲諸衆
勸請於我宣揚正法尒時世尊
鷲山　宣說此經寶　成就衆生故　示現般涅槃
見　不信我所說　爲成就彼故　示現般涅槃
中有婆羅門姓憍陳如名曰法師授
與無量百千婆羅門衆供養佛已聞世尊
說佛[illegible]白言世尊

BD08367號　金光明最勝王經卷一　（3–3）

BD08367號背　罰約（擬）　（1–1）

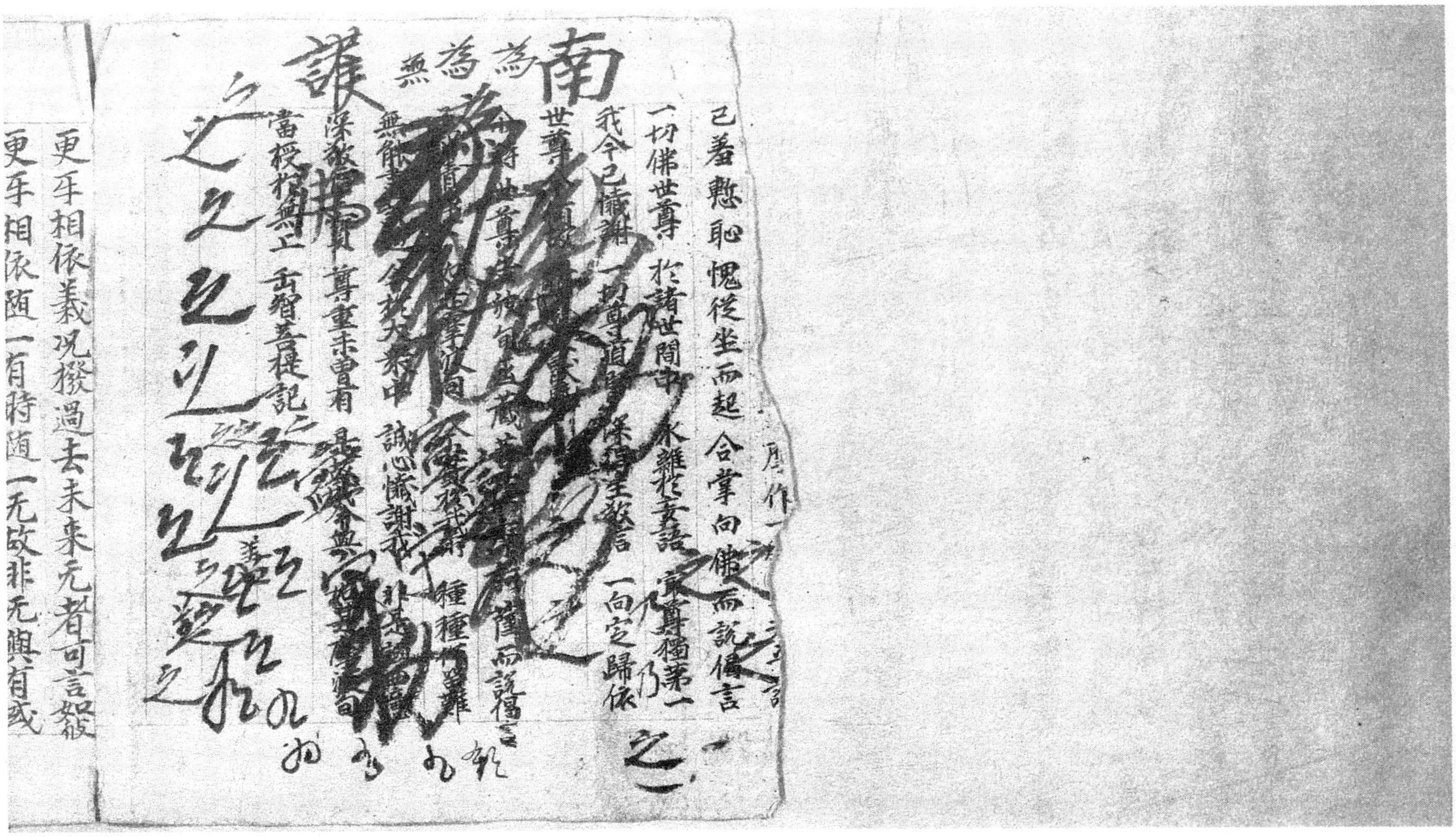

已善慙恥愧從坐而起合掌向佛而說偈言
一切佛世尊　於諸世間中　永離於妄語　最尊猶第一

更互相依義况撥過去未來无者可言般
更互相依随一有時随一无故非无與有或

BD08368 號 1　大方等大集經（兌廢稿）卷五二　雜寫　（2–1）

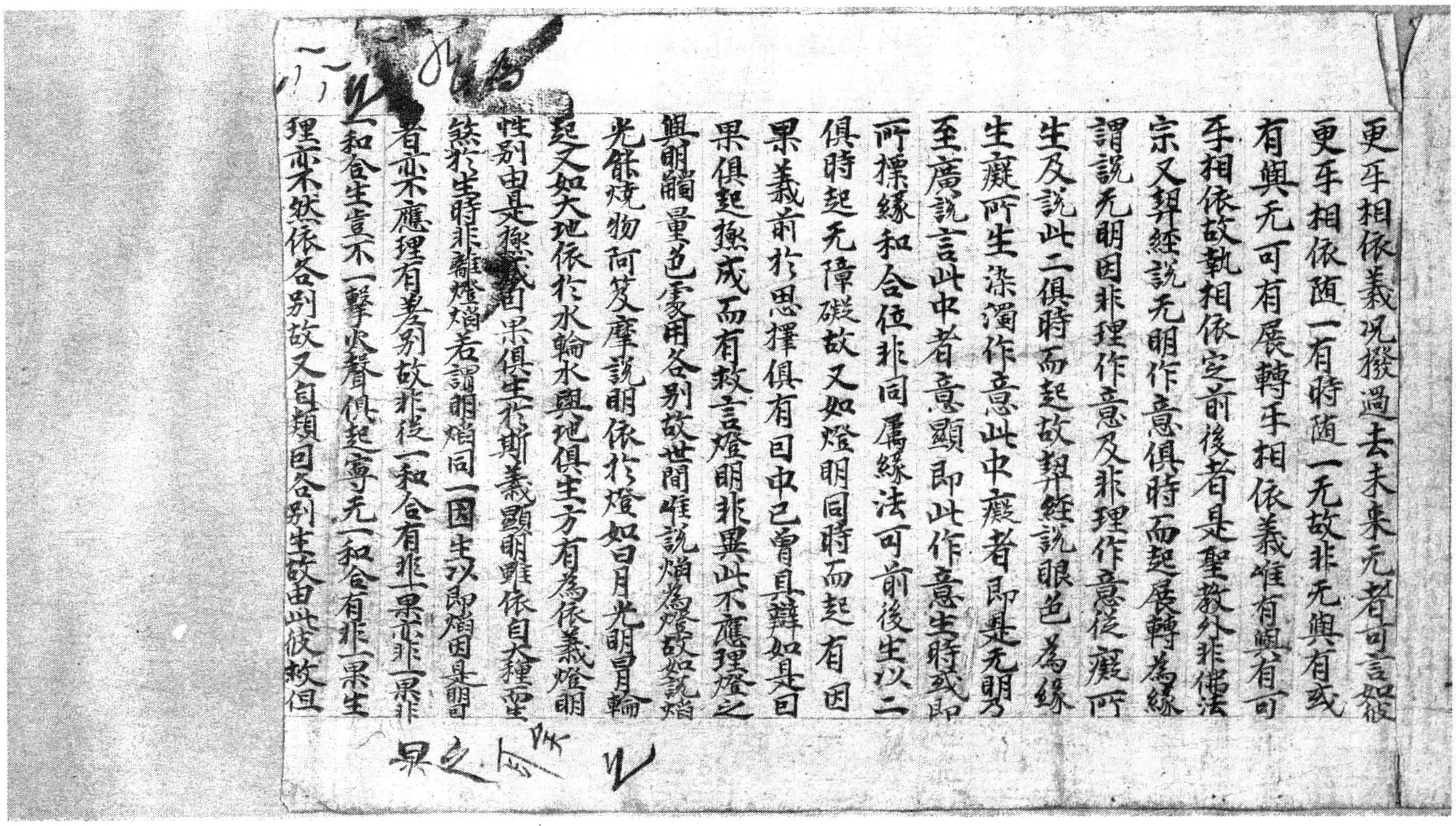

更互相依義况撥過去未來无者可言般
更互相依随一有時随一无故非无與有或
有與无可有展轉互相依義唯有與有可
互相依故執相依定前後者是聖教外非佛法
宗又契經說无明作意俱時而起展轉為緣
謂說无明因非理作意及非理作意從癡所
生及說此二俱時而起故契經說眼色為緣
生癡所生染濁作意此中癡者即是无明
至廣說言此中者意顯即此作意生時或即
所攝緣和合位非同屬緣法可前後生以二
俱時起无障礙故又如燈明同時而起有因
果義前於思擇俱有因中已曾具辯如是因
果俱起極成而有救言燈明非異此不應理燈之
與明體量色處用各別故世間唯說焰為燈故如說焰
光能燒物阿笈摩說明依於燈如日月光明日月輪
起又如大地依於水輪水與地俱生方有為依義燈明
性別由是極成因果俱生於斯義顯明雖依自大種望
焰於生時非離燈焰若謂明焰同一因生以即焰因是明
者亦不應理有差別故非從一和合有非一果亦非一果非
一和合生豈不一擊火聲俱起寧无一和合有非一果生
理亦不然依各別故又自類因各別生故由此彼救但

BD08368 號 2　阿毗達摩順正理論（兌廢稿）卷二九　（2–2）

BD08368號背　雜寫　　　　（2–1）

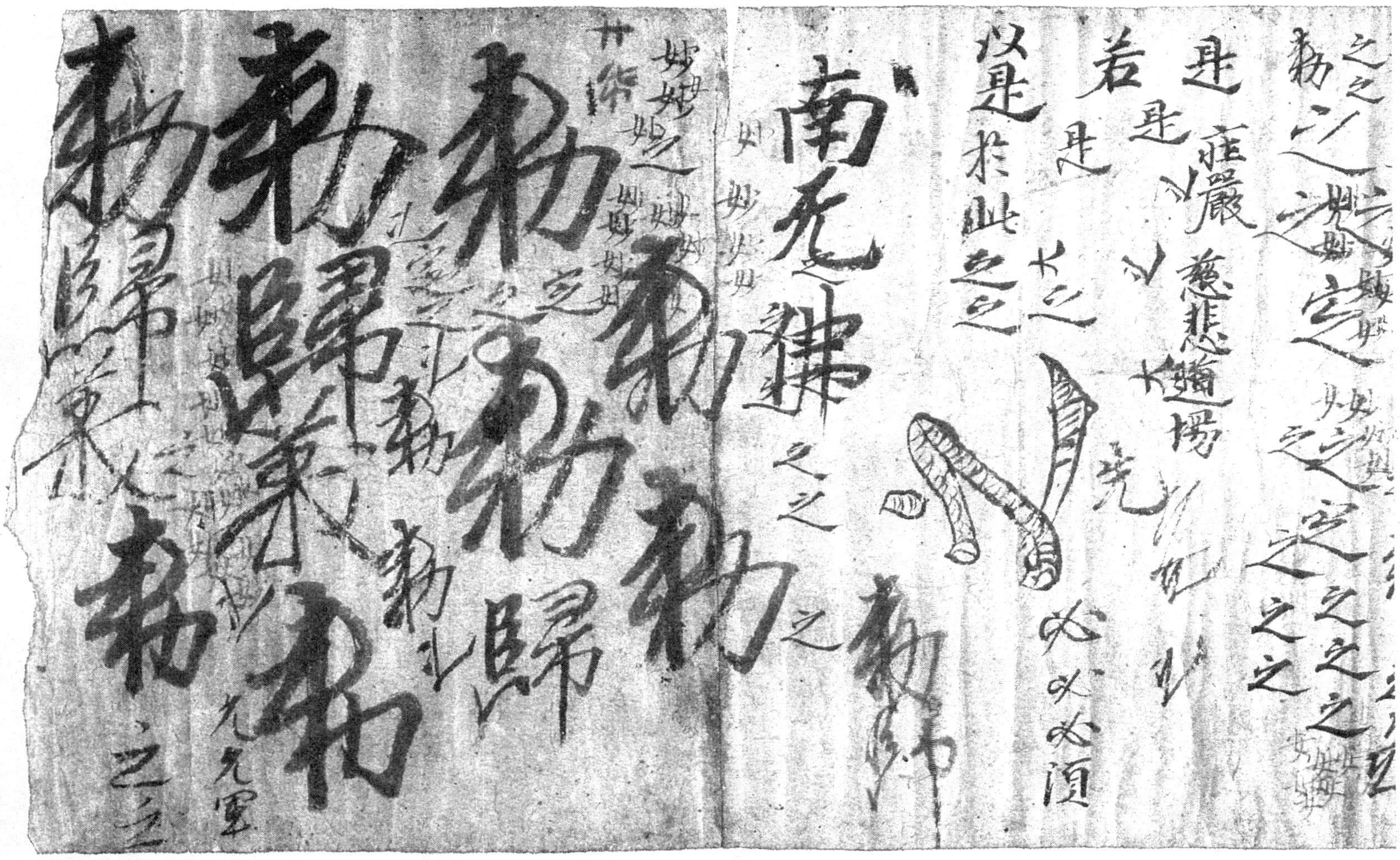

BD08368號背　雜寫　　　　（2–2）

空
畢竟空無際空
性空自相空共相空一切
法空[illegible]空無性空自性空無性自性空
若生若滅不見內空若取若捨不見外空乃
至無性自性空若取若捨不見內空若染若
淨不見外空乃至無性自性空若染若淨不
見內空若集若散不見外空乃至無性自性
空若集若散不見內空若增若減不見外空
乃至無性自性空若增若減何以故以內空
性等空無所有不可得故舍利子是菩薩摩
訶薩如是學般若波羅蜜多能成辦一切智
智以無所學無所成辦為方便故
舍利子是菩薩摩訶薩行般若波羅蜜多時
不見真如若生若滅不見法界法性不虛妄
性不變異性平等性離生性法定法住實際
虛空界不思議界若生若滅不見真如若取
若捨不見法界乃至不思議界若取若捨不
見真如若染若淨不見法界乃至不思議界
若染若淨不見真如若集若散[illegible]

BD08369 號　大般若波羅蜜多經卷八九　（3–1）

智以無所學無所成辦為方便故
舍利子是菩薩摩訶薩行般若波羅蜜多時
不見真如若生若滅不見法界法性不虛妄
性不變異性平等性離生性法定法住實際
虛空界不思議界若生若滅不見真如若取
若捨不見法界乃至不思議界若取若捨不
見真如若染若淨不見法界乃至不思議界
若染若淨不見真如若集若散不見法界乃
至不思議界若集若散不見真如若增若減
不見法界乃至不思議界若增若減何以故以
真如性等空無所有不可得故舍利子是菩
薩摩訶薩如是學般若波羅蜜多能成辦一
切智智以無所學無所成辦為方便故
舍利子是菩薩摩訶薩行般若波羅蜜多時
不見布施波羅蜜多若生若滅不見淨戒安
忍精進靜慮般若波羅蜜多若生若滅不見
布施波羅蜜多若取若捨不見淨戒安忍精
進靜慮般若波羅蜜多若取若捨不見布施
波羅蜜多若染若淨不見淨戒安忍精進靜
慮般若波羅蜜多若染若淨不見布施波羅
蜜多若集若散不見淨戒安忍精進靜慮般
若波羅蜜多若集若散不見布施波羅蜜多
若增若減不見淨戒安忍精進靜慮般若波
羅蜜多若增若減何以故以布施波羅蜜多
性等空無所有不可得故舍利子是菩薩摩
訶薩如是學般若波羅蜜多能成辦一切智

BD08369 號　大般若波羅蜜多經卷八九　（3–2）

[illegible]
切智智以無所學無所成辦爲方便故
舍利子是菩薩摩訶薩行般若波羅蜜多時
不見布施波羅蜜多若生若滅不見淨戒安
忍精進靜慮般若波羅蜜多若生若滅不見
布施波羅蜜多若取若捨不見淨戒安忍精
進靜慮般若波羅蜜多若取若捨不見布施
波羅蜜多若染若淨不見淨戒安忍精進靜
慮般若波羅蜜多若染若淨不見布施波羅
蜜多若集若散不見淨戒安忍精進靜慮般
若波羅蜜多若集若散不見布施波羅蜜多
若增若減不見淨戒安忍精進靜慮般若波
羅蜜多若增若減何以故以布施波羅蜜多
性等空無所有不可得故舍利子是菩薩摩
訶薩如是學般若波羅蜜多能成辦一切智
智以無所學無所成辦爲方便故
舍利子是菩薩摩訶薩行般若波羅蜜多時
不見四靜慮若生若滅不見四無量四無色
定若生若滅不見四靜慮若取若捨不[illegible]
無量四無[illegible]

BD08369號　大般若波羅蜜多經卷八九　（3–3）

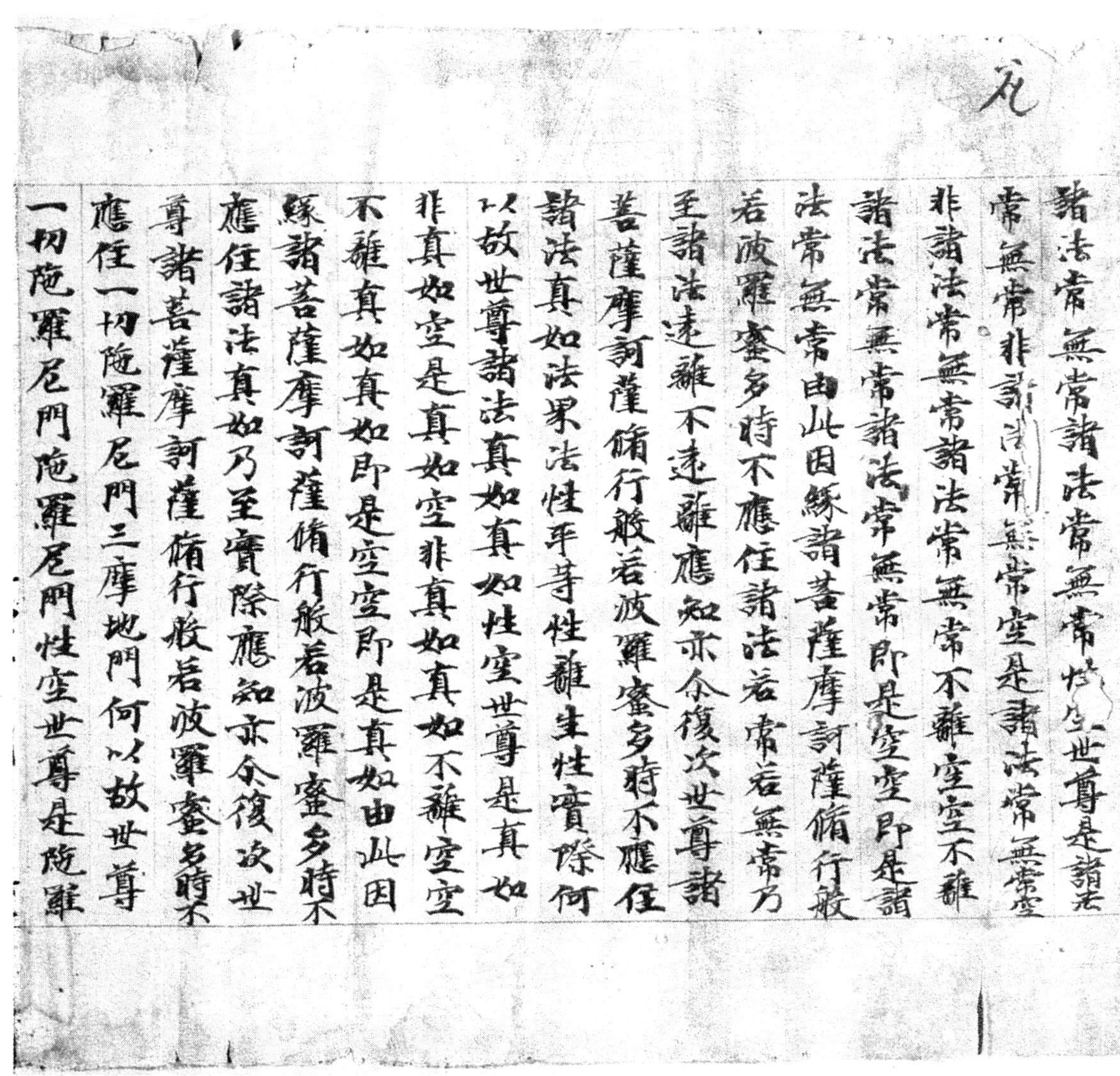
兌
諸法常無常諸法常無常性空世尊是諸法
常無常非諸法常無常空是諸法常無常空
非諸法常無常諸法常無常不離空空不離
諸法常無常諸法常無常即是空空即是諸
法常無常由此因緣諸菩薩摩訶薩脩行般
若波羅蜜多時不應住諸法若常若無常乃
至諸法遠離不遠離應知亦尒復次世尊諸
菩薩摩訶薩脩行般若波羅蜜多時不應住
諸法真如法界法性平等性離生性實際何
以故世尊諸法真如性空世尊是真如
非真如空是真如空非真如真如不離空空
不離真如真如即是空空即是真如由此因
緣諸菩薩摩訶薩脩行般若波羅蜜多時不
應住諸法真如乃至實際應知亦尒復次世
尊諸菩薩摩訶薩脩行般若波羅蜜多時不
應住一切陁羅尼門三摩地門何以故世尊
一切陁羅尼門陁羅尼門性空世尊是陁羅

BD08370號　大般若波羅蜜多經（兌廢稿）卷四〇九　（2–1）

菩薩摩訶薩脩行般若波羅蜜多時不應住
諸法真如法界法性平等性離生性實際何
以故世尊諸法真如真如性空世尊是真如
非真如空是真如空非真如真如不離空空
不離真如真如即是空空即是真如由此因
緣諸菩薩摩訶薩脩行般若波羅蜜多時不
應住諸法真如乃至實際應知亦尒復次世
尊諸菩薩摩訶薩脩行般若波羅蜜多時不
應住一切陁羅尼門三摩地門何以故世尊
一切陁羅尼門陁羅尼門性空世尊是陁羅
尼門非陁羅尼門空是陁羅尼門空非陁羅
羅尼門即是空空即是陁羅尼門由此因緣
諸菩薩摩訶薩脩行般若波羅蜜多時不應
住一切陁羅尼門三摩地門應知亦尒
世尊若菩薩摩訶薩無方便善巧脩行般若
波羅蜜多時我我所執所纏擾故心便住色
住受想行識由此住故於色住加行於受想

BD08370號　大般若波羅蜜多經（兌廢稿）卷四〇九　（2–2）

不盡是時大迦葉聞說菩薩不可思議解
脫法門歎未曾有謂舍利弗辟如有人於
盲者前現衆色像非彼所見一切聲聞聞是
不可思議解脫法門不能解了為若此也
智者聞是其誰不發阿耨多羅三藐三菩提心我
等何為永絕其根於此大乘已如敗種一切聲
聞聞是不可思議解脫法門皆應啼泣聲震
三千大千世界一切菩薩應大欣慶頂受此法
若有菩薩信解不可思議解脫法門者一切
魔衆无如之何大迦葉說是語時三万二千天
子皆發阿耨多羅三藐三菩提心
尒時維摩詰語大迦葉仁者十方无量阿僧
祇世界中作魔王者多是住不可思議解脫
菩薩以方便力教化衆生現作魔王又迦葉
十方无量菩薩或人人從乞手是耳鼻頭目
髓腦血肉皮骨聚落城邑妻子奴婢象馬車

BD08371號　維摩詰所說經卷中　（3–1）

尒時維摩詰語大迦葉仁者十方无量阿僧
祇世界中作魔王者多是住不可思議解脫
菩薩以方便力教化衆生現作魔王又迦葉
十方无量菩薩或人人從乞手足耳鼻頭目
髓腦血肉皮骨聚落城邑妻子奴婢象馬車
乘金銀瑠璃車𤦲馬瑙珊瑚虎珀真珠珂
貝衣服飲食如此乞者多是住不可思議解
脫菩薩以方便力而往試之令其堅固所以者
何住不可思議解脫菩薩有威德力故行逼
迫示諸衆生如是難事凡夫下劣无有力勢
不能如是逼迫菩薩譬如龍象蹴蹋非驢所
堪是名住不可思議解脫菩薩智慧方便之門
觀衆生品第七
尒時文殊師利問維摩詰言菩薩云何觀於
衆生維摩詰言譬如幻師見所幻人菩薩
觀衆生為若此如智者見水中月如鏡中見
其面像如熱時炎如呼聲響如空中雲如水
聚沫如水上泡如芭蕉堅如電久住如第五
大如第六陰如第七情如十三入如十九界菩
薩觀衆生為若此如无色界色如燋穀牙如
須陁洹身見如阿那含入胎如阿羅漢三毒
如得忍菩薩貪恚毁禁如佛煩惱習如盲
者見色如入滅盡定出入息如空中鳥跡如石
女兒如化人生煩惱如夢所見已寤如滅度
者受身如无煙之火菩薩觀衆生為若此

BD08371號　維摩詰所說經卷中　（3–2）

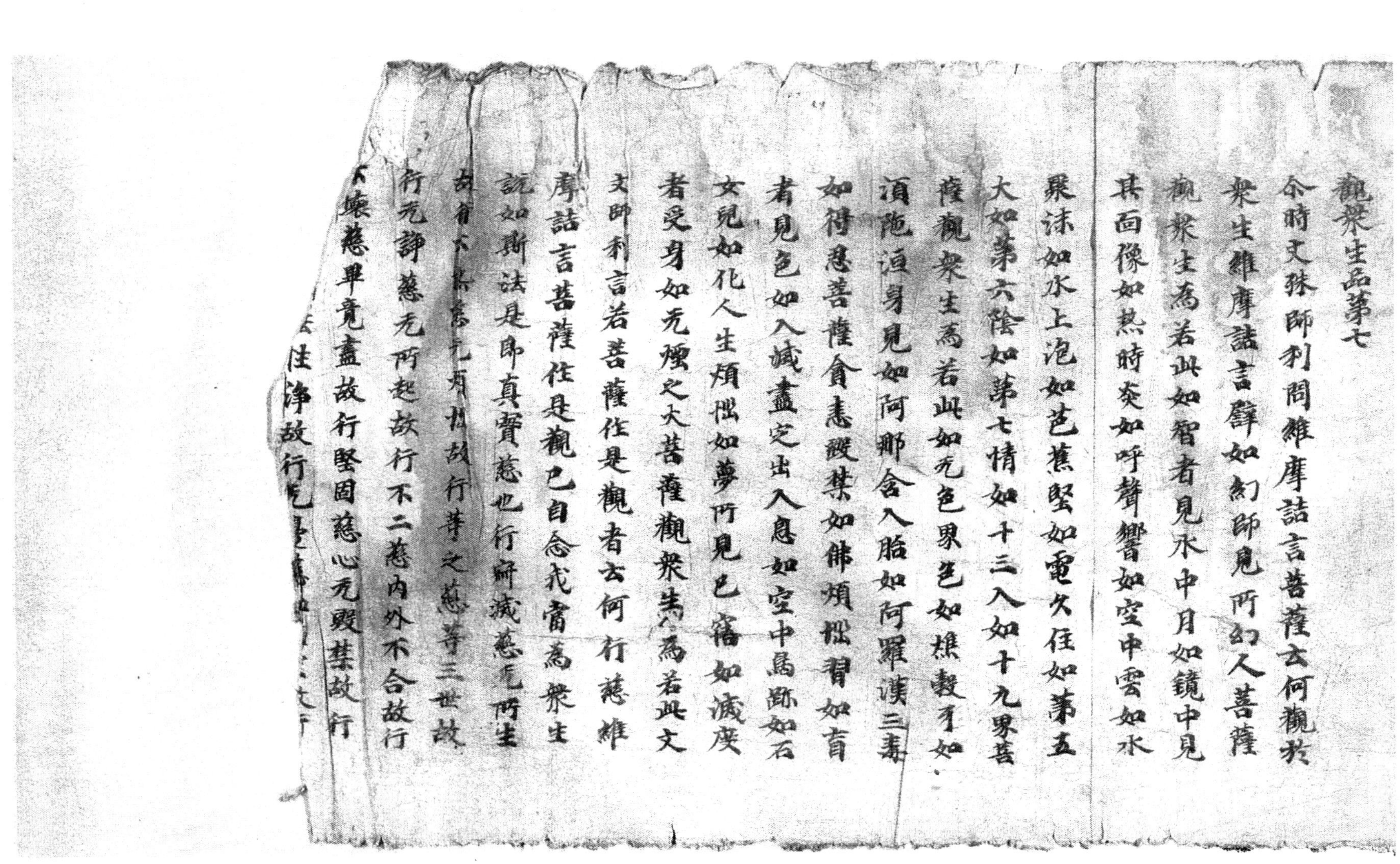

觀衆生品第七
尒時文殊師利問維摩詰言菩薩云何觀於
衆生維摩詰言譬如幻師見所幻人菩薩
觀衆生為若此如智者見水中月如鏡中見
其面像如熱時炎如呼聲響如空中雲如水
聚沫如水上泡如芭蕉堅如電久住如第五
大如第六陰如第七情如十三入如十九界菩
薩觀衆生為若此如无色界色如燋穀牙如
須陁洹身見如阿那含入胎如阿羅漢三毒
如得忍菩薩貪恚毁禁如佛煩惱習如盲
者見色如入滅盡定出入息如空中鳥跡如石
女兒如化人生煩惱如夢所見已寤如滅度
者受身如无煙之火菩薩觀衆生為若此文
殊師利言若菩薩作是觀者云何行慈維
摩詰言菩薩作是觀已自念我當為衆生
說如斯法是即真實慈也行寂滅慈无所生
故行不熱慈无煩惱故行等之慈等三世故
行无諍慈无所起故行不二慈内外不合故行
不壞慈畢竟盡故行堅固慈心无毁禁故行
[illegible]法性淨故行无[illegible]

BD08371號　維摩詰所說經卷中　（3–3）

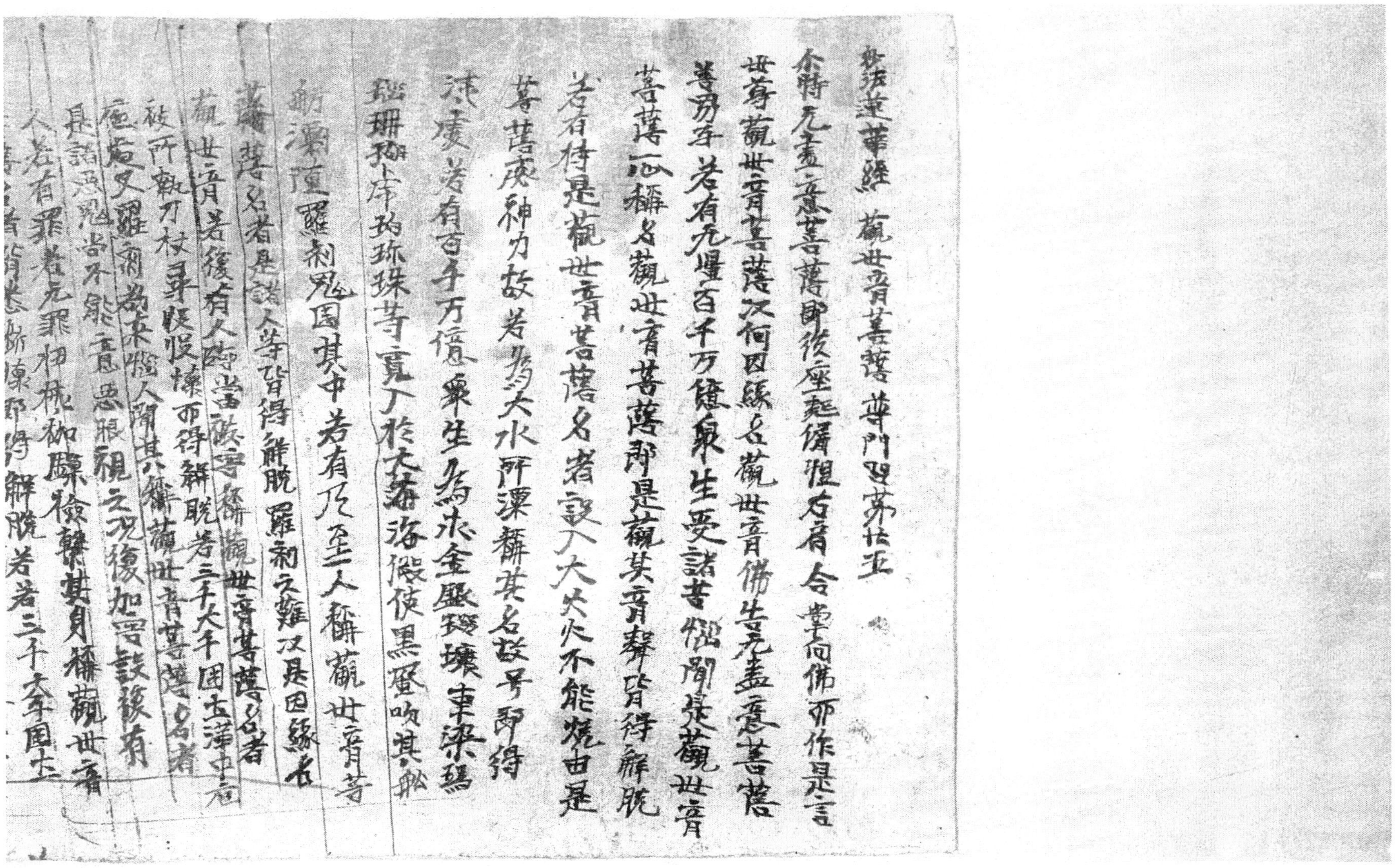

妙法蓮華經　觀世音菩薩普門品第廿五
尒時无盡意菩薩即從座起偏袒右肩合掌向佛而作是言
世尊觀世音菩薩以何因緣名觀世音佛告无盡意菩薩
善男子若有无量百千万億眾生受諸苦惱聞是觀世音
菩薩一心稱名觀世音菩薩即時觀其音聲皆得解脫
若有持是觀世音菩薩名者設入大火火不能燒由是
菩薩威神力故若為大水所漂稱其名號即得
淺處若有百千万億眾生為求金銀琉璃車𤦲馬
瑙珊瑚琥珀真珠等寶入於大海假使黑風吹其船
舫飄墮羅剎鬼國其中若有乃至一人稱觀世音菩
薩名者是諸人等皆得解脫羅剎之難以是因緣名
觀世音若復有人臨當被害稱觀世音菩薩名者
彼所執刀杖尋段段壞而得解脫若三千大千國土滿中夜
叉羅剎欲來惱人聞其稱觀世音菩薩名者
是諸惡鬼尚不能以惡眼視之況復加害設復有
人若有罪若无罪杻械枷鎖檢繫其身稱觀世音
菩薩名者皆悉斷壞即得解脫若三千大千國土

BD08372 號　觀世音經雜寫　（2–1）

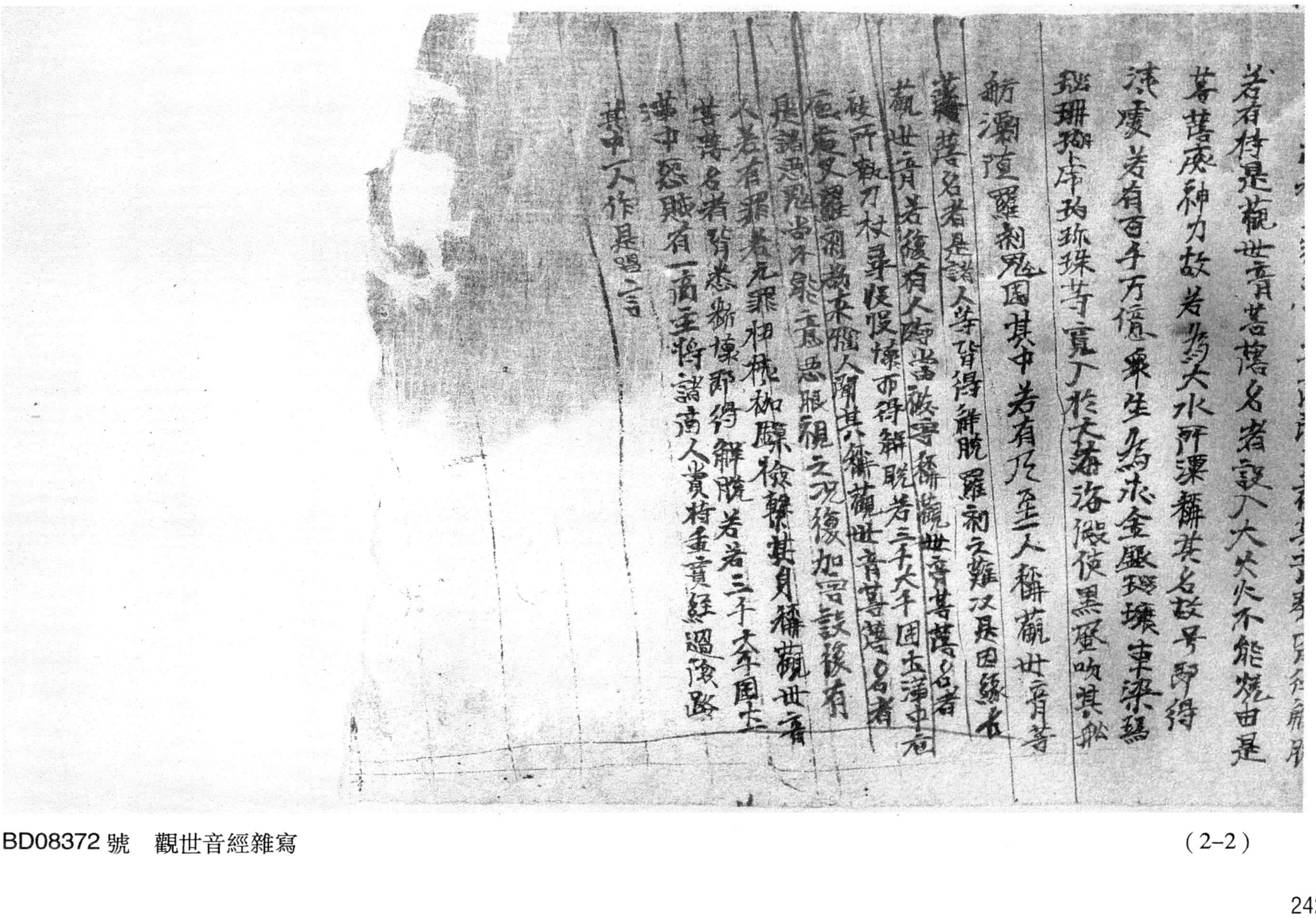

若有持是觀世音菩薩名者設入大火火不能燒由是
菩薩威神力故若為大水所漂稱其名號即得
淺處若有百千万億眾生為求金銀琉璃車𤦲馬
瑙珊瑚琥珀真珠等寶入於大海假使黑風吹其船
舫飄墮羅剎鬼國其中若有乃至一人稱觀世音菩
薩名者是諸人等皆得解脫羅剎之難以是因緣名
觀世音若復有人臨當被害稱觀世音菩薩名者
彼所執刀杖尋段段壞而得解脫若三千大千國土滿中夜
叉羅剎欲來惱人聞其稱觀世音菩薩名者
是諸惡鬼尚不能以惡眼視之況復加害設復有
人若有罪若无罪杻械枷鎖檢繫其身稱觀世音
菩薩名者皆悉斷壞即得解脫若三千大千國土
滿中怨賊有一商主將諸商人賚持重寶經過險路
其中一人作是唱言

BD08372 號　觀世音經雜寫　（2–2）

BD08372 號背　雜寫　　（2–1）

BD08372 號背　雜寫　　（2–2）

而為説法
應以長者身得度者即現長者身而為説法
應以居士身得度者即現居士身而為説法
應以宰官身得度者即現宰官身而為説法
應以婆羅門身得度者即現婆羅門身而為
説法應以比丘比丘尼優婆塞優婆夷身得
度者即現比丘比丘尼優婆塞優婆夷身而
為説法應以長者居士宰官婆羅門婦女身
得度者即現婦女身而為説法應以童男童
女身得度者即現童男童女身而為説法應
以天龍夜叉乾闥婆阿脩羅迦樓羅緊那羅
摩睺羅伽人非人等身得度者即皆現之而
為説法應以執金剛神得度者即現執金剛
神而為説法无盡意是觀世音菩薩成就如
是功德以種種形遊諸國土度脫衆生是故
汝等當一心供養觀世音菩薩是觀世音菩

BD08373號　妙法蓮華經卷七　（2–1）

説法應以比丘比丘尼優婆塞優婆夷身得
度者即現比丘比丘尼優婆塞優婆夷身而
為説法應以長者居士宰官婆羅門婦女身
得度者即現婦女身而為説法應以童男童
女身得度者即現童男童女身而為説法應
以天龍夜叉乾闥婆阿脩羅迦樓羅緊那羅
摩睺羅伽人非人等身得度者即皆現之而
為説法應以執金剛神得度者即現執金剛
神而為説法无盡意是觀世音菩薩成就如
是功德以種種形遊諸國土度脫衆生是故
汝等當一心供養觀世音菩薩是觀世音菩
薩摩訶薩於怖畏急難之中能施无畏是故
此娑婆世界皆号之為施无畏者
尒時无盡意菩薩白佛言世尊我今當供養
觀世音菩薩即解頸衆寶珠瓔珞價直百千
兩金而以與之作是言仁者受此法施珎寶
瓔珞時觀世音菩薩不肯受之无盡意復白
觀世音菩薩言仁者愍我等故受此瓔珞尒

BD08373號　妙法蓮華經卷七　（2–2）

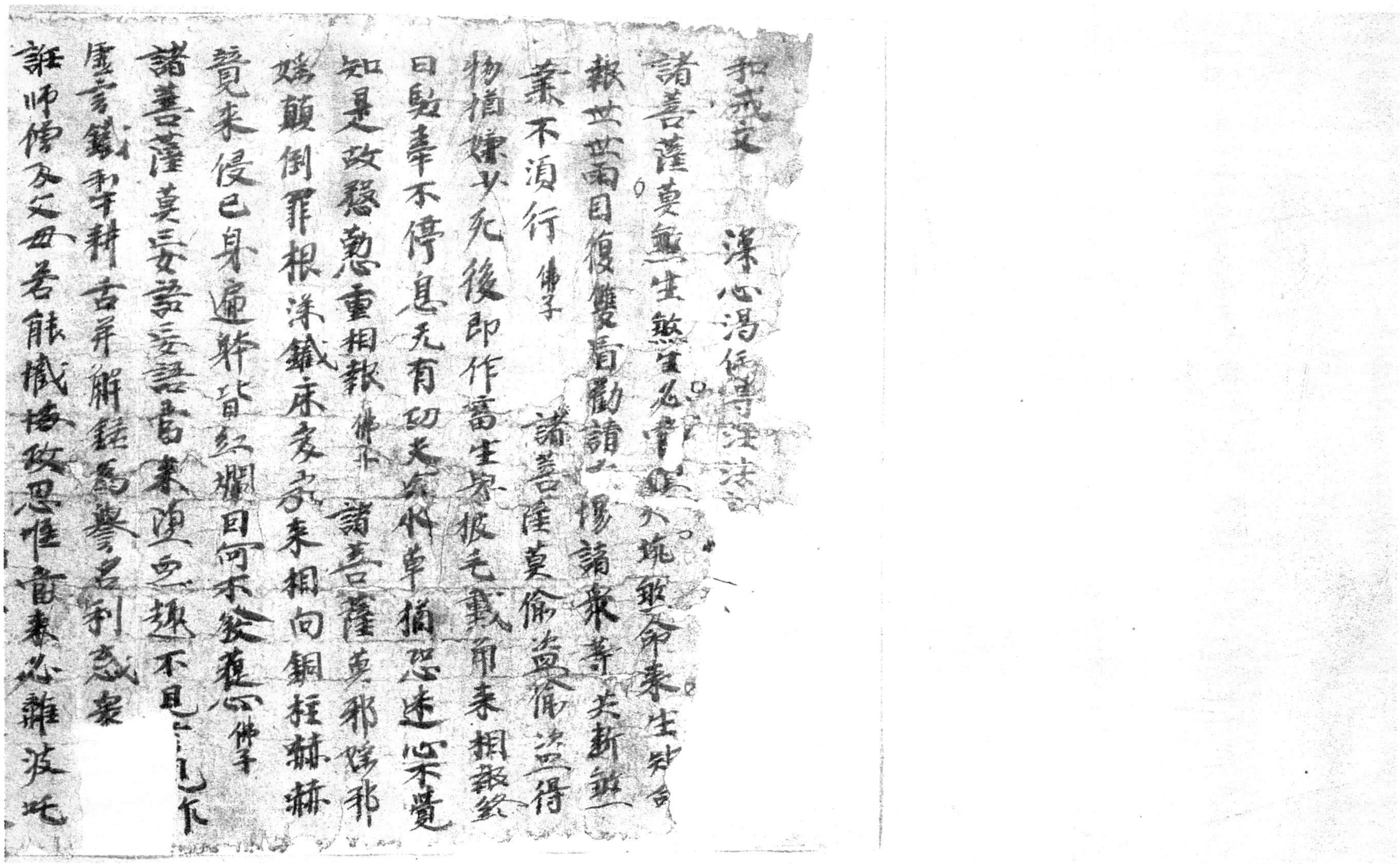

BD08374號　和菩薩戒文　　　　　　　　(3–1)

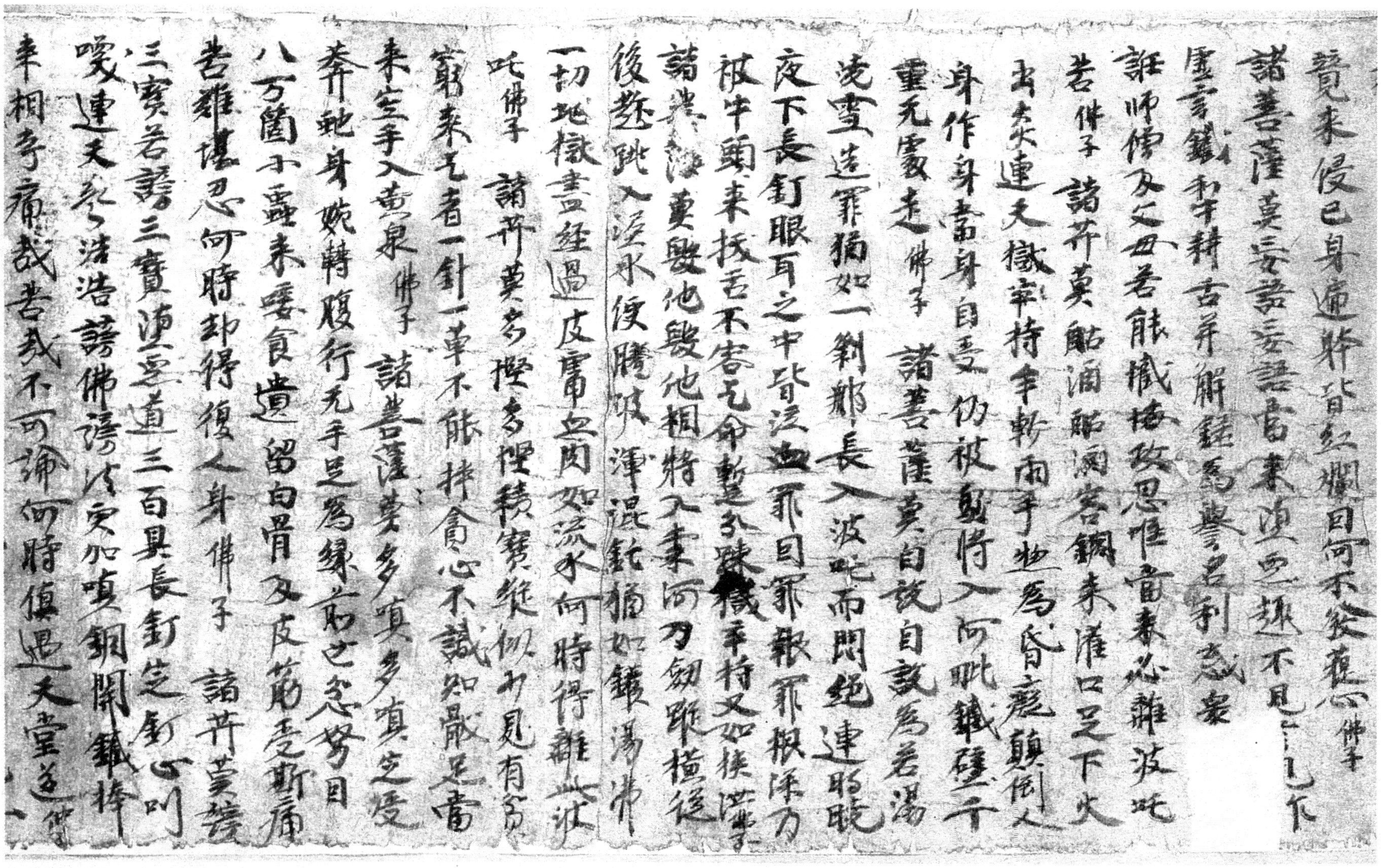

BD08374號　和菩薩戒文　　　　　　　　(3–2)

來空手入黃泉 佛子
諸菩薩莫多嗔多嗔之愛
奔馳身婉轉腹行无手足爲緣前世忿努目
八万箇小蟲來唼食遺留白骨及皮筋受斯痛
苦難堪忍何時劫得復人身 佛子 諸菩薩
三寶若謗三寶便墮道三百其長釘穿釘心叫
喚連天聲浩浩謗佛謗法更加嗔銅鐵棒
來相打痛哉苦哉不可論何時復遇天堂道 佛
微塵至梵界極下生勝果福斯皆損失既墮
六道良久可出天上人間爲生何處作我之報
已落三塗來當於中死經數劫 已至極苦更經
劫數識可痛心歲月遐長不得聞父母三寶
名字已否 苦哉苦哉蓮死蠶戒今日得司衆
其衆心能三歸依 我今懺悔不敢覆藏唯願
師之忠歸依 大師紫藏甘露真詮妙今司歸
依歸依 如來心地驪訶難聞今遇宣揚唯願戒師
無上歸依 深心慚愧而發露藏露罪愆
發露懺悔

BD08374號　和菩薩戒文　（3–3）

令復於此經王內　略說空法不思議
於諸廣大甚深法　有情无智不能解
故我於斯重敷演　令於空法得開悟
大悲衆愍有情故　以善方便勝因緣
我今於此大衆中　演說令彼明空義
當知此身如空聚　六賊依止不相知
六塵諸賊別依根　各不相知亦如是
眼根常觀於色處　耳根聽聲不斷絕
鼻根恒齅於香境　舌根鎮嘗於美味
身根受於輕耎觸　意根了法不知猒
此等六根隨事起　各於自境生分別
識如幻化非真實　依止根處妄貪求
如人奔走空聚中　六識依根亦如是
心遍馳求隨事轉　託根緣境了諸事
常受色聲香味觸　於法尋思无暫停
隨緣遍行於六根　如鳥飛空无障礙
藉此諸根作依處　方能了別於外境
此身无知无作者　體不堅固託緣成
皆從虛妄分別生　譬如機關由業轉

BD08375號　金光明最勝王經卷五　（2–1）

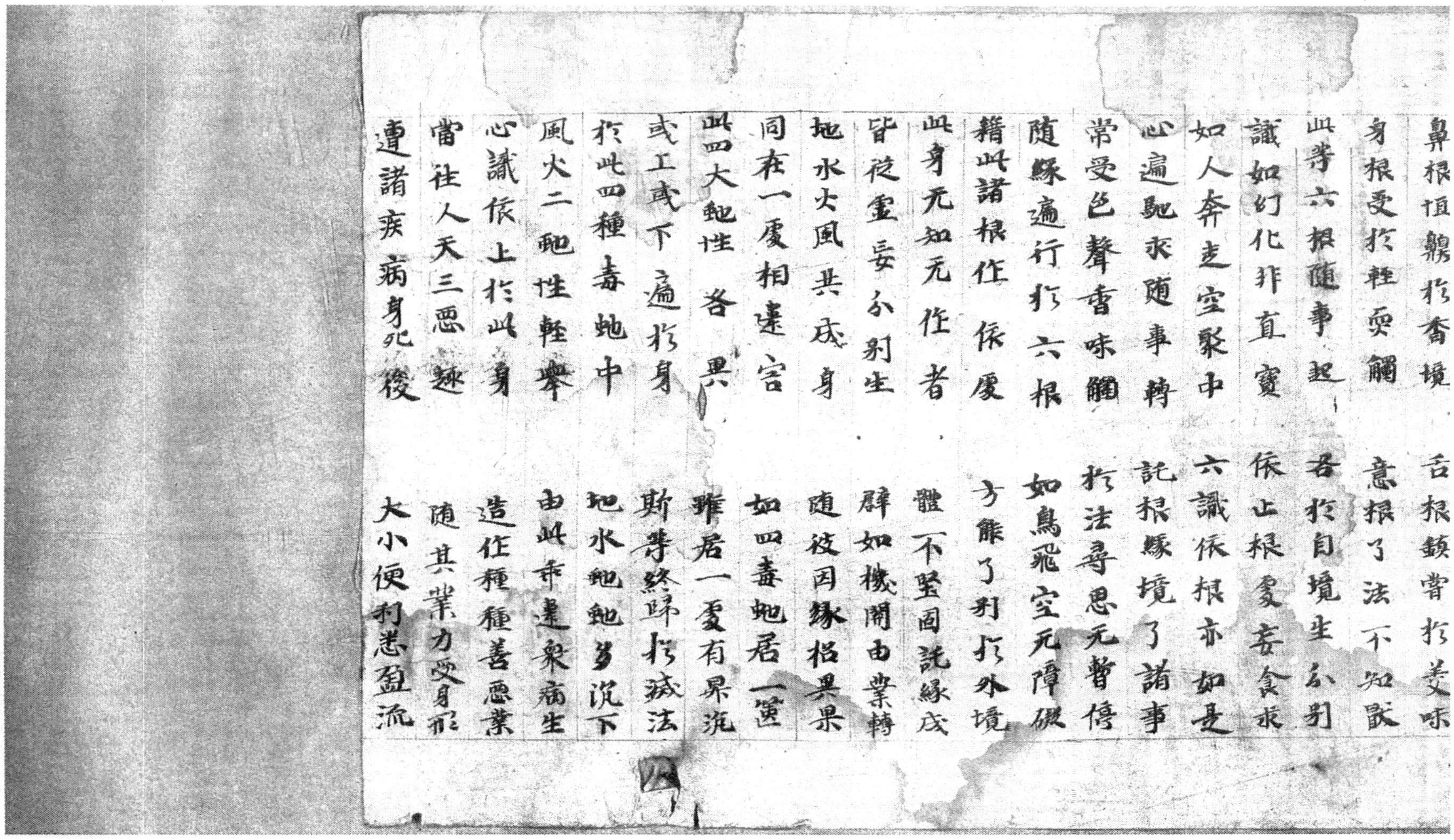

鼻根恒齅於香境　舌根鎮嘗於美味
身根受於輕耎觸　意根了法不知猒
此等六根隨事起　各於自境生分別
識如幻化非真實　依止根處妄貪求
如人奔走空聚中　六識依根亦如是
心遍馳求隨事轉　託根緣境了諸事
常愛色聲香味觸　於法尋思无暫停
隨緣遍行於六根　如鳥飛空无障礙
藉此諸根作依處　方能了別於外境
此身无知无作者　體不堅固託緣成
皆從虛妄分別生　譬如機關由業轉
地水火風共成身　隨彼因緣招異果
同在一處相違害　如四毒蛇居一篋
此四大蛇性各異　雖居一處有昇沉
或上或下遍於身　斯等終歸於滅法
於此四種毒蛇中　地水二蛇多沉下
風火二蛇性輕舉　由此乖違衆病生
心識依止於此身　造作種種善惡業
當往人天三惡趣　隨其業力受身形
遭諸疾病身死後　大小便利悉盈流

BD08375 號　金光明最勝王經卷五　（2–2）

觀音經等袟

BD08375 號背　經袟（擬）　（1–1）

者曰事我來如□

悉能了知善男子阿難比丘具足如是八不
思議是故我稱阿難比丘為多聞藏善男子
阿難比丘具足八法能具足持十二部經何
等為八一者信根堅固二者其心質直三者
身无病苦四者常懃精進五者具足念心六
者心无憍慢七者成就定慧八者具足從聞
生智文殊師利毗婆尸佛侍者弟子名阿叔
迦亦復具足如是八法尸棄如來侍者弟子
名差摩迦羅毗舍浮佛侍者弟子名憂波扇
陀迦羅鳩村大佛侍者弟子名曰拔提迦耶
牟尼佛侍者弟子名曰蘇嚧迦葉佛侍者弟
子名曰葉波蜜多皆亦具足如是八法我今
阿難亦復如是具足八法是故我稱阿難比
丘為多聞藏善男子如汝說所此大衆中雖
有无量无邊菩薩是諸菩薩皆有重任所謂
大慈大悲如是慈悲之因緣故各各忽務調
伏眷屬莊嚴自身以是因緣我涅槃後不能
宣通十二部經若有菩薩或時能說人不信
受文殊師利阿難比丘是吾之弟給事我來
二十餘年所可聞法具足受持喻如寫水置
之一器是故我今顧問阿難為何所在欲令受
持是涅槃經善男子我涅槃後阿難比丘所
未聞者弘廣菩薩當能流布阿難所聞
宣通文殊師利阿難比丘
一切

BD08376號　大般涅槃經（北本）卷四〇　（1–1）

凡人見有女想故菩薩隨
說言有女人若見男時說言是女是則顛倒
是故我為闍提說言汝婆羅門若以晝為夜
是則顛倒以夜為晝是亦顛倒晝為晝相夜
為夜相云何顛倒善男子一切菩薩住九地
者見法有性以是見故不見佛性若見佛性
則不復見一切法性以脩如是空三昧故不
見佛性以不見故則見佛性諸佛菩薩有二
種說一者有性二者无性為衆生故說有法
性為諸賢聖說无法性為不空者見法空故
脩空三昧令得見空无法性者亦脩故空空
以是義故脩空見空善男子汝言見空空是
无法為何見者善男子如是如是菩薩摩訶
薩實无所見无所見者即无所有无所有者
即一切法菩薩摩訶薩脩大涅槃於一切法
悉无所見若有見者不見佛性不能脩集般
若波羅蜜不得入於大般涅槃是故菩薩見
一切法性无所有善男子菩薩不但因見三
昧而見空也般若波羅蜜亦空禪波羅蜜亦

BD08377號　大般涅槃經（北本）卷二六　（3–1）

悉无所見若有見者不見佛性不能脩集般
若波羅蜜不得入於大般涅槃是故菩薩見
一切法性无所有善男子菩薩不但因見三
昧而見空也般若波羅蜜亦空禪波羅蜜亦
空毗梨耶波羅蜜亦空羼提波羅蜜亦空尸
波羅蜜亦空檀波羅蜜亦空色亦空眼亦空
識亦空如來亦空大般涅槃亦空是故菩薩
見一切法皆悉是空是故我在迦毗羅城告
阿難言汝莫愁惱悲涕泣哭阿難即言如來
世尊我今眷屬悉皆死盡云何當得不悲泣
耶如來與我俱生此城
云何如來獨不愁惱光顏益盛
告言阿難汝見迦毗羅真實而
悉无所有汝見釋種悉是親
无所見以是因緣汝生愁苦我
光顯諸佛菩薩脩集如是空三昧
惚名是菩薩脩大涅槃微妙經典
第九功德善男子云何菩薩脩
經典具足第十功德善男
卅七品入大涅槃常樂我淨
解說大涅槃經顯示佛性若須
阿那含阿羅漢辟支佛菩薩信
入於大般涅槃若不信者輪
明通照高貴德王菩薩白
生於是經中不生恭敬善
聲聞弟子愚癡破戒喜生鬪
讀誦種種外道典籍文誦手

BD08377號　大般涅槃經（北本）卷二六　（3–2）

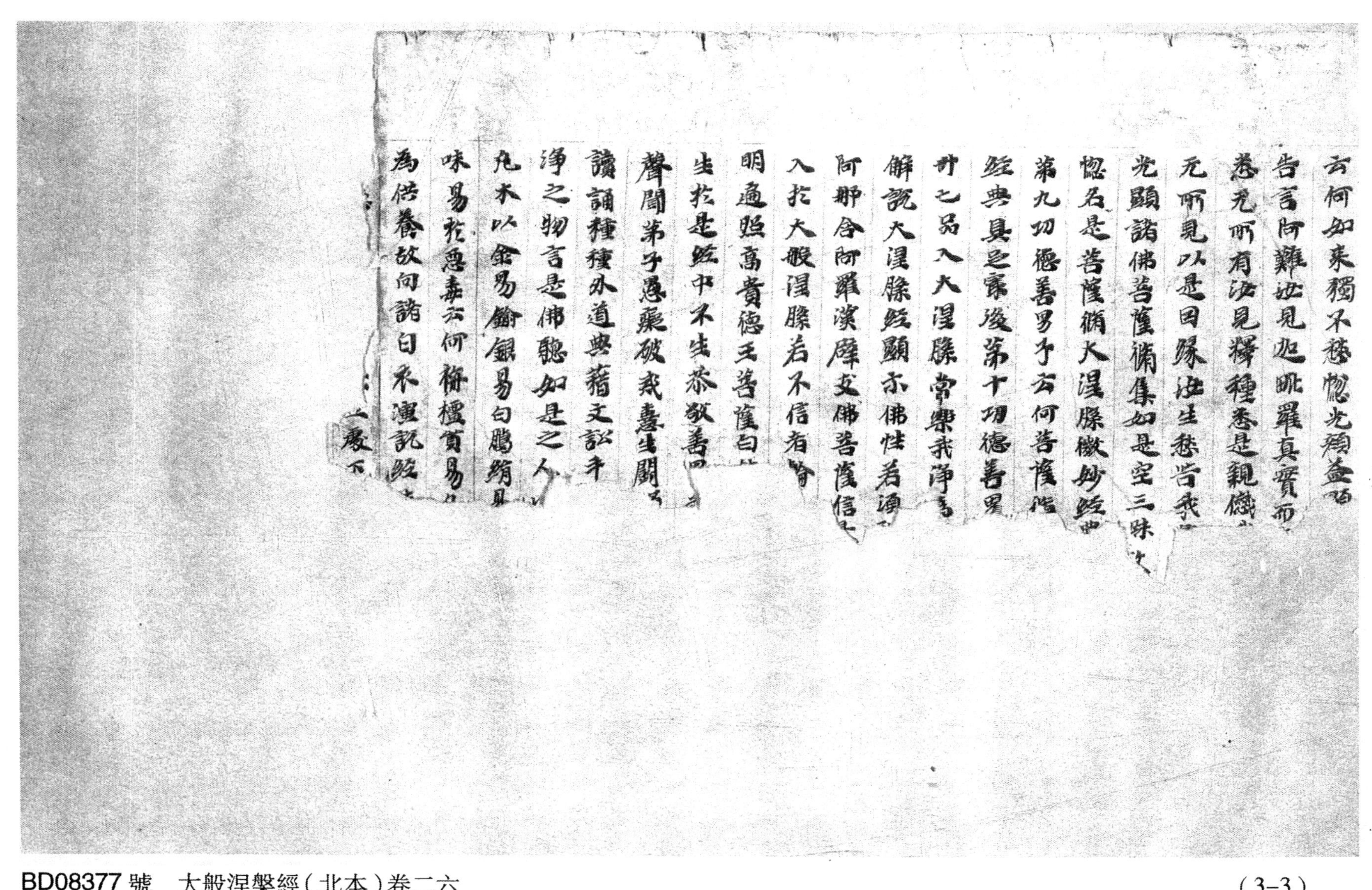
云何如來獨不愁惱光顏益盛
告言阿難汝見迦毗羅真實而
悉无所有汝見釋種悉是親
无所見以是因緣汝生愁苦我
光顯諸佛菩薩脩集如是空三昧
惚名是菩薩脩大涅槃微妙經典
第九功德善男子云何菩薩脩
經典具足第十功德善男
卅七品入大涅槃常樂我淨
解說大涅槃經顯示佛性若須
阿那含阿羅漢辟支佛菩薩信
入於大般涅槃若不信者輪
明通照高貴德王菩薩白
生於是經中不生恭敬善
聲聞弟子愚癡破戒喜生鬪
讀誦種種外道典籍文誦手
淨之物言是佛聽如是之人
凡木以金易鍮銀易白鑞絹易
味易於惡毒云何栴檀貿易
為供養故向諸白衣演說經

BD08377號　大般涅槃經（北本）卷二六　（3–3）

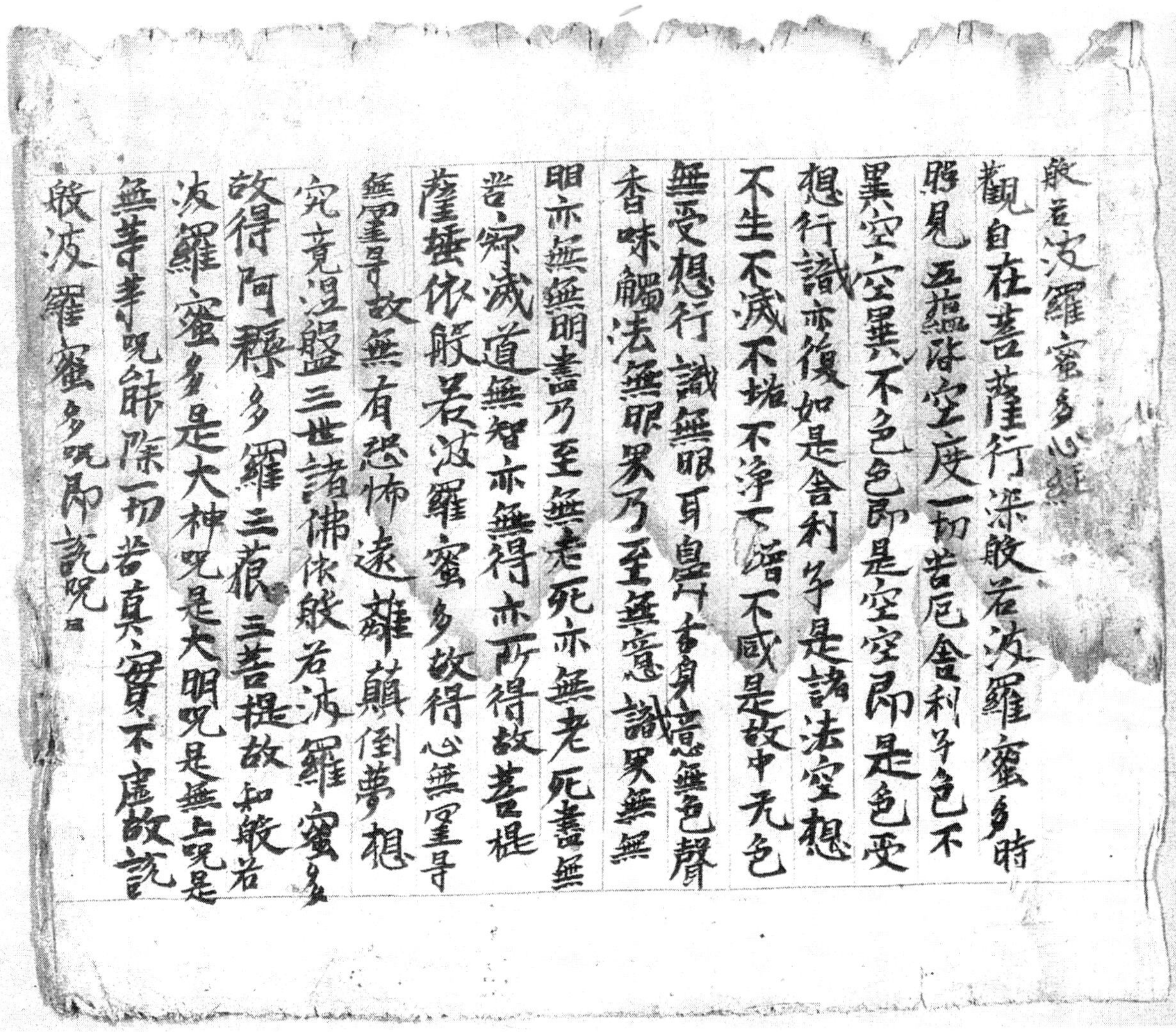

般若波羅蜜多心經
觀自在菩薩行深般若波羅蜜多時
照見五蘊皆空度一切苦厄舍利子色不
異空空不異色色即是空空即是色受
想行識亦復如是舍利子是諸法空相
不生不滅不垢不淨不增不減是故空中无色
無受想行識無眼耳鼻舌身意無色聲
香味觸法無眼界乃至無意識界無無
明亦無無明盡乃至無老死亦無老死盡無
苦集滅道無智亦無得以無所得故菩提
薩埵依般若波羅蜜多故得心無罣礙
無罣礙故無有恐怖遠離顛倒夢想
究竟涅槃三世諸佛依般若波羅蜜多
故得阿耨多羅三藐三菩提故知般若
波羅蜜多是大神咒是大明咒是無上咒是
無等等咒能除一切苦真實不虛故說
般波羅蜜多咒即說咒曰

BD08378 號　般若波羅蜜多心經　　（1–1）

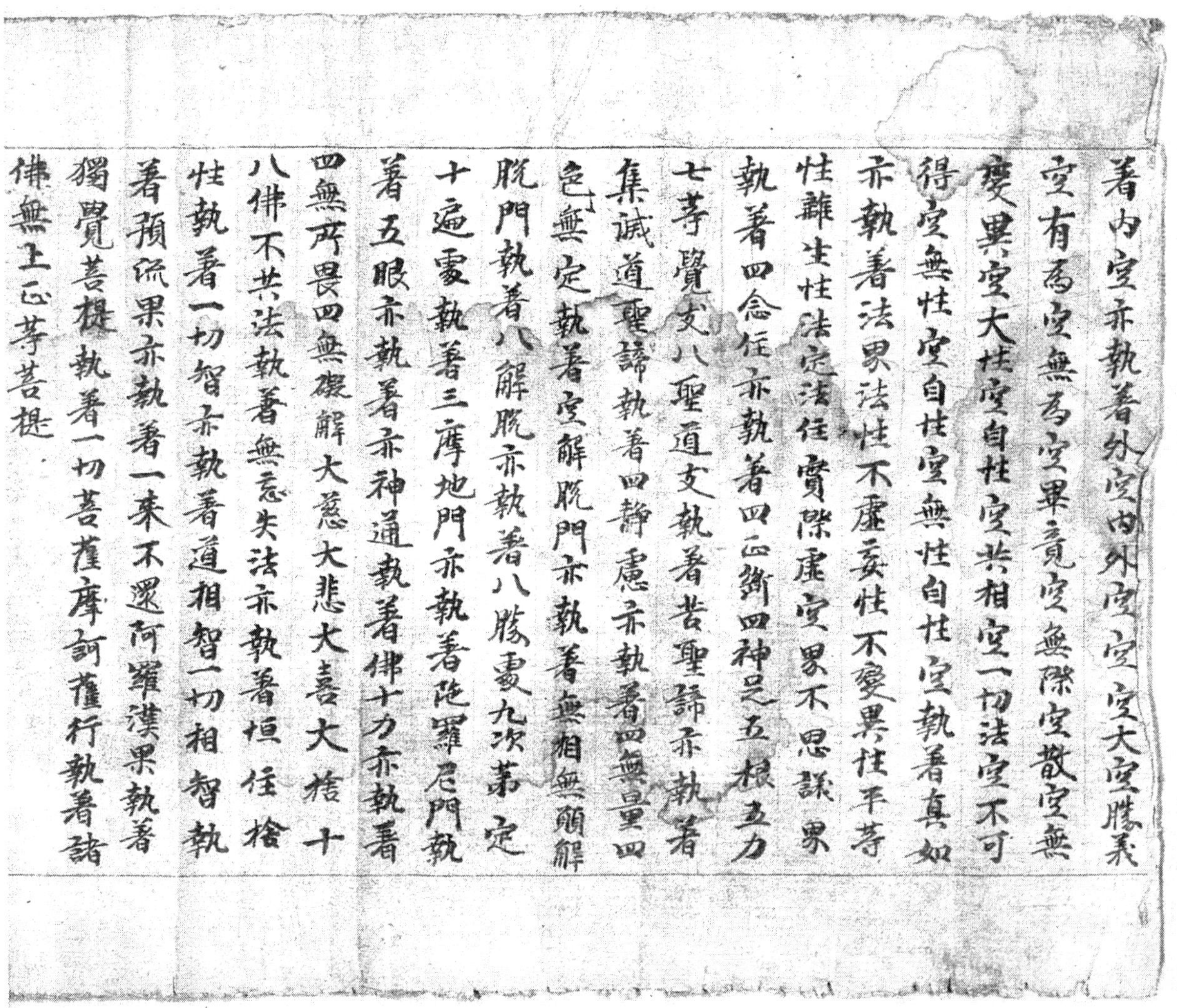

著內空亦執著外空內外空空空大空勝義
空有為空無為空畢竟空無際空散空無
變異空本性空自相空共相空一切法空不可
得空無性空自性空無性自性空執著真如
亦執著法界法性不虛妄性不變異性平等
性離生性法定法住實際虛空界不思議界
執著四念住亦執著四正斷四神足五根五力
七等覺支八聖道支執著苦聖諦亦執著
集滅道聖諦執著四靜慮亦執著四無量四
無色定執著空解脫門亦執著無相無願解
脫門執著八解脫亦執著八勝處九次第定
十遍處執著三摩地門亦執著陀羅尼門執
著五眼亦執著六神通執著佛十力亦執著
四無所畏四無礙解大慈大悲大喜大捨十
八佛不共法執著無忘失法亦執著恒住捨
性執著一切智亦執著道相智一切相智執
著預流果亦執著一來不還阿羅漢果執著
獨覺菩提執著一切菩薩摩訶薩行執著諸
佛無上正等菩提

BD08379 號　大般若波羅蜜多經（兌廢稿）卷三六二　　（2–1）

七等覺支八聖道支執著苦聖諦亦執著
集滅道聖諦執著四靜慮亦執著四無量四
色無定執著空解脫門亦執著無相無願解
脫門執著八解脫亦執著八勝處九次第定
十遍處執著三摩地門亦執著陀羅尼門執
著五眼亦執著六神通執著佛十力亦執著
四無所畏四無礙解大慈大悲大喜大捨十
八佛不共法執著無忘失法亦執著恒住捨
性執著一切智亦執著道相智一切相智執
著預流果亦執著一來不還阿羅漢果執著
獨覺菩提執著一切菩薩摩訶薩行執著諸
佛無上正等菩提

善現是諸愚夫無聞異生由執著故念色得
色念受想行識得受想行識念眼處得眼處
得色處念聲香味觸法處得聲香味觸法
處念眼界得眼界念耳鼻舌身意界得耳鼻
舌身意界念色界得色界念聲香味觸法界
得聲香味觸法界念眼識界得眼識界念耳

BD08379號　大般若波羅蜜多經（兌廢稿）卷三六二　（2–2）

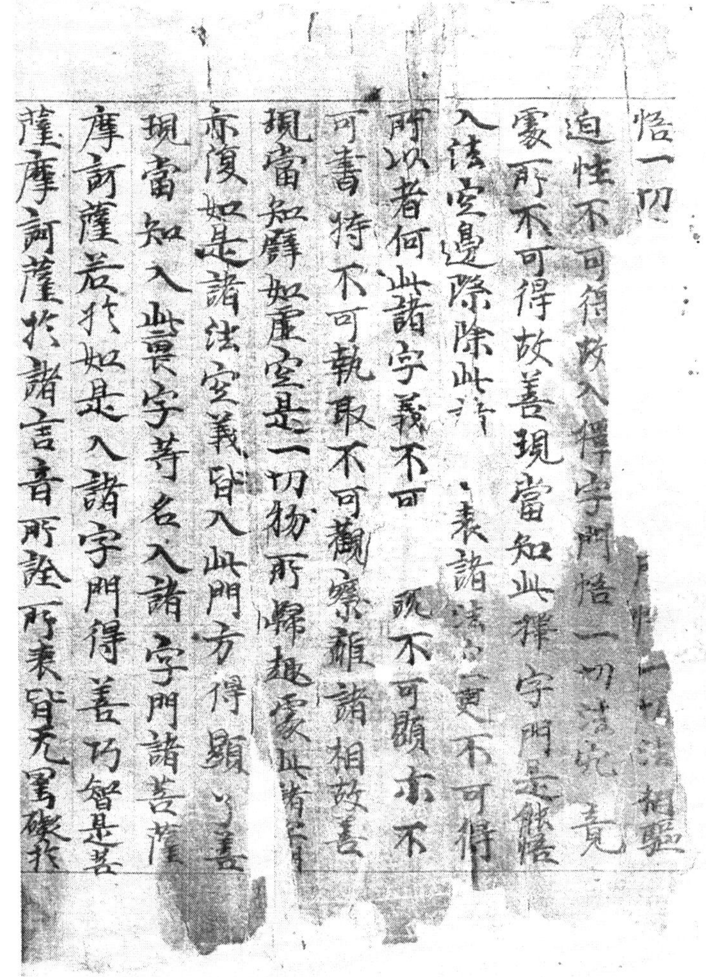
悟一切[illegible]悟一切法相驅
迫性不可得故入得字門悟一切法究竟
處所不可得故善現當知此擇字門是能
入法空邊際除此諸字表諸法空更不可得
所以者何此諸字義不可宣說不可顯示不
可書持不可執取不可觀察離諸相故善
現當知譬如虛空是一切物所歸趣處此諸字
亦復如是諸法空義皆入此門方得顯了善
現當知入此㠯字等名入諸字門諸菩薩
摩訶薩若於如是入諸字門得善巧智是菩
薩摩訶薩於諸言音所詮所表皆無罣礙於

BD08380號　大般若波羅蜜多經卷四九〇　（5–1）

入法空邊際除此諸字表諸法空更不可得
所以者何此諸字義不可宣說不可顯示不
可書持不可執取不可觀察離諸相故善
現當知譬如虛空是一切物所歸趣處此諸字門
亦復如是諸法空義皆入此門方得顯了善
現當知入此[illegible]字等名入諸字門諸菩薩
摩訶薩若於如是入諸字門得善巧智是菩
薩摩訶薩於諸言音所詮所表皆无罣礙於
一切法平等空性盡能證持於衆言音咸得
善巧若菩薩摩訶薩能聽如是入諸字門印
相印句聞已受持讀誦通利為他解說无所
執著不徇名譽利養恭敬由此因緣得三十
種功德勝利何等三十謂得强憶念得勝
慚愧得堅固力得法旨趣得增上覺得殊勝
慧得无礙辯得揔持門得无疑惑得違順語不
生愛恚得无高下平等而住得於有情言音
善巧得蘊善巧得界善巧得處善巧得諦善
巧得緣起善巧得因善巧得緣善巧得法
善巧得根勝劣智善巧得他心智善巧得神境
智善巧得天耳智善巧得宿住隨念智善巧
得死生智善巧得漏盡智善巧得處非處智
善巧得往來智善巧得威儀路智善巧是為
三十功德勝利善現當知若菩薩摩訶薩行
深般若波羅蜜多時以无所得而為方便得
如是文字陀羅尼門當知是為菩薩摩訶薩
行深般若波羅蜜多時大乘之相
復次善現汝次所問齊何當知諸菩薩摩訶
薩發趣大乘者善現當知若菩薩摩訶薩勤

深般若波羅蜜多時以无所得而為方便得
如是文字陀羅尼門當知是為菩薩摩訶薩
行深般若波羅蜜多時大乘之相
復次善現汝次所問齊何當知諸菩薩摩訶
薩發趣大乘者善現當知若菩薩摩訶薩勤
行六種波羅蜜多從一地趣一地齊此當知
諸菩薩摩訶薩發趣大乘具壽善現白佛
言云何菩薩摩訶薩勤行六種波羅蜜多從
一地趣一地佛告善現若菩薩摩訶薩知一
切法无所從來亦无所趣所以者何以一切
法无去无來无從无趣由彼諸法无變壞故
是菩薩摩訶薩於所從趣地不念不思惟雖
脩治地業而不見彼地是為菩薩摩訶薩勤
行六種波羅蜜多從一地趣一地具壽善現
復白佛言云何菩薩摩訶薩脩治地業佛告
善現諸菩薩摩訶薩住初地時應善脩治十
種勝業何等為十一者以无所得而為方便
應善脩治淨勝意樂業利益事相不可得故
二者以无所得而為方便應善脩治一切有
情平等心業一切有情不可得故三者以无
所得而為方便應善脩治一切捨施業施者
受者及所施物不可得故四者以无所得而
為方便應善脩治親近善友業於諸善友无執
著故五者以无所得而為方便應善脩治勤
求正法業諸所求法不可得故六者以无所
得而為方便應善脩治常樂出家業所捨居
家不可得故七者以无所得而為方便應善脩
治愛敬佛身業諸相好因不可得故八者以

善故五者以无所得而為方便應善脩治勤
求正法業諸所求法不可得故六者以无所
得而為方便應善脩治常樂出家業所捨居
家不可得故七者以无所得而為方便應善脩
治愛敬佛身業諸相好因不可得故八者以
无所得而為方便應善脩治開闡法教業所
分別法不可得故九者以无所得而為方便
應善脩治破壞憍慢業諸興盛法不可得故
十者以无所得而為方便應善脩治常樂諦
語業一切諸言不可得故善現當知諸菩薩
摩訶薩住初地時應善脩治此十勝業由斯
初地速得圓滿復次善現諸菩薩摩訶薩住
第二地時應於八法脩習思惟令速圓滿何
等為八一者清淨尸羅二者知恩報恩三者
住安忍力四者受勝歡喜五者不捨有情六
者常起大悲七者於諸師長以敬信心諮承
供養如事諸佛八者勤求脩習波羅蜜多善
現當知諸菩薩摩訶薩住第二地時於此八
法應正思惟應勤脩學令速圓滿復次善現
諸菩薩摩訶薩住第三地時應於五法精進
安住何等為五一者勤求多聞恒无厭足於
所聞法不著文字二者以无染心常行法施
雖廣開化而不自高三者為嚴淨土種種善
根雖用迴向而不自舉四者為化有情雖不
厭倦无邊生死而不憍逸五者雖住慚愧而
无所執善現當知諸菩薩摩訶薩住第三地
時應常安住如是五法无得暫捨復次善現
諸菩薩摩訶薩住第四地時應於十法受持

BD08380號　大般若波羅蜜多經卷四九〇　（5–4）

安住何等為五一者勤求多聞恒无厭足於
所聞法不著文字二者以无染心常行法施
雖廣開化而不自高三者為嚴淨土種種善
根雖用迴向而不自舉四者為化有情雖不
厭倦无邊生死而不憍逸五者雖住慚愧而
无所執善現當知諸菩薩摩訶薩住第三地
時應常安住如是五法无得暫捨復次善現
諸菩薩摩訶薩住第四地時應於十法受持
不捨何等為十一者住阿練若常不捨離二
者常樂少欲三者常樂喜足四者常不捨離
杜多功德五者於諸學處常不棄捨六者於
諸欲樂深生厭離七者常樂發起涅槃俱
心八者於一切物常樂棄捨九者於一切時
心不沉没十者於一切事常无戀著善現當
知諸菩薩摩訶薩住第四地時於是十法應
受持不捨復次善現諸菩薩摩訶薩住第五
地時應遠離十法何等為十一者應遠離居
家二者應遠離苾芻尼三者應遠離家慳四
者應遠離衆會忿諍五者應遠離自讚毀他
六者應遠離十惡業道七者應[illegible]
慠八者[illegible]顛[illegible]

BD08380號　大般若波羅蜜多經卷四九〇　（5–5）

BD08380 號背　大般若波羅蜜多經護首(擬)　　(1-1)

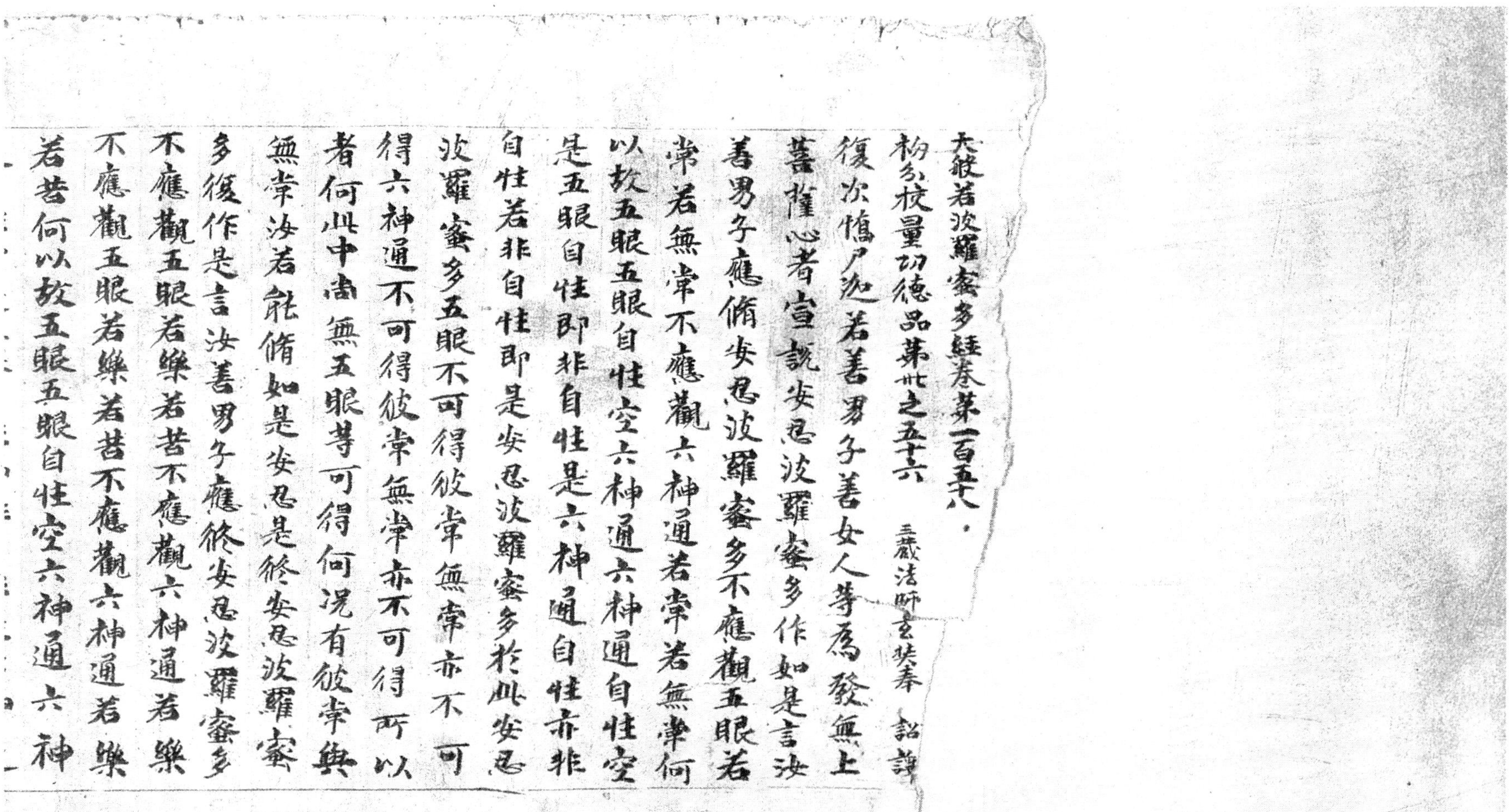

大般若波羅蜜多經卷第一百五十八
初分校量功德品第卅之五十六　三藏法師玄奘奉　詔譯
復次憍尸迦若善男子善女人等為發無上
菩薩心者宣說安忍波羅蜜多作如是言汝
善男子應脩安忍波羅蜜多不應觀五眼若
常若無常不應觀六神通若常若無常何
以故五眼五眼自性空六神通六神通自性空
是五眼自性即非自性是六神通自性亦非
自性若非自性即是安忍波羅蜜多於此安忍
波羅蜜多五眼不可得彼常無常亦不可
得六神通不可得彼常無常亦不可得所以
者何此中尚無五眼等可得何況有彼常與
無常汝若能脩如是安忍是脩安忍波羅蜜
多復作是言汝善男子應脩安忍波羅蜜多
不應觀五眼若樂若苦不應觀六神通若樂
不應觀五眼若樂若苦不應觀六神通若樂
若苦何以故五眼五眼自性空六神通六神

BD08381 號　大般若波羅蜜多經(兌廢稿)卷一五八　　(2-1)

是五眼自性即非自性是六神通自性亦非自性若非自性即是安忍波羅蜜多於此安忍波羅蜜多五眼不可得彼常無常亦不可得六神通不可得彼常無常亦不可得所以者何此中尚無五眼等可得何況有彼常與無常汝若能修如是安忍是修安忍波羅蜜多復作是言汝善男子應修安忍波羅蜜多不應觀五眼若樂若苦不應觀六神通若樂不應觀五眼若樂若苦不應觀六神通若樂若苦何以故五眼五眼自性空六神通六神通自性空是五眼自性即非自性是六神通自性亦非自性若非自性即是安忍波羅蜜多於此安忍波羅蜜多五眼不可得彼樂與苦亦不可得六神通不可得彼樂與苦亦不可得所以者何此中尚無五眼等可得何況有彼樂之與苦汝若能修如是安忍是修安忍波羅蜜多復作是言汝善男子應修安忍

BD08381號　大般若波羅蜜多經（兑廢稿）卷一五八　（2–2）

法王所說覺緣遍十
生滅與先梵志娑毗迦
等諸外道種說有真我
差別世尊亦曾於楞伽山為
義彼外道等常說自然我
境界我今觀此覺性自然非生非
遠離一切虛妄顛倒似非因緣與彼自然
云何開示不入群邪獲真實心妙覺明性
佛告阿難我今如是開示方便真實告汝汝
猶未悟惑為自然阿難若必自然自須甄明
有自然體汝且觀此妙明見中以何為自此
見為復以明為自以暗為自以空為自以塞
為自阿難若明為自應不見暗若復以空為
自體者應不見塞如是乃至諸暗等相以為
自者則於明時見性斷滅云何見明
阿難言必此妙見性非自然我今發明是因
緣生心猶未明諮詢如來是義云何合因緣

BD08382號　大佛頂如來密因修證了義諸菩薩萬行首楞嚴經卷二　（5–1）

見為復以明為自以暗為自以空為自以塞
為自阿難若明為自應不見暗若復以空為
自體者應不見塞如是乃至諸暗等相以為
自者則於明時見性斷滅云何見明
阿難言必此妙見性非自然我今發明是因
緣生心猶未明諮詢如來是義云何合因緣
性佛言汝言因緣吾復問汝汝今同見見性
現前此見為復因明有見因暗有見因空有
見因塞有見阿難若因明有應不見暗如因
暗有應不見明如是乃至因空因塞同於明
暗復次阿難此見又復緣明有見緣暗有見
緣空有見緣塞有見阿難若緣空有應不
見塞若緣塞有應不見空如是乃至緣明緣
暗同於空塞當知如是精覺妙明非因非緣亦
非自然非不自然无非不非无是非是離一
切相即一切法汝今云何於中措心以諸世間
戲論名相而得分別如以手掌撮摩虛
空秖益自勞虛空云何隨汝執捉
阿難白佛言世尊必妙覺性非因非緣世尊
云何常與比丘宣說見性具四種緣所謂因
空因明因心因眼是義云何
佛言阿難我說世間諸因緣相非第一義阿
難吾復問汝諸世間人說我能見云何名見云
何不見阿難言世人因於日月燈光見種種
相名之為見若復无此三種光明則不能見
阿難若无明時名不見者應不見暗若必

BD08382 號　大佛頂如來密因修證了義諸菩薩萬行首楞嚴經卷二　（5–2）

何不見阿難言世人因於日月燈光見種種
相名之為見若復无此三種光明則不能見
阿難若无明時名不見者應不見暗若必
見暗此但无明云何无見阿難若在暗時不
見明故名為不見今在明時不見暗相還名
不見如是二相俱名不見若復二相自相陵
奪非汝見性於中蹔无如是則知二俱名見
云何不見是故阿難汝今當知見明之時見
非是明見暗之時見非是暗見空之時見非
是空見塞之時見非是塞四義成就汝復應
知見見之時見非是見見猶離見見不能及
云何復說因緣自然及和合相汝等聲聞狹
劣无識不能通達清淨實相吾今誨汝當善
思惟无得疲怠妙菩提路
阿難白佛言世尊如佛世尊為我等輩宣說
因緣及與自然諸和合相與不和合心猶未
開而今更聞見見非見重增迷悶伏願弘慈
施大慧目開示我等覺心明淨作是語已悲
淚頂礼承受聖旨
爾時世尊憐愍阿難及諸大眾將欲敷演大
陁羅尼諸三摩提妙脩行路告阿難言汝雖
强記但益多聞於奢摩他微密觀照心猶未
了汝今諦聽吾當為汝分別開示亦令將來
諸有漏者獲菩提果阿難一切眾生輪迴世
間由二顛倒分別見妄當處發生當業輪轉

BD08382 號　大佛頂如來密因修證了義諸菩薩萬行首楞嚴經卷二　（5–3）

陁羅尼諸三摩提妙修行路告阿難言汝雖
强記但益多聞於奢摩他微密觀照心猶未
了汝今諦聽吾當為汝分別開示亦令將來
諸有漏者獲菩提果阿難一切衆生輪迴世
間由二顛倒分別見妄當處發生當業輪轉
云何二見一者衆生別業妄見二者衆生同
分妄見
云何名為別業妄見阿難如世間人目有青
赤夜見燈光別有圓影五色重疊於意云何
此夜燈明所現圓光為是燈色為當見色
阿難此若燈色則非眚人何不同見而此圓影
唯眚之觀若是見色色見已成色則彼眚人
圓影者名為何等復次阿難若此圓影離燈
別有則合傍觀屏帳几筵有圓影出離見別
有應非眼矚云何眚人目見圓影是故當知
色實在燈見病為影影見俱眚見眚非病
終不應言是燈是見於是中有非燈非見如
第二月非體非影何以故第二之觀揑所成故諸
有智者不應說言此揑根元是形非形離
見非見此亦如是目眚所成今欲名誰是燈
是見何況分別非燈非見
云何名為同分妄見阿難此閻浮提除大海
水中間平陸有三千洲正中大洲東西括量
大國凡有二千三百其餘小洲在諸海中其
間或有三兩百國或一或二至于卅卌五十阿
難若復此中有一小洲秖有兩國唯一國人

BD08382號　大佛頂如來密因修證了義諸菩薩萬行首楞嚴經卷二　（5-4）

有應非眼矚云何眚人目見圓影是故當知
色實在燈見病為影影見俱眚見眚非病
終不應言是燈是見於是中有非燈非見如
第二月非體非影何以故第二之觀揑所成故諸
有智者不應說言此揑根元是形非形離
見非見此亦如是目眚所成今欲名誰是燈
是見何況分別非燈非見
云何名為同分妄見阿難此閻浮提除大海
水中間平陸有三千洲正中大洲東西括量
大國凡有二千三百其餘小洲在諸海中其
間或有三兩百國或一或二至于卅卌五十阿
難若復此中有一小洲秖有兩國唯一國人
同感惡緣則彼小洲當土衆生覩諸一切不
祥境界或見二日或見兩月其中乃至暈
適珮玦彗勃飛流負耳虹蜺種種惡相但此
國見彼國衆生本所不見亦復不聞阿難吾
今為汝以此二事進退合明阿難如彼衆
業妄見矚燈光中所現圓影雖見
眚所成眚即見勞非
人目

BD08382號　大佛頂如來密因修證了義諸菩薩萬行首楞嚴經卷二　（5-5）

空畢竟空無際空散空無變異空本性空自
相空共相空一切法空不可得空無性空　自
性空無性自性空畢竟淨故說是清淨極
為明了舍利子真如畢竟淨故說是清淨極為
明了法界法性不虛妄性不變異性平等性
離生性法定法住實際虛空界不思議界畢
竟淨故說是清淨極為明了舍利子苦聖諦
畢竟淨故說是清淨極為明了集滅道聖
諦畢竟淨故說是清淨極為明了舍利子四靜
慮畢竟淨故說是清淨極為明了四無量四
無色定畢竟淨故說是清淨極為明了舍利
子八解脫畢竟淨故說是清淨極為明了八
勝處九次第定十遍處畢竟淨故說是清淨
極為明了舍利子四念住畢竟淨故說是清
淨極為明了四正斷四神足五根五力七等覺
支八聖道支畢竟淨故說是清淨極為明
了舍利子空解脫門畢竟淨故說是清淨極

BD08383號　大般若波羅蜜多經卷二八五　（2–1）

慮畢竟淨故說是清淨極為明了四無量四
無色定畢竟淨故說是清淨極為明了舍利
子八解脫畢竟淨故說是清淨極為明了八
勝處九次第定十遍處畢竟淨故說是清淨
極為明了舍利子四念住畢竟淨故說是清
淨極為明了四正斷四神足五根五力七等覺
支八聖道支畢竟淨故說是清淨極為明
了舍利子空解脫門畢竟淨故說是清淨極
為明了無相無願解脫門畢竟淨故說是清
淨極為明了舍利子菩薩十地畢竟淨故說
是清淨極為明了
舍利子五明畢竟淨故說是清淨極為明了
六神通畢竟淨故說是清淨極為明了舍利
子佛十力畢竟淨故說是清淨極為明了四
無所畏四無礙解大慈大悲大喜大捨十八
佛不共法畢竟淨故說是清淨極為明了舍
利子無忘失法畢竟淨故說是清淨極為明
了恒住捨性畢竟淨故說是清淨極為明了
舍利子一切智畢竟淨故說是清淨極為明

BD08383號　大般若波羅蜜多經卷二八五　（2–2）

佛說佛名經卷第十三

舍利弗應敬礼十方諸佛

南无不動佛　南无盡聖佛

南无日光佛　南无能奮迅佛

南无自在光明佛　南无十光佛

南无普寶佛　南无稱自在佛

南无勝藏稱佛　南无笑意佛

南无寶幢佛　南无智山佛

南无因光佛　南无生勝佛

南无弥留藏佛　南无智海佛

南无大精進佛　南无弥留功德佛

南无勝藏佛　南无智德佛

南无能與无畏佛　南无大精進趣王佛

南无智成就佛　南无无滯佛

南无勞侍精進佛　南无力命佛

南无善眼佛　南无不害法王佛

南无滅摩佛　南无不可思議精進

BD08384號　佛名經（十六卷本）卷一三　（2–1）

南无弥留藏佛　南无智海佛

南无大精進佛　南无弥留功德佛

南无勝藏佛　南无智德佛

南无能與无畏佛　南无大精進趣王佛

南无智成就佛　南无无滯佛

南无勞侍精進佛　南无力命佛

南无善眼佛　南无不害法王佛

南无滅摩佛　南无不可思議精進佛

南无觀功德佛　南无智頻婆佛

南无阿僧伽力精進佛　南无心自在佛

南无崇荷難陀佛　南无炎光佛

南无贒上王佛　南无无邊光王佛

南无无盡智藏佛　南无寶雨頭佛

南无智波婆羅佛　南无毗尼稱佛

南无智成就佛　南无无滯佛

南无无邊功德王佛　南无法華婆師佛

南无　南无妙山王佛

BD08384號　佛名經（十六卷本）卷一三　（2–2）

菩提於意云何如来有肉眼不如是世尊
如来有肉眼須菩提於意云何如来有天眼
不如是世尊如来有天眼須菩提於意云何
如来有慧眼不如是世尊如来有慧眼須菩
提於意云何如来有法眼不如是世尊如来
有法眼須菩提於意云何如来有佛眼不如
是世尊如来有佛眼須菩提於意云何恒河
中所有沙佛說是沙不如是世尊如来說是
沙須菩提於意云何如一恒河中所有沙有
如是等恒河是諸恒河所有沙數佛世界如
是寧為多不甚多世尊佛告須菩提尒所國
土中所有衆生若干種心如来悉知何以故
如来說諸心皆為非心是名為心所以者何
須菩提過去心不可得現在心不可得未来
心不可得須菩提於意云何若有人滿三千
大千世界七寶以用布施是人以是因緣得
福多不如是世尊此人以是因緣得福甚多
須菩提若福德有實如来不說得福德多以

BD08385 號　金剛般若波羅蜜經　（6–1）

如来說諸心皆為非心是名為心所以者何
須菩提過去心不可得現在心不可得未来
心不可得須菩提於意云何若有人滿三千
大千世界七寶以用布施是人以是因緣得
福多不如是世尊此人以是因緣得福甚多
須菩提若福德有實如来不說得福德多以
福德无故如来說得福德多
須菩提於意云何佛可以具足色身見不不
也世尊如来不應以色身見何以故如来說
具足色身即非具足色身是名具足色身須
菩提於意云何如来可以具足諸相見不不
也世尊如来不應以具足諸相見何以故如
来說諸相具足即非具足是名諸相具足須
菩提汝勿謂如来作是念我當有所說法莫
作是念何以故若人言如来有所說法即為
謗佛不能解我所說故須菩提說法者无法
可說是名說法須菩提白佛言世尊佛得阿
耨多羅三藐三菩提為无所得耶如是如是
須菩提我於阿耨多羅三藐三菩提乃至无
有少法可得是名阿耨多羅三藐三菩提復
次須菩提是法平等无有高下是名阿耨多
羅三藐三菩提以无我无人无衆生无壽者
脩一切善法則得阿耨多羅三藐三菩提須
菩提所言善法者如来說非善法是名善法
須菩提若三千大千世界中所有諸須弥山

BD08385 號　金剛般若波羅蜜經　（6–2）

作是念何以故若人言如来有所說法即為
謗佛不能解我所說故須菩提說法者无法
可說是名說法須菩提白佛言世尊佛得阿
耨多羅三藐三菩提為无所得耶如是如是
須菩提我於阿耨多羅三藐三菩提乃至无
有少法可得是名阿耨多羅三藐三菩提復
次須菩提是法平等无有高下是名阿耨多
羅三藐三菩提以无我无人无衆生无壽者
脩一切善法則得阿耨多羅三藐三菩提須
菩提所言善法者如来說非善法是名善法
須菩提若三千大千世界中所有諸須弥山
王如是等七寶聚有人持用布施若人以此
般若波羅蜜經乃至四句偈等受持為他人
說於前福德百分不及一百千万億分乃至筭
數譬喻所不能及
須菩提於意云何汝等勿謂如来作是念我
當度衆生須菩提莫作是念何以故實无有
衆生如来度者若有衆生如来度者如来則
有我人衆生壽者須菩提如来說有我者則
非有我而凡夫之人以為有我須菩提凡夫
者如来說則非凡夫須菩提於意云何可以
卅二相觀如来不須菩提言如是如是以卅
二相觀如来佛言須菩提若以卅二相觀如
来者轉輪聖王則是如来須菩提白佛言世
尊如我解佛所說義不應以卅二相觀如来

BD08385號　金剛般若波羅蜜經　（6–3）

非有我而凡夫之人以為有我須菩提凡夫
者如来說則非凡夫須菩提於意云何可以
卅二相觀如来不須菩提言如是如是以卅
二相觀如来佛言須菩提若以卅二相觀如
来者轉輪聖王則是如来須菩提白佛言世
尊如我解佛所說義不應以卅二相觀如来
尒時世尊而說偈言
若以色見我　以音聲求我　是人行耶道　不能見如来
須菩提汝若作是念如来不以具足相故得
阿耨多羅三藐三菩提須菩提莫作是念如
来不以具足相故得阿耨多羅三藐三菩提
須菩提汝若作是念發阿耨多羅三藐三菩
提者說諸法斷滅莫作是念何以故發阿耨
多羅三藐三菩提者於法不說斷滅相須菩
提若菩薩以滿恒河沙等世界七寶布施若
復有人知一切法无我得成於忍此菩薩勝
前菩薩所得功德須菩提以諸菩薩不受福
德故須菩提白佛言世尊云何菩薩不受福
德須菩提菩薩所作福德不應貪著是故說
不受福德須菩提若有人言如来若来若去
若坐若卧是人不解我所說義何以故如来
者无所從来亦无所去故名如来須菩提若
善男子善女人以三千大千世界碎為微塵
於意云何是微塵衆寧為多不甚多世尊何
以故若是微塵衆實有者佛則不說是微塵

BD08385號　金剛般若波羅蜜經　（6–4）

若坐若臥是人不解我所說義何以故如來
者无所從來亦无所去故名如來須菩提若
善男子善女人以三千大千世界碎為微塵
於意云何是微塵眾寧為多不甚多世尊何
以故若是微塵眾實有者佛則不說是微塵
眾所以者何佛說微塵眾則非微塵眾是名
微塵眾世尊如來所說三千大千世界則非
世界是名世界何以故若世界實有者則是
一合相如來說一合相則非一合相是名一
合相須菩提一合相者則是不可說但凡夫
之人貪著其事須菩提若人言佛說我見人
見眾生見壽者見須菩提於意云何是人解
我所說義不世尊是人不解如來所說義何
以故世尊說我見人見眾生見壽者見即非
我見人見眾生見壽者見是名我見人見眾
生見壽者見須菩提發阿耨多羅三藐三菩
提心者於一切法應如是知如是見如是信
解不生法相須菩提所言法相如來說即非
法相是名法相須菩提若有人以滿无量阿
僧祇世界七寶持用布施若有善男子善女
人發菩薩心者持於此經乃至四句偈等受
持讀誦為人演說其福勝彼云何為人演說
不取於相如如不動何以故
一切有為法　如夢幻泡影　如露亦如電　應作如是觀

BD08385 號　金剛般若波羅蜜經　（6–5）

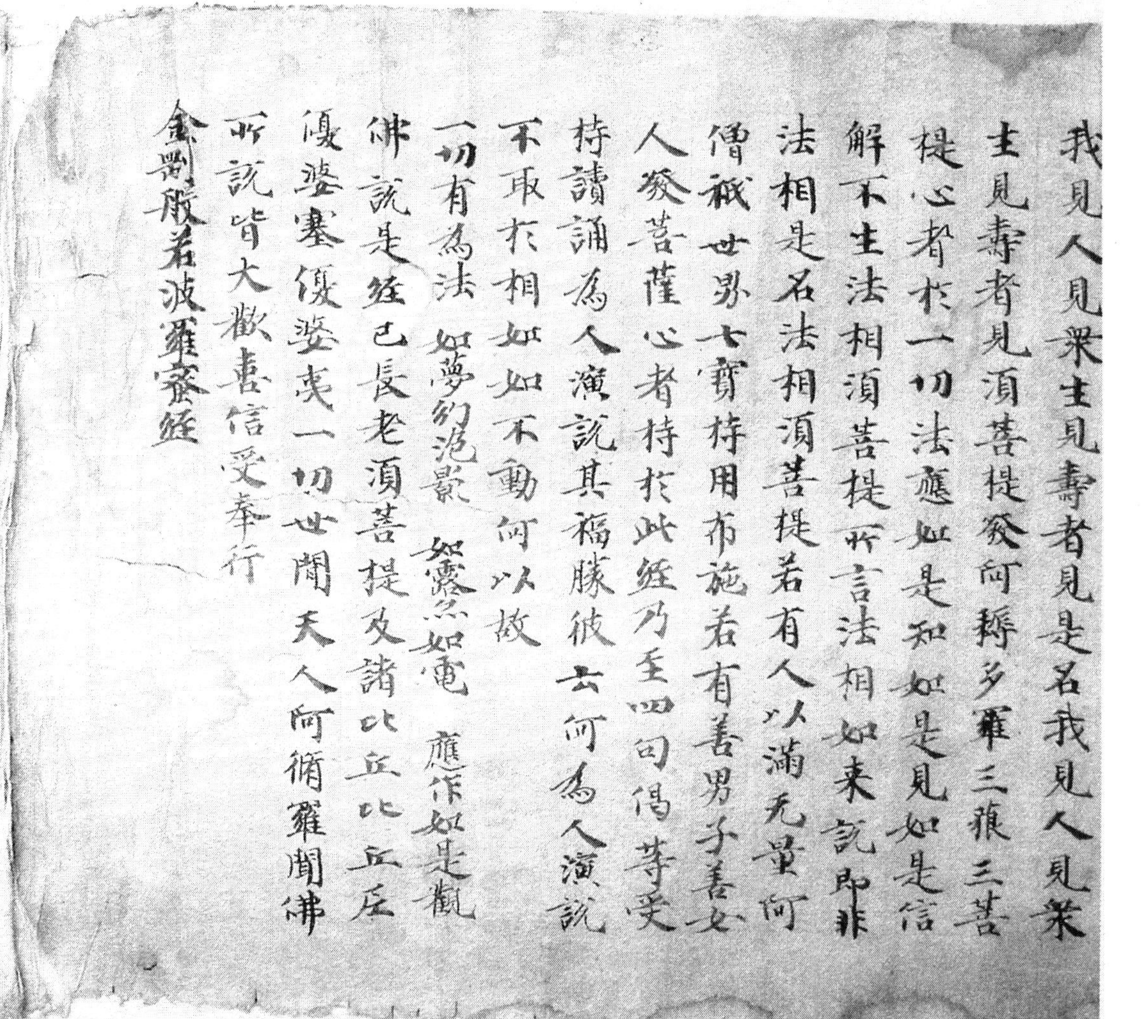

我見人見眾生見壽者見是名我見人見眾
生見壽者見須菩提發阿耨多羅三藐三菩
提心者於一切法應如是知如是見如是信
解不生法相須菩提所言法相如來說即非
法相是名法相須菩提若有人以滿无量阿
僧祇世界七寶持用布施若有善男子善女
人發菩薩心者持於此經乃至四句偈等受
持讀誦為人演說其福勝彼云何為人演說
不取於相如如不動何以故
一切有為法　如夢幻泡影　如露亦如電　應作如是觀
佛說是經已長老須菩提及諸比丘比丘尼
優婆塞優婆夷一切世間天人阿脩羅聞佛
所說皆大歡喜信受奉行
金剛般若波羅蜜經

BD08385 號　金剛般若波羅蜜經　（6–6）

方便呵責彼安居比丘已集諸比丘結戒集十句義 此戒具八緣
成犯 一前境是人之想 三事重 四知是事重 五有誑他心 六自言
已得 七言詞了了 八前人知解 不犯者 衆祐未制戒 癡狂
心亂痛惱所纏 此戒第四半月謂十月十三日犯
摩觸戒第五 佛在舍衛國祇樹給孤獨園時有大善鹿樂長
者與偷蘭難諸比丘尼相觸 佛制 此戒具五緣成犯 一男子簡非
天與畜男異女等 男中不簡死活大小輕重等 有通道俗親
疏 二知二人男想 三染心 四相觸 五受樂便犯 若有相觸
或戲笑相解時相觸不犯 犯八事戒第六 佛在舍衛國祇
樹給孤獨園沙樓鹿樂長者與偷蘭難陀比丘尼有染心愛長
者捉手衣等故制 此戒具五緣成犯 一男 二男想 三染心 四犯前
七事未懺 五八事住犯 言八事者 一捉手 二捉衣 三入屏受難
四屏處立語 行往等三事亦△ 七身相倚者 二身相及共其者六
共行媟愛 若男有染心便犯 上七事 七偷蘭不懺犯八事波羅
夷 准此犯八捉手足不成重 若一男犯八一時犯八八等犯八八男成
重亦無第 僧祇此不犯者 若有所施與若禮拜不悔過若
受法入屏處下惡事不犯 由俱無染心故 下入同室犯墮者
無所為事 涉世譏醜故犯 覆藏他重罪戒第七
佛在舍衛國祇樹給孤獨園時偷蘭難陀比丘尼妹字坻舍
難陀其人犯波羅夷 時偷蘭難陀知諸妹得惡名稱 嘿然不
說 其妹休道 佛自制戒具緣 六成犯 一大尼 二犯八重已 三知他
犯重 四住覆藏心 五不發露 六明相出便犯 於八法中一一罪知是
彼比丘尼波羅夷 前食知後食時說偷蘭 乃至中夜知後夜說
偷蘭 後夜知不說至明相出波羅夷 除八戒覆餘罪不說者

者捉手衣等故制此戒具五緣成犯一男二男想三染心四發前
七事未懺　五八事隨犯言八事者一捉手二捉衣三入屏處雜
四屏處立語行住等三事亦[illegible]　七身相倚者二身相及共其志八
共行媒受若男有染心便犯ᄼ上七事七偷蘭不懺犯八事波羅
夷准此犯八捉手足不成重若一男犯八一時犯八ᄼ等犯八ᄼ男成
重亦无築僧祇如此不犯者若有所施與若礼拜不悔過若
受法入屏處不惡事不犯由俱无染心故下入同室犯墮者
无所為事涉世譏醜故犯　覆藏他重罪戒第七
佛在舍衛國祇樹給孤獨園時偷蘭難陀比丘尼妹字超舍
難陀其人犯波羅夷時偷蘭難陀知隱妹得惡名稱埋然不
說其妹休道佛自制戒具緣六成犯一大尼二犯八重已三知他
犯重四作覆藏心五不發路六明相出便犯於八法中[illegible]一ᄼ罪等是
彼比丘尼波羅夷前食知後食時說偷蘭乃至中夜知後夜說
偷蘭後夜知不說至明相出波羅夷除八戒覆餘罪不說者
隨所犯自重偷蘭除比丘ᄼ餘人吉羅覆式叉沙彌尼吉羅不犯
者爲不知向人說若无人可向說意欲而未說明相出恐有
命難梵行難不說不犯　隨舉戒第八　佛在拘睒彌
瞿師羅園中時尊者闡陀比丘僧爲作舉如法如律如佛所
教爲懺悔僧未作共住時有比丘尼名尉次往承事諸比
丘尼語言闡陀比丘僧不除舉不懺悔僧未與作共住汝
莫往順從尉次答言諸大姊此是我兄今日不供養更待
何時猶故不止佛因制此戒具六緣成犯一自身隨彼二諸凡

BD08386號　八波羅夷經　（2–2）

若有自書寫教人書寫是无量壽宗要經受持讀誦常得四天大王
隨其衛護陁羅尼日 南謨薄伽勃底一 阿波剥蜜多二 阿喻紇硯娜三 須
毗你𢙣指陁四 羅佐耶五 怛他羯他耶六 怛姪他唵七 薩婆桒𢙣迦羅八 波剥輸底
達磨底十 伽迦娜十一 莎訶某特迦底十二 薩婆婆毗輸底十三 摩訶娜耶十四 波剥婆剥莎訶
若有自書寫教人書寫是无量壽宗要經如其讀誦當得往生西方
極樂世界阿弥陁淨土陁羅尼日 南謨薄伽勃底一 阿波剥蜜多二 須毗你𢙣
指陁四 阿喻紇硯娜四 羅佐耶五 怛他羯他耶六 怛姪他唵七 薩婆桒𢙣迦羅八 波剥
輸底九 達磨底十 伽迦娜十一 莎訶某特迦底十二 薩婆婆毗輸底十三 摩訶娜耶
波剥婆剥莎訶十五
若有方所自書寫教人書寫是无量經典之處則為是塔皆應恭敬作
礼若是畜生或為鳥獸得是經如是等類皆當不久得成一切種智陁羅
尼日 南謨薄伽勃底一 阿波剥蜜多二 阿喻紇硯娜三 須毗你𢙣指陁四 羅佐耶
怛他羯他耶六 怛姪他唵七 薩婆桒𢙣迦羅八 波剥輸底九 達磨底十 伽迦娜十一 莎
訶某特迦底十二 薩婆婆毗輸底十三 摩訶娜耶十四 波剥婆剥莎訶五
若有於是无量壽經自書寫若使人書畢竟不受女人之身陁羅尼日
南謨薄伽勃底一 阿波剥蜜多二 阿喻紇娜三 須毗你𢙣指陁四 羅佐耶五 怛他

BD08387號　無量壽宗要經

(3-1)

礼若是畜生或為鳥獸得是經如是等類皆當不久得成一切種智陁羅
尼日 南謨薄伽勃底一 阿波剥蜜多二 阿喻紇硯娜三 須毗你𢙣指陁四 羅佐耶
怛他羯他耶六 怛姪他唵七 薩婆桒𢙣迦羅八 波剥輸底九 達磨底十 伽迦娜十一 莎
訶某特迦底十二 薩婆婆毗輸底十三 摩訶娜耶十四 波剥婆剥莎訶五
若有於是无量壽經自書寫若使人書畢竟不受女人之身陁羅尼日
南謨薄伽勃底一 阿波剥蜜多二 阿喻紇娜三 須毗你𢙣指陁四 羅佐耶五 怛他
羯他耶六 怛姪他唵七 薩婆桒𢙣迦羅八 波剥輸底九 達磨底十 伽迦娜十一 莎訶
某特迦底十二 伽薩婆婆毗輸底十三 摩訶娜耶十四 波剥婆剥莎訶十五
若有能於是經少分能惠施者等於三千大千世界滿中七寶布施陁羅尼日
南謨薄伽勃底一 阿波剥蜜多二 阿喻紇硯娜三 須毗你𢙣指陁四 羅佐耶五 怛
他羯他耶六 怛姪他唵七 薩婆桒𢙣迦羅八 波剥輸底九 達磨底十 莎訶某特迦底
薩婆婆毗輸底十三 摩訶娜耶十四 波剥婆剥莎訶十五
若有能供養是經者則是供養一切者經等无有異陁羅尼日 南謨薄伽勃底
阿波剥蜜多二 阿喻紇硯娜三 須毗你𢙣指陁四 羅佐耶五 怛他羯他耶六 怛姪他唵七
薩波桒𢙣迦羅八 波剥輸底九 達磨底十 伽迦娜十一 莎訶某特迦底十二 薩婆波
毗輸底十三 摩訶娜耶十四 波剥婆剥莎訶十五
如是毗婆尸佛 尸弃佛 毗舍浮佛 俱留孫佛 俱那含牟尼佛 迦葉佛 釋迦牟尼佛
若有人以七寶供養如是七佛其福有限書寫受持是无量壽經典所有
功德不可限量陁羅尼日 南謨薄伽勃底一 阿波剥蜜多二 阿喻紇硯娜三 須
毗你𢙣指陁四 羅佐耶五 怛他羯他耶六 怛姪他唵七 薩婆桒𢙣迦羅八 波剥輸底九
達磨底十 伽迦娜十一 莎訶某特迦底十二 摩婆婆毗輸底十三 摩訶娜耶十四 波剥波
婆剥莎訶十五 若有七寶等於須弥以用布施其福上能知其限量是
无量壽經典其福不可知數陁羅尼日 南謨薄伽勃底一 阿波剥蜜
多二 阿喻紇硯娜三 須毗你𢙣指陁四 羅佐耶五 怛他羯他耶六 怛姪他唵七 薩
婆桒𢙣迦羅八 波剥輸底九 達磨底十 伽迦娜十一 薩訶某特迦底十二 薩波
婆毗輸底十三 摩訶娜耶十四 波剥婆剥莎訶十五
如是四大海水可知滴數是无量壽經典所生果報不可數量陁羅尼日
南謨薄伽勃底一 阿波剥蜜多二 阿喻紇硯娜三 須毗你𢙣指陁四 羅佐耶五 怛
他羯他耶六 怛姪他唵七 莎婆桒𢙣迦羅八 波剥輸底九 達磨底十 伽迦娜十一 莎
訶某特迦底十二 薩婆婆毗輸底十三 摩訶娜耶十四 波剥婆剥莎訶十五
布施力能成正覺 悟布施力人師子 布施力能聲普聞 慈悲階漸最能入
持戒力能成正覺 悟持戒力人師子 持戒力能聲普聞 慈悲階漸最能入

BD08387號　無量壽宗要經

(3-2)

切德不可限量陁羅尼曰　南謨薄伽勃底一　阿波唎蜜多二　阿喻紇硯娜三　須
毗你悉指陁四　囉佐耶五　怛他羯他耶六　怛姪他唵七　薩婆桒悉伽羅八　波唎輸底九
達磨底十　伽伽娜十一　莎訶某特伽底十二　摩婆婆毗輸底十三　摩訶娜耶十四　波唎波
婆唎莎訶十五　若有七寶等於須弥以用布施其福上能知其限量是
无量壽經典其福不可知數陁羅尼曰　南謨薄伽勃底一　阿波唎蜜
多二　阿喻紇硯娜三　須毗你悉指陁四　囉佐耶五　怛他羯他耶六　怛姪他唵七　薩
婆桒悉伽羅八　波唎輸底九　達磨底十　伽伽娜十一　薩訶某特伽底十二　薩波
婆毗輸底十三　摩訶娜耶十四　波唎婆唎莎訶十五
如是四大海水可知渧數是无量壽經典所生果報不可數量陁羅尼曰
南謨薄伽勃底一　阿波唎蜜多二　阿喻紇硯娜三　須毗你悉指陁四　囉佐耶五　怛
他羯他耶六　怛姪他唵七　莎婆桒悉伽羅八　波唎輸底九　達磨底十　伽伽娜十一　莎
訶某特伽底十二　薩婆婆毗輸底十三　摩訶娜耶十四　波唎婆唎莎訶十五
布施力能成正覺　悟布施力人師子　布施力能聲普聞　慈悲皆漸最能入
持戒力能成正覺　悟持戒力人師子　持戒力能聲普聞　慈悲皆漸最能入
忍辱力能成正覺　悟忍辱力人師子　忍辱力能聲普聞　慈悲皆漸最能入
精進力能成正覺　悟精進力人師子　精進力能聲普聞　慈悲皆漸最能入
禪定力能成正覺　悟禪定力人師子　禪定力能聲普聞　慈悲皆漸最能入
智慧力能成正覺　悟智慧力人師子　智慧力能聲普聞　慈悲皆漸最能入
尒時如來說是經已一切世間天人阿脩羅揵闥婆等聞佛所說皆大歡喜
受奉行
佛說无量壽宗要經卷

BD08387 號　無量壽宗要經　（3–3）

兌

非不相應於離法界乃至不思議界真如
亦非相應非不相應如來法性於離真如非相
應非不相應於離法界乃至不思議界亦
非相應非不相應於離法界乃至不思議界
法性亦非相應非不相應
憍尸迦如來於布施波羅蜜多非相應非不
相應於淨戒安忍精進靜慮般若波羅蜜
多亦非相應非不相應如來於布施波羅蜜多
真如非相應非不相應於淨戒安忍靜進靜慮
般若波羅蜜多真如亦非相應非不相應如
來於布施波羅蜜多法性非相應非不相
應於淨戒安忍精進靜慮般若波羅蜜多
法性亦非相應非不相應如來真如於布施波
羅蜜多非相應非不相應於淨戒安忍精進
靜慮般若波羅蜜多亦非相應非不相應如
來真如於布施波羅蜜多真如非相應非不
相應於淨戒安忍精進靜慮般若波羅蜜

BD08388 號 A　大般若波羅蜜多經（兌廢稿）卷九二　（2–1）

相應於淨戒安忍精進靜慮般若波羅蜜
多亦非相應非不相應如來於布施波羅蜜多
真如非相應非不相應於淨戒安忍靜進靜慮
般若波羅蜜多真如亦非相應非不相應如
來於布施波羅蜜多法性非相應非不相
應於淨戒安忍精進靜慮般若波羅蜜多
法性亦非相應非不相應如來真如於布施波
羅蜜多非相應非不相應於淨戒安忍精進
靜慮般若波羅蜜多亦非相應非不相應如
來真如於布施波羅蜜多真如非相應非不
相應於淨戒安忍精進靜慮般若波羅蜜
多真如亦非相應非不相應如來法性於布施
波羅蜜多非相應非不相應於淨戒安忍精
進靜慮般若波羅蜜多亦非相應非不相應
如來法性於布施波羅蜜多法性非相應非
不相應於淨戒安忍精進靜慮般若波羅
蜜多法性亦非相應非不相應憍尸迦如來於
離布施波羅蜜多非相應非不相應於離淨
戒安忍精進靜慮般若波羅蜜多亦非相應

BD08388 號 A　大般若波羅蜜多經（兌廢稿）卷九二　（2–2）

世間常虛實無常亦常無常非常非無常有
邊無邊亦有邊無邊非有邊非無邊是身
是命身異命異如來滅後如去不如去亦如去
命者見何罪過不作是說佛言富那若有人
說世間是常唯此爲實餘妄語者是名爲見
見所見處是名見行是名見業是名見著是
名見縛是名見苦是名見取是名見怖是名
見執是名見纏富那凡夫之人爲見所纏不
能遠離生老病死迴流六趣受無量苦乃至
非如去非不如去亦復如是富那我見是見
有如是過是故不著不爲人說瞿曇若見如
是罪過不著不說瞿曇今者何見何著何所宣
說佛言善男子夫見著者名生死法如來已
離生死法故是故不著善男子如來名爲能
見能說不名爲著瞿曇云何能見云何能說

BD08388 號 B　大般涅槃經（北本　兌廢稿）卷三九　（2–1）

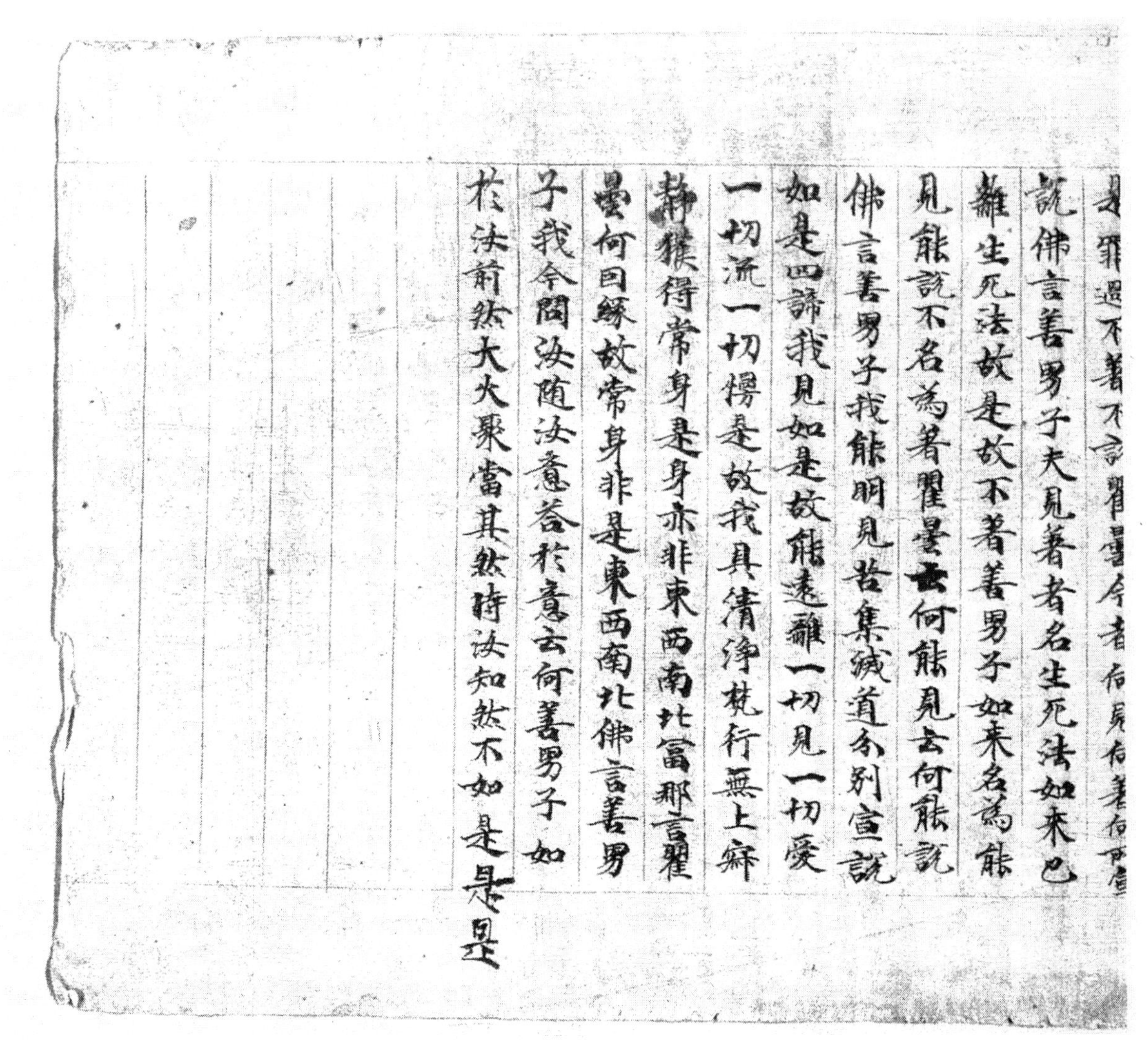

[illegible]羅遇不著不[illegible]瞿曇今者何見何著何所[illegible]
說佛言善男子夫見著者名生死法如來已
離生死法故是故不著善男子如來名為能
見能說不名為著瞿曇云何能見云何能說
佛言善男子我能明見苦集滅道分別宣說
如是四諦我見如是故能遠離一切見一切愛
一切流一切慢是故我具清淨梵行無上寂
靜獲得常身是身亦非東西南北富那言瞿
曇何因緣故常身非是東西南北佛言善男
子我今問汝隨汝意答於意云何善男子如
於汝前然大火聚當其然時汝知然不如是是是

BD08388 號 B　大般涅槃經（北本　兌廢稿）卷三九　（2–2）

兌

是

BD08388 號 B 背　題記、雜寫　（1–1）

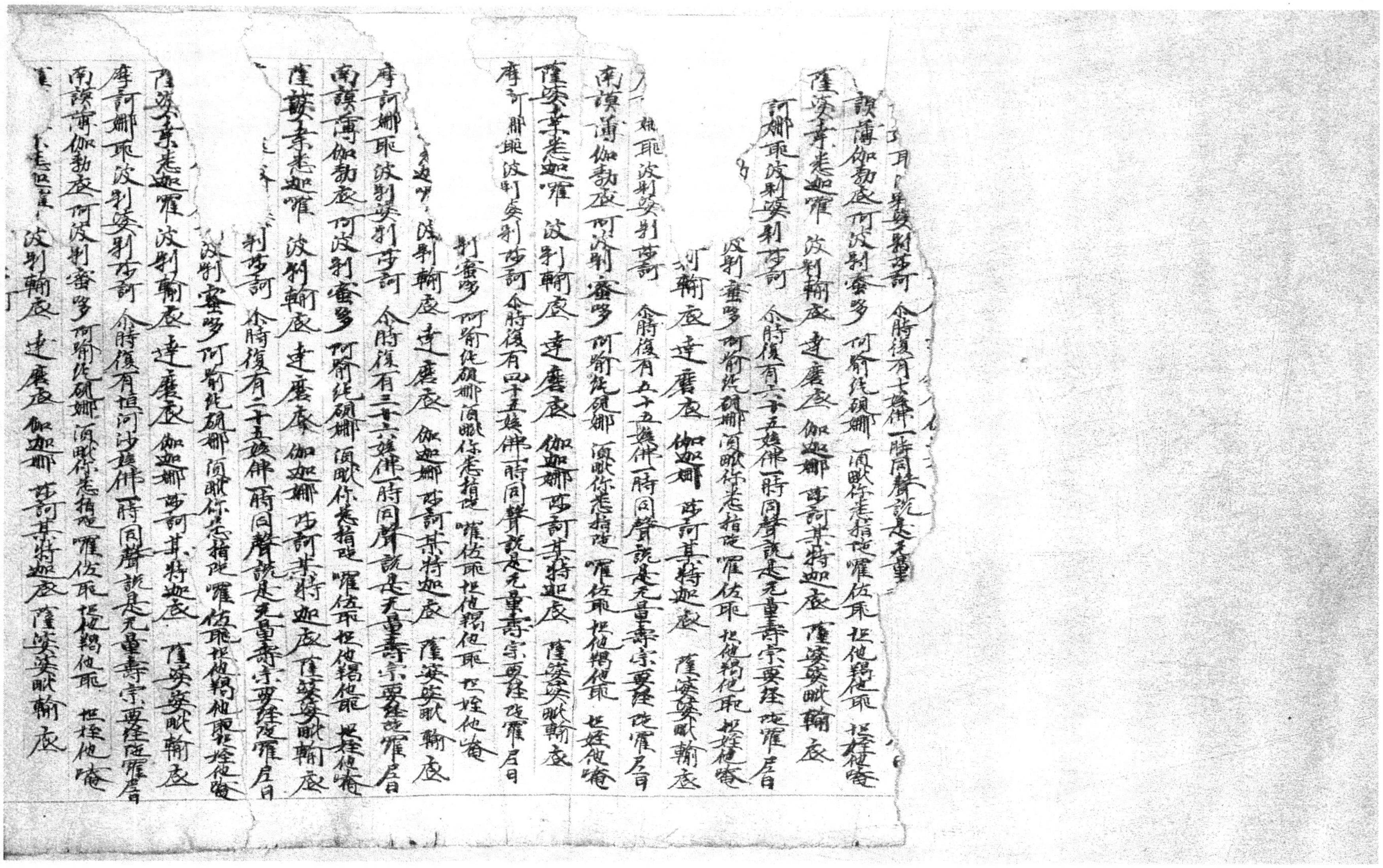

BD08389號　無量壽宗要經　（4–1）

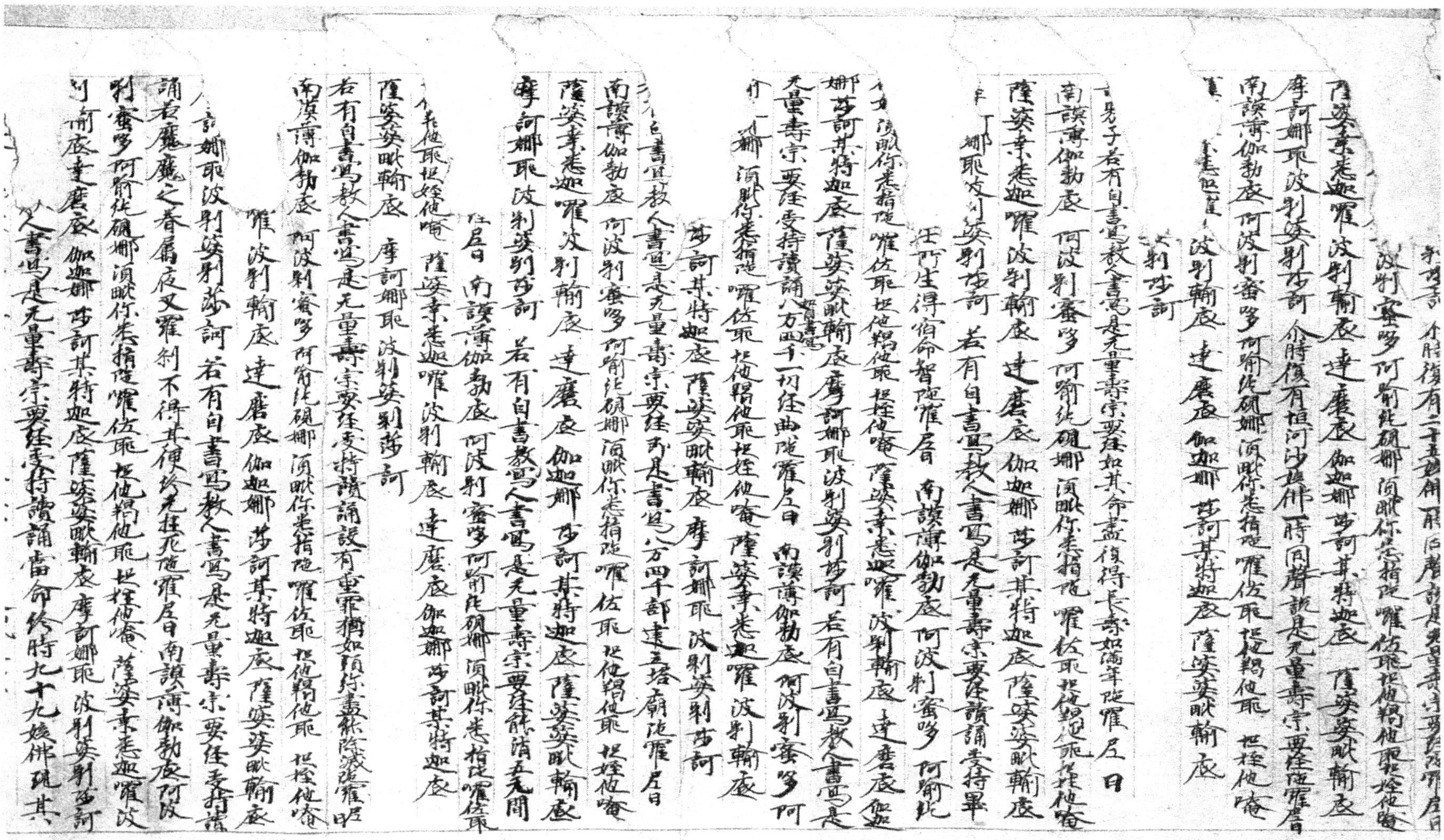

BD08389號　無量壽宗要經　（4–2）

言娜耶波剁婆剁莎訶　若有自書寫教人書寫是无量壽宗要經受持讀
誦者應魔之眷屬夜叉羅剎不得其便終无枉死陁羅尼曰南謨薄伽勃底阿波
剁蜜多阿箭紇硯娜須毗你悉指陁囉佐耶怛他羯他耶怛姪他唵薩婆桑悉迦囉波
剁輸底達磨底伽迦娜莎訶其特迦底薩婆娑毗輸底摩訶娜耶波剁婆剁莎訶
人書寫是无量壽宗要經受持讀誦當命終時九十九姟佛現其
人前眾千佛授手能遊一切佛剎莫於此經生於疑惑陁羅尼曰
南謨薄伽勃底阿波剁蜜多阿箭紇硯娜須毗你悉指陁囉佐耶怛他羯他耶怛姪他唵
薩婆桑悉迦囉波剁輸底達磨底伽迦娜莎訶娜　莎訶其特迦底薩婆娑毗輸底
耶他人剁婆剁莎訶　若有自書寫教人書寫是无量壽宗要經受持讀誦
四天大王隨其衛護陁羅尼曰　南謨薄伽勃底阿波剁蜜多　阿箭紇硯娜
須毗你悉指陁囉佐耶怛他羯他耶怛姪他唵　薩婆桑悉迦囉波剁輸底達磨底伽迦
娜莎訶其特迦底　薩婆娑毗輸底　摩訶娜耶波剁婆剁莎訶
若有自書寫教人書寫是无量壽宗要經受持讀誦當得往生西方極樂世界阿你陁淨土陁羅尼
底阿波剁蜜多阿箭紇硯娜須毗你悉指陁囉佐耶怛他羯他耶怛姪他唵
薩婆桑悉迦囉波剁輸底達磨底伽迦娜莎訶其特迦底薩婆娑毗輸底
摩訶娜耶波剁婆剁莎訶　若有方所自書寫若使人書是无量壽經典之處
則為是塔皆應恭敬作礼若是畜生或為鳥獸得聞是經如是等類皆當不久得成一切種智
薄伽勃底阿波剁蜜多阿箭紇硯娜須毗你悉指陁囉佐耶怛他羯他耶怛姪他唵
薩婆桑悉迦囉波剁輸底達磨底伽迦娜莎訶其特迦底薩婆娑毗輸底
摩訶娜耶波剁婆剁莎訶　若有於是无量壽經自書寫若使人書竟畢不受女
人之身陁羅尼曰　南謨薄伽勃底阿波剁蜜多阿箭紇硯娜須毗你悉指陁囉佐耶
怛他羯他耶怛姪他唵薩婆桑悉迦囉波剁輸底達磨底伽迦娜莎訶其特迦底薩婆娑
娜耶波剁婆剁莎訶　若有能於是經少分能惠施者於三千大千世界
滿中七寶布施陁羅尼曰　南謨薄伽勃底阿波剁蜜多阿箭紇硯娜須毗你悉指陁
囉佐耶怛他羯他耶怛姪他唵　薩婆桑悉迦囉波剁輸底達磨底伽迦娜莎
訶其特迦底薩婆娑毗輸底摩訶娜耶波剁婆剁莎訶
養是經者則是供養一切諸經等无有別異陁羅尼曰
南謨薄伽勃底阿波剁蜜多阿箭紇硯娜須毗你悉指陁囉佐耶怛他羯他耶怛姪他唵
薩婆桑悉迦囉波剁輸底達磨底伽迦娜莎訶其特迦底薩婆娑毗輸底
摩訶娜耶波剁婆剁莎訶
毗婆尸佛　尸棄佛　毗舍浮佛　俱留孫佛　俱那含牟尼佛　加葉佛　釋迦牟尼佛
皆供養如是七佛其福有限書寫受持是无量壽經典所有功德不可限量陁羅

BD08389 號　無量壽宗要經　（4–3）

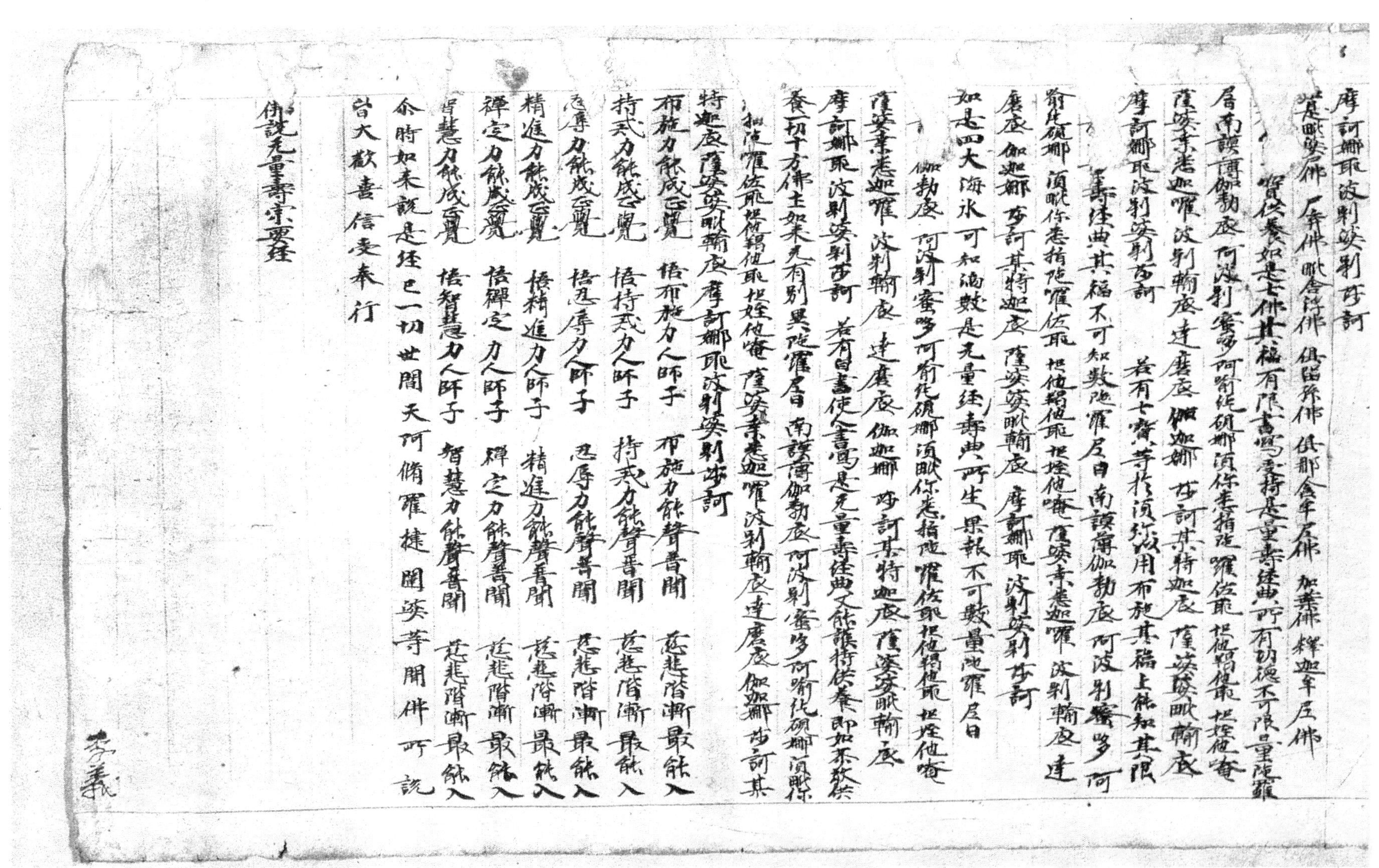
摩訶娜耶波剁婆剁莎訶
毗婆尸佛　尸棄佛　毗舍浮佛　俱留孫佛　俱那含牟尼佛　加葉佛　釋迦牟尼佛
皆供養如是七佛其福有限書寫受持是无量壽經典所有功德不可限量陁羅
尼南謨薄伽勃底阿波剁蜜多阿箭紇硯娜須毗你悉指陁囉佐耶怛他羯他耶怛姪他唵
薩婆桑悉迦囉波剁輸底達磨底伽迦娜莎訶其特迦底薩婆娑毗輸底
摩訶娜耶波剁婆剁莎訶　若有七寶等於須彌山用布施其福上能知其限
量壽經典其福不可知數陁羅尼曰南謨薄伽勃底阿波剁蜜多阿
箭紇硯娜須毗你悉指陁囉佐耶怛他羯他耶怛姪他唵　薩婆桑悉迦囉波剁輸底達
磨底伽迦娜莎訶其特迦底薩婆娑毗輸底　摩訶娜耶波剁婆剁莎訶
如是四大海水可知滴數是无量經典所生果報不可數量陁羅尼曰
薄伽勃底阿波剁蜜多阿箭紇硯娜須毗你悉指陁囉佐耶怛他羯他耶怛姪他唵
薩婆桑悉迦囉波剁輸底達磨底伽迦娜莎訶其特迦底薩婆娑毗輸底
摩訶娜耶波剁婆剁莎訶　若有自書使人書寫是无量壽經典之能敬持供養即如恭敬供
養一切十方佛土如來无有別異陁羅尼曰　南謨薄伽勃底阿波剁蜜多阿箭紇硯娜須毗你
悉指陁囉佐耶怛他羯他耶怛姪他唵　薩婆桑悉迦囉波剁輸底達磨底伽迦娜莎訶其
特迦底薩婆娑毗輸底摩訶娜耶波剁婆剁莎訶
布施力能成正覺　悟布施力人師子　布施力能聲普聞　慈悲階漸最能入
持戒力能成正覺　悟持戒力人師子　持戒力能聲普聞　慈悲階漸最能入
忍辱力能成正覺　悟忍辱力人師子　忍辱力能聲普聞　慈悲階漸最能入
精進力能成正覺　悟精進力人師子　精進力能聲普聞　慈悲階漸最能入
禪定力能成正覺　悟禪定力人師子　禪定力能聲普聞　慈悲階漸最能入
智慧力能成正覺　悟智慧力人師子　智慧力能聲普聞　慈悲階漸最能入
爾時如來說是經已一切世間天阿脩羅揵闥婆等聞佛所說
皆大歡喜信受奉行
佛說无量壽宗要經
李義

BD08389 號　無量壽宗要經　（4–4）

沙須菩提於意云何如一恒河中所有沙有
如是等恒河是諸恒河所有沙數佛世界如
是寧爲多不甚多世尊佛告須菩提尒所國
土中所有衆生若干種心如來悉知何以故
如來說諸心皆爲非心是名爲心所以者何
須菩提過去心不可得現在心不可得未來
心不可得須菩提於意云何若人滿三千
大千世界七寶以用布施是人以是因緣得
福多不如是世尊此人以是因緣得福甚多
須菩提若福德有實如來不說得福德多以
福德无故如來說得福德多
須菩提於意云何佛可以具足色身見不不
也世尊如來不應以具足色身見何以故如
來說具足色身即非具足色身是名具足色
身須菩提於意云何如來可以具足諸相見
不不也世尊如來不應以具足諸相見何以
故如來說諸相具足即非具足是名諸相具

BD08390 號 A　金剛般若波羅蜜經　（5–1）

也世尊如來不應以具足色身見何以故如
來說具足色身即非具足色身是名具足色
身須菩提於意云何如來可以具足諸相見
不不也世尊如來不應以具足諸相見何以
故如來說諸相具足即非具足是名諸相具
足須菩提汝莫謂如來作是念我當有所
說法莫作是念何以故若人言如來有所說
法即爲謗佛不能解我所說故須菩提說法
者无法可說是名說法須菩提白佛言世尊
佛得阿耨多羅三藐三菩提爲无所得耶如
是如是須菩提我於阿耨多羅三藐三菩提乃
至无有少法可得是名阿耨多羅三藐三菩
提復次須菩提是法平等无有高下是名阿
耨多羅三藐三菩提以无我无人无衆生无
壽者一切善法則得阿耨多羅三藐三菩提
須菩提所言善法者如來說非善法是名善
法須菩提若三千大千世界中所有諸須
弥山王如是等七寶聚有人持用布施若人以
此般若波羅蜜經乃至四句偈等受持讀誦
爲他人說於前福德百分不及一百千万億
分乃至筭數譬喻所不能及
須菩提於意云何汝等勿謂如來作是念我當
當度衆生須菩提莫作是念何以故實无有
衆生如來度者若有衆生如來度者如來則
有我人衆生壽者須菩提如來有我者則
非有我而凡夫之人以爲有我須菩提凡夫
者如來說則非凡夫須菩提於意云何可以

BD08390 號 A　金剛般若波羅蜜經　（5–2）

當度衆生須菩提莫作是念何以故實无有
衆生如來度者若有衆生如來度者如來則
有我人衆生壽者須菩提如來說有我者則
非有我而凡夫之人以爲有我須菩提凡夫
者如來說則非凡夫須菩提於意云何可以
三十二相觀如來不須菩提言如是如是以
三十二相觀如來佛言須菩提若以三十二
相觀如來者轉輪聖王則是如來須菩提白
佛言世尊如我解佛所說義不應以三十二
相觀如來尒時世尊而說偈言
若以色見我　以音聲求我　是人行邪道　不能見如來
須菩提汝若作是念如來不以具足相故得阿
耨多羅三藐三菩提須菩提莫作是念如來
不以具足相故得阿耨多羅三藐三菩提須
菩提汝若作是念發阿耨多羅三藐三菩提
者說諸法斷滅相莫作是念何以故發阿耨
多羅三藐三菩提者於法不說斷滅相須菩
提若菩薩以滿恒河沙等世界七寶布施
若復有人知一切法无我得成於忍此菩
薩勝前菩薩所得功德須菩提以諸菩薩
不受福德故須菩提白佛言世尊云何菩薩
不受福德須菩提菩薩所作福德不應貪著
是故說不受福德須菩提若有人言如來若
來若去若坐若卧是人不解我所說義何以
故如來者无所從來亦无所去故名如來
須菩提若善男子善女人以三千大千世界

BD08390號A　金剛般若波羅蜜經　（5-3）

是故說不受福德須菩提若有人言如來若
來若去若坐若卧是人不解我所說義何以
故如來者无所從來亦无所去故名如來
須菩提若善男子善女人以三千大千世界
碎爲微塵於意云何是微塵衆寧爲多不甚
多世尊何以故若是微塵衆實有者佛則不
說是微塵衆所以者何佛說微塵衆則非微
塵衆是名微塵衆世尊如來所說三千大千
世界則非世界是名世界何以故若世界實
有者則是一合相如來說一合相則非一合
相是名一合相須菩提一合相者則是不可
說但凡夫之人貪著其事
須菩提若人言佛說我見人見衆生見壽者
見須菩提於意云何是人解我所說義不不
也世尊是人不解如來所說義何以故世尊
說我見人見衆生見壽者見即非我見人見
衆生見壽者見是名我見人見衆生見壽者
見須菩提發阿耨多羅三藐三菩提心者於
一切法應如是知如是見如是信解不生法相
須菩提所言法相者如來說即非法相是名
法相須菩提若有人以滿无量阿僧祇世界
七寶持用布施若有善男子善女人發菩
薩心者持於此經乃至四句偈等受持讀
誦爲人演說其福勝彼云何爲人演說不取
於相如如不動何以故
一切有爲法　如夢幻泡影　如露亦如電　應作如是觀
佛說是經已長老須菩提及諸比丘比丘尼優婆

BD08390號A　金剛般若波羅蜜經　（5-4）

說我見人見衆生見壽者見即非我見人見
衆生見壽者見是名我見人見衆生見壽者
見須菩提發阿耨多羅三藐三菩提心者於
一切法應如是知如是見如是信解不生法相
須菩提所言法相者如來說即非法相是名
法相須菩提若有人以滿无量阿僧祇世界
七寶持用布施若有善男子善女人發菩
薩心者持於此經乃至四句偈等受持讀
誦為人演說其福勝彼云何為人演說不取
於相如如不動何以故
一切有為法　如夢幻泡影　如露亦如電　應作如是觀
佛說是經已長老須菩提及諸比丘比丘尼優
婆塞優婆夷一切世間天人阿修羅聞佛
所說皆大歡喜信受奉行

金剛般若波羅蜜經

BD08390 號 A　金剛般若波羅蜜經　（5–5）

非第一波羅蜜是名第一波羅蜜
須菩提忍辱波羅蜜如來說非忍辱波羅蜜
何以故須菩提如我昔為歌利王割截身
體我於尒時无我相无人相无衆生相无壽者
相何以故我於往昔節節支解時若有我相
人相衆生相壽者相應生瞋恨須菩提又念
過去於五百世作忍辱仙人於尒所世无我
相无人相无衆生相无壽者相是故須菩提
菩薩應離一切相發阿耨多羅三藐三菩提
心不應住色生心不應住聲香味觸法生心
應生无所住心若心有住則為非住是故佛
說菩薩心不應住色布施須菩提菩薩為利
益一切衆生應如是布施如來說一切諸相
即是非相又說一切衆生則非衆生須菩提
如來是真語者實語者如語者不誑語者不
異語者須菩提如來所得法此法无實无虛

BD08390 號 B　金剛般若波羅蜜經　（3–1）

說菩薩心不應住色布施須菩提菩薩爲利
益一切衆生應如是布施如來說一切諸相
即是非相又說一切衆生則非衆生須菩提
如來是真語者實語者如語者不誑語者不
異語者須菩提如來所得法此法无實无虛
須菩提若菩薩心住於法而行布施如人入
闇則无所見若菩薩心不住法而行布施如
人有目日光明照見種種色須菩提當來之
世若有善男子善女人能於此經受持讀誦
則爲如來以佛智慧悉知是人悉見是人皆
得成就无量无邊功德
須菩提若有善男子善女人初日分以恒河
沙等身布施中日分復以恒河沙等身布施
後日分亦以恒河沙等身布施如是无量百
千万億劫以身布施若復有人聞此經典信
心不逆其福勝彼何況書寫受持讀誦爲人
解說須菩提以要言之是經有不可思議不
可稱量无邊功德如來爲發大乘者說爲發
最上乘者說若有人能受持讀誦廣爲人說
如來悉知是人悉見是人皆得成就不可量不
可稱无有邊不可思議功德如是人等則
爲荷擔如來阿耨多羅三藐三菩提何以故
須菩提若樂小法者著我見人見衆生見壽
者見則於此經不能聽受讀誦爲人解說須
菩提在在處處若有此經一切世間天人阿
脩羅所應供養當知此處則爲是塔皆應恭
敬作礼圍繞以諸華香而散其處

BD08390 號 B　金剛般若波羅蜜經　（3–2）

心不逆其福勝彼何況書寫受持讀誦爲人
解說須菩提以要言之是經有不可思議不
可稱量无邊功德如來爲發大乘者說爲發
最上乘者說若有人能受持讀誦廣爲人說
如來悉知是人悉見是人皆得成就不可量不
可稱无有邊不可思議功德如是人等則
爲荷擔如來阿耨多羅三藐三菩提何以故
須菩提若樂小法者著我見人見衆生見壽
者見則於此經不能聽受讀誦爲人解說須
菩提在在處處若有此經一切世間天人阿
脩羅所應供養當知此處則爲是塔皆應恭
敬作礼圍繞以諸華香而散其處
復次須菩提若善男子善女人受持讀誦此經
若爲人輕賤是人先世罪業應墮惡道以
今世人輕賤故先世罪業則爲消滅當得阿
耨多羅三藐三菩提須菩提我念過去无量
阿僧祇劫於然燈佛前得值八百四千万億
那由他諸佛悉皆供養承事无空過者若
復有人於後末世能受持讀誦此經所得功
德於我所供養諸佛功德百分不及一千万億

BD08390 號 B　金剛般若波羅蜜經　（3–3）

世尊諸菩薩摩訶薩脩行般若波羅蜜
不見眼處何以故以眼處性空无生滅故不見
耳鼻舌身意處何以故以鼻舌身意處
性空无生滅故世尊諸菩薩摩訶薩脩行般
若波羅蜜多時不見色處何以故以色處性
空无生滅故不見聲香味觸法處何以故以
聲香味觸法處性空无生滅故世尊諸菩薩
摩訶薩脩行般若波羅蜜多時不見眼界何
以故以眼界性空无生滅故不見色界眼識界
及眼觸眼觸為緣所生諸受何以故以色界
乃至眼觸為緣所生諸受性空无生滅故
世尊諸菩薩摩訶薩脩行般若波羅蜜多時
不見耳界何以故以耳界性空无生滅故不見
聲界耳識界及耳觸耳觸為緣所生諸受
何以故以聲界乃至耳觸為緣所生諸受性
空无生滅故世尊諸菩薩摩訶薩脩行般若
波羅蜜多時不見鼻界何以故以鼻界性空
无生滅故不見香界鼻識界及鼻觸鼻觸為
緣所生諸受何以故以香界乃至鼻觸為緣

BD08391 號　大般若波羅蜜多經（兌廢稿）卷七〇　（2–1）

聲香味觸法處性空无生滅故世尊諸菩薩
摩訶薩脩行般若波羅蜜多時不見眼界何
以故以眼界性空无生滅故不見色界眼識界
及眼觸眼觸為緣所生諸受何以故以色界
乃至眼觸為緣所生諸受性空无生滅故
世尊諸菩薩摩訶薩脩行般若波羅蜜多時
不見耳界何以故以耳界性空无生滅故不見
聲界耳識界及耳觸耳觸為緣所生諸受
何以故以聲界乃至耳觸為緣所生諸受性
空无生滅故世尊諸菩薩摩訶薩脩行般若
波羅蜜多時不見鼻界何以故以鼻界性空
无生滅故不見香界鼻識界及鼻觸鼻觸為
緣所生諸受何以故以香界乃至鼻觸為緣
所生諸受性空无生滅故世尊諸菩薩摩訶
薩脩行般若波羅蜜多時不見舌界何以
故以舌界性空无生滅故不見味界舌識界
及舌觸舌觸為緣所生諸受何以故以味界

BD08391 號　大般若波羅蜜多經（兌廢稿）卷七〇　（2–2）

少有所
娑汝所問當為解說悅可尒
白佛言世尊如來身相超百千
能見佛身甚為希有我復惟
如來威神之力佛告網明如是如是
无有能見佛身亦无能問網明當
生遇斯光者能見佛身不壞眼根
斯光者能問如來其辯无盡
有衆生遇斯光者能問如來轉輪聖王
莊嚴若有衆生遇斯光者能問如來天
无名得自在若有衆生遇斯光者能問如
如來光名離煩惱若有衆生遇斯光者能問
又如來光名善遠離若有衆生遇斯光者
行之道又如來光名益一切智若有衆生遇
示佛事又如來光名曰往益佛來去時足下
生天又如來光名一切莊嚴若佛入城放斯光
示一切嚴飾之具莊嚴其城城中寶藏從地
踊出又如[illegible]名曰震動佛以此光能動无量无邊世界又如來光
名曰生樂佛以此光能滅地獄衆生苦惱又如來光名曰上慈佛
以此光能令畜生不相惱害又如來光名曰涼樂佛以此光能滅
餓鬼飢渴熱惱又如來光名曰明淨佛以此光使盲者得視又如
來光名曰聽聡佛以此光能令衆生聾者得聽又如來光名曰
慚愧佛以此光能令衆生狂者得正又如來光名曰止息佛以此
光能令衆生捨十不善道安住十善[illegible]

BD08392 號　思益梵天所問經卷一　（3-1）

踊出又如[illegible]名曰震動佛以此光能動无量无邊世界又如來光
名曰生樂佛以此光能滅地獄衆生苦惱又如來光名曰上慈佛
以此光能令畜生不相惱害又如來光名曰涼樂佛以此光能滅
餓鬼飢渴熱惱又如來光名曰明淨佛以此光使盲者得視又如
來光名曰聽聡佛以此光能令衆生聾者得聽又如來光名曰
慚愧佛以此光能令衆生狂者得正又如來光名曰止息佛以此
光能令衆生捨十不善道安住十善道又如來光名曰離惡佛以
此光能令邪見衆生皆得正見又如來光名曰能捨佛以此光能破
衆生慳貪之心令行布施又如來光名曰无熱佛以此光能令
毀禁衆生皆得持戒又如來光名曰安利佛以此光能令瞋恨衆生
皆行忍辱又如來光名曰勤脩佛以此光能令懈怠衆生皆行精進
又如來光名曰一心佛以此光能令妄念衆生皆得禪定又如來光
名曰能解佛以此光能令愚癡衆生皆得智慧又如來光名曰
清淨佛以此光能令不信衆生皆得淨信又如來光名曰能持佛
以此光能令少聞衆生皆得多聞又如來光名曰威儀佛以此光
能令无慚衆生皆得慚愧又如來光名曰安隱佛以此光能多欲衆
生斷除婬欲又如來光名曰歡喜佛以此光能令多怒衆生斷除瞋
恚又如來光名曰照明佛以此光能令多癡衆生斷除愚癡又如來
光名曰遍行佛以此光能令等分衆生斷除等分又如來光名示
一切色佛以此光能令衆生皆見佛身无量種色網明當知如來
若益劫若減一劫說此光明力用名号不可窮盡尒時網明菩薩
白佛言未曾有也世尊如來身者即是无量光明之藏說法方便
亦不可思議世尊我自昔來未曾聞此光明名号如我解佛所說
義若有菩薩聞斯光明名号信心清淨皆得如是光明之身世
尊唯願今日請放諸光令他方菩薩善問難者見斯光已發心
來此娑婆世界尒時世尊受網明菩薩請已即放光明照於三
千大千世界普及十方无量佛土於是諸方无量百千万億菩薩
見斯光已皆來至此娑婆世界尒時東方過七十二恒河沙佛土
有國名清潔佛号曰月光如來應供正遍知今見在世其佛國
土有菩薩梵天名曰思益住不退轉見此光已到日月光佛所
頭面作礼白佛言世尊我欲詣娑婆世界釋迦牟尼佛所奉覲
供養親近諮受彼佛亦復欲見我等其佛告言便往梵天今正
是時[illegible]

BD08392 號　思益梵天所問經卷一　（3-2）

名曰能解佛以此光能令愚癡衆生皆得智慧又如來光名曰
清淨佛以此光能令不信衆生皆得淨信又如來光名曰能持佛
以此光能令少聞衆生皆得多聞又如來光名曰威儀佛以此光
能令无慚衆生皆得慚愧又如來光名曰安隱佛以此光能多欲衆
生斷除婬欲又如來光名曰歡喜佛以此光能令多怒衆生斷除瞋
恚又如來光名曰照明佛以此光能令多癡衆生斷除愚癡又如來
光名曰遍行佛以此光能令等分衆生斷除等分又如來光名示
一切色佛以此光能令衆生皆見佛身无量種色網明當知如來
盡劫若減一劫說此光明力用名号不可窮盡尒時網明菩薩
白佛言未曾有也世尊如來身者即是无量光明之藏說法方便
亦不可思議世尊我自昔來未曾聞此光明名号如我解佛所說
義若有菩薩聞斯光明名号信心清淨皆得如是光明之身世
尊唯願今日請放諸光令他方菩薩善問難者見斯光已發心
來此娑婆世界尒時世尊受網明菩薩請已即放光明照於三
千大千世界普及十方无量佛土於是諸方无量百千万億菩薩
見斯光已皆來至此娑婆世界尒時東方過七十二恒河沙佛土
有國名清潔佛号日月光如來應供正遍知今見在世其佛國
土有菩薩梵天名曰思益住不退轉見此光已到日月光佛所
頭面作礼白佛言世尊我欲詣娑婆世界釋迦牟尼佛所奉覲
供養親近諮受彼佛亦復欲見我等其佛告言便往梵天今正
是時彼娑婆國有若干千億諸菩薩集汝應以十法遊於彼土
何等爲十於毀於譽心无增減聞善聞惡心无分別於諸愚智

BD08392號　思益梵天所問經卷一　（3–3）

諸識於心中　轉變不可得　心能造諸業　意是能分別
意識能知法　五識虛妄見　青赤白種種　衆生識現見
外波相對法　牟尼爲我說　青赤白種種　水波中无是
愚癡見諸相　說於心中轉　心中无是體　離心无外見
若有於可取　應有於能取　身資生住持　說水波相似
衆生識現見　水波共相似　大海水波起　如舞轉現見
本識如是轉　何故知不取　愚癡无智慧　本識如海波
水波轉相對　是故說譬喻　如日出世間　平等照衆生
如是世尊燈　不爲愚說法　住於真如法　何故不說實
若說於實法　心中无實法　如海中水波　如鏡及於夢
於自心境界　並見无前後　无一時境界　是故次第生
識能知諸法　意復能分別　五識現見法　寂靜无次第
如世間畫師　及畫師弟子　我住於妙法　爲實脩行說
離分別分別　是內身實智　我諸佛子說　不爲於愚癡
亦如幻種種　可見无如是　說種種亦尒　說亦尒不尒
爲一人說法　不爲餘人說　如人病不同　醫師處藥別
諸佛爲衆生　隨心說諸法　依外法種子　分別說現法

BD08393號　入楞伽經卷九　（4–1）

如世間畫師　及畫師弟子　我住於妙法　為實脩行說
離分別分別　是內身實智　我諸佛子說　不為於愚夫
亦如幻種種　可見无如是　說種種亦尒　說亦尒不尒
為一人說法　不為餘人說　如人病不同　醫師處藥別
諸佛為眾生　隨心說諸法　依外法種子　分別說現法
心取他力法　可取是分別　依心心種子　觀取外境界
二種轉迷惑　更无第三因　以迷惑不生　依何法不生
六十十八法　是故唯說心　自心見外法　見彼離於我
若入心分別　能離諸法相　依於阿梨耶　能生於識諸
愚癡內身見　心見於外入　取星宿毛輪　如夢中見色
有為无為常　分別无如是　乾闥婆城幻　如禽獸愛水
无[illegible]是見有　他力法亦尒　我諸根形相　我說三種心
心意及意識　離心自體相　心意及意識　離於自體相
心意及意識　无我无二體　五法自體相　是諸佛境界
說相有三種　依[illegible]薰因　如綵色一種　譬上見種種
二種无我心　意及諸識　五種法體相　我性[illegible]是
遠離諸心相　識離於意相　諸法體如是　是我之境界
離於諸法體　是諸如來性　身[illegible]意業　彼不作白法
如來性清淨　離於諸脩行　自在[illegible]諸道　三昧力莊嚴
種種意生身　是淨如來性　內身智離垢　離於諸因[illegible]
八地及佛地　是諸如來性　遠行善慧地　法雲與佛地
是諸佛之性　餘地三乘雜　依眾生身別　及[illegible]愚癡相
為說七種地　故佛說心地　口身心諸障　七地[illegible]无是
八地中妙身　如夢暴水相　八地及五地　學種種伎術
一切諸佛子　三有中作王　生及與不生　不分空不空
實及於不實　心中无如是　此實此非實　莫分別此實
緣覺及聲聞　非為佛子說　有无有非實　亦无有空相

BD08393號　入楞伽經卷九　（4–2）

為說七種地　故佛說心地　口身心諸障　七地[illegible]无是
八地中妙身　如夢暴水相　八地及五地　學種種伎術
一切諸佛子　三有中作王　生及與不生　不分空不空
實及於不實　心中无如是　此實此非實　莫分別此實
緣覺及聲聞　非為佛子說　有无有非實　亦无有空相
假名及實法　心中一切无　依世諦有法　第一義悉无
无實法迷惑　是諦世諦法　一切法无法　我說於假名
言語及受用　愚癡見是實　從於言語法　是實有境界
從言語生法　見法无如是　如離辟无畫　亦如影離象
本淨識亦尒　為水波不現　如幻心亦尒　意如狡猾者
識共於五種　分別見如綵　說是真法習　所有集作化
是諸佛根本　餘者應化佛　心迷可見中　可見心中无
身資生住持　即阿梨耶現　心意及意識　實體五種法
二種无我淨　諸佛如來說　虛妄覺非境　及聲聞亦尒
內是身境界　諸佛如來說　長短等相待　彼此相依生
有能成於无　无能成於有　及分別微塵　色體不分別
說但是於心　即見不能淨　是中分別空　不空亦如是
有无但分別　可說无如是　功德微塵合　愚癡分別色
二微塵无　是故无是義　自心見形相　眾生見外有
外无可見法　是故无是義　心如毛輪幻　夢乾闥婆城
火輪禽獸愛　實无而人見　常无常及一　二及於不二
無始過所縛　愚癡迷分別　我不說三乘　但說於一乘
為攝取眾生　是故說一乘　解脫有三種　亦說法无我
平等智煩惱　依解脫分別　亦如水中木　為波之所漂
如是癡聲聞　為諸相漂盪　波无究竟處　亦復不還生
得寂滅三昧　无量劫不覺　是聲聞之定　非我諸菩薩
離諸隨煩惱　依習煩惱縛　三昧樂境醉　住彼无漏界

BD08393號　入楞伽經卷九　（4–3）

[illegible]
識共於五種　分別見如緣　說是真法習　所有集作化
是諸佛根本　餘者應化佛　心迷可見中　可見心中无
身資生住持　即阿棃耶現　心意及意識　實體五種法
二種无我淨　諸佛如來說　虛妄覺非境　及聲聞亦尒
內是身境界　諸佛如來說　長短等相待　彼此相依生
有能成於无　无能成於有　及分別微塵　色體不分別
說但是於心　即見不能淨　是中分別空　不空亦如是
有无但分別　可說无如是　功德微塵合　愚癡分別色
一一微塵无　是故无是義　自心見形相　衆生見外有
外无可見法　是故无是義　心如毛輪幻　夢乾闥婆城
火輪禽獸愛　實无而人見　常无常及一　二及於不二
無始過所縛　愚癡迷分別　我不說三乘　但說於一乘
為攝取衆生　是故說一乘　解脫有三種　亦說法无我
平等智煩惱　依解脫分別　亦如水中木　為波之所漂
如是癡聲聞　為諸相漂盪　波无究竟處　亦復不還生
得寂滅三昧　无量劫不覺　是聲聞之定　非我諸菩薩
離諸隨煩惱　依習煩惱縛　三昧樂境醉　住彼无漏界
如世間醉人　酒消然後寤　彼人然後得　我佛法身體
如象沒深泥　身東西動搖　如是三昧醉　聲聞沒亦尒

BD08393號　入楞伽經卷九　(4–4)

座[illegible]長老須菩[illegible]
偏袒右肩右膝著地合掌[illegible]
有世尊如來善護念諸菩[illegible]付囑
薩世尊善男子善女人發阿耨多羅三藐三
菩提心應云何住云何降伏其心佛言善哉善
哉須菩提如汝所說如來善護念諸菩薩善
付囑諸菩薩汝今諦聽當為汝說善男子
女人發阿耨多羅三藐三菩提心應如是住
是降伏其心唯然世尊願樂欲聞
佛告須菩提諸菩薩摩訶薩應如是降伏其
心所有一切衆生之類若卵生若胎生若濕生
若化生若有色若无色若有想若无想若非
有想若非无想我皆令入无餘涅槃而滅度
之如是滅度无量无數无邊衆生實无衆生
得滅度者何以故須菩提若菩薩有我相人
[illegible]

BD08394號　金剛般若波羅蜜經　(3–1)

若化生若有色若无色若有想若无想若非
有想若非无想我皆令入无餘涅槃而滅度
之如是滅度无量无數无邊衆生實无衆生
得滅度者何以故須菩提若菩薩有我相人
相衆生相壽者相即非菩薩
復次須菩提菩薩於法應无所住行於布施
所謂不住色布施不住聲香味觸法布施須
菩提菩薩應如是布施不住於相何以故若
菩薩不住相布施其福德不可思量須菩提
於意云何東方虛空可思量不不也世尊須
菩提南西北方四維上下虛空可思量不不也
世尊須菩提菩薩无住相布施福德亦復
如是不可思量須菩提菩薩但應如所教住
須菩提於意云何可以身相見如來不不也
世尊不可以身相得見如來何以故如來所說
身相即非身相佛告須菩提凡所有相皆是
虛妄若見諸相非相則見如來
須菩提白佛言世尊頗有衆生得聞如是言
說章句生實信不佛告須菩提莫作是說如
來滅後後五百歲有持戒脩福者於此章句
能生信心以此為實當知是人不於一佛二佛
三四五佛而種善根已於无量千万佛所種
諸善根聞是章句乃至一念生淨信者須菩
提如來悉知悉見是諸衆生得如是无量福
德何以故是諸衆生无復我相人相衆生相

能生信心以此為實當知是人不於一佛二佛
三四五佛而種善根已於无量千万佛所種
諸善根聞是章句乃至一念生淨信者須菩
提如來悉知悉見是諸衆生得如是无量福
德何以故是諸衆生无復我相人相衆生相
壽者相无法相亦无非法相何以故是諸衆
生若心取相則為著我人衆生壽者若取法
相即著我人衆生壽者何以故若取非法相
即著我人衆生壽者是故不應取法不應
取非法以是義故如來常說汝等比丘知我
說法如筏喻者法尚應捨何況非法
須菩提於意云何如來得阿耨多羅三藐三
菩提耶如來有所說法耶須菩提言如我解
佛所說義无有定法名阿耨多羅三藐三菩
提亦无有定法如來可說何以故如來所說法
皆不可取不可說非法非非法所以者何一切
賢聖皆以无為法而有差別
須菩提於意云何若人滿三千大千世界七寶
以用布施是人所得福德寧為多不須菩提
言甚多世尊何以故是福德即非福德性是

金光明最勝王經卷第九

BD08395 號背　護首　　（1–1）

金光明最勝王經善生王品第廿一　三藏法師義淨奉　制譯

爾時世尊爲諸大衆說王正論已復告大衆汝昔

應聽我今爲汝說其往昔奉法因緣即於是

時說伽他曰

我昔曾爲轉輪王　捨此大地并大海

四洲珍寶皆充滿　持以供養諸如來

我於往昔無量劫　爲求清淨真法身

所愛之物皆捨　乃至身命心無悋

又於過去難思劫　有正遍知名寶髻

於彼如來涅槃後　有王出世名善生

BD08395 號　金光明最勝王經卷九　　（4–1）

應聽我今為法說 具往昔奉法因緣即於是
時說伽他曰
我昔曾為轉輪王 捨此大地并大海
四洲珎寶皆充滿 持以供養諸如來
我於往昔無量劫 為求清淨真法身
所愛之物皆悉捨 乃至身命心無悋
又於過去難思劫 有正遍知名寶髻
於彼如來涅槃後 有王出世名善生
為轉輪王化四洲 盡大海際咸歸伏
有城名曰妙音聲 時彼輪王於此住
夜夢聞說佛福智 見有法師名寶積
處座端嚴如日輪 演說金光微妙典
尒時彼王從夢覺 生大歡喜充遍身
至天曉已出王宮 往詣苾芻僧伽處
恭敬供養聖衆已 即便問彼諸大衆
頗有法師名寶積 功德成就化衆生
尒時寶積大法師 在一室中而住止
正念誦斯微妙典 端然不動身心樂
時有苾芻引導王 至彼寶積所居處
見在室中端身坐 光明妙相遍其身
白王此即是寶積 能持甚深佛行處
所謂微妙金光明 諸經中王最第一
時王即便礼寶積 恭敬合掌而致請
唯願滿月面端嚴 為說金光微妙法
寶積法師受王請 許為說此金光明
周遍三千世界中 諸天大衆咸歡喜

時王即便礼寶積 恭敬合掌而致請
唯願滿月面端嚴 為說金光微妙法
寶積法師受王請 許為說此金光明
王於廣博清淨處 奇妙珎寶而嚴飾
上妙香水灑埃塵 種種雜花皆散布
即於勝處敷高座 懸繒幡蓋以莊嚴
種種抹香及塗香 香氣芬馥皆周遍
天龍修羅緊那羅 莫呼洛伽及藥叉
諸天悉雨曼陁花 咸來供養彼高座
復有千万億諸天 樂聞正法俱來集
法師初從本座起 咸悉供養以天花
是時寶積大法師 淨洗浴已著鮮服
詣彼大衆法座所 合掌虔心而礼敬
天主天衆及天女 悉皆共散曼陁花
百千天樂難思議 住在空中出妙響
尒時寶積大法師 即昇高座跏趺坐
念彼十方諸剎土 百千万億大慈尊
遍及一切苦衆生 皆起平等慈悲念
為彼請主善生故 演說微妙金光明
王既得聞如是法 合掌一心唱隨喜
聞法希有淚交流 身心大喜皆充遍
于時國主善生王 為欲供養此經故
手持如意末尼寶 發願咸為諸衆生
今可於斯贍部洲 普雨七寶瓔珞具
所有匱乏資財者 隨得隨心受安樂
即便遍雨於七寶 悉皆充足四洲中

莫呼洛伽及藥叉
諸天悉雨曼陀花　咸來供養彼高座
復有千万億諸天　樂聞正法俱來集
法師初從本座起　咸悉供養以天花
是時寶積大法師　淨洗浴已著鮮服
詣彼大衆法座所　合掌虔心而礼敬
天主天衆及天女　悉皆共散曼陀花
百千天樂難思議　住在空中出妙響
尒時寶積大法師　即昇高座跏趺坐
念彼十方諸剎土　百千万億大慈尊
遍及一切苦衆生　皆起平等慈悲念
為彼請主善生故　演說微妙金光明
王既得聞如是法　合掌一心唱隨喜
聞法希有淚交流　身心大喜皆充遍
于時國主善生王　為欲供養此經故
手持如意末尼寶　發願咸為諸衆生
今可於斯贍部洲　普雨七寶瓔珞具
所有貧乏資財者　隨得隨心受安樂
即使遍雨於七寶　悉皆充足四洲中

BD08395號　金光明最勝王經卷九　（4–4）

妙法蓮華經觀世音菩薩普門品第廿五
尒時无盡意菩薩即從座起偏袒右肩合掌
向佛而作是言世尊觀世音菩薩以何因緣
名觀世音佛告无盡意菩薩善男子若有无
量百千万億衆生受諸苦惱聞是觀世音菩
薩一心稱名觀世音菩薩即時觀其音聲皆
得解脫若有持是觀世音菩薩名者設入大
火火不能燒由是菩薩威神力故若為大水
所漂稱其名号即得淺處若有百千万億衆
生為求金銀琉璃車𤦲馬瑙珊瑚虎珀真珠
等寶入於大海假使黑風吹其船舫漂墮羅
剎鬼國其中若有乃至一人稱觀世音菩薩

BD08396號　妙法蓮華經卷七　（4–1）

火火不能燒由是菩薩威神力故若為大水
所漂稱其名号即得淺處若有百千万億衆
生為求金銀琉璃車𤦲馬瑙珊瑚虎珀真珠
等寶入於大海假使黑風吹其船舫漂墮羅
剎鬼國其中若有乃至一人稱觀世音菩薩
名者是諸人等皆得解脫羅剎之難以是因
緣名觀世音若復有人臨當被害稱觀世音
菩薩名者彼所執刀杖尋段段壞而得解脫
若三千大千國土滿中夜叉羅剎欲來惱人
聞其稱觀世音菩薩名者是諸惡鬼尚不能
以惡眼視之況復加害設復有人若有罪若
无罪杻械枷鎖檢繫其身稱觀世音菩薩名
者皆悉斷壞即得解脫若三千大千國土滿
中怨賊有一商主將諸商人齎持重寶經過
險路其中一人作是唱言諸善男子勿得恐
怖汝等應當一心稱觀世音菩薩名号是菩
薩能以无畏施於衆生汝等若稱名者於此
怨賊當得解脫衆商人聞俱發聲言南无觀
世音菩薩稱其名故即得解脫无盡意觀世
音菩薩摩訶薩威神之力巍巍如是若有衆
生多於婬欲常念恭敬觀世音菩薩便得離
欲若多瞋恚常念恭敬觀世音菩薩便得離
瞋若多愚癡常念恭敬觀世音菩薩便得離
癡无盡意觀世音菩薩有如是等大威神力
多所饒益是故衆生常應心念若有女人設
欲求男礼拜供養觀世音菩薩便生福德智
慧之男設欲求女便生端正有相之女宿殖

BD08396號　妙法蓮華經卷七　（4–2）

癡无盡意觀世音菩薩有如是等大威神力
多所饒益是故衆生常應心念若有女人設
欲求男礼拜供養觀世音菩薩便生福德智
慧之男設欲求女便生端正有相之女宿殖
德本衆人愛敬无盡意觀世音菩薩有如是
力若有衆生恭敬礼拜觀世音菩薩福不唐
捐是故衆生皆應受持觀世音菩薩名号无
盡意若有人受持六十二億恒河沙菩薩名
字復盡形供養飲食衣服卧具醫藥於汝意
云何是善男子善女人功德多不无盡意言
甚多世尊佛言若復有人受持觀世音菩薩
名号乃至一時礼拜供養是二人福正等无
異於百千万億劫不可窮盡无盡意受持觀
世音菩薩名号得如是无量无邊福德之利
无盡意菩薩白佛言世尊觀世音菩薩云何
遊此娑婆世界云何而為衆生說法方便之
力其事云何佛告无盡意菩薩善男子若有
國土衆生應以佛身得度者觀世音菩薩即
現佛身而為說法應以辟支佛身得度者即現
辟支佛身而為說法應以聲聞身得度者即
現聲聞身而為說法應以梵王身得度者即
現梵王身而為說法應以帝釋身得度者即
現帝釋身而為說法應以自在天身得度者
即現自在天身而為說法應以大自在天身
得度者即現大自在天身而為說法應以天
大將軍身得度者即現天大將軍身而為說
法應以毗沙門身得度者即現毗沙門身而

BD08396號　妙法蓮華經卷七　（4–3）

須聲聞身而為說法應以梵王身得度者即
現梵王身而為說法應以帝釋身得度者即
現帝釋身而為說法應以自在天身得度者
即現自在天身而為說法應以大自在天身
得度者即現大自在天身而為說法應以天
大將軍身得度者即現天大將軍身而為說
法應以毗沙門身得度者即現毗沙門身而
為說法應以小王身得度者即現小王身而
為說法應以長者身得度者即現長者身而
為說法應以居士身得度者即現居士身而
為說法應以宰官身得度者即現宰官身而
為說法應以婆羅門身得度者即現婆羅門
身而為說法應以比丘比丘尼優婆塞優婆
夷身得度者即現比丘比丘尼優婆塞優婆
夷身而為說法應以長者居士宰官婆羅門
婦女身得度者即現婦女身而為說法應以
童男童女身得度者即現童男童女身而
為說法應以天龍夜叉乾闥婆阿脩羅迦樓羅
緊那羅摩睺羅伽人非人等身得度者即
皆現之而為說法應以執金剛神得度者即
現執金剛神而為說法无盡意[illegible]

BD08396 號　妙法蓮華經卷七　（4–4）

摩訶薩平等性諸菩薩摩訶薩於中學故名平
等學由平等學疾證无上正等菩提復次
善現五眼五眼自性空是菩薩摩訶薩平等
性六神通六神通自性空是菩薩摩訶薩平
等性諸菩薩摩訶薩於中學故名平等學由
平等學疾證无上正等菩提復次善現佛十力
佛十力自性空是菩薩摩訶薩平等性四
无所畏四无礙解大慈大悲大喜大捨十八
佛不共法四无所畏四无礙解大慈大悲大
喜大捨十八佛不共法自性空是菩薩摩訶
薩平等性諸菩薩摩訶薩於中學故名平等
學由平等學疾證无上正等菩提復次善現
无忘失法无忘失法自性空是菩薩摩訶薩
摩訶薩平等性諸薩 薩摩訶薩於中學故名
平等學由平等學疾證无上正等菩提復次
善現一切智一切智自性空是菩薩摩訶 薩
平等性道相智一切相智道相智一切 相智
自性空是菩薩摩訶薩平等性諸菩薩摩訶
薩於中學故名平等學由平等學疾證无上

BD08397 號　大般若波羅蜜多經（兌廢稿）卷三三八　（2–1）

薩平等性諸菩薩摩訶薩於中學故名平等
學由平等學疾證无上正等菩提復次善現
无忘失法无忘失法自性空是菩薩摩訶薩
摩訶薩平等性諸薩 薩摩訶薩於中學故名
平等學由平等學疾證无上正等菩提復次
善現一切智一切智自性空是菩薩摩訶 薩
平等性道相智一切相智道相智一切相 智
自性空是菩薩摩訶薩平等性諸菩薩摩訶
薩於中學故名平等學由平等學疾證无上
正等菩提復次善現一切陁羅尼門一切陁羅
尼門自性空是菩薩摩訶薩平等性一切
三摩地門一切三摩地門自性空是菩薩 摩
訶薩平等性諸菩薩摩訶於中學故名 平
等學由平等學疾證无上正等菩提復次善
現預流果預流果自性空是菩薩摩訶薩平

BD08397 號　大般若波羅蜜多經（兌廢稿）卷三三八　（2–2）

薩不不也世尊即聲香味觸法處寂靜增語
是菩薩摩訶薩不不也世尊即色處不寂靜
增語是菩薩摩訶薩不不也世尊即聲香味
觸法處不寂靜增語是菩薩摩訶薩不不也
世尊即色處遠離增語是菩薩摩訶薩不不
也世尊即聲香味觸法處遠離增語是菩薩
摩訶薩不不也世尊即色處不遠離增語
是菩薩摩訶薩不不也世尊即聲香味觸法處
不遠離增語是菩薩摩訶薩不不也世尊即
色處有為增語是菩薩摩訶薩不不也世尊
即聲香味觸法處有為增語是菩薩摩訶薩
不不也世尊即色處無為增語是菩薩摩訶
薩不不也世尊即聲香味觸法處無為增語
是菩薩摩訶薩不不也世尊即色處有漏增
語是菩薩摩訶薩不不也世尊即聲香味觸
法處有漏增語是菩薩摩訶薩不不也世尊即
色處色處無漏增語是菩薩摩訶薩不不也世

BD08398 號　大般若波羅蜜多經卷一七　（2–1）

是菩薩摩訶薩不不也世尊即聲香味觸法處
不遠離增語是菩薩摩訶薩不不也世尊即
色處有爲增語是菩薩摩訶薩不不也世尊
即聲香味觸法處有爲增語是菩薩摩訶薩
不不也世尊即色處無爲增語是菩薩摩訶
薩不不也世尊即聲香味觸法處無爲增語
是菩薩摩訶薩不不也世尊即色處有漏增
語是菩薩摩訶薩不不也世尊即聲香味觸
法處有漏增語是菩薩摩訶薩不不也世尊即
色處色處無漏增語是菩薩摩訶薩不不也世世
尊即聲香味觸法處無漏增語是菩薩摩訶
薩不不也世世尊即色處生增語是菩薩摩訶
薩不不也世尊即聲香味觸法處生增語是
菩薩摩訶薩不不也世尊即色處滅增語是
菩薩摩訶薩不不也世尊即聲香味觸法處
滅增語是菩薩摩訶薩不不也世尊即色處善
增語是菩薩摩訶薩不不也世尊即聲香
味觸法處善增語是菩薩摩訶薩不不也世世
尊即色處非善是菩薩摩訶薩不不也
世尊即聲香味觸法處非善增語是菩薩摩
訶薩不不也世尊即色處有罪增語是菩薩

BD08398號　大般若波羅蜜多經卷一七　（2–2）

蓋得十種功德若有衆生奉施繒幡得十種
功德一者處世如幢國王大臣親友知識恭敬
供養二者豪富自在具大財寶三者善名
流布遍至諸方四者形皃端嚴壽命長遠五
者常於生處施行堅固六者有大名稱七者
有大威德八者生在上族九者身壞命終生
於天上十者速證涅槃是名奉施繒幡得十
種功德若有衆生奉施鍾鈴得十種功德一者
得梵音聲二者有大名聞三者自識宿命
四者有所出言人皆敬受五者常有寶蓋以
自莊嚴六者有妙瓔珞以為服餝七者面皃
端嚴見者歡喜八者具大福報九者命終生
天十者速證涅槃是名奉施鍾鈴得十種功
德若有衆生奉施衣服得十種功德一者面
目端嚴二者肌膚細滑三者塵垢不著四者
生便具足上妙衣服五者微妙卧具覆蓋其
身六者具慚愧服七者見者愛敬八者具大
財寶九者命終生天十者速證涅槃是名奉
施衣服得十種功德若有衆生奉施器皿得
十種功德一者處世如器二者得善法津澤
三者離諸渴愛四者若渴思水流泉涌出五
者得天妙器七者

BD08399號　佛為首迦長者說業報差別經　（1–1）

BD08400 號背　護首、勘記

（1–1）

大般若波羅蜜多經卷第四百五十八

第二分實語品第六十五之二　三藏法師玄奘奉　詔譯

慶喜當知若善男子善女人等愛樂聽聞如

是所說甚深般若波羅蜜多聞已受持讀誦

通利精進脩學如理思惟為菩薩乘諸善男

子善女人等宣說開示教誡教授當知彼人

曾於過去親從諸佛聞說如是甚深般若波

羅蜜多聞已受持讀誦通利隨自脩學如理

BD08400 號　大般若波羅蜜多經卷四五八

（3–1）

通利精進脩學如理思惟爲菩薩乘諸善男
子善女人等宣說開示教誡教授當知彼人
曾於過去親從諸佛聞說如是甚深般若波
羅蜜多聞已受持讀誦通利精勤脩學如理
思惟亦曾爲他宣說開示教誡教授慶喜當
知是善男子善女人等曾於過去无量佛所
種諸善根故於今生能辦斯事是善男子善
女人等應作是念我先不從聲聞獨覺聞說
如是甚深般若波羅蜜多定從如來應正等
覺聞說如是甚深般若波羅蜜多我先不於
聲聞獨覺種諸善根定於如來應正等覺種
諸善根由是因緣今得聞此甚深般若波羅
蜜多愛樂受持讀誦通利精勤脩學如理思
惟廣爲他說能无猒倦慶喜當知若善男子
善女人等愛樂聽聞甚深般若波羅蜜多聞
已受持讀誦通利精勤脩學如理思惟若義
若文若法若意若毗柰耶皆能通達是善男
子善女人等則爲俔見一切如來應正等覺
慶喜當知若善男子善女人等聞說般若波
羅蜜多甚深義趣生淨信解不毀不謗不可
沮壞是善男子善女人等已曾供養无量諸
佛於諸佛所發弘誓願殖多善根亦爲无量
真善知識之所攝受慶喜當知若善男子善
女人等能於如來應正等覺勝福田所種諸
善根雖定當得或聲聞果或獨覺果或如來
果而證无上正等菩提要於般若波羅蜜多
甚深義趣善達无礙脩行布施波羅蜜多

BD08400 號　大般若波羅蜜多經卷四五八　（3–2）

善女人等愛樂聽聞甚深般若波羅蜜多聞
已受持讀誦通利精勤脩學如理思惟若義
若文若法若意若毗柰耶皆能通達是善男
子善女人等則爲俔見一切如來應正等覺
慶喜當知若善男子善女人等聞說般若波
羅蜜多甚深義趣生淨信解不毀不謗不可
沮壞是善男子善女人等已曾供養无量諸
佛於諸佛所發弘誓願殖多善根亦爲无量
真善知識之所攝受慶喜當知若善男子善
女人等能於如來應正等覺勝福田所種諸
善根雖定當得或聲聞果或獨覺果或如來
果而證无上正等菩提要於般若波羅蜜多
甚深義趣善達无礙脩行布施波羅蜜多乃
至般若波羅蜜多安住內空乃至无性自性
空安住真如乃至不思議界安住
聖諦脩行四念住乃至八聖
慮四无量四无色定脩行
脩行空无相无願解
至法雲地脩行一切陀
行五眼六神通脩
不共法脩行

BD08400 號　大般若波羅蜜多經卷四五八　（3–3）

[illegible]鬪戰時實
墮頁囊憍尸迦為帝[illegible]
幻惑明呪退散鬪戰諍訟
呪及諸藥等而得斷除訟[illegible]有明呪
尒時薄伽梵說大金有明呪之曰我今為
說三無數劫諸餘外道行者遍遊裸形而
起惡思作諸鄣㝵我從彼來所有幻惑一
切明呪悉能降伏六度圓滿斷除諸餘外道
行者遍遊裸形諸惱亂回明呪秘呪藥及一切
諸魔明黨大明之呪憍尸迦汝當攝受
諸有情故受持最勝大秘密呪天帝白言
如是世尊唯然受教尒時世尊即說金有
大明呪曰
怛也他唵 希你希你 希離希離 命離命離
希明離 你希你希 你希囉秘你 乾佉那波羅
哺羅抱哆滿怛囉 阿地訖梨羯 閑羅閑羅
閑哆滿怛囉 阿地迦囉羅 訶那訶那 訶婆訶婆

秘

BD08401號　金有陀羅尼經　（4–1）

大明呪曰
怛也他唵 希你希你 希離希離 命離命離
希明離 你希你希 你希囉秘你 乾佉那波羅
哺羅抱哆滿怛囉 阿地訖梨羯 閑羅閑羅
閑哆滿怛囉 阿地迦囉羅 訶那訶那 訶婆訶婆
䫙馱䫙馱 頻那頻那 薄伽䟦羅 佉嵬秘佉嵬
攢婆你悉談婆你畔馱你 牟訶你阿牟
伽爍羅 馱囉你 訖梨那訖黎那 迦多榛磨那婆
攢婆也 攢婆也 畔佉也畔佉也悉嗽婆也 畔馱也畔
馱也 牟訶也牟訶也
所有一切著天幻惑著龍幻惑著藥叉
幻惑著羅刹幻惑著緊那羅幻惑著乾闥
婆幻惑著阿脩羅幻惑著莫呼洛迦幻惑著
大腹行幻惑著持明呪幻惑著持明呪成就王
幻惑著仙幻惑著持一切明呪幻惑著羣主
幻惑著一切惑 囉羅囉羅 囉佉也囉佉也 娵
磨 娵磨 娵娵磨 囉婆囉婆 囉婆婆那 作訶蘭單
伽蘭他你 訶那訶那 薩婆𩐯哆 奢咄嚧難
悉談婆也 婆尹悉談婆也 秀逘悉談婆也
穢南悉談婆也 婆嚧難悉談婆也 惡你富悉談
婆也 欝乾哆梨哆梨馱囉羅惟馱囉寧波
奢訶悉羅 蝉奢他也婆世那 若有於我能
為惡敵諸賊嗔恚具極惡心鬪諍極諍訐
一切无利益者 訶那訶那哆訶哆訶波㑮波
佉 半佉也半佉也 攢婆也攢婆也悉談婆也
悉談婆也 半馱也 半馱也 牟訶也 牟訶也 摩
訶牟訶你 薄伽䟦羅莎訶
於一切怖畏嬈惱疾度願守護我叭馱莎訶

BD08401號　金有陀羅尼經　（4–2）

佉半佉也半佉也横婆也横婆也悉談婆也
悉談婆也　半駄也　半駄也　牟訶也　牟訶也　摩
訶牟訶你　薄伽跋羅莎訶
於一切怖畏嬈惱疾度顧守護我叭馱莎訶
憍尸迦若善男子若善女人若王若王大臣能
憶此金有明呪者彼无他怖畏於彼部黨他
所敵軍不能侵惱亦非天亦非龍亦非藥叉
亦非乾闥婆亦非阿脩羅亦非緊那羅亦非
莫呼洛迦亦非持明呪者亦非飛空毋等亦不
非時而楷壽命明呪秘呪一切諸藥不能為害
他所敵軍不能侵遠他所敵軍而不傷命力
不能害水大毒藥明呪秘呪一切諸藥衆
能侵還着於彼自作教他隨喜造罪彼
之處所憍尸迦是故淨信苾蒭苾蒭尼鄔波
索迦鄔波斯迦善男子善女人等以此明呪呪
水七遍自洗其身能護於身若有欲令於
一切怖畏一切嬈惱一切疾疫一切明呪一切秘
呪一切諸藥一切厭蠱而超過者當念此金有
明呪若王若王大臣若欲催他軍衆伏他軍
衆亦當念此金有明呪若呪線七遍作七結
繫於身上若呪水七遍能護自身若有書
寫於一切怖畏无鄣㝵陁羅尼咸能受持或
繫脛下若置高幢入軍陣者善安得脫從
明呪威神之力內族眷屬善安超過未成態
若欲催伏諸明呪者於白線上呪七遍已作七
結者能繫催伏若欲催伏諸幻惑者取塚
間土呪七遍已而散擲者能催幻惑論覔之

呪一切諸藥一切厭蠱而超過者當念此金有
明呪若王若王大臣若欲催他軍衆伏他軍
衆亦當念此金有明呪若呪線七遍作七結
繫於身上若呪水七遍能護自身若有書
寫於一切怖畏无鄣㝵陁羅尼咸能受持或
繫脛下若置高幢入軍陣者善安得脫從
明呪威神之力內族眷屬善安超過未成態
若欲催伏諸明呪者於白線上呪七遍已作七
結者能繫催伏若欲催伏諸幻惑者取塚
間土呪七遍已而散擲者能催幻惑論覔之
時欲禁其口取秦萩蘼呪七遍已而嚙嚼者
一切言論悉能對荅受持讀誦而稱讚者
一切諸罪悉皆消滅却往於彼造作之者及
思惟所或繫於繩及水自護者於彼身上一
切明呪秘呪諸藥不能為害未成辦者悉能成
辦彼所求事一切順從時薄伽梵說是語已天
帝百施聞佛所說信受奉行

金有陁羅尼經一卷

一切陁羅
三摩地門非我亦无
非我亦无散失離垢地發
難難勝地現前地遠行地不動地善慧地法
雲地非我亦无散失舍利子異生地非我亦
无散失種姓地第八地具見地薄地離欲地
已辦地獨覺地菩薩地如來地非我亦无散
失舍利子聲聞乘非我亦无散失獨覺乘大
乘非我亦无散失舍利子由此緣故我作是
説諸法亦尒都无自性
復次舍利子諸法寂靜亦无散失何以故若
法寂靜无盡性故時舍利子問善現言何法
寂靜亦无散失善現荅言舍利子色寂靜亦
无散失受想行識寂靜亦无散失舍利子眼
處寂靜亦无散失耳鼻舌身意處寂靜亦无
散失舍利子色處寂靜亦无散失聲香味觸
法處寂靜亦无散失舍利子眼界寂靜亦无

BD08402號　大般若波羅蜜多經卷六八　（2–1）

寂靜亦无散失善現荅言舍利子色寂靜亦
无散失受想行識寂靜亦无散失舍利子眼
處寂靜亦无散失耳鼻舌身意處寂靜亦无
散失舍利子色處寂靜亦无散失聲香味觸
法處寂靜亦无散失舍利子眼界寂靜亦无
散失色界眼識界及眼觸眼觸爲緣所生諸
受寂靜亦无散失舍利子耳界寂靜亦无散
失聲界耳識界及耳觸耳觸爲緣所生諸受
寂靜亦无散失舍利子鼻界寂靜亦无散失
香界鼻識界及鼻觸鼻觸爲緣所生諸受寂
靜亦无散失舍利子舌界寂靜亦无散失味
界舌識界及舌觸舌觸爲緣所生諸受寂靜
亦无散失舍利子身界寂靜亦无散失觸界
身識界及身觸身觸爲緣所生諸受寂靜亦
无散失舍利子意界寂靜亦无散失法界意
識界及意觸意觸爲緣所生諸受寂靜亦无
散失舍利子地界寂靜亦无散失水火風空
識界寂靜亦无散失舍利子苦聖諦寂靜亦
无散失集滅道聖諦寂靜亦无散失舍利子
无明寂靜亦无散失行識名色六處觸受愛
取有生老死愁歎苦憂惱寂靜亦无散失舍
利子内空寂靜亦无散失外空内外空空空
大空勝義空有爲空无爲空畢竟空无際空
散空无變異空本性空自相空共相空一切
法空不可得空无性空自性空无性自性空

BD08402號　大般若波羅蜜多經卷六八　（2–2）

若一切智智清淨无二无二分无別无斷故
善現八解脫清淨故一切菩薩摩訶薩行
清淨一切菩薩摩訶薩行清淨故一切智智清
淨何以故若八解脫清淨若一切菩薩摩訶
薩行清淨若一切智智清淨无二无二分无
別无斷故善現八解脫清淨故諸佛无上正
等菩提清淨諸佛无上正等菩提清淨故一
切智智清淨何以故若八解脫清淨若諸佛
无上正等菩提清淨若一切智智清淨无
二无二分无別无斷故
復次善現八勝處清淨故色清淨色清淨故
一切智智清淨何以故若八勝處清淨若色
清淨若一切智智清淨无二无二分无別无
斷故八勝處清淨故受想行識清淨受想
行識清淨故一切智智清淨何以故若八勝處
清淨若受想行識清淨若一切智智清淨

BD08403 號　大般若波羅蜜多經卷二二六　（2–1）

无上正等菩提清淨若一切智智清淨无
二无二分无別无斷故
復次善現八勝處清淨故色清淨色清淨故
一切智智清淨何以故若八勝處清淨若色
清淨若一切智智清淨无二无二分无別无
斷故八勝處清淨故受想行識清淨受想
行識清淨故一切智智清淨何以故若八勝處
清淨若受想行識清淨若一切智智清淨
无二无二分无別无斷故善現八勝處清淨
故眼處清淨眼處清淨故一切智智清淨何以
故若八勝處清淨若眼處清淨若一切智智
清淨无二无二分无別无斷故八勝處清淨
故耳鼻舌身意處清淨耳鼻舌身意處清
淨故一切智智清淨何以故若八勝處清淨若
耳鼻舌身意處清淨若一切智智清淨无二
无二分无別无斷故善現八勝處清淨故色
處清淨色處清淨故一切智智清淨何以故
若八勝處清淨若色處清淨若一切智智清
淨无二无二分无別无斷故八勝處清淨故
聲香味觸法處清淨聲香味觸法處清淨

BD08403 號　大般若波羅蜜多經卷二二六　（2–2）

来轉轉不盡不損豪毛
者之所能知非諸聲聞凡
復次善男子讀誦此經
者即知身心是佛法器之
心是佛法根本流浪諸如
海不聞佛法名字无导菩
人之在世生死為重生不擇
擇日時至即死何因殯葬
如殯葬殯葬之後還有妨
門者不少唯願世尊為諸
其因緣令得正道除其妨
佛言善哉善哉善男子
生死之事殯葬之法汝等諦聽當為汝說智
慧之理大道之法夫天地廣太清日月廣長
明時年善善美實无有異善男子人王菩
薩甚大慈悲愍念衆生皆如赤子下為人主
作人父母順於俗民教於俗法遣作暦日頒

BD08404 號　天地八陽神咒經　（5–1）

佛言善哉善哉善男子
生死之事殯葬之法汝等諦聽當為汝說智
慧之理大道之法夫天地廣太清日月廣長
明時年善善美實无有異善男子人王菩
薩甚大慈悲愍念衆生皆如赤子下為人主
作人父母順於俗民教於俗法遣作暦日頒
下天下令知時節為有平滿成收開除之字
執危破煞之文愚人依字信用无不免於凶禍
又使邪師厭鎮說是道非温邪神拜餓鬼却
招殃自受苦如斯人輩返天時逆地理背日月
之光明常投闇室違正道之廣路恒尋邪
徑顛倒之甚也
復次善男子生時讀此經三遍兒則易生甚大
吉利聰明利智福德具足而无中夭死時讀
此經三遍一无妨害得福无量善男子日日好日
月月好月年年好年實无間隔但辦即須殯葬
殯葬之日讀此經七遍甚大吉利獲福无量
門榮人貴延年益壽命終之日並得成聖
善男子殯葬之地不問東西南北安隱之處人
之愛樂鬼神愛樂即讀此經三遍便以修營安
置墓田永无災鄣家富人興甚大吉利尒時
世尊欲重宣此義而說偈言
營生善善日　休殯好好時　生死讀誦經　甚得大利益
月月善明月　年年大好年　讀經即殯葬　榮華万代昌
尒時衆中七万七千人聞佛所說心開意解捨
邪歸正得佛法分永斷疑惑皆得阿耨多羅

BD08404 號　天地八陽神咒經　（5–2）

世尊欲重宣此義而説偈言
勞生善善日　休殯好好時　生死讀誦經　甚得大利益
月月善明月　年年大好年　讀經即殯葬　榮華萬代昌
尒時衆中七万七千人聞佛所説心開意解捨
邪歸正得佛法分永斷疑惑皆得阿耨多羅
三藐三菩提
无导菩薩復白佛言世尊一切凡夫皆以婚講
為親先問相宜後取吉日然始成親已後富貴
偕老者少貧窮生離死別者多一種信邪如何
而有差別唯願世尊為決衆疑
佛言善男子汝等諦聽當為汝説天陰地陽
月陰日陽水陰火陽男陰女陽天地氣合一切草
木生焉日月交運四時八節明焉水火相承一
切万物熟焉男女允諧子孫興焉皆是天之
常道自然之理世諦之法善男子愚人无智
信其邪師卜問望吉而不脩善造種種惡業
命終之後復得人身者如指甲上土墮於地獄
作餓鬼畜生者如大地土善男子復得人身
正信脩善者如指甲上土信邪造惡業者如
大地土善男子若結婚親莫問水火相剋胎
胞相厭唯看相命即知福德多少以為眷屬
呼迎之日讀此經三遍即以成礼此乃善善
相因明明相屬門高人貴子孫興盛聰明利
智多才多藝孝敬相承甚大吉利而无中夭
福德具足皆成佛道
時有八菩薩承佛威神得大揔持常處人間

BD08404號　天地八陽神咒經　（5–3）

呼迎之日讀此經三遍即以成礼此乃善善
相因明明相屬門高人貴子孫興盛聰明利
智多才多藝孝敬相承甚大吉利而无中夭
福德具足皆成佛道
時有八菩薩承佛威神得大揔持常處人間
和光同塵破邪立正廣四生處八解其名曰
跋陀和菩薩漏盡和　羅隣竭菩薩漏盡和
憍日兜菩薩漏盡和　須弥深菩薩漏盡和
那羅達菩薩漏盡和　因坻達菩薩漏盡和
和輪調菩薩漏盡和　无緣觀菩薩漏盡和
是八菩薩俱白佛言世尊我等於諸佛所受
得陁羅尼神呪而今説之擁護受持讀誦八
陽經者永无恐怖使一切不善之物不得侵
損讀經法師即於佛前而説呪曰
阿佉尼　尼佉尼　阿比羅　曼隸　曼多隸
世尊若有不善者欲來惱法師聞我説此
呪頭破作七分如阿梨樹枝
是時无邊身菩薩白佛言世尊云何名為八
陽經唯願世尊為諸聽衆解説其義令得醒
悟速達心本入佛知見永斷疑悔
佛言善哉善哉善男子汝等諦聽吾今為汝
解説八陽之經八者分別也陽者明解也明解
大乘无為之理了能分別八識因緣空實无
所得又云八識為經陽明為緯經緯相投以成
經教故名八陽經八識者眼是色識耳是聲
識鼻是香識舌是味識身是觸識意是分

BD08404號　天地八陽神咒經　（5–4）

陽經者永无恐怖使一切不善之物不得侵
損讀經法師即於佛前而說呪曰
阿佉尼　尼佉尼　阿比羅　曼隸　曼多隸
世尊若有不善者欲來惱法師聞我說此
呪頭破作七分如阿梨樹枝
是時无邊身菩薩白佛言世尊云何名為八
陽經唯願世尊為諸聽衆解說其義令得醒
悟速達心本入佛知見永斷疑悔
佛言善哉善哉善男子汝等諦聽吾今為汝
解說八陽之經八者分別也陽者明解也明解
大乘无為之理了能分別八識因緣空實无
所得又云八識為經陽明為緯經緯相投以成
經教故名八陽經八識者眼是色識耳是聲
識鼻是香識舌是味識身是觸識意是分
別識含藏識阿賴耶識是名八識明了分別
八識根源空无所有即知兩眼光明天光明
天中即現日月光明世尊兩耳是聲聞天聲聞
天中即現无量聲如來兩鼻是佛香天佛香
天中即現香積如來口舌是法味天法味天中

□□□□提陰以破
□者五陰是三相所緣成立
也法无名字以下諸句重破色陰上已總破何故
作无情狀形色執着偏多故更破之法无名字者一字日字
二字日名人計有口中之名以說前物法相理中无有口中之名以說前
物言語斷者本藉言語故有名字言既无名字亦𡨥也法无有說離
覺觀者上句擧言說彼名字此句覺觀破言說相法理中
未言說不可得離覺觀者覺觀是語言因麁覺者麁心相
續觀者細心相續覺觀尚无言說起有也法无形相者法相
理中无色像形相可得如虛空者借虛空事无以况性无也法无
戲論者上雖明假名實法空凡夫情著計言有空執空之心不當
法相即是戲論法相理中无有空之空能生戲論之心畢竟空者空
體復空故言畢竟空也法无我所離我所者上明假名實法壞是身
由之事今明一切外物若是我所法相理中无我所可得故云離
我所也[illegible]

體復空故言畢竟空也法无我所離我所者上明假名尊法壞是身
内之事今明一切外物悉是我所法相理中无我所可得故云離
我所也法无分別以下是第三子段明六果空法无分別以下說諸邊不
動明六塵空法无分別者法相理中无有六塵能生分別之心離諸
識者此舉識以破塵若有六識分別前塵可有六塵能生分
識澳既无況有六塵可生分別也法无有比者法相理中不見六塵可以比類无相待者
下別之心離諸識者此舉識以破塵若有六識分別前塵可有六
塵能生分別識體既无況有六塵可生分別也法无有比者法
相理中不見六塵可以比類无相待者故以无有形待故无比類
也法不屬因不在緣故者六塵以過去行業為因現在水土為緣法
相理中不見六塵屬因在緣生也法同法性以下既明六塵空竟以法
性真如實際三空門結之此三皆空之異名也法同法性者六塵之法
同於真空法性入諸法者不出真空故云入也法隨於如无所隨故者六塵
之法隨真如癡空戴物情云隨竟无所隨也法住實際者空理絕
於假誰稱為實推有至无名曰際明六塵之法同實際空无諸
邊不動者法相之理非有非无邊見之人雖計有无不能動懷此
理也又一解此真如法性實際三空同是一實但就解有淺深故
立三名始見法實如遠見樹知是樹不知業杏之別謂之如也
見法轉深如近見樹知是杏樹名為法性窮盡法實如下觀樹
悉知根葉之數名為實際小品
度中說有

BD08405號　維摩詰所說經義疏（擬）　（2–2）

法界清淨若無相無願解脫門清淨若一切
智智清淨無二無二分無別無斷故善現法
界清淨故菩薩十地清淨菩薩十地清淨故
一切智智清淨何以故若法界清淨若菩薩
十地清淨若一切智智清淨無二無二分無
別無斷故
善現法界清淨故五眼清淨五眼清淨故一
切智智清淨何以故若法界清淨若五眼清
淨若一切智智清淨無二無二分無別無斷
故法界清淨故六神通清淨六神通清淨故
一切智智清淨何以故若法界清淨若六神
通清淨若一切智智清淨無二無二分無別
無斷故善現法界清淨故佛十力清淨佛十
力清淨故一切智智清淨何以故若法界清
淨若佛十力清淨若一切智智清淨無二無
二分無別無斷故法界清淨故四無所畏四
無礙解大慈大悲大喜大捨十八佛不共法
清淨四無所畏乃至十八佛不共法清淨故
一切智智清淨何以故若法界清淨若四無
所畏乃至十八佛不共法清淨若一切智智清

BD08406號　大般若波羅蜜多經卷二一八　（4–1）

力清淨故一切智智清淨何以故若法界清
淨若佛十力清淨若一切智智清淨無二無
二分無別無斷故法界清淨故四無所畏四
無礙解大慈大悲大喜大捨十八佛不共法
清淨四無所畏乃至十八佛不共法清淨故
一切智智清淨何以故若法界清淨若四無
所畏乃至十八佛不共法清淨若一切智智清
淨無二無二分無別無斷故善現法界清淨
故無忘失法清淨無忘失法清淨故一切
智智清淨何以故若法界清淨若無忘失法
清淨若一切智智清淨無二無二分無別無
斷故法界清淨故恒住捨性清淨恒住捨性
清淨故一切智智清淨何以故若法界清淨
若恒住捨性清淨若一切智智清淨無二無
二分無別無斷故善現法界清淨故一切智
清淨一切智清淨故一切智智清淨何以故
若法界清淨若一切智清淨若一切智智清
淨無二無二分無別無斷故法界清淨故道
相智一切相智清淨道相智一切相智清淨
故一切智智清淨何以故若法界清淨若道
相智一切相智清淨若一切智智清淨無二
無二分無別無斷故善現法界清淨故一切
陀羅尼門清淨一切陀羅尼門清淨故一切
智智清淨何以故若法界清淨若一切陀羅尼
門清淨若一切智智清淨無二無二分無別無
斷故法界清淨故一切三摩地門清淨一切
三摩地門清淨故一切智智清淨何以故若

BD08406號　大般若波羅蜜多經卷二一八　（4–2）

陁羅尼門清淨一切陁羅尼門清淨故一切
智智清淨何以故若法界清淨若一切陁羅尼
門清淨若一切智智清淨無二無二分無別無
斷故法界清淨故一切三摩地門清淨一切
三摩地門清淨故一切智智清淨何以故若
法界清淨若一切三摩地門清淨若一切智
智清淨無二無二分無別無斷故
善現法界清淨故預流果清淨預流果清淨
故一切智智清淨何以故若法界清淨若預
流果清淨若一切智智清淨無二無二分無
別無斷故法界清淨故一來不還阿羅漢果
清淨一來不還阿羅漢果清淨故一切智智
清淨何以故若法界清淨若一來不還阿羅
漢果清淨若一切智智清淨無二無二分無別
無斷故善現法界清淨故獨覺菩提清淨
獨覺菩提清淨故一切智智清淨何以故若
法界清淨若獨覺菩提清淨若一切智智清
淨無二無二分無別無斷故善現法界清淨
故一切菩薩摩訶薩行清淨一切菩薩摩訶
薩行清淨故一切智智清淨何以故若法界
清淨若一切菩薩摩訶薩行清淨若一切智
智清淨無二無二分無別無斷故善現法界
清淨故諸佛無上正等菩提清淨諸佛無上
正等菩提清淨故一切智智清淨何以故若
法界清淨若諸佛無上正等菩提清淨若一
切智智清淨無二無二分無別無斷故
復次善現法性清淨故色清淨色清淨故一
切智智清淨何以故若法性清淨若色清淨

BD08406 號　大般若波羅蜜多經卷二一八　（4–3）

漢果清淨若一切智智清淨無二無二分無別
無斷故善現法界清淨故獨覺菩提清淨
獨覺菩提清淨故一切智智清淨何以故若
法界清淨若獨覺菩提清淨若一切智智清
淨無二無二分無別無斷故善現法界清淨
故一切菩薩摩訶薩行清淨一切菩薩摩訶
薩行清淨故一切智智清淨何以故若法界
清淨若一切菩薩摩訶薩行清淨若一切智
智清淨無二無二分無別無斷故善現法界
清淨故諸佛無上正等菩提清淨諸佛無上
正等菩提清淨故一切智智清淨何以故若
法界清淨若諸佛無上正等菩提清淨若一
切智智清淨無二無二分無別無斷故
復次善現法性清淨故色清淨色清淨故一
切智智清淨何以故若法性清淨若色清淨
若一切智智清淨無二無二分無別無斷故法
性清淨故受想行識清淨受想行識清淨

BD08406 號　大般若波羅蜜多經卷二一八　（4–4）

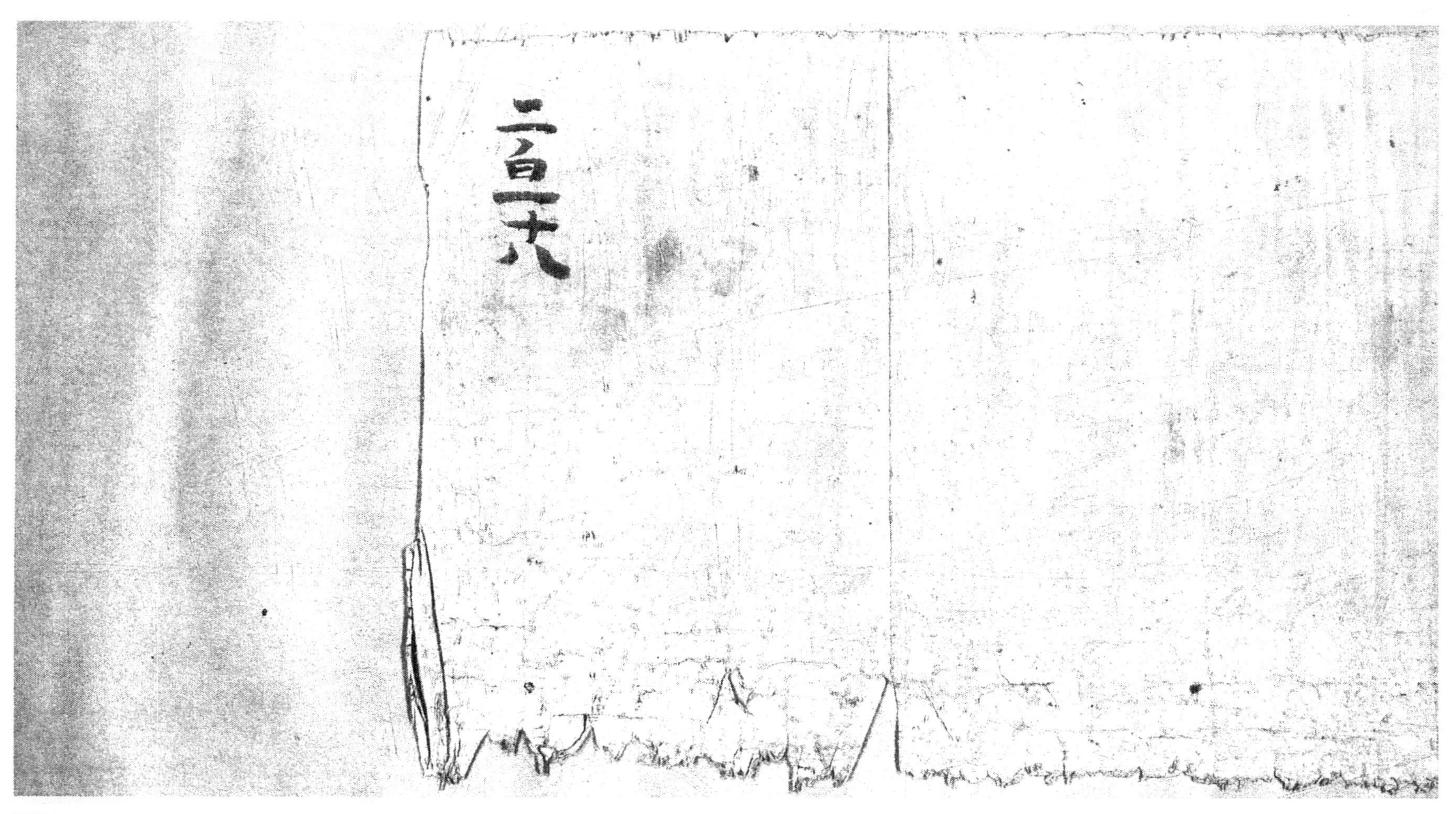

BD08406號背　勘記　（1–1）

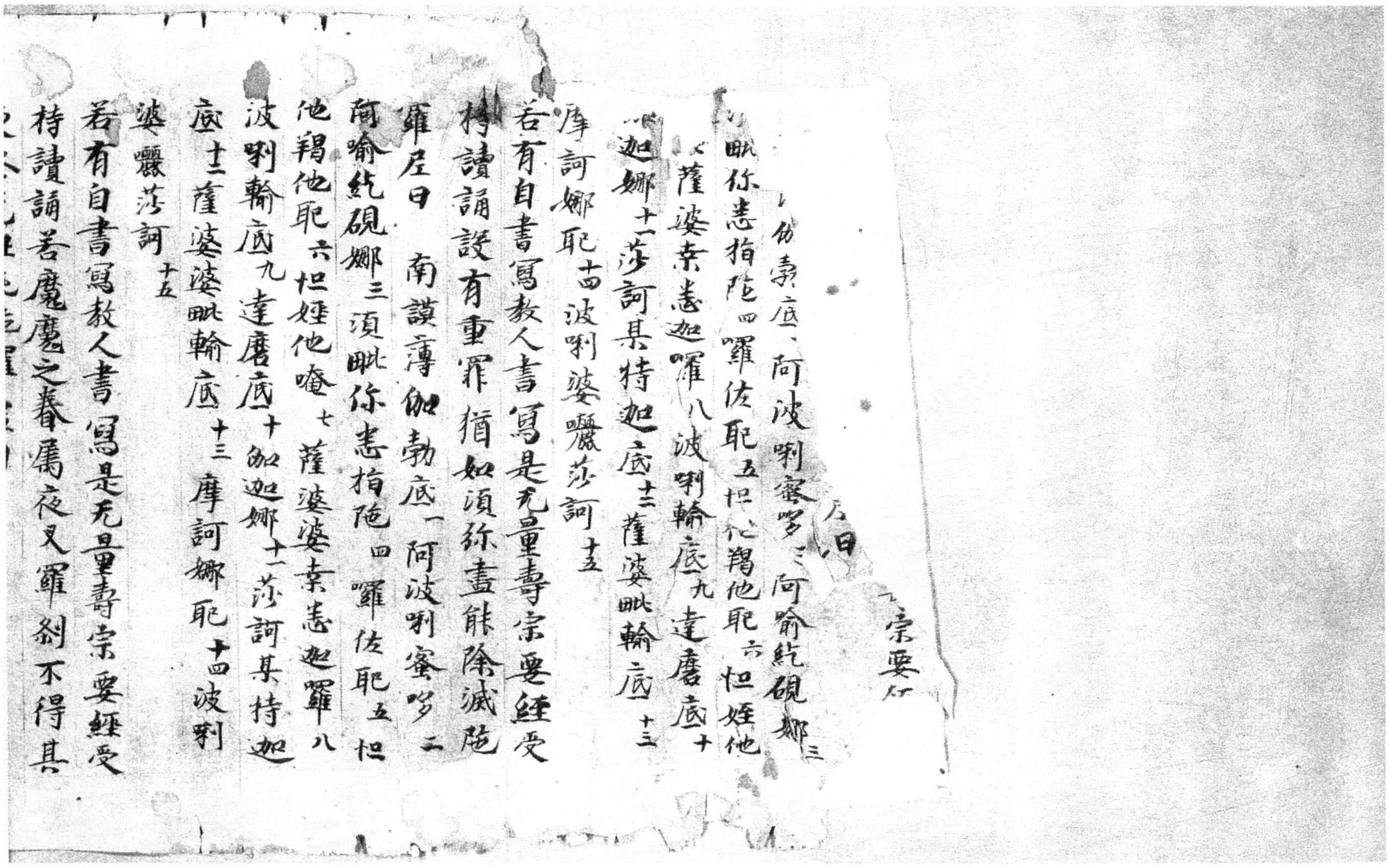

…宗要經
…曰
…伽帝底一 阿波唎蜜哆二 阿喻紇硯娜三
毗你悉指陁四 囉佐耶五 怛他羯他耶六 怛姪他
…薩婆桒悉迦囉八 波唎輸底九 達磨底十
…迦娜十一 莎訶其特迦底十二 薩婆毗輸底十三
摩訶娜耶十四 波唎婆孍莎訶十五
若有自書寫教人書寫是无量壽宗要經受
持讀誦設有重罪猶如須弥盡能除滅陁
羅尼曰 南謨薄伽勃底一 阿波唎蜜哆二
阿喻紇硯娜三 須毗你悉指陁四 囉佐耶五 怛
他羯他耶六 怛姪他唵七 薩婆桒悉迦羅八
波唎輸底九 達磨底十 伽迦娜十一 莎訶其特迦
底十二 薩婆婆毗輸底十三 摩訶娜耶十四 波唎
婆孍莎訶十五
若有自書寫教人書寫是无量壽宗要經受
持讀誦若魔魔之眷屬夜叉羅刹不得其
[illegible]

BD08407號　無量壽宗要經　（7–1）

波唎輸底九達磨底十伽迦娜十一莎訶某持迦
底十二薩婆婆毗輸底十三摩訶娜耶十四波唎
婆𠷈莎訶十五
若有自書寫教人書寫是无量壽宗要經受
持讀誦若魔魔之眷屬夜叉羅剎不得其
便終无枉死陁羅尼曰
南謨薄伽勃底一阿波唎蜜哆二阿喻紇硯娜三
須毗你悉指陁四囉佐耶五怛他羯他耶六怛姪他唵
七薩婆桑悉迦囉八波唎輸底九達磨底十
伽迦娜十一莎訶某特迦底十二薩婆婆毗輸底十三
摩訶娜耶十四波唎婆𠷈莎訶十五
若有自書寫教人書寫是无量壽宗要經受持
讀誦當命終時有九十九姟佛現其人前蒙千
佛授手能遊一切佛剎莫於此經生於疑惑陁羅
尼曰　南謨薄伽勃底一阿波唎蜜哆二阿喻紇硯
娜三須毗你悉指陁四囉佐耶五怛他羯他耶六怛姪他
唵七薩婆桑悉迦囉八波唎喻底九達磨底十
伽迦娜十一莎訶某特迦底十二薩婆婆毗輸底十三摩
訶娜耶十四波唎婆𠷈莎訶十五
若有自書寫教人書寫是无量壽宗要經受持
讀誦常得四天大王隨其衛護陁羅尼曰
南謨薄伽勃底一阿波唎蜜哆二阿喻紇硯娜三須毗
你悉指陁四囉佐耶五怛他羯他耶六怛姪他唵七薩
婆桑悉迦囉八波唎輸底九達磨底十伽迦娜十一莎
訶某特迦底十二薩婆毗輸底十三摩訶娜耶十四波唎
婆𠷈莎訶十五若有自書寫教人書寫是无量

BD08407 號　無量壽宗要經　（7–2）

讀誦常得四天大王隨其衛護陁羅尼曰
南謨薄伽勃底一阿波唎蜜哆二阿喻紇硯娜三須毗
你悉指陁四囉佐耶五怛他羯他耶六怛姪他唵七薩
婆桑悉迦囉八波唎輸底九達磨底十伽迦娜十一莎
訶某特迦底十二薩婆毗輸底十三摩訶娜耶十四波唎
婆𠷈莎訶十五若有自書寫教人書寫是无量
壽宗要經受持讀誦當得往生西方極樂世界
阿彌陁淨土陁羅尼曰　南謨薄伽勃底一阿波唎
蜜哆二阿喻紇硯娜三須毗你悉指陁四囉佐耶五
怛他羯他耶六怛姪他唵七薩婆桑悉迦囉八波唎
輸底九達磨底十伽迦娜十一莎訶某特迦底十二
薩婆婆毗輸底十三摩訶娜耶十四波唎婆𠷈莎訶
若有方所自書寫使人書寫是无量壽經典之
處則為是塔皆應恭敬作礼若是畜生或為鳥
獸得聞是經如是等類皆當不久得成一切種智
陁羅尼曰　南謨薄伽勃底一阿波唎蜜哆二
阿喻紇硯娜三須毗你悉指陁四囉佐耶五怛他羯
他耶六怛姪他唵七薩婆桑悉迦囉八波唎輸底
九達磨底十伽迦娜十一莎訶某特迦底十二薩
婆婆毗輸底十三摩訶娜耶十四波唎婆𠷈莎訶
若有於是无量壽經自書寫若使人書畢竟
不受女人之身陁羅尼曰　南謨薄伽勃底一
阿波唎蜜哆二阿喻紇硯娜三須毗你悉指陁四
囉佐耶五怛他羯他耶六怛姪他唵七薩婆桑
悉迦囉八波唎輸底九達摩底十伽迦娜十一
莎訶某特迦底十二薩婆婆毗輸底十二摩訶娜

BD08407 號　無量壽宗要經　（7–3）

[illegible]陁羅尼日 南謨薄伽勃底
阿波唎蜜哆二 阿喻紇硯娜三 須毗你恚指陁四
囉佐耶五 怛他羯他耶六 怛姪他唵七 薩婆桒
恚迦囉八 波唎輸底九 達摩底十 伽迦娜十一
莎訶某特迦底十二 薩婆婆毗輸底十三 摩訶娜
耶十四 波唎婆唎莎訶十五 若有能於是經少分
能惠施者等於三千大千世界滿中七寶布施
陁羅尼日 南謨薄伽勃底一 阿波唎蜜哆二
阿喻紇硯娜三 須毗你恚指陁四 囉佐耶五 怛他羯
他耶六 怛姪他唵七 薩婆桒恚迦囉八 波唎輸底
九 達磨底十 伽迦娜十一 莎訶某特迦底十二 莎婆
婆毗輸底十三 摩訶娜耶十四 波唎婆囉莎訶十五
若有能供養是經者則是供養一切諸經等无
有異陁羅尼日 南謨薄伽勃底一 阿波唎蜜
哆二 阿喻紇硯娜三 須毗你恚指陁四 囉佐耶五 怛他羯他
耶六 怛姪他唵七 薩婆桒恚迦囉八 波唎輸底九
達摩底十 伽迦娜十一 莎訶某特迦底十三 薩婆婆
毗輸底十三 摩訶娜耶十四 波唎婆囉莎訶 十五
如是毗婆尸佛尸弃佛毗舍浮佛俱留孫佛 俱那
含牟尼佛迦葉佛 釋迦牟尼佛 若有人以七寶
供養如是七佛其福有限書寫受持是无量壽
經典所有功德不可限量陁羅尼日
南謨薄伽勃底一 阿波唎蜜哆二 阿喻紇硯娜 三
須毗你恚指陁四 囉佐耶五 怛他羯他耶六 怛姪他
唵七 薩婆桒恚迦囉八 波唎輸底九 達摩底十
伽迦娜十一 莎訶某特迦底十二 薩婆婆毗輸底 十三

BD08407 號　無量壽宗要經　（7–4）

須毗你恚指陁四 囉佐耶五 怛他羯他耶六 怛姪他
唵七 薩婆桒恚迦囉八 波唎輸底九 達摩底十
伽迦娜十一 莎訶某特迦底十二 薩婆婆毗輸底十三
摩訶娜耶十四 波唎婆囉莎訶十五
若有七寶等於須弥以用布施其福上能知其
限量是无量壽經典其福不可知數陁羅尼日
南謨薄伽勃底一 阿波唎蜜哆二 阿喻紇硯娜
三 須毗你恚指陁四 囉佐耶五 怛他羯他耶六 怛姪他唵
七 薩婆桒恚迦囉八 波唎輸底九 達摩底十 伽迦
娜十一 莎訶某特迦底十二 薩婆婆毗輸底 十三
摩訶娜耶十四 波唎婆囉莎訶
如是四大海水可知滴數是无量壽經典所生果
報不可數量陁羅尼日 南謨薄伽勃底一
阿波唎蜜哆二 阿喻紇硯娜三 須毗你恚指陁五
怛姪他羯他耶六 怛姪他唵七 薩婆桒恚迦囉八 波唎
輸底九 達磨底十 伽迦娜十一 莎訶某特迦底十二
薩婆婆毗輸底十三 摩訶娜耶十四 波唎婆囉莎訶
若有自書使人書寫是无量壽經典又能護持
供養即如恭敬供養一切十方佛土如來无有別
異陁羅尼日 南謨薄伽勃底 阿波唎蜜哆二
阿喻紇硯娜三 須毗你恚指陁四 囉佐耶五 怛他羯
他耶六 怛姪他唵七 薩婆桒恚迦囉八 波唎輸底九
達摩底十 伽迦娜十一 莎訶某特迦底十二 薩婆婆
毗輸底十三 摩訶娜耶十四 波唎婆波囉莎訶
布施力能成正覺 悟布施力人師子

BD08407 號　無量壽宗要經　（7–5）

[illegible]須毘你悉指陀四囉佐耶五怛他羯
他耶六怛姪他唵七薩婆桑迦羅八波唎輸底九
達摩底十伽迦那十一莎訶某特迦底十二薩婆婆
毗輸底十三摩訶娜耶十四波唎婆波嚩莎訶

布施力能成正覺　悟布施力人師子
布施力能聲普聞　慈悲階漸最能入
持戒力能成正覺　悟持戒力人師子
持戒力能聲普聞　慈悲階漸最能入
忍辱力能成正覺　悟忍辱力人師子
忍辱力能聲普聞　慈悲階漸最能入
精進力能成正覺　悟精進力人師子
精進力能聲普聞　慈悲階漸最能入
禪定力能成正覺　悟禪定力人師子
禪定力能聲普聞　慈悲階漸最能入
智慧力能成正覺　悟智慧力人師子
智慧力能聲普聞　慈悲階漸力能入
爾時如來說是經已一切世間天人阿脩羅
揵闥婆等聞佛所說皆大歡喜信受奉行

佛說无量壽宗要經

BD08407號　無量壽宗要經　（7–6）

禪定力能聲普聞　慈悲階漸最能入
智慧力能成正覺　悟智慧力人師子
智慧力能聲普聞　慈悲階漸力能入
爾時如來說是經已一切世間天人阿脩羅
揵闥婆等聞佛所說皆大歡喜信受奉行

佛說无量壽宗要經

BD08407號　無量壽宗要經　（7–7）

BD08407 號背　英文　　（1–1）

……其本
……變吐　總集須三藥
□……集　雖知病起時　應觀其本性
□是觀知已　順時而授藥　飲食藥无差　斯名善醫者
復應知八術　總攝諸醫方　於此若明閑　可療衆生病
謂針刺傷破　身疾并鬼神　惡毒及孩童　延年增氣力
先觀彼形色　語言及性行　然後問其夢　知風熱痰殊
乾瘦少頭髮　其心无定住　多語夢飛行　斯人是風性
少年生白髮　多汗及多瞋　聰明夢見火　斯人是熱性
心定身平整　慮審頭津膩　夢見水白物　是痰癊應知
總集性俱有　或二或具三　隨有一偏增　應知是其性
既知本性已　准病而授藥　驗其无死相　方名可救人
諸根倒取境　尊醫人起慢　親友生瞋恚　是死相應知
左眼白色變　舌黑鼻梁攲　耳輪与舊殊　下脣垂向下
訶梨勒一種　具足有六味　能除一切病　无忌藥中王
又三果三辛　諸藥中易得　沙糖蜜蘇乳　此能療衆病
自餘諸藥物　隨病可增加　先起慈愍心　莫規於財利
我已為汝說　療疾中要事　以此救衆生　當獲无邊果
善女天　尒時長者子流水　親問其父　八術之
要四大增損時節不同餌藥方法既善了知自

BD08408 號　金光明最勝王經卷九　　（4–1）

訶梨勒一種具足有六味　能除一切病　无忌藥中王
又三果三辛　諸藥中易得　沙糖蜜蘇乳　此能療眾病
自餘諸藥物　隨病可增加　先起慈愍心　莫規於財利
我已為汝說　療疾中要事　以此救眾生　當獲无邊果
善女天尒時長者子流水親問其父八術之
要四大增損時節不同餌藥方法既善了知自
忖堪能救療眾病即便遍至城邑聚落所
在之處隨有百千万億病苦眾生皆至其所
善言慰喻作如是語我是醫人我是醫人善
知方藥今為汝等療治眾病悉令除愈善女
天尒時眾人聞長者子善言慰愈許為治病
時有无量百千眾生遇極重病聞是語已身
心踊躍得未曾有以此因緣所有病苦悉得
蠲除氣力充實平復如本善女天尒時復有
无量百千眾生病苦深重難療治者即共往
詣長者子所重請醫療時長者子即以妙藥
令服皆蒙除差善女天是長者子於此國內
百千万億眾生病苦悉得除差

金光明最勝王經長者子流水品第廿五

來尋覓不已見一大河名曰水生時此河邊
有諸魚人為取魚故於河上流懸險之處決
棄其水不令下過於所決處卒難修補便作
是念此岸深峻設百千人時經三月亦未能
斷況我一身而堪濟辦時長者子速還本城
至大王所頭面禮足卻住一面合掌恭敬作
如是言我為大王國土人民治種種病悉令
安隱漸次遊行至其空澤見有一池名曰野
生其水欲涸有十千魚為日所暴將死不久
惟願大王慈悲愍念與二十大象暫往負水

至大王所頭面禮足卻住一面合掌恭敬作
如是言我為大王國土人民治種種病悉令
安隱漸次遊行至其空澤見有一池名曰野
生其水欲涸有十千魚為日所暴將死不久
惟願大王慈悲愍念與二十大象暫往負水
齊彼魚命如我與諸病人壽命尒時大王即
勑大臣速疾與此醫王大象時彼大臣奉王
勑已白長者子善哉大士仁今自可至象廄
中隨意選取二十大象利益眾生令得安樂
是時流水及其二子將二十大象又從酒家
多借皮囊往決水處以囊盛水象負至池寫
置池中水即彌滿還復如故善女天時長者
子於池四邊周旋而視時彼眾魚亦復隨逐
循岸而行時長者子復作是念眾魚何故隨
我而行必為飢火之所惱逼復欲從我求索
於食我今當與尒時長者子流水告其子言
汝取一象最大力者速至家中啟父長者家
中所有可食之物乃至父母食噉之分及以
妻子奴婢之分悉皆收取即可持來尒時二
子受父教已乘最大象速往家中至祖父所
說如上事收取家中可食之物置於象上疾
還父所至彼池邊是時流水見其子來身心
喜躍遂取餅食遍散池中魚得食已悉皆飽
足便作是念我今施食令魚得命願於來世
當施法食充濟无邊復更思惟我先曾於空
閑林處見一苾芻讀大乘經說十二緣生甚
深法要又經中說若有眾生臨命終時得聞
寶髻如來名者即生天上我今當為是十千

當施法食充濟无邊復更思惟我先曾於空
閑林處見一苾芻讀大乘經說十二緣生甚
深法要又經中說若有衆生臨命終時得聞
寶髻如来名者即生天上我今當為是十千
魚演說甚深十二緣起亦當稱說寶髻佛名
然贍部洲有二種人一者深信大乘二者不
信毀呰亦當為彼增長信心時長者子作如
是念我入池中可為衆魚說深妙法作是念
已即便入水唱言南謨過去寶髻如来應正
遍知明行足善逝世間解无上士調御丈夫
天人師佛世尊此佛往昔修菩薩行時作是
誓願於十方界所有衆生臨命終時聞我名
者命終之後得生三十三天尒時流水復為
池魚演說如是甚深妙法此有故彼有此生
故彼生所謂无明緣行行緣識識緣名色名
色緣六處六處緣觸觸緣受受緣愛愛緣取
取緣有有緣生生緣老死憂悲苦惱此滅故
彼滅所謂无明滅則行滅行滅則識滅識滅
則名色滅名色滅則六處滅六處滅則觸滅觸
滅則受滅受滅則愛滅愛滅則取滅取滅則
有滅有滅則生滅生滅則老死滅老死滅則
憂悲苦惱滅如是純極苦蘊悉皆除滅說是
法已復為宣說十二緣起相應陁羅尼曰
怛姪他 毗折你 毗折你 毗折你 僧塞枳

BD08408號　金光明最勝王經卷九　（4–4）

乃至四句偈等
脩羅皆應供養如佛塔
廟何況有人盡能受持讀誦須菩提當知是
人成就最上第一希有之法若是經典所在之
處則為有佛若尊重弟子
尒時須菩提白佛言世尊當何名此經我等
云何奉持佛告須菩提此經名為金剛般若
波羅蜜以是名字汝當奉持所以者何須菩
提佛說般若波羅蜜則非般若波羅蜜須菩
提於意云何如来有所說法不須菩提白佛
言世尊如来無所說須菩提於意云何三千
大千世界所有微塵是為多不須菩提言甚
多世尊須菩提諸微塵如来說非微塵是名
微塵如来說世界非世界是名世界須菩提
於意云何可以三十二相見如来不不也世
尊何以故如来說三十二相即是非相是名
三十二相須菩提若有善男子善女人以恒

BD08409號　金剛般若波羅蜜經　（2–1）

大千世界所有微塵是為多不須菩提言甚
多世尊須菩提諸微塵如來說非微塵是名
微塵如來說世界非世界是名世界須菩提
於意云何可以三十二相見如來不不也世
尊何以故如來說三十二相即是非相是名
三十二相須菩提若有善男子善女人以恒
河沙等身命布施若復有人於此經中乃至
受持四句偈等為他人說其福甚多
尒時須菩提聞說是經深解義趣涕淚悲泣
而白佛言希有世尊佛說如是甚深經典我從
昔來所得慧眼未曾聞如是之經世尊若
復有人得聞是經信心清淨則生實相當
知是人成就第一希有功德世尊是實相者
則是非相是故如來說名實相世尊我今得
聞如是經典信解受持不足為難若當來世
後五百歲其有衆生得聞是經信解受持是
人則為第一希有何以故此人無我相
衆生相壽者相所以者何我相即
相衆生相壽者相即是非
諸相則名諸

BD08409號　金剛般若波羅蜜經　（2–2）

大般若波羅蜜多經卷第四百七十二
第二分善達品第七十七之二　三藏法師玄奘奉　詔譯
善現云何菩薩摩訶薩行深般若波羅蜜多
時如實知行相謂菩薩摩訶薩行深般若波
羅蜜多時如實知行如芭蕉樹葉葉披陳實
不可得是名菩薩摩訶薩行深般若波羅蜜
多時如實知行相善現云何菩薩摩訶薩行
深般若波羅蜜多時如實知行生滅謂菩薩
摩訶薩行深般若波羅蜜多時如實知行生
時無所從來滅時無所至去雖無來無去而
生滅相應是名菩薩摩訶薩行深般若波羅
蜜多時如實知行生滅善現云何菩薩摩訶
薩行深般若波羅蜜多時如實知行真如謂
菩薩摩訶薩行深般若波羅蜜多時如實知
行真如無生無滅無來無去無染無淨無增
無減常如其性不虛妄不變易故名真如是
名菩薩摩訶薩行深般若波羅蜜多時如實
知行真如善現云何菩薩摩訶薩行深般若

BD08410號　大般若波羅蜜多經卷四七二　（2–1）

深般若波羅蜜多時如實知行生滅謂菩薩
摩訶薩行深般若波羅蜜多時如實知行生
時无所從來滅時无所至去雖无來无去而
生滅相應是名菩薩摩訶薩行深般若波羅
蜜多時如實知行生滅善現云何菩薩摩訶
薩行深般若波羅蜜多時如實知行真如謂
菩薩摩訶薩行深般若波羅蜜多時如實知
行真如无生无滅无來无去无染无淨无增
无減常如其性不虛妄不變易故名真如是
名菩薩摩訶薩行深般若波羅蜜多時如實
知行真如善現云何菩薩摩訶薩行深般若
波羅蜜多時如實知識相謂菩薩摩訶薩行
深般若波羅蜜多時如實知識如諸幻事衆
緣和合假施設有實不可得謂如幻師或彼
弟子於四衢道幻作四軍所謂象軍馬軍車
軍步軍或復幻作諸餘色類相雖似有而无
其實識亦如是實不可得是名菩薩摩訶薩
行深般若波羅蜜多時如實知識相善現云
何菩薩摩訶薩行深般若波羅蜜多時如實

BD08410號 大般若波羅蜜多經卷四七二 （2–2）

尉單无量
口无量壽
天氣下

BD08410號背 道教九天（擬） （1–1）

語雜穢語亦勸他離麁惡語離閒語雜穢
語恒正稱揚離麁惡語離閒語雜穢語法
歡喜讚歎離麁惡語離閒語雜穢語者善
現若菩薩摩訶薩欲得無上正等菩提應自
離貪欲亦勸他離貪欲恒正稱揚離貪欲
法歡喜讚歎離貪欲者應自離瞋恚邪見
亦勸他離瞋恚邪見恒正稱揚離瞋恚邪見
法歡喜讚歎離瞋恚邪見者
善現若菩薩摩訶薩欲得無上正等菩提應
自脩初靜慮亦勸他脩初靜慮恒正稱揚脩
初靜慮法歡喜讚歎脩初靜慮者應自脩
第二第三第四靜慮亦勸他脩第二第三第
四靜慮恒正稱揚脩第二第三第四靜慮法
歡喜讚歎脩第二第三第四靜慮者善現
若菩薩摩訶薩欲得無上正等菩提應自脩
慈無量亦勸他脩無量恒正稱揚脩慈無量
法歡喜讚歎脩慈無量恒正稱揚脩慈無量
法歡喜讚歎

BD08411 號　大般若波羅蜜多經（兌廢稿）卷三二四　（1–1）

日六日
時阿弥陁佛
心不顛到即
陁佛極樂國土舍利弗我見是
言若有衆生聞是說者應當發
國土
如我今者讚嘆阿弥陁佛不可思議功
亦有阿閦鞞佛須弥相佛大須弥佛
光佛妙音佛如是等恒河沙數諸佛各
其國出廣長舌相遍覆三千大千世界
說誠實言汝等衆生當信是稱讚不可思議
功德一切諸佛所護念經
舍利弗南方世界有日月燈佛名聞光佛大
焰肩佛須弥燈佛无量精進佛如是等恒河

BD08412 號　阿彌陀經　（2–1）

彌光佛妙音佛如是等恒河沙數諸佛各
於其國出廣長舌相遍覆三千大千世界
說誠實言汝等衆生當信是稱讚不可思議
功德一切諸佛所護念經
舍利弗南方世界有日月燈佛名聞光佛大
焰肩佛須弥燈佛无量精進佛如是等恒河
沙數諸佛各於其國出廣長舌相遍覆三千
大千世界說誠實言汝等衆生當信是稱
讚不可思議功德一切諸佛所護念經
舍利弗西方世界有无量壽佛无量相佛无
量幢佛大光佛大明佛寶相佛淨光佛如是
等恒河沙數諸佛各於其國出廣長舌相遍
覆三千大千世界說誠實言汝等衆生當
信是稱讚不可思議功德一切諸佛所護念
經
舍利弗北方世界有焰肩佛最勝音佛難沮佛
日生佛網明佛如是等恒河沙數諸佛各於
其國出廣長舌相遍覆三千大千世界說誠
實言汝等衆生當信是稱讚不可思議功

BD08412號　阿彌陀經　（2–2）

大乘稻芉經隨聽記

將釋此經大門分釋題目二釋本文初文分二一釋乘義

二釋稻芉二釋經義初言大乘者以七種大超過乘故是

大七言義大一所緣大二發心大三信樂大四思惟大五資量大六時

大七成就大言所緣大者為大般若大集大寶積等經所說

諸法體是其所緣境故言發心大者謂發無上菩提心故言信

樂大者謂信樂甚深法故言思惟大者謂思惟利樂一切諸有

情故言資糧大者謂福智二種大功德故言時大者謂無數祇劫逮

趣菩提故言成就大謂成力無畏等諸大功德故所言乘者是運

載眾生出死令至涅槃到彼岸故言道稻芉者夫一切經皆

以四義而立其名云何為四一處所二人三法四喻言處所者如

楞伽經等言人立名者如維摩經等從法立名者如大般若等

經從喻立名如寶雲說彼經時有十諸佛菩薩如大雲悉皆

雲集故名寶雲此經之示謂於世尊親見稻芉說此法故三

BD08413號　大乘稻芉經隨聽疏

（6–1）

以四義而立其名云何為四一處所二人三法四喻言列處所者如
伽耶城等言人立名者如舍利弗等從法立名者如大般若
經從喻立名如寶雲說彼經時方十諸仏菩薩如大雲悉皆
雲集故名寶雲 此經亦尔謂仏世尊觀見稻芉說此法故三
言經者訪經詮中釋多途今略舉二義一者常義故今不易故名
為常遍攝諸法稱之為經
二釋本文者喻如論解分雲文殊
切解一切經者應以五門通釋諸經云何為五一總攝門二住之所
詮三釋句義四連邅五答難此經亦尔亦以五門分別解釋初
門之中復分七一者序分二者發起序三者所知事四者所知性
五者所知果六者云何所知七者經說所要初言序者
謂集經啟令聽衆生其信樂故之列序分經始從如是我聞
至及諸菩薩摩訶薩俱是也 二言發起序者謂聽法應時
而問不失一以滙故名發起序 經從命時具壽舍利子至語是語已
是也 三言所知事者一謂因緣之法順流逆是智境故此則現其
生死無二種法性順流法中復分為三一者煩惱二者是業 三者是
苦故因緣論云初八九名煩惱二及十是業餘七皆是苦十二攝
經從弥勒菩薩摩訶薩答具壽舍利子 如是終無大苦之聚此是
世尊所說之法 四言所知性者此還緣知緣法性彼八聖道法為所知
性經從何者是法至此是八聖道 五言所知果者有其二種一者有
上果言有上果謂四沙門果及菩提是言無上果者謂無上菩提之果
此二顯其趣方便及所詮之法 經從果無學無學法故
六言云何所知者所謂二慧二諦因緣之法是故解深密經云
應以之攝如觀諸法 此是所知之義 經從何者見因緣乃至如仏

BD08413號　大乘稻芉經隨聽疏　（6–2）

上果言有上果謂四沙門果及獨覺言无上果者謂无上菩提之果
此二題其趣方便及所詮之法經從果無有學无學法故
六言之何言所知者所謂應二諦因緣之法是故辭條審詮
應以二種如觀諸法此是所知之義經從何者見因緣要知佛
所說至理應以五種觀相因緣之法　七言詮之所要所謂除二種障
及得无住涅槃者是也若論无住涅槃義途无量略而言之有
又其二種何謂爲二所謂諸佛菩薩悲智二種是也何故此二名无住
涅槃爲具智惠故不隨生死具大悲故不住涅槃若不住生死不住涅槃是
則名爲无住涅槃言二障者一煩惱障二所知障言煩惱障者謂除惡
无无言所知障者謂悲除惡无爲了人空故斷煩惱障得有上果
了法空故斷所知障得无上果故經復次佛等者舍利子至信受奉行讚
總攝門竟　大門第二言詮所詮者與所說法之所要義同故更不
重釋　大門第三言釋句義者釋其句義有无量門總而
言之不出六種所謂名身句身文身語釋韻頌是　大門第四連
還者有其三種一連還具足二者連還解釋三連環所詮
大門第五言答難者夫難起之因而有五種一不了義難二種
相違故難三違理相違故難四者多分故難五者事不現故難
上來五門之中第一第二第三第四第五　此四門義遙此故注不
可配從首至終以義消釋　第一總攝門中文有七段今當第一明
其序分於中文四一時成就二主成就三處所成就四衆成就經如是
我聞一時此明時成就也言如是者爲諸菩薩結集之時啓問文殊
利菩薩言海云何聞當如實說彼則答言如是我聞此則
陳列下諸經問曰何故集經者不言自說言如是我聞答離增

BD08413號　大乘稻芉經隨聽疏　（6–3）

其序分於中文四　一時序　二主序　三處序　四眾序

我聞一時此初時成就也言如是者為諸菩薩集之時啓問文殊
利菩薩言海云何聞當如實說彼則答言如是我聞此則
餘引下諸經但日何故集經者不言自說言如是我聞答離增
益損減謗故言我聞與二顯其親自證也謂自親聞不轉
聞過失故所以三我但聞非證故並於聞除從人餘時不能了
故若言自證不生信故言一時者即謂經時也此有二釋一以文合二以住
相合與聞相合者顯此經寶難得之故與住合者此顯如來即於
餘時禮處眾生往餘處故　薄伽梵　婆伽梵者世[illegible]成就也言薄伽
梵者此是梵音此翻云降伏具足謂四降魔具云即總名薄
伽梵　經住王舍城者闍崛山此二處所成就也是故與何時是
說何處謂何等隨類而所　此有通別言通王舍城別即者闍崛
山言住者有其三種一威儀住二說法住　王舍者住昔之時為
務非人惱亂國人毀壞城村邑王勅國人於其門上題王舍
由是非人不能毀壞故名王舍城崛山者此翻云鷲峯山此峯
勢狀如鷲鳥因以為名別二處者一為欲利益在家之人
故二為自利具足他利圓滿故為此聚眾學諸聚落中眾為尊
貴此經亦爾於諸經中眾為第一故於此說言者闍崛山者此經
甚深難得入故頭高勝義也　經與大比丘眾並摩訶薩俱
此第四眾成就也文二一聲聞二菩薩眾成就初隨有二一舉名二列
數　與大比丘眾此初舉名言大者一數大二者威德大有千二百
五十故名數大皆是大阿羅漢故名威德大言比丘者有五種一名
字二乞求三自稱四破結更五白四羯磨得處所雖有五種今取
第四言眾者合義也　千二百五十人此二列數也世尊成等正覺
之[illegible]王舍城度憂樓頻螺迦葉所及弟子五百眷屬　頻螺迦葉所及

五十故名數大皆是大阿羅故名爲威德大言比丘者有五種一名
字二乞求三自稱四破結惡五白四羯磨得處所雖有五種今取
第四言果者分義也　千二百五十人此二列數也世尊成等正覺
於王舍城度優樓頻螺迦葉師及弟子五百眷屬　頻螺迦葉師及
弟子二百五十　迦耶迦葉師及弟子二百五十　舍利子目連共二
百五十住王舍城説此經故問大乘經中何故列聲聞耶答有義
故一爲集經者破舍於生自信故二令諸聲聞入大乘故三此目隨摠標
其有法故先列聲聞者一爲諸聲聞不離於佛常作是者故二於出
家儀恭敬故　及諸菩薩摩訶薩俱此二明菩薩衆成就此是
菩音也翻爲道心大道心言道心者修其聖道趣菩提故言大道心者
揀異二乘下劣心故有七大義同前所釋　此明總標文中第二發
起序文分爲五一住二恭敬三就座四陳疑五發問　經爾時具
壽舍利子往彌勒菩薩摩訶薩經行之處此初住也言爾時者
仏在王舍城問經時也言具壽者恭敬之詞具命根者舍利子者
從母立名也　言彌勒者梵音此云慈氏一類立名果上有佛號爲慈
氏於彼發心願我當來成佛之時亦同此號故以爲名二經行之
名謂此菩薩於四無量偏修故三從母立者曾過去二時出家修道名
衆勝尊母名慈氏是故亦慈氏也言經行之處者謂彌勒菩薩
所在處謂諸有情説法地也　經到已共相慰問此二第相恭敬
也爲談妙法先有其宜寒言善來等名爲慰問二俱尊故但以慰
問不不乱着致礼者不同恭敬有過失故　經俱坐盤陀石上
此三就座者彌勒與舍利子同於座論如法故不求餘座就石座
者一舍衆於二時此處近故二樂深法故是故不求餘座舍利子是智
慧第一故俱往彌勒菩薩布處故經答　經是時具壽舍利子向
彌勒菩薩摩訶薩作如是言至甚[illegible]者何此四陳疑也觀見稻
芉説此經語者爲外因緣得與内因緣二俱無我彼因緣有差

壽命利子住彌勒菩薩摩訶薩經行之處此初住也言爾時者

仏在王舍城說經時也言具壽者恭敬之辭具命根者舍利子者

從母立名也　言彌勒者梵音此云慈氏一願立名果言有仏號為慈

氏於彼發心願我當來成仏之時亦同此號故以為名二明行立

名謂此菩薩於四无量偏修故立從母立者亦過去之時為宗修道名

眾勝尊母名慈氏是故立慈氏也言經行之處者謂彌勒菩

所在處謂諸有情說諸地也　經到已共相慰問此二乘相恭敬

也若談妙法无有嗔嫌豈言善來等名為慰問二俱尊故但以慰

問不不亂若致亂者不成恭敬有過失故　經俱坐盤陀石上

此三說座者彌勒身子同於座論如法故不求餘座既不座

者一當爾之時此最近故三乘深法故是故不求餘座舍利子是智

惠第一故俱問彌勒菩薩布處故作答　經是時具壽舍利子向

彌勒菩薩摩訶薩作如是言至其事云何此四陳疑也觀見稻

芉說此經諸有為外因緣修与內因諸二俱无我彼因緣有者是

別故為諸近說說此法為欲令小趣大諸故何故世尊說此

已前黑然那義論聖音微細難測難然以比量論有其三意一除

我慢為諸聲聞常作是念仏唯少說我能話大除此慢故二為諸菩薩能說

如來秘密意取此彼得故三此中具是更无條終言善近

為善者堪進者以不退故名不退言其事云何者如來說

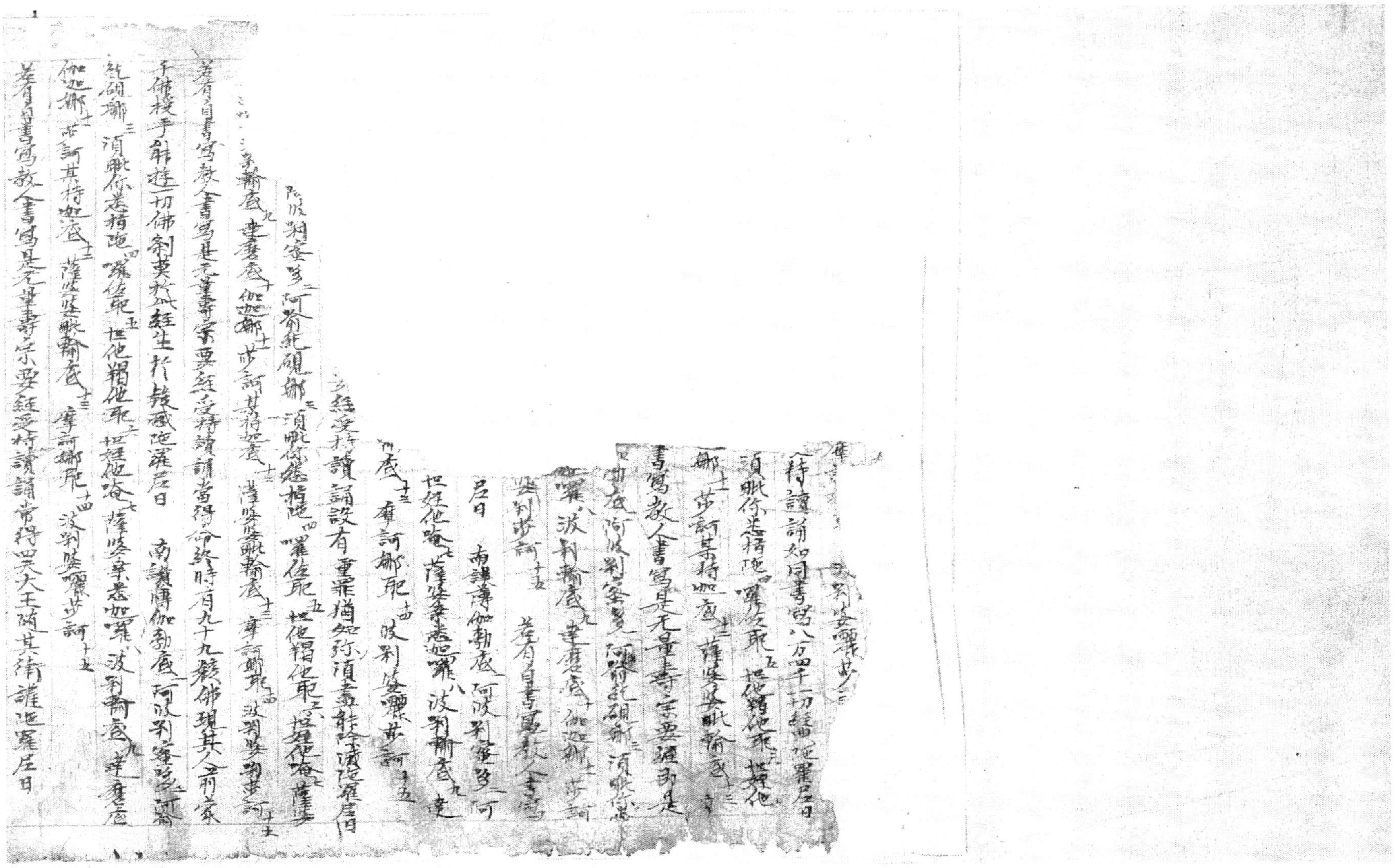

[illegible]……波唎婆嚩莎[illegible]
持讀誦，如同書寫八万四千一切經典。陁羅尼曰
須毗你悉指陀四 囉佐耶五 怛他羯他耶六 怛姪他[illegible]
娜十一 莎訶其持迦底十二 薩婆婆毗輸底十三 摩[illegible]
書寫教人書寫是无量壽宗要經，即是
伽底一 阿波唎蜜多二 阿喻紇硯娜三 須毗你悉[illegible]
囉八 波唎輸底九 達磨底十 伽迦娜十一 莎訶
婆唎莎訶十五 若有自書寫教人書寫
尼曰 南謨薄伽勃底一 阿波唎蜜多二 阿
怛姪他唵七 薩婆桑悉迦囉八 波唎輸底九 達
伽底十三 摩訶娜耶十四 波唎婆嚩莎訶十五
之經受持讀誦，設有重罪猶如須彌，能令滅盡。陁羅尼曰
阿波唎蜜多二 阿喻紇硯娜三 須毗你悉指陀四 囉佐耶五 怛他羯他耶六 怛姪他唵七 薩婆
[illegible]輸底九 達磨底十 伽迦娜十一 莎訶其持迦底十二 薩婆婆毗輸底十三 摩訶娜耶十四 波唎婆嚩莎訶十五
若有自書寫教人書寫是无量壽宗要經受持讀誦，當得命終時有九十九殑佛現其人前來
千佛授手，解遊一切佛剎，莫於此經生於疑惑。陁羅尼曰 南謨薄伽勃底一 阿波唎蜜多二 阿喻
紇硯娜三 須毗你悉指陀四 囉佐耶五 怛他羯他耶六 怛姪他唵七 薩婆桑悉迦囉八 波唎輸底九 達磨底
伽迦娜十一 莎訶其持迦底十二 薩婆婆毗輸底十三 摩訶娜耶十四 波唎婆嚩莎訶十五
若有自書寫教人書寫是无量壽宗要經受持讀誦，常得四天大王隨其衛護。陁羅尼曰

BD08414號　無量壽宗要經　（3–1）

[illegible]阿波唎蜜多二 阿喻紇硯娜三 須毗你悉指陀四 囉佐耶五 怛他羯他耶六[illegible]
[illegible]輸底九 達磨底十 伽迦娜十一 莎訶其持迦底十二 薩婆婆毗輸底十三 摩訶娜耶十四 波唎婆嚩莎訶十五
若有自書寫教人書寫是无量壽宗要經受持讀誦，當得命終時有九十九殑佛現其人前來[illegible]
千佛授手，解遊一切佛剎，莫於此經生於疑惑。陁羅尼曰 南謨薄伽勃底一 阿波唎蜜多二 達[illegible]
紇硯娜三 須毗你悉指陀四 囉佐耶五 怛他羯他耶六 怛姪他唵七 薩婆桑悉迦囉八 波唎輸底九 達磨底
伽迦娜十一 莎訶其持迦底十二 薩婆婆毗輸底十三 摩訶娜耶十四 波唎婆嚩莎訶十五
若有自書寫教人書寫是无量壽宗要經受持讀誦，常得四天大王隨其衛護。陁羅尼曰
南謨薄伽勃底一 阿波唎蜜多二 阿喻紇硯娜三 須毗你悉指陀四 囉佐耶五 怛他羯他耶六 怛姪他唵七 薩婆
桑悉迦囉八 波唎輸底九 達磨底十 伽迦娜十一 莎訶其持迦底十二 薩婆婆毗輸底十三 摩訶娜耶十四 波唎婆
嚩莎訶十五 若有自書寫教人書寫是无量壽宗要經受持讀誦，當得往生西方極樂
世界阿彌陁淨土。陁羅尼曰 南謨薄伽勃底一 阿波唎蜜多二 阿喻紇硯娜三 須毗你悉指陀四 囉佐
耶五 怛他羯他耶六 怛姪他唵七 薩婆桑悉迦囉八 波唎輸底九 達磨底十 伽迦娜十一 莎訶其持迦底十二 薩
婆婆毗輸底十三 摩訶娜耶十四 波唎婆嚩莎訶十五 若有方所自書寫教人書寫是无量壽宗經
典之處，則為是塔，皆應恭敬作礼。若是畜生虫鳥獸得聞是經，如是等類，皆當不久得
成一切種智。陁羅尼曰 南謨薄伽勃底一 阿波唎蜜多二 阿喻紇硯娜三 須毗你悉指陀四 囉佐耶五 怛他羯
耶六 怛姪他唵七 薩婆桑悉迦囉八 波唎輸底九 達磨底十 伽迦娜十一 莎訶其持迦底十二 薩婆婆毗輸底十三 摩訶
娜耶十四 波唎婆嚩莎訶十五 若有於是无量壽宗經自書寫若使人書，畢竟不受女人之身，除罪五[illegible]
南謨薄伽勃底一 阿波唎蜜多二 阿喻紇硯娜三 須毗你悉指陀四 囉佐耶五 怛他羯他耶六 怛姪他唵七 薩婆桑
悉迦囉八 波唎輸底九 達磨底十 伽迦娜十一 莎訶其持迦底十二 薩婆婆毗輸底十三 摩訶娜耶十四 波唎婆
嚩莎訶十五 若有能於是經少分施者，等於三千大千世界滿中七寶布施。陁羅尼曰
南謨薄伽勃底一 阿波唎蜜多二 阿喻紇硯娜三 須毗你悉指陀四 囉佐耶五 怛他羯他耶六 怛姪他唵七 薩婆桑
悉迦囉八 波唎輸底九 達磨底十 伽迦娜十一 莎訶其持迦底十二 薩婆婆毗輸底十三 摩訶娜耶十四 波唎婆
嚩莎訶十五 若有能供養是經者，則是供養一切諸經，等无有別異。陁羅尼曰
南謨薄伽勃底一 阿波唎蜜多二 阿喻紇硯娜三 須毗你悉指陀四 囉佐耶五 怛他羯他耶六 怛姪他唵七 薩婆
桑悉迦囉八 波唎輸底九 達磨底十 伽迦娜十一 莎訶其持迦底十二 薩婆婆毗輸底十三 摩訶娜耶十四 波唎婆嚩莎
訶十五 如是毗婆尸佛、尸棄佛、毗舍浮佛、俱留孫佛、俱那含牟尼佛、迦葉佛、釋迦牟尼佛，若有人以七寶
供養，如是七佛其福有限，書寫受持是无量壽經典，所有功德不可限量。陁羅尼曰
南謨薄伽勃底一 阿波唎蜜多二 阿喻紇硯娜三 須毗你悉指陀四 囉佐耶五 怛他羯他耶六 怛姪他唵七 薩婆桑
悉迦囉八 波唎輸底九 達磨底十 伽迦娜十一 莎訶其持迦底十二 薩婆婆毗輸底十三 摩訶娜耶十四
波唎婆嚩莎訶十五 若有七寶等於須彌，以用布施，其福上能知其限量，是无量壽經典其福不可
知數。陁羅尼曰 南謨薄伽勃底一 阿波唎蜜多二 阿喻紇硯娜三 須毗你悉指陀四 囉佐耶五 怛他羯他耶六 怛姪

BD08414號　無量壽宗要經　（3–2）

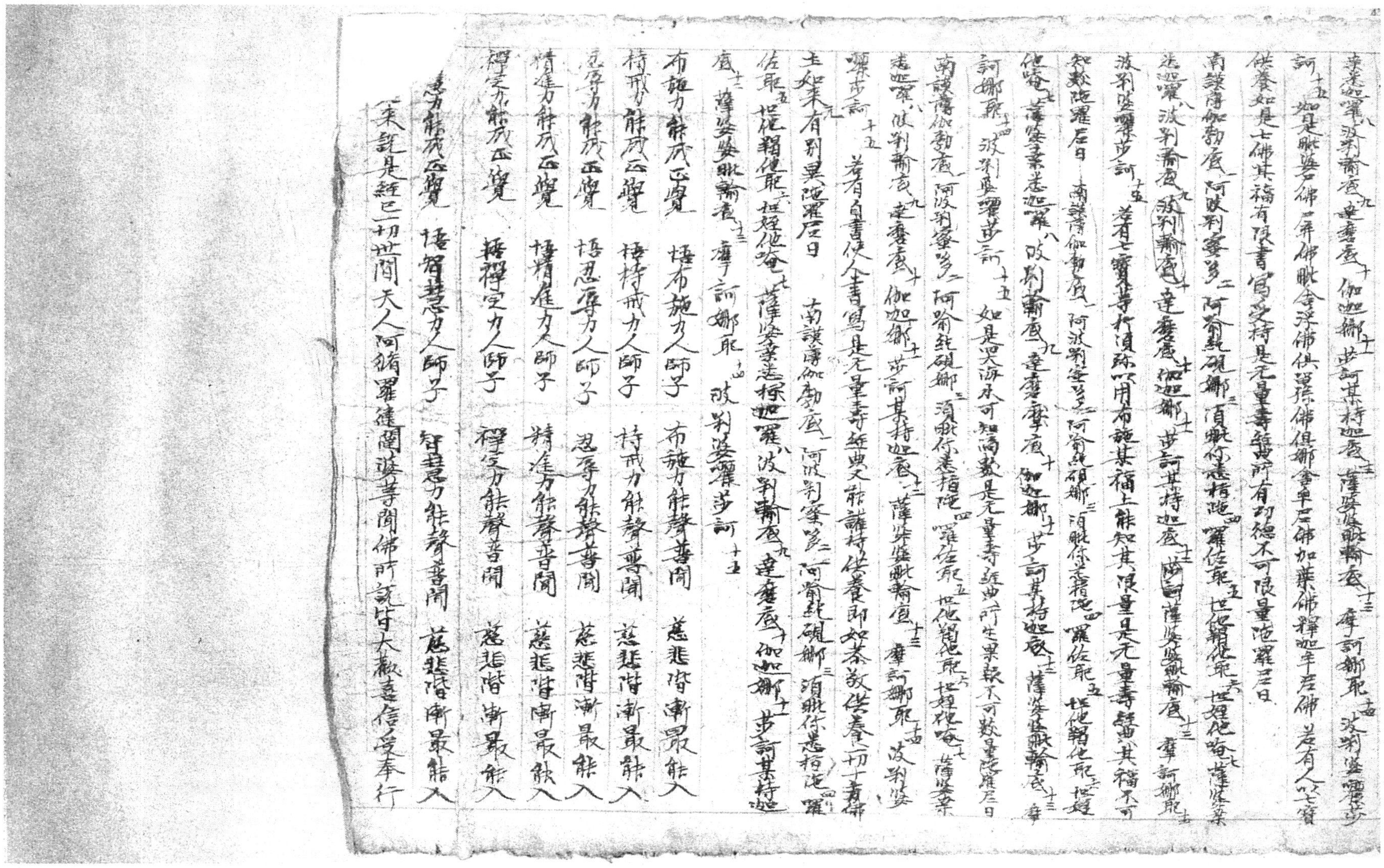

BD08414 號　無量壽宗要經　（3–3）

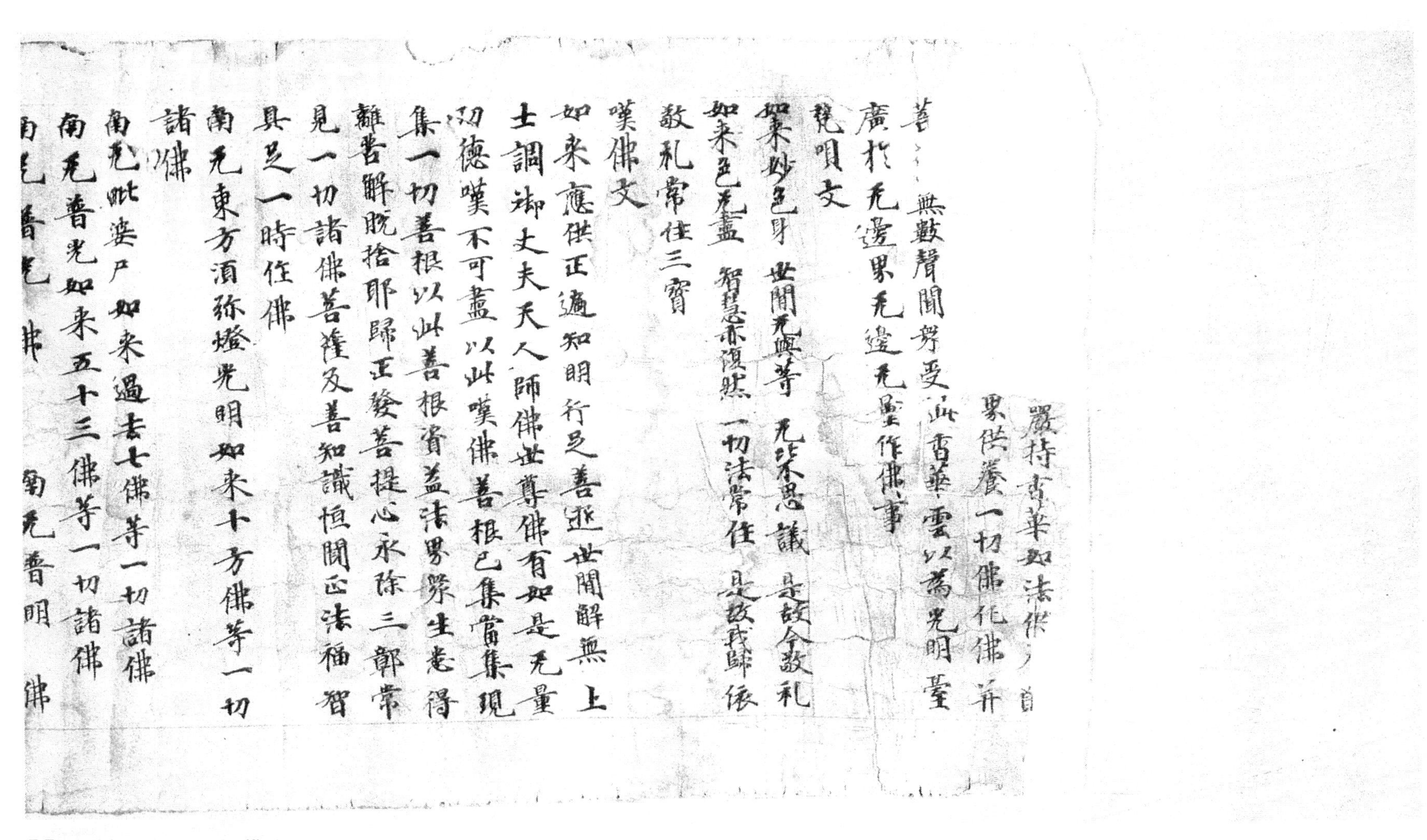

首

嚴持香華如法供

界供養一切佛化佛并

菩〻〻無數聲聞[illegible]要出香華雲以爲光明臺

廣於无邊界无邊无量作佛事

讚唄文

如來妙色身　世間无與等　无比不思議　是故今敬礼

如來色无盡　智慧亦復然　一切法常住　是故我歸依

敬礼常住三寶

嘆佛文

如來應供正遍知明行足善逝世間解無上

士調御丈夫天人師佛世尊佛有如是无量

功德嘆不可盡以此嘆佛善根已集當集現

集一切善根以此善根資益法界衆生悉得

離苦解脫捨耶歸正發菩提心永除三鄣常

見一切諸佛菩薩及善知識恒聞正法福智

具足一時作佛

南无東方須弥燈光明如來十方佛等一切

諸佛

南无毗婆尸如來過去七佛等一切諸佛

南无普光如來五十三佛等一切諸佛

南无普光佛　南无普明佛

BD08415 號　七階佛名經　（2–1）

如来妙色身　世間無與等　无比不思議　是故今敬礼
如来色无盡　智慧亦復然　一切法常住　是故我歸依
敬礼常住三寶
嘆佛文
如来應供正遍知明行足善逝世間解無上
士調御丈夫天人師佛世尊佛有如是无量
功德嘆不可盡以此嘆佛善根已集當集現
集一切善根以此善根資益法界衆生悉得
離苦解脫捨耶歸正發菩提心永除三鄣常
見一切諸佛菩薩及善知識恒聞正法福智
具足一時作佛
南无東方須弥燈光明如来十方佛等一切
諸佛
南无毗婆尸如来過去七佛等一切諸佛
南无普光如来五十三佛等一切諸佛
南无普光佛　南无普明佛
南无普淨佛　南无多摩羅跋栴檀香佛
南无栴檀光佛　南无摩尼幢佛
南无歡喜藏摩尼寶積佛　南无一切世間樂見上大精進佛

BD08415 號　七階佛名經　　（2–2）

隹大弟子及天龍夜叉
一心念我今供養日月
語已即於八万四千塔
塵之二千歲而以供養令
无數求聲聞衆无量阿僧祇人發阿耨多羅
三藐三菩提心皆使得住現一切色身三昧
尒時諸菩薩天人阿脩羅等見其无臂憂惱
悲哀而作是言此一切衆生喜見菩薩是我
等師教化我者而今燒臂身不具足于時一
切衆生喜見菩薩於大衆中立此誓言我捨
兩臂必當得佛金色之身若實不虛令我兩
臂還復如故作是誓已自然還復由斯菩薩
福德智慧淳厚所致當尒之時三千大千世
界六種震動天雨寶華一切人天得未曾有
佛告宿王華菩薩於汝意云何一切衆生喜

BD08416 號　妙法蓮華經卷六　　（2–1）

悲感而作是言此一切衆生喜見菩薩是我
等師教化我者而今燒臂身不具足于時一
切衆生喜見菩薩於大衆中立此誓言我捨
兩臂必當得佛金色之身若實不虛令我兩
臂還復如故作是誓已自然還復由斯菩薩
福德智慧淳厚所致當尒之時三千大千世
界六種震動天雨寶華一切人天得未曾有
佛告宿王華菩薩於汝意云何一切衆生喜
見菩薩豈異人乎今藥王菩薩是也其所捨
身布施如是无量百千万億那由他數宿王
華若有發心欲得阿耨多羅三藐三菩提者
能燃手指乃至足一指供養佛塔勝以國城
妻子及三千大千國土山林河池諸珍寶物
而供養者若復有人以七寶滿三千大千世
界供養於佛及大菩薩辟支佛阿羅漢是人
所得功德不如受持此法華經乃至一四句偈
其福最多宿王華譬如一切川流江河諸
水之中海為第一此法華經亦復如是於諸
如來所說經中最為深大又如土山黑山小
鐵圍山大鐵圍山及十寶山衆山之中須弥
山為第一此法華經亦復如是於諸經中最

BD08416號　妙法蓮華經卷六　（2–2）

南无善[illegible]佛　南无著蓋佛
南无明弥留佛　南无光明輪佛
南无寶蓋佛　南无旃檀香佛
南无旃檀勝佛　南无須弥聚佛
南无寶光明佛　南无固王佛
南无淨功德佛　南无青淨眼佛
南无无畏佛　南无遠離諸畏佛
南无成就積佛　南无寶勝佛
南无山王佛　南无轉女根佛
南无无量行佛　南无最勝光明佛
南无羅網光明幢佛　南无日蓋佛
南无東南方觀一切佛形鏡如來為首　南无花覺奮迅佛
南无羅網光明佛　南无无量光明佛花佛
南无寶堅固佛　南无切發心車輪佛
南无花積佛　南无千上光明佛
南无不動步佛　南无量跡步佛
南无无量願佛　南无无邊願佛
南无无邊境界佛　南无[illegible]
南无轉胎佛　南无轉諸

BD08417號　佛名經（十六卷本）卷四　（4–1）

南无花積佛　南无上光明佛
南无不動步佛　南无量跡步佛
南无无量願佛　南无无邊願佛
南无无邊境界佛　南无…佛
南无轉胎佛　南无轉諸…
南无不行念佛　南无成就一…
南无佛虛空佛　南无有勝…
南无西南方成義如來爲首　南无成就義行佛
南无炎佛　南无…安行佛
南无善住佛　南无无量發行佛
南无无相脩行佛　南无无邊脩行佛
南无普脩行佛　南无燃燈光明作佛
南无普藏佛　南无普山佛
南无无邊形佛　南无无邊精進佛
南无羅網光佛　南无夢隨羅…
南无光明輪佛　南无善見…
南无不空說名佛　南无破一切怖畏…
南无无量功德王光明佛　南无无邊…
從此已上二千二
十二部經一切賢…
南无无邊吼聲佛　南无樂積光明功德佛
南无不二輪佛　南无无量光明佛光…
南无无量聲佛　南无高明佛
南无堅固自在王佛　南无日面佛
南无善明佛　南无勝功德佛

南无无邊吼聲佛　南无樂積光明功德佛
南无不二輪佛　南无无量光明佛光…
南无无量聲佛　南无无高明佛
南无堅固自在王佛　南无日面佛
南无善明佛　南无勝功德佛
南无寶花佛　南无寶成就佛
南无月花佛　南无一切衆生脩行佛
南无轉一切世間佛　南无无量光明不[illegible]佛
南无无畏佛　南无一切樂念慎佛
南无西方普香光明如來爲首　南无發初香光相佛
南无香山佛　南无香宮佛
南无香勝佛　南无香身佛
南无香勝佛　南无光王佛
南无妙波頭摩王佛　南无佛境界佛
南无无量境界佛　南无安樂佛
南无快勝佛　南无放光明花佛
南无花蓋行佛　南无花懷…
南无金花佛　南无香花…
南无高王佛　南无善尊師佛
南无勝一切衆生佛　南无轉一切念佛
南无无量行花佛　南无无量香佛
南无普照放光明明佛　南无普光明佛
南无普放光明佛　南无放成就勝花佛
南无寶羅網像佛　南无妙光佛
南无普一蓋國土佛　南无星宿王佛

南无金花佛　南无香花佛
南无高王佛　南无善尊師佛
南无勝一切衆生佛　南无轉一切念佛
南无无量行花佛　南无无量香佛
南无普照放光明明佛　南无普光明佛
南无普放光明佛　南无放成就勝花佛
南无寶羅網像佛　南无妙光佛
南无普一蓋國土佛　南无星宿王佛
南无合聚佛　南无不住王佛
南无香風佛　南无邊智境界佛
南无不空行佛　南无初發心佛
南无无鄣㝵眼佛　南无不空見佛
南无无量眼佛　南无燃燈上佛
南无普光明佛　南无照光明佛
南无一切國土一切衆生不斷樂説佛　南无阿提耶奮迅佛
南无无迹奮迅佛　南无東北方斷一切憂惱如來鳥音
南无離憂佛　南无樂成就功德佛
南无无畏王佛　南无勝称留佛

BD08417號　佛名經（十六卷本）卷四　（4–4）

諸天大衆皆来集　咸同一心申讚請
唯願智慧辯才天　以妙言詞施一切
尒時辯才天女即便受請為説呪曰
怛姪他慕囇只囇　阿伐帝阿伐吒伐底丁里下同
馨遏鵌名具鵌　名具羅伐底
鴦具師末只三末底　毗三末底惡近入唎
莫近唎怛羅只　怛囉者伐底
質哩質哩室里蜜里　末難地曇去
末　唎　只　八囉弩畢唎囊
盧迦逝瑟跐丑世反　盧迦失囇瑟恥
盧迦畢唎囊　悉䭾跋唎帝
阿鉢唎底喝帝　阿鉢唎底喝哆勃地
南毋只南毋只　莫訶提鼻
鉢喇底近入唎[illegible]弩上　南摩塞迦囉
我某甲勃地　達哩奢呬
勃地阿鉢喇底喝哆　婆　跋　覩
市婆謎毗輪姪覩　舍悉怛囉輸路迦
蒭怛囉畢蔆迦　迦娌耶地數
怛　姪　他　莫訶鉢刺婆鼻

BD08418號　金光明最勝王經（兑廢稿）卷七　（2–1）

末唎只　八囉弩畢唎襄
盧迦逝瑟(丑世反)　盧迦失囇瑟恥
盧迦畢唎襄　悉馱跋唎帝
阿鉢唎底唱帝　阿鉢唎底唱哆勃地
南毋只南毋只　莫訶提鼻
鉢唎底近(入)唎(大合)弩(上)　南摩塞迦囉
我某甲勃地　達哩奢呬
勃地阿鉢唎底唱哆　婆跋覩
市婆謎毗輪婬覩　舍悉怛囉輸路迦
昜怛囉畢薩迦　迦娌耶地數
怛婬他　莫訶鉢唎婆鼻
呬里蜜里呬里蜜里　毗折唎覩謎勃地
我某甲勃地輸提　薄伽伐點提毗餤
薩囉酸(蘇活)點(丁焰引)　羯囉(魯家)滞雞由囇
雞由囉末底　呬里蜜里呬里蜜里

河西節度门徒兼攝沙州釋门法师沙门恒安与三孔
侍神写此金光明經一部　兄此一卷記

BD08418 號　金光明最勝王經（兌廢稿）卷七　（2–2）

大般若波羅蜜多經卷第一百廿四
初分校量功德品第卅之廿二　三藏法師玄奘奉詔譯
世尊云何以一切陁羅尼門無二爲方便無生爲方
便無所得爲方方便迴向一切智智脩
習布施淨戒安忍精進靜慮般若波羅蜜
多慶喜一切陁羅尼門一切陁羅尼門性空何
以故以一切陁羅尼門性空與布施淨戒安
忍精進靜慮般若波羅蜜多無二分故
世尊云何以一切三摩地門無二爲方便無
生爲方便無所得爲方便迴向一切智智
脩習布施淨戒安忍進靜慮般若波羅蜜
多慶喜一切三摩地門一切三摩地門性空何
以故以一切三摩地門性空與布施淨戒安忍
精進靜慮般若波羅蜜多無二無二分故
慶喜由此故說以一切陁羅尼門等無二爲

BD08419 號　大般若波羅蜜多經卷一二四　（2–1）

生爲方便無所得爲方便迴向一切智智
脩習布施淨戒安忍精進靜慮般若波羅蜜
多慶喜一切三摩地門一切三摩地門性空何
以故以一切三摩地門性空與布施淨戒安忍
精進靜慮般若波羅蜜多無二無二分故
慶喜由此故說以一切陁羅尼門等無二爲
方便無生爲方便無所得爲方便迴向一切
智智脩習布施淨戒安忍精進靜慮般
若波羅多世尊云何一切陁羅尼門無二爲方
便無生爲方便無所得爲方便迴向一切
智智安住內空外空內外空空空大空勝義
有爲空無爲空畢竟空無際空散空無
性空自相空共相空一切法空不
自性空無性空慶喜一切
門性空何以故以一切
至無性自性
摩地門

BD08419 號　大般若波羅蜜多經卷一二四　（2–2）

BD08419 號背　勘記　（1–1）

王
[illegible]摩那[illegible]龍王優鉢
[illegible]百千眷屬俱有四緊那羅王
[illegible]妙[illegible]大法緊那羅王
[illegible]羅王各與若千百千眷屬俱有[illegible]
乾闥[illegible]王樂乾闥婆王樂音乾闥婆王美乾
闥婆王美音乾闥婆王各與若千百千眷屬
俱有四阿脩羅王婆稚阿脩羅王佉羅騫大
阿脩羅王毗摩質多羅阿脩羅王羅睺阿脩
羅王各與若千百千眷屬俱有四迦樓羅王
大威德迦樓羅王大身迦樓羅王大滿迦樓
羅王如意迦樓羅王各與若千百千眷屬俱
韋提希子阿闍世王與若千百千眷屬俱各
礼佛足退坐一面尒時世尊四衆圍繞供養

BD08420號　妙法蓮華經卷一　　（2–1）

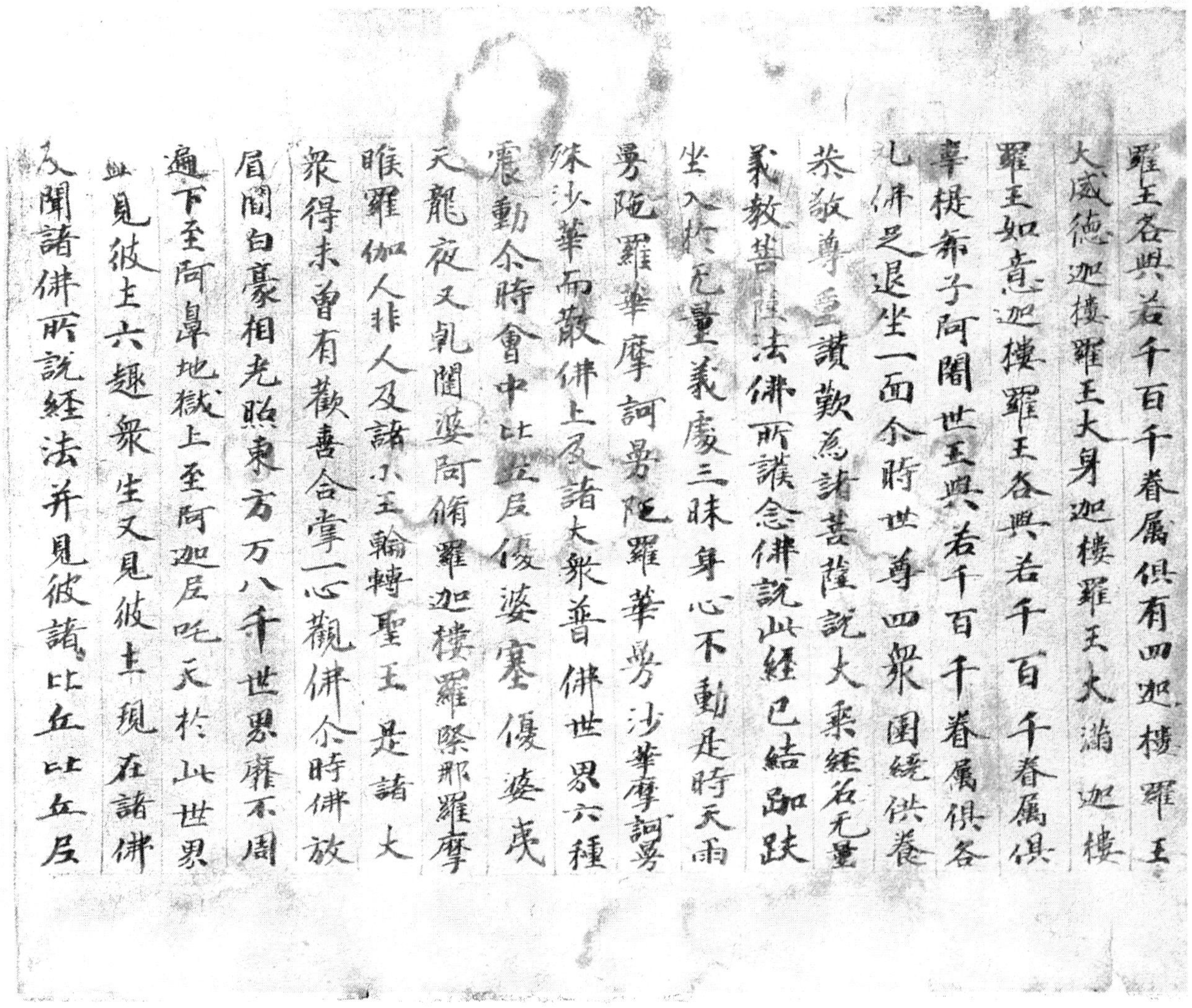

羅王各與若千百千眷屬俱有四迦樓羅王
大威德迦樓羅王大身迦樓羅王大滿迦樓
羅王如意迦樓羅王各與若千百千眷屬俱
韋提希子阿闍世王與若千百千眷屬俱各
礼佛足退坐一面尒時世尊四衆圍繞供養
恭敬尊重讚歎為諸菩薩說大乘經名无量
義教菩薩法佛所護念佛說此經已結跏趺
坐入於无量義處三昧身心不動是時天雨
曼陁羅華摩訶曼陁羅華曼殊沙華摩訶曼
殊沙華而散佛上及諸大衆普佛世界六種
震動尒時會中比丘比丘尼優婆塞優婆夷
天龍夜叉乾闥婆阿脩羅迦樓羅緊那羅摩
睺羅伽人非人及諸小王轉輪聖王是諸大
衆得未曾有歡喜合掌一心觀佛尒時佛放
眉間白豪相光照東方万八千世界靡不周
遍下至阿鼻地獄上至阿迦尼吒天於此世界
盡見彼土六趣衆生又見彼土現在諸佛
及聞諸佛所說經法并見彼諸比丘比丘尼

BD08420號　妙法蓮華經卷一　　（2–2）

勸善經一卷
勅左丞相賈耽頒下諸州勸諸衆生每日念阿彌陁
佛一千口斷惡行善今年大熟無人收刈有數種病死第
一瘧病死第二天行病死第三赤白痢死第四赤眼死
第五女人產死第六水痢死第七風黃病死今勸衆生寫
此經一本免一門難寫兩本免六親見此經不寫者滅
門門上牓之得過此難無福者不可得見此經其經
從南來正月八日雷電霹靂空中有一童子年可
三歲又見一老人在路中見蛇身長百丈人頭鳥足
遂呼老人曰莫太山崩要女人万万衆須平市了[illegible]
病者難差寫此經者得免此難不信者但看八
月一日三家使一牛五男同一婦僧尼巡門勸寫
此經流傳者被神風吹却不免此難墮人流
[illegible]真言[illegible]邪師見聞者遞

BD08421號　勸善經　（2–1）

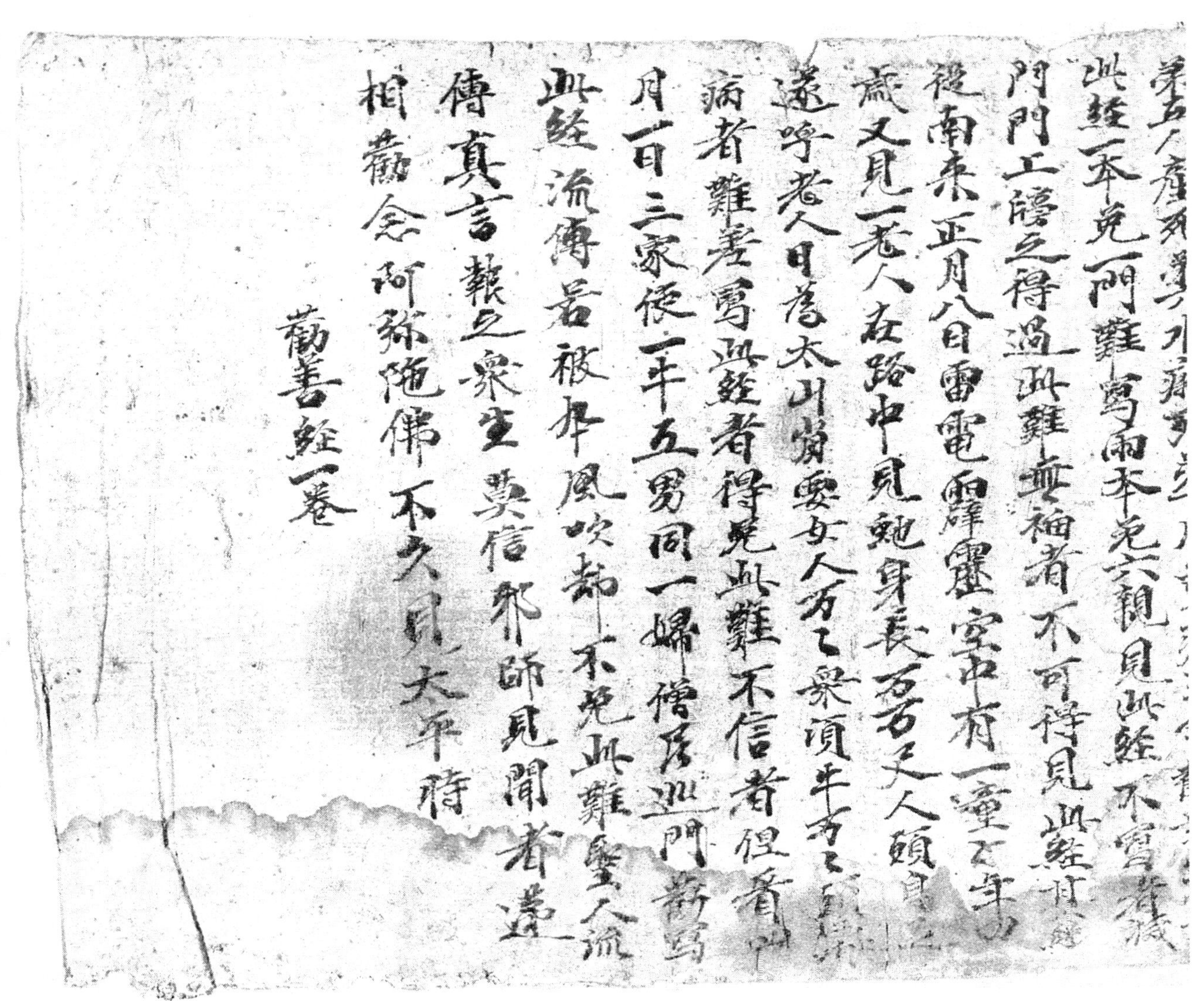

第五女人產死第六水痢死[illegible]
此經一本免一門難寫兩本免六親見此經不寫者滅
門門上牓之得過此難無福者不可得見此經其經
從南來正月八日雷電霹靂空中有一童子年可
三歲又見一老人在路中見蛇身長百丈人頭鳥足
遂呼老人曰莫太山崩要女人万万衆須平市了[illegible]
病者難差寫此經者得免此難不信者但看八
月一日三家使一牛五男同一婦僧尼巡門勸寫
此經流傳者被神風吹却不免此難墮人流
傳真言報之衆生莫信邪師見聞者遞
相勸念阿彌陁佛不久見太平時
勸善經一卷

BD08421號　勸善經　（2–2）

狀者說□□□□□念何以□
多羅三藐三菩提者於法不說斷滅相須菩
提若菩薩以滿恒河沙等世界七寶布施若
復有人知一切法无我得成於忍此菩薩勝
前菩薩所得功德須菩提以諸菩薩不受福
德故須菩提白佛言世尊云何菩薩不受福
德須菩提菩薩所作福德不應貪著是故
說不受福德
須菩提若有人言如來若來若去若坐若臥
是人不解我所說義何以故如來者无所從
來亦无所去故名如來
須菩提若善男子善女人以三千大千世界
碎為微塵於意云何是微塵眾寧為多不甚
多世尊何以故若是微塵眾實有者佛則不
說是微塵眾所以者何佛說微塵眾則非微
塵眾是名微塵眾世尊如來所說三千大千
世界則非世界是名世界何以故若世界實
有者則是一合相如來說一合相則非一合相
是名一合相須菩提一合相者則是不可說
但凡夫之人貪著其事須菩提若人言佛說

BD08422 號　金剛般若波羅蜜經　（1–1）

身呪滿一千八十遍尒時菩薩當化作阿難相
貌具足來問仁者所須何法何所求耶 通師 卷訶
未下卷 若欲得有所求者當作四肘水壇燒沉
香誦呪一百八遍作前弟十七願印即得一
切如願若欲得歡喜者誦呪作前弟九印
呪烏麻卅一遍燒之即得如意若欲得畢羅
闍歡喜當取畢羅闍園內樹枝呪卅一遍擲
置園中即得歡喜若欲伏惡家者當呪苦
練木卅一遍火中燒之即得歸伏若有鬼神
難調伏者取安悉香及白芥子呪卅一遍擲
置火中一切鬼病者自然降伏
若有疫病流行當作四肘水壇取蘇少分
與疫病人食之立愈昔罽賓國有疫病流
行人德病不過一日二日並死有婆羅門真
諦將此法施行救療應時消滅行病鬼王
出離國境故知有驗若有他國侵擾盜賊
及亂作前弟一總攝身印呪一百八遍一切賊盜

BD08423 號　千眼千臂觀世音菩薩陀羅尼神咒經（兌廢稿）卷上　（2–1）

難調伏者取安悉香及白芥子呪廿一遍擲
置火中一切鬼病者自然臣伏
若有疫病流行當作四肘水壇取藾少分
與疫病人食之立愈昔罽賓國有疫病流
行人得病不過一日二日並死有婆羅門真
諦將此法施行救療應時消滅行病鬼王
出離國境故知有驗若有他國侵擾盜賊
及亂作前第一抱攝身印呪一百八遍一切賊盜
盡定印日日供養燒沉水香誦呪滿一千八十
遍即得轉其業鄭昔波羅奈國有長者唯
有一子壽年合得十六至年十五有婆羅門
巡門乞食見長者愁憂不樂夫妻憔悴面
無光澤婆羅門問曰長者何為不樂長者說
向因緣婆羅門答言長者不須愁憂但取

BD08423號　千眼千臂觀世音菩薩陀羅尼神咒經（兑廢稿）卷上　（2–2）

行印陀羅尼無盡無減無邊佛身皆能顯
現陀羅尼無盡無減
善男子如是等無盡無減諸陀羅尼門得
成就故是菩薩摩訶薩能於十方一切佛土
化作佛身演說無上種種正法於法真如不
動不住不來不去善能成熟一切衆生善根
亦不見一衆生可成熟者雖說種種諸法於
言詞中不動不住不去不來能於生滅證無
生滅以何因緣說諸行法無有去來由一切
法體無異故說是法時三万億菩薩摩訶薩
得無生法忍無量諸菩薩不退菩提心無量
無邊苾芻苾芻尼得法眼淨無量衆生發菩
薩心爾時世尊而說頌曰
勝法能逆生死流　甚深微妙難得見
有情盲冥貪欲覆　由不見故受衆苦
爾時大衆俱從座起頂禮佛足而白佛言世
[illegible]

BD08424號　金光明最勝王經卷四　（2–1）

得無生法忍無量諸菩薩不退菩提心無量
無邊苾芻苾芻尼得法眼淨無量衆生發菩
薩心尒時世尊而說頌曰
勝法能逆生死流　甚深微妙難得見
有情盲冥貪欲覆　由不見故受衆苦
尒時大衆俱從座起頂禮佛足而白佛言世
尊若所在處講宣讀誦此金光明最勝王經
我等大衆皆悉往彼爲作聽衆是說法師
令得利益安樂無障身意泰然我等皆當盡心
供養亦令聽衆安隱快樂所住國土無諸怨
賊恐怖厄難飢饉之苦人民熾盛此說法處
道場之地一切諸天人非人等一切衆生不
應履踐及以汙穢何以故說法之處即是制
底當以香花繒綵幡蓋而爲供養我等常爲
守護令離衰損佛告大衆善男子汝等應當
精勤修習此妙經典是則正法久住於世

金光明最勝王經卷第四

栿　姜里　從禾

BD08424號　金光明最勝王經卷四　（2–2）

揚離害生命乃至耶見法歡喜讚歎離害生命
乃至耶見者是菩薩摩訶薩乃至夢中亦不現
受行十不善業道況在覺時受生是事若菩
薩摩訶薩成就如是諸行狀相和是不退轉
菩薩摩訶薩復次善現一切不退轉菩薩摩
訶薩普爲饒益一切有情以無所得而爲方
便常脩布施波羅蜜多乃至般若波羅蜜多
恒無懈廢若菩薩摩訶薩成就如是諸行狀
相和是不退轉菩薩摩訶薩復次善現一切
不退轉菩薩摩訶薩諸所受持思惟讀誦所
有契經乃至論議一切皆令究竟通利以如
是法常樂布施一切有情恒作是念云何當
令諸有情類求正願皆得滿足後持如是
法施善根與諸有情平等共有以無所得而
爲方便迴向無上正等菩提若菩薩摩訶薩
成就如是諸行狀相和是不退轉菩薩摩訶

BD08425號　大般若波羅蜜多經（兌廢稿）卷五一四　（2–1）

不退轉菩薩摩訶薩諸所受持思惟讀誦所
有契經乃至論議一切皆令究竟通利以如
是法常樂布施一切有情恒作是念云何當
令諸有情類求正發願皆得滿足復持如是
法施善根與諸有情平等共有以無所得而
為方便迴向無上正等菩提若菩薩摩訶薩
成就如是諸行狀相知是不退轉菩薩摩訶
薩復次善現一切不退轉菩薩摩訶薩於佛
所說甚深法門終不生於疑惑猶豫具壽善
現復白佛言何緣不退轉菩薩摩訶薩於佛
現一切不退轉菩薩摩訶薩都不見有法可
疑惑猶豫謂不見有色蘊乃至識蘊亦不見
有眼處乃至意處亦不見有色處乃至法處
亦不見有眼界乃至意界亦不見有色界乃
至法界亦不見有眼識界乃至意識界亦不
見有眼觸乃至意觸亦不見有眼觸為緣所
生諸受乃至意觸為緣所生諸受亦不見有
地界乃至識界亦不見有因緣乃至增上緣

BD08425號　大般若波羅蜜多經（兌廢稿）卷五一四　（2-2）

BD08425號背　雜寫　（1-1）

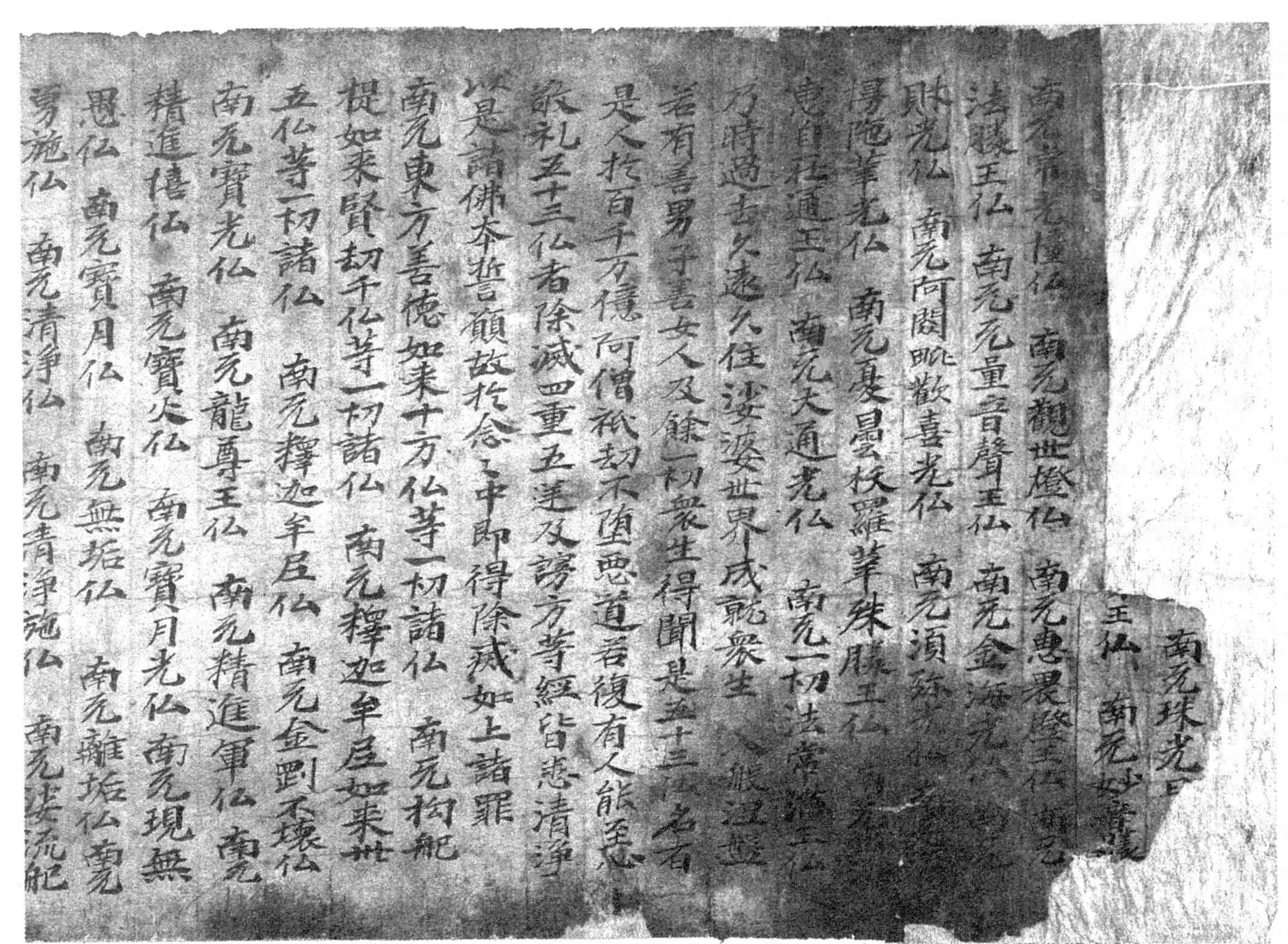
南无珠光
王仏 南无妙音
南无常光幢仏 南无観世燈仏 南无恵畏燈王仏 南无
法勝王仏 南无无量音聲王仏 南无金海光仏 南无
財光仏 南无阿閦毗歡喜光仏 南无須弥光仏 南无
陽陁華光仏 南无夏曇鉢羅華殊勝王仏 南无
恵自在通王仏 南无大通光仏 南无一切法常満王仏
乃時過去久遠久住娑婆世界成就衆生 般涅槃
若有善男子善女人及餘一切衆生得聞是五十三仏名者
是人於百千万億阿僧祇劫不堕悪道若復有人能至心
敬礼五十三仏者除滅四重五逆及謗方等經皆悉清淨
以是諸佛本誓願故於念念中即得除滅如上諸罪
南无東方善徳如来十方仏等一切諸仏 南无拘那
提如来賢劫千仏等一切諸仏 南无釋迦牟尼如来卅
五仏等一切諸仏 南无釋迦牟尼仏 南无金剛不壞仏
南无寶光仏 南无龍尊王仏 南无精進軍仏 南无
精進憘仏 南无寶火仏 南无寶月光仏 南无現無
愚仏 南无寶月仏 南无無垢仏 南无離垢仏 南无
勇施仏 南无清淨仏 南无清淨施仏 南无娑流那

BD08426 號　七階佛名經　（5–1）

以是諸佛本誓願故於念念中即得除滅如上諸罪
南无東方善徳如来十方仏等一切諸仏 南无拘那
提如来賢劫千仏等一切諸仏 南无釋迦牟尼如来卅
五仏等一切諸仏 南无釋迦牟尼仏 南无金剛不壞仏
南无寶光仏 南无龍尊王仏 南无精進軍仏 南无
精進憘仏 南无寶火仏 南无寶月光仏 南无現無
愚仏 南无寶月仏 南无無垢仏 南无離垢仏 南无
勇施仏 南无清淨仏 南无清淨施仏 南无娑流那
仏 南无水天仏 南无堅得仏 南无无量掬光仏
南无旃擅功徳仏 南无光徳仏 南无無憂得仏
南无那羅延仏 南无功徳花仏 南无蓮花光由戲神
通仏 南无財功徳仏 南无徳念仏 南无善名稱功徳
仏 南无弘炎幢王仏 南无善遊歩功徳仏 南无
鬪戰勝仏 南无善遊歩仏 南无周迊荘嚴功徳仏
南无寶花遊歩仏 南无寶蓮花善住娑羅樹王仏
南无東方阿閦如来一万五千仏等一切諸仏
南无寶集如来廿五等一切諸仏 南无寶集　仏
南无寶勝仏 南无成就盧舍那仏 南无盧舍那敬
像仏 南无盧舍那光明仏 南无不動仏 南无大光明
仏 南无无量聲如来 南无无量聲如来 南无无量
聲如来 南无阿弥陁徂沙仏 南无大稱仏 南无寶
光明仏 南无徳大無畏仏 南无然燈火仏 南无寶
聲仏 南无無邊無垢仏 南无月聲仏 南无無邊
稱仏 南无日月光明世尊 南无日月光明世尊
南无日月光明世尊 南无無垢光明仏 南无

BD08426 號　七階佛名經　（5–2）

光明仏　南无德大無畏仏　南无然燈火仏　南无寶
聲仏　南无無邊無垢仏　南无月聲仏　南无無邊
操仏　南无日月光明世尊　南无日月光明世尊
南无日月光明世尊　南无無垢光明仏　南无法
明仏 南无日光明仏　南无無邊寶仏　南无花勝
南无妙身仏　南无法光明清淨開敷蓮花仏
南无虛空功德清淨微塵等目端正功德相光明花波
頭摩瑠璃光寶體香最上香供養訖種〻莊嚴頂髻
无量无邊日月光明願力莊嚴變花莊嚴法界出生
无障㝵王如来　南无豪相日月光明華炎寶
蓮華堅如金剛身如毗盧遮那无障㝵眼圓滿
十方放光照一切仏刹相王如来　南无過現未来
十方三世一切諸仏　南无上界先天龍八部帝主
人王師僧父母六道衆生並願志除災障歸命懺
悔　南无仏　南无法　南无僧如是等一切世界
諸仏世尊常住在世是諸世尊當思念我當憶念
我當證知我若我此生若我前生從无始生死已
来所造衆罪若自作若教人作見作隨喜所作无
間五逆重罪若自作若教人作見作隨喜十不善
道自作教他見作隨喜所作罪障或有覆藏或
不覆藏應墮地獄餓鬼畜生諸餘惡聚邊下地
賤我作戒烈車應當懺悔　今諸仏當證知我
當憶念我當覆護我〻復於諸仏世尊前作如是
言知我此生前於前生曾行布施或持淨戒乃至施
与畜生一摶之食或脩淨行所有善根成就衆生
所有善根脩行菩提所有善根求无上智所有善

BD08426號　七階佛名經　（5–3）

賤我作戒烈車應當懺悔　今諸仏當證知我
當憶念我當覆護我〻復於諸仏世尊前作如是
言知我此生前於前生曾行布施或持淨戒乃至施
与畜生一摶之食或脩淨行所有善根成就衆生
所有善根脩行菩提所有善根求无上智所有善
根脩一切合集計教籌量迴向阿耨多羅三藐三
菩提如過去諸仏現在諸仏未来諸仏所作迴向
我亦如是迴向所作衆罪應皆懺悔　衆罪皆
懺悔諸福盡隨喜請仏及功德願成无上智去
来現在仏於衆生最勝无量功德海歸依合掌礼
至心發願〻我等生〻值諸仏世〻恒聞解脫音
弘誓平等度衆生究竟速成无上道發願已歸
命礼三寶　始一切普誦　處世界如虛空如蓮
花不着水心清淨超於彼　稽首依礼无上尊
說偈發願〻已此功德普及於一切我等与衆生皆共
成佛道　一切恭敬自歸依佛當願衆生體解大
道發無上意　自歸依法當願衆生深入經藏智慧
如海　自歸依僧當願衆生統理大衆一切无㝵
願諸衆生諸惡莫作諸善奉行自淨其意是諸
佛教和南一切賢聖　白衆等聽說黃昏无
常偈人間忩〻營衆務不覺年命日夜去如燈風
中奐難期忙〻六道無定取未得解脫出苦海云何
安然不驚具各聞強健有力時自策自勵求常住
各說次時无常偈　諸行无常是生滅法生滅〻已
寂滅為樂如来證涅槃永斷無生死若能至心聽
常受無量洛　迴向發願　願以此礼懺功德迴施
龍天八部[illegible]四王帝主人王師僧[illegible]

BD08426號　七階佛名經　（5–4）

如海　自歸依僧當願衆生統理大衆一切无㝵
願諸衆生諸惡莫作諸善奉行自淨其意是諸
佛教和南一切賢聖　　白衆等聽說黃昏无
常偈人間忩忩營衆務不覺年命日夜去如燈風
中焰難期忙忙六道無定取未得解脫出苦海云何
安然不驚懼各聞強健有力時自策自勵求常住
各說後時无常偈　　諸行无常是生滅法生滅滅已
寂滅爲樂如來證涅盤永斷無生死若能至心聽
常受無量樂　迴向發願　願以此礼懺功德迴施
龍天八部户世四王帝主人王師僧父母法界衆生
一時成佛大衆隨聲始一切誦

BD08426 號　七階佛名經　　　　（5–5）

佛說犯戒罪報輕重經　如是我聞一時佛住王舍城迦蘭陀竹園
尒時世尊者目連晡時從禪定覺往至世尊所頭面礼足却住
一面時尊者大目連白佛言世尊意有所疑今欲請問唯願聽
許佛告目連聽汝所問當爲說汝目連即白佛言世尊若比
丘比丘尼無慚愧心輕慢佛語犯衆學戒如是犯波羅提提舍
尼波夜提偷蘭遮僧伽婆尸沙波羅夷得幾不饒益罪唯
願解說佛告目連諦聽諦聽當爲汝說若比丘比丘尼無慚無
愧輕慢佛語犯衆學戒如四天王壽五百歲墮泥犁中於
人間數九百千歲佛告目連无慚愧輕慢佛語犯波羅提提舍
尼如三十三天壽千歲墮泥犁中於人間數三億六千歲佛告
无慚无愧輕慢佛語犯波夜提如夜摩天壽二千歲墮泥犁
中於人間數三十億四十千歲佛告目連无慚无愧輕慢佛語犯
偷蘭遮如兜率天壽四千歲墮泥犁中於人間數五十億六
十千歲佛告目連無慚無愧輕慢佛語犯僧伽婆尸沙如不
憍樂天壽八千歲墮泥犁中於人間數二百三十億四十千歲佛
告目連无慚无愧輕慢佛語犯波羅夷如他化自在天壽十
六千歲墮泥犁中於人間數九百二十一億六十千歲時尊者目連

BD08427 號　犯戒罪報輕重經　　　　（2–1）

尼如三十三天壽千歲墮泥犁中於人間數三億六千歲佛告
无慙无愧輕慢佛語犯波夜提如夜摩天壽二千歲墮泥犁
中於人間數三千億四十千歲佛告目連无慙无愧輕慢佛語犯
偷蘭遮如兜率天壽四千歲墮泥犁中於人間數五十億六
十千歲佛告目連無慙無愧輕慢佛語犯僧伽婆尸沙如不
憍樂天壽八千歲墮泥犁中於人間數二百卅億四十千歲佛
告目連无慙无愧輕慢佛語犯波羅夷如他化自在天壽十
六千歲墮泥犁中於人間數九百廿一億六十千歲時尊者目連
聞佛所說歡喜奉行尒時目連即說偈言因緣輕
慢故命終墮惡道因緣脩善者於此生天上 緣斷脩福業
離惡得解脫 不善覩因緣 身壞入惡道佛說犯戒罪報輕
重經

BD08427號　犯戒罪報輕重經　（2–2）

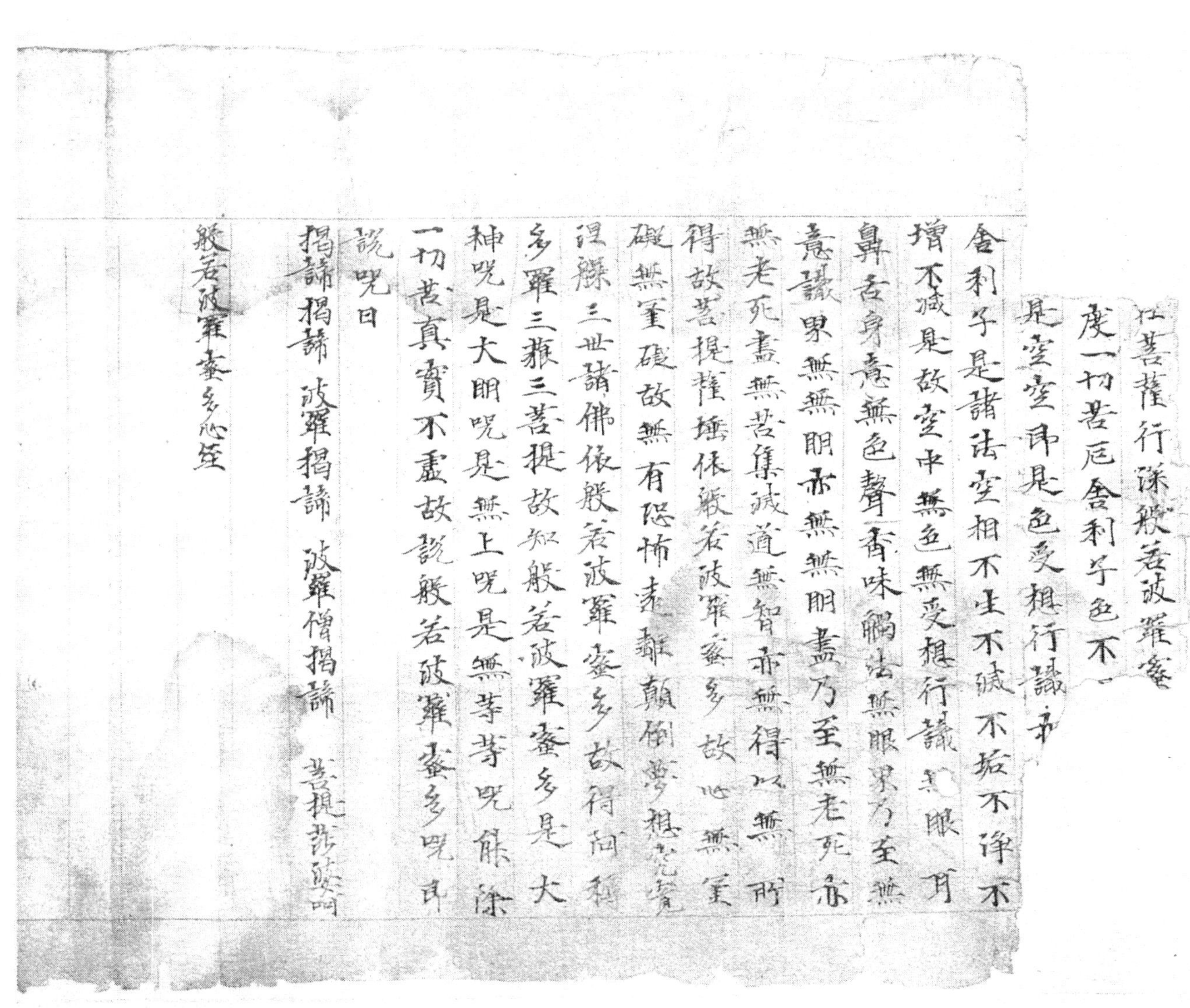

在菩薩行深般若波羅蜜
度一切苦厄舍利子色不
是空空即是色受想行識亦
舍利子是諸法空相不生不滅不垢不淨不
增不減是故空中無色無受想行識無眼耳
鼻舌身意無色聲香味觸法無眼界乃至無
意識界無無明亦無無明盡乃至無老死亦
無老死盡無苦集滅道無智亦無得以無所
得故菩提薩埵依般若波羅蜜多故心無罣
礙無罣礙故無有恐怖遠離顛倒夢想究竟
涅槃三世諸佛依般若波羅蜜多故得阿耨
多羅三藐三菩提故知般若波羅蜜多是大
神呪是大明呪是無上呪是無等等呪能除
一切苦真實不虛故說般若波羅蜜多呪即
說呪曰
揭諦揭諦　波羅揭諦　波羅僧揭諦　菩提莎訶
般若波羅蜜多心經

BD08428號　般若波羅蜜多心經　（2–1）

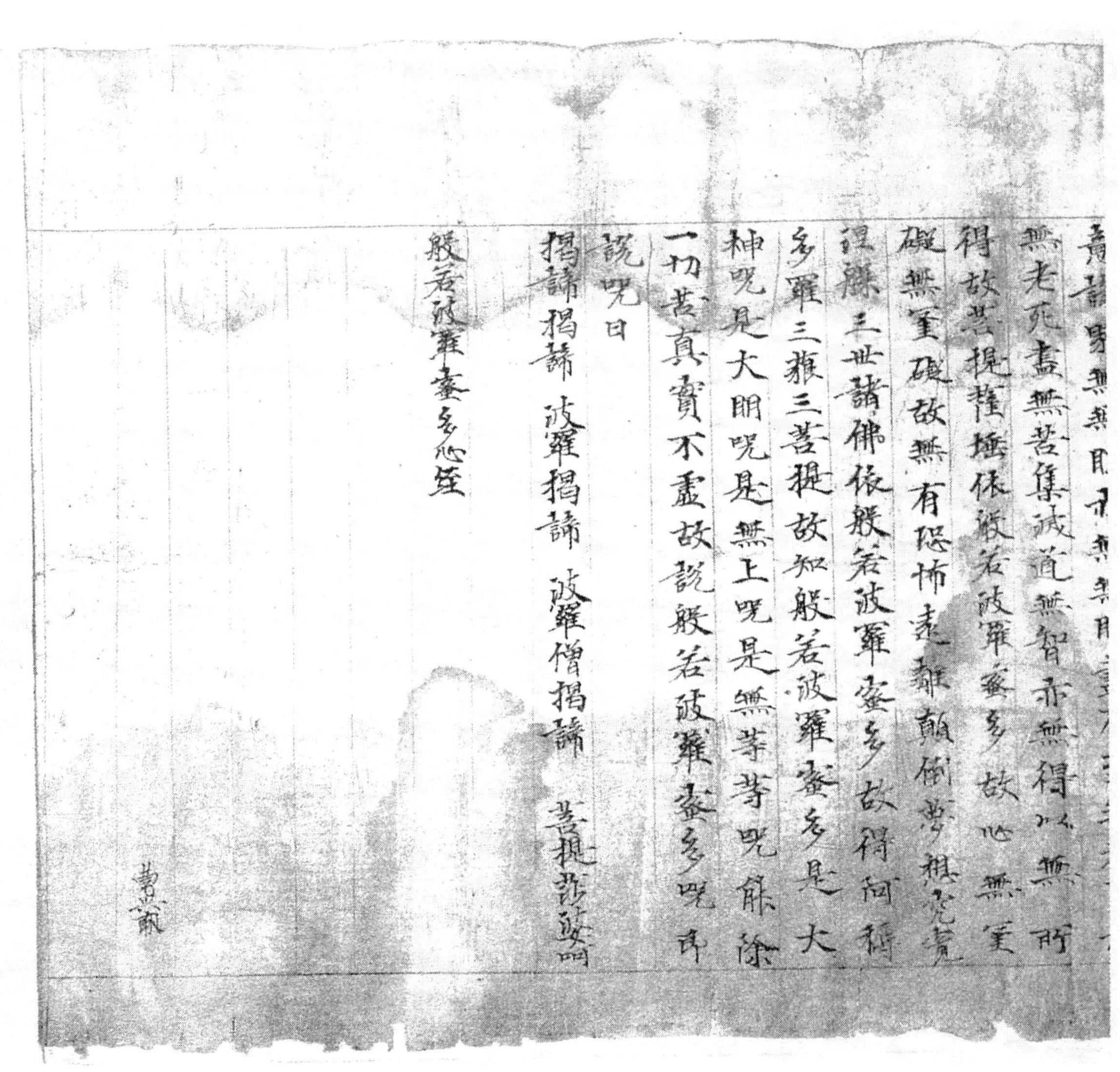
意識界無無明亦無無明盡
無老死盡無苦集滅道無智亦無得以無所
得故菩提薩埵依般若波羅蜜多故心無罣
礙無罣礙故無有恐怖遠離顛倒夢想究竟
涅槃三世諸佛依般若波羅蜜多故得阿耨
多羅三藐三菩提故知般若波羅蜜多是大
神呪是大明呪是無上呪是無等等呪能除
一切苦真實不虛故說般若波羅蜜多呪即
說呪曰
揭諦揭諦 波羅揭諦 波羅僧揭諦 菩提薩婆訶
般若波羅蜜多心經

BD08428 號　般若波羅蜜多心經　（2–2）

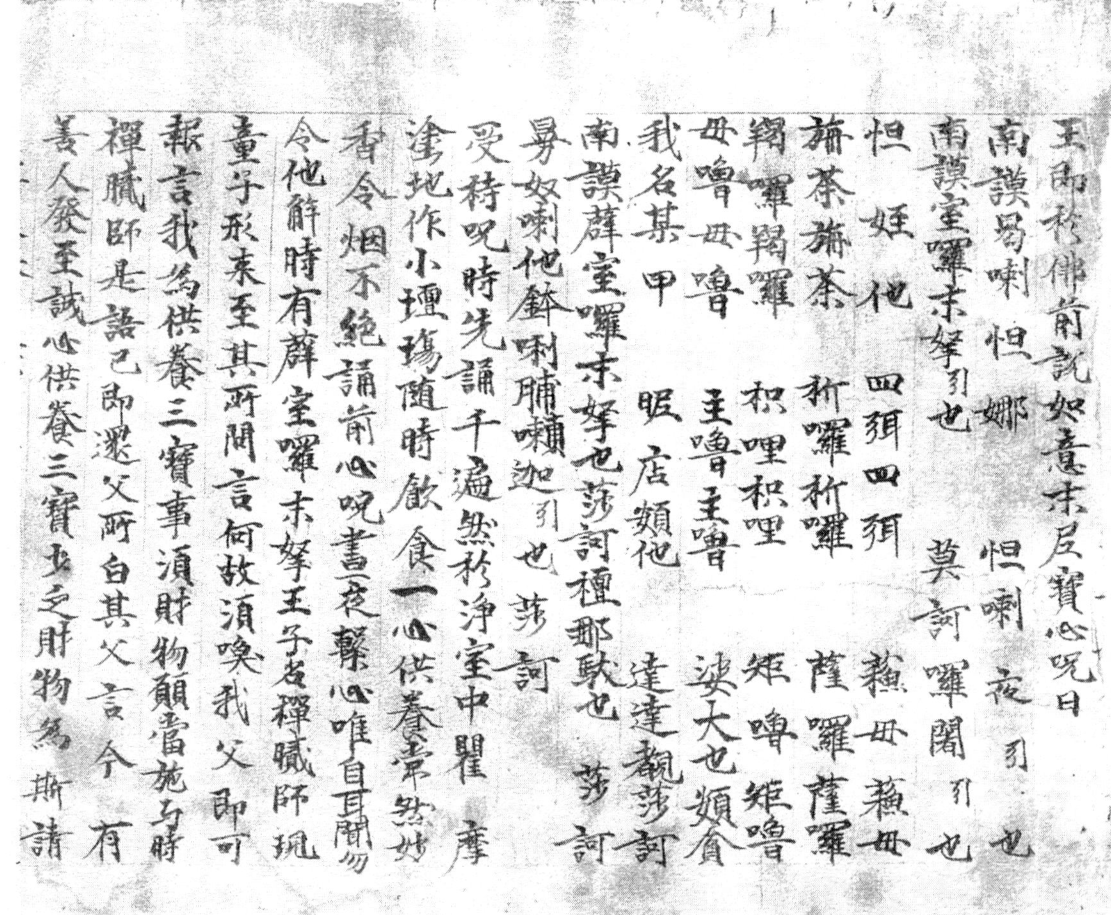
王即於佛前說如意末尼寶心呪曰
南謨曷喇怛娜 怛喇夜引也
南謨室囉末拏引也 莫訶囉闍引也
怛姪他 四須四須 蘇母蘇母
揥荼揥荼 折囉折囉 薩囉薩囉
羯囉羯囉 枳哩枳哩 矩嚕矩嚕
母嚕母嚕 主嚕主嚕 娑大也頞貪
我名某甲 昵店頞他 達達覩莎訶
南謨薜室囉末拏也莎訶檀那馱也 莎訶
曼奴喇他鉢喇脯喇迦引也 莎訶
受持呪時先誦千遍然於淨室中瞿摩
塗地作小壇場隨時飲食一心供養常然妙
香令烟不絕誦前心呪晝夜繫心唯自耳聞勿
令他解時有薜室囉末拏王子名禪膩師現
童子形來至其所問言何故須喚我父即可
報言我為供養三寶事須財物願當施与時
禪膩師是語已即還父所白其父言今有
善人發至誠心供養三寶乏少財物為斯請

BD08429 號　金光明最勝王經卷六　（3–1）

令他解時有薜室囉末拏王子名禪膩師現
童子形來至其所問言何故須喚我父即可
報言我為供養三寶事須財物願當施与時
禪膩師是語已即還父所白其父言今有
善人發至誠心供養三寶乏財物爲斯請
召其父報曰汝可速日日与彼一百迦利
沙波拏（此是根本梵音者唯目貝齒而随方不定或是貝齒或是金銀銅鐵等錢然摩揭陁現今通用一迦利沙波拏有一千六百貝齒總數可以准知若准物貴賤随處不定若人持呪得成就者獲物之時自知其數有本云每日与一百陳那羅即金錢也乃至盡形日日常得四方求者多有神驗除不至心也）
其持呪者見是相已知事得成當須獨處淨
室燒香而卧可於林邊置一香篋每至天曉
觀其篋中獲所求物每得物時當日即須供
養三寶香花飲食兼施貧乏皆令罄盡不得
停留於諸有情起慈悲念勿生瞋詐諂害之
心若起瞋者即失神驗常可護心勿令瞋恚
又持此呪者於每日中憶我多聞天王及男
女眷屬稱揚讚歎恒以十善共相資助令彼
天等福力增明衆善普臻證菩提處彼諸天
衆見是事已皆大歡喜共來擁衛持呪之人
又持呪者壽命長遠經無量歲永離三塗
常無災厄亦令獲得如意寶珠及以伏藏神
通自在所願皆成若求官榮無不稱意亦解
一切禽獸之語
世尊若持呪時欲得見我自身現者可於月
八日或十五日於白疊上畫佛形像當用木
膠雜彩莊飾其畫像人為受八戒於佛左邊
作吉祥天女像於佛右邊作我多聞天像并

BD08429號　金光明最勝王經卷六　（3–2）

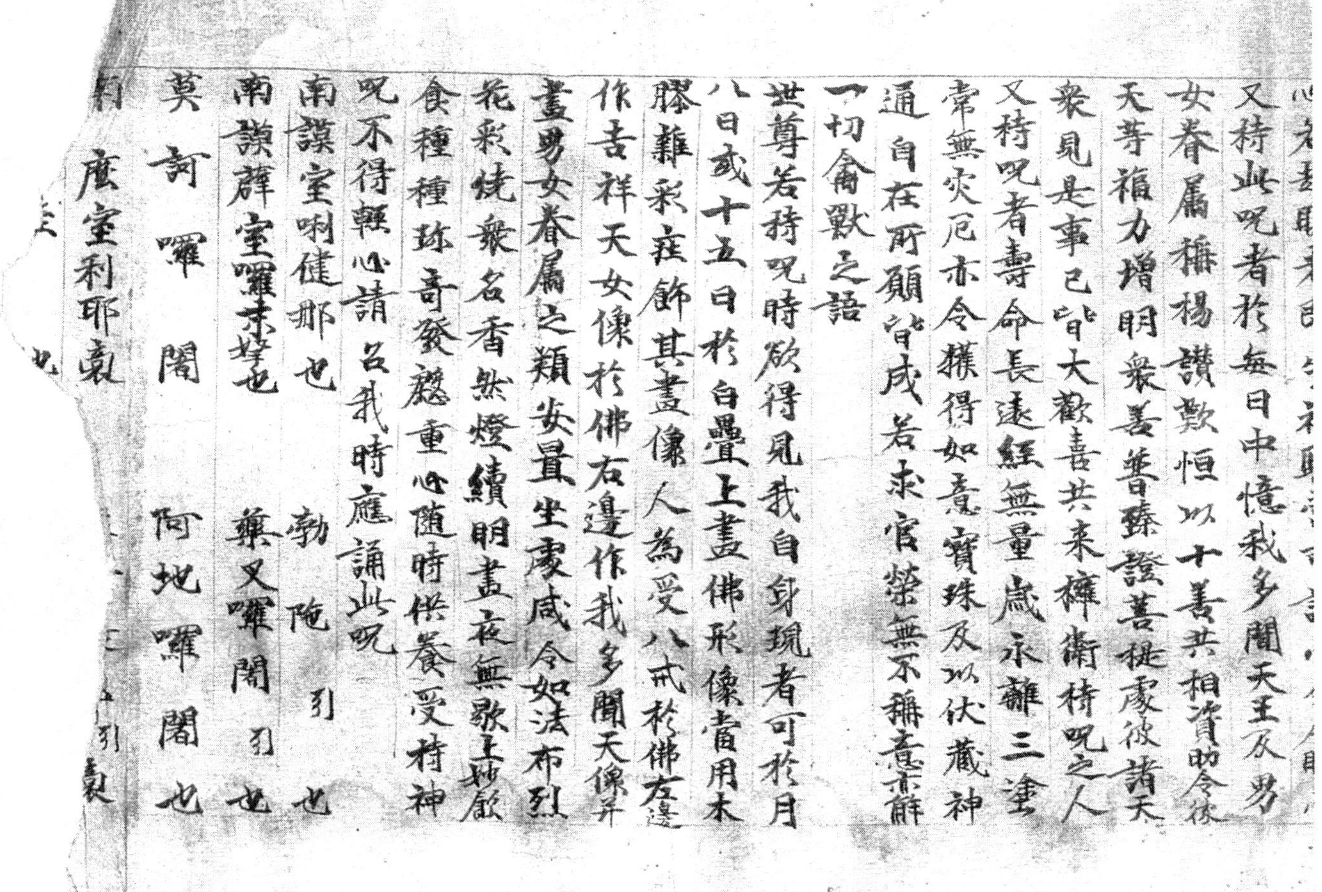
又持此呪者於每日中憶我多聞天王及男
女眷屬稱揚讚歎恒以十善共相資助令彼
天等福力增明衆善普臻證菩提處彼諸天
衆見是事已皆大歡喜共來擁衛持呪之人
又持呪者壽命長遠經無量歲永離三塗
常無災厄亦令獲得如意寶珠及以伏藏神
通自在所願皆成若求官榮無不稱意亦解
一切禽獸之語
世尊若持呪時欲得見我自身現者可於月
八日或十五日於白疊上畫佛形像當用木
膠雜彩莊飾其畫像人為受八戒於佛左邊
作吉祥天女像於佛右邊作我多聞天像并
畫男女眷屬之類安置坐處咸令如法布列
花彩燒衆名香然燈續明晝夜無歇上妙飲
食種種珍奇發慇重心隨時供養受持神
呪不得輕心請召我時應誦此呪
南謨室唎健那也　勃陁引也
南謨薜室囉末拏也　藥叉囉闍引也
莫訶囉闍　阿地囉闍也
[illegible]麼室利耶袁　[illegible]引袁

BD08429號　金光明最勝王經卷六　（3–3）

煩惱具足功德善男子　離欲童子常行无
上甘露法藏故離於惡煩惱之業云何為離
善男子若有衆生善能循行一乘海空繳盛
寶藏書寫受持讀誦講說思惟義味深越世間
生死煩惱以是之故是名離惡何以故此經
能離三洞七部道化宵扃太平等經善男
子譬如明師導諸衆生於衆生中忽有一人
善能思惟信受教勅心不造惡口不妄言離
於家愛捨煩惱身善男子真人童子亦復
如是善能思惟明師教勅一乘海空繳盛寶
藏亦復如是心不造惡口不妄言善男子譬
如世間有善良藥若有衆生信心服之盡其
手命不為一切惡毒傷惱復有一人唱說良
藥乃至盡命无有衆惡善男子一乘海空
亦復如是是世良藥若有一人善能受持讀

BD08430號　太上一乘海空智藏經卷六　(3–1)

[illegible]須如是心不違惡口不妄言善男子[illegible]
如世間有善良藥若有衆生信心服之盡其
年命不爲一切惡毒傷惱復有一人唱説良
藥乃至盡命无有衆惡善男子一乘海空
亦須如是世良藥若有一人善能受持讀
誦諷誦説思惟義味盡其年壽不墮惡道復
有一人唱説一乘海空智藏即得人天於相
殊特善男子若有衆生善能書寫身手
清淨文字行次如玉清簡必得人天智慧童
子立侍天尊如彼明王形相端嚴善男子一
乘海空秘密寶藏有如是等无量功德難可
思議若有衆生爲他敷演思惟義味當知
是人真我弟子善能受持是我教育是我
之所護念如是人者能了我相我隨其人所
住之處若在山林曠野深遠房舍田宅樓閣
宮殿我亦在中常住不動我於是所常作受
施或作道士靜念思惟或作賢人善能誦説
一乘海空真道之藏或作貧士詣門乞食
云何當令是人得知我於是所受人儭施常
作變身隨方顯現善男子如是人者居存具
中夜中得夢見諸神尊寶臺説法仙童玉
女侍立邊傍或見天人道士真像國王聖主
太子王像復見大山小山復見江河或見日
月或見牛羊爲馬車乘或見父母兄弟伯
姊賣持七寶金銀琉璃真珠等寶諸於
[illegible]

太子王像復見大山小山復見江河或見日
月或見牛羊為馬車乘或見父母兄弟伯
叔賫持七寶金銀琉璃真珠等寶諸於
法所信心布施尒時當知即是天尊受其
所施如是之窟已歡喜故尋得種種微妙
之物於是思惟心不念惡普行慈愛衆循
就如是无量諸天仙人受其功德不可思
議善男子汝今應當信受我語若有衆
生善男善女欲得海空欲見寶相欲得
循習秘密之藏常樂道場除於四魔離煩
惱城得天人乘循持一乘海空寶藏微妙
經典書寫讀誦為他演說思惟義味汝當
親近依附諮受供養恭敬尊重讚嘆洗其
手足布置床席諸事供給令无所乏若從遠
來汝等應當路次奉迎為是經故所重之物
應以奉獻何以故如是經典難見難聞汝當
一心諦聽受持善男子我念過去未來現在
无量无邊諸天尊等共集會
尒時衆中有一天尊名曰无形為諸大衆宣
說如是一乘海空秘密寶藏我於尒時從善
友聞了其義味我當為衆說一乘經海空
寶藏
尒時大衆得聞是經心大歡喜設大齋會

BD08430 號背　佛教雜論義（擬）

（3–1）

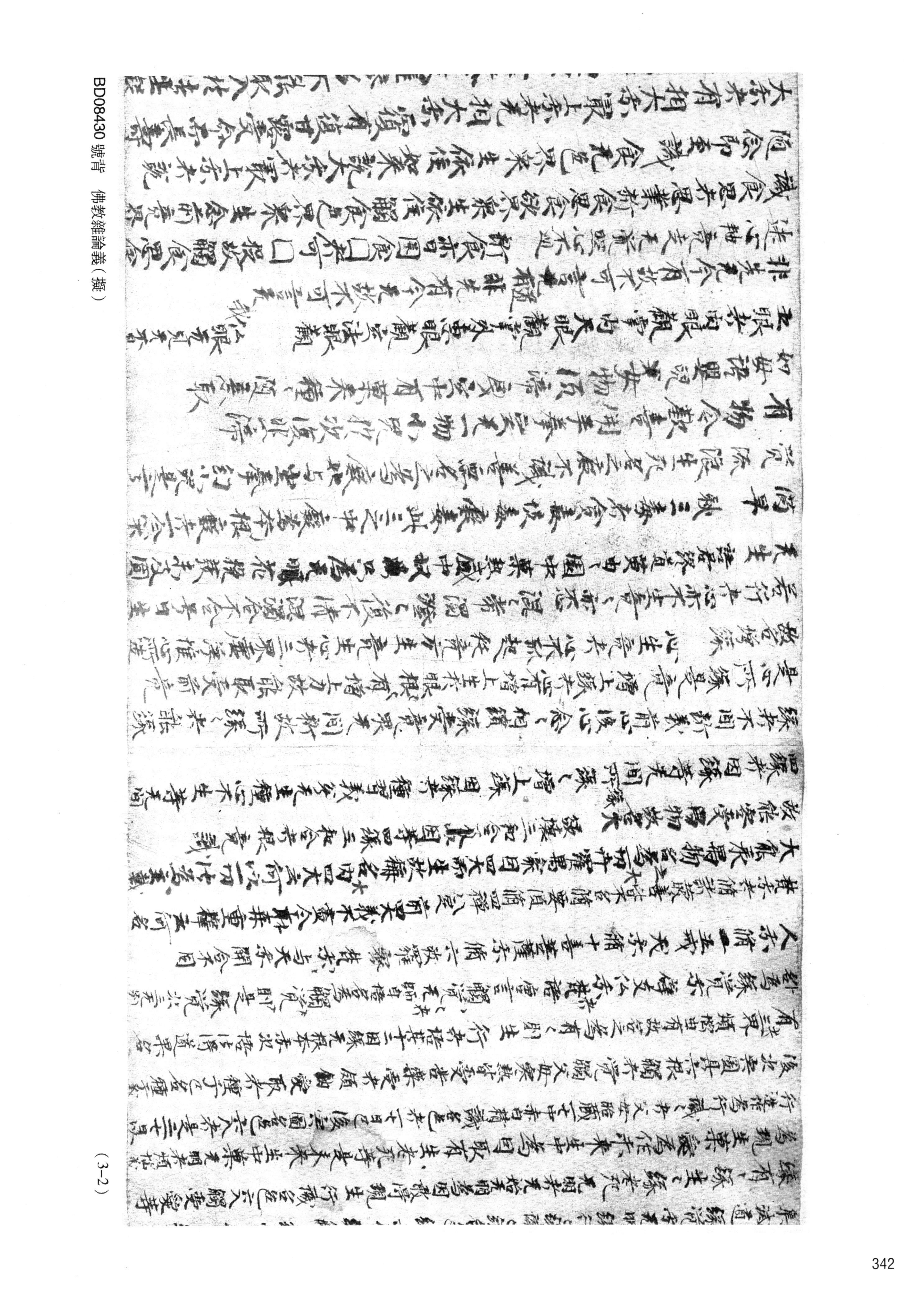

BD08430號背　佛教雜論義（擬）　（3–2）

非先无今有故不可言无有　非先有今……
迷心釉竟走无覺照心不逝　揣食亦曰團食口者可口捉故觸食思念
識食思者思業揣食思食欲界眾生依住觸食色界眾生念前竟界
隨念即是識　食无色界眾生依住　如來說大乘者最上乘者說
大乘者有相大乘最上乘者无相大乘　寶有復甘露受命亦長壽
霞有復甘露壽亦能捉惜殺若波羅蜜多不能取入於法生疑
若知催識現雜於心所得分別不現前亦不住其住
食次飯者至一生布處者布仏之處　仏如歸毛不鑽皮故
爍迦羅者梵語此云白淨識　觀覺所緾境如龍共蟒縛嗔毒從
此興猶如盛火覺是定觀是惠以定力見煩惱惠能不生煩惱
如竊藏六四足頭尾　仏有秘密之藏无秘密之教
若法從緣生即是寂滅義生住滅不滅故无有有為
說如鏡中像日不入鏡故　思量不得意者旨辭合理
訛華不曾自孤自起自論自是之　妄言起語者諸不當
鳴名可氣語　森羅及萬方儀一法之所印擇千池水月一蓋
月輪萬像森羅皆同方寸如鑄印瑩鑄壞文成罪福亦損
如是　當亂三天得度亦亂色是空於外无著亂唯是內於色空
柔亂心是空識於諸行三劫度河淺訛有異免于大魚水牛
色命苦司大魚命緣者大叶斷現生受報

BD08430號背　佛教雜論義（擬）　（3–3）

問三乘者 一聲聞乘 二緣覺乘 三菩薩乘
問知何是 聲聞乘有一類人於佛會下聞說四
諦法門因聲悟道證淨其塵故名聲聞
何者緣覺乘聞因緣法常厭喧煩樂淨其
塵名緣覺乘 何者菩薩乘聞說六波羅蜜
息諸心念起行修行證佛果故名菩薩乘
問三乘見法行行如何 答三乘所見理合不同
然其二乘所見相似見一切法皆從緣生六塵境界
及斷理心外實有見染見淨有愛有憎起如
是見所以聲聞 緣覺見法皆同合名下乘見
雖是同行行不等其聲聞人根性劣欲事須
知苦斷集證滅修道悟知苦空无常知此苦身
无我之理因煩惱集若求出苦須斷集因要證
斷修八聖道為斷因聞此法已深起厭求便能修
行戒定之惠為出世因此是聲聞所行之行 緣覺
所行之行者為緣覺人根性聰利觀因緣法順流逆流二
種法性无明緣行行緣識等十二是其順流者順世
間之性故卻從後尋老死因何而有因生生因何有
因有有因何有因取等逆上至无明以无明為根
本滅无明故則行滅行滅故則識滅至老死更无

BD08431號　三乘五性與五乘三性義（擬）　　（4–1）

所行〻者為緣覺人根性聰利觀因緣法順流逆流二
種法性无明緣行〻緣識等十二是其順流者順世
間无性故却從後尋老死因何而有因生〻因何有
因有有因何有因取等逆上至无明以无明為根
本滅无明故則行滅〻行滅故則識滅至老死更无
所有便說□□此是順 出世間法性道理此是緣
覺所行之行 菩薩見法者菩薩悟知六塵境界心外
實无復菩皆從心生了知心无一切皆空心生則法
生心滅則法滅 若心離妄平等皆如无是非无取无捨
究竟而有究竟而空此是菩薩所見之相 菩薩所行
行者聞說大乘之法最勝无邊聞說世法過患
損多皆可破壞二乘損果非是究竟了悟生死及捨
五趣同真如性便能修行諸波羅蜜勇猛精進能利
自他故便速成无上佛果此是菩薩所行之行
三乘得果如何 聲聞緣覺勝劣雖殊而彼所證
同我空理故二乘皆同一位二乘之人
於此身上斷諸煩惱所得菩名有餘依煩惱雖
盡若身猶在若身不盡名曰餘依是前三果四向
也无餘依者謂見眾生飢渴寒熱眾苦損多
厭患此身欲求棄捨以自智惠從內化火焚其
身心眾苦俱滅如太虛空淨无一物名无餘依此
是二乘所得菩 菩薩菩相者地前三賢菩薩障未
已不得菩地上雖得百法明門能證二空真如為
化眾生起煩惱故不得名曰无依菩未捨生死有數
苦故名曰无餘依菩由有下乘緣菩障由是未得无
住菩菩得生第五地中方斷此障分證无住菩之
理更進修行方得佛果 言五性者聲聞種性
緣覺種性 菩薩種性 不定種性 无種性 三乘義如

BD08431號 三乘五性與五乘三性義（擬） （4–2）

化衆生起煩惱故不得名曰无依涅槃未捨生死有緣
者故名曰无餘依涅槃由有下乘般涅槃障由是未得无
住涅槃菩薩得生第五地中方斷此障分證无住涅槃之
理更進修行方得佛果　言五性者聲聞種性
緣覺種性　菩薩種性　不定種性　无種性　三乘義如
上　言不定性者有一類人根性利故聞說三乘漸次
修學速證无生名不定性　言无種性者是一闡提謂
不信善撥无因果廣造諸惡名无種性此是三乘
五性　五乘三性者　三乘如上　四人乘　五天乘　修五戒
故乘此善法得生人中得名人乘　修十善故乘此善
法得生天上得名天乘　又聖教中合人天以爲一乘　五戒
十善皆是世間法故合爲一乘　開不定性爲五乘　隨
三乘教修行善法種性別故開爲五乘　又合不定性
入三乘　隨三乘教修行之時皆得出世　開人天二乘以
爲五乘　五戒十善法因果各別故說五乘　三乘宗者
聲聞緣覺皆是因緣爲宗一切法皆從緣生六塵
境界心外實有　大乘以勝義皆空爲宗　言
无相宗者假從緣生緣无自性一切皆名无相宗
三乘五性相攝者　且五性寬故攝其三乘　三乘局故
不攝五性　聲聞緣覺同是小人何則分爲二乘位
別此二種人利鈍有殊分爲二乘　爲聲聞人根性鈍
故立爲下乘　緣覺之人根性利故立爲中乘　緣覺
獨覺有何差別　緣覺之人從前人所聞說因緣
之法　滅因緣已證得道果　獨覺之人不假前
人要出无佛世思惟得道獨悟非常名爲獨覺
號緣覺中此人爲往昔修因之時任性修善不
起行願之義後世值佛聞法不發如是願故出无

三乘教修行善法種性別故開為五乘　又合不定性
入三乘隨三乘教修行之時皆得出世　開人天二乘以
為五乘　五戒十善法因果各別故說五乘　三乘宗者
聲聞緣覺皆是因緣為宗一切法皆從緣生六塵
境界心外實有　大乘以勝義皆空為宗　言
无相宗者假從緣生緣无自性一切皆名无相宗
三乘五性相攝者　且五性寬故攝其三乘　三乘局故
不攝五性　聲聞緣覺同是小人何則分為二乘位
別此二種人利鈍有殊分為二乘為聲聞人根性鈍
故立為下乘　緣覺之人根性利故立為中乘　緣覺
獨覺有何差別　緣覺之人從前人所聞說因緣
之法滅因緣行證得道果　獨覺之人不假前
人而出无佛世思惟得道獨悟非常名為獨覺
號緣覺中此人為往昔修因之時任性修善不
起行願之義後世值佛聞法不發如是願故出无
佛世亦根性利於緣覺故別標也　緣覺之人
為修因時修諸善品亦起行願之義後世值佛聞
法起如是願故出於佛世得聞正法有茲差別也

菩□
阿脩羅道以懈怠不勤□
故應須毗梨波羅蜜捨滅鬼神道
菩薩行禪波羅蜜時從禪定得度翻人道
以散心住禪墮人道中去是故應須禪波
羅蜜捨滅人道
菩薩行般若波羅蜜時從智惠得度翻天
道以好散心平相看縱墮天道中去是故
應須般若波羅蜜捨彼天道菩薩應行六
波羅蜜一心脩持奉行
善男子汝今以能發菩提心行菩薩道是真
佛子從佛口生從正法生從戒生戒行具足
善男子是希有事是奇特事是自達立是續
佛種善男子是三千大千世界主乃至一切
世界主汝今雖未到菩提生生世世以自達
立常為一切衆生不住分別不住限量難持
能持難捨能捨難讓能讓汝當能行如歡
喜地菩薩如滿月王菩薩如釋迦文菩薩
如法夏苑志菩薩如大婆羅門菩薩如金

應行般若波羅蜜[illegible][illegible]天道菩薩應行六
波羅蜜一心脩持奉行
善男子汝今以能發菩提心行菩薩道是真
佛子從佛口生從正法生從戒生戒行具足
善男子是希有事是奇特事是自建立是續
佛種善男子是三千大千世界主乃至一切
世界主汝今雖未到菩提生生世世以自建
立常為一切衆生不住分別不住限量難持
能持難捨能捨難讓能讓汝當能行如歡
喜地菩薩如滿月王菩薩如釋迦文菩薩
如法受梵志菩薩如大婆羅門菩薩如金
堅王菩薩捨施身命時難行能忍種種无量
百千苦所以求身與身求頭與頭求眼與眼
求耳與耳求鼻與鼻求舌與舌求肝膽腸胃
皮膚血肉支節手足頭目髓腦衣服飲食歡
喜施與終无悔心為求戒定善根迴向一切衆
生具足无盡種智大乘寶藏得平等道正向
當果今時煩惱未有斷者受持讀誦念念
不離心

BD08432號　受菩薩戒儀(擬)　(2–2)

恩重經

菩薩摩
屋優婆塞……一切諸
神皆來集會一心聽佛說……
尊捨佛言人生在世父……為親非父不生非
母不育是以寄託母胎 身十月滿日充
母子俱顯生墮草上父母養育臥則蘭車
父母懷抱和和弄聲含笑未語飢時須食非
母不哺渴時須飲非母不乳母忍飢時吞苦
吐甘推乾就濕非義不親非母不養慈母養
兒去離蘭車十指甲中食子不淨應各有八
斛四斗計論母恩昊天罔極嗚呼慈母云何可
報阿難白佛言世尊云何可報其恩唯願說
之佛告阿難汝諦聽善思念之吾當為汝分別
解說父母之恩昊天罔極云何可報若有孝順
慈孝之子能為父母作福造經或以七月十五

兒吉[illegible]蘭車十指甲中食子不淨應各有八
斛四斗計論母恩昊天罔極嗚呼慈母云何可
報阿難白佛言世尊云何可報其恩唯願說
之佛告阿難汝諦聽善思念之吾當為汝分別
解說父母之恩昊天罔極云何可報若有孝順
慈孝之子能為父母作福造經或以七月十五
日能造佛盤名盂蘭盆獻佛及僧得果無量能
報父母之恩若復有書寫此經流布世人受
持讀誦當知此人報父母恩父母云何可報
但父母至於行來東西鄰里井竈碓磨不時
還家我兒家中啼哭憶我即來還家其兒遙
見我來或在蘭車搖頭弄腦或復曳腹隨行
嗚呼向母母為其子曲身下就長舒兩手拂拭
塵土嗚和其口開懷出乳以乳與之母見兒歡
兒見母喜二情恩悲親愛慈重莫復過二歲
三歲弄意始行於其食時非母不知父母行
來值他座席或得餅肉不噉輟味懷挾來
歸向與其子十來九得恒常歡喜一過
不得憍啼佯哭憍子不孝又必五擿孝子
不憍必有慈順遂至長大朋友相隨梳頭
摩髮欲得好衣覆蓋身體弊衣破故父母
自著新好錦帛先與其子至於行來官私急
疾傾心南北逐子東西橫[illegible]上頭既索妻婦得
他子女父母轉疏私房屋室共相語樂父母年高
氣力衰老終朝至暮不來借問或復父孤母寡
獨守空房猶如客人寄止他舍常無恩愛復無
濡被寒苦辛厄難遭之甚年老色衰多饒蟣
虱夙夜不臥長吟歎息何罪宿愆生此不孝
之子或時喚呼瞋目驚怒婦兒罵詈低頭含

獨守空房猶如客人寄止他舍常无恩愛復无
濡被寒苦辛厄難遭之甚年老色衰多饒蟣
虱夙夜不卧長吟歎息何罪宿愆生此不孝
之子或時喚呼嗔目驚怒婦兒罵詈低頭含
咲妻復不孝子復五擿夫妻和合同作五逆
彼時喚呼急疾取使十喚九違盡不從順罵詈
瞋恚不如早死強在地上父母聞之悲哭懊惱
流淚雙下啼哭目腫汝初小時非吾不長但吾
生汝不如本无
佛告阿難若善男子善女人能為父母受持
讀誦書寫父母恩重大乘摩訶般若波羅蜜
經一句一偈一經耳目者所有五逆重罪悉得
消滅永盡无餘常得見佛聞法速得解脫
阿難從座而起偏袒右肩長跪合掌白佛言
世尊此經云何名之云何奉持佛告阿難
經名父母恩重經若有一切衆生能為父母
作福造經燒香請佛礼拜供養三寶或飲食
衆僧當知是人能報父母其恩帝釋梵王諸天
人民一切衆生聞經歡喜發菩薩心嘷哭動
地淚下如雨五體投地信受頂礼佛足歡喜
奉行

父母恩重經

妙音聲時天帝釋白佛言世尊此等皆是金
光明經威神之力慈悲普救種種利益種種
增長菩薩善根滅諸業障佛言如是如是
如汝所說何以故善男子我念往昔過无量
百千阿僧祇劫有佛名寶王大光照如來應
正遍知出現於世住世六百八十億劫尒時寶
王大光照如來為欲度脫人天釋梵沙門
婆羅門一切衆生令安樂故當出現時初會
說法度百千億億万衆皆得阿羅漢果諸漏
已盡三明六通自在无礙於第二會復度九
十千億億万衆皆得阿羅漢果諸漏已盡
三明六通自在無㝵於第三會復度九十八千
億億万衆皆得阿羅漢果圓滿如上
善男子我於尒時作女人身名福寶光明於第
三會親近世尊受持讀誦是金光明經 為
他廣說求阿耨多羅三藐三菩提故時彼世
尊為我授記此福寶光明女於未來世當
得作佛号釋迦牟尼如來應正遍知明行足善
逝世間解无上士調御丈夫天人師佛世尊

BD08434號 金光明最勝王經卷三 （3-1）

善男子我於尒時作女人身名福寶光明於第
三會親近世尊受持讀誦是金光明經 為
他廣說求阿耨多羅三藐三菩提故時彼世
尊為我授記此福寶光明女於未來世當
得作佛号釋迦牟尼如來應正遍知明行足善
逝世間解无上士調御丈夫天人師佛世尊
捨女身後從是以來越四惡道生人天中受
上妙樂八十四百千生作轉輪王至于今日得
成正覺名稱普聞遍滿世界時會大衆忽
然皆見寶王大光明如來轉无上法輪說微
妙法善男子去此娑訶世界東方過百千恒
河沙數佛土有世界名寶莊嚴其寶王大光
照如來今現在彼未般涅槃說微妙法廣化
群生汝等見者即是彼佛
善男子若有善男子善女人聞是寶王大光
照如來名号者於菩薩地得不退轉至大涅
槃若有女人聞是佛名者臨命終時得見彼
佛來至其所既見佛已究竟不復更受女身
善男子是金光明微妙經典種種利益種種
增長菩薩善根滅諸業障善男子若有苾
芻苾芻尼鄔波索迦鄔波斯迦隨在何處為人
講說是金光明微妙經典於其國土皆獲四
種福利善根云何為四一者國王無病離諸
灾厄二者壽命長遠無有障礙三者無諸怨
敵兵衆勇健四者安隱豐樂正法流通何以
故如是人王常為釋梵四王藥叉之衆共守護
故尒時世尊告天衆曰善男子是事實不是時
無量釋梵四王及藥叉衆俱時同聲荅世尊
言如是如是若有國王講宣讀誦此妙經王
是諸國主我等四王常來擁護行住共俱其
王若有一切灾障及諸怨敵我等四王皆使

BD08434號 金光明最勝王經卷三 （3-2）

增長善根善根滅諸業障善男子若有苾
芻苾芻尼鄔波索迦鄔波斯迦隨在何處為人
講說是金光明微妙經典於其國土皆獲四
種福利善根云何為四一者國王無病離諸
災厄二者壽命長遠無有障礙三者無諸怨
敵兵衆勇健四者安隱豐樂正法流通何以
故如是人王常為釋梵四王藥叉之衆共守護
故爾時世尊告天衆曰善男子是事實不是時
無量釋梵四王及藥叉衆俱時同聲答世尊
言如是如是若有國土講宣讀誦此妙經王
是諸國主我等四王常來擁護行住共俱其
王若有一切災障及諸怨敵我等四王皆使
消殄憂愁疾疫亦令除差增益壽命感應禎
祥所願遂心恒生歡喜我等亦能令其國中
所有軍兵悉皆勇健佛言善哉善哉善男子
如汝所說汝當修行何以故是諸國主如法行
時一切人民隨王修習如法行者汝等皆蒙
色力勝利宮殿光明眷屬強盛時釋梵等白
佛言世尊若有講讀此妙經典流
通之處於其國中大臣輔相有四種益云何
為四一者更相親穆尊重愛念二者常為
人王心所愛重亦為沙門婆羅門大國小國
之所遵敬三者輕財重法不求世利嘉名普
譽衆所欽仰四者壽命延長安隱快樂是名
[illegible]益若有國土宣說是經沙門婆羅門得四

BD08434號　金光明最勝王經卷三　（3–3）

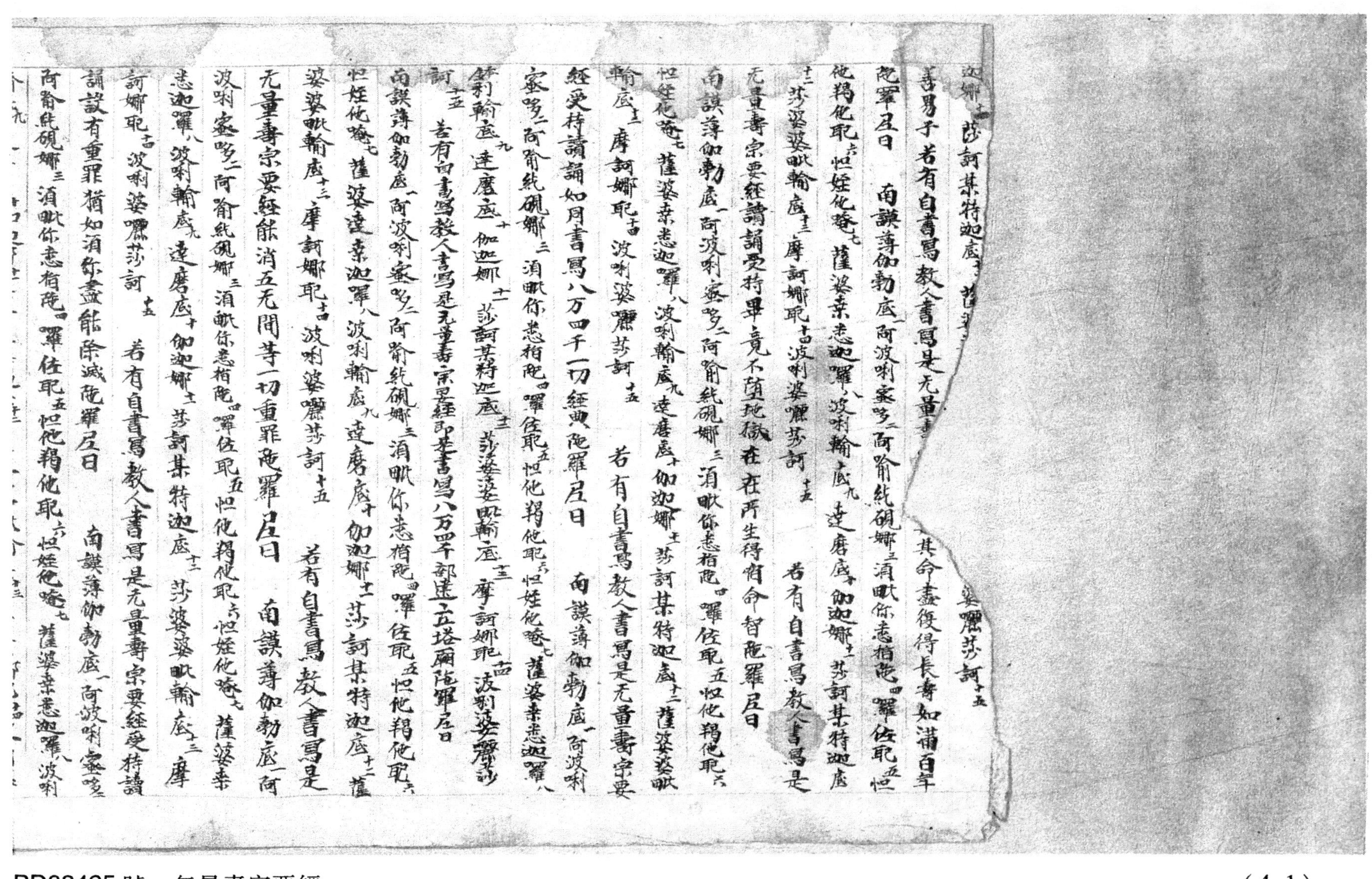
迦娜十一 莎訶某特迦底十二 莎……婆嚩莎訶十五
善男子若有自書寫教人書寫是无量壽……其命盡復得長壽如滿百年
陁羅尼曰 南謨薄伽勃底一 阿波唎蜜哆二 阿喻紇硯娜三 須毗你恙栺陁四 囉佐耶五 怛
他羯他耶六 怛姪他唵七 薩婆桒恙迦囉八 波唎輸底九 達磨底十 伽迦娜十一 莎訶某特迦底
十二 莎婆婆毗輸底十三 摩訶娜耶十四 波唎婆嚩莎訶十五 若有自書寫教人書寫是
无量壽宗要經讀誦受持畢竟不墮地獄在在所生得宿命智陁羅尼曰
南謨薄伽勃底一 阿波唎蜜哆二 阿喻紇硯娜三 須毗你恙栺陁四 囉佐耶五 怛他羯他耶六
怛姪他唵七 薩婆桒恙迦囉八 波唎輸底九 達磨底十 伽迦娜十一 莎訶某特迦底十二 薩婆婆毗
輸底十三 摩訶娜耶十四 波唎婆嚩莎訶十五 若有自書寫教人書寫是无量壽宗要
經受持讀誦如同書寫八万四千一切經典陁羅尼曰 南謨薄伽勃底一 阿波唎
蜜哆二 阿喻紇硯娜三 須毗你恙栺陁四 囉佐耶五 怛他羯他耶六 怛姪他唵七 薩婆桒恙迦囉八
波唎輸底九 達磨底十 伽迦娜十一 莎訶某特迦底十二 莎婆婆毗輸底十三 摩訶娜耶十四 波唎婆嚩莎
訶十五 若有自書寫教人書寫是无量壽宗要經即是書寫八万四千部建立塔廟陁羅尼曰
南謨薄伽勃底一 阿波唎蜜哆二 阿喻紇硯娜三 須毗你恙栺陁四 囉佐耶五 怛他羯他耶六
怛姪他唵七 薩婆達桒迦囉八 波唎輸底九 達磨底十 伽迦娜十一 莎訶某特迦底十二 薩
婆婆毗輸底十三 摩訶娜耶十四 波唎婆嚩莎訶十五 若有自書寫教人書寫是
无量壽宗要經能消五无間等一切重罪陁羅尼曰 南謨薄伽勃底一 阿
波唎蜜哆二 阿喻紇硯娜三 須毗你恙栺陁四 囉佐耶五 怛他羯他耶六 怛姪他唵七 薩婆桒
恙迦囉八 波唎輸底九 達磨底十 伽迦娜十一 莎訶某特迦底十二 莎婆婆毗輸底十三 摩
訶娜耶十四 波唎婆嚩莎訶十五 若有自書寫教人書寫是无量壽宗要經受持讀
誦設有重罪猶如須弥盡能除滅陁羅尼曰 南謨薄伽勃底一 阿波唎蜜哆二
阿喻紇硯娜三 須毗你恙栺陁四 囉佐耶五 怛他羯他耶六 怛姪他唵七 薩婆桒恙迦囉八 波唎

BD08435號　無量壽宗要經　（4–1）

无量壽宗要經能消五无間等一切重罪陁羅尼曰　南謨薄伽勃底一阿
波唎蜜哆二阿褕紇硯娜三須毗你悉栺陁四囉佐耶五怛他羯他耶六怛姪他唵七　薩婆桒
悉迦羅八波唎輸底九達磨底十伽迦娜十一莎訶某特迦底十二　莎婆婆毗輸底十三　摩
訶娜耶十四　波唎婆嚩莎訶　十五
若有自書寫教人書寫是无量壽宗要經受持讀
誦設有重罪猶如須弥盡能除滅陁羅尼曰　南謨薄伽勃底一阿波唎蜜哆二
阿褕紇硯娜三須毗你悉栺陁四囉佐耶五怛他羯他耶六怛姪他唵七　薩婆桒悉迦羅八波唎
輸底九　達磨底十伽迦娜十一莎訶某特迦底十二　薩婆婆毗輸底十三　摩訶娜耶十四　波唎婆
嚩莎訶　十五　若有自書寫教人書寫是无量壽宗要經持讀誦若魔之眷屬
夜叉羅刹不得其便終无枉死陁羅尼曰　南謨薄伽勃底一阿波唎蜜哆二
阿褕紇硯娜三須毗你悉栺陁四羅佐耶五怛他羯他耶六怛姪他唵七　薩婆桒悉迦囉
八波唎輸底九　達磨底十伽迦娜十一　莎訶某特迦底十二　莎婆婆毗輸底十三　摩訶娜耶十四
波唎婆嚩莎訶　十五　若有自書教人書是无量壽宗要經受持讀誦當命終
時有九十九垓佛現其人前𢡖千佛授手能遊一切佛刹莫於此經生猜疑惑
陁羅尼曰　南謨薄伽勃底一阿波唎蜜哆二阿褕紇硯娜三須毗你悉栺陁四
囉佐耶五怛他羯他耶六怛姪他唵七　薩婆桒悉迦羅八波唎輸底九達磨底十伽迦
娜十一莎訶某特迦底十二　薩婆婆毗輸底十三　摩訶娜耶十四　波唎婆嚩莎訶　十五
若有自書寫教人書寫是无量壽宗要經受持讀誦常得四天大王隨其衛護
陁羅尼曰　南謨薄伽勃底一阿波唎蜜哆二阿褕紇硯娜三須毗你悉栺陁四囉佐
耶五怛他羯他耶六怛姪他唵七　薩婆桒悉迦羅八波唎輸底九達磨底十伽迦娜十一莎訶
某特迦底十二　莎婆婆毗輸底十三　摩訶娜耶十四波唎婆嚩莎訶　十五
若有自書寫教人書寫是无量壽宗要經受持讀誦當當得往生西方極樂
世界阿弥陁淨土陁羅尼曰　南謨薄伽勃底一阿波唎蜜哆二阿褕紇硯娜三須毗你
悉栺陁四囉佐耶五怛他羯他耶六怛姪他唵七　薩婆桒悉迦羅八波唎輸底九達摩底十伽
迦娜十一莎訶某特迦底十二莎婆婆毗輸底十三　摩訶娜耶十四　波唎婆嚩莎訶
若有方所自書寫使人書寫是无量壽經典之處則為是塔皆應恭敬作礼若
是畜生或為鳥獸得聞是經如是等類皆當不久得成一切種智陁羅尼曰
南謨薄伽勃底一阿波唎蜜哆二阿褕紇硯娜三須毗你悉栺陁四囉佐耶五怛他羯他耶六怛
姪他唵七　薩婆桒悉迦羅八波唎輸底九達磨底十伽迦娜十一莎訶某特迦底十二　薩婆婆毗
輸底十三　摩訶娜耶十四　波唎婆嚩莎訶　若有於是无量壽經自書寫若使人書
畢不受女人之身陁羅尼曰　南謨薄伽勃底一阿波唎蜜哆二阿褕紇硯娜三須毗你

BD08435 號　無量壽宗要經　（4–2）

是畜生或為鳥獸得聞是經如是等類皆當不久得成一切種智陁羅尼曰
南謨薄伽勃底一阿波唎蜜哆二阿褕紇硯娜三須毗你悉栺陁四囉佐耶五怛他羯他耶六怛
姪他唵七　薩婆桒悉迦羅八波唎輸底九達磨底十伽迦娜十一莎訶某特迦底十二　薩婆婆毗
輸底十三　摩訶娜耶十四　波唎婆嚩莎訶　若有於是无量壽經自書寫若使人書
畢不受女人之身陁羅尼曰　南謨薄伽勃底一阿波唎蜜哆二阿褕紇硯娜三須毗你
悉栺陁四囉佐耶五怛他羯他耶六姪他唵七　薩婆桒悉迦羅八波唎輸底九達磨底十伽
迦娜十一莎訶某特迦底十二　薩婆婆毗輸底十三　摩訶娜耶十四　波唎婆嚩莎訶　十五
若有能於是經少分能惠施者等三千大千世界滿中七寶施布陁羅尼曰
南謨薄伽勃底一阿波唎蜜哆二阿褕紇硯娜三須毗你悉栺陁四羅佐耶五怛他羯
他耶六怛姪他唵七　薩婆桒悉迦羅八波唎輸底九達磨底十伽迦娜十一莎訶某特迦
底十二　薩婆婆毗輸底十三　摩訶娜耶十四　波唎婆嚩莎訶　十五　若有能供養是
經者則是供養一切諸經等无有異陁羅尼曰　南謨薄伽勃底一阿波唎蜜
哆二阿褕紇硯娜三須毗你悉栺陁四囉佐耶五怛他羯他耶六怛姪他唵七　薩婆桒悉
迦羅八波唎輸底九達磨底十伽迦娜十一莎訶某特迦底十二　薩婆婆毗輸底十三　摩
訶娜耶十四波唎婆嚩莎訶　十五　如是毗婆尸佛　尸弃佛　毗舍浮佛　俱留孫佛
俱那含牟尼佛　迦葉佛　釋迦牟尼佛　若有人以七寶供養如是七佛其福有
限書寫受持讀誦是无量壽經典所有功得不可限量陁羅尼曰
南謨薄伽勃底一阿波唎蜜哆二阿褕紇硯娜三須毗你悉栺陁四囉佐耶五怛他羯他耶六
怛姪他唵七　薩婆桒悉迦羅八波利輸底九達磨底十伽迦娜十一莎訶某特迦底十二　莎
婆婆毗輸底十三　摩訶娜耶十四　波唎婆嚩莎訶十五　若有七寶等於須弥以用布施其
福上能知其限量是无量壽經典其福不可知數陁羅尼曰　南謨薄伽勃底一阿波唎
蜜哆二阿褕紇硯娜三須毗你悉栺陁四囉佐耶五怛他羯他耶六怛姪他唵七　薩婆桒悉迦羅八
波利輸底九達磨底十伽迦娜十一莎訶某特迦底十二　薩婆婆毗輸底十三　摩訶娜耶十四波唎
婆唎莎訶　如是四大海水可知滴數是无量壽經典所生果報不可數量陁羅尼曰
南謨薄伽勃底一阿波唎蜜哆二阿褕紇硯娜三須毗你悉栺陁四囉佐耶五怛他羯他耶六怛
姪他唵七　薩婆桒悉迦羅八波唎輸底九達磨底十伽迦娜十一莎訶某特迦底十二　薩婆
婆毗輸底十三　摩訶娜耶十四　波唎婆嚩莎訶　若有自書使人書寫是无量壽經典
又能護持供養即如恭敬供養一切十方佛土如来无有別異陁羅尼曰
南謨薄伽勃底一阿波利蜜哆二阿褕紇硯娜三須毗你悉栺陁四囉佐耶五怛他羯他耶
六怛姪他唵七　薩婆桒悉迦羅八波唎輸底九達磨底十伽迦娜十一莎訶某特迦
底十二　莎婆婆毗輸底十三　摩訶娜耶十四　波利婆嚩莎訶

BD08435 號　無量壽宗要經　（4–3）

南謨薄伽勃底一阿波唎蜜多二阿脩紇硯娜三須毗你悉指陁四囉佐耶五怛他羯他耶六
怛姪他唵七 薩婆桑悉迦羅八 波利輸底九 達磨底十 伽迦娜十一 莎訶某特迦底十二 莎
婆婆毗輸底十三 摩訶娜耶十四 波唎婆嚾莎訶十五 若有七寶等於須弥以用布施其
福上能知其限量是无量壽經典其福不可知數陁羅尼曰 南謨薄伽勃底一阿波唎
蜜多二阿脩紇硯娜三 須毗你悉指陁四囉佐耶五怛他羯他耶六怛姪他唵七 薩婆桑悉迦羅八
波利輸底九 達磨底十 伽迦娜十一 莎訶某特迦底十二 薩婆婆毗輸底十三 摩訶娜耶十四 波唎
婆唎莎訶 如是四大海水可知滴數是无量壽經典所生果報不可數量陁羅尼曰
南謨薄伽勃底一阿波唎蜜多二阿脩紇硯娜三須毗你悉指陁四囉佐耶五怛他羯他耶六怛
姪他唵七 薩婆桑悉迦羅八 波唎輸底九 達磨底十伽迦娜十一 莎訶某特迦底十二 薩婆
婆毗輸底十三 摩訶娜耶十四 波唎婆嚾莎訶 若有自書使人書寫是无量壽經典
又能護持供養即如恭敬供養一切十方佛土如来无有別異陁羅尼曰
南謨薄伽勃底一阿波唎蜜多二阿脩紇硯娜三須毗你悉指陁四囉佐耶五怛他羯他耶
六怛姪他唵七 薩婆桑悉迦羅八 波唎輸底九 達磨底十 伽迦娜十一 莎訶某特迦
底十二 莎婆婆毗輸底十三 摩訶娜耶十四 波唎婆嚾莎訶
布施力能成正覺 悟布施力人師子 布施力能聲普聞 慈悲階漸最能入
持戒力能成正覺 悟持戒力人師子 持戒力能聲普聞 慈悲階漸最能入
忍辱力能成正覺 悟忍辱力人師子 忍辱力能聲普聞 慈悲階漸最能入
精進力能成正覺 悟精進力人師子 精進力能聲普聞 慈悲階漸最能入
禪定力能成正覺 悟禪定力人師子 禪定力能聲普聞 慈悲階漸最能入
智慧力能成正覺 悟智慧力人師子 智慧力能聲普聞 慈悲階漸最能入
尒時如来說是經已一切世間天人阿脩羅揵闥婆等聞佛所說皆大歡喜信受奉
行
佛說无量壽經

BD08435 號　無量壽宗要經　（4–4）

善女人欲求長壽於是无量壽……女
是等果報福德具足陁羅尼曰
須毗你悉指陁四羅佐耶五怛他羯他耶六怛姪……
伽迦娜十一 莎訶某特迦底十二 莎婆婆毗輸底十三 摩訶……
世尊復告曼殊室利如是如来一百八名号若有自書或使人書為経巻受持讀誦如壽
命盡復滿百年壽終此身後得往生无量福智世界无量壽淨土陁羅尼曰
南謨薄伽勃底一阿波唎蜜多二阿喻紇硯娜三須毗你斯指陁四羅佐耶五怛他羯他耶六怛姪他唵七
薩婆桑悉迦羅八 鉢唎輸底九 達磨底十 伽迦娜十一 莎訶某特迦底十二 莎婆婆毗輸底十三 摩
訶娜耶十四 波唎婆羅莎訶十五
是无量壽宗要経陁羅尼曰
尒時有九十九姟佛等一時同聲說
南謨薄伽勃底一阿波唎蜜多二阿喻紇硯娜三
須毗你悉指陁四羅佐耶五怛他羯他耶六怛姪他唵七 薩婆桑悉迦羅八 鉢唎輸底九 達磨
底十 伽迦娜十一 莎訶某特迦底十二 莎婆婆毗輸底十三 摩訶娜耶十四 波唎婆唎莎訶十五
尒時復有一百四姟佛一時同聲說是无量壽宗要経陁羅尼曰
南謨薄伽勃底一阿波唎蜜多二阿喻紇硯娜三須毗你悉指陁四羅佐耶五怛他羯他耶六怛姪他唵七
薩婆桑悉迦羅八 鉢唎輸底九 達磨底十 伽迦娜十一 莎訶某特迦底十二 薩婆婆毗輸底十三 摩
訶娜耶十四 波唎婆濼莎訶十五
是无量壽宗要経陁羅尼曰
尒時復有一七姟佛一時同聲說
南謨薄伽勃底一阿波唎蜜多二阿喻紇硯娜三
須毗你悉指陁四羅佐耶五怛他羯他耶六怛姪他唵七 薩婆桑悉迦羅八 波唎輸底九 達磨
底十 伽迦娜十一 莎訶某特迦底十二 薩婆婆毗輸底十三 摩訶娜耶十四 波唎婆羅莎訶十五
尒時復有六十五姟佛一時同聲說是无量壽宗要経陁羅尼曰
南謨薄伽勃底一阿波唎蜜多二阿喻紇硯娜三須毗你悉指陁四羅佐耶五怛他羯他耶六怛姪他唵七
薩婆桑悉迦羅八 波唎輸底九 達磨底十 伽迦娜十一 莎訶某特迦底十二 薩婆婆毗輸底十三
摩訶娜耶十四 波唎婆羅莎訶十五
是无量壽宗要経陁羅尼曰
尒時復有五十五姟佛一時同聲說
南謨薄伽勃底一阿波唎蜜多二阿喻紇硯娜三
須毗你悉指陁四羅佐耶五怛他羯他耶六怛姪他唵七……

BD08436 號　無量壽宗要經　（5–1）

介時復有六十五姟佛一時同聲說是无量壽宗要經陁羅尼曰
南謨薄伽勃底一阿波唎蜜哆二阿喻紇硯孃三須毗你悉指陁四羅佐耶五怛他羯他耶六怛姪他唵七
薩婆桑悉迦羅八波唎輸底九達磨底十伽迦娜十一莎訶某特迦底十二薩婆婆毗輸底十三
摩訶娜耶十四波唎婆羅莎訶十五　介時復有五十五姟佛一時同聲說
是无量壽宗要經陁羅尼曰　南謨薄伽勃底一阿波唎蜜哆二阿喻紇硯孃三
須毗你悉指陁四羅佐耶五怛他羯他耶六怛姪他唵七薩婆桑悉迦羅八波唎輸底九達磨
底十伽迦娜十一莎訶某特迦底十二薩婆婆毗輸底十三摩訶娜耶十四波唎婆羅莎訶十五
介時復有四十五姟佛一時同聲說是无量壽宗要經陁羅尼曰
南謨薄伽勃底一阿波唎蜜哆二阿喻紇硯孃三須毗你悉指陁四羅佐耶五怛他羯他耶六怛姪他唵七
薩婆桑悉迦羅八波唎輸底九達磨底十伽迦娜十一莎訶某特迦底十二薩婆婆毗輸底十三
摩訶娜耶十四波唎婆羅莎訶十五　介時復有三十六姟佛一時同聲
說是无量壽宗要經陁羅尼曰　南謨薄伽勃底一阿波唎蜜哆二阿喻紇硯孃三
須毗你悉指陁四羅佐耶五怛他羯他耶六怛姪他唵七薩婆桑悉迦羅八波唎輸底九達磨
底十伽迦娜十一莎訶某特迦底十二薩婆婆毗輸底十三摩訶娜耶十四波唎婆羅莎訶十五
介時復有二十五姟佛一時同聲說是无量壽宗要經陁羅尼曰
南謨薄伽勃底一阿波唎蜜哆二阿喻紇硯孃三須毗你悉指陁四羅佐耶五怛他羯他耶六怛姪他唵七
薩婆桑悉迦羅八波唎輸底九達磨底十伽迦娜十一莎訶某特迦底十二薩婆婆毗輸底十三
摩訶娜耶十四波唎婆羅莎訶十五　介時復有恒河沙姟佛一時同聲
說是无量壽宗要經陁羅尼曰　南謨薄伽勃底一阿波唎蜜哆二阿喻紇硯孃三
須毗你悉指陁四羅佐耶五怛他羯他耶六怛姪他唵七薩婆桑悉迦羅八波唎輸底九達磨
底十伽迦娜十一莎訶某特迦底十二薩婆婆毗輸底十三摩訶娜耶十四波唎婆羅莎訶十五
善男子若有自書寫教人書寫是无量壽宗要經如其命盡復得長壽而滿百年陁羅尼曰
南謨薄伽勃底一阿波唎蜜哆二阿喻紇硯孃三須毗你悉指陁四羅佐耶五怛他羯他耶六怛姪他唵七
薩婆桑悉迦羅八波唎輸底九達磨底十伽迦娜十一莎訶某特迦底十二薩婆婆毗輸底十三
摩訶娜耶十四波唎婆羅莎訶十五　若有自書教人書寫是无量壽宗要經讀
誦受持畢竟不墮地獄在在所生得宿命智陁羅尼曰　南謨薄伽勃底一阿波唎蜜
哆二阿喻紇硯孃三須毗你悉指陁四羅佐耶五怛他羯他耶六怛姪他唵七薩婆桑悉迦羅八波唎輸底九
達磨底十伽迦娜十一莎訶某特迦底十二薩婆婆毗輸底十三摩訶娜耶十四波唎婆羅莎訶十五
若有自書教人書寫是无量壽宗要經受持讀誦如同書寫八万四千一切經典陁羅尼曰
南謨薄伽勃底一阿波唎蜜哆二阿喻紇硯孃三須毗你悉指陁羅佐耶五怛他羯他耶六怛姪他唵七薩婆桑悉迦羅八

BD08436號　無量壽宗要經　（5–2）

哆二阿喻紇硯孃三須毗你悉指陁四羅佐耶五怛他羯他耶六怛姪他唵七薩婆桑悉迦羅八波唎輸底九
達磨底十伽迦娜十一莎訶某特迦底十二薩婆婆毗輸底十三摩訶娜耶十四波唎婆羅莎訶十五
若有自書教人書寫是无量壽宗要經受持讀誦如同書寫八万四千一切經典陁羅尼曰
南謨薄伽勃底一阿波唎蜜哆二阿喻紇硯孃三須毗你悉指陁四羅佐耶五怛他羯他耶六怛姪他唵七薩婆桑悉迦羅八
波唎輸底九達磨底十伽迦娜十一莎訶某特迦底十二薩婆婆毗輸底十三摩訶娜耶十四波唎婆羅莎訶十五
若有自書寫教人書寫是无量壽宗要經即是書寫八万四千部建立塔廟陁羅尼曰　南謨薄伽勃底一
阿波唎蜜哆二阿喻紇硯孃三須毗你悉指陁四羅佐耶五怛他羯他耶六怛姪他唵七薩婆桑悉迦羅八波唎輸
底九達磨底十伽迦娜十一莎訶某特迦底十二薩婆婆毗輸底十三摩訶娜耶十四波唎婆羅莎訶十五
若有自書寫教人書寫是无量壽宗要經能消五无間等一切重罪陁羅尼曰
南謨薄伽勃底一阿波唎蜜哆二阿喻紇硯孃三須毗你悉指陁四羅佐耶五怛他羯他耶六怛姪他唵七
薩婆桑悉迦羅八波唎輸底九達磨底十伽迦娜十一莎訶某特迦底十二薩婆婆毗輸底十三
摩訶娜耶十四波唎婆羅莎訶十五　若有自書寫教人書寫是无量壽宗要經受持
讀誦設有重罪猶如須弥盡能除滅陁羅尼曰　南謨薄伽勃底一阿波唎蜜哆二
阿喻紇硯孃三須毗你悉指陁四羅佐耶五怛他羯他耶六怛姪他唵七薩婆桑悉迦羅八波唎輸底九
達磨底十伽迦娜十一莎訶某特迦底十二薩婆婆毗輸底十三摩訶娜耶十四波唎婆羅莎訶十五
若有自書教人書寫是无量壽宗要經受持讀誦若魔魔之眷屬夜叉羅刹不得
其便終无枉死陁羅尼曰　南謨薄伽勃底一阿波唎蜜哆二阿喻紇硯孃三
須毗你悉指陁四羅佐耶五怛他羯他耶六怛姪他唵七薩婆桑悉迦羅八波唎輸底九達
磨底十伽迦娜十一莎訶某特迦底十二薩婆婆毗輸底十三摩訶娜耶十四波唎婆羅莎訶十五
若有自書教人書寫是无量壽宗要經受持讀誦當命終時有九十九姟佛現其人前豪
千佛授手能遊一切佛剎莫於此經生於疑惑陁羅尼曰　南謨薄伽勃底一阿波唎蜜哆二
阿喻紇硯孃三須毗你悉指陁四羅佐耶五怛他羯他耶六怛姪他唵七薩婆桑悉迦羅八波唎輸底九
達磨底十伽迦娜十一莎訶某特迦底十二薩婆婆毗輸底十三摩訶娜耶十四波唎婆羅莎訶十五
若有自書寫教人書寫是无量壽宗要經受持讀誦常得四天大王隨其衛護陁羅尼曰
南謨薄伽勃底一阿波唎蜜哆二阿喻紇硯孃三須毗你悉指陁四羅佐耶五怛他羯他耶六怛姪他唵七
薩婆桑悉迦羅八波唎輸底九達磨底十伽迦娜十一莎訶某特迦底十二薩婆婆毗輸底十三
摩訶娜耶十四波唎婆羅莎訶十五　若有自書教人書寫是无量壽宗要經
受持讀誦當得往生西方極樂世界阿弥陁淨土陁羅尼曰　南謨薄伽勃底一阿波唎蜜哆二
阿喻紇硯孃三須毗你悉指陁四羅佐耶五怛他羯他耶六怛姪他唵七薩婆桑悉迦羅八波唎輸底九

BD08436號　無量壽宗要經　（5–3）

南謨薄伽勃底一阿波唎蜜多二阿喻紇硯娜三須毗你悉指陀四囉佐耶五怛他羯他耶六怛姪他唵七
薩婆桑悉迦羅八波唎輸底九達磨底十伽迦娜十一莎訶莫特迦底十二薩婆婆毗輸底十三
摩訶娜耶十四波唎婆嚫莎訶十五　若有自書教人書寫是无量壽宗要經
受持讀誦當得往生西方極樂世界阿弥陀淨土陀羅尼曰　南謨薄伽勃底一阿波唎蜜多二
阿喻紇硯娜三須毗你悉指陀四囉佐耶五怛他羯他耶六怛姪他唵七薩婆桑悉迦囉八波唎輸底九
達磨底十伽迦娜十一莎訶莫特迦底十二薩婆婆毗輸底十三摩訶娜耶十四波唎婆嚫莎訶十五
若有方所自書寫使人書寫是无量壽經典之處則為是塔皆應恭敬作礼若是畜生或為
鳥獸得聞是經如是等類皆當不久得成一切種智陀羅尼曰　南謨薄伽勃底一阿波唎蜜多二
阿喻紇硯娜三須毗你悉指陀四囉佐耶五怛他羯他耶六怛姪他唵七薩婆桑悉迦囉八波唎輸底九
達磨底十伽迦娜十一莎訶莫特迦底十二薩婆婆毗輸底十三摩訶娜耶十四波唎婆嚫莎訶十五
若有於是无量壽經自書寫若使人書畢竟不受女人之身陀羅尼曰　南謨薄伽勃底一阿波唎蜜多二
阿喻紇硯娜三須毗你悉指陀四囉佐耶五怛他羯他耶六怛姪他唵七薩婆桑悉迦囉八波唎輸底九
達磨底十伽迦娜十一莎訶莫特迦底十二薩婆婆毗輸底十三摩訶娜耶十四波唎婆嚫莎訶十五
若有能於是經少分能惠施者等於三千大千世界滿中七寶布施陀羅尼曰　南謨薄伽勃底一阿波
唎蜜多二阿喻紇硯娜三須毗你悉指陀四囉佐耶五怛他羯他耶六怛姪他唵七薩婆桑悉迦囉八波
唎輸底九達磨底十伽迦娜十一莎訶莫特迦底十二薩婆婆毗輸底十三摩訶娜耶十四波唎婆嚫莎訶十五
若有能供養是經者則是供養一切諸經等无有異陀羅尼曰　南謨薄伽勃底一阿波唎蜜多二
阿喻紇硯娜三須毗你悉指陀四囉佐耶五怛他羯他耶六怛姪他唵七薩婆桑悉迦囉八波唎輸底九
達磨底十伽迦娜十一莎訶莫特迦底十二薩婆婆毗輸底十三摩訶娜耶十四波唎婆嚫莎訶十五
如是毗婆尸佛　尸弃佛　毗舍浮佛　俱留孫佛　俱那含牟尼佛　加葉佛　釋迦牟尼佛
若有人以七寶供養如是七佛其福有限書寫受持是无量壽經典所有功德不可限量陀羅尼曰
南謨薄伽勃底一阿波唎蜜多二阿喻紇硯娜三須毗你悉指陀四囉佐耶五怛他羯他耶六怛姪他唵七
薩婆桑悉迦羅八波唎輸底九達磨底十伽迦娜十一莎訶莫特迦底十二薩婆婆毗輸底十三摩訶
娜耶十四波唎婆嚫莎訶十五　若有七寶等於須弥以用布施其福上能知其限
量是无量壽經典其福不可知數陀羅尼曰　南謨薄伽勃底一阿波唎蜜多二阿喻紇硯娜三
須毗你悉指陀四囉佐耶五怛他羯他耶六怛姪他唵七薩婆桑悉迦囉八波唎輸底九達磨底十
伽迦娜十一莎訶莫特迦底十二薩婆婆毗輸底十三摩訶娜耶十四波唎婆嚫莎訶十五
如是四大海水可知滴數是无量壽經典所生果報不可數量陀羅尼曰　南謨薄伽勃底一阿波
唎蜜多二阿喻紇硯娜三須毗你悉指陀四囉佐耶五怛他羯他耶六怛姪他唵七薩婆桑悉迦囉八波唎
輸底九達磨底十伽迦娜十一莎訶莫特迦底十二薩婆婆毗輸底十三摩訶娜耶十四波唎婆嚫莎訶十五

若有人以七寶供養如是七佛其福有限書寫受持是无量壽經典所有功德不可限量陀羅尼曰
南謨薄伽勃底一阿波唎蜜多二阿喻紇硯娜三須毗你悉指陀四囉佐耶五怛他羯他耶六怛姪他唵七
薩婆桑悉迦羅八波唎輸底九達磨底十伽迦娜十一莎訶莫特迦底十二薩婆婆毗輸底十三摩訶
娜耶十四波唎婆嚫莎訶十五　若有七寶等於須弥以用布施其福上能知其限
量是无量壽經典其福不可知數陀羅尼曰　南謨薄伽勃底一阿波唎蜜多二阿喻紇硯娜三
須毗你悉指陀四囉佐耶五怛他羯他耶六怛姪他唵七薩婆桑悉迦囉八波唎輸底九達磨底十
伽迦娜十一莎訶莫特迦底十二薩婆婆毗輸底十三摩訶娜耶十四波唎婆嚫莎訶十五
如是四大海水可知滴數是无量壽經典所生果報不可數量陀羅尼曰　南謨薄伽勃底一阿波
唎蜜多二阿喻紇硯娜三須毗你悉指陀四囉佐耶五怛他羯他耶六怛姪他唵七薩婆桑悉迦囉八波唎
輸底九達磨底十伽迦娜十一莎訶莫特迦底十二薩婆婆毗輸底十三摩訶娜耶十四波唎婆嚫莎訶十五
若有自書使人書寫是无量壽經典又能護持供養即如恭敬供養一切十方佛土如來无有別異陀羅尼曰
南无薄伽勃底一阿波唎蜜多二阿喻紇硯娜三須毗你悉指陀四囉佐耶五怛他羯他耶六怛姪他唵七薩婆桑悉迦囉八波
唎輸底九達磨底十伽迦娜十一莎訶莫特迦底十二薩婆婆毗輸底十三摩訶娜耶十四波唎婆嚫莎訶十五
布施力能成正覺　悟布施力人師子　布施力能聲普聞　慈悲階漸最能入
持戒力能成正覺　悟持戒力人師子　持戒力能聲普聞　慈悲階漸最能入
忍辱力能成正覺　悟忍辱力人師子　忍辱力能聲普聞　慈悲階漸最能入
精進力能成正覺　悟精進力人師子　精進力能聲普聞　慈悲階漸最能入
禪定力能成正覺　悟禪定力人師子　禪定力能聲普聞　慈悲階漸最能入
智慧力能成正覺　悟智慧力人師子　智慧力能聲普聞　慈悲階漸最能入
尒時如來說是經已一切世間天人阿脩羅揵闥婆等聞佛所說皆大歡喜信受奉行
佛說无量壽宗要經

失舍利子四靜慮遠離亦无散失四无量四
无色定遠離亦无散失舍利子八解脫遠離
亦无散失八勝處九次第定十遍處遠離亦
无散失舍利子四念住遠離亦无散失四正
斷四神足五根五力七等覺支八聖道支遠
離亦无散失舍利子空解脫門遠離亦无散
失无相无願解脫門遠離亦无散失舍利子
五眼遠離亦无散失六神通遠離亦无散失
舍利子佛十力遠離亦无散失四无所畏四
无礙解大慈大悲大喜大捨十八佛不共法
遠離亦无散失舍利子一切智遠離亦无散
失道相智一切相智遠離亦无散失舍利子
无忘失法遠離亦无散失恒住捨性遠離亦
无散失舍利子一切陀羅尼門遠離亦无散
失一切三摩地門遠離亦无散失舍利子極
喜地遠離亦无散失離垢地發光地焰慧地
極難勝地現前地遠行地不動地善慧地法
雲地遠離亦无散失舍利子異生地遠離亦

BD08437 號　大般若波羅蜜多經卷六八　（4–1）

无散失舍利子一切陀羅尼門遠離亦无散
失一切三摩地門遠離亦无散失舍利子極
喜地遠離亦无散失離垢地發光地焰慧地
極難勝地現前地遠行地不動地善慧地法
雲地遠離亦无散失舍利子異生地遠離亦
无散失種姓地第八地具見地薄地離欲地
已辦地獨覺地菩薩地如來地遠離亦无散
失舍利子聲聞乘遠離亦无散失獨覺乘大
乘遠離亦无散失舍利子由此緣故我作是
說諸法亦尒都无自性
復次舍利子諸法空亦无散失何以故若法
空无盡性故時舍利子問善現言何法空亦
无散失善現答言舍利子色空亦无散失受
想行識空亦无散失舍利子眼處空亦无散
失耳鼻舌身意處空亦无散失舍利子色處
空亦无散失聲香味觸法處空亦无散失舍
利子眼界空亦无散失色界眼識界及眼觸
眼觸為緣所生諸受空亦无散失舍利子耳
界空亦无散失聲界耳識界及耳觸耳觸為
緣所生諸受空亦无散失舍利子鼻界空亦
无散失香界鼻識界及鼻觸鼻觸為緣所生
諸受空亦无散失舍利子舌界空亦无散失味
界舌識界及舌觸舌觸為緣所生諸受亦亦
无散失舍利子身界空亦无散失觸界身識
界及身觸身觸為緣所生諸受空亦无散失
舍利子意界空亦无散失法界意識界及
意觸意觸為緣所生諸受空亦无散失舍利

BD08437 號　大般若波羅蜜多經卷六八　（4–2）

无散失舍利子身界空亦无散失觸界身識
界及身觸身觸為緣所生諸受空亦无散失
舍利子意界空亦无散失法界意識界及
意觸意觸為緣所生諸受空亦无散失舍利
子地界空亦无散失水火風空識界空亦无
散失舍利子苦聖諦空亦无散失集滅道聖
諦空亦无散失舍利子无明空亦无散失行
識名色六處觸受愛取有生老死愁歎苦憂
惱空亦无散失舍利子內空空亦无散失外
空內外空空空大空勝義空有為空无為空
畢竟空无際空散空无變異空本性空自性
空共相空一切法空不可得空无性空自性
空无性自性空空亦无散失
舍利子布施波羅蜜多空亦无散失淨戒安
忍精進靜慮般若波羅蜜多空亦无散失舍
利子四靜慮空亦无散失四无量四无色定
空亦无散失舍利子八解脫空亦无散失八
勝處九次第定十遍處空亦无散失舍利子
四念住空亦无散失四正斷四神足五根五
力七等覺支八聖道支空亦无散失舍利子
空解脫門空亦无散失无相无願解脫門空
亦无散失舍利子五眼空亦无散失六神通
空亦无散失舍利子佛十力空亦无散失四
无所畏四无礙解大慈大悲大喜大捨十八
佛不共法空亦无散失舍利子一切智空亦
无散失道相智一切相智空亦无散失舍利子

空亦无散失舍利子佛十力空亦无散失四
无所畏四无礙解大慈大悲大喜大捨十八
佛不共法空亦无散失舍利子一切智空亦
无散失道相智一切相智空亦无散失舍利子
无忘失法空亦无散失恒住捨性空亦无
散失舍利子一切陀羅尼門空亦无散失一切
三摩地門空亦无散失舍利子極喜地空亦
无散失離垢地發光地焰慧地極難勝地
現前地遠行地不動地善慧地法雲地空亦
无散失舍利子異生地空亦无散失種姓地
第八地具見地薄地離欲地已辦地獨覺地
菩薩地如來地空亦无散失舍利子聲聞乘
空亦无散失獨覺乘大乘空亦无散失舍利
子由此緣故我作是說諸法亦尒都无自性
復次舍利子諸法无相亦无散失何以故若
法无相无盡性故時舍利子問善現言何法
无相亦无散失善現答言舍利子色无相亦
无散失受想行識无相亦无散失舍利子眼
處无相亦无散失耳鼻舌身意處无相亦无
散失舍利子色處无相亦无散失聲香味觸
法處无相亦无散失舍利子眼界无相亦无
散失色界眼識界及眼觸眼觸為緣所生諸
受无相亦无散失舍利子耳界无相亦无散
失聲界耳識界及耳觸耳觸為緣所生諸受
无相亦无散失舍利子鼻界无相亦无散失
香界鼻識界及鼻觸鼻觸為緣所生諸法亦无散失味

BD08438 號　無量壽宗要經　　　　（5–1）

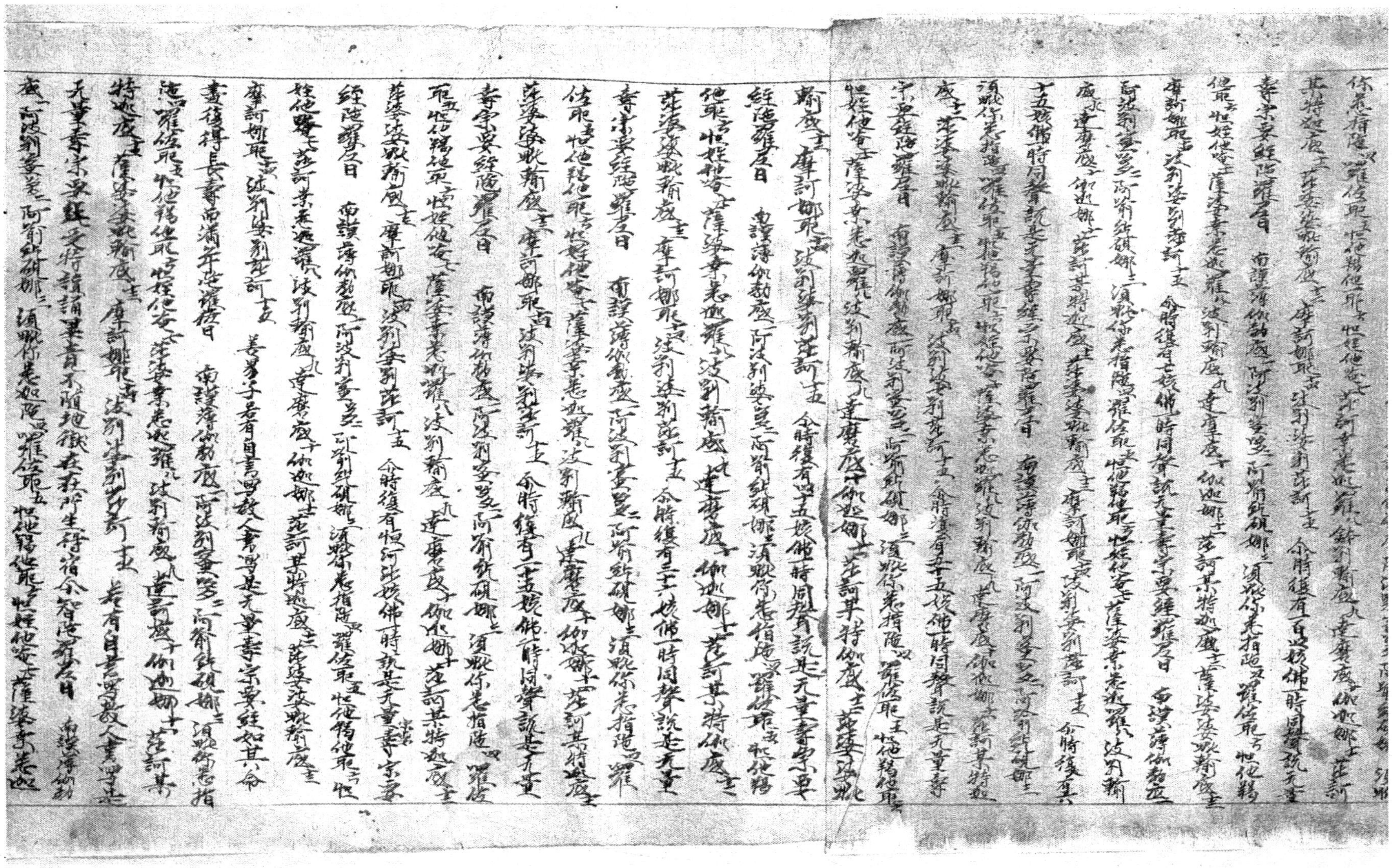

BD08438 號　無量壽宗要經　　　　（5–2）

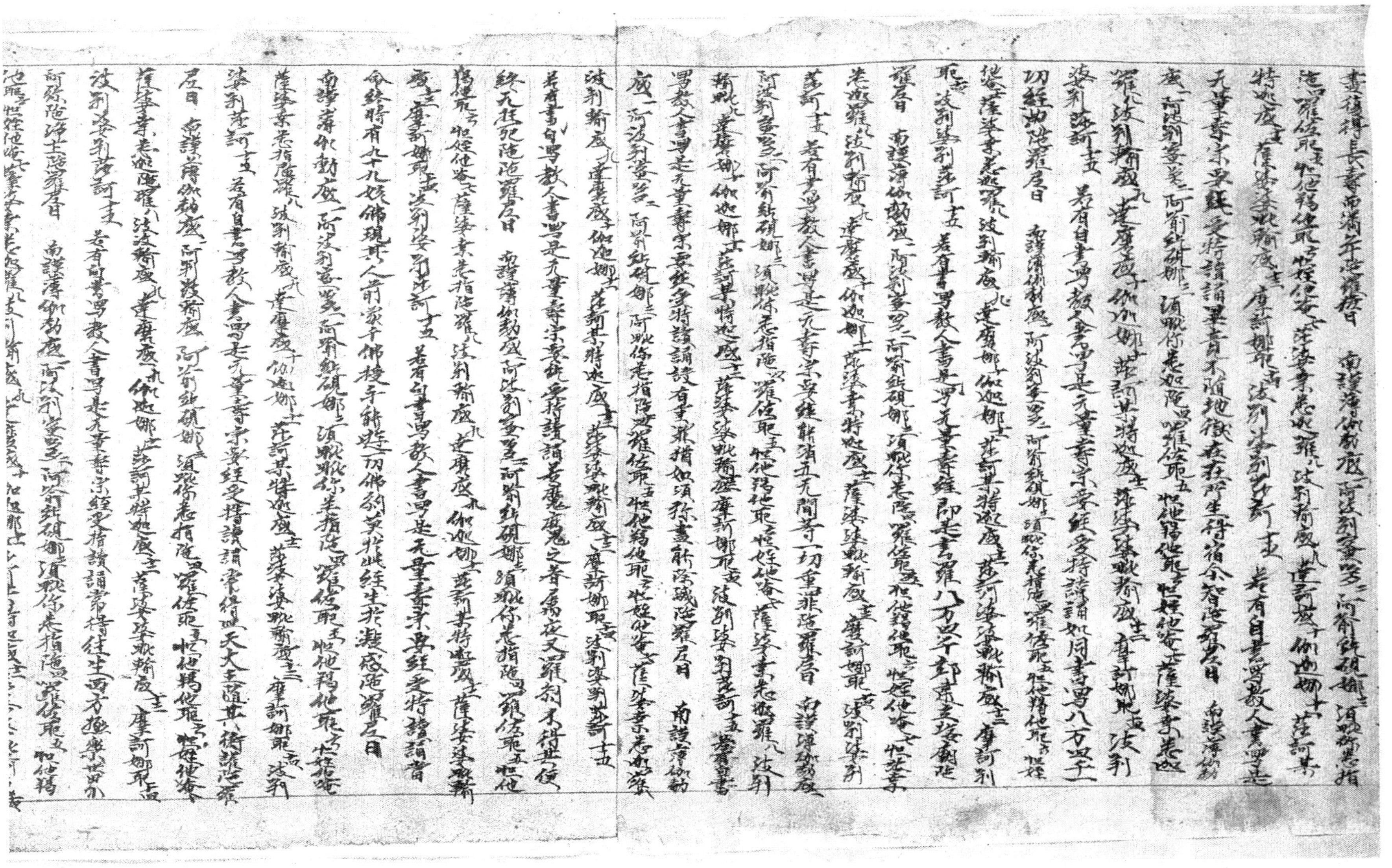

BD08438號　無量壽宗要經　　（5–3）

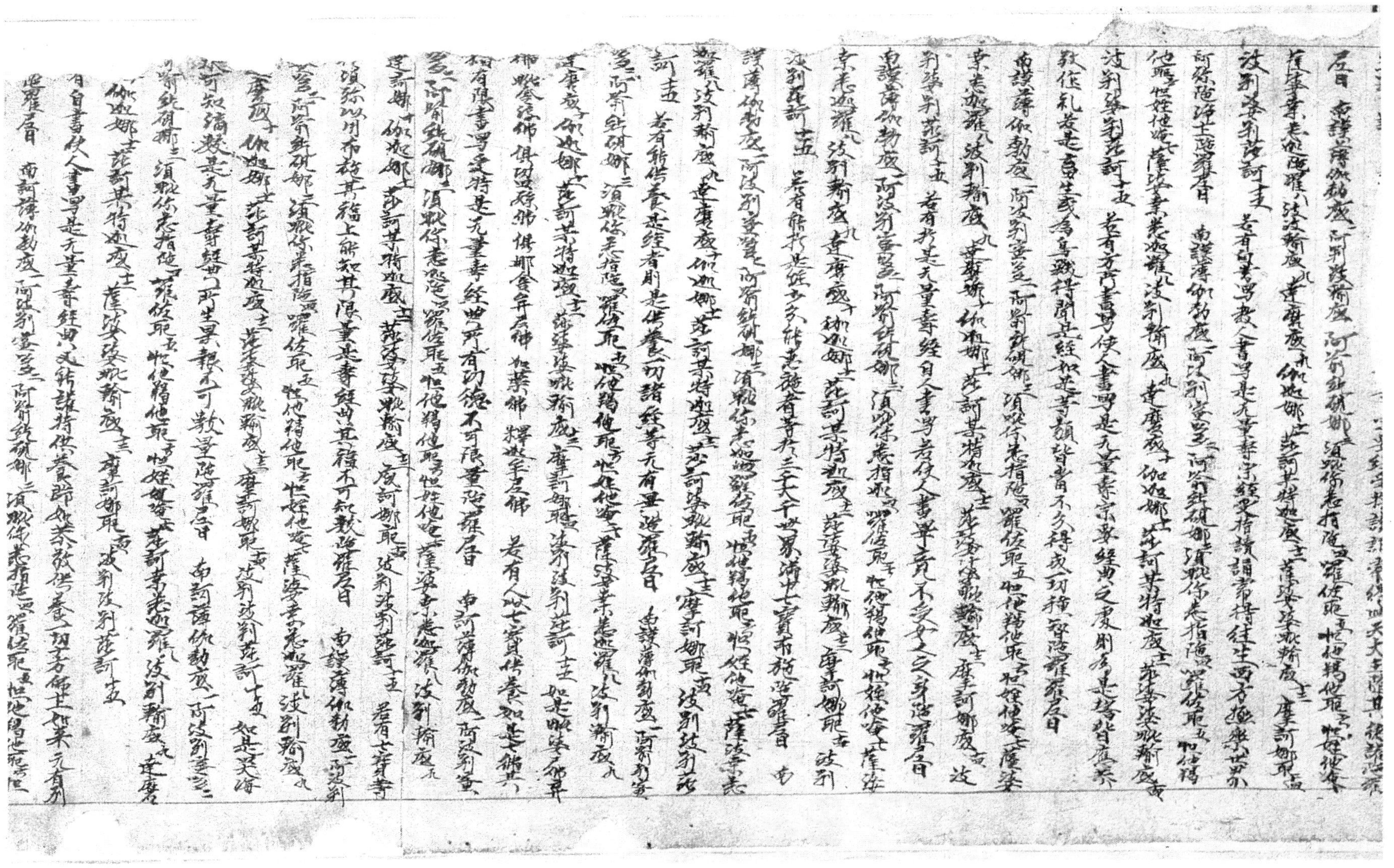

BD08438號　無量壽宗要經　　（5–4）

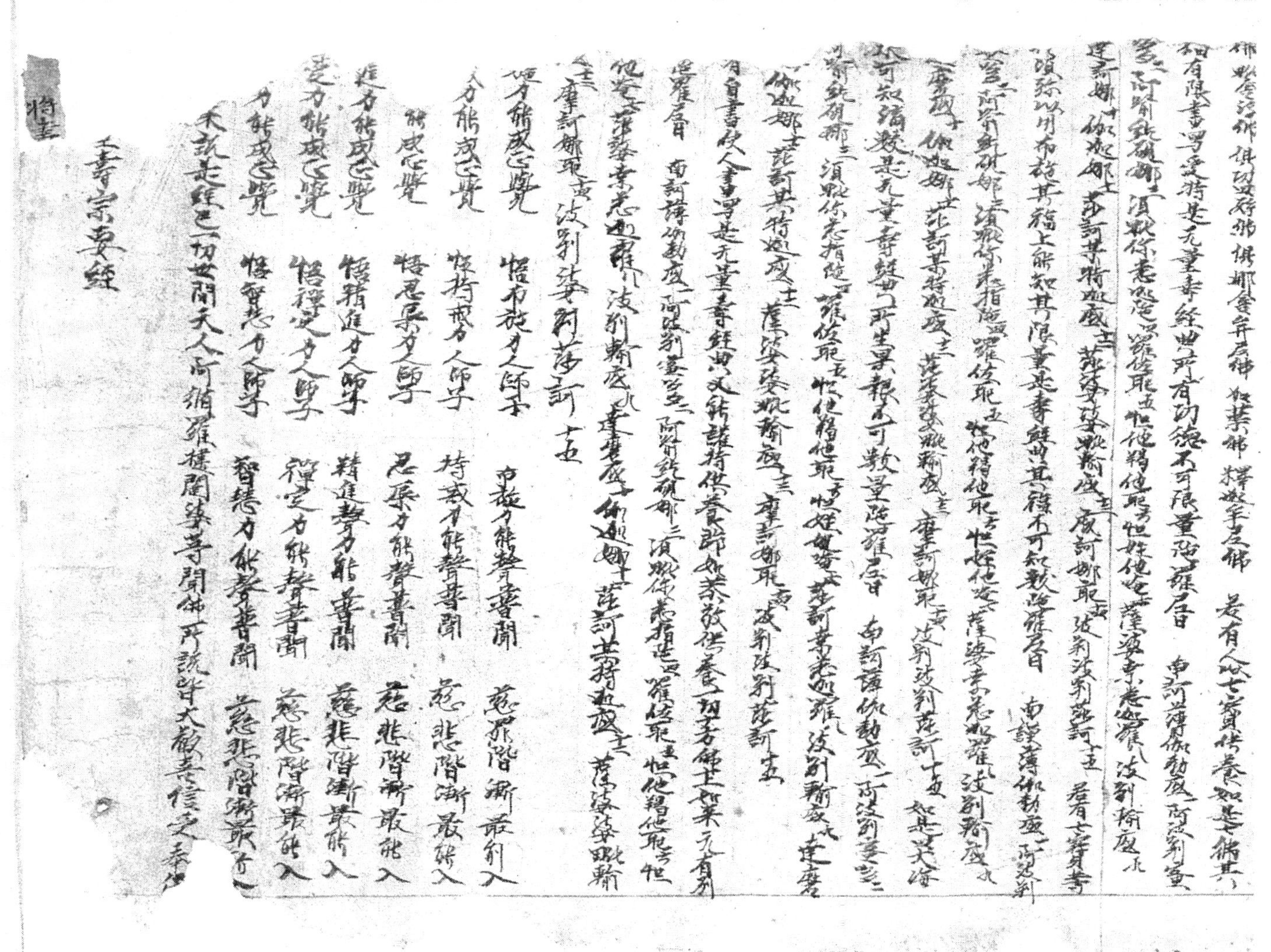

無量壽宗要經

……力能成正覺　悟布施力人師子　布施力能聲普聞　慈悲階漸最能入

……力能成正覺　悟持戒力人師子　持戒力能聲普聞　慈悲階漸最能入

……能成正覺　悟忍辱力人師子　忍辱力能聲普聞　慈悲階漸最能入

精進力能成正覺　悟精進力人師子　精進力能聲普聞　慈悲階漸最能入

禪定力能成正覺　悟禪定力人師子　禪定力能聲普聞　慈悲階漸最能入

智慧力能成正覺　悟智慧力人師子　智慧力能聲普聞　慈悲階漸最能入

佛說是經已，一切世間天人阿修羅揵闥婆等聞佛所說，皆大歡喜，信受奉行。

無量壽宗要經

BD08438號　無量壽宗要經　（5–5）

[illegible]覺[illegible]諸如

[illegible]差別如來法身有

別算數譬喻所不能

[illegible]佛言世尊我當云何應

[illegible]告曼殊室利菩薩曰善

身作業如世界起一切種

[illegible]功德衆所莊嚴住持為相當知化身

[illegible]生起法身之相无有生起

[illegible]利菩薩復白佛言世尊云何應知示

[illegible]善巧佛告曼殊室利菩薩曰善

[illegible]三千大千佛國土中或衆推

[illegible]衆推許大福田家同時入胎

[illegible]欲出家示行苦行捨苦行已成

示現是名如來示現化身方便

[illegible]菩薩復白佛言世尊凡有幾種一

BD08439號　解深密經卷五　（9–1）

三千大千佛國土中或衆推
衆推許大福田家同時入胎
欲出家示行苦行捨苦行已成
示現是名如來示現化身方便

菩薩復白佛言世尊凡有幾種一
如來身所住持言音差別由此言音所化
有情未成熟者令其成熟已成熟者緣此為
境速得解脫佛告曼殊室利菩薩曰善男子
如來言音略有三種一者契經二者調伏三
者本母
世尊云何契經云何調伏云何本母曼殊室
利若於是處我依攝事顯示諸法是名契經
謂依四事或依九事或復依於二十九事云
何四事一者聽聞事二者歸趣事三者修學
事四者菩提事云何九事一者施設有情事
二者彼所受用事三者彼生起事四者彼生
已住事五者彼染淨事六者彼差別事七者
能宣說事八者所宣說事九者諸衆會事云
何名為二十九事謂依雜染品有攝諸行事
彼次第隨轉事即於是中作補特伽羅
於當來世流轉因事作法想已於
因事依清淨品有繫念於所緣
勤精進事心安住事現法樂住
緣方便事彼遍知事此復三種
依處故依有情想外有情中邪行遍知所
處故內離增上慢遍知所依處故修依處事

BD08439號　解深密經卷五　（9–2）

勤精進事心安住事現法樂住
緣方便事彼遍知事此復三種
依處故依有情想外有情中邪行遍知所
處故內離增上慢遍知所依處故修依處事
作證事修習事令彼堅固事彼行相事彼所
緣事已斷未斷觀察善巧事彼散亂事彼不
散亂依處事修習劬勞加行事修習勝利事
彼堅牢事攝聖行事攝聖行品眷屬事通達真
實事證得涅槃事於善說法毗奈耶中世間
正見超外一切外道所得正見頂事及即於
此不修退事於善說法毗奈耶中不修習故
說名為退非見過失故名為退

曼殊室利若於是處我依聲聞及諸菩薩顯
示別解脫及別解脫相應之法是名調伏世
尊菩薩別解脫幾相所攝善男子當知七
一者宣說受軌則事故二者宣說隨順
事故三者宣說隨順毀犯事故四者宣說
犯自性故五者宣說[illegible]犯自性故六者宣說
出所犯故七者宣說捨律儀故
曼殊室利若於是處我以十一種相決了分
別顯示諸法是名本母何等名為十一
一者世俗相二者勝義相三者菩提分法所
緣相四者行相五者自性相六者彼果相七
者彼領受開示相八者彼障礙法相九者彼
隨順法相十者彼過患相十一者彼勝利
世俗相者當知三種一者宣說補特伽羅
二者宣說遍計所執自性故三者宣說諸法

BD08439號　解深密經卷五　（9–3）

[illegible]
者彼領受開示相八者彼障礙法相九者彼
隨順法相十者彼過患相十一者彼勝利
世俗相者當知三種一者宣說補特伽羅故
二者宣說遍計所執自性故三者宣說諸法
作用事業故勝義相者當知宣說七種真如
故菩提分法所緣相者當知宣說遍一切種
所知事故
行相者當知宣說八行觀故云何名為八行
觀邪一者諦實故二者安住故三者過失故
四者功德故五者理趣故六者流轉故七者道
理故八者總別故
諦實者謂諸法真如安住者謂或安立補特
伽羅或復安立諸法遍計所執自性或復安
立一向分別反問置記或復安立隱密顯了
記別差別過失者謂我宣說諸雜染法有无
量門差別過患功德者謂我宣說諸清淨法
有无量門差別勝利理趣者當知六種一者
真義理趣二者證得理趣三者教導理趣四
者遠離二邊理趣五者不可思議理趣六者
意趣理趣流轉者所謂三世三有為相及四
種緣
道理者當知四種一者觀待道理二者作用
道理三者證成道理四[illegible]法尔道理
觀待道理者謂若因若緣能生諸行及起隨
說如是名為觀待道理作用道理者謂若因
若緣能得諸法或能成辦或復生已作諸業
用如是名為作用道理

BD08439號　解深密經卷五　（9–4）

道理三者證成道理四[illegible]法尔道理
觀待道理者謂若因若緣能生諸行及起隨
說如是名為觀待道理作用道理者謂若因
若緣能得諸法或能成辦或復生已作諸業
用如是名為作用道理
證成道理者謂若因若緣能令所立所說所
標義得成立令正覺[illegible]名為證成道理
又此道理略有二種一者清淨二者不清淨
由五種相名為清淨由七種相名不清淨
云何由五種相名為清淨一者現見所得相
二者依止現見所得相三者自類譬喻所引
相四者圓成實相五者善清淨信教相
現見所得相者謂一切行皆无常性一切行
皆是苦性一切法皆[illegible]為世間現量
所得如是等類是名[illegible]所得相依止現見
所得相者謂一切行皆刹那性他世有性淨
不淨業无失壞性由彼能依麁无常性現可
得故由諸有情種種差別依種種業現可得
故由諸有情若樂若苦淨不淨業以為依止
現可得故由此因緣於不現見可為比度如
是等類是名依止現見所得相自類譬喻所
引相者謂於內外諸[illegible]中引諸世間共所
了知所得生死以為譬喻引諸世間共所了
知所得生等種種苦相以為譬喻引諸世間
共所了知所得不自在相以為譬喻又復於
外引諸世間共所了[illegible]得衰盛以為譬喻
如是等類當知是名自類譬喻所引相圓成
[illegible]

BD08439號　解深密經卷五　（9–5）

引相者謂於內外諸□中引諸世間共所
了知所得生死以為譬喻引諸世間共所了
知所得生等種種苦相以為譬喻引諸世間
共所了知所得不自在相以為譬喻又復於
外引諸世間共所了□□得衰盛以為譬喻
如是等類當知是名自類譬喻所引相圓成
實相者謂即如是現見所得相若依止現見
所得相若自類譬喻□□□於所成立決定
能成當知是名圓成實□□善清淨言教相者
謂一切智者□□說如言涅槃究竟寂靜
如是等類當知是□□清淨言教相善男子
是故由此五種相故名□觀察清淨道理由
清淨故應可脩習
曼殊室利菩薩復白佛言世尊一切智者相
當知有幾種佛告曼□□□菩薩曰善男子
略有五種一者若有□□間一切智聲无
不普聞二者成就三十二種大丈夫相三者
具足十力能斷一□眾生一切疑惑四者具足
四无所畏宣說正□□為一切他論所伏而
能摧伏一切邪論五□□□說法毗奈耶中
八支聖道四沙門等皆現可得如是生故斷
疑網故非他所伏能伏他故聖道沙門現可
得故如是五種當知□□□智相善男子
如是證成道理由現□□比量故由聖教
量故由五種相名為清淨
云何七種相名不清淨一者此餘同類可得
相二者此餘異類□□□三者一切同類可

得故如是五種當知□□□智相善男子
如是證成道理由現□□比量故由聖教
量故由五種相名為清淨
云何七種相名不清淨一者此餘同類可得
相二者此餘異類□□□三者一切同類可
得相四者一切異類□□□者異類譬喻
所得相六者非圓成實相七者非善清淨言
教相若一切法意識所識性是名一切同類
可得相若一切法相□□□果異相由隨
如是二異相決定展□□異相是名一切
異類可得相善男子若於此餘同類可得相
及譬喻中有一切異類相者由此因緣於所
成立非決定故□□□□成實相又於此餘
異類可得相及譬喻□□□一切同類相者由
此因緣於所□□不□□故亦名非圓成實相
非圓成實故非善觀察清淨道理不清淨故
不應脩習若異類譬喻所□□若非善清淨言
教相當知體性皆不
法尒道理者謂如來□□□□若不出世法性安
住法住法界□□□尒道理揔別者謂先揔
說一句法已後後諸句差別分別究竟顯了
自性相者謂我所□□□□□有緣所有能取菩
提分法謂念住等如□□□□□自性相彼果
相者謂若世間若出世間諸煩惱斷及所引
發世出世間諸果功德如是名為得彼果相
彼領受開示相者謂□□□以解脫智而領
受之及廣為他宣說□□□□名為彼領受

提分法謂[illegible]尋如[illegible]性相德[illegible]
相者謂若世間若出世間諸煩惱斷及所引
發世出世間諸果功德如是名為得彼果相
彼領受開示相者謂 以解脫智而領
受之及廣為他宣說 是名為彼領受
開示相
彼障礙法相 於脩菩提分法能隨障
礙諸染汙法是名彼障礙法相彼隨順法相
者謂 於彼多 名彼隨順法相彼
過患相者 即於 所有過失是
名彼過患相彼勝利相者當知即彼諸隨順
法所有功德是彼勝利相
曼殊室利菩薩復白佛 頌世尊為諸菩
薩略說契經調伏本 道陁羅尼義
由此不共陁羅尼義 菩薩得入如來所
說諸法甚深 吾曼殊室利菩薩曰善
男子汝今諦聽吾當為汝略說不共陁羅尼
義令 薩於 意言詞能善悟入
善男子若離染法 去我說一切皆无
作用亦都无 秘持 以一切種離所為
故非離染法先染後淨非清淨法後淨先染
凡夫異生於麁重身執著諸法補特伽羅自
性差別隨眠妄見以 我我所由此
妄謂我見我聞我齅 我知我食我
作我染我淨如是等 行得若有如實
知如是者便能 身獲得一切煩
不住最極清淨離諸戲
行善男子當

法所有功德是彼勝利相
曼殊室利菩薩復白佛 頌世尊為諸菩
薩略說契經調伏本 道陁羅尼義
由此不共陁羅尼義 菩薩得入如來所
說諸法甚深 吾曼殊室利菩薩曰善
男子汝今諦聽吾當為汝略說不共陁羅尼
義令 薩於 意言詞能善悟入
善男子若離染法 去我說一切皆无
作用亦都无 秘持 以一切種離所為
故非離染法先染後淨非清淨法後淨先染
凡夫異生於麁重身執著諸法補特伽羅自
性差別隨眠妄見以 我我所由此
妄謂我見我聞我齅 我知我食我
作我染我淨如是等 行得若有如實
知如是者便能 身獲得一切煩
不住最極清淨離諸戲
行善男子當

行深般若
如芭蕉柱葉葉拆
名菩薩摩訶薩行深般若波羅
多時如實知行相善現云何菩薩摩訶薩
深般若波羅蜜多時如實知行生滅謂菩
摩訶薩行深般若波羅蜜多時如實知色
時無所從來滅時無所至去雖無來無去而
生滅相應是名菩薩摩訶薩行深般若波羅
蜜多時如實知行生滅善現云何菩薩摩訶
薩行深般若波羅蜜多時如實知行真如謂
菩薩摩訶薩行深般若波羅蜜多時如實知
行真如無生無滅無來無去無染無淨無增
無減常如其性不虛妄不變易故名真如是
名菩薩摩訶薩行深般若波羅蜜多時如實
知行真如善現云何菩薩摩訶薩行深般若
波羅蜜多時如實知識相謂菩薩摩訶薩行
深般若波羅蜜多時如實知識如諸幻事衆

BD08440號　大般若波羅蜜多經卷四七二　（3–1）

無減常如其性不虛妄不變易故名真如是
名菩薩摩訶薩行深般若波羅蜜多時如實
知行真如善現云何菩薩摩訶薩行深般若
波羅蜜多時如實知識相謂菩薩摩訶薩行
深般若波羅蜜多時如實知識如諸幻事衆
緣和合假施設有實不可得謂如幻師或彼
弟子於四衢道幻作四軍所謂爲軍馬軍車軍
步軍或復幻作諸餘色類相雖似有而無其
實識亦如是實不可得是名菩薩摩訶薩
行深般若波羅蜜多時如實知識相善現云
何菩薩摩訶薩行深般若波羅蜜多時如實
知識生滅謂菩薩摩訶薩行深般若波羅蜜
多時如實知識生時無所從來滅時無所至
去雖無來無去而生滅相應是名菩薩摩訶
薩行深般若波羅蜜多時如實知識生滅善
現云何菩薩摩訶薩行深般若波羅蜜多時
如實知識真如謂菩薩摩訶薩行深般若
波羅蜜多時如實知識真如無生無滅無
來無去無染無淨無增無減常如其性不
虛妄不變易故名真如是名菩薩摩訶薩行
深般若波羅蜜多時如實知識真如善現是
為菩薩摩訶薩能學如是三解脫門則能學
色蘊乃至識蘊具壽善現復白佛言云何菩
薩摩訶薩能學如是三解脫門亦能學眼處
乃至意處佛告善現若菩薩摩訶薩行深般
若波羅蜜多時如實知眼處眼處自性空乃
至意處意處自性空內處自性不可得故善

BD08440號　大般若波羅蜜多經卷四七二　（3–2）

虚妄不變易故名真如是名菩薩摩訶薩行
深般若波羅蜜多時如實知識真如善現是
為菩薩摩訶薩能學如是三解脫門則能學
色蘊乃至識蘊具壽善現復白佛言云何菩
薩摩訶薩能學如是三解脫門亦能學眼處
乃至意處佛告善現若菩薩摩訶薩行深般
若波羅蜜多時如實知眼處眼處自性空乃
至意處意處自性空內處自性不可得故善
現是為菩薩摩訶薩能學如是三解脫門亦
能學眼處乃至意處具壽善現復白佛言云
何菩薩摩訶薩能學如是三解脫門亦能學
色處乃至法處佛告善現若菩薩摩訶薩行
深般若波羅蜜多時如實知色處色處自性
空乃至法處法處自性空外處自性不可得
故善現是為菩薩摩訶薩能學如是三解脫
門亦能學色處乃至法處具壽善現復白佛
言云何菩薩摩訶薩能學如是三解脫門亦
能學眼界乃至意界佛告善現若菩薩摩訶
薩行深般若波羅蜜多時如實知眼界眼界
自性空乃至意界意界自性空善現是為菩

BD08440 號　大般若波羅蜜多經卷四七二　（3–3）

BD08440 號背　勘記　（1–1）

若有病苦諸衆生　種種方藥治不差
若依如是洗浴法　并復讀誦斯經典
常於日夜念不散　專想慇懃生信心
所有患苦盡消除　解脫貧窮足財寶
四方星辰及日月　威神擁護得延年
吉祥安隱福德增　災變厄難皆除遣
次誦護身呪三七遍呪曰
怛姪他　三謎　毗三謎　莎訶
索　揭滯　毗揭滯　莎訶
毗揭荼（亭耶反）伐底　莎訶
娑揭　囉　三步多也　莎訶
塞建　陁　摩多也　莎訶
尼攞建侘也　莎訶
阿鉢囉市哆　毗梨耶也　莎訶
呬摩槃哆　三步多也　莎訶
阿你塞攞　薄怛囉也　莎訶
南謨薄伽伐都　跋囉甜摩寫莎訶
南謨薩囉酸（蘇）底　莫訶提鼻裒莎訶

BD08441號　金光明最勝王經卷七　（2–1）

塞建　陁　摩多也　莎訶
尼攞建侘也　莎訶
阿鉢囉市哆　毗梨耶也　莎訶
呬摩槃哆　三步多也　莎訶
阿你塞攞　薄怛囉也　莎訶
南謨薄伽伐都　跋囉甜摩寫莎訶
南謨薩囉酸（蘇活）底　莫訶提鼻裒莎訶
悉甸都漫（此云成就我某甲）　曼怛囉鉢陁莎訶
怛喇都仳姪哆　跋囉甜摩奴末都莎訶
爾時大辯才天女說洗浴法壇場呪已前礼
佛足白佛言世尊若有苾芻苾芻尼鄔波索
迦鄔波斯迦受持讀誦書寫流布是妙經王
如說行者若在城邑聚落曠野山林僧尼住
處我為是人將諸眷屬作天伎樂來詣其所
而為擁護除諸病苦流星變怪疫疾鬪諍王
法所拘惡夢惡神為障礙者蠱道厭術悉皆
除殄饒益是等持經之人苾芻等衆及諸聽

BD08441號　金光明最勝王經卷七　（2–2）

衆衆生其城四邊流以
有諸船七寶嚴飾是諸衆
而致娛樂莊戲諸池水中種種蓮花青
黃赤白衆雜好花悉皆具有其城四邊有五
百園觀七寶莊嚴甚可愛樂一一園中各有
五百池水池水各各縱廣十里皆以七寶雜
色莊嚴諸池水中皆有青黃赤白蓮花弥覆
水上大如車輪青色青光黃色黃光赤色赤
光白色白光諸池水中皆有鳧鴈鴛鴦異類
衆鳥是諸園觀浴池適无所屬皆是衆生宿
執長夜信樂深法行般若波羅蜜功德
而致善男子衆香城中有大高臺曇无竭菩
薩摩訶薩宮舍在上其宮縱廣十五里皆以
七寶校成雜色莊嚴垣墻七重皆亦七寶行
樹周匝圍遶其宮舍中有四園觀常而娛樂
一名常喜二名无憂三名華飾四名香飾一一
園中有八池水一名爲賢二名賢上三名

BD08442 號　小品般若波羅蜜經卷一〇　（3–1）

薩摩訶薩宮舍在上其宮縱廣十五里皆以
七寶校成雜色莊嚴垣墻七重皆亦七寶行
樹周匝圍遶其宮舍中有四園觀常而娛樂
一名常喜二名无憂三名華飾四名香飾一
園中有八池水一名爲賢二名賢上三名
喜四名喜上五名安隱六名名安隱七名
八名阿惟越致諸池四邊面各一寶黃
金白銀流離頗梨玫瑰爲底金沙布上一一
側有八梯陛種種寶物以爲梯橙諸階陛
間有閻浮檀金芭蕉行樹池水中皆有青黃
赤白蓮花遍覆其上鳧鴈鴛鴦孔雀衆鳥鳴
聲相和甚可愛樂諸池水邊生華樹香樹風
吹華香隨池水中其池成就八功德水香若
栴檀色味具足曇无竭菩薩與六万八千采
女五欲具足共相娛樂及城中男女俱入常
喜等園賢等池中共相娛樂善男子曇无竭
菩薩與諸采女遊戲娛樂已日日三時說般
若波羅蜜衆香城中男女大小爲曇无竭菩
薩於城內多聚人處敷大法坐其坐四足或
以黃金或以白銀或以流離或以頗梨敷以
綩綖雜色茵蓐以加尸白疊而覆其上坐高
五里張以帷帳其地四邊散五色華燒衆名
香供養法故曇无竭菩薩於此坐說般若波
羅蜜善男子彼諸人衆如是供養恭敬曇无
竭菩薩爲聞般若波羅蜜故於是大會千万

BD08442 號　小品般若波羅蜜經卷一〇　（3–2）

[illegible]色味其足墨无竭菩薩等六万八千采
女五欲具足共相娛樂及城中男女俱入常
喜善薗賢善池中共相娛樂善男子墨无竭
菩薩等諸采女遊戲娛樂已日日三時說般
若波羅蜜衆香城中男女大小為墨无竭菩
薩於城内多聚人處敷大法坐其坐四足或
以黃金或以白銀或以流離或以頗梨敷以
繞莚雜色茵蓐以加尸曰疊而覆其上坐高
[illegible]里張以惟帳其地四邊散五色華燒衆名
香供養法故墨无竭菩薩於此坐上說般若波
羅蜜善男子彼諸人衆如是供養恭敬墨无
竭菩薩為聞般若波羅蜜故於是大會千万
衆諸天世人一切和集中有聽者中有受者
中有持者中有誦者中有書者中有正觀者
中有如說行者是諸衆生度諸惡道皆不退
轉於阿耨多羅三藐三菩提善男子汝從是
當於墨无竭菩薩所聞般若波羅蜜墨无
[illegible]善知識示教利善汝阿耨
[illegible]男子墨无竭菩薩本行

BD08442號　小品般若波羅蜜經卷一〇　（3–3）

憍目兜菩薩漏盡和　須弥深菩薩漏盡和
那羅達菩薩漏盡和　因坻達菩薩漏盡和
和輪調菩薩漏盡和　无緣觀菩薩漏盡和
是八菩薩俱白佛言世尊我等於諸佛所受
得陁羅尼神呪而今說之擁護受持讀誦八
陽經者永无恐怖使一切不善之物不得侵
損讀經法師即於佛前而說呪曰
阿佉尼　尼佉尼　阿比羅　曼隸　曼多隸
世尊若有不善者欲來惱法師聞我說此呪
頭破作七分如阿梨樹枝
是時无邊身菩薩白佛言世尊云何名為八
陽經唯願世尊為諸聽衆解說其義令得醒
悟速達心本入佛知見永斷疑悔
佛言善哉善哉善男子汝等諦聽吾今為汝
解說八陽之經八者分別也陽者明解也明
解大乘无為之理了能分別識因緣空實无
所得又云八識為經陽明為緯經緯相投以

BD08443號　天地八陽神咒經　（4–1）

悟速達心本入佛知見永斷疑悔
佛言善哉善哉善男子汝等諦聽吾今為汝
觧說八陽之經八者分別也陽者明觧也明
觧大乘无為之理了能分別識因緣空實无
所得又云八識為經陽明為緯經緯相投以
成經教故名八陽經八識者眼是色識耳是
聲識鼻是香識舌是味識身是觸識意是
分別識含藏識阿賴耶識是名八識明了分
別八識根源空无所有即知兩眼光明天光明
天中即現日月光明世尊兩耳聲聞天中即現
无量聲如來兩鼻佛香天佛香天中即現香
積如來口舌是法味天法味天中即現法喜
如來身是盧舍那天盧舍那天中即現成
就盧舍那盧舍那鏡像盧舍那光明佛意是
无分別天无分別天中即現不動如來大光明
佛心是法界天法界天中即現空王如來含藏
識天演出阿那含經大涅槃經阿賴耶識天
演出大智度論經瑜伽論經善男子佛即是
法法即是佛合為一相即現大通智勝如來
佛說此經時一切大地六種震動光照天地
无有邊際浩浩蕩蕩而无所名一切幽冥皆
悉明朗一切地獄並皆消滅一切罪人俱得離
苦皆發无上菩提心
尒時衆中八万八千菩薩一時成佛号曰虛
空藏如來應正等覺劫名圓滿國号无邊

BD08443號　天地八陽神咒經　（4–2）

无有邊際浩浩蕩蕩而无所名一切幽冥皆
悉明朗一切地獄並皆消滅一切罪人俱得離
苦皆發无上菩提心
尒時衆中八万八千菩薩一時成佛号曰虛
空藏如來應正等覺劫名圓滿國号无邊
一切人民无有彼此並證无諍三昧六万六千
比丘比丘尼優婆塞優婆夷得大揔持无數
天龍夜叉乾闥婆阿脩羅迦樓羅緊那羅
摩睺羅伽人非人等得法眼淨行菩薩道
復次善男子若復有人得官登位之日及新
入宅之日即讀此經三遍甚大吉利獲福无
量善男子若讀此經一遍者如讀一切經一
遍能寫一卷者如寫一切經一部其功德不
可稱不可量无有邊際如斯人等即成聖道
復次无邊身菩薩摩訶薩若有衆生不信
正法常生邪見忽聞此經即生誹謗言非佛
說是人現世得白癩病惡瘡膿血遍體交流
腥臊臭穢人皆憎嫉命終之日即墮阿鼻无
間地獄上火徹下下火徹上鐵叉遍身穿穴
五藏洋銅灌口筋骨爛壞一日一夜万死万
生受大苦痛无有休息謗斯經故獲罪如
是佛為罪人而說偈言
身是自然身　五體自然體　長乃自然長　老乃自然老
生則自然生　死則自然死　求長不得長　求短不能短
苦樂汝自當　邪正由汝已　欲作有為功　讀經莫問師

BD08443號　天地八陽神咒經　（4–3）

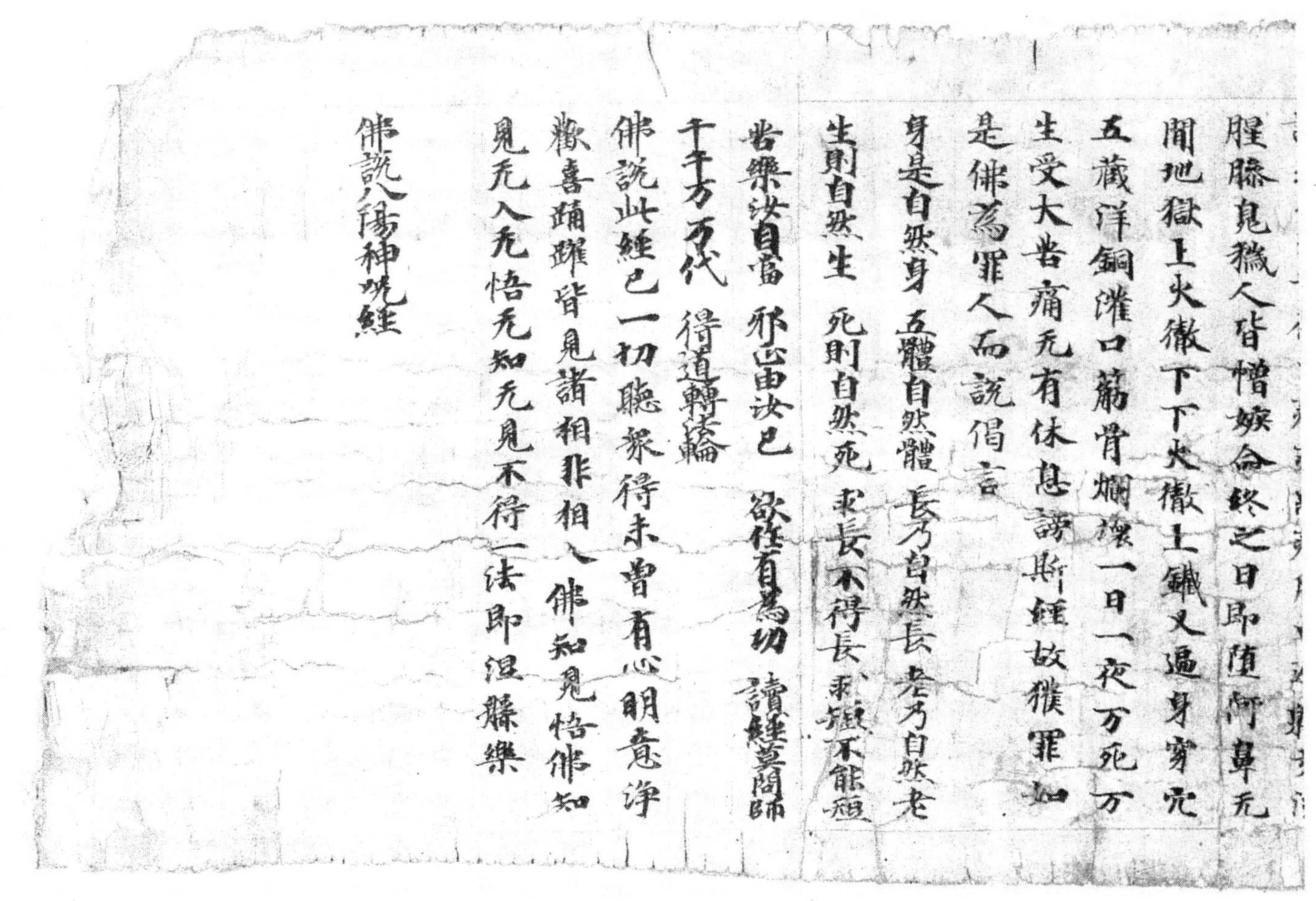
腥臊臭穢人皆憎嫉命終之日即墮阿鼻无
間地獄上火徹下下火徹上鐵叉遍身穿穴
五藏洋銅灌口筋骨爛壞一日一夜万死万
生受大苦痛无有休息謗斯經故獲罪如
是佛為罪人而說偈言
身是自然身　五體自然體　長乃自然長　老乃自然老
生則自然生　死則自然死　求長不得長　求短不能短
苦樂汝自當　邪正由汝已　欲作有為功　讀經莫問師
千千方万代　得道轉法輪
佛說此經已一切聽眾得未曾有心明意淨
歡喜踊躍皆見諸相非相　入佛知見悟佛知
見无入无悟无知无見不得一法即涅槃樂
佛說八陽神呪經

BD08443號　天地八陽神咒經　（4–4）

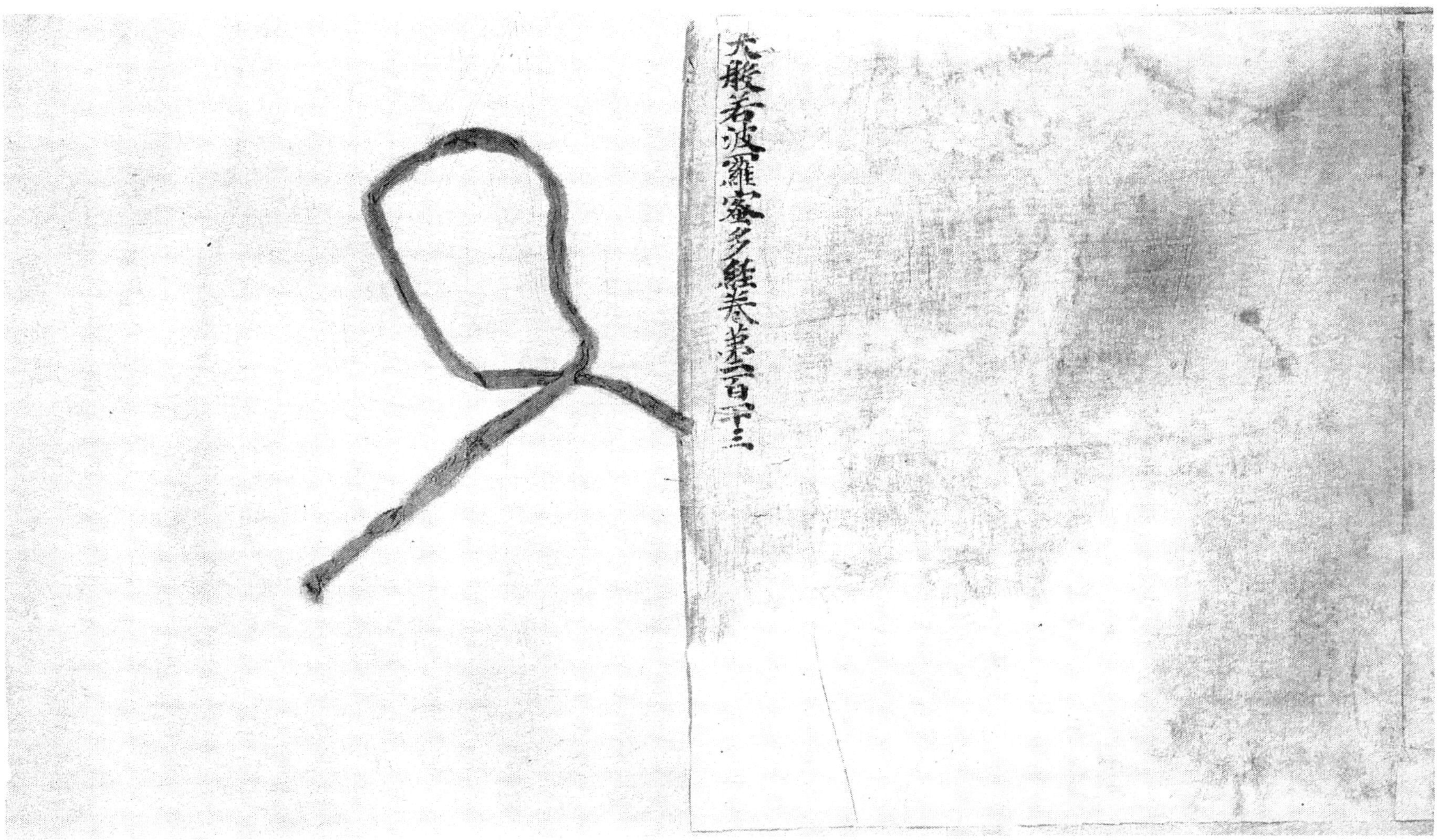

大般若波羅蜜多經卷第二百廿三

BD08444號背　護首　（1–1）

大般若波羅蜜多經卷第二百一十三

初分難信解品第卌四之卅二　三藏法師玄奘奉　詔譯

善現無變異空清淨故布施波羅蜜多清淨

布施波羅蜜多清淨故一切智智清淨何以

BD08444號　大般若波羅蜜多經卷二一三　（5–1）

大般若波羅蜜多經卷第二百一十三

初分難信解品第卌四之卅二　三藏法師玄奘奉　詔譯

善現無變異空清淨故布施波羅蜜多清淨

布施波羅蜜多清淨故一切智智清淨何以

故若無變異空清淨若布施波羅蜜多清淨

若一切智智清淨無二無二分無別無斷故

無變異空清淨故淨戒安忍精進靜慮般若

波羅蜜多清淨淨戒乃至般若波羅蜜多清

淨故一切智智清淨何以故若無變異空清

淨若淨戒乃至般若波羅蜜多清淨若一切

智智清淨無二無二分無別無斷故善現無

變異空清淨故內空清淨內空清淨故一

智智清淨何以故若無變異空清淨若

清淨若一切智智清淨無二無二分無別無斷

故無變異空清淨故外空內外空空空大空

義空有為空無為空畢竟空無際空散空

性空自相空共相空一切法空不可得空無

空自性空無性自性空清淨外空乃至無性

自性空清淨故一切智智清淨何以故若無

變異空清淨若外空乃至無性自性空清淨

若一切智智清淨無二無二分無別無斷故

善現無變異空清淨故真如清淨真如清

淨故一切智智清淨何以故若無變異空清

淨若真如清淨若一切智智清淨無二無二

分無別無斷故無變異空清淨故法界法性

不虛妄性不變異性平等性離生性法定

BD08444號　大般若波羅蜜多經卷二一三　（5–2）

善現

淨故一切智智清淨何以故若無變異空清
淨若真如清淨若一切智智清淨無二無二
分無別無斷故無變異空清淨故法界法性
不虛妄性不變異性平等性離生性法定
法住實際虛空界不思議界清淨法界乃至
不思議界清淨故一切智智清淨何以故若
無變異空清淨若法界乃至不思議界清淨
若一切智智清淨無二無二分無別無斷故善
現無變異空清淨故苦聖諦清淨苦聖諦
清淨故一切智智清淨何以故若無變異空
清淨若苦聖諦清淨若一切智智清淨無二
無二分無別無斷故無變異空清淨故集滅
道聖諦清淨集滅道聖諦清淨故一切智智
清淨何以故若無變異空清淨若集滅道聖
諦清淨若一切智智清淨無二無二分無別無
斷故善現無變異空清淨故四靜慮清淨
四靜慮清淨故一切智智清淨何以故若無
變異空清淨若四靜慮清淨若一切智智清
淨無二無二分無別無斷故無變異空清淨
故四無量四無色定清淨四無量四無色定清
淨故一切智智清淨何以故若無變異空清
淨若四無量四無色定清淨若一切智智清
淨無二無二分無別無斷故善現無變異空清
淨故八解脫清淨八解脫清淨故一切智
智清淨何以故若無變異空清淨若八解
脫清淨若一切智智清淨無二無二分無別

淨故一切智智清淨何以故若無變異空清
淨若四無量四無色定清淨若一切智智清
淨無二無二分無別無斷故善現無變異空清
淨故八解脫清淨八解脫清淨故一切智
智清淨何以故若無變異空清淨若八解
脫清淨若一切智智清淨無二無二分無別
無斷故無變異空清淨故八勝處九次第定
十遍處清淨八勝處九次第定十遍處清淨故
一切智智清淨何以故若無變異空清淨若
八勝處九次第定十遍處清淨若一切智智
清淨無二無二分無別無斷故善現無變異
空清淨故四念住清淨四念住清淨故一
切智智清淨何以故若無變異空清淨若四
念住清淨若一切智智清淨無二無二分無
別無斷故無變異空清淨故四正斷四神足五
根五力七等覺支八聖道支清淨四正斷
乃至八聖道支清淨故一切智智清淨何以
故若無變異空清淨若四正斷乃至八聖道
支清淨若一切智智清淨無二無二分無別
無斷故善現無變異空清淨故空解脫門清
淨空解脫門清淨故一切智智清淨何以故
若無變異空清淨若空解脫門清淨若一切
智智清淨無二無二分無別無斷故無變異
空清淨故無相無願解脫門清淨無相無願
解脫門清淨故一切智智清淨何以故若無變
異空清淨若無相無願解脫門清淨若一切
智智清淨無二無二分無別無斷故善現無

無斷故善現無變異空清淨故空解脫門清
淨空解脫門清淨故一切智智清淨何以故
若無變異空清淨若空解脫門清淨若一切
智智清淨無二無二分無別無斷故無變異
空清淨故無相無願解脫門清淨無相無願
解脫門清淨故一切智智清淨何以故若無變
異空清淨若無相無願解脫門清淨若一切
智智清淨無二無二分無別無斷故善現無
變異空清淨故菩薩十地清淨菩薩十地清
淨故一切智智清淨何以故若無變異空清
淨若菩薩十地清淨若一切智智清淨無二無
二分無別無斷故
善現無變異空清淨故五眼清淨五眼清淨
故一切智智清淨何以故若無變異空清
淨若五眼清淨若一切智智清淨無二無二
分無別無斷故無變異空清淨故六神通清
淨六神通清淨故一切智智清淨何以故若
無變異空清淨若六神通清
清淨

奉請清淨法身毗盧遮那佛　奉請千百億
化身同名釋迦牟尼佛　奉請

奉請淨

奉請清淨法身毗盧遮那佛　奉請圓滿報身
盧舍那佛　奉請千百億化身同名釋迦
牟尼佛　奉請東方不動佛　奉請南
方寶相佛　奉請西方無量壽佛　奉請
北方天鼓音佛　奉請上方廣衆德佛
奉請下方明德佛　奉請當來下生彌
勒尊佛　奉請過現未來十方三世一切諸
佛　奉請十二部尊經甚深法藏　奉請諸
大菩薩摩訶薩衆　奉請聲聞緣覺一
切賢聖　奉請大慈大悲救苦觀世音
菩薩　奉請清涼山頂[illegible]
真菩薩　奉請北方大聖毗沙門天王
奉請摩羅耶山五百羅漢四向四果得
道沙門分段俱全六道大聖一一諸神將
等並令隨形普共成佛　發願文
稽首三界尊　歸依十方佛　我發弘誓願　持觀音經
上報四重恩　下濟三塗苦　若有見聞者　悉發菩提心
盡此一報身　同生極樂國
妙法蓮華經觀世音菩薩普門品第廿五

BD08445號1　念誦觀世音經前儀（擬）　（3-1）

奉請下方[illegible]佛　奉請當來下生彌[illegible]
新尊佛　奉請過現未來十方三世一切諸
佛　奉請十二部尊經甚深法藏　奉請諸
大菩薩摩訶薩衆　奉請聲聞緣覺一
切賢聖　奉請大慈大悲救苦觀世音
菩薩　奉請清涼山[illegible]
真菩薩　奉請北方大聖毗[illegible]
奉請摩耶山五百羅漢　四向四果得
道沙門　分段俱全　六道大聖　一一諸神將
等並令隨[illegible]　普共成佛　發願文
稽首三界尊　歸依十方佛　我發弘誓願　持此觀音經
上報四重恩　下濟三塗苦　若有見聞者　悉發菩提心
盡此一報身　同生極樂國
妙法蓮華經觀世音菩薩普門品第廿五
爾時無盡意菩薩即從座起偏袒右肩合
掌向佛而作是言世尊觀世音菩薩以何
因緣名觀世音佛告無盡意菩薩善男
子若有無量百千萬億衆生受諸苦惱聞
是觀世音菩薩一心稱名觀世音菩薩即時
觀其音聲皆得解脫若有持是觀世音
菩薩名者設入大火火不能燒由是菩薩威
神力故若為大水所漂稱其名號即得淺
處若有百千萬億衆生為求金銀琉璃車𤦲
馬瑙珊瑚虎珀真珠等寶入於大海假使黑
風吹其船舫飄墮羅剎鬼國其中若有乃
至一人稱觀世音菩薩名者是諸人等皆得
解脫羅剎之難以是因緣名觀世音若復有
人臨當被害稱觀世音菩薩名者彼所
執刀杖尋段段壞而得解脫[illegible]

BD08445 號 1　念誦觀世音經前儀（擬）
BD08445 號 2　觀世音經（兌廢稿）

（3–2）

尒時无盡意菩薩即從座起偏袒右肩合
掌向佛而作是言世尊觀世音菩薩以何
因緣名觀世音佛告无盡意菩薩善男
子若有无量百千万億衆生受諸苦惱聞
是觀世音菩薩一心稱名觀世音菩薩即時
觀其音聲皆得解脫若有持是觀世音
菩薩名者設大火火不能燒由是菩薩威
神力故若為大水所漂稱其名号即得淺
處若有百千万億衆生為求金銀琉璃車𤦲
馬瑙珊瑚虎珀真珠等寶入於大海假使黑
風吹其船舫漂墮羅剎鬼國其中若有乃
至一人稱觀世音菩薩名者是諸人等皆得
解脫羅剎之難以是因緣名觀世音若復有
人臨當被害稱觀世音菩薩名者彼所
執刀杖尋段段壞而得解脫若三千大千國土
滿中夜叉羅剎欲來惱人聞其稱觀世音

八識為經陽明為緯經緯相投以成經教故
名八陽經八識者眼是色識耳是聲識鼻是
香識舌是味識身是觸識意是分別識含藏
識阿賴耶識是名八識明了分別八識根源
空无所有即知兩眼光明天光明天中即現日月光
明世尊兩耳聲聞天聲聞天中即現无量聲如
來兩鼻佛香天佛香天中即現香積如來口
舌是法味天法味天中即現法喜如來身是
盧舍那天盧舍那天中即現成就盧舍那鏡像
佛盧舍那光明佛意是分別天分別天中即現不動
如來大光之明佛心是法界天法界天中即現
空王如來含藏識天演出阿那含經大涅
槃經阿賴耶識天演出大智度論經瑜伽
論經善男子佛即是法法即是佛合為一相
即現大通智勝如來
佛說此經時一切大地六種震動光照天地无
有邊際浩浩蕩蕩而无所名一切幽冥悉皆
明朗一切地獄並皆消滅一切罪人俱得離

BD08446 號　天地八陽神咒經　（3–1）

槃經阿賴耶識天演出大智度論經瑜伽
論經善男子佛即是法法即是佛合為一相
即現大通智勝如來
佛說此經時一切大地六種震動光照天地无
有邊際浩浩蕩蕩而无所名一切幽冥悉皆
明朗一切地獄並皆消滅一切罪人俱得離
苦皆發无上菩提心
尒時衆中八万八千菩薩一時成佛號曰虛
空藏如來應正等覺劫名離垢國號无邊
一切人民无有彼此並證无諍三昧六万六千
比丘比丘尼優婆塞優婆夷得大揔持无
數天龍夜叉乾闥婆阿脩羅迦樓羅緊那
羅摩睺羅伽人非人等得法眼淨行菩薩
道
復次善男子若復有人得官登位之日及
新入宅之日暫讀此經三遍甚大吉利善神護衛
无量善男子若讀此一遍者如讀一切經一
遍能寫一卷者如寫一切經一部其功德不
可稱不可量无有邊際如斯人等即成聖道
復次无邊身菩薩摩訶薩若有衆生不信
正法常生邪見忽聞此經即生誹謗言非佛說
是人現世得白癩病惡瘡膿血遍體交流腥
臊臭穢人皆憎嫉命終之日即墮阿鼻无間
地獄上火徹下下火徹上鐵叉遍身穿穴五
藏洋銅灌口筋骨爛壞一日一夜万死万生
受大苦痛无有休息謗斯經故獲罪如是佛
為罪人而說偈言
身是自然身　五體自然體　長乃自然長　老乃自然老

BD08446 號　天地八陽神咒經　（3–2）

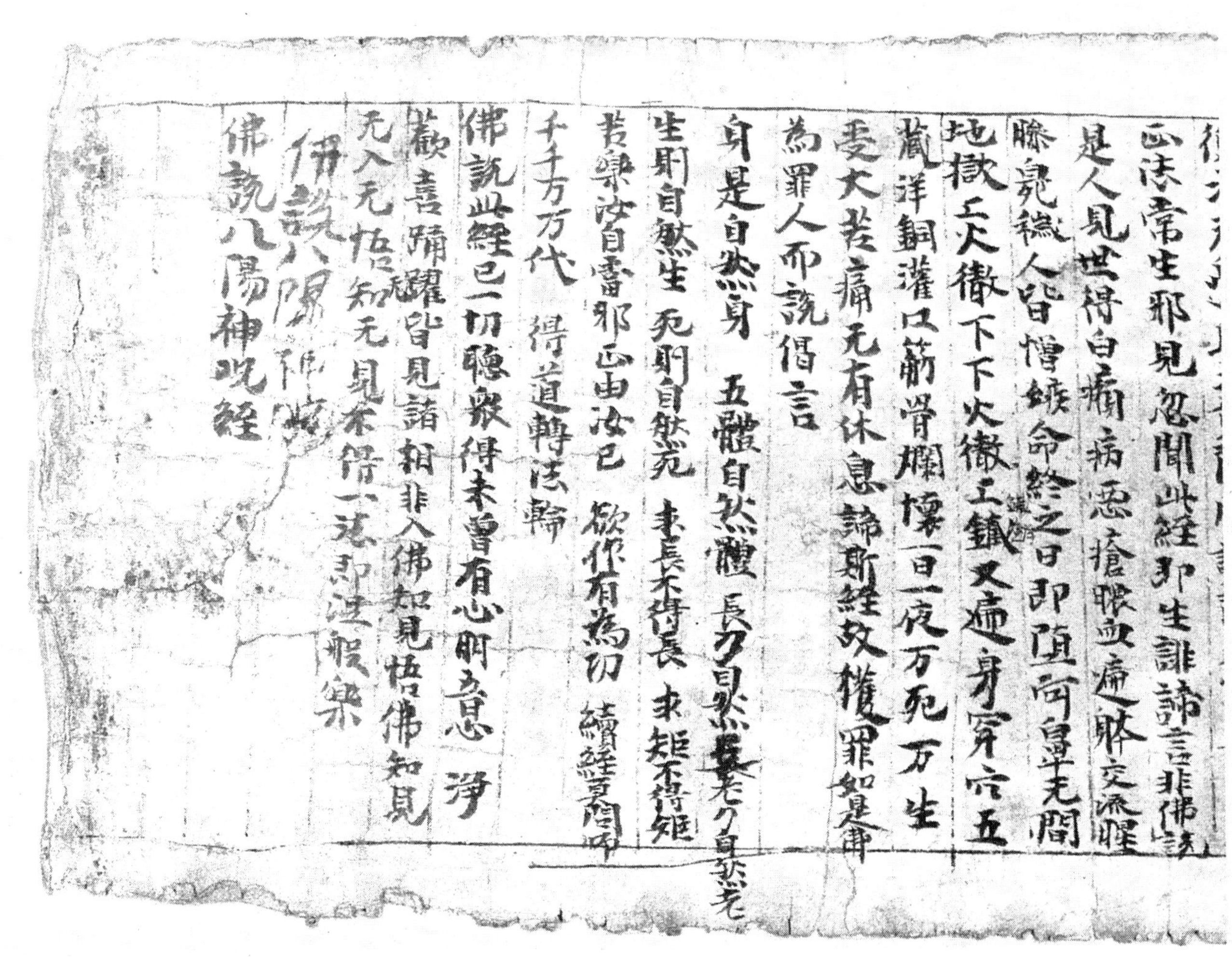

正法常生邪見忽聞此經即生誹謗言非佛說
是人現世得白癩病惡瘡膿血遍體交流腥
臊臭穢人皆憎嫉命終之日即墮阿鼻無間
地獄上火徹下下火徹上鐵叉遍身穿穴五
藏洋銅灌口筋骨爛壞一日一夜万死万生
受大苦痛无有休息謗斯經故獲罪如是佛
為罪人而說偈言
身是自然身　五體自然體　長乃自然長　老乃自然老
生則自然生　死則自然死　求長不得長　求短不得短
苦樂汝自當　邪正由汝已　欲作有為功　讀經莫問師
千千万万代　得道轉法輪
佛說此經已一切聽眾得未曾有心明意淨
歡喜踊躍皆見諸相非入佛知見悟佛知見
无入无悟无知无見不得一法即涅槃樂
佛說八陽神呪經
佛說八陽神呪經

BD08446號　天地八陽神咒經　　（3–3）

辟支佛身得度者
法應以聲聞身得度
法應以梵王身得度
而為說法應以帝釋身得度
帝釋身而為說法應以自在天
即現自在天身而為說法應以大自在天身
得度者即現大自在天身而為說法應以天
大將軍身得度者即現天大將軍身而為
說法應以毗沙門身得度者即現毗沙門身
而為說法應以小王身得度者即現小王身
而為說法應以長者身得度者即現長者身
而為說法應以居士身得度者即現居士身
而為說法應以宰官身得度者即現宰官身
而為說法應以婆羅門身得度者即現婆羅門
身而為說法應以比丘比丘尼優婆塞優婆
夷身得度者即現比丘比丘尼優婆塞優婆
夷身而為說法應以長者居士宰官婆羅

BD08447號　觀世音經　　（4–1）

而為說法應以宰官身得度者即現宰官身
而為說法應以婆羅門身得度者即現婆羅門
身而為說法應以比丘比丘尼優婆塞優婆
夷身得度者即現比丘比丘尼優婆塞優婆
夷身而為說法應以長者居士宰官婆羅
門婦女身得度者即現婦女身而為說法應
以童男童女身得度者即現童男童女身而
為說法應以天龍夜叉乾闥婆阿脩羅迦樓
羅緊那羅摩睺羅伽人非人等身得度者即
皆現之而為說法應以執金剛神得度者即
現執金剛神而為說法无盡意是觀世音菩
薩摩訶薩成就如是功德以種種形遊諸國土
度脫衆生是故汝等應當一心供養觀世音菩
薩是觀世音菩薩摩訶薩於怖畏急難之中
能施无畏是故此娑婆世界皆號之為施无
畏者无盡意菩薩白佛言世尊我今當供養
觀世音菩薩即解頸衆寶珠瓔珞價直百千
兩金而以與之作是言仁者受此法施珎寶瓔
珞時觀世音菩薩不肯受之无盡意復白觀
世音菩薩言仁者愍我等故受此瓔珞尒時
佛告觀世音菩薩當愍此无盡意菩薩及四
衆天龍夜叉乾闥婆阿脩羅迦樓羅緊那羅
摩睺羅伽人非人等故受是瓔珞即時觀世
音菩薩愍諸四衆及於天龍人非人等受其
瓔珞分作二分一分奉釋迦牟尼佛一分奉
多寶佛塔无盡意觀世音菩薩有如是自
在神力遊於娑婆世界
尒時无盡意菩薩以偈問曰

瓔珞分作二分一分奉釋迦牟尼佛一分奉
多寶佛塔无盡意觀世音菩薩有如是自
在神力遊於娑婆世界
尒時无盡意菩薩以偈問曰
世尊妙相具我今重問彼 佛子何因緣 名為觀世音
具足妙相尊 偈荅无盡意 汝聽觀音行 善應諸方所
弘誓深如海 歷劫不思議 侍多千億佛 發大清淨願
我為汝略說 聞名及見身 心念不空過 能滅諸有苦
假使興害意 推落大火坑 念彼觀音力 火坑變成池
或漂流巨海 龍魚諸鬼難 念彼觀音力 波浪不能沒
或在須彌峯 為人所推墮 念彼觀音力 如日虛空住
或被惡人逐 墮落金剛山 念彼觀音力 不能損一毛
或值怨賊遶 各執刀加害 念彼觀音力 咸即起慈心
或遭王難苦 臨刑欲壽終 念彼觀音力 刀尋段段壞
或囚禁枷鎖 手足被杻械 念彼觀音力 釋然得解脫
呪咀諸毒藥 所欲害身者 念彼觀音力 彼即轉迴去
或遇惡羅剎 毒龍諸鬼等 念彼觀音力 時悉不敢害
若惡獸圍遶 利牙爪可怖 念彼觀音力 疾走无邊方
蚖蛇及蝮蝎 氣毒煙火燃 念彼觀音力 尋聲自迴去
雲雷鼓掣電 降雹澍大雨 念彼觀音力 應時得消散
衆生被困厄 无量苦逼身 觀音妙智力 能救世間苦
具足神通力 廣脩智方便 十方諸國土 无剎不現身
種種諸惡趣 地獄鬼畜生 生老病死苦 以漸悉令滅
真觀清淨觀 廣大智慧觀 悲觀及慈觀 常願常瞻仰
无垢清淨光 慧日破諸闇 能伏災風火 普明照世間
悲體戒雷震 慈意妙大雲 澍甘露法雨 滅除煩惱炎
諍訟經官處 怖畏軍陣中 念彼觀音力 衆怨悉退散

眾生被困厄　无量苦逼身　觀音妙智力　能救世間苦
具足神通力　廣脩智方便　十方諸國土　无剎不現身
種種諸惡趣　地獄鬼畜生　生老病死苦　以漸悉令滅
真觀清淨觀　廣大智慧觀　悲觀及慈觀　常願常瞻仰
无垢清淨光　慧日破諸闇　能伏災風火　普明照世間
悲體戒雷震　慈意妙大雲　澍甘露法雨　滅除煩惱炎
諍訟經官處　怖畏軍陣中　念彼觀音力　衆怨悉退散
妙音觀世音　梵音海潮音　勝彼世間音　是故須常念
念念勿生疑　觀世音淨聖　於苦惱死厄　能為作依怙
具一切功德　慈眼視衆生　福聚海无量　是故應頂礼
尒時持地菩薩即從座起前白佛言世尊若
有衆生聞是觀世音菩薩品自在之業普門
示現神通力者當知是人功德不少佛說是
普門品時衆中八万四千衆生皆發无等等
阿耨多羅三藐三菩提心
觀世音經

BD08447 號　觀世音經　（4–4）

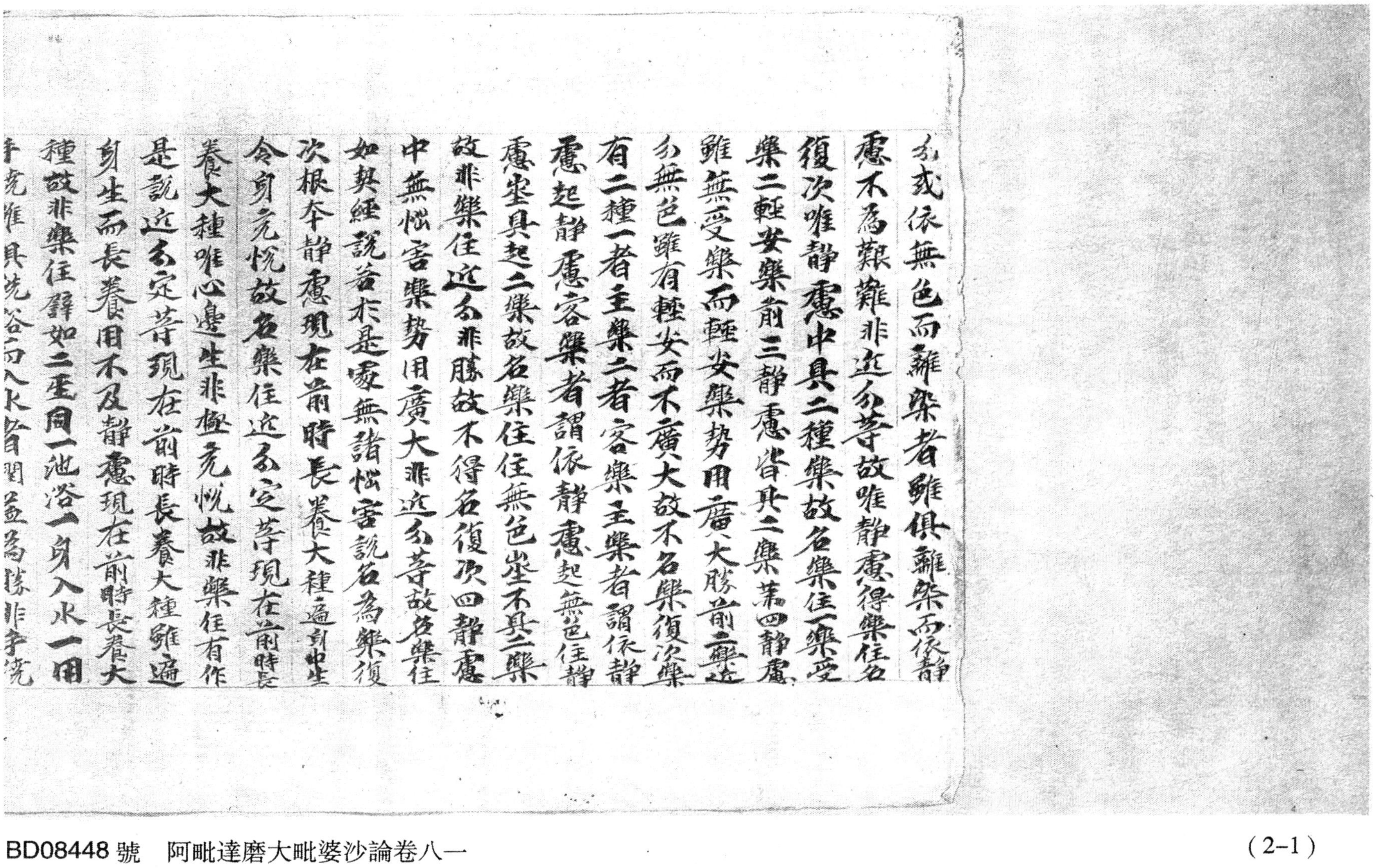

分或依無色而離染者雖俱離染而依靜
慮不爲艱難非近分等故唯靜慮得樂住名
復次唯靜慮中具二種樂故名樂住一樂受
樂二輕安樂前三靜慮皆具二樂第四靜慮
雖無受樂而輕安樂勢用廣大勝前三近
分無色雖有輕安而不廣大故不名樂復次樂
有二種一者主樂二者客樂主樂者謂依靜
慮起靜慮客樂者謂依靜慮起無色住靜
慮並具起二樂故名樂住住無色並不具二樂
故非樂住近分非勝故不得名復次四靜慮
中無惱害樂勢用廣大非近分等故名樂住
如契經說若於是處無諸惱害說名爲樂復
次根本靜慮現在前時長養大種遍身中生
令身充悅故名樂住近分定等現在前時長
養大種唯心邊生非極充悅故非樂住有作
是說近分定等現在前時長養大種雖遍
身生而長養用不及靜慮現在前時長養大
種故非樂住譬如二人同一池浴一身入水一用
手洗雖俱洗浴而入水者潤益爲勝非手洗

BD08448 號　阿毗達磨大毗婆沙論卷八一　（2–1）

處生具足二樂故名樂住無色生不具二樂
故非樂住近分非勝故不得名復次四靜慮
中無惱害樂勢用廣大非近分等故名樂住
如契經說若於是處無諸惱害說名為樂復
次根本靜慮現在前時長養大種遍身中生
令身充悅故名樂住近分定等現在前時長
養大種唯心邊生非極充悅故非樂住有作
是說近分定等現在前時長養大種雖遍
身生而長養用不及靜慮現在前時長養大
種故非樂住譬如二人同一池浴一身入水一用
手澆雖俱洗浴而入水者潤益為勝非手澆
者復次四靜慮中止觀力等故名樂住近分
定中觀強止劣無色定中止強觀劣俱非樂
住復次四靜慮中精進與止平等而轉故名
樂住雖一切定精進力強而靜慮中為止
所制故平等轉餘定不尒故非樂住復次四
靜慮中增上捨斷離染可得故名樂住謂離
染時有二種斷一增上捨斷二有功用斷依
近分無色離諸染時名有功用斷極艱難故
依根本靜慮離諸染時名增上捨斷任運轉

BD08448號　阿毗達磨大毗婆沙論卷八一　（2–2）

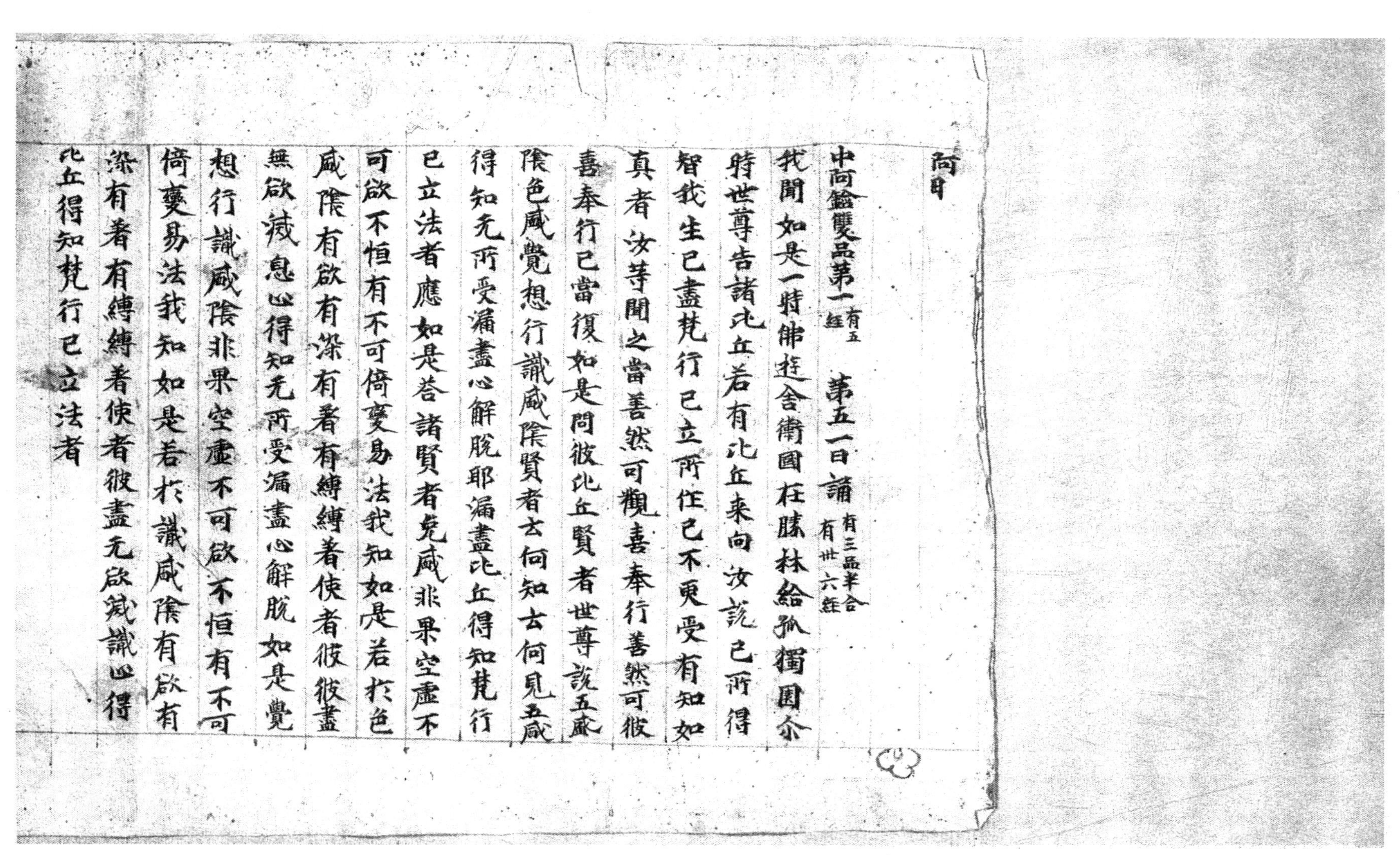
阿含
中阿含雙品第一 有五經　第五一日誦 有三品半合有卅六經
我聞如是一時佛遊舍衛國在勝林給孤獨園尒
時世尊告諸比丘若有比丘來向汝說已所得
智我生已盡梵行已立所作已不更受有知如
真者汝等聞之當善然可觀喜奉行善然可彼
喜奉行已當復如是問彼比丘賢者世尊說五盛
陰色盛覺想行識盛陰賢者云何知云何見五盛
得知无所受漏盡心解脫耶漏盡比丘得知梵行
已立法者應如是答諸賢者色盛非果空虛不
可欲不恒有不可倚變易法我知如是若於色
盛陰有欲有染有著有縛縛著使者彼彼盡
無欲滅息心得知无所受漏盡心解脫如是覺
想行識盛陰非果空虛不可欲不恒有不可
倚變易法我知如是若於識盛陰有欲有
染有著有縛縛著使者彼盡无欲滅識心得
比丘得知梵行已立法者

BD08448號背　中阿含經（兌廢稿）卷四九　（2–1）

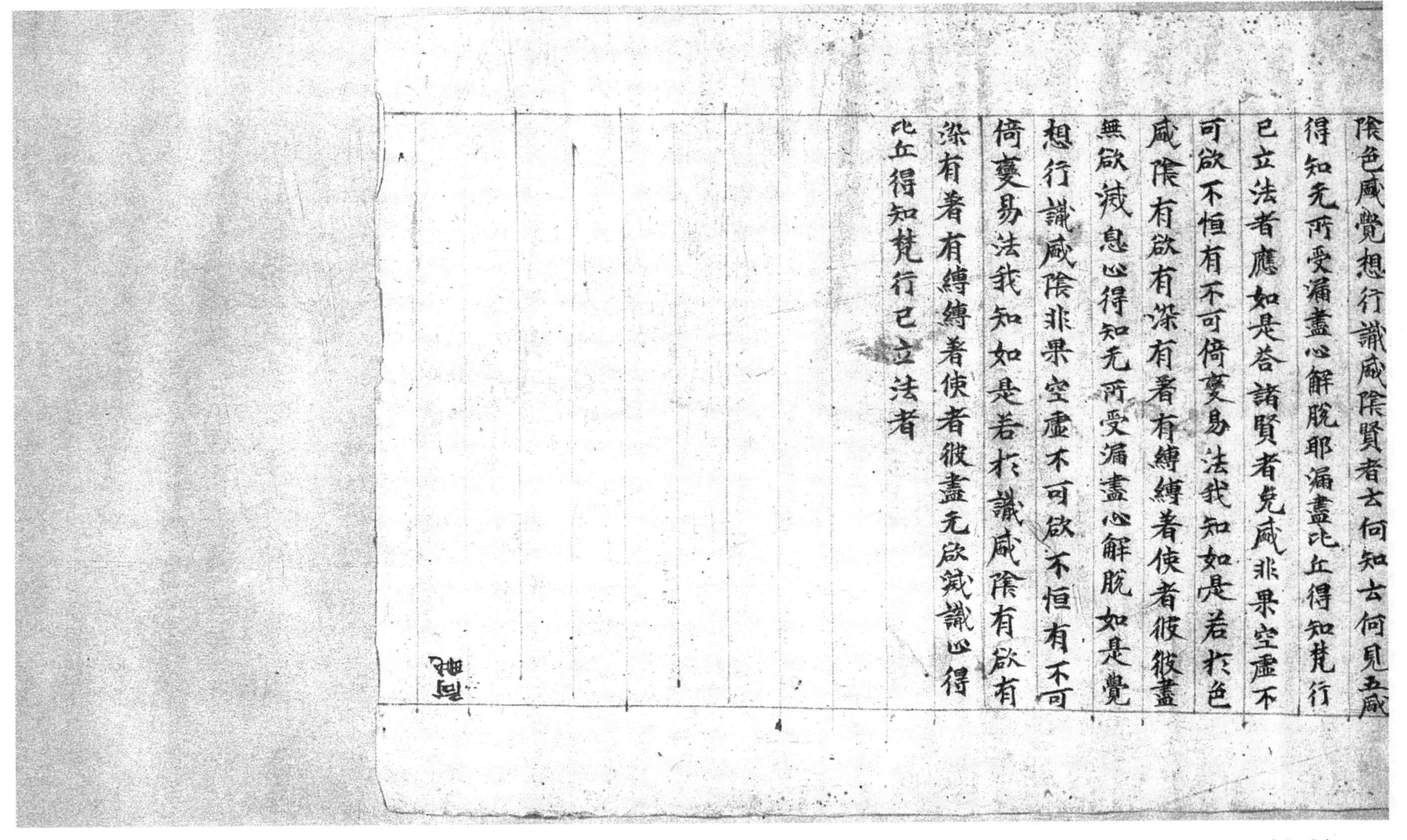

陰色盛覺想行識盛陰賢者云何知云何見五盛
得知无所受漏盡心解脱耶漏盡比丘得知梵行
已立法者應如是荅諸賢者免盛非果空虛不
可欲不恒有不可倚變易法我知如是若於色
盛陰有欲有染有著有縛縛着使者彼彼盡
無欲滅息心得知无所受漏盡心解脱如是覺
想行識盛陰非果空虛不可欲不恒有不可
倚變易法我知如是若於識盛陰有欲有
染有着有縛縛着使者彼盡无欲滅識心得
比丘得知梵行已立法者

BD08448 號背　中阿含經（兌廢稿）卷四九　（2–2）

著 錄 凡 例

本目錄採用條目式著錄法。諸條目意義如下：

1.1　著錄編號。用漢語拼音首字“BD”表示，意為“北京圖書館藏敦煌遺書”，簡稱“北敦號”。文獻寫在背面者，標註為“背”。一件遺書上抄有多個文獻者，用數字1、2、3等標示小號。一號中包括幾件遺書，且遺書形態各自獨立者，用字母A、B、C等區別。

1.2　著錄分類號。本條記目錄暫不分類，該項空缺。

1.3　著錄文獻的名稱、卷本、卷次。

1.4　著錄千字文編號。

1.5　著錄縮微膠卷號。

2.1　著錄遺書的總體數據。包括長度、寬度、紙數、正面抄寫總行數與每行字數、背面抄寫總行數與每行字數。如該遺書首尾有殘破，則對殘破部分單獨度量，用加號加在總長度上。凡屬這種情況，長度用括弧標註。

2.2　著錄每紙數據。包括每紙長度及抄寫行數或界欄數。

2.3　著錄遺書的外觀。包括：(1) 裝幀形式。(2) 首尾存況。(3) 護首、軸、軸頭、天竿、縹帶，經名是書寫還是貼簽，有無經名號，扉頁、扉畫。(4) 卷面殘破情況及其位置。(5) 尾部情況。(6) 有無附加物（蟲繭、油污、線繩及其他）。(7) 有無裱補及其年代。(8) 界欄。(9) 修整。(10) 其他需要交待的問題。

2.4　著錄一件遺書抄寫多個文獻的情況。

3.1　著錄文獻首部文字與對照本核對的結果。

3.2　著錄文獻尾部文字與對照本核對的結果。

3.3　著錄錄文。

3.4　著錄對文獻的説明。

4.1　著錄文獻首題。

4.2　著錄文獻尾題。

5　　著錄本文獻與對照本的不同之處。

6.1　著錄本遺書首部可與另一遺書綴接的編號。

6.2　著錄本遺書尾部可與另一遺書綴接的編號。

7.1　著錄題記、題名、勘記等。

7.2　著錄印章。

7.3　著錄雜寫。

7.4　著錄護首及扉頁的內容。

8　　著錄年代。

9.1　著錄字體。如有武周新字、合體字、避諱字等，予以説明。

9.2　著錄卷面二次加工的情況。包括句讀、點標、科分、間隔號、行間加行、行間加字、硃筆、墨塗、倒乙、刪除、兑廢等。

10　 著錄敦煌遺書發現後，近現代人所加內容，裝裱、題記、印章等。

11　 備註。著錄揭裱互見、圖版本出處及其他需要說明的問題。

上述諸條，有則著錄，無則空缺。

為避文繁，上述著錄中出現的各種參考、對照文獻，暫且不列版本說明。全目結束時，將統一編制本條記目錄出現的各種參考書目。

本條記目錄為農曆年份標註其公曆紀年時，未進行歲頭年末之換算，請讀者使用時注意自行換算。

條 記 目 錄

BD08261—BD08448

1.1 BD08261 號
1.3 妙法蓮華經卷一
1.4 服 061
1.5 105:4587
2.1 (3.5+78.7)×24.2 厘米；3 紙；49 行，行 17 字。
2.2 01：3.5+26.5，18； 02：46.3，28； 03：05.9，03。
2.3 卷軸裝。首尾均殘。卷面多水漬。有烏絲欄。
3.1 首 2 行上殘→大正 0262，09/0004C07～09。
3.2 尾殘→09/0005C05～06。
8 7～8 世紀。唐寫本。
9.1 楷書。
11 圖版：《敦煌寶藏》，84/650B～651B。

1.1 BD08262 號
1.3 讚僧功德經
1.4 服 062
1.5 289:8261
2.1 (10+104.9)×26.7 厘米；3 紙；68 行，行 14 字。
2.2 01：10+29.5，24； 02：47.0，28； 03：28.4，16。
2.3 卷軸裝。首殘尾全。首紙有殘洞，上下邊殘破。卷尾有蟲繭。有烏絲欄。
3.1 首 6 行上下殘→大正 2911，85/1457B15～20。
3.2 尾全→85/1458A23。
4.2 讚僧功德經（尾）。
5 與《大正藏》本對照，文字略有參差。
8 8～9 世紀。吐蕃統治時期寫本。
9.1 楷書。
11 圖版：《敦煌寶藏》，109/439B～441A。

1.1 BD08263 號
1.3 金剛般若波羅蜜經（批註本）
1.4 服 063
1.5 094:3705
2.1 (1.7+197.3+51)×25 厘米；6 紙；152 行，行 17 字。
2.2 01：1.7+37，24； 02：46.3，28； 03：46.3，28； 04：46.2，28； 05：21.5+25，28；06：26.0，16。
2.3 卷軸裝。首尾均殘。首紙有橫裂。有烏絲欄。已修整。
3.4 說明：

本文獻首 1 行上、下殘，尾 31 行上殘。所抄原為《金剛般若波羅蜜經》，首部可參見大正 0235，08/0749A23，尾部可參見 08/0750C05～0751A10。但行間有人加上批註。查其批註，大抵為詞語解釋。本文獻對研究敦煌僧人的經典學習，具有一定的意義。

8 7～8 世紀。唐寫本。
9.1 楷書。
9.2 每紙均有行間加行。
11 圖版：《敦煌寶藏》，79/607B～610B。

1.1 BD08264 號
1.3 金光明最勝王經卷七
1.4 服 064
1.5 083:1849
2.1 113.5×26 厘米；3 紙；68 行，行 17 字。
2.2 01：19.7，12； 02：46.8，28； 03：47.0，28。
2.3 卷軸裝。首殘尾脫。卷面多破裂。背有現代裱補。有烏絲欄。
3.1 首殘→大正 0665，16/0435C14。
3.2 尾殘→16/0436B29。
8 8～9 世紀。吐蕃統治時期寫本。
9.1 楷書。
11 圖版：《敦煌寶藏》，70/323A～324A。

1.1 BD08265 號
1.3 妙法蓮華經卷七
1.4 服 065
1.5 105:5923

2.1 (17 +67.5) ×25.5 厘米；2 紙；50 行，行 17 字。
2.2 01：17 +20，22； 02：47.5，28。
2.3 卷軸裝。首殘尾脱。首紙中間有 2 處殘洞，尾紙上邊有破裂。有烏絲欄。已修整。
3.1 首 10 行殘→大正 0262，09/0055B20 ~ C01。
3.2 尾殘→09/0056A15。
8 9 ~ 10 世紀。歸義軍時期寫本。
9.1 楷書。
11 圖版：《敦煌寶藏》，96/48A ~ 49A。

1.1 BD08266 號
1.3 金光明最勝王經卷九
1.4 服 066
1.5 083: 1925
2.1 (3.5 +188.4 +3) ×26.5 厘米；6 紙；107 行，行 17 字。
2.2 01：03.5，02； 02：44.5，26； 03：44.4，26；
04：42.5，26； 05：42.5，26； 06：14.5 +3，01。
2.3 卷軸裝。首尾均殘。經黄紙。卷上下多水漬。有烏絲欄。
3.1 首 2 行上殘→大正 0665，16/0445A02 ~ 03。
3.2 尾行下殘→16/0447B02。
8 8 世紀。唐寫本。
9.1 楷書。
11 圖版：《敦煌寶藏》，71/20A ~ 22B。

1.1 BD08267 號 A
1.3 大般若波羅蜜多經（兑廢稿）卷三六四
1.4 服 067
1.5 084: 3006
2.1 96.7 ×28 厘米；2 紙；正面 56 行，行 17 字；背面 36 行，行約 27 字。
2.2 01：48.5，28； 02：48.2，28。
2.3 卷軸裝。首尾均脱。卷面有油污，接縫處中開裂。有烏絲欄。
2.4 本遺書包括 3 個文獻：（一）《大般若波羅蜜多經》（兑廢稿）卷三六四，56 行，抄寫在正面，今編為 BD08267 號 A。（二）《釋僧戒初篇四波羅夷義決》（異本），2 行，抄寫在背面，今編為 BD08267 號 A 背 1。（三）《八波羅夷經加註本》（擬），34 行，抄寫在背面，今編為 BD08267 號 A 背 2。
3.1 首殘→大正 0220，06/0878C21。
3.2 尾殘→06/0879B19。
6.2 尾→BD08267 號 B。
8 8 世紀。唐寫本。
9.1 楷書。
11 圖版：《敦煌寶藏》，76/88B ~ 90B。
本遺書原為《大般若波羅蜜多經》兑廢綴接稿，用以在背面抄寫《釋僧戒初篇四波羅夷義決》（異本）等戒律文獻。後脱為三截，故分別編為 A、B、C 三號。此三號可相互綴接，綴接順序為：BD08267 號 A→BD08267 號 B→BD08267 號 C。

1.1 BD08267 號 A 背 1
1.3 釋僧戒初篇四波羅夷義決（異本）
1.4 服 067
1.5 084: 3006
2.4 本遺書由 3 個文獻組成，本號為第 2 個，抄寫在背面，2 行。餘參見 BD08267 號 A 之第 2 項、第 11 項。
3.4 説明：
本文獻首殘尾缺。論述僧人四大戒。未為歷代大藏經所收。本號為略抄，且有加註，形成異本。
6.1 首→BD08267 號 B 背。
8 9 ~ 10 世紀。歸義軍時期寫本。
9.1 行書。

1.1 BD08267 號 A 背 2
1.3 八波羅夷經加註本（擬）
1.4 服 067
1.5 084: 3006
2.4 本遺書由 3 個文獻組成，本號為第 3 個，抄寫在背面，34 行。餘參見 BD08267 號 A 之第 2 項、第 11 項。
3.4 説明：
本文獻首尾均全。論述比丘尼八波羅夷戒，有加註，文字亦與《八波羅夷經》形態有異。未為歷代大藏經所收。
8 9 ~ 10 世紀。歸義軍時期寫本。
9.1 行書。

1.1 BD08267 號 B1
1.3 大般若波羅蜜多經（兑廢稿）卷四○○
1.4 服 067
1.5 084: 3063
2.1 71.6 ×27.8 厘米；3 紙；正面 42 行，行 17 字；背面 49 行，行約 27 字。
2.2 01：26.9，16； 02：36.4，21； 03：08.3，05。
2.3 卷軸裝。首尾均脱。有烏絲欄。
2.4 本遺書包括 4 個文獻：（一）《大般若波羅蜜多經》（兑廢稿）卷四○○，16 行，抄寫在正面，今編為 BD08267 號 B1。（二）《大般若波羅蜜多經》（兑廢稿）卷五八九，21 行，抄寫在正面，今編為 BD08267 號 B2。（三）《大般若波羅蜜多經》（兑廢稿）卷四○○，5 行，抄寫在正面，今編為 BD08267 號 B3。（四）《釋僧戒初篇四波羅夷義決》（異本），49 行，抄寫在背面，今編為 BD08267 號 B 背。
3.1 首殘→大正 0220，06/1069A29。
3.2 尾殘→06/1069B16。
6.1 首→BD08267 號 A。
8 8 世紀。唐寫本。
9.1 楷書。

11　圖版：《敦煌寶藏》，76/279B～281A。

BD08267號B1與BD08267號B3原為同件文獻、同件遺書，後分為兩截，中間夾入BD08267號B2，並綴接成卷。現BD08267號B1與BD08267號B3兩號文獻内容首尾可以相接，但考慮到遺書的現有狀態，故綴接項中不予著錄。

1.1　BD08267號B2
1.3　大般若波羅蜜多經（兌廢稿）卷五八九
1.4　服067
1.5　084:3063
2.4　本遺書由4個文獻組成，本號為第2個，21行。餘參見BD08267號B1之第2項、第11項。
3.1　首殘→大正0220，07/1049C01。
3.2　尾全→07/1049C17。
8　8世紀。唐寫本。
9.1　楷書。

1.1　BD08267號B3
1.3　大般若波羅蜜多經（兌廢稿）卷四〇〇
1.4　服067
1.5　084:3063
2.4　本遺書由4個文獻組成，本號為第3個，5行。餘參見BD08267號B1之第2項、第11項。
3.1　首殘→大正0220，06/1069B16。
3.2　尾殘→06/1069B21。
6.2　尾→BD08267號C。
8　8世紀。唐寫本。
9.1　楷書。

1.1　BD08267號B背
1.3　釋僧戒初篇四波羅夷義決（異本）
1.4　服067
1.5　084:3063
2.4　本遺書由4個文獻組成，本號為第4個，抄寫在背面，49行。餘參見BD08267號B1之第2項、第11項。
3.4　說明：

本文獻首殘尾缺。論述僧人四大戒。未為歷代大藏經所收。本號為略抄，且有加註，形成異本。

6.1　首→BD08267號C背。
6.2　尾→BD08267號A背。
8　9～10世紀。歸義軍時期寫本。
9.1　行書。
9.2　有墨筆勾畫。

1.1　BD08267號C
1.3　大般若波羅蜜多經（兌廢稿）卷四〇〇
1.4　服067
1.5　084:3064
2.1　60.4×27.7厘米；2紙；正面23行，行17字；背面33行，行約27字。
2.2　01：21.1，素紙；　02：39.3，23。
2.3　卷軸裝。首缺尾脫。有烏絲欄。
2.4　本遺書包括3個文獻：（一）《大般若波羅蜜多經》（兌廢稿）卷四〇〇，23行，今編為BD08267號C。（二）《釋受戒義》（擬），6行，抄寫在背面，今編為BD08267號C背1。（三）《釋僧戒初篇四波羅夷義決》（異本），抄寫在背面，27行，今編為BD08267號C背2。
3.1　首殘→大正0220，06/10690C5。
3.2　尾殘→06/1069C26。
6.1　首→BD08267號B。
8　8世紀。唐寫本。
9.1　楷書。
11　圖版：《敦煌寶藏》，76/281B～283A。

1.1　BD08267號C背1
1.3　釋受戒義（擬）
1.4　服067
1.5　084:3064
2.4　本遺書由3個文獻組成，本號為第2個，抄寫在背面，6行。餘參見BD08267號C之第2項、第11項。
3.4　說明：

本文獻首尾均全。解釋關於比丘受戒的若干問題：一、五部之内，依何部受戒？二、《四分》之中，有幾種受戒？三、此五之中，依何等受？四、依羯磨受，具幾緣？五、制此戒，有何意？

8　9～10世紀。歸義軍時期寫本。
9.1　行書。

1.1　BD08267號C背2
1.3　釋僧戒初篇四波羅夷義決（異本）
1.4　服067
1.5　084:3064
2.4　本遺書由3個文獻組成，本號為第3個，抄寫在背面，27行。餘參見BD08267號C之第2項、第11項。
3.4　說明：

本文獻首全尾殘。論述僧人四大戒。未為歷代大藏經所收。本號為略抄，且有加註，形成異本。

6.2　尾→BD08267號B背。
8　9～10世紀。歸義軍時期寫本。
9.1　行書。

1.1　BD08268號
1.3　妙法蓮華經卷五
1.4　服068

1.5　105:5532
2.1　（15.4+46.5）×26 厘米；2 紙；36 行，行 17 字。
2.2　01：13.5，08；　　02：1.9+46.5，28。
2.3　卷軸裝。首殘尾脫。打紙。卷面有油污、破裂及等距離殘洞。首紙脫落 1 塊殘片，已綴接。背有古代裱補。有烏絲欄。已修整。
3.1　首 9 行下殘→大正 0262，09/0037A28～B08。
3.2　尾殘→09/0037C13。
8　7～8 世紀。唐寫本。
9.1　楷書。
11　圖版：《敦煌寶藏》，92/640B～641A。

1.1　BD08269 號
1.3　維摩詰所說經卷下
1.4　服 069
1.5　070:1262
2.1　（23+25.5）×26 厘米；1 紙；28 行，行 17 字。
2.3　卷軸裝。首尾均脫。卷面多水漬，上部殘缺嚴重。卷背有鳥糞。有烏絲欄。
3.1　首 13 行中上殘→大正 0475，14/0552B04～17。
3.2　尾殘→14/0552C04。
8　8 世紀。唐寫本。
9.1　楷書。
11　圖版：《敦煌寶藏》，66/344B～345A。

1.1　BD08270 號
1.3　金剛般若波羅蜜經
1.4　服 070
1.5　094:4271
2.1　48×26 厘米；1 紙；28 行，行 17～20 字。
2.3　卷軸裝。首尾均脫。經黄紙。卷面多水漬，首行有橫向破裂。有烏絲欄。
3.1　首殘→大正 0235，08/0751A28。
3.2　尾殘→08/0751C02。
8　7～8 世紀。唐寫本。
9.1　楷書。
11　圖版：《敦煌寶藏》，82/557A。

1.1　BD08271 號
1.3　妙法蓮華經卷二
1.4　服 071
1.5　105:4854
2.1　（37.4+3.5）×26.3 厘米；1 紙；30 行，行 24～29 不等。
2.3　卷軸裝。首脫尾殘。卷面多水漬，卷下有破裂。有刻劃欄。
3.1　首殘→大正 0262，09/0011B24。
3.2　尾 2 行下殘→09/0012A18～21。
8　8～9 世紀。吐蕃統治時期寫本。
9.1　楷書。
9.2　有刪除號及粘紙校改。
11　圖版：《敦煌寶藏》，87/96B～。

1.1　BD08272 號
1.3　四分律比丘戒本
1.4　服 072
1.5　156:6849
2.1　4+47×25.5 厘米；1 紙；27 行，行 17 字。
2.3　卷軸裝。首殘尾脫。經黄紙。背有古代裱補，裱補紙上有字，朝内粘貼，難以辨認。有烏絲欄。
3.1　首 1 行上殘→大正 1429，22/1016B08。
3.2　尾殘→22/1016C07。
7.3　背有經文雜寫“若比丘有餘伴”。
8　7～8 世紀。唐寫本。
9.1　楷書。
9.2　有行間校加字。
11　圖版：《敦煌寶藏》，102/221A～B。

1.1　BD08273 號
1.3　藥師琉璃光如來本願功德經
1.4　服 073
1.5　030:0258
2.1　（5+82）×26.2 厘米；2 紙；47 行，行 17 字。
2.2　01：5+32，19；　　02：50.0，28。
2.3　卷軸裝。首殘尾脫。麻紙；未入潢。卷首有等距離殘缺及破洞。有烏絲欄。已修整。
3.1　首行下殘→大正 0450，14/0404C22～23。
3.2　尾殘→14/0405B11。
8　7～8 世紀。唐寫本。
9.1　楷書。
11　圖版：《敦煌寶藏》，57/478B～479B。

1.1　BD08274 號
1.3　梵網經菩薩戒序（兌廢稿）
1.4　服 074
1.5　143:6692
2.1　42×26 厘米；1 紙；14 行，行 17 字。
2.3　卷軸裝。首尾均全。有烏絲欄。
3.1　首全→大正 0484，24/1003A19。
3.2　尾缺→24/1003B01。
4.1　菩薩戒序（首）。
5　與《大正藏》對照，本件缺序首 4 行。
7.3　卷端有經名、經文雜寫 4 行。
8　9～10 世紀。歸義軍時期寫本。
9.1　楷書。
11　圖版：《敦煌寶藏》，101/218B。

1.1 BD08275 號
1.3 金光明最勝王經卷二
1.4 服 075
1.5 404: 8543
2.1 (6.5 +37.5 +1.5) ×25.1 厘米；2 紙；28 行，行 17 字。
2.2 01：6.5 +23，18； 02：14.5 +1.5，10。
2.3 卷軸裝。首尾均殘。上下有破裂，下邊有殘缺。有烏絲欄。
3.1 首 4 行下殘→大正 0665，16/0413A01 ~04。
3.2 尾行上殘→16/0413A28。
8 9 ~10 世紀。歸義軍時期寫本。
9.1 楷書。
11 圖版：《敦煌寶藏》，110/554B ~555A。

1.1 BD08276 號
1.3 大般涅槃經（北本）卷一三
1.4 服 076
1.5 115: 6376
2.1 (1 +47) ×27.4 厘米；3 紙；28 行，行 17 字。
2.2 01：1 +17，10； 02：26.0，16； 03：04.0，02。
2.3 卷軸裝。首殘尾斷。前 2 紙中部有殘洞，第 2、3 紙接縫上方開裂。有烏絲欄。
3.1 首行上殘→大正 0374，12/0445A19。
3.2 尾殘→12/0445B18。
8 7 ~8 世紀。唐寫本。
9.1 楷書。
11 圖版：《敦煌寶藏》，98/434A ~ B。

1.1 BD08277 號
1.3 阿毗達磨俱舍論卷二五
1.4 服 077
1.5 222: 7316
2.1 (6 +34.5) ×25.4 厘米；1 紙；24 行，行 17 字。
2.3 卷軸裝。首殘尾脱。經黄打紙；研光上蠟。卷上下有殘缺，上部有殘洞。背有古代裱補。有烏絲欄。已修整。
3.1 首 4 行上下殘→大正 1558，29/0129A18 ~22。
3.2 尾殘→29/0129B15。
7.1 首紙背下部有勘記“阿毗達磨俱舍論卷第廿五，◇”、“此紙是頭”。
8 7 ~8 世紀。唐寫本。
9.1 楷書。
11 圖版：《敦煌寶藏》，105/457A ~ B。

1.1 BD08278 號
1.3 維摩詰所説經卷下
1.4 服 078
1.5 070: 1274
2.1 98.5 ×26 厘米；2 紙；56 行，行 17 字。
2.2 01：49.5，28； 02：49.0，28。
2.3 卷軸裝。首尾均脱。麻紙；未入潢。卷面多水漬，上下邊有破裂。有烏絲欄。
3.1 首殘→大正 0475，14/0554B09。
3.2 尾殘→14/0555A13。
8 7 ~8 世紀。唐寫本。
9.1 楷書。
9.2 有校改。
11 圖版：《敦煌寶藏》，66/391A ~392A。

1.1 BD08279 號
1.3 無量壽宗要經
1.4 服 079
1.5 275: 7908
2.1 (12 +159) ×31 厘米；4 紙；118 行，行 30 餘字。
2.2 01：12 +30，29； 02：43.0，31； 03：43.0，31； 04：43.0，27。
2.3 卷軸裝。首尾均全。首紙殘破。卷尾有蟲繭。有烏絲欄。已修整。
3.1 首 7 行中下殘→大正 0936，19/0082A03 ~17。
3.2 尾全→19/0084C29。
4.1 大乘無量壽經（首）。
4.2 佛説無量壽宗要經（尾）。
7.1 尾紙後有題名“張涓子”。
8 8 ~9 世紀。吐蕃統治時期寫本。
9.1 楷書。
9.2 有刮改。
11 圖版：《敦煌寶藏》，108/277B ~279B。

1.1 BD08280 號
1.3 大般若波羅蜜多經卷二三二
1.4 服 080
1.5 084: 2600
2.1 (4 +378) ×25.7 厘米；9 紙；226 行，行 17 字。
2.2 01：04.0，02； 02：47.3，28； 03：47.2，28； 04：47.2，28； 05：47.4，28； 06：47.1，28； 07：47.2，28； 08：47.1，28； 09：47.5，28。
2.3 卷軸裝。首殘尾脱。卷面多黴變，第 2 紙有殘洞，第 2 ~4 紙上下邊殘破。有烏絲欄。已修整。
3.1 首 2 行上殘→大正 0220，06/0166C04 ~05。
3.2 尾殘→06/0169B02。
8 8 ~9 世紀。吐蕃統治時期寫本。
9.1 楷書。
11 圖版：《敦煌寶藏》，74/187A ~191B。

1.1 BD08281 號
1.3 大般若波羅蜜多經卷二二二

1.4　服081
1.5　084:2571
2.1　131.3×25.2厘米；3紙；78行，行17字。
2.2　01：37.0，22；　02：47.3，28；　03：47.0，28。
2.3　卷軸裝。首殘尾脫。卷面多水漬，有殘洞及破裂，第1、2紙接縫處上下開裂。有烏絲欄。已修整。
3.1　首殘→大正0220，06/0112A26。
3.2　尾殘→06/0113A17。
8　8～9世紀。吐蕃統治時期寫本。
9.1　楷書。
11　圖版：《敦煌寶藏》，74/106B～108A。

1.1　BD08282號
1.3　無量壽宗要經
1.4　服082
1.5　275:7909
2.1　（4+196+3.5）×31.5厘米；5紙；135行，行30餘字。
2.2　01：4+37，27；　02：43.0，29；　03：43.0，29；
04：43.0，29；　05：30+3.5，21。
2.3　卷軸裝。首尾均殘。首紙上邊有破裂，下邊殘缺，卷面有紅色污痕。有烏絲欄。
3.1　首2行中上殘→大正0936，19/0082A05～07。
3.2　尾行上殘→19/0084C28。
8　8～9世紀。吐蕃統治時期寫本。
9.1　行楷。
9.2　有刮改。
11　圖版：《敦煌寶藏》，108/280A～282A。

1.1　BD08283號
1.3　金剛般若波羅蜜經
1.4　服083
1.5　094:4372
2.1　（14.5+32.3）×24.5厘米；2紙；29行，行17字。
2.2　01：14.5+30.8，28；　02：01.5，01。
2.3　卷軸裝。首脫尾殘。經黄紙。卷面有油斑，首尾破碎較嚴重。有烏絲欄。已修整。
3.1　首7行下殘→大正0235，08/0751C26～0752A04。
3.2　尾行上下殘→08/0752A28～29。
8　7～8世紀。唐寫本。
9.1　楷書。
11　圖版：《敦煌寶藏》，83/72A。

1.1　BD08284號
1.3　無量壽宗要經（兑廢稿）
1.4　服084
1.5　275:7951
2.1　46.5×27厘米；1紙；26行，行17～19字。
2.3　卷軸裝。首全尾脫。卷上部黴爛，尾有横向破裂，中間有殘洞。有烏絲欄。已修整。
3.1　首全→大正0936，19/0082A03。
3.2　尾殘→19/0082B11。
4.1　大乘無量壽經（首）。
5　與《大正藏》本對照，有缺文：19/0082A29～B09。
7.1　上邊有勘記“此一紙兑未寫”。
8　8～9世紀。吐蕃統治時期寫本。
9.1　楷書。
11　圖版：《敦煌寶藏》，108/350A～B。

1.1　BD08285號
1.3　救拔焰口餓鬼陀羅尼經
1.4　服085
1.5　233:7374
2.1　（11.2+80.8）×33.1厘米；2紙；53行，行28～30字。
2.2　01：11.2+34.7，29；　02：46.1，24。
2.3　卷軸裝。首尾均全。卷首右下殘缺，卷面多黴爛及殘洞。卷背多鳥糞。有烏絲欄。已修整。
3.1　首7行下殘→大正1313，21/0464B20～C07。
3.2　尾全→21/0465B29。
4.1　佛說救拔焰口餓鬼陀羅尼經（首）。
4.2　佛說救拔焰口餓鬼陀羅尼經（尾）。
5　與《大正藏》本對照，卷尾文字不同。有缺文：19/0465B27“以”～28。
8　9～10世紀。歸義軍時期寫本。
9.1　楷書。
9.2　有行間校加字。
11　圖版：《敦煌寶藏》，105/626A～627A。

1.1　BD08286號
1.3　妙法蓮華經卷七
1.4　服086
1.5　105:6016
2.1　（2+71.5+2）×27厘米；3紙；46行，行17字。
2.2　01：2+25.5，17；　02：46.0，28；　03：02.0，01。
2.3　卷軸裝。首尾均殘。卷面水浸皺蹙，有破裂，第1、2紙接縫處有開裂。有烏絲欄。已修整。
3.1　首行上殘→大正0262，09/0057A10～11。
3.2　尾行下殘→09/0057B29～C01。
8　8世紀。唐寫本。
9.1　楷書。
11　圖版：《敦煌寶藏》，96/325A～326A。

1.1　BD08287號
1.3　大般若波羅蜜多經卷三〇三
1.4　服087

1.5　084:2833
2.1　(45.4+66.1+3.4)×25.5 厘米；3 紙；67 行，行 17 字。
2.2　01：45.4，26；　02：47.3，28；　03：18.8+3.4，13。
2.3　卷軸裝。首全尾殘。卷首右下殘缺，第 1、2 紙接縫處下開裂，第 2 紙有殘洞，下邊多殘破。背有古代裱補。首紙脫落 1 塊殘片，已綴接。有烏絲欄。已修整。
3.1　首 26 行下殘→大正 0220，06/0541A25～B24。
3.2　尾 2 行中上殘→06/0542A14～16。
4.1　大般若波羅□…□，/初分魔事品第卌□…□/（首）。
8　8 世紀。唐寫本。
9.1　楷書。
11　圖版：《敦煌寶藏》，75/214A～215B。

1.1　BD08288 號
1.3　妙法蓮華經卷三
1.4　服 088
1.5　105:5063
2.1　(10.6+50.6)×26.1 厘米；2 紙；36 行，行 17 字。
2.2　01：10.6+8.3，11；　02：42.3，25。
2.3　卷軸裝。首殘尾脫。紙張變色。有烏絲欄。已修整。
3.1　首 6 行上殘→大正 0262，09/0019B02～07。
3.2　尾殘→09/0019C09。
8　8 世紀。唐寫本。
9.1　楷書。
11　圖版：《敦煌寶藏》，88/415B～416A。

1.1　BD08289 號
1.3　太上一乘海空智藏經卷四
1.4　服 089
1.5　372:8465
2.1　33.3×25.2 厘米；1 紙；正面 19 行，行 17 字；背面 13 行，行約 19 字。
2.3　卷軸裝。首殘尾脫。紙張變色，有殘洞。有烏絲欄。已修整。
2.4　本遺書包括 2 個文獻：（一）《太上一乘海空智藏經》卷四，19 行，今編為 BD08289 號。（二）《沙彌受三歸十戒五德十數威儀法文》，抄寫在背面，13 行，今編為 BD08289 號背。
3.1　首斷→《道藏》本，卷四第 5b2 行。
3.2　尾殘→《道藏》本，卷四第 6b1 行。
8　7～8 世紀。唐寫本。
9.1　楷書。
11　圖版：《敦煌寶藏》，110/405A～B。

1.1　BD08289 號背
1.3　沙彌受三歸十戒五德十數威儀法文
1.4　服 089
1.5　372:8465
2.4　本遺書由 2 個文獻組成，本號為第 2 個，抄寫在背面，13 行。餘參見 BD08289 號之第 2 項、第 11 項。
3.4　說明：

本文獻首全尾缺。為沙彌誦五德十數時所用法文。

關於五德與供僧福田，可參見《諸德福田經》。關於十數，可參見《沙彌威儀》。關於沙彌應誦五德十數，可參見《彌沙塞羯磨本》及《四分律刪繁補闕行事鈔》。本文獻僅有誦五德文，亦未抄寫完整。缺抄十數文。

8　9～10 世紀。歸義軍時期寫本。
9.1　行楷。

1.1　BD08290 號
1.3　妙法蓮華經卷七
1.4　服 090
1.5　105:5932
2.1　(15+56.5)×25.5 厘米；2 紙；45 行，行 17 字。
2.2　01：15+11.5，17；　02：45.0，28。
2.3　卷軸裝。首殘尾脫。打紙。首紙中下殘缺，卷面油污，有黴爛。有烏絲欄。已修整。
3.1　首 10 行中下殘→大正 0262，09/0055C27～0056A08。
3.2　尾殘→09/0056B17。
8　7～8 世紀。唐寫本。
9.1　楷書。
11　圖版：《敦煌寶藏》，96/60B～61B。

1.1　BD08291 號
1.3　維摩詰所說經疏（擬）
1.4　服 091
1.5　072:1310
2.1　(63.5+3)×27.5 厘米；2 紙；45 行，行 20 餘字。
2.2　01：49.5，33；　02：14+3，12。
2.3　卷軸裝。首脫尾殘。首紙上下邊有破裂。
3.4　說明：

本文獻首殘，尾 2 行上下殘。乃對《維摩詰所說經》的疏釋。現存首題“釋方便品”，可知現存文字祇是原疏的一部分。與 BD06743 號綴接以後，全品完整。文中多引古詩，可作鈎沉校勘。卷背有文字 1 行，應是對本文獻正面文字的補註。

4.1　釋方便品（首）。
6.2　尾→BD06743 號。
8　8～9 世紀。吐蕃統治時期寫本。
9.1　行書。
9.2　有校改、倒乙及刪除號。有行間校加字。
11　圖版：《敦煌寶藏》，66/492B～493B。

1.1　BD08292 號 A
1.3　大般若波羅蜜多經（兌廢稿）卷四六八
1.4　服 092

1.5　084:3182
2.1　50.6×30 厘米；1 紙；26 行，行 17 字。
2.3　卷軸裝。首尾均脱。卷面有殘洞及破裂。有烏絲欄。尾有餘空。
3.1　首殘→大正 0220，07/0369C17。
3.2　尾缺→07/0370A15。
7.1　卷上邊有大小 2 個“兑”字。
8　9~10 世紀。歸義軍時期寫本。
9.1　楷書。
11　圖版：《敦煌寶藏》，76/571A~B。

1.1　BD08292 號 B
1.3　大般若波羅蜜多經（兑廢稿）卷五六二
1.4　服 092
1.5　084:3352
2.1　49.9×30.1 厘米；1 紙；27 行，行 17 字。
2.3　卷軸裝。首尾均脱。卷上下邊有殘損。有烏絲欄。尾有餘空。
3.1　首殘→大正 0220，07/0904A18。
3.2　尾缺→07/0904B17。
7.1　卷前端上有 1 個“兑”字，尾端有 1 個“脱”字。
8　9~10 世紀。歸義軍時期寫本。
9.1　楷書。
11　圖版：《敦煌寶藏》，77/341A~B。

1.1　BD08293 號
1.3　金剛般若波羅蜜經
1.4　服 093
1.5　094:4281
2.1　(7.3+26.3+34)×24.9 厘米；2 紙；40 行，行 17 字。
2.2　01：7.3+24.7，19；　02：1.6+34，21。
2.3　卷軸裝。首尾均殘。經黄打紙。卷面多水漬，卷尾左下殘缺。有烏絲欄。已修整。
3.1　首 4 行上下殘→大正 0235，08/0751B02~B06。
3.2　尾 20 行下殘→08/0751B24~C20。
5　與《大正藏》本對照，尾行頂端僅見一“槈”字，本件當少抄了大正 08/0751C16~19 四行文字。
8　7~8 世紀。唐寫本。
9.1　楷書。
11　圖版：《敦煌寶藏》，82/576B~577A。

1.1　BD08294 號
1.3　大般若波羅蜜多經卷四三
1.4　服 094
1.5　084:2111
2.1　42.3×25.7 厘米；1 紙；26 行，行 17 字。
2.3　卷軸裝。首全尾脱。卷面油污，多水漬，有殘洞。背有古代裱補。有烏絲欄。
3.1　首全→大正 0220，05/0239B24。
3.2　尾殘→05/0239C22。
4.1　大般若波羅蜜多經卷第卌三，/初分譬喻品第十一之二，三藏法師玄奘奉詔譯/（首）。
8　8~9 世紀。吐蕃統治時期寫本。
9.1　楷書。
11　圖版：《敦煌寶藏》，72/13B。

1.1　BD08295 號
1.3　妙法蓮華經卷一
1.4　服 095
1.5　105:4593
2.1　76.2×25.4 厘米；2 紙；43 行，行 17 字。
2.2　01：49.8，28；　02：26.4，15。
2.3　卷軸裝。首脱尾殘。經黄打紙。接縫處下方開裂，卷中多有殘洞。卷背有鳥糞。有烏絲欄。
3.1　首殘→大正 0262，09/0005A09。
3.2　尾殘→09/0005C18。
8　7~8 世紀。唐寫本。
9.1　楷書。
11　圖版：《敦煌寶藏》，85/25A~26A。

1.1　BD08296 號
1.3　無量壽宗要經
1.4　服 096
1.5　275:7910
2.1　150.5×29 厘米；4 紙；103 行，行 30 餘字。
2.2　01：27.5，17；　02：41.0，27；　03：41.0，27；　04：41.0，32。
2.3　卷軸裝。首尾均全。首紙有横向破裂，前 2 紙下邊有殘缺。有烏絲欄。已修整。
3.1　首全→大正 0936，19/0082A03。
3.2　尾全→19/0084C29。
4.1　大乘無量壽經（首）。
4.2　佛説無量壽宗要經（尾）。
8　8~9 世紀。吐蕃統治時期寫本。
9.1　行楷。
11　圖版：《敦煌寶藏》，108/282B~284A。

1.1　BD08297 號
1.3　金剛般若波羅蜜經
1.4　服 097
1.5　094:4380
2.1　(3.5+74.6)×24.9 厘米；2 紙；41 行，行 17 字。
2.2　01：3.5+28.4，16；　02：46.2，25。
2.3　卷軸裝。首殘尾全。經黄打紙。有燕尾。有烏絲欄。已修

整。
3.1　首 2 行中殘→大正 0235，08/0752A13 ~ 15。
3.2　尾全→08/0752C03。
4.2　金剛般若波羅蜜經（尾）。
8　7 ~ 8 世紀。唐寫本。
9.1　楷書。
11　圖版：《敦煌寶藏》，83/83B ~ 84B。

1.1　BD08298 號
1.3　維摩詰所說經卷中
1.4　服 098
1.5　070:1115
2.1　(4.5 + 178.5) × 26 厘米；4 紙；104 行，行 17 字。
2.2　01：4.5 + 30，20；　02：49.5，28；　03：49.5，28；
04：49.5，28。
2.3　卷軸裝。首殘尾脫。卷面多水漬，首紙殘破，下邊有破裂及殘缺。有烏絲欄。已修整。
3.1　首 2 行中上殘→大正 0475，14/0544C07 ~ 08。
3.2　尾殘→14/0546A03。
8　9 ~ 10 世紀。歸義軍時期寫本。
9.1　楷書。
9.2　有倒乙。
11　圖版：《敦煌寶藏》，65/373A ~ 375A。

1.1　BD08299 號
1.3　阿彌陀經
1.4　服 099
1.5　014:0171
2.1　(8 + 139.5) × 26.5 厘米；4 紙；79 行，行 17 ~ 18 字。
2.2　01：8 + 29，22；　02：48.0，29；　03：47.5，28；
04：15.0，拖尾。
2.3　卷軸裝。首殘尾全。紙張變色，首紙前部破裂嚴重，上下邊有破損。有燕尾。已修整。
3.1　首 5 行上中殘→大正 0366，12/0347A20 ~ 23。
3.2　尾全→12/0348A29。
4.2　佛說阿彌陀經（尾）。
8　9 ~ 10 世紀。歸義軍時期寫本。
9.1　楷書。
11　圖版：《敦煌寶藏》，57/50A ~ 52A。

1.1　BD08300 號
1.3　金剛般若波羅蜜經
1.4　服 100
1.5　094:4375
2.1　81.8 × 26.5 厘米；2 紙；46 行，行 17 字。
2.2　01：41.4，24；　02：40.4，22。
2.3　卷軸裝。首殘尾全。卷面多水漬，有殘洞。有烏絲欄。
3.1　首殘→大正 0235，08/0752A11。
3.2　尾全→08/0752C03。
4.2　金剛般若波羅蜜經（尾）。
8　7 ~ 8 世紀。唐寫本。
9.1　楷書。
11　圖版：《敦煌寶藏》，83/75B ~ 76B。

1.1　BD08301 號
1.3　大通方廣懺悔滅罪莊嚴成佛經卷上
1.4　衣 001
1.5　277:8219
2.1　799.6 × 26 厘米；16 紙；429 行，行 17 字。
2.2　01：49.0，28；　02：50.5，28；　03：51.0，28；
04：51.5，28；　05：51.5，28；　06：51.5，28；
07：51.5，28；　08：51.3，28；　09：51.5，28；
10：51.5，28；　11：51.3，28；　12：51.5，28；
13：51.5，28；　14：51.5，28；　15：51.5，28；
16：31.5，09。
2.3　卷軸裝。首脫尾全。卷首尾殘缺嚴重，第 2 紙斷開，接縫處有開裂，卷後部有等距離殘洞。有燕尾。已修整。
3.1　首 3 行殘→大正 2871，85/1341A20 ~ 23。
3.2　尾全→85/1345B01。
4.2　大通方廣經卷上（尾）。
8　5 ~ 6 世紀。南北朝寫本。
9.1　楷書。
9.2　有行間校加字及倒乙。
11　圖版：《敦煌寶藏》，109/310A ~ 320B。

1.1　BD08302 號
1.3　大佛頂如來密因修證了義諸菩薩萬行首楞嚴經卷二
1.4　衣 002
1.5　237:7399
2.1　(15.5 + 170.6) × 25 厘米；5 紙；98 行，行 17 字。
2.2　01：13.7，06；　02：1.8 + 47.3，28；　03：49.3，28；
04：49.3，28；　05：24.7，08。
2.3　卷軸裝。首殘尾全。卷面有殘洞，尾紙有殘裂。有烏絲欄。已修整。
3.1　首 7 行下殘→大正 0945，19/0113C02 ~ 09。
3.2　尾全→19/0114C12。
8　9 ~ 10 世紀。歸義軍時期寫本。
9.1　楷書。
11　圖版：《敦煌寶藏》，106/70B ~ 73A。

1.1　BD08303 號
1.3　天地八陽神咒經
1.4　衣 003
1.5　256:7642

2.1 （12+235）×24.7 厘米；6 紙；137 行，行 17～18 字。
2.2 01：12+17.4，17； 02：47.2，28； 03：47.3，28；
04：47.4，28； 05：47.4，28； 06：28.3，08。
2.3 卷軸裝。首殘尾全。上下邊殘破，卷面有破裂，第 2 紙有殘洞。背有近代裱補。有烏絲欄。已修整。
3.1 首 7 行上殘→大正 2897，85/1423B4～11。
3.2 尾全→85/1425B3。
4.2 佛說八陽神咒經一卷（尾）。
8 7～8 世紀。唐寫本。
9.1 楷書。
9.2 有刮改。
11 圖版：《敦煌寶藏》，107/200B～203B。

1.1 BD08304 號
1.3 大般若波羅蜜多經卷七〇
1.4 衣 004
1.5 84:2202
2.1 47.5×26.7 厘米；1 紙；28 行，行 17 字。
2.3 卷軸裝。首尾均脫。卷面有横向破裂。有烏絲欄。已修整。
3.1 首殘→大正 0220，05/0396B16。
3.2 尾殘→05/0396C15。
6.1 首→BD04425 號。
8 8～9 世紀。吐蕃統治時期寫本。
9.1 楷書。
11 圖版：《敦煌寶藏》，72/245B～246A。

1.1 BD08305 號
1.3 授八戒文（擬）
1.4 衣 005
1.5 427:8611
2.1 （9.8+69.4）×29.6 厘米；2 紙；正面 48 行，行 27～30 字；背面 31 行，行字不等。
2.2 01：9.8+27，23； 02：42.4，25。
2.3 卷軸裝。首殘尾脫。卷面油污，有破裂及殘洞，通卷上下邊殘破。有烏絲欄。
2.4 本遺書包括 3 個文獻：（一）《授八戒文》（擬），48 行，今編為 BD08305 號。（二）《佛教名數雜釋》（擬），抄寫在背面，18 行，今編為 BD08305 號背 1。（三）《大乘一宗法》（擬），抄寫在背面，13 行，今編為 BD08305 號背 2。
3.4 說明：
本文獻首 6 行上下殘，尾殘。為舉行授八戒儀軌時所用的宗教文書。前部分為授八戒儀軌，後部分宣說不遵守八戒將會遇到的果報。
8 9～10 世紀。歸義軍時期寫本。
9.1 行楷。
11 圖版：《敦煌寶藏》，111/11A～12B。

1.1 BD08305 號背 1
1.3 佛教名數雜釋（擬）
1.4 衣 005
1.5 427:8611
2.4 本遺書由 3 個文獻組成，本號為第 2 個，抄寫在背面，18 行。餘參見 BD08305 號之第 2 項、第 11 項。
3.4 說明：
本文獻首 5 行上殘，尾存。所抄寫為佛教名數雜釋。墨跡甚淡，文字模糊。可辨有對十二入、三性、二無我、六度、三十七道品的解釋。與 BD07902 號屬於同類文獻。文中錯別字、俗字甚多。
8 9～10 世紀。歸義軍時期寫本。
9.1 行楷。

1.1 BD08305 號背 2
1.3 大乘一宗法（擬）
1.4 衣 005
1.5 427:8611
2.4 本遺書由 3 個文獻組成，本號為第 3 個，抄寫在背面，13 行。餘參見 BD08305 號之第 2 項、第 11 項。
3.4 說明：
本文獻首尾完整。先敍述四親近，然後敍述諸禪，又敍述法界等。長行與偈頌夾雜。文中有“佛說小根人，為說一宗法”、“大乘一宗法”云云，故擬此名。察其形態，應為隨筆。通篇筆跡相同，故知為一人所書。墨跡甚淡，字跡模糊，多錯別字與俗字。詳情尚需進一步研究。
8 9～10 世紀。歸義軍時期寫本。
9.1 行楷。

1.1 BD08306 號
1.3 妙法蓮華經卷七
1.4 衣 006
1.5 105:5927
2.1 （32+1.5）×24 厘米；1 紙；21 行，行 17 字。
2.3 卷軸裝。首脫尾殘。經黄打紙。卷面有水漬，首尾有横向破裂。背有古代裱補，粘在首紙接縫處。有烏絲欄。
3.1 首殘→大正 0262，09/0055C15。
3.2 尾行殘→09/0056A08。
8 7～8 世紀。唐寫本。
9.1 楷書。
11 圖版：《敦煌寶藏》，96/54B。

1.1 BD08307 號
1.3 大般若波羅蜜多經卷二五五
1.4 衣 007
1.5 84:2673
2.1 44×26 厘米；1 紙；26 行，行 17 字。

2.3 卷軸裝。首全尾脱。卷面有殘洞及橫向破裂。有烏絲欄。已修整。
3.1 首全→大正0220，06/0289A13。
3.2 尾殘→06/0289B12。
4.1 大般若波羅蜜多經卷第二百五十五，/初分難信解品第卌四之七十四，三藏法師玄奘奉詔譯/（首）。
8 8~9世紀。吐蕃統治時期寫本。
9.1 楷書。
11 圖版：《敦煌寶藏》，74/407A。

1.1 BD08308號
1.3 佛名經（十二卷本）卷四
1.4 衣008
1.5 62:575
2.1 (13+87)×26厘米；2紙；56行，行11字。
2.2 01：13+37，28； 02：50.0，28。
2.3 卷軸裝。首尾均脱。經黄打紙。卷首右下殘缺，有殘洞，卷面有油污、水漬，上下邊有殘缺。有烏絲欄。
3.1 首7行中下殘→大正0440，14/0134A20。
3.2 尾殘→14/0134C04。
5 與《大正藏》本對照，佛名略有顛倒及不同。
8 7~8世紀。唐寫本。
9.1 楷書。
11 圖版：《敦煌寶藏》，60/117A~118A。

1.1 BD08309號
1.3 妙法蓮華經卷一
1.4 衣009
1.5 105:4640
2.1 49.4×24.7厘米；1紙；28行，行17字。
2.3 卷軸裝。首尾均脱。經黄打紙。卷面殘破變色。背有古代裱補。有烏絲欄。
3.1 首殘→大正0262，09/0003B06。
3.2 尾殘→09/0003C14。
8 7~8世紀。唐寫本。
9.1 楷書。
11 圖版：《敦煌寶藏》，85/145B~146A。

1.1 BD08310號
1.3 大般若波羅蜜多經卷五〇六
1.4 衣010
1.5 84:3260
2.1 45.1×25.7厘米；1紙；28行，行17字。
2.3 卷軸裝。首尾均脱。卷下邊有等距離殘損。有烏絲欄。
3.1 首殘→大正0220，07/0582C03。
3.2 尾殘→07/0583A03。
8 8~9世紀。吐蕃統治時期寫本。
9.1 楷書。
11 圖版：《敦煌寶藏》，77/62B。

1.1 BD08311號
1.3 大般若波羅蜜多經卷三五
1.4 衣011
1.5 84:2093
2.1 (15.5+30.5)×25.5厘米；1紙；26行，行17字。
2.3 卷軸裝。首全尾殘。打紙；研光上蠟。卷首下邊有殘缺。有烏絲欄。
3.1 首8行下殘→大正0220，05/0192C08~14。
3.2 尾殘→05/0193A06。
4.1 大般若波羅蜜多經卷第卅五，/初分教誡教授品第七之廿五，三藏法□…□/（首）。
8 8~9世紀。吐蕃統治時期寫本。
9.1 楷書。
11 圖版：《敦煌寶藏》，71/635A。

1.1 BD08312號
1.3 般若波羅蜜多心經
1.4 衣012
1.5 102:4461
2.1 43.5×31厘米；1紙；19行，行15~18字。
2.3 卷軸裝。首尾均全。卷面黴爛，上下邊有殘缺破損。卷背多鳥糞。有烏絲欄。已修整。
3.1 首全→大正0251，08/0848C04。
3.2 尾全→08/0848C24。
4.1 般若波羅蜜多心經（首）。
4.2 般若波羅蜜多心經一卷（尾）。
7.3 尾有雜寫3字。
8 9~10世紀。歸義軍時期寫本。
9.1 楷書。
11 圖版：《敦煌寶藏》，83/296B。

1.1 BD08313號
1.3 大般若波羅蜜多經卷二五一
1.4 衣013
1.5 84:2662
2.1 55×25.5厘米；2紙；33行，行17字。
2.2 01：20.0，12； 02：35.0，21。
2.3 卷軸裝。首斷尾殘。卷面油污變色，卷面有破裂，上下邊有殘缺。有烏絲欄。已修整。
3.1 首殘→大正0220，06/0270C06。
3.2 尾殘→06/0271A10。
8 8~9世紀。吐蕃統治時期寫本。
9.1 楷書。
11 圖版：《敦煌寶藏》，74/374B~375A。

1.1　BD08314 號
1.3　救疾經
1.4　衣 014
1.5　287:8252
2.1　(17.8 +51 +3.3) ×26.1 厘米；2 紙；47 行，行字不等。
2.2　01：17.8 +23.5，26；　02：27.5 +3.3，21。
2.3　卷軸裝。首殘尾全。卷首右上殘破嚴重，上下邊殘破。有上下邊欄。
3.1　首 11 行上下殘→大正 2878，85/1362A16 ~27。
3.2　尾全→85/1363C10。
4.2　佛說救疾病經一卷，卌四（尾）。
8　5 ~6 世紀。南北朝寫本。
9.1　楷書。
11　圖版：《敦煌寶藏》，109/419B ~420A。

1.1　BD08315 號
1.3　大般若波羅蜜多經卷二六一
1.4　衣 015
1.5　84:2698
2.1　49.3 ×29.4 厘米；1 紙；正面 28 行，行 17 字；背面 5 行，行字不等。
2.3　卷軸裝。首尾均脱。卷面有殘洞，上下邊殘破。有烏絲欄。已修整。
2.4　本遺書包括 2 個文獻：(一)《大般若波羅蜜多經》卷二六一，28 行，今編為 BD08315 號。(二)《經袟》(擬)，抄寫在背面，5 行，今編為 BD08315 號背。
3.1　首殘→大正 0220，06/0323C01。
3.2　尾殘→06/0323C29。
8　8 ~9 世紀。吐蕃統治時期寫本。
9.1　楷書。
11　圖版：《敦煌寶藏》，74/442A ~443A。

1.1　BD08315 號背
1.3　經袟（擬）
1.4　衣 015
1.5　84:2698
2.4　本遺書由 2 個文獻組成，本號為第 2 個，抄寫在背面，5 行。餘參見 BD08315 號之第 2 項、第 11 項。
3.3　錄文：
大通方廣莊嚴/
成佛經一部，大方廣/
花嚴十惡經，藥師經，/
無量壽觀經。已（以）上共/
一袟。/
（錄文完）
3.4　說明：
此乃利用廢棄《大般若經》作爲經袟使用，所抄寫為本經袟中所收經典。對研究敦煌佛教典籍管理制度有一定的價值。
8　9 ~10 世紀。歸義軍時期寫本。
9.1　行書。

1.1　BD08316 號
1.3　妙法蓮華經卷三
1.4　衣 016
1.5　105:5071
2.1　(9.2 +40.6) ×25.8 厘米；1 紙；28 行，行 16 字（偈）。
2.3　卷軸裝。首殘尾脱。經黄打紙。卷面油污變色，上邊有蟲繭。有烏絲欄。
3.1　首 5 行上下殘→大正 0262，09/0019C18 ~24。
3.2　尾殘→09/0020A26。
8　7 ~8 世紀。唐寫本。
9.1　楷書。
11　圖版：《敦煌寶藏》，88/426B ~427A。

1.1　BD08317 號
1.3　金剛般若波羅蜜經
1.4　衣 017
1.5　94:4377
2.1　90.5 ×18.4 厘米；2 紙；46 行，行 17 字。
2.2　01：45.0，32；　02：45.5，14。
2.3　卷軸裝。首殘尾全。卷面多水漬及破裂。背有古代裱補，裱補紙上有字，朝内粘貼，難以辨認。有烏絲欄。袖珍本。
3.1　首殘→大正 0235，08/0752A11。
3.2　尾全→08/0752C03。
4.2　金剛般若波羅蜜經（尾）。
8　9 ~10 世紀。歸義軍時期寫本。
9.1　楷書。
11　圖版：《敦煌寶藏》，83/78B ~80A。

1.1　BD08318 號
1.3　大般若波羅蜜多經卷五六
1.4　衣 018
1.5　84:2157
2.1　47.3 ×27.5 厘米；1 紙；28 行，行 17 字。
2.3　卷軸裝。首尾均脱。有烏絲欄。
3.1　首殘→大正 0220，05/0319A13。
3.2　尾殘→05/0319B12。
8　8 ~9 世紀。吐蕃統治時期寫本。
9.1　楷書。
11　圖版：《敦煌寶藏》，72/140。

1.1　BD08319 號
1.3　妙法蓮華經卷四
1.4　衣 019

1.5　105:5295
2.1　49.5×25.5 厘米；1 紙；28 行，行 17 字。
2.3　卷軸裝。首尾均脫。經黃打紙。卷面有殘洞。有烏絲欄。
3.1　首殘→大正 0262，09/0027C15。
3.2　尾殘→09/0028A22。
8　7～8 世紀。唐寫本。
9.1　楷書。
11　圖版：《敦煌寶藏》，90/492A～B。

1.1　BD08320 號
1.3　佛名經（十六卷本）卷一
1.4　衣 020
1.5　61:519
2.1　(19.5＋32.5)×25.3 厘米；2 紙；正面 30 行，行 11 字；背面 2 行，行約 20 字。
2.2　01：19.5，11；　02：32.5，19。
2.3　卷軸裝。首殘尾脫。首紙有殘缺。背有古代裱補，裱補紙上有字。有烏絲欄。
2.4　本遺書包括 2 個文獻：（一）《佛名經》（十六卷本）卷一，30 行，今編為 BD08320 號。（二）《歸義軍羊籍》（擬），抄寫在背面裱補紙上，2 行，今編為 BD08320 號背。
3.1　首 11 行上中殘→《七寺古逸經典研究叢書》，3/007 頁第 15 行～25 行。
3.2　尾殘→《七寺古逸經典研究叢書》，3/009 頁第 44 行。
8　7～8 世紀。唐寫本。
9.1　楷書。
9.2　有硃筆行間校加字。
11　圖版：《敦煌寶藏》，59/519B～520A。

1.1　BD08320 號背
1.3　歸義軍羊籍（擬）
1.4　衣 020
1.5　61:519
2.4　本遺書由 2 個文獻組成，本號為第 2 個，抄寫在背面裱補紙上，2 行。餘參見 BD08320 號之第 2 項、第 11 項。
3.3　錄文：
羊羔子一口，刈粟之時，狼喫卻。又，白羊羔子一口，付/
□□。又，白羊羔子□口，三郎（?）□□勾（?）用。又
□二月八/
（錄文完）。
8　9～10 世紀。歸義軍時期寫本。
9.1　行書。

1.1　BD08321 號
1.3　般若波羅蜜多心經
1.4　衣 021
1.5　102:4460
2.1　(48＋3)×29.4 厘米；2 紙；18 行，行 17 字。
2.2　01：12.5，護首；　02：35.5＋3，18。
2.3　卷軸裝。首全尾殘。有護首，有竹質天竿。通卷有殘缺破裂。有折疊欄。已修整。
3.1　首全→大正 0251，08/0848C04。
3.2　尾全→08/0848C24。
4.1　般若波羅蜜多心經一卷（首）。
4.2　般若波羅蜜多心經一卷（尾）。
8　9～10 世紀。歸義軍時期寫本。
9.1　楷書。
11　圖版：《敦煌寶藏》，83/296A。

1.1　BD08322 號
1.3　讚僧功德經
1.4　衣 022
1.5　289:8262
2.1　(3.3＋137.5)×26.4 厘米；4 紙；72 行，行 21 字。
2.2　01：3.3＋20.3，14；　02：47.5，28；　03：47.5，28；　04：22.2，02。
2.3　卷軸裝。首殘尾全。卷面油污，上下邊殘破，卷面有破裂，卷尾上邊有污漬及腐蝕。卷尾有蟲繭。有燕尾。背有古代裱補。有烏絲欄。
3.1　首 2 行上下殘→大正 2911，85/1457A07。
3.2　尾全→85/1458A23。
4.2　讚僧功德經一卷（尾）。
8　9～10 世紀。歸義軍時期寫本。
9.1　楷書。
11　圖版：《敦煌寶藏》，109/441B～443A。

1.1　BD08323 號
1.3　妙法蓮華經卷二
1.4　衣 023
1.5　105:4875
2.1　(4.6＋55.3＋3.2)×25.2 厘米；2 紙；36 行，行 17 字。
2.2　01：4.6＋40.2，26；　02：15.1＋3.2，10。
2.3　卷軸裝。首尾均殘。卷上下邊有水漬及殘破。有烏絲欄。
3.1　首 2 行上殘→大正 0262，09/0012B10～12。
3.2　尾行上殘→09/0012C18。
8　7～8 世紀。唐寫本。
9.1　楷書。
11　圖版：《敦煌寶藏》，87/141A～B。

1.1　BD08324 號
1.3　無常經
1.4　衣 024
1.5　139:6668
2.1　(143.5)×26 厘米；3 紙；65 行，行 17 字。

2.2　01：47.5，27；　02：48.0，27；　03：48.0，11。
2.3　卷軸裝。首尾均全。前2紙有破裂。有烏絲欄。
3.1　首全→大正0801，17/0745B07。
3.2　尾全→17/0746B08。
4.1　佛說無常經，亦名三啓經，三藏法師義淨奉 制譯（首）。
4.2　佛說無常經（尾）。
5　與《大正藏》對照，本件尾題下小字雙行2行："初後讚勸，乃是尊者馬鳴取經意/而集造。中是正經，金口所說。事有三開，故云三啓。"
8　9～10世紀。歸義軍時期寫本。
9.1　楷書。
11　圖版：《敦煌寶藏》，101/115A～117A。

1.1　BD08325號
1.3　諸星母陀羅尼經
1.4　衣025
1.5　253:7548
2.1　(5+116.3)×25.2厘米；4紙；74行，行16～18字。
2.2　01：5+2.5，04；　02：41.4，28；　03：41.4，28；　04：31.0，14。
2.3　卷軸裝。首殘尾全。前2紙有等距離黴爛。有燕尾。卷尾有蟲繭。有烏絲欄。已修整。
3.1　首3行上中殘→大正1302，21/0420A27～29。
3.2　尾全→21/0421A14。
4.2　諸星母陀羅尼經一卷（尾）。
5　尾附音義。
7.1　卷尾有題名"鄧美"。
8　9～10世紀。歸義軍時期寫本。
9.1　楷書。
9.2　有刮改。
11　圖版：《敦煌寶藏》，106/642B～644A。

1.1　BD08326號
1.3　大般若波羅蜜多經（兌廢稿）卷五五〇
1.4　衣026
1.5　84:3327
2.1　45.6×25.4厘米；1紙；28行，行17字。
2.3　卷軸裝。首尾均脫。尾有餘空。有烏絲欄。
3.1　首殘→大正0220，07/0830C10。
3.2　尾缺→07/0831A09。
7.1　卷尾有1"兌"字。
8　8～9世紀。吐蕃統治時期寫本。
9.1　楷書。
9.2　有倒乙。
11　圖版：《敦煌寶藏》，77/274B。

1.1　BD08327號
1.3　觀世音經
1.4　衣027
1.5　105:5980
2.1　(58.5+4)×27.5厘米；2紙；34行，行16～18字。
2.2　01：39.0，16；　02：19.5+4，18。
2.3　卷軸裝。首全尾殘。卷面有水漬及破裂，首紙有蟲繭及殘洞。有折疊欄。
3.1　首全→大正0262，09/0056C02。
3.2　尾殘→09/0057A07。
4.1　妙法蓮華經觀世音普門品第二十五（首）。
8　9～10世紀。歸義軍時期寫本。
9.1　楷書。
11　圖版：《敦煌寶藏》，96/255A～B。

1.1　BD08328號
1.3　法苑珠林鈔（兌廢稿　擬）
1.4　衣028
1.5　358:8432
2.1　50×30厘米；1紙；正面26行，行20餘字；背面18行，行20餘字。
2.3　卷軸裝。首尾均全。上下邊有破裂。卷面有紅色污痕。兩面抄寫。
2.4　本遺書包括2個文獻：(一)《法苑珠林鈔》(擬)，26行，今編為BD08328號。(二)《安樂集》卷上，抄寫在背面，18行，今編為BD08328號背。
3.4　說明：
本文獻為雜抄《法苑珠林》經文，共抄兩段，詳情如下：
第1～19行：大正2122，53/0758B04～C06，《法苑珠林》卷六二。
第20～26行：大正0374，12/0395C07～17，《法苑珠林》卷五。
8　9～10世紀。歸義軍時期寫本。
9.1　行楷。有合體字"涅槃"。
9.2　卷面有塗抹，應為兌廢稿。
11　圖版：《敦煌寶藏》，110/306A～307A。

1.1　BD08328號背
1.3　安樂集卷上
1.4　衣028
1.5　358:8432
2.4　本遺書由2個文獻組成，本號為第2個，抄寫在背面，18行。餘參見BD08328號之第2項、第11項。
3.1　首殘→大正1958，47/0007B16。
3.2　尾殘→47/0007C11。
8　9～10世紀。歸義軍時期寫本。
9.1　行楷。
9.2　有塗抹。

1.1 BD08329 號
1.3 賢劫十方千五百佛名經
1.4 衣 029
1.5 66:842
2.1 (4.5+198.5+1.5)×27.5 厘米；6 紙；123 行，行字不等。
2.2 01：4.5+22，16； 02：40.0，24；
03：40.0，24； 04：40.0，24；
05：40.0，24； 06：16.5+1.5，11。
2.3 卷軸裝。首尾均殘。首紙殘缺，上下部破裂。有烏絲欄。有劃界欄針孔。
3.1 首 3 行中下殘→大正 0442，14/0314C14~17。
3.2 尾 1 行上下殘→14/0316B13~14。
8 5~6 世紀。南北朝寫本。
9.1 隸楷。
9.2 有刮改及校改。有行間校加字。
11 圖版：《敦煌寶藏》，63/1A~3B。

1.1 BD08330 號
1.3 無量壽宗要經
1.4 衣 030
1.5 275:8123
2.1 (13+155.5)×32 厘米；4 紙；108 行，行 30 餘字。
2.2 01：13+23.5，24； 02：44.0，29； 03：44.0，29；
04：44.0，26。
2.3 卷軸裝。首殘尾全。有烏絲欄。已修整。
3.1 首 9 行中下殘→大正 0936，19/0082A09~B02。
3.2 尾全→19/0084C29。
4.2 佛說無量壽宗要經（尾）。
8 8~9 世紀。吐蕃統治時期寫本。
9.1 行楷。
11 圖版：《敦煌寶藏》，109/95A~97A。

1.1 BD08331 號
1.3 無量壽宗要經
1.4 衣 031
1.5 275:8124
2.1 (11+149)×31 厘米；4 紙；104 行，行 30 餘字。
2.2 01：11+14.5，18； 02：45.5，33； 03：44.5，33；
04：44.5，20。
2.3 卷軸裝。首殘尾全。第 1、2 紙接縫處上部開裂。有烏絲欄。
3.1 首 8 行中下殘→大正 0936，19/0082B04~21。
3.2 尾全→19/0084C29。
4.2 佛說無量壽宗要經（尾）。
7.1 尾紙末有題名"李義"。
8 8~9 世紀。吐蕃統治時期寫本。
9.1 行楷。
11 圖版：《敦煌寶藏》，109/97B~99A。

1.1 BD08332 號
1.3 小抄（異本）
1.4 衣 032
1.5 178:7096
2.1 (10+118+8)×31 厘米；4 紙；84 行，行 25 字。
2.2 01：10+17，16； 02：47.0，30； 03：47.0，29；
04：7+8，09。
2.3 卷軸裝。首尾均殘。卷尾上部有殘洞。有烏絲欄。已修整。
3.1 首 4 行中下殘→《敦煌出土律典<略抄>の研究》（二），第 89 頁第 02 行~第 03 行。
3.2 尾 4 行下殘→《敦煌出土律典<略抄>の研究》（二），第 96 頁第 08 行。
5 與對照本相比，文字前後竄雜，相差較大，乃屬異本。
7.3 行下空白處有 2 處雜寫。
8 9~10 世紀。歸義軍時期寫本。
9.1 楷書。
9.2 有刮改及重文號。
11 圖版：《敦煌寶藏》，104/146A~147B。

1.1 BD08333 號
1.3 譬喻經變文（擬）
1.4 衣 033
1.5 362:8439
2.1 43×30 厘米；1 紙；20 行，行 20 字左右。
2.3 卷軸裝。首尾均脫。有折疊欄。
3.1 首殘→《敦煌變文校註》，第 1077 頁第 02 行。
3.2 尾殘→《敦煌變文校註》，第 1077 頁第 17 行。
8 9~10 世紀。歸義軍時期寫本。
9.1 行楷。
9.2 有斷句及重文號。有行間校加字。
11 圖版：《敦煌寶藏》，110/328A。

1.1 BD08334 號
1.3 四分律疏解（擬）
1.4 衣 034
1.5 198:7178
2.1 42.5×31.2 厘米；1 紙；正面 32 行，背面 14 行，行 41 字。
2.3 卷軸裝。首尾均脫。卷上下部均破損。
3.4 說明：

本文獻首尾均殘。乃是對沙門法礪（569~635）撰《四分律疏》的疏解，大體是疏通主要文句的意義。存文所疏解的主要為《四分律疏》卷七的文字，可參見《新纂續藏》第 0731 號。

正反面文字所抄為同一文獻，但文字不能直接綴接。背面 14 行所疏解文字在前，正面 32 行所疏解文字在後。詳情有待進一步研究。

8　9～10 世紀。歸義軍時期寫本。
9.1　楷書。
9.2　有倒乙。
11　圖版：《敦煌寶藏》，104/382A～B。

1.1　BD08335 號
1.3　菩薩受戒儀軌（擬）
1.4　衣 035
1.5　152：6790
2.1　296.2×29 厘米；9 紙；141 行，行字不等。
2.2　01：02.6，01；　02：40.4，18；　03：42.5，18；
04：42.5，18；　05：42.5，17；　06：29.8，12；
07：32.6，20；　08：41.3，25；　09：22.0，12。
2.3　卷軸裝。首殘尾脱。通卷多有破裂。前 6 紙有上下界欄，後 3 紙為折疊欄。後 3 紙與前不同。
3.4　説明：
本文獻首殘尾全。為南北朝時期中國佛教大乘菩薩受戒的儀軌，與鳩摩羅什所傳菩薩戒不同。本文獻先將受菩薩戒分爲上中下三品，以下依次為受四不壞、作十惡懺悔、受十無盡戒。最後為受戒人發願。本文獻對研究南北朝時期中國佛教有較大價值。對中國人所撰《佛名經》中的懺悔文也有較大的影響。
8　5～6 世紀。南北朝寫本。
9.1　楷書。
9.2　有刪除及倒乙。有行間校加字。
11　圖版：《敦煌寶藏》，101/600B～604B。

1.1　BD08336 號
1.3　妙法蓮華經（兑廢稿）卷七
1.4　衣 036
1.5　105：5915
2.1　48.5×26 厘米；1 紙；26 行，行 17 字。
2.3　卷軸裝。首尾均脱。經黄打紙。有烏絲欄。尾有餘空。
3.1　首殘→大正 0262，09/0055B13。
3.2　尾殘→09/0055C12。
7.1　卷尾上邊有勘記“除”。
8　7～8 世紀。唐寫本。
9.1　楷書。
9.2　有刮改。
11　圖版：《敦煌寶藏》，96/35B～36A。

1.1　BD08337 號
1.3　金剛懺悔受戒文（擬）
1.4　衣 037
1.5　316：8365
2.1　（9＋214）×25.5 厘米；5 紙；113 行，行 20 字左右。
2.2　01：9＋18，15；　02：49.0，28；　03：49.0，28；
04：49.0，28；　05：49.0，14。
2.3　卷軸裝。首殘尾全。卷面有油污，前 3 紙中間有破裂和殘洞，第 4、5 紙接縫處脱開。卷首背有鳥糞。有烏絲欄。已修整。
3.4　説明：
本文獻首 5 行中上殘，尾全。為歸義軍時期敦煌地區流行的以《金剛經》崇拜為中心的懺悔受戒文之一。存文包括禮懺、金剛五禮、法身十禮、懺罪障、迴向發願、受八戒、迴向功德等。其中之《金剛五禮》，可參見《藏外佛教文獻》第七輯錄文之異本一。
8　9～10 世紀。歸義軍時期寫本。
9.1　楷書。
9.2　有倒乙及重文號。有行間校加字。
11　圖版：《敦煌寶藏》，110/80A～83A。

1.1　BD08338 號
1.3　金剛般若波羅蜜經
1.4　衣 038
1.5　94：3835
2.1　46.7×26.5 厘米；2 紙；32 行，行 17 字。
2.2　01：46.0，31；　02：00.7，01。
2.3　卷軸裝。首脱尾殘。卷面有殘裂。有烏絲欄。
3.1　首殘→大正 0235，08/0749B22。
3.2　尾殘→08/0749C25。
8　9～10 世紀。歸義軍時期寫本。
9.1　楷書。
9.2　有行間校加字。
11　圖版：《敦煌寶藏》，80/511A～B。

1.1　BD08339 號
1.3　觀世音經
1.4　衣 039
1.5　111：6226
2.1　（7.8＋164.7）×25.1 厘米；5 紙；99 行，行 17 字。
2.2　01：07.8，04；　02：41.2，26；　03：41.0，25；
04：41.0，25；　05：41.5，19。
2.3　卷軸裝。首殘尾全。經黄打紙。首紙下邊殘損，第 4 紙有破裂殘損。背有古代裱補。有燕尾。有烏絲欄。
3.1　首 9 行下殘→大正 0262，09/0056C17～26。
3.2　尾全→09/0058B07。
4.2　觀音經（尾）。
8　7～8 世紀。唐寫本。
9.1　楷書。
11　圖版：《敦煌寶藏》，97/407A～409A。

1.1　BD08340 號
1.3　大乘起信論廣釋卷五
1.4　衣 040
1.5　210：7253

2.1　(1+43)×29 厘米；1 紙；26 行，行 30 字左右。
2.3　卷軸裝。首殘尾脱。上邊有殘缺。有烏絲欄。
3.1　首行上下殘→大正 2814，85/1158A13。
3.2　尾殘→85/1158B25。
8　7~8 世紀。唐寫本。
9.1　楷書。
9.2　有硃筆行間校加字、斷句、科分。有墨筆倒乙及校改。
11　圖版：《敦煌寶藏》，105/123A。

1.1　BD08341 號
1.3　首羅比丘見月光童子經
1.4　衣 041
1.5　454:8661
2.1　(180.8+1.8)×25.2 厘米；5 紙；113 行，行 17 字。
2.2　01：39.2，23；　02：44.1，28；　03：44.5，28；
　　04：44.5，28；　05：8.5+1.8，06。
2.3　卷軸裝。首脱尾殘。卷面有殘洞及破裂，上邊下邊殘破，第 1、2 紙接縫處上開裂。卷面、卷背有鳥糞。有烏絲欄。
3.1　首殘→大正 2873，85/1357B23。
3.2　尾行上殘→85/1358C21。
8　8 世紀。唐寫本。
9.1　楷書。
11　圖版：《敦煌寶藏》，111/112B~115A。

1.1　BD08342 號
1.3　妙法蓮華經卷四
1.4　衣 042
1.5　105:5263
2.1　(7+266.1+1.5)×24.6 厘米；7 紙；168 行，行 17 字。
2.2　01：7+8，09；　02：46.0，28；　03：46.0，28；
　　04：46.0，28；　05：46.2；28：　06：46.2；28：
　　07：27.7+1.5；19。
2.3　卷軸裝。首尾均殘。經黄打紙。卷面有等距離水漬及黴爛。有烏絲欄。已修整。
3.1　首 4 行上下殘→大正 0262，09/0027C05~09。
3.2　尾 1 行下殘→09/0030B01。
8　7~8 世紀。唐寫本。
9.1　楷書。
11　圖版：《敦煌寶藏》，90/416B~420B。

1.1　BD08343 號
1.3　大般若波羅蜜多經卷二七四
1.4　衣 043
1.5　84:2742
2.1　94.3×26.9 厘米；2 紙；56 行，行 17 字。
2.2　01：46.8，28；　02：47.5，28。
2.3　卷軸裝。首尾均脱。有烏絲欄。
3.1　首殘→大正 0220，06/0387C14。
3.2　尾殘→06/0388B10。
8　8~9 世紀。吐蕃統治時期寫本。
9.1　楷書。
11　圖版：《敦煌寶藏》，74/603A~604A。

1.1　BD08344 號 1
1.3　般若波羅蜜多心經
1.4　衣 044
1.5　102:4464
2.1　(1+65.5)×25.5 厘米；2 紙；25 行，行字不等。
2.2　01：1+22，8；　02：43.5，17。
2.3　卷軸裝。首殘尾全。打紙；砑光上蠟。尾紙上部有横向破裂。有烏絲欄。已修整。
2.4　本遺書包括 2 個文獻：(一)《般若波羅蜜多心經》，8 行，今編為 BD08344 號 1。(二)《般若波羅蜜多心經》，17 行，今編為 BD08344 號 2。
3.1　首行下殘→大正 0251，08/0848C16。
3.2　尾全→08/0848C24。
4.2　般若波羅蜜心經一卷（尾）。
8　8~9 世紀。吐蕃統治時期寫本。
9.1　楷書。
11　圖版：《敦煌寶藏》，83/300A~B。

1.1　BD08344 號 2
1.3　般若波羅蜜多心經
1.4　衣 044
1.5　102:4464
2.4　本遺書由 2 個文獻組成，本號為第 2 個，17 行。餘參見 BD08344 號 1 之第 2 項、第 11 項。
3.1　首全→大正 0251，08/0848C04。
3.2　尾全→08/0848C24。
4.1　般若波羅蜜多心經（首）。
4.2　般若波羅蜜多經一卷（尾）。
8　8~9 世紀。吐蕃統治時期寫本。
9.1　楷書。

1.1　BD08345 號
1.3　維摩詰所説經卷中
1.4　衣 045
1.5　70:1213
2.1　(4+45)×26 厘米；1 紙；28 行，行 17 字。
2.3　卷軸裝。首尾均脱。卷中間有殘洞，上邊有破裂。有烏絲欄。已修整。
3.1　首 2 行中下殘→大正 0475，14/0551B25~27。
3.2　尾行中殘→14/0551C26。
8　8~9 世紀。吐蕃統治時期寫本。

9.1　楷書。
11　圖版：《敦煌寶藏》，66/10。

1.1　BD08346 號
1.3　大般若波羅蜜多經卷一三〇
1.4　衣 046
1.5　84:2353
2.1　（1.4 +34.5）×25.8 厘米；1 紙；21 行，行 17 字。
2.3　卷軸裝。首殘尾脫。有烏絲欄。
3.1　首殘→大正 0220，05/0709C25。
3.2　尾殘→05/0710A17。
8　8~9 世紀。吐蕃統治時期寫本。
9.1　楷書。
11　圖版：《敦煌寶藏》，73/58A。

1.1　BD08347 號
1.3　大般若波羅蜜多經卷一三三
1.4　衣 047
1.5　84:2362
2.1　（3.4 +170.7）×25.8 厘米；4 紙；103 行，行 17 字。
2.2　01：3.4 +16.9，12；　02：47.0，28；　03：47.0，28；
04：47.3，28；　05：12.5，07。
2.3　卷軸裝。首尾均殘。前 2 紙有破裂，首紙下有殘缺，接縫處多有開裂。有烏絲欄。已修整。
3.1　首 2 行上下殘→大正 0220，05/0726A12~13。
3.2　尾殘→05/0727A28。
8　8~9 世紀。吐蕃統治時期寫本。
9.1　楷書。
11　圖版：《敦煌寶藏》，73/80A~82A。

1.1　BD08348 號
1.3　大般若波羅蜜多經卷五五九
1.4　衣 048
1.5　84:3348
2.1　（38.8 +7.1）×22.3 厘米；1 紙；26 行，行 17 字。
2.3　卷軸裝。首全尾脫。通卷下部殘缺，有殘裂。有烏絲欄。已修整。
3.1　首 22 行下殘→大正 0220，07/0883B06~C01。
3.2　尾殘→07/0883C05。
4.1　大般若波羅蜜多經卷第五百五十九，/第五分地獄品第八，三藏法師玄奘奉□…□/（首）。
6.2　尾→BD01070 號。
8　9~10 世紀。歸義軍時期寫本。
9.1　楷書。
11　圖版：《敦煌寶藏》，77/331A。

1.1　BD08349 號
1.3　觀世音陀羅尼集（擬）
1.4　衣 049
1.5　461:8738
2.1　（8 +46 +4）×27 厘米；2 紙；38 行，行 20 餘字。
2.2　01：8 +29，24；　02：17 +4，14。
2.3　卷軸裝。首脫尾殘。薄皮紙。上下邊有破裂。
3.4　說明：
本文獻首尾均殘。存文現有子目“觀世音擲鬼法印第二”、“梢法印第三”、“降魔法印第五”，可見原為觀世音陀羅尼神咒集抄。現存文字如下：
一、28 行，首題及子目均殘。前 23 行應為《觀世音如意輪陀羅尼神咒》，後 5 行為《真檀摩尼別行法咒》。
二、1 行半，有子目《觀世音擲鬼法印》第二。
三、1 行半，有子目《梢法印》第三。
四、5 行，有子目《降魔法印》第五。
五、2 行，上殘。
上述二、三、四、五等四項內容，可參見《陀羅尼集經》卷七，大正 0901，18/0849B17~C04。但在《陀羅尼集經》卷七中，上述四項子目的名稱分別為《金剛隨心輪法印》第四十三、《金剛隨心梢法印》第四十四、《金剛隨心降魔法印》第四十五、《金剛隨心縛鬼法印咒》第四十六。故該“觀世音陀羅尼”與“金剛隨心”的關係，尚需研究。
8　9~10 世紀。歸義軍時期寫本。
9.1　行楷。
11　圖版：《敦煌寶藏》，111/335B~336A。

1.1　BD08350 號
1.3　大般若波羅蜜多經（兌廢稿）卷一五六
1.4　衣 050
1.5　84:2410
2.1　48.3×27.5 厘米；1 紙；28 行，行 17 字。
2.3　卷軸裝。首尾均脫。有烏絲欄。
3.1　首殘→大正 0220，05/0842C30。
3.2　尾殘→05/0843A23。
5　與《大正藏》對照，本件後 4 行經文，相當於《大正藏》05/0842B29~C04，應抄在前面。
8　9~10 世紀。歸義軍時期寫本。
9.1　楷書。有武周新字“人”，使用周遍。但“正”字未用武周新字。
11　圖版：《敦煌寶藏》，73/207。

1.1　BD08351 號
1.3　無量壽宗要經
1.4　衣 051
1.5　275:8125
2.1　39.5×31.5 厘米；1 紙；23 行，行 30 餘字。
2.3　卷軸裝。首脫尾全。卷面有破裂和殘洞。有烏絲欄。已修整。

3.1 首殘→大正0936，19/0084B09。
3.2 尾全→19/0084C29。
4.2 佛說無量壽經（尾）。
8 8~9世紀。吐蕃統治時期寫本。
9.1 行楷。
11 圖版：《敦煌寶藏》，109/99B。

1.1 BD08352號
1.3 大般若波羅蜜多經卷二六六
1.4 衣052
1.5 84:2717
2.1 (3+78.8)×27.6厘米；3紙；53行，行17字。
2.2 01：3+18，13； 02：44.8，28； 03：16+3.7，12。
2.3 卷軸裝。首尾均殘。卷面有水漬及黴斑，後2紙下邊殘破。有烏絲欄。
3.1 首2行上下殘→大正0220，06/0347A19~21。
3.2 尾2行上殘→06/0347C12~14。
8 8~9世紀。吐蕃統治時期寫本。
9.1 楷書。
11 圖版：《敦煌寶藏》，74/510B~511B。

1.1 BD08353號
1.3 大般若波羅蜜多經（兌廢稿）卷三七〇
1.4 衣053
1.5 84:3018
2.1 46.5×26.5厘米；1紙；25行，行17字。
2.3 卷軸裝。首尾均脫。卷面污穢變色，有殘洞及破裂，上下邊殘破。有烏絲欄。尾有餘空。已修整。
3.1 首殘→大正0220，06/0907B21。
3.2 尾殘→06/0907C16。
7.1 上邊有1個"兌"字。
7.3 尾有經文雜寫1行。
8 9~10世紀。歸義軍時期寫本。
9.1 楷書。
11 圖版：《敦煌寶藏》，76/101B。

1.1 BD08354號
1.3 大般若波羅蜜多經卷二六五
1.4 衣054
1.5 84:2712
2.1 41.5×25.8厘米；1紙；26行，行16~18字。
2.3 卷軸裝。首全尾脫。打紙。卷面有油污及殘洞，上邊殘破。背有古代裱補。有烏絲欄。
3.1 首全→大正0220，06/0340A14。
3.2 尾殘→06/0340B13。
4.1 大般若波羅蜜多經卷第二百六十五，/初分難信解品第卅四之八十四，三藏法師玄奘奉詔譯/（首）。
8 8~9世紀。吐蕃統治時期寫本。
9.1 楷書。
11 圖版：《敦煌寶藏》，74/498B。

1.1 BD08355號
1.3 大般若波羅蜜多經（兌廢稿）卷二六〇
1.4 衣055
1.5 84:2693
2.1 45×26.5厘米；1紙；24行，行17字。
2.3 卷軸裝。首尾均脫。卷面有殘洞，上下邊殘缺。有烏絲欄。尾有餘空。
3.1 首殘→大正0220，06/0318C19。
3.2 尾殘→06/0319A14。
7.1 上邊有2個"兌"字。
8 8世紀。唐寫本。
9.1 楷書。
11 圖版：《敦煌寶藏》，74/437A。

1.1 BD08356號
1.3 大般若波羅蜜多經（兌廢稿）卷五五四
1.4 衣056
1.5 84:3335
2.1 44.8×26.9厘米；1紙；24行，行17字。
2.3 卷軸裝。首尾均脫。卷面有水漬及殘洞。有烏絲欄。尾有餘空。
3.1 首殘→大正0220，07/0857C16。
3.2 尾缺→07/0858A12。
7.1 卷上邊有2個"兌"字。
8 8~9世紀。吐蕃統治時期寫本。
9.1 楷書。
11 圖版：《敦煌寶藏》，77/301B。

1.1 BD08357號
1.3 天地八陽神咒經
1.4 衣057
1.5 256:7614
2.1 (2.7+62.1+4.4)×23.7厘米；3紙；38行，行16~17字。
2.2 01：2.7+36.6，21； 02：11.4，06；
03：14.1+4.4，11。
2.3 卷軸裝。首全尾殘。通卷殘碎。首紙有折疊欄，係歸義軍時期後補。已修整。
3.1 首全→大正2897，85/1422B14。
3.2 尾3行中上殘→85/1422C27~1423A01。
4.1 佛說八陽神咒經（首）。
7.3 卷首有雜寫"難"、"傾面都蓋為"。
8 7~8世紀。唐寫本。

9.1　楷書。
11　圖版：《敦煌寶藏》，107/102B～103A。
　　從本遺書上揭下古代裱補紙 11 塊，今編爲 BD16228 號、BD16229 號。

1.1　BD08358 號
1.3　無量壽宗要經
1.4　衣 058
1.5　275：8126
2.1　(3.5+146)×31 厘米；4 紙；93 行，行 30 餘字。
2.2　01：3.5+13.5，11；　02：44.5，31；　03：44.0，31；　04：44.0，20。
2.3　卷軸裝。首殘尾全。卷面有水漬及黴爛，上下邊殘破。第 2、3 紙接縫處上部開裂。有烏絲欄。
3.1　首 2 行中下殘→大正 0936，19/0082B14～18。
3.2　尾全→19/0084C29。
4.2　佛說無量壽宗要經一卷（尾）。
7.1　尾紙末有題名“解晟子”。
7.3　卷背有硃筆雜寫“上”。
8　8～9 世紀。吐蕃統治時期寫本。
9.1　行楷。
11　圖版：《敦煌寶藏》，109/100A～101B。

1.1　BD08359 號
1.3　妙法蓮華經卷六
1.4　衣 059
1.5　105：5714
2.1　48.5×26.5 厘米；1 紙；27 行，行 17 字。
2.3　卷軸裝。首全尾脫。經黄打紙。首紙中部有破裂。有烏絲欄。
3.1　首全→大正 0262，09/0046B17。
3.2　尾殘→09/0046C20。
4.1　妙法蓮華經隨喜功德品第十八，六（首）。
8　7～8 世紀。唐寫本。
9.1　楷書。
11　圖版：《敦煌寶藏》，94/376A～B。

1.1　BD08360 號
1.3　維摩詰所說經卷上
1.4　衣 060
1.5　70：945
2.1　(2+84.5)×25.5 厘米；3 紙；48 行，行 17 字。
2.2　01：2+41，27；　02：42.3，20；　03：01.2，01。
2.3　卷軸裝。首全尾殘。打紙。卷面多油污，卷首上部殘缺，第 1、2 紙接縫處上部有破裂。有烏絲欄。
3.1　首行中上殘→大正 0475，14/0537A03。
3.2　尾殘→14/0537B25。
4.1　維摩詰所說經，□…□解脫，佛［國］品第一（首）。
8　9～10 世紀。歸義軍時期寫本。
9.1　楷書。
9.2　有行間校加字。
11　圖版：《敦煌寶藏》，64/72A～73A。

1.1　BD08361 號
1.3　大般若波羅蜜多經卷一〇四
1.4　衣 061
1.5　84：2276
2.1　(43.8+2)×25.3 厘米；1 紙；28 行，行 17 字。
2.3　卷軸裝。首尾均脫。通卷破損嚴重，脫落 1 塊殘片，已綴接。有烏絲欄。已修整。
3.1　首殘→大正 0220，05/0575A13。
3.2　尾行下殘→05/0575B11。
7.1　背面有勘記“一百四”。
8　8～9 世紀。吐蕃統治時期寫本。
9.1　楷書。
11　圖版：《敦煌寶藏》，72/506B。

1.1　BD08362 號
1.3　妙法蓮華經卷五
1.4　衣 062
1.5　105：5622
2.1　(6.4+35.7)×25.2 厘米；2 紙；24 行，行 20 字。
2.2　01：06.4，04；　02：35.7，20。
2.3　卷軸裝。首尾均殘。經黄打紙。尾紙上邊有破裂。有烏絲欄。已修整。
3.1　首 4 行上殘→大正 0262，09/0043B09～12。
3.2　尾殘→09/0043C22。
8　7～8 世紀。唐寫本。
9.1　楷書。
11　圖版：《敦煌寶藏》，93/391A～B。

1.1　BD08363 號
1.3　大般若波羅蜜多經（兑廢稿）卷五八二
1.4　衣 063
1.5　84：3382
2.1　45.2×25.9 厘米；1 紙；25 行，行 17 字。
2.3　卷軸裝。首尾均脫。卷面有殘洞，上下殘損。有烏絲欄。尾有餘空。
3.1　首殘→大正 0220，07/1011C07。
3.2　尾缺→07/1012A04。
8　8～9 世紀。吐蕃統治時期寫本。
9.1　楷書。
11　圖版：《敦煌寶藏》，77/456B。

1.1 BD08364 號
1.3 金光明最勝王經卷五
1.4 衣 064
1.5 83: 1732
2.1 (5.5 + 44.7) × 25.7 厘米; 2 紙; 29 行, 行 17 ~ 20 字。
2.2 01: 5.5 + 2.2, 04; 02: 42.5, 25。
2.3 卷軸裝。首尾均殘。卷面有等距離水漬。有烏絲欄。
3.1 首 3 行下殘→大正 0665, 16/0423A20 ~ 22。
3.2 尾殘→16/0423B22。
8 8 ~ 9 世紀。吐蕃統治時期寫本。
9.1 楷書。
11 圖版:《敦煌寶藏》, 69/498。

1.1 BD08365 號
1.3 維摩詰所說經卷上
1.4 衣 065
1.5 70: 1052
2.1 61 × 27 厘米; 2 紙; 正面 35 行, 行 17 字; 背面 2 行, 行字不等。
2.2 01: 49.5, 29; 02: 11.5, 06。
2.3 卷軸裝。首脱尾全。首紙上下邊有破裂。有烏絲欄。
2.4 本遺書包括 2 個文獻: (一)《維摩詰所說經》卷上, 35 行, 今編為 BD08365 號。(二)《經袟》(擬), 抄寫在背面, 2 行, 今編為 BD08365 號背。
3.1 首殘→大正 0475, 14/0543C10。
3.2 尾全→14/0544A19。
4.2 維摩詰經卷上 (尾)。
7.3 卷尾有經名雜寫。
8 8 世紀。唐寫本。
9.1 楷書。
9.2 有行間加行。
11 圖版:《敦煌寶藏》, 64/471B ~ 472B。

1.1 BD08365 號背
1.3 經袟 (擬)
1.4 衣 065
1.5 70: 1052
2.4 本遺書由 2 個文獻組成, 本號為第 2 個, 抄寫在背面, 2 行。餘參見 BD08365 號之第 2 項、第 11 項。
3.3 錄文:
菩薩見實三昧經, /
一部。/
(錄文完)
3.4 說明:
此乃利用廢棄《維摩詰所說經》作爲經袟使用, 所抄寫為本經袟中所收經典。對研究敦煌佛教典籍管理制度有一定的價值。

8 8 ~ 9 世紀。吐蕃統治時期寫本。
9.1 楷書。

1.1 BD08366 號
1.3 四分律比丘戒本
1.4 衣 066
1.5 156: 6853
2.1 (65.5 + 17) × 27 厘米; 2 紙; 52 行, 行 17 字。
2.2 01: 42.5, 27; 02: 23 + 17, 25。
2.3 卷軸裝。首脱尾殘。卷面有殘洞, 尾紙上下殘缺嚴重。有烏絲欄。已修整。
3.1 首殘→大正 1429, 22/1016C06。
3.2 尾 10 行中下殘→22/1017A20 ~ 29。
8 8 世紀。唐寫本。
9.1 楷書。
11 圖版:《敦煌寶藏》, 102/240B ~ 241B。

1.1 BD08367 號
1.3 金光明最勝王經卷一
1.4 衣 067
1.5 83: 1476
2.1 (3.9 + 76 + 28) × 24.8 厘米; 3 紙; 正面 62 行, 行 17 字; 背面 1 行, 殘片。
2.2 01: 3.9 + 21, 15; 02: 42.0, 27; 03: 13 + 28, 20。
2.3 卷軸裝。首殘尾斷。第 2 紙斷開。卷面多鳥糞。背有古代裱補, 上有文字。有烏絲欄。已修整。
2.4 本遺書包括 2 個文獻: (一)《金光明最勝王經》卷一, 62 行, 今編為 BD08367 號。(二)《罰約 (擬)》, 抄寫在背面裱補紙上, 1 行, 今編為 BD08367 號背。
3.1 首 2 行上殘→大正 0665, 16/0405A20 ~ 22。
3.2 尾 12 行上殘→16/0405C18 ~ 406A03。
8 8 世紀。唐寫本。
9.1 楷書。
11 圖版:《敦煌寶藏》, 68/48B ~ 50A。

1.1 BD08367 號背
1.3 罰約 (擬)
1.4 衣 067 背
1.5 83: 1476
2.4 本遺書由 2 個文獻組成, 本號為第 2 個, 抄寫在背面裱補紙上, 1 行。餘參見 BD08367 號之第 2 項、第 11 項。
3.3 錄文:
罰延彥 (秀?) 壹席座, 與衆兄弟破除。若□…□/
(錄文完)
8 9 ~ 10 世紀。歸義軍時期寫本。
9.1 行書。

1.1　BD08368 號 1
1.3　大方等大集經（兑廢稿）卷五二
1.4　衣 068
1.5　382: 8507
2.1　（1.5 +55.3）×25.5 厘米；2 紙；31 行，行 17 字。
2.2　01：1.5 +20.3，10；　　02：35.0，21。
2.3　卷軸裝。首殘尾斷。有烏絲欄。
2.4　本遺書包括 2 個文獻：（一）《大方等大集經》（兑廢稿）卷五二，10 行，今編為 BD08368 號 1。（二）《阿毗達摩順正理論》（兑廢稿）卷二九，21 行，今編為 BD08368 號 2。
　　本遺書實為兑廢綴稿。
3.1　首行上下殘→大正 0397，13/0344B22。
3.2　尾缺→13/0344C09。
7.3　正面有“敕、南、之、護”等雜寫。背面通篇為雜寫，有“敕、歸、義、軍、南無、莊嚴、慈悲道場、之、必須、如是我、及、妙、若、以是、於此”等等。
8　8 世紀。唐寫本。
9.1　楷書。有武周字“月”、“正”。
11　圖版：《敦煌寶藏》，110/477A ~478B。

1.1　BD08368 號 2
1.3　阿毗達摩順正理論（兑廢稿）卷二九
1.4　衣 068
1.5　382: 8507
2.4　本遺書由 2 個文獻組成，本號為第 2 個，21 行。餘參見 BD08368 號 1 之第 2 項、第 11 項。
3.1　首殘→大正 1562，29/0503C06。
3.2　尾殘→29/0503C29。
7.3　卷面上下邊有雜寫。
8　8 世紀。唐寫本。
9.1　楷書。

1.1　BD08369 號
1.3　大般若波羅蜜多經卷八九
1.4　衣 069
1.5　84: 2249
2.1　（7 +64.9 +4）×26 厘米；2 紙；43 行，行 17 字。
2.2　01：7 +38.5，26；　　02：26.4 +4，17。
2.3　卷軸裝。首尾均殘。下邊殘破。有烏絲欄。
3.1　首 4 行中上殘→大正 0220，05/0495A16 ~19。
3.2　尾 2 行下殘→05/0495B28 ~29。
8　9 ~10 世紀。歸義軍時期寫本。
9.1　楷書。
11　圖版：《敦煌寶藏》，72/427A ~428A。

1.1　BD08370 號
1.3　大般若波羅蜜多經（兑廢稿）卷四〇九
1.4　衣 070
1.5　84: 3081
2.1　47 ×27.1 厘米；1 紙；24 行，行 17 字。
2.3　卷軸裝。首尾均脱。卷面有水漬及蟲繭，前端有 2 個殘洞。有烏絲欄。尾有餘空。
3.1　首殘→大正 0220，07/0047C03。
3.2　尾缺→07/0047C29。
7.1　卷上邊有 1 個“兑”字。
8　9 ~10 世紀。歸義軍時期寫本。
9.1　楷書。
11　圖版：《敦煌寶藏》，76/343A。

1.1　BD08371 號
1.3　維摩詰所說經卷中
1.4　衣 071
1.5　70: 1152
2.1　（84.5 +3.5）×26 厘米；2 紙；43 行，行 17 字。
2.2　01：51.0，28；　　02：33.5 +3.5，15。
2.3　卷軸裝。首脱尾殘。卷面有水漬及殘洞。卷尾有蟲繭。有烏絲欄。
3.1　首殘→大正 0475，14/0547A03。
3.2　尾 2 行上下殘→14/0547B18 ~20。
8　8 ~9 世紀。吐蕃統治時期寫本。
9.1　楷書。
11　圖版：《敦煌寶藏》，65/485B ~486A。

1.1　BD08372 號
1.3　觀世音經雜寫
1.4　衣 072
1.5　105: 5981
2.1　43 ×30.5 厘米；1 紙；19 行，行 22 ~23 字。
2.3　卷軸裝。首尾均全。卷面有油污。有烏絲欄。尾有餘空。
3.1　首全→大正 0262，09/0056C02。
3.2　尾缺→09/0056C25。
4.1　妙法蓮華經觀世音菩薩普門品第廿五（首）。
7.3　紙背有雜寫偈頌：“我今舍卻人間實，觀相當來學世真。”及雜寫“我今舍卻人間實”、“觀世音菩薩”等。
8　9 ~10 世紀。歸義軍時期寫本。
9.1　楷書。
11　圖版：《敦煌寶藏》，96/256A ~B。

1.1　BD08373 號
1.3　妙法蓮華經卷二
1.4　衣 073
1.5　105: 6039
2.1　41 ×25 厘米；1 紙；23 行，行 17 字。
2.3　卷軸裝。首尾均斷。經黄打紙；砑光上蠟。上下邊及尾部

有破裂。有烏絲欄。已修整。
3.1 首殘→大正 0262，09/0057B06。
3.2 尾殘→09/0057C01。
8 7～8 世紀。唐寫本。
9.1 楷書。
11 圖版：《敦煌寶藏》，96/370B～371A。

1.1 BD08374 號
1.3 和菩薩戒文
1.4 衣 074
1.5 316:8366
2.1 (8+75.5)×27.5 厘米；2 紙；41 行，行 20 字左右。
2.2 01：8+34.5，21； 02：41.0，20。
2.3 卷軸裝。首尾均全。卷面有油污及殘破。有折疊欄。已修整。
3.1 首 3 行中下殘→大正 2851，85/1300B05。
3.2 尾殘→85/1300C22。
4.1 和戒文（首）。
5 與《大正藏》本對照，文字略有不同，且無"和云"二字。
8 9～10 世紀。歸義軍時期寫本。
9.1 行楷。
11 圖版：《敦煌寶藏》，110/83B～84B。
從本遺書上揭下古代裱補紙 2 塊，今編爲 BD16291 號、BD16292 號。

1.1 BD08375 號
1.3 金光明最勝王經卷五
1.4 衣 075
1.5 404:8547
2.1 48.2×25.7 厘米；1 紙；正面 28 行，行 14 字；背面 1 行，5 字。
2.3 卷軸裝。首尾均脫。卷面有水漬、紅色污痕及殘洞。有烏絲欄。
2.4 本遺書包括 2 個文獻：（一）《金光明最勝王經》卷五，28 行，今編為 BD08375 號。（二）《經袟》（擬），抄寫在背面，1 行，今編為 BD08375 號背。
3.1 首殘→大正 0665，16/0424A24。
3.2 尾殘→16/0424B22。
8 8～9 世紀。吐蕃統治時期寫本。
9.1 楷書。
11 圖版：《敦煌寶藏》，110/560A～561A。

1.1 BD08375 號背
1.3 經袟（擬）
1.4 衣 075
1.5 404:8547
2.4 本遺書由 2 個文獻組成，本號為第 2 個，抄寫在背面，1 行。餘參見 BD08375 號之第 2 項、第 11 項。
3.3 錄文：
觀音經等袟。/
（錄文完）
3.4 說明：
此乃利用廢棄《金光明最勝王經》作爲經袟使用，所抄寫為本經袟中所收經典。對研究敦煌佛教典籍管理制度有一定的價值。
8 9～10 世紀。歸義軍時期寫本。
9.1 楷書。

1.1 BD08376 號
1.3 大般涅槃經（北本）卷四〇
1.4 衣 076
1.5 116:6566
2.1 (1+34+4)×25.5 厘米；2 紙；25 行，行 17 字。
2.2 01：1+20，14； 02：14+4，11。
2.3 卷軸裝。首尾均殘。卷面有水漬。有烏絲欄。
3.1 首 1 行上下殘→大正 0374，12/0601Cc15～16。
3.2 尾 2 行下殘→12/0602A10～11。
8 5～6 世紀。南北朝寫本。
9.1 楷書。
11 圖版：《敦煌寶藏》，100/369A。
《大般涅槃經》（南本）卷三六亦有相同經文，參見大正 0375，12/0850A14～B10。

1.1 BD08377 號
1.3 大般涅槃經（北本）卷二六
1.4 衣 077
1.5 115:6461
2.1 (1.5+43+36)×25.5 厘米；4 紙；46 行，行 17 字。
2.2 01：1.5+5，02； 02：36.0，22； 03：36.0，22； 04：02.4，02。
2.3 卷軸裝。首尾均殘。首紙上殘，第 2 紙下部殘破，第 3 紙下部全部殘缺。有烏絲欄。
3.1 首 1 行上殘→大正 0374，12/0521A26。
3.2 尾 22 行下殘→12/0521C15。
8 5～6 世紀。南北朝寫本。
9.1 楷書。
9.2 有刪除及倒乙。
11 圖版：《敦煌寶藏》，99/311A～312A。

1.1 BD08378 號
1.3 般若波羅蜜多心經
1.4 衣 078
1.5 102:4468

2.1　29.5×26.5 厘米；1 紙；17 行，行字不等。
2.3　卷軸裝。首全尾脫。卷面多水漬，上邊碎損，卷中有一殘洞。有烏絲欄。
3.1　首全→大正 0251，08/0848C04。
3.2　尾殘→08/0848C21。
4.1　般若波羅蜜多心經（首）。
8　9～10 世紀。歸義軍時期寫本。
9.1　楷書。
11　圖版：《敦煌寶藏》，83/304A。

1.1　BD08379 號
1.3　大般若波羅蜜多經（兌廢稿）卷三六二
1.4　衣 079
1.5　84:3000
2.1　45.8×26.4 厘米；1 紙；25 行，行 17 字。
2.3　卷軸裝。首尾均脫。有烏絲欄。尾有餘空。
3.1　首殘→大正 0220，06/0866A16。
3.2　尾殘→06/0866B12。
7.1　上邊有 1 個“兌”字。
8　9～10 世紀。歸義軍時期寫本。
9.1　楷書。
11　圖版：《敦煌寶藏》，76/65B。

1.1　BD08380 號
1.3　大般若波羅蜜多經卷四九〇
1.4　衣 080
1.5　84:3219
2.1　（13.5+142+6）×25.7 厘米；5 紙；90 行，行 17 字。
2.2　01：12.2，（護首）；　02：1.3+30.8，20；
03：45.8，28；　04：45.8，28；
05：19.6+6，14。
2.3　卷軸裝。首尾均殘。卷面油污，有殘洞及破損，第 2 紙從中部斷開。有烏絲欄。背有用另一文獻護首做的裱補紙。此卷第 2 紙前半部文字係粘貼在護首上。已修整。
2.4　本遺書包括 2 個文獻：（一）《大般若波羅蜜多經》卷四九〇，90 行，今編為 BD08380 號。（二）《大般若波羅蜜多經護首》（擬），裱補在背面，1 行，今編為 BD08380 號背。
3.1　首行中殘→大正 0220，07/0490A01～02。
3.2　尾 2 行下殘→07/0491A03～04。
8　8～9 世紀。吐蕃統治時期寫本。
9.1　楷書。
11　圖版：《敦煌寶藏》，76/658B～660B。

1.1　BD08380 號背
1.3　大般若波羅蜜多經護首（擬）
1.4　衣 080
1.5　84:3219
2.4　本遺書由 2 個文獻組成，本號為第 2 個，為護首做的卷背裱補紙；1 行。餘參見 BD08380 號之第 2 項、第 11 項。
3.4　説明：
卷背裱補紙實爲另一經卷護首，上有紺青紙經名簽：“大般若波羅蜜多經卷第□□三”。護首前端下殘，竹製天竿，存土黃色縹帶殘根。非本遺書原物。
8　8～9 世紀。吐蕃統治時期寫本。
9.1　楷書。

1.1　BD08381 號
1.3　大般若波羅蜜多經（兌廢稿）卷一五八
1.4　衣 081
1.5　84:2413
2.1　（4.5+40.5）×26 厘米；1 紙；24 行，行 17 字。
2.3　卷軸裝。首全尾脫。卷面有橫向破裂。卷背有鳥糞。有烏絲欄。尾有餘空。
3.1　首 3 行下殘→大正 0220，05/0850C14。
3.2　尾缺→5/0851A01。
4.1　大般若波羅蜜多經卷第一百五十八，/初分校量功德品第卅之五十六，三藏法師玄奘奉詔譯/（首）。
5　與《大正藏》本對照，第 16 行重複抄寫第 15 行的經文。
8　9～10 世紀。歸義軍時期寫本。
9.1　楷書。
11　圖版：《敦煌寶藏》，73/219A。

1.1　BD08382 號
1.3　大佛頂如來密因修證了義諸菩薩萬行首楞嚴經卷二
1.4　衣 082
1.5　237:7396
2.1　（14.1+134.5+6.5）×25.1 厘米；4 紙；87 行，行 17 字。
2.2　01：14.1+2.7，08；　02：48.6，28；　03：49.2，28；
04：34+6.5，23。
2.3　卷軸裝。首尾均殘。卷面多水漬，有等距離黴斑，前 2 紙接縫處中間開裂，後 2 紙有殘洞及殘破。有烏絲欄。已修整。
3.1　首 7 行上殘→大正 0945，19/0112C02～09。
3.2　尾 3 行上下殘→19/0113B29～C02。
8　8 世紀。唐寫本。
9.1　楷書。
11　圖版：《敦煌寶藏》，106/63B～65B。

1.1　BD08383 號
1.3　大般若波羅蜜多經卷二八五
1.4　衣 083
1.5　84:2782
2.1　47×25.7 厘米；1 紙；28 行，行 17 字。
2.3　卷軸裝。首尾均脫。卷面有破裂。有烏絲欄。已修整。
3.1　首殘→大正 0220，06/0449A14。

3.2　尾殘→06/0449B12。
8　8世紀。唐寫本。
9.1　楷書。
11　圖版：《敦煌寶藏》，75/72B。

1.1　BD08384號
1.3　佛名經（十六卷本）卷一三
1.4　衣084
1.5　63:749
2.1　(2.5+45.5)×25.1厘米；1紙；26行，行字不等。
2.3　卷軸裝。首全尾脫。經黄打紙。卷面多水漬，有殘洞，上下邊有殘缺。有烏絲欄。已修整。
3.1　首全→《七寺古逸經典研究叢書》，3/638頁第001行。
3.2　尾1行中殘→《七寺古逸經典研究叢書》，3/639頁第24行。
4.1　佛說佛名經卷第十三（首）。
5　與《七寺古逸經典研究叢書》對照，無“南無智成就佛，南無無滯佛”二佛名。
8　7~8世紀。唐寫本。
9.1　楷書。
11　圖版：《敦煌寶藏》，62/88B~89A。

1.1　BD08385號
1.3　金剛般若波羅蜜經
1.4　衣085
1.5　94:4290
2.1　(1.6+163.3)×24.7厘米；5紙；93行，行17字。
2.2　01：1.6+16.2，11；　02：46.1，28；　03：46.0，28；
04：46.0，26；　05：09.0，拖尾。
2.3　卷軸裝。首殘尾全。有燕尾。有烏絲欄。
3.1　首行上殘→大正0235，08/0751B13。
3.2　尾全→08/0752C03。
4.2　金剛般若波羅蜜經（尾）。
5　與《大正藏》本對照，本卷經文無冥司偈，參見《大正藏》，8/751C16~19。
8　7~8世紀。唐寫本。
9.1　楷書。
11　圖版：《敦煌寶藏》，82/592A~594A。
從該遺書背面揭下古代裱補，今編為BD16522號。

1.1　BD08386號
1.3　八波羅夷經
1.4　衣086
1.5　180:7124
2.1　43.5×31厘米；1紙；32行，行25字。
2.3　卷軸裝。首尾均脫。下邊有破損。有烏絲欄。
3.4　說明：
本文獻首尾均殘。論述比丘尼必須遵從的八條重戒，違反者開除教團。本文獻逐條解釋八波羅夷的具體内容與結戒因緣。譯者不詳。本號存文從第四戒後半到第八戒前半。本文獻未為歷代經錄所著錄，亦未為歷代大藏經所收。
8　8~9世紀。吐蕃統治時期寫本。
9.1　楷書。
9.2　有倒乙及重文號。
11　圖版：《敦煌寶藏》，104/234B。

1.1　BD08387號
1.3　無量壽宗要經
1.4　衣087
1.5　275:8127
2.1　(2+74)×30厘米；2紙；50行，行28字。
2.2　01：2+31，23；　02：43.0，27。
2.3　卷軸裝。首殘尾全。卷面有等距離污斑，首紙有破裂和殘洞。卷尾有蟲繭。有烏絲欄。已修整。
3.1　首行中下殘→大正0936，19/0083C22。
3.2　尾全→19/0084C29。
4.2　佛說無量壽宗要經卷（尾）。
8　8~9世紀。吐蕃統治時期寫本。
9.1　行楷。
11　圖版：《敦煌寶藏》，109/102A~B。

1.1　BD08388號A
1.3　大般若波羅蜜多經（兑廢稿）卷九二
1.4　衣088
1.5　84:2261
2.1　44×28厘米；1紙；25行，行17字。
2.3　卷軸裝。首尾均脫。有殘洞。有烏絲欄。尾有餘空。
3.1　首殘→大正0220，05/0515A17。
3.2　尾殘→05/0515B14。
7.1　上邊有“兑”字。
8　8~9世紀。吐蕃統治時期寫本。
9.1　楷書。
11　圖版：《敦煌寶藏》，72/472A。

1.1　BD08388號B
1.3　大般涅槃經（北本　兑廢稿）卷三九
1.4　衣088.B
1.5　115:6524
2.1　48×27厘米；1紙；22行，行17字。
2.3　卷軸裝。首尾均脫。有烏絲欄。尾有餘空。
3.1　首殘→大正0374，12/0596C16。
3.2　尾殘→12/0597A10。
7.1　卷背有“兑”字。
7.3　卷面、卷背有雜寫“是”字。

8　9~10 世紀。歸義軍時期寫本。
9.1　楷書。
11　圖版:《敦煌寶藏》,100/114B~115A。

1.1　BD08389 號
1.3　無量壽宗要經
1.4　衣 089
1.5　275:8128
2.1　(2+140)×31 厘米;4 紙;97 行,行 30 餘字。
2.2　01:2+10,8;　02:44.0,32;　03:44.0,32;
　04:42.0,25。
2.3　卷軸裝。首殘尾全。通卷上部有等距離破裂殘缺,首紙下邊有破裂,第 2、3 紙接縫處下部開裂。有烏絲欄。
3.1　首行上下殘→大正 0936,19/0082B23~25。
3.2　尾全→19/0084C29。
4.2　佛說無量壽宗要經(尾)。
7.1　尾紙有題名"李義"。
8　8~9 世紀。吐蕃統治時期寫本。
9.1　行楷。
9.2　有刮改。
11　圖版:《敦煌寶藏》,109/103A~104B。

1.1　BD08390 號 A
1.3　金剛般若波羅蜜經
1.4　衣 090
1.5　94:4302
2.1　153×26.2 厘米;2 紙;86 行,行 17 字。
2.2　01:77.6,46;　02:75.4,40。
2.3　卷軸裝。首脫尾全。卷首尾有破裂。有烏絲欄。已修整。
3.1　首殘→大正 0235,08/0751B21。
3.2　尾全→08/0752C03。
4.2　金剛般若波羅蜜經(尾)。
5　與《大正藏》本對照,本卷經文無冥司偈,參見《大正藏》,8/751C16~19。
8　9~10 世紀。歸義軍時期寫本。
9.1　楷書。
11　圖版:《敦煌寶藏》,82/615B~617B。

1.1　BD08390 號 B
1.3　金剛般若波羅蜜經
1.4　衣 090
1.5　94:4074
2.1　78×27 厘米;1 紙;46 行,行 17 字。
2.3　卷軸裝。首尾均脫。有烏絲欄。已修整。
3.1　首殘→大正 0235,08/0750B12。
3.2　尾殘→08/0751A03。
8　9~10 世紀。歸義軍時期寫本。
9.1　楷書。
11　圖版:《敦煌寶藏》,82/34B~35B。

1.1　BD08391 號
1.3　大般若波羅蜜多經(兑廢稿)卷七〇
1.4　衣 091
1.5　84:2205
2.1　44×27 厘米;1 紙;23 行,行 17 字。
2.3　卷軸裝。首尾均脫。上下邊殘缺。有烏絲欄。尾有餘空。已修整。
3.1　首行下殘→大正 0220,05/0397B17。
3.2　尾缺→05/0397C11。
7.1　上邊有 1 個"兑"字。
8　8~9 世紀。吐蕃統治時期寫本。
9.1　楷書。
11　圖版:《敦煌寶藏》,72/253B。

1.1　BD08392 號
1.3　思益梵天所問經卷一
1.4　衣 092
1.5　43:407
2.1　(25.5+45.8)×27.8 厘米;2 紙;51 行,行 24~25 字。
2.2　01:24.0,17;　02:1.5+45.8,34。
2.3　卷軸裝。首殘尾脫。通卷殘碎嚴重。有烏絲欄。已修整。
3.1　首 18 行上中殘→大正 0586,15/0033B23~C18。
3.2　尾殘→15/0034B11。
6.2　尾→BD03496 號 1。
8　8~9 世紀。吐蕃統治時期寫本。
9.1　楷書。
9.2　有刪除號。
11　圖版:《敦煌寶藏》,58/602B~603B。

1.1　BD08393 號
1.3　入楞伽經卷九
1.4　衣 093
1.5　37:338
2.1　104.5×25 厘米;3 紙;64 行,行 20 字(偈頌)。
2.2　01:37.0,23;　02:38.5,23;　03:29.0,18。
2.3　卷軸裝。首殘尾全。卷面有殘洞,尾紙上下邊有殘缺。背有古代裱補。有烏絲邊欄。
3.1　首殘→大正 0671,16/0574C02。
3.2　尾全→16/0576A12。
4.2　入楞[伽經卷第九](尾)。
8　7~8 世紀。唐寫本。
9.1　楷書。
11　圖版:《敦煌寶藏》,58/148B~150A。

1.1 BD08394 號
1.3 金剛般若波羅蜜經
1.4 衣 094
1.5 94:3594
2.1 (6+85)×25.2 厘米；2 紙；51 行，行 17 字。
2.2 01：6+35，23； 02：50.0，28。
2.3 卷軸裝。首殘尾脱。經黄打紙。卷面多水漬及殘破，首紙下邊殘缺。有烏絲欄。已修整。
3.1 首 4 行上下殘→大正 0235，08/0748C24～27。
3.2 尾殘→08/0749B21。
8 7～8 世紀。唐寫本。
9.1 楷書。
11 圖版：《敦煌寶藏》，79/45A～46A。

1.1 BD08395 號
1.3 金光明最勝王經卷九
1.4 衣 095
1.5 83:1921
2.1 (6+99.5)×26 厘米；3 紙；51 行，行 17 字。
2.2 01：6+12，護首； 02：43.0，25； 03：44.5，26。
2.3 卷軸裝。首全尾脱。有護首，有蘆葦片天竿。通卷破碎嚴重。背有古代裱補。有烏絲欄。已修整。
3.1 首全→大正 0665，16/0444A12。
3.2 尾殘→16/0444C07。
4.1 金光明最勝王經善生王品第廿一，九，三藏法師義淨奉制譯（首）。
7.4 護首有經名“金光明最勝王經卷第九”，上有經名號。
8 9～10 世紀。歸義軍時期寫本。
9.1 楷書。
11 圖版：《敦煌寶藏》，71/1A～2A。

1.1 BD08396 號
1.3 妙法蓮華經卷七
1.4 衣 096
1.5 105:5982
2.1 (131+2)×22.5 厘米；3 紙；71 行，行 17 字。
2.2 01：30.5，15； 02：46.5，28； 03：54+2，28。
2.3 卷軸裝。首全尾殘。有護首，已殘缺。卷面多水漬，有破裂。有烏絲欄。
3.1 首全→大正 0262，09/0056C02。
3.2 尾行下殘→09/0057B19。
8 8 世紀。唐寫本。
9.1 楷書。
11 圖版：《敦煌寶藏》，96/257A～258B。

1.1 BD08397 號
1.3 大般若波羅蜜多經（兑廢稿）卷三三八
1.4 衣 097
1.5 84:2910
2.1 46.5×25.9 厘米；1 紙；25 行，行 17 字。
2.3 卷軸裝。首尾均脱。卷下邊殘破。有烏絲欄。尾有餘空。
3.1 首殘→大正 0220，06/0733C25。
3.2 尾殘→06/0734A23。
7.1 上邊有“全兑”2 字。
8 8～9 世紀。吐蕃統治時期寫本。
9.1 楷書。
9.2 空白處有硃筆勾劃。
11 圖版：《敦煌寶藏》，75/442A。

1.1 BD08398 號
1.3 大般若波羅蜜多經卷一七
1.4 衣 098
1.5 84:2051
2.1 48.3×25.5 厘米；1 紙；28 行，行 17 字。
2.3 卷軸裝。首尾均脱。卷面有等距離水漬。有烏絲欄。
3.1 首殘→大正 0220，05/0095A27。
3.2 尾殘→05/0095B25。
8 8～9 世紀。吐蕃統治時期寫本。
9.1 楷書。
9.2 有刮改。
11 圖版：《敦煌寶藏》，71/484B～485A。

1.1 BD08399 號
1.3 佛為首迦長者説業報差別經
1.4 衣 099
1.5 461:8709
2.1 37.6×25 厘米；1 紙；21 行，行 17 字。
2.3 卷軸裝。首脱尾殘。全卷中下部殘破嚴重。有烏絲欄。
3.1 首殘→大正 0080，01/0894C13。
3.2 尾殘→01/0895A09。
8 7～8 世紀。唐寫本。
9.1 楷書。
11 圖版：《敦煌寶藏》，111/245B。

1.1 BD08400 號
1.3 大般若波羅蜜多經卷四五八
1.4 衣 100
1.5 84:3163
2.1 (16.7+54.4+12.8)×25.2 厘米；3 紙；40 行，行 17 字。
2.2 01：16.7，護首； 02：44.5，26； 03：9.9+12.8，14。
2.3 卷軸裝。首全尾殘。有護首，已殘破。卷面多水漬，第 2 紙有殘洞，上下多有破損。有烏絲欄。
3.1 首全→大正 0220，07/0311B10。
3.2 尾 7 行下殘→07/0311C19～25。

4.1　大般若波羅蜜多經卷第四百五十八，/第二分實語品第六十五之二，三藏法師玄奘奉詔譯/（首）。
7.1　護首有勘記“卌六袟（本文獻袟次），八（袟内卷次）”。
8　9～10世紀。歸義軍時期寫本。
9.1　楷書。
11　圖版：《敦煌寶藏》，76/535A～536A。

1.1　BD08401號
1.3　金有陀羅尼經
1.4　裳001
1.5　254:7597
2.1　（7+108.2）×26.5厘米；3紙；71行，行17～18字。
2.2　01：7+18.2，16；　02：45.0，28；　03：45.0，27。
2.3　卷軸裝。首殘尾全。卷尾有藏文，有烏絲欄。
3.1　首4行上下殘→大正2910，85/1455C26～29。
3.2　尾全→85/1456C10。
4.2　金有陀羅尼經一卷（尾）。
7.1　卷尾有藏文題記“Cang－se－ka－bris（張思鋼寫）”。
8　9～10世紀。歸義軍時期寫本。
9.1　楷書。
11　圖版：《敦煌寶藏》，107/71B～72B。

1.1　BD08402號
1.3　大般若波羅蜜多經卷六八
1.4　裳002
1.5　084:2188
2.1　（6.7+55）×26.1厘米；2紙；37行，行17字。
2.2　01：6.7+9，09；　02：46.0，28。
2.3　卷軸裝。首殘尾脫。尾紙有縱向破裂。背有古代裱補。有烏絲欄。
3.1　首4行上下殘→大正0220，05/0382B27～C02。
3.2　尾殘→05/0383A07。
8　8～9世紀。吐蕃統治時期寫本。
9.1　楷書。
11　圖版：《敦煌寶藏》，72/215A～B。

1.1　BD08403號
1.3　大般若波羅蜜多經卷二二六
1.4　裳003
1.5　084:2584
2.1　48.5×25.8厘米；1紙；28行，行17字。
2.3　卷軸裝。首尾均脫。有烏絲欄。
3.1　首殘→大正0220，06/0138A01。
3.2　尾殘→06/0138B01。
8　8～9世紀。吐蕃統治時期寫本。
9.1　楷書。
11　圖版：《敦煌寶藏》，74/140B～141A。

1.1　BD08404號
1.3　天地八陽神咒經
1.4　裳004
1.5　256:7646
2.1　（22.4+121.6）×25.3厘米；3紙；84行，行17字。
2.2　01：22.4+25.5，28；　02：48.0，28；　03：48.1，28。
2.3　卷軸裝。首殘尾脫。首紙有殘洞，卷面多水漬，有破裂及上下邊殘破。背有古代裱補。有烏絲欄。已修整。
3.1　首13行下殘→大正2897，85/1423B19～C07。
3.2　尾殘→85/1424C02。
8　9～10世紀。歸義軍時期寫本。
9.1　楷書。
9.2　有行間校加字。
11　圖版：《敦煌寶藏》，107/210A～211B。

1.1　BD08405號
1.3　維摩詰所說經義疏（擬）
1.4　裳005
1.5　402:8537
2.1　（9.8+58.2+5）×25厘米；3紙；32行，行25～26字。
2.2　01：9.8+6.7，07；　02：36.0，16；　03：15.5+5，09。
2.3　卷軸裝。首尾均殘。有烏絲欄。
3.4　說明：

本文獻首4行上殘，尾2行下殘。為中國人所撰對《維摩詰所說經》的疏釋。存文逐句解釋卷一“弟子品”的文句，從“法離於相，無所緣故”（參見大正475，14/0540A07）到“法住實際，諸邊不動故”（參見大正475，14/0540A12～13）。未為歷代大藏經所收。
8　5～6世紀。南北朝寫本。
9.1　楷書。
9.2　有行間加行。有倒乙。
11　圖版：《敦煌寶藏》，110/544B～545B。

1.1　BD08406號
1.3　大般若波羅蜜多經卷二一八
1.4　裳006
1.5　084:2557
2.1　（1.3+107.9）×24.7厘米；3紙；66行，行17字。
2.2　01：1.3+15，10；　02：46.8，28；　03：46.1，28。
2.3　卷軸裝。首殘尾脫。首紙有殘洞，第1、2紙接縫處下開裂，通卷下邊殘破。有烏絲欄。
3.1　首行上下殘→大正0220，06/0091B24。
3.2　尾殘→06/0092B05。
7.1　首紙背有勘記“二百一十八”。
8　8～9世紀。吐蕃統治時期寫本。
9.1　楷書。
11　圖版：《敦煌寶藏》，74/63B～64B。

1.1　BD08407 號
1.3　無量壽宗要經
1.4　裳 007
1.5　275:8129
2.1　(13+210.5)×28 厘米；5 紙；115 行，行 16～19 字。
2.2　01：13+22.5，20；　02：47.0，27；　03：47.0，27；
　　04：47.0，27；　05：47.0，14。
2.3　卷軸裝。首殘尾全。第 4、5 紙接縫處下開裂。背有現代裱補，上面寫有英文。有烏絲欄。
3.1　首 7 行上下殘→大正 0936，19/0083B18～24。
3.2　尾全→19/0084C29。
4.2　佛說無量壽宗要經（尾）。
8　8～9 世紀。吐蕃統治時期寫本。
9.1　楷書。
10　背有近代裱補紙；乃寫經組用紙；上面寫有英文。
11　圖版：《敦煌寶藏》，109/105A～107B。

1.1　BD08408 號
1.3　金光明最勝王經卷九
1.4　裳 008
1.5　083:1944
2.1　(7+127.6+1.5)×26 厘米；5 紙；89 行，行 17 字。
2.2　01：07.0，05；　02：43.0，28；　03：41.1，25；
　　04：43.5，27；　05：01.5，01。
2.3　卷軸裝。首尾均殘。有烏絲欄。
3.1　首 3 行上中殘→大正 0665，16/0448B01～04。
3.2　尾行下殘→16/0449C23。
8　8～9 世紀。吐蕃統治時期寫本。
9.1　楷書。
11　圖版：《敦煌寶藏》，71/69A～70B。

1.1　BD08409 號
1.3　金剛般若波羅蜜經
1.4　裳 009
1.5　094:3978
2.1　(5.5+39.5+8)×27.5 厘米；2 紙；31 行，行 17 字。
2.2　01：5.5+26.5，19；　02：13+8，12。
2.3　卷軸裝。首尾均殘。卷面多水漬，有破裂，接縫處開裂。已修整。
3.1　首 3 行上殘→大正 0235，08/0750A06～08。
3.2　尾 4 行下殘→08/0750B07～09。
8　9～10 世紀。歸義軍時期寫本。
9.1　楷書。
11　圖版：《敦煌寶藏》，81/384B～385A。

1.1　BD08410 號
1.3　大般若波羅蜜多經卷四七二
1.4　裳 010
1.5　084:3185
2.1　46.4×25 厘米；1 紙；正面 26 行，行 17 字；背面 3 行，殘片。
2.3　卷軸裝。首全尾脫。卷面有破裂。背有古代裱補。有烏絲欄。
2.4　本遺書包括 2 個文獻：（一）《大般若波羅蜜多經》卷四七二，26 行，今編為 BD08410 號。（二）《道教九天》（擬），抄寫在背面裱補紙上，3 行，今編為 BD08410 號背。
3.1　首全→大正 0220，07/0388A06。
3.2　尾殘→07/0388B05。
4.1　大般若波羅蜜多經卷第四百七十二，/第二分善達品第七十七之二，三藏法師玄奘奉詔譯/（首）。
8　8～9 世紀。吐蕃統治時期寫本。
9.1　楷書。
11　圖版：《敦煌寶藏》，76/574B。

1.1　BD08410 號背
1.3　道教九天（擬）
1.4　裳 010
1.5　084:3185
2.4　本遺書由 2 個文獻組成，本號為第 2 個，抄寫在北面裱補紙上，3 行。餘參見 BD08410 號之第 2 項、第 11 項。
3.3　錄文：
　　□…□欝單無量/
　　□…□善無量壽/
　　□…□天氣下/
　　（錄文完）
3.4　說明：
　　此為道教經典殘片。存文論述道教九天之第一天、第二天。
8　7～8 世紀。唐寫本。
9.1　楷書。

1.1　BD08411 號
1.3　大般若波羅蜜多經（兌廢稿）卷三二四
1.4　裳 011
1.5　084:2880
2.1　(29.9+1.2)×27.8 厘米；1 紙；18 行，行 17 字。
2.3　卷軸裝。首脫尾殘。上下邊殘破。有烏絲欄。
3.1　首殘→大正 0220，06/0657C19。
3.2　尾殘→06/0658A06。
5　與《大正藏》對照，尾 8 個字爲重複抄寫。
8　8～9 世紀。吐蕃統治時期寫本。
9.1　楷書。
11　圖版：《敦煌寶藏》，75/338A。

1.1　BD08412 號

1.3　阿彌陀經
1.4　裳 012
1.5　014:0180
2.1　(22 +24) ×26.5 厘米；1 紙；27 行，行 17 字。
2.3　卷軸裝。首尾均殘。經黄打紙。下邊有殘缺及破裂。卷面、卷背有鳥糞。有烏絲欄。已修整。
3.1　首 10 行上殘→大正 0366，12/0347B12 ~21。
3.2　尾殘→12/0347C10。
8　7 ~8 世紀。唐寫本。
9.1　楷書。
11　圖版：《敦煌寶藏》，57/70A ~70A。

1.1　BD08413 號
1.3　大乘稻芉經隨聽疏
1.4　裳 013
1.5　059:0498
2.1　183 ×29 厘米；5 紙；100 行，行字不等。
2.2　01：38.7，19；　02：39.8，22；　03：39.5，21；
04：39.5，23；　05：25.5，15。
2.3　卷軸裝。首全尾殘。卷首破碎嚴重。已修整。
3.1　首全→大正 2782，85/0545C21。
3.2　尾殘→85/0547C06。
4.1　□乘稻芉經隨手聽記（首）。
5　與《大正藏》本對照，有缺文。參見大正 85/0546C07“是故”~08。卷首文字略有不同。
8　8 ~9 世紀。吐蕃統治時期寫本。
9.1　行書。
9.2　有重文號。有行間校加字。
11　圖版：《敦煌寶藏》，59/359A ~361A。

1.1　BD08414 號
1.3　無量壽宗要經
1.4　裳 014
1.5　275:8130
2.1　(20 +61.5 +4.5) ×31 厘米；3 紙；58 行，行 30 餘字。
2.2　01：20 +15.5，25；　02：46.0，31；　03：04.5，02。
2.3　卷軸裝。首殘尾斷。卷首右上殘缺一塊，上下邊有破裂。有烏絲欄。通卷中間有 3 處刻劃横道。已修整。
3.1　首 14 行上下殘→大正 0936，19/0083B01 ~C01。
3.2　尾 2 行上殘→19/0084C25 ~28。
5　與《大正藏》本對照，有缺文。參見大正 19/0083C05 ~12。
8　8 ~9 世紀。吐蕃統治時期寫本。
9.1　行楷。
11　圖版：《敦煌寶藏》，109/108A ~109A。

1.1　BD08415 號
1.3　七階佛名經
1.4　裳 015
1.5　305:8339
2.1　(5.2 +34.5) ×24.7 厘米；1 紙；24 行，行 17 字。
2.3　卷軸裝。首殘尾脱。經黄打紙。卷面多水漬，有殘破及殘洞。背有近代裱補。有烏絲欄。
3.4　説明：
本文獻首 3 行上殘，尾殘。為中國人所撰佛教禮懺文，未為歷代大藏經所收。敦煌遺書中收有多號，形態較爲複雜。
8　7 ~8 世紀。唐寫本。
9.1　楷書。
11　圖版：《敦煌寶藏》，110/24A。

1.1　BD08416 號
1.3　妙法蓮華經卷六
1.4　裳 016
1.5　105:5859
2.1　(7 +39.5) ×26 厘米；1 紙；28 行，行 17 字。
2.3　卷軸裝。首尾均脱。經黄打紙。卷首上下有殘缺，卷面有等距離水漬及黴爛。背有古代裱補。有烏絲欄。已修整。
3.1　首 4 行上殘→大正 0262，09/0053C24 ~27。
3.2　尾殘→09/0054A24。
8　7 ~8 世紀。唐寫本。
9.1　楷書。
11　圖版：《敦煌寶藏》，95/393B ~394A。

1.1　BD08417 號
1.3　佛名經（十六卷本）卷四
1.4　裳 017
1.5　062:0571
2.1　(2 +124) ×27 厘米；3 紙；69 行，行字不等。
2.2　01：2 +40，23；　02：42.0，23；　03：42.0，23。
2.3　卷軸裝。首殘尾脱。通卷黴爛嚴重，下部有等距離殘損。已修整。
3.1　首 1 行中殘→《七寺古逸經典研究叢書》，3/167 頁第 025 行。
3.2　尾殘→《七寺古逸經典研究叢書》，3/173 頁第 098 行。
5　前三行佛名與《七寺古逸經典研究叢書》本尚有參差。
8　9 ~10 世紀。歸義軍時期寫本。
9.1　楷書。
11　圖版：《敦煌寶藏》，60/95B ~97A。

1.1　BD08418 號
1.3　金光明最勝王經（兑廢稿）卷七
1.4　裳 018
1.5　083:1850
2.1　42.5 ×28.3 厘米；1 紙；25 行，行字不等（咒）。

2.3 卷軸裝。首尾均脫。有烏絲欄。
3.1 首殘→大正 0665，16/0436A09。
3.2 尾缺→16/0436A29。
7.1 卷尾有題記："河西節度門徒兼攝沙州釋門法師沙門恒安，與亡孔/侍御寫此《金光明經》一部。兌此一張記。"
8 9～10 世紀。歸義軍時期寫本。
9.1 楷書。
11 圖版：《敦煌寶藏》，70/324B。

1.1 BD08419 號
1.3 大般若波羅蜜多經卷一二四
1.4 裳 019
1.5 084:2335
2.1 (35+10.3)×27 厘米；1 紙；26 行，行 17 字。
2.3 卷軸裝。首全尾殘。卷面有黴爛及殘洞，上邊有殘缺。有烏絲欄。已修整。
3.1 首全→大正 0220，05/0677B20。
3.2 尾 6 行上殘→05/0677C14～20。
4.1 大般若波羅蜜多經卷第一百廿四，/初分校量功德品第卅之廿二，三藏法師玄奘奉詔譯/（首）。
7.1 卷背有勘記"十三"，為本文獻所屬袟號。
8 8～9 世紀。吐蕃統治時期寫本。
9.1 楷書。
11 圖版：《敦煌寶藏》，73/14A。

1.1 BD08420 號
1.3 妙法蓮華經卷一
1.4 裳 020
1.5 105:4620
2.1 (8.5+36.9)×26.3 厘米；1 紙；26 行，行 17 字。
2.3 卷軸裝。首殘尾脫。卷面多水漬，上下方有破損，上方有 1 殘洞。卷背多鳥糞。有烏絲欄。
3.1 首 5 行上中殘→大正 0262，09/0002A22～27。
3.2 尾殘→09/0002B20。
8 9～10 世紀。歸義軍時期寫本。
9.1 楷書。
11 圖版：《敦煌寶藏》，85/118B～119A。

1.1 BD08421 號
1.3 勸善經
1.4 裳 021
1.5 297:8287
2.1 43.5×30.5 厘米；1 紙；16 行，行 18～20 字。
2.3 卷軸裝。首尾均全。卷面有水漬及殘破。
3.1 首全→大正 2916，85/1462A03。
3.2 尾全→85/1462A20。
4.1 勸善經一卷（首）。
4.2 勸善經一卷（尾）。
8 9～10 世紀。歸義軍時期寫本。
9.1 楷書。
9.2 有重文號及行間校加字。
11 圖版：《敦煌寶藏》，109/522B。

1.1 BD08422 號
1.3 金剛般若波羅蜜經
1.4 裳 022
1.5 094:4384
2.1 (1.1+34.3)×26.8 厘米；1 紙；20 行，行 17 字。
2.3 卷軸裝。首殘尾脫。卷下邊有水漬。有烏絲欄。
3.1 首殘→大正 0235，08/0752A24。
3.2 尾殘→08/0752B15。
8 8～9 世紀。吐蕃統治時期寫本。
9.1 楷書。
11 圖版：《敦煌寶藏》，83/89A。

1.1 BD08423 號
1.3 千眼千臂觀世音菩薩陀羅尼神咒經（兌廢稿）卷上
1.4 裳 023
1.5 443:8642
2.1 48×26 厘米；1 紙；23 行，行 17 字。
2.3 卷軸裝。首尾均脫。有烏絲欄。尾有餘空。
3.1 首殘→大正 1057，20/0086C09。
3.2 尾闕→20/0087A15。
5 與《大正藏》本對照，有缺文。參見大正 20/0086C13～16。
8 9～10 世紀。歸義軍時期寫本。
9.1 楷書。
11 圖版：《敦煌寶藏》，111/78A～B。

1.1 BD08424 號
1.3 金光明最勝王經卷四
1.4 裳 024
1.5 083:1708
2.1 54.7×26.3 厘米；2 紙；28 行，行 17 字。
2.2 01：15.2，08； 02：39.5，20。
2.3 卷軸裝。首殘尾全。卷首破碎嚴重，脫落 1 塊殘片，已綴接。有燕尾。背有古代裱補。有烏絲欄。已修整。
3.1 首殘→大正 0665，16/0422A21。
3.2 尾全→16/0422B21。
4.2 金光明最勝王經卷第四（尾）。
5 尾附音義。
8 8～9 世紀。吐蕃統治時期寫本。
9.1 楷書。
11 圖版：《敦煌寶藏》，69/334。

1.1 BD08425 號
1.3 大般若波羅蜜多經（兌廢稿）卷五一四
1.4 裳 025
1.5 084:3270
2.1 48.5×27.9 厘米；1 紙；27 行，行 17 字。
2.3 卷軸裝。首尾均脱。卷背有鳥糞。有烏絲欄。尾有餘空。
3.1 首殘→大正 0220，07/0626C01。
3.2 尾缺→07/0626C29。
7.3 卷背有雜寫“淨”、“善意山見閻浮”等 2 行。
8 9～10 世紀。歸義軍時期寫本。
9.1 楷書。
11 圖版：《敦煌寶藏》，77/78A～B。

1.1 BD08426 號
1.3 七階佛名經
1.4 裳 026
1.5 305:8340
2.1 （3.5+154）×26 厘米；5 紙；81 行，行 19～20 字。
2.2 01：03.5，02； 02：41.0，23； 03：41.5，23；
04：41.0，24； 05：30.5，09。
2.3 卷軸裝。首殘尾全。卷面多污穢，有油污，前 2 紙多有破損。有折疊欄。
3.4 説明：
本文獻首 2 行上下殘，尾全。為中國人所撰佛教禮懺文，未為歷代大藏經所收。敦煌遺書中收有多號，形態較爲複雜。尚需進一步研究。
8 9～10 世紀。歸義軍時期寫本。
9.1 楷書。
9.2 有行間校加字。
11 圖版：《敦煌寶藏》，110/24B～26B。

1.1 BD08427 號
1.3 犯戒罪報輕重經
1.4 裳 027
1.5 184:7131
2.1 47.5×25.6 厘米；1 紙；20 行，行 22 字。
2.3 卷軸裝。首尾均全。有折疊欄。
3.1 首全→大正 1467，24/0910B09。
3.2 尾全→24/0910C13。
4.1 佛說犯戒罪報輕重經（首）。
4.2 佛說犯戒罪報輕重經（尾）。
5 與《大正藏》本對照，缺漏大正 24/0910C14～0911A03 之文字。
8 9～10 世紀。歸義軍時期寫本。
9.1 楷書。
9.2 有塗抹、刪除及行間校加字。
11 圖版：《敦煌寶藏》，104/263B～264A。

1.1 BD08428 號
1.3 般若波羅蜜多心經
1.4 裳 028
1.5 102:4471
2.1 （5+33）×27.3 厘米；1 紙；18 行，行 17 字。
2.3 卷軸裝。首殘尾全。卷面上下多水漬，卷首及上下邊有碎損。有烏絲欄。
3.1 首 3 行上下殘→大正 0251，08/0848C07～10。
3.2 尾全→08/0848C24。
4.2 般若波羅蜜多心經（尾）。
7.1 尾有題名“曹興朝”。
8 9～10 世紀。歸義軍時期寫本。
9.1 楷書。
11 圖版：《敦煌寶藏》，83/305B。

1.1 BD08429 號
1.3 金光明最勝王經卷六
1.4 裳 029
1.5 083:1803
2.1 79.5×25 厘米；3 紙；50 行，行 17 字。
2.2 01：31.5，20； 02：44.5，28； 03：03.5，02。
2.3 卷軸裝。首尾均殘。卷面多水漬，有油污，卷中有破損。有烏絲欄。
3.1 首殘→大正 0665，16/0431A03。
3.2 尾 2 行上下殘→16/0431B24～25。
8 9～10 世紀。歸義軍時期寫本。
9.1 楷書。
11 圖版：《敦煌寶藏》，70/138B～139A。

1.1 BD08430 號
1.3 太上一乘海空智藏經卷六
1.4 裳 030
1.5 372:8466
2.1 （2.2+97.5）×25.7 厘米；2 紙；正面 56 行，行 17 字；背面 58 行。
2.2 01：2.2+47.5，28； 02：50.0，28。
2.3 卷軸裝。首尾均脱。經黄打紙。首紙中間有殘缺。有烏絲欄。
2.4 本遺書包括 2 個文獻：（一）《太上一乘海空智藏經》卷六，56 行，今編為 BD08430 號。（二）《佛教雜論義》（擬），抄寫在背面，58 行，今編為 BD08430 號背。
3.1 首行中殘→《道藏》本卷六，持誡品第 22a2 行。
3.2 尾殘→《道藏》本卷六，持誡品第 24b6 行。
8 7～8 世紀。唐寫本。
9.1 楷書。
11 圖版：《敦煌寶藏》，110/406A～408B。

1.1　BD08430 號背
1.3　佛教雜論義（擬）
1.4　裳 030
1.5　372:8466
2.4　本遺書由 2 個文獻組成，本號為第 2 個，抄寫在背面，58 行。餘參見 BD08430 號之第 2 項、第 11 項。
3.4　説明：
　　本文獻首尾均殘。存文先後論述了般若成就涅槃，身之苦空無我無常，無明父貪愛母，五法三自性，四大五蘊，五乘，四緣，心不孤起托境方生，三毒，五眼，四食，乃至萬象依法之印、三獸渡河等。釋文比較隨意。是否依託某一論著展開疏釋，尚需進一步考訂。可參見 BD07902 號。未為歷代大藏經所收。
8　9～10 世紀。歸義軍時期寫本。
9.1　行楷。由合體字“菩提”。
9.2　有塗改、倒乙及重文號。有行間校加字。

1.1　BD08431 號
1.3　三乘五性與五乘三性義（擬）
1.4　裳 031
1.5　461:8710
2.1　(12.5+97.5)×23 厘米；3 紙；64 行，行 19 字。
2.2　01：12.5+33，25；　02：54.0，33；　03：10.5，06。
2.3　卷軸裝。首尾均全。卷首油污及殘破嚴重，首紙上方有殘洞。卷面有蟲繭。背有古代裱補。有烏絲欄。已修整。
3.4　説明：
　　本文獻首 8 行中殘，尾全。論述三乘五性、五乘三性及其相互關係。屬於唯識系統的論著。未為歷代大藏經所收。
8　9～10 世紀。歸義軍時期寫本。
9.1　楷書。有合體字“菩薩”、“涅槃”。
11　圖版：《敦煌寶藏》，111/246A～248A。
　　從本遺書背面揭下古代裱補紙 2 塊，今編爲 BD16523 號、BD16524 號。

1.1　BD08432 號
1.3　受菩薩戒儀（擬）
1.4　裳 032
1.5　461:8674
2.1　(5.8+41.3)×27.5 厘米；2 紙；27 行，行 16 字。
2.2　01：5.8+39.6，26；　02：01.7，01。
2.3　卷軸裝。首尾均殘。首紙上邊有殘洞。有烏絲欄。
3.4　説明：
　　本文獻首 3 行下殘，尾殘。察其內容，應為《受菩薩戒儀》的結尾部分。可參見南嶽沙門惠思撰《受菩薩戒儀》（《新纂續藏》1085 號）。未為歷代大藏經所收。
8　7～8 世紀。唐寫本。
9.1　楷書。
11　圖版：《敦煌寶藏》，111/154A～B。

1.1　BD08433 號
1.3　父母恩重經
1.4　裳 033
1.5　276:8206
2.1　(10+89)×26 厘米；3 紙；56 行，行 18 字。
2.2　01：10+29.5，24；　02：43.0，28；　03：16.5，04。
2.3　卷軸裝。首殘尾全。通卷殘破嚴重，有火燒殘洞。卷面脱落 3 塊殘片，修整時粘在卷首。有烏絲欄。已修整。
3.1　首 7 行中下殘→大正 2887，85/1403B21～28。
3.2　尾全→85/1404A23。
4.1　□…□恩重經（首）
4.2　父母恩重經（尾）。
7.3　卷末有雜寫“人”。
8　9～10 世紀。歸義軍時期寫本。
9.1　楷書。
11　圖版：《敦煌寶藏》，109/232A～233A。
　　從本遺書背面揭下古代裱補紙 9 塊，今編爲 BD16275 號、BD16276 號。

1.1　BD08434 號
1.3　金光明最勝王經卷三
1.4　裳 034
1.5　083:1639
2.1　(81.7+1)×25.5 厘米；3 紙；57 行，行 17 字。
2.2　01：22.5，15；　02：40.7，28；　03：18.5+1，14。
2.3　卷軸裝。首斷尾殘。打紙。卷面油污，有等距離殘洞，卷首尾破碎嚴重。有烏絲欄。已修整。
3.1　首殘→大正 0665，16/0416C26。
3.2　尾殘→16/0417B29。
8　8～9 世紀。吐蕃統治時期寫本。
9.1　楷書。
9.2　有行間校加字。
11　圖版：《敦煌寶藏》，69/60B～61B。

1.1　BD08435 號
1.3　無量壽宗要經
1.4　裳 035
1.5　275:8131
2.1　(3.5+116)×31.5 厘米；3 紙；81 行，行 30 餘字。
2.2　01：3.5+39.5，29；　02：42.5，29；　03：34.0，23。
2.3　卷軸裝。首殘尾全。有烏絲欄。
3.1　首 2 行中殘→大正 0936，19/0083A14～17。
3.2　尾全→19/0084C29。
4.2　佛說無量壽經（尾）。
8　8～9 世紀。吐蕃統治時期寫本。
9.1　楷書。
11　圖版：《敦煌寶藏》，109/109B～110B。

1.1　BD08436 號
1.3　無量壽宗要經
1.4　裳 036
1.5　275:8132
2.1　(6+159.5)×31 厘米；4 紙；110 行，行 30 餘字。
2.2　01：6+25，21；　02：45.0，30；　03：45.0，30；
04：44.5，29。
2.3　卷軸裝。首殘尾全。卷面有水漬，首紙上下邊有破裂殘缺，中間有等距離殘洞。有烏絲欄。已修整。
3.1　首 4 行中下殘→大正 0936，19/0082A19～28。
3.2　尾全→19/0084C29。
4.2　佛說無量壽宗要經（尾）。
7.1　尾紙末有題記"張沒略藏寫畢"，已殘。
8　8～9 世紀。吐蕃統治時期寫本。
9.1　行楷。
11　圖版：《敦煌寶藏》，109/111A～113A。

1.1　BD08437 號
1.3　大般若波羅蜜多經卷六八
1.4　裳 037
1.5　084:2190
2.1　142.3×25.8 厘米；3 紙；84 行，行 17 字。
2.2　01：47.8，28；　02：47.0，28；　03：47.5，28。
2.3　卷軸裝。首尾均脫。第 1、2 紙接縫處下開裂。有烏絲欄。
3.1　首殘→大正 0220，05/0383C07。
3.2　尾殘→05/0384C07。
5　與《大正藏》本對照，有缺文。參見大正 05/0384C06"亦"～"相"。
8　8～9 世紀。吐蕃統治時期寫本。
9.1　楷書。
9.2　有刮改。有行間校加字。
11　圖版：《敦煌寶藏》，72/225B～227A。

1.1　BD08438 號
1.3　無量壽宗要經
1.4　裳 038
1.5　275:7952
2.1　(124.5+37)×30 厘米；4 紙；107 行，行 30 餘字。
2.2　01：42.0，28；　02：44.0，30；　03：38.5+6，30；
04：31.0，19。
2.3　卷軸裝。首全尾殘。卷首多油污變色，前 2 紙有破裂，尾紙上下邊殘缺，脫落 2 塊殘片，粘貼於卷尾。有烏絲欄。已修整。
3.1　首全→大正 0936，19/0082A03。
3.2　尾 23 行上下殘→19/0084C29。
4.1　大乘無量壽經（首）。
4.2　□…□壽宗要經（尾）。
8　8～9 世紀。吐蕃統治時期寫本。
9.1　行楷。
11　圖版：《敦煌寶藏》，108/351A～352B。

1.1　BD08439 號
1.3　解深密經卷五
1.4　裳 039
1.5　386:8513
2.1　(31+250)×25.5 厘米；7 紙；171 行，行 17 字。
2.2　01：28.0，17；　02：3+43，28；　03：46.0，28；
04：46.0，28；　05：46.0，28；　06：46.0，28；
07：23.0，14。
2.3　卷軸裝。首尾均殘。打紙；研光上蠟。前 3 紙有殘損，接縫處大部開裂，通卷多有等距離殘洞。有烏絲欄。
3.1　首 19 行上中殘→大正 0676，16/0708B23～C11。
3.2　尾殘→16/0710B21。
8　7～8 世紀。唐寫本。
9.1　楷書。
9.2　有刮改。
11　圖版：《敦煌寶藏》，110/487A～491A。

1.1　BD08440 號
1.3　大般若波羅蜜多經卷四七二
1.4　裳 040
1.5　084:3186
2.1　(11.4+74.4)×25.2 厘米；2 紙；51 行，行 17 字。
2.2　01：11.4+26.4，23；　02：48.0，28。
2.3　卷軸裝。首殘尾脫。打紙；研光上蠟。卷面有破裂，接縫處下開裂。有烏絲欄。已修整。
3.1　首 7 行上下殘→大正 0220，07/0388A12～17。
3.2　尾殘→07/0388C04。
7.1　首紙背有勘記"四百七十二"。
8　8～9 世紀。吐蕃統治時期寫本。
9.1　楷書。
11　圖版：《敦煌寶藏》，76/575A～576A。

1.1　BD08441 號
1.3　金光明最勝王經卷七
1.4　裳 041
1.5　083:1846
2.1　46.8×26 厘米；2 紙；28 行，行 17 字。
2.2　01：20.3，12；　02：26.5，16。
2.3　卷軸裝。首尾均殘。卷面有水漬。有烏絲欄。已修整。
3.1　首殘→大正 0665，16/0435B17。
3.2　尾殘→16/0435C14。
8　9～10 世紀。歸義軍時期寫本。
9.1　楷書。

11　圖版：《敦煌寶藏》，70/320A。

1.1　BD08442 號
1.3　小品般若波羅蜜經卷一〇
1.4　裳 042
1.5　089:3478
2.1　（5.3 +66.4 +7.5）×26.5 厘米；2 紙；44 行，行 17 字。
2.2　01：5.3 +34.1，22；　02：32.3 +7.5，22。
2.3　卷軸裝。首尾均殘。首紙殘破嚴重，尾紙上下殘破。有烏絲欄。
3.1　首 3 行上下殘→大正 0227，08/0580C29 ~0581A02。
3.2　尾 4 行上殘→08/0581B12 ~16。
8　5 世紀。南北朝寫本。
9.1　楷書。
9.2　有行間校加字。有倒乙。
11　圖版：《敦煌寶藏》，78/195A ~B。

1.1　BD08443 號
1.3　天地八陽神咒經
1.4　裳 043
1.5　256:7652
2.1　117.6 ×23.7 厘米；3 紙；62 行，行 17 字。
2.2　01：49.6，28；　02：49.0，28；　03：19.0，06。
2.3　卷軸裝。首脫尾全。經黄打紙。卷上邊多水漬，前 2 紙有橫裂，通卷上下邊殘破。背有古代裱補。有烏絲欄。
3.1　首殘→大正 2897，85/1424B02。
3.2　尾全→85/1425B03。
4.2　佛說八陽神咒經（尾）。
5　與《大正藏》本對照，有缺文。參見大正 85/1425B01 ~02。
8　7 ~8 世紀。唐寫本。
9.1　楷書。
9.2　有硃筆斷句。
11　圖版：《敦煌寶藏》，107/221B ~223A。

1.1　BD08444 號
1.3　大般若波羅蜜多經卷二一三
1.4　裳 044
1.5　084:2541
2.1　（14.5 +138.3）×25.8 厘米；4 紙；79 行，行 17 字。
2.2　01：14.5 +7，護首；　02：44.0，26；　03：46.5，28；
04：40.8 +2.8，25。
2.3　卷軸裝。首尾均殘。打紙；砑光上蠟。有護首、有竹製天竿，繫有褐色縹帶，長 41 厘米。卷面殘破，護首及第 2 紙殘破嚴重，下部有殘缺，第 3 紙有殘洞。第 2、3 紙脫落 2 塊殘片，已綴接。背有古代裱補。有烏絲欄。已修整。
3.1　首全→大正 0220，06/0065B19。
3.2　尾行下殘→06/0066B13。
4.1　大般若波羅蜜多經卷第二百一十三，/初分難信解品第卌四之卅二，三藏法師玄奘奉詔譯/（首）。
7.4　護首有經名"大般若波羅蜜多經卷第二百一十三"。上有經名號。
8　8 ~9 世紀。吐蕃統治時期寫本。
9.1　楷書。
11　圖版：《敦煌寶藏》，74/23A ~25A。
12　第 3 紙殘片《敦煌寶藏》未攝入。

1.1　BD08445 號 1
1.3　念誦觀世音經前儀（擬）
1.4　裳 045
1.5　105:5983
2.1　63.5 ×26 厘米；2 紙；38 行，行 17 字。
2.2　01：43.5，26；　02：20.0，12。
2.3　卷軸裝。首全尾殘。卷面污穢，首紙上邊有破裂。有烏絲欄。尾有餘空。
2.4　本遺書包括 2 個文獻：（一）《念誦觀世音經前儀》（擬），21 行，今編為 BD08445 號 1。（二）《觀世音經》（兌廢稿），17 行，今編為 BD08445 號 2。
3.3　錄文：

奉請清淨法身毗盧遮那佛，奉請圓滿報身/
盧舍那佛，奉請千百億化身同名釋迦/
牟尼佛，奉請東方不動佛，奉請南/
方寶相佛，奉請西方無量壽佛，奉請/
北方天皷音佛，奉請上方廣衆德佛，/
奉請下方明德佛，奉請當來下生彌/
勒尊佛，奉請過現未來十方三世一切諸/
佛，奉請十二部尊經甚深法藏，奉請諸/
大菩薩摩訶薩衆，奉請聲聞緣覺一/
切賢聖，奉請大慈大悲救苦觀世音/
菩薩，奉請清涼山頂聖慈地十地前證/
真菩薩，奉請北方大聖毗沙門天王，/
奉請摩離耶山五百羅漢、四向四果得/
道沙門，分段俱全六通大聖，一一諸神將/
等，並令隨願普共成佛。發願文/
稽首三界尊，歸依十方佛。我發弘誓願，受持觀音經。/
上報四重恩，下痛三塗苦。若有見聞者，悉發菩提心。/
盡此一報身，同生極樂國。
（錄文完）

7.3　卷首有啓請文雜寫 3 行。
8　9 ~10 世紀。歸義軍時期寫本。
9.1　楷書。
11　圖版：《敦煌寶藏》，96/259A ~B。

1.1　BD08445 號 2

1.3　觀世音經（兌廢稿）
1.4　裳 045
1.5　105:5983
2.4　本遺書由 2 個文獻組成，本號為第 2 個，17 行。餘參見 BD08445 號 1 之第 2 項、第 11 項。
3.1　首全→大正 0262，09/0056C02。
3.2　尾缺→09/0056C19。
4.1　妙法蓮華經觀世音菩薩普門品第廿五（首）。
8　9～10 世紀。歸義軍時期寫本。
9.1　楷書。

1.1　BD08446 號
1.3　天地八陽神咒經
1.4　裳 046
1.5　256:7660
2.1　（1.3+82）×24.5 厘米；3 紙；49 行，行 17 字。
2.2　01：01.3，01；　02：41.5，25；　03：40.5，23。
2.3　卷軸裝。首斷尾全。卷面油污，多有破裂。有烏絲欄。已修整。
3.1　首行下殘→大正 2897，85/1424B20。
3.2　尾全→85/1425B03。
4.2　佛說八陽神咒經（尾）。
5　與《大正藏》本對照，有缺文。參見大正 85/1425B01～02。文字略有不同。
7.3　尾題之前有雜寫“佛說八陽神咒”。
8　9～10 世紀。歸義軍時期寫本。
9.1　楷書。
9.2　有行間校加字。有倒乙。
11　圖版：《敦煌寶藏》，107/233B～234B。

1.1　BD08447 號
1.3　觀世音經
1.4　裳 047
1.5　111:6251
2.1　（9.5+115.5）×23.5 厘米；3 紙；72 行，行 17 字。
2.2　01：9.5+34.5，28；　02：48.0，28；　03：33.0，16。
2.3　卷軸裝。首殘尾全。經黃打紙。第 1、2 紙有破損，下邊有等距離殘缺。尾有原軸，兩端塗棕色漆。背面有古代裱補。有烏絲欄。已修整。
3.1　首 6 行上下殘→大正 0262，09/0057A24～29。
3.2　尾全→09/0058B07。
4.2　觀世音經（尾）。
8　7～8 世紀。唐寫本。
9.1　楷書。
9.2　有行間校加字。有刮改及校改。
11　圖版：《敦煌寶藏》，97/469B～471A。

1.1　BD08448 號
1.3　阿毗達磨大毗婆沙論卷八一
1.4　裳 048
1.5　461:8676
2.1　47.9×26.9 厘米；1 紙；正面 28 行，行 17 字；背面 16 行。
2.3　卷軸裝。首尾均脫。有烏絲欄。
2.4　本遺書包括 2 個文獻：（一）《阿毗達磨大毗婆沙論》卷八一，28 行，今編為 BD08448 號。（二）《中阿含經》（兌廢稿）卷四九，抄寫在背面，16 行，今編為 BD08448 號背。
3.1　首殘→大正 1545，27/0419C22。
3.2　尾殘→27/0420A23。
8　8 世紀。唐寫本。
9.1　楷書。有武周新字“地”、“人”，使用周遍。
11　圖版：《敦煌寶藏》，111/156B～158A。

1.1　BD08448 號背
1.3　中阿含經（兌廢稿）卷四九
1.4　裳 048
1.5　461:8676
2.4　本遺書由 2 個文獻組成，本號為第 2 個，抄寫在背面，16 行。尾有餘空。餘參見 BD08448 號之第 2 項、第 11 項。
3.1　首全→大正 0026，01/0732A15。
3.2　尾缺→01/0732B11。
4.1　中阿鋡雙品第一有五經，第五一日誦有三品半，合有卅六經（首）。
5　與《大正藏》本對照，尾 2 行經文間缺文。
7.3　卷首、尾有雜寫“阿毗”等字。
8　8 世紀。唐寫本。
9.1　楷書。

新舊編號對照表

一、千字文號與北敦號、縮微膠卷號對照表

千字文號	北敦號	縮微膠卷號
服 061	BD08261 號	105：4587
服 062	BD08262 號	289：8261
服 063	BD08263 號	094：3705
服 064	BD08264 號	083：1849
服 065	BD08265 號	105：5923
服 066	BD08266 號	083：1925
服 067	BD08267 號 A	084：3006
服 067	BD08267 號 A 背 1	084：3006
服 067	BD08267 號 A 背 2	084：3006
服 067	BD08267 號 B1	084：3063
服 067	BD08267 號 B2	084：3063
服 067	BD08267 號 B3	084：3063
服 067	BD08267 號 B 背	084：3063
服 067	BD08267 號 C	084：3064
服 067	BD08267 號 C 背 1	084：3064
服 067	BD08267 號 C 背 2	084：3064
服 068	BD08268 號	105：5532
服 069	BD08269 號	070：1262
服 070	BD08270 號	094：4271
服 071	BD08271 號	105：4854
服 072	BD08272 號	156：6849
服 073	BD08273 號	030：0258
服 074	BD08274 號	143：6692
服 075	BD08275 號	404：8543
服 076	BD08276 號	115：6376
服 077	BD08277 號	222：7316
服 078	BD08278 號	070：1274
服 079	BD08279 號	275：7908
服 080	BD08280 號	084：2600
服 081	BD08281 號	084：2571
服 082	BD08282 號	275：7909
服 083	BD08283 號	094：4372
服 084	BD08284 號	275：7951
服 085	BD08285 號	233：7374
服 086	BD08286 號	105：6016
服 087	BD08287 號	084：2833
服 088	BD08288 號	105：5063
服 089	BD08289 號	372：8465
服 089	BD08289 號背	372：8465
服 090	BD08290 號	105：5932
服 091	BD08291 號	072：1310
服 092	BD08292 號 A	084：3182
服 092	BD08292 號 B	084：3352
服 093	BD08293 號	094：4281
服 094	BD08294 號	084：2111
服 095	BD08295 號	105：4593
服 096	BD08296 號	275：7910
服 097	BD08297 號	094：4380
服 098	BD08298 號	070：1115
服 099	BD08299 號	014：0171
服 100	BD08300 號	094：4375
衣 001	BD08301 號	277：8219
衣 002	BD08302 號	237：7399
衣 003	BD08303 號	256：7642
衣 004	BD08304 號	084：2202
衣 005	BD08305 號	427：8611
衣 005	BD08305 號背 1	427：8611
衣 005	BD08305 號背 2	427：8611
衣 006	BD08306 號	105：5927
衣 007	BD08307 號	084：2673
衣 008	BD08308 號	062：0575
衣 009	BD08309 號	105：4640
衣 010	BD08310 號	084：3260
衣 011	BD08311 號	084：2093
衣 012	BD08312 號	102：4461
衣 013	BD08313 號	084：2662
衣 014	BD08314 號	287：8252
衣 015	BD08315 號	084：2698

衣 015	BD08315 號背	084：2698
衣 016	BD08316 號	105：5071
衣 017	BD08317 號	094：4377
衣 018	BD08318 號	084：2157
衣 019	BD08319 號	105：5295
衣 020	BD08320 號	061：0519
衣 020	BD08320 號背	061：0519
衣 021	BD08321 號	102：4460
衣 022	BD08322 號	289：8262
衣 023	BD08323 號	105：4875
衣 024	BD08324 號	139：6668
衣 025	BD08325 號	253：7548
衣 026	BD08326 號	084：3327
衣 027	BD08327 號	105：5980
衣 028	BD08328 號	358：8432
衣 028	BD08328 號背	358：8432
衣 029	BD08329 號	068：0842
衣 030	BD08330 號	275：8123
衣 031	BD08331 號	275：8124
衣 032	BD08332 號	178：7096
衣 033	BD08333 號	362：8439
衣 034	BD08334 號	198：7178
衣 035	BD08335 號	152：6790
衣 036	BD08336 號	105：5915
衣 037	BD08337 號	316：8365
衣 038	BD08338 號	094：3835
衣 039	BD08339 號	111：6226
衣 040	BD08340 號	210：7253
衣 041	BD08341 號	454：8661
衣 042	BD08342 號	105：5263
衣 043	BD08343 號	084：2742
衣 044	BD08344 號 1	102：4464
衣 044	BD08344 號 2	102：4464
衣 045	BD08345 號	070：1213
衣 046	BD08346 號	084：2353
衣 047	BD08347 號	084：2362
衣 048	BD08348 號	084：3348
衣 049	BD08349 號	461：8738
衣 050	BD08350 號	084：2410
衣 051	BD08351 號	275：8125
衣 052	BD08352 號	084：2717
衣 053	BD08353 號	084：3018
衣 054	BD08354 號	084：2712
衣 055	BD08355 號	084：2693
衣 056	BD08356 號	084：3335
衣 057	BD08357 號	256：7614
衣 058	BD08358 號	275：8126
衣 059	BD08359 號	105：5714
衣 060	BD08360 號	070：0945
衣 061	BD08361 號	084：2276
衣 062	BD08362 號	105：5622
衣 063	BD08363 號	084：3382
衣 064	BD08364 號	083：1732
衣 065	BD08365 號	070：1052
衣 065	BD08365 號背	070：1052
衣 066	BD08366 號	156：6853
衣 067	BD08367 號	083：1476
衣 067	BD08367 號背	083：1476
衣 068	BD08368 號 1	382：8507
衣 068	BD08368 號 2	382：8507
衣 069	BD08369 號	084：2249
衣 070	BD08370 號	084：3081
衣 071	BD08371 號	070：1152
衣 072	BD08372 號	105：5981
衣 073	BD08373 號	105：6039
衣 074	BD08374 號	316：8366
衣 075	BD08375 號	404：8547
衣 075	BD08375 號背	404：8547
衣 076	BD08376 號	116：6566
衣 077	BD08377 號	115：6461
衣 078	BD08378 號	102：4468
衣 079	BD08379 號	084：3000
衣 080	BD08380 號	084：3219
衣 080	BD08380 號背	084：3219
衣 081	BD08381 號	084：2413
衣 082	BD08382 號	237：7396
衣 083	BD08383 號	084：2782
衣 084	BD08384 號	063：0749
衣 085	BD08385 號	094：4290
衣 086	BD08386 號	180：7124
衣 087	BD08387 號	275：8127
衣 088	BD08388 號 A	084：2261
衣 088	BD08388 號 B	115：6524
衣 089	BD08389 號	275：8128
衣 090	BD08390 號 A	094：4302
衣 090	BD08390 號 B	094：4074
衣 091	BD08391 號	084：2205
衣 092	BD08392 號	043：0407
衣 093	BD08393 號	037：0338
衣 094	BD08394 號	094：3594
衣 095	BD08395 號	083：1921
衣 096	BD08396 號	105：5982
衣 097	BD08397 號	084：2910
衣 098	BD08398 號	084：2051

衣 099	BD08399 號	461：8709
衣 100	BD08400 號	084：3163
裳 001	BD08401 號	254：7597
裳 002	BD08402 號	084：2188
裳 003	BD08403 號	084：2584
裳 004	BD08404 號	256：7646
裳 005	BD08405 號	402：8537
裳 006	BD08406 號	084：2557
裳 007	BD08407 號	275：8129
裳 008	BD08408 號	083：1944
裳 009	BD08409 號	094：3978
裳 010	BD08410 號	084：3185
裳 010	BD08410 號背	084：3185
裳 011	BD08411 號	084：2880
裳 012	BD08412 號	014：0180
裳 013	BD08413 號	059：0498
裳 014	BD08414 號	275：8130
裳 015	BD08415 號	305：8339
裳 016	BD08416 號	105：5859
裳 017	BD08417 號	062：0571
裳 018	BD08418 號	083：1850
裳 019	BD08419 號	084：2335
裳 020	BD08420 號	105：4620
裳 021	BD08421 號	297：8287
裳 022	BD08422 號	094：4384
裳 023	BD08423 號	443：8642
裳 024	BD08424 號	083：1708
裳 025	BD08425 號	084：3270
裳 026	BD08426 號	305：8340
裳 027	BD08427 號	184：7131
裳 028	BD08428 號	102：4471
裳 029	BD08429 號	083：1803
裳 030	BD08430 號	372：8466
裳 030	BD08430 號背	372：8466
裳 031	BD08431 號	461：8710
裳 032	BD08432 號	461：8674
裳 033	BD08433 號	276：8206
裳 034	BD08434 號	083：1639
裳 035	BD08435 號	275：8131
裳 036	BD08436 號	275：8132
裳 037	BD08437 號	084：2190
裳 038	BD08438 號	275：7952
裳 039	BD08439 號	386：8513
裳 040	BD08440 號	084：3186
裳 041	BD08441 號	083：1846
裳 042	BD08442 號	089：3478
裳 043	BD08443 號	256：7652
裳 044	BD08444 號	084：2541
裳 045	BD08445 號 1	105：5983
裳 045	BD08445 號 2	105：5983
裳 046	BD08446 號	256：7660
裳 047	BD08447 號	111：6251
裳 048	BD08448 號	461：8676
裳 048	BD08448 號背	461：8676

二、縮微膠卷號與北敦號、千字文號對照表

縮微膠卷號	北敦號	千字文號
014：0171	BD08299 號	服 099
014：0180	BD08412 號	裳 012
030：0258	BD08273 號	服 073
037：0338	BD08393 號	衣 093
043：0407	BD08392 號	衣 092
059：0498	BD08413 號	裳 013
061：0519	BD08320 號	衣 020
061：0519	BD08320 號背	衣 020
062：0571	BD08417 號	裳 017
062：0575	BD08308 號	衣 008
063：0749	BD08384 號	衣 084
068：0842	BD08329 號	衣 029
070：0945	BD08360 號	衣 060
070：1052	BD08365 號	衣 065
070：1052	BD08365 號背	衣 065
070：1115	BD08298 號	服 098
070：1152	BD08371 號	衣 071
070：1213	BD08345 號	衣 045
070：1262	BD08269 號	服 069
070：1274	BD08278 號	服 078
072：1310	BD08291 號	服 091
083：1476	BD08367 號	衣 067
083：1476	BD08367 號背	衣 067
083：1639	BD08434 號	裳 034
083：1708	BD08424 號	裳 024
083：1732	BD08364 號	衣 064
083：1803	BD08429 號	裳 029
083：1846	BD08441 號	裳 041

083：1849	BD08264 號	服 064
083：1850	BD08418 號	裳 018
083：1921	BD08395 號	衣 095
083：1925	BD08266 號	服 066
083：1944	BD08408 號	裳 008
084：2051	BD08398 號	衣 098
084：2093	BD08311 號	衣 011
084：2111	BD08294 號	服 094
084：2157	BD08318 號	衣 018
084：2188	BD08402 號	裳 002
084：2190	BD08437 號	裳 037
084：2202	BD08304 號	衣 004
084：2205	BD08391 號	衣 091
084：2249	BD08369 號	衣 069
084：2261	BD08388 號 A	衣 088
084：2276	BD08361 號	衣 061
084：2335	BD08419 號	裳 019
084：2353	BD08346 號	衣 046
084：2362	BD08347 號	衣 047
084：2410	BD08350 號	衣 050
084：2413	BD08381 號	衣 081
084：2541	BD08444 號	裳 044
084：2557	BD08406 號	裳 006
084：2571	BD08281 號	服 081
084：2584	BD08403 號	裳 003
084：2600	BD08280 號	服 080
084：2662	BD08313 號	衣 013
084：2673	BD08307 號	衣 007
084：2693	BD08355 號	衣 055
084：2698	BD08315 號	衣 015
084：2698	BD08315 號背	衣 015
084：2712	BD08354 號	衣 054
084：2717	BD08352 號	衣 052
084：2742	BD08343 號	衣 043
084：2782	BD08383 號	衣 083
084：2833	BD08287 號	服 087
084：2880	BD08411 號	裳 011
084：2910	BD08397 號	衣 097
084：3000	BD08379 號	衣 079
084：3006	BD08267 號 A	服 067
084：3006	BD08267 號 A 背 1	服 067
084：3006	BD08267 號 A 背 2	服 067
084：3018	BD08353 號	衣 053
084：3063	BD08267 號 B1	服 067
084：3063	BD08267 號 B2	服 067
084：3063	BD08267 號 B3	服 067
084：3063	BD08267 號 B 背	服 067
084：3064	BD08267 號 C	服 067
084：3064	BD08267 號 C 背 1	服 067
084：3064	BD08267 號 C 背 2	服 067
084：3081	BD08370 號	衣 070
084：3163	BD08400 號	衣 100
084：3182	BD08292 號 A	服 092
084：3185	BD08410 號	裳 010
084：3185	BD08410 號背	裳 010
084：3186	BD08440 號	裳 040
084：3219	BD08380 號	衣 080
084：3219	BD08380 號背	衣 080
084：3260	BD08310 號	衣 010
084：3270	BD08425 號	裳 025
084：3327	BD08326 號	衣 026
084：3335	BD08356 號	衣 056
084：3348	BD08348 號	衣 048
084：3352	BD08292 號 B	服 092
084：3382	BD08363 號	衣 063
089：3478	BD08442 號	裳 042
094：3594	BD08394 號	衣 094
094：3705	BD08263 號	服 063
094：3835	BD08338 號	衣 038
094：3978	BD08409 號	裳 009
094：4074	BD08390 號 B	衣 090
094：4271	BD08270 號	服 070
094：4281	BD08293 號	服 093
094：4290	BD08385 號	衣 085
094：4302	BD08390 號 A	衣 090
094：4372	BD08283 號	服 083
094：4375	BD08300 號	服 100
094：4377	BD08317 號	衣 017
094：4380	BD08297 號	服 097
094：4384	BD08422 號	裳 022
102：4460	BD08321 號	衣 021
102：4461	BD08312 號	衣 012
102：4464	BD08344 號 1	衣 044
102：4464	BD08344 號 2	衣 044
102：4468	BD08378 號	衣 078
102：4471	BD08428 號	裳 028
105：4587	BD08261 號	服 061
105：4593	BD08295 號	服 095
105：4620	BD08420 號	裳 020
105：4640	BD08309 號	衣 009
105：4854	BD08271 號	服 071
105：4875	BD08323 號	衣 023
105：5063	BD08288 號	服 088
105：5071	BD08316 號	衣 016

105：5263	BD08342 號	衣 042
105：5295	BD08319 號	衣 019
105：5532	BD08268 號	服 068
105：5622	BD08362 號	衣 062
105：5714	BD08359 號	衣 059
105：5859	BD08416 號	裳 016
105：5915	BD08336 號	衣 036
105：5923	BD08265 號	服 065
105：5927	BD08306 號	衣 006
105：5932	BD08290 號	服 090
105：5980	BD08327 號	衣 027
105：5981	BD08372 號	衣 072
105：5982	BD08396 號	衣 096
105：5983	BD08445 號 1	裳 045
105：5983	BD08445 號 2	裳 045
105：6016	BD08286 號	服 086
105：6039	BD08373 號	衣 073
111：6226	BD08339 號	衣 039
111：6251	BD08447 號	裳 047
115：6376	BD08276 號	服 076
115：6461	BD08377 號	衣 077
115：6524	BD08388 號 B	衣 088
116：6566	BD08376 號	衣 076
139：6668	BD08324 號	衣 024
143：6692	BD08274 號	服 074
152：6790	BD08335 號	衣 035
156：6849	BD08272 號	服 072
156：6853	BD08366 號	衣 066
178：7096	BD08332 號	衣 032
180：7124	BD08386 號	衣 086
184：7131	BD08427 號	裳 027
198：7178	BD08334 號	衣 034
210：7253	BD08340 號	衣 040
222：7316	BD08277 號	服 077
233：7374	BD08285 號	服 085
237：7396	BD08382 號	衣 082
237：7399	BD08302 號	衣 002
253：7548	BD08325 號	衣 025
254：7597	BD08401 號	裳 001
256：7614	BD08357 號	衣 057
256：7642	BD08303 號	衣 003
256：7646	BD08404 號	裳 004
256：7652	BD08443 號	裳 043
256：7660	BD08446 號	裳 046
275：7908	BD08279 號	服 079
275：7909	BD08282 號	服 082
275：7910	BD08296 號	服 096
275：7951	BD08284 號	服 084
275：7952	BD08438 號	裳 038
275：8123	BD08330 號	衣 030
275：8124	BD08331 號	衣 031
275：8125	BD08351 號	衣 051
275：8126	BD08358 號	衣 058
275：8127	BD08387 號	衣 087
275：8128	BD08389 號	衣 089
275：8129	BD08407 號	裳 007
275：8130	BD08414 號	裳 014
275：8131	BD08435 號	裳 035
275：8132	BD08436 號	裳 036
276：8206	BD08433 號	裳 033
277：8219	BD08301 號	衣 001
287：8252	BD08314 號	衣 014
289：8261	BD08262 號	服 062
289：8262	BD08322 號	衣 022
297：8287	BD08421 號	裳 021
305：8339	BD08415 號	裳 015
305：8340	BD08426 號	裳 026
316：8365	BD08337 號	衣 037
316：8366	BD08374 號	衣 074
358：8432	BD08328 號	衣 028
358：8432	BD08328 號背	衣 028
362：8439	BD08333 號	衣 033
372：8465	BD08289 號	服 089
372：8465	BD08289 號背	服 089
372：8466	BD08430 號	裳 030
372：8466	BD08430 號背	裳 030
382：8507	BD08368 號 1	衣 068
382：8507	BD08368 號 2	衣 068
386：8513	BD08439 號	裳 039
402：8537	BD08405 號	裳 005
404：8543	BD08275 號	服 075
404：8547	BD08375 號	衣 075
404：8547	BD08375 號背	衣 075
427：8611	BD08305 號	衣 005
427：8611	BD08305 號背 1	衣 005
427：8611	BD08305 號背 2	衣 005
443：8642	BD08423 號	裳 023
454：8661	BD08341 號	衣 041
461：8674	BD08432 號	裳 032
461：8676	BD08448 號	裳 048
461：8676	BD08448 號背	裳 048
461：8709	BD08399 號	衣 099
461：8710	BD08431 號	裳 031
461：8738	BD08349 號	衣 049